인간의 본성에 관한 10가지 이론

Ten Theories of Human Nature
Copyright ⓒ 1998 Leslie Forster Stevenson, David L.. Haberman
Korean Translation Copyright ⓒ 2006 by Galapagos publishing Co.

Korean edition is published by arrangement
with Oxford University Press, Inc.
through Duran Kim Agency, Seoul.

이 책의 한국어판 저작권은 듀란킴 에이전시를 통한 Oxford University Press, Inc.와의 독점계약으로 도서출판 갈라파고스에 있습니다.
저작권법에 의하여 한국 내에서 보호를 받는 저작물이므로 무단전재와 무단복제를 금합니다.

인간의 본성에 관한 10가지 이론

레슬리 스티븐슨 · 데이비드 L. 헤이버먼 지음 / 박중서 옮김

Ten
Theories of
Human
Nature

갈라파고스

내게 인간의 본성에 관해 무척이나 많은 것을 가르쳐 준 딸 소니아와
리디아에게 이 책을 바친다.

— 레슬리 스티븐슨

내게 인간의 본성에 있어 여러 면에서 그 원천이 되신 부모님
루벤과 루스에게 이 책을 바친다.

— 데이비드 L. 헤이버먼

■ 일러두기
1. 외국 인명 및 지명은 외래어표기법에 따랐다.
2. 단일 작품은 겹낫표(『 』)로, 단편·논문·기사 등은 홑낫표(「 」)로 표시했다.
3. 주는 별도의 표시가 없는 한 모두 옮긴이의 것이다.
4. 본문 중의 인용문이나 인용구 가운데 국내 번역본이 있는 것은 최대한 참조했으며, 문맥상 필요하다고 여겨진 경우에는 주에 인용문이나 인용구를 덧붙였다. 또한 각 장 뒤의 추천도서 가운데 국내 번역본이 있는 것은 서지사항을 주로 밝혀두었다.

머리말

내가 이 책을 쓰기로 결심한 것은 1967년 여름의 일이었고, 그 후로 무척이나 오랜 시간이 흘렀다. 당시 미국은 베트남전쟁과 인종 갈등에서 비롯된 폭동으로 시끌벅적했고, 옥스퍼드 대학원에서 철학을 공부하던 나는 여름방학을 맞아 부푼 기대와 불확실한 미래를 안고 미국여행을 하고 있었다. 미국 동부의 여러 도시와 서부의 멋진 풍경을 둘러보며 카우보이와 인디언, 반전운동가와 히피 등을 직접 만나면서, 한편으로는 기독교와 마르크스주의와 정신분석학과 실존주의를 체계적으로 비교하는 글을 조금씩 써나가기 시작했다.

1970년 초, 세인트 앤드류스 대학의 초보 강사가 된 나는 전통적인 스코틀랜드식 대학 교육 체제 아래서 의무적으로 철학 과목을 수강해야 하는 수많은 1학년 학생들과 얼굴을 마주하게 되었다. 나는 이처럼 억지로 강의실에 떠밀려 들어온 학생들에게 과연 어떤 강의를 해야 할지 고민스러웠다. 그들 중 대부분은 결코 이 시간 이후에는 철학을 공부할 기회가 없을 것이었다. 그래서 나는 심리철학 위주였던 기존의 강의 대신, 인간의 본성에 관한 상반되는 여러 가지 이론들을 비판적으로 검토해 보기로 했다. 이 책의 초판은 바로 당시의 강의 경험에서 나온 것이었다. 그로부터 30여 년이 흐른 지금까지도 이 책은 여러 나라의 각종 강의에서 유용하게 쓰이고 있다.

이처럼 수많은 학생들이 내 책을 읽다보니, 그런 흔치 않은 특권을 누리는 나로선 이 책을 최대한 더 낫게 보완해야 할 책임감을 느끼게 되었다. 그로 인해 이후의 여러 판본은 초판과 점점 큰 차이를 보이게 되었다. 가령 제2판의 경우에는 모두 일곱 장(章)으로 된 전체 구조는 그대로 두고 약간의 결점만 손질하는 선에서 그쳤다. 하지만 제3판에 가서는 기존의 일곱 가지 이론에 대한 내용을 대폭 손질하고 칸트에 대한 장을 추가했으며, 인디애나 대학(블루밍턴 소재)의 종교학과 교수인 데이비드 L. 헤이버먼이 동참해 유교와 힌두교에 대한 장을 써주었다.(그리하여 초판의 '일곱 가지 이론'은 이제 '열 가지 이론'이 되었다.)

그러다가 제4판에서는 이보다도 더 큰 변화가 생겼다. 나는 마침내 이 명예의 전당에서 스키너와 로렌츠의 이론을 빼고, 그 대신 ("다원주의적") 진화 이론에서 말하는 인간의 본성을 소개하는 제법 긴 하나의 장을 추가했다. 물론 이 새로운 장에는 스키너와 로렌츠를 비롯해서 그 외에 이 분야에서 영향력 있는 인물들에 대한 내용이 들어 있으며, 특히 에드워드 윌슨에 대한 비판적인 고찰이 들어 있기도 하다. 또한 나는 아리스토텔레스에 대한 장을 새로 추가했다. 그리고 "사상사적 간주곡"이란 장을 추가해서, 우리가 고대(아리스토텔레스)로부터 계몽시대(칸트)로 건너뛰는 과정에서 생겨난 사상사적인 간극을 메우려고 했다. 즉 그 사이에 나타났던 가장 유력한 사조와 사상가들을 간략하게나마 소개한 것이다.

더구나 한편으로는 이 책이 여전히 개론적인 수준을 유지하면서도 내용의 깊이가 더해지도록 하다보니(적어도 내 의도는 그러했다), 어떤 장은 완전히 새로 쓰다시피 했다. 나는 특히 성서에 대한 장(결코 공평무사하다고는 할 수 없었던!)에 내용을 추가함으로써, 기독교의 영적인 해석과 초자연적인 해석 사이의 구분을 제시했다. 그리고 나는 칸트에 대한 장을 좀 더 명료하게 하기 위해서, 이유와 원인이라는 주제에 집중하는 동시에 그의 역사철학에 대한 언급을 추가했다. 또한 프로이트의 도덕론자적인 측면을 보여주는 내용과, 사르트르의 제1윤리학과 제2윤리학에 대한 내용을 추가했다. 헤이버먼 역시 유교와 힌두교에 대한 장을 보다 명료하게 하고 여러 가지를 새로 추가했다.

물론 이 세상에는 우리가 고른 열 가지 외에도 인간의 본성에 관한 많은 상반되는 이론이 존재한다. 가령 오늘날의 세계에서 영향력 있는 종교로 다시 한 번 부상하는 이슬람교와 불교 역시 여기 포함시킬 만한 내용이다. 하지만 우리의 담당 편집자는 이 책에서 다루는 이론을 딱 '열 가지'로 한정짓고 싶어했다.(혹시나 제5판에 가서는 '열두 가지'가 될지도 모르지만.) 따라서 이 두 가지 이론에 관심이 있는 독자들에게는 옥스퍼드 대학 출판부에서 나온 〈아주 짧은 개론서〉 시리즈1) 가운데 코란,2) 이슬람교,3) 붓다, 불교4)편을 읽어보라고 권하고 싶다.(이 시리즈의 분량에 비하면, 우리 책의 각 장은 그야말로 "아주, 아주 짧은 개론"에 불과하다.)

아리스토텔레스와 사상사적 간주곡이라는 두 장을 추가함으로써, 이 책의 무게중심도 이전 판에 비해서는 좀 더 과거 쪽으로 쏠리게 되었는지 모르겠다. 물론 그렇다고 해도 나쁠 것은 없으리라 본다. 요즘에는 좀 지나치다 싶을 정도로 최신의 과학 연구나 인기 있는 이론에만 매달리는 경향이 짙기 때문이다. 하지만 그렇게 미래만을 내다보고 달려가다 보면 과거의 지혜를 잊어버림으로써 — 혹은 단순히 무시함으로써 — 편협한 현재를 만들어낼지도 모른다. 나로선 독자들이 이 책을 통해 오늘날 영향력 있는 사상을 어떤 역사적인 맥락에서 파악할 수 있게 되길, 아울러 과학이니 종교에 근거한 인간의 본성에 관한 개념을 보다 깊고 보다 철학적인 시각에서 평가할 수 있게 되길 바랄 뿐이다.

이 책의 내용을 보다 적절하게 다듬을 수 있도록 도와주신 분들이 있다. 특히 각 장의 원고를 검토해준 새러 브로디(플라톤과 아리스토텔레스), 데이비드 아처드(마르크스), 젠스 팀머먼(칸트와 사르트르), 맬컴 지브스(다윈주의 이론) 등 세인트 앤드류스의 동료 교수들께 감사드리며, 아울러 지금은 애버딘 대학에 재직중인 고든 그레이엄(성서)에게도 감사의 마음을 전하고 싶다. 또한 우리 아버지 패트릭 스티븐슨(1983년 작고)께도 특별한 감사의 뜻을 표하고 싶다. 아버지께선 초판 때부터 이 책의 문체와 가독성 부분에 특별히 관심을 갖고 여러 모로 조언해주셨다. 그 두 가지 문제가 이후 판본부터 어느 정도 해결된 것도 아버지 덕분이 아닐까 싶다. 또한 이 책의 제4판을 집필하도록 격려와 후원을 아끼지 않으신 옥스퍼드 대학 출판부(뉴욕 소재)의 에밀리 보이트와 로버트 밀러 두 분께도 감사드린다.

2003년 7월
스코틀랜드 세인트 앤드류스에서
레슬리 스티븐슨

차례

머리말 7

서론 17
    상반되는 이론들에 대한 비판적 평가 17
    상반되는 이론들 20
    상반되는 이론에 대한 비판적 검토 24

제1장   유교: 성인(聖人)들의 도리(道理) 32
    우주에 관한 이론 33
    인간의 본성에 관한 이론 36
    진단 38
    처방 42
    이후의 발전 50
    비판적 토론 56
    더 읽을거리 59

제2장   우파니샤드 힌두교: 궁극적인 지식을 향한 추구 60
    우주에 관한 이론 62
    인간의 본성에 관한 이론 68
    진단 73
    처방 75
    서로 다른 해석들 77
        샹카라의 아드바이타 베단타 / 라마누자의 비시슈타 아드바이타 베단타
    비판적 토론 90
    더 읽을거리 92

제3장　성서: 하느님과 관계된 인간　94
　　　형이상학적 배경: 유대-기독교적 개념에서의 하느님　97
　　　인간의 본성에 관한 히브리의 이론　106
　　　진단: 인간의 불복종　112
　　　처방: 하느님의 언약과 회복　113
　　　신약성서　115
　　　신약성서에서 말하는 인간의 본성　117
　　　진단: 죄에 대한 신약성서의 견해　122
　　　처방: 예수를 통한 하느님의 구원　124
　　　기독교의 영적인 부분과 초자연적인 부분　127
　　　더 읽을거리　131

제4장　플라톤: 이성의 지배　132
　　　플라톤의 생애와 저술　132
　　　형이상학적 배경: 형상의 이론　136
　　　인간의 본성에 관한 이론: 영혼의 세 가지 구조　142
　　　진단: 영혼과 사회 간의 부조화　149
　　　처방: 철인군주의 교육과 지배를 통한 영혼과 사회 간의 조화　155
　　　더 읽을거리　162

제5장　아리스토텔레스: 인간의 완성이라는 이상　164
　　　아리스토텔레스의 생애와 저술　164
　　　형이상학적 배경: 성질로서의 형상, 그리고 네 가지 질문　166
　　　인간의 본성에 관한 이론:
　　　이성을 포함한 여러 능력의 집합체인 영혼　171
　　　이상과 진단: 인간의 완성, 덕과 악, 이론적이고 실제적인 지혜　180
　　　깨달음, 혹은 처방: 정치적 숙련과 지적 관조　188
　　　더 읽을거리　195
　사상사적 간주곡　197
　　　플라톤 이후의 고대 사상: 철학은 과연 어떤 인생 지침을 제공하는가?
　　　　　　　　　　　　　　　　197
　　　　스토아 학파 / 에피쿠로스 학파 / 신플라톤주의

중세 : 신앙에서 이성이 하는 역할은 무엇인가?　200
　　아우구스티누스(354-430) / 이슬람 철학자들 / 아퀴나스(1224-1274)
종교개혁: 신앙의 권위를 어디에 두어야 할 것인가?　207
과학의 발전: 어떻게 과학적 방법을 인간에게도 적용할 수 있을까?
　　　　　　209
　　홉스(1588-1679) / 데카르트(1596-1950) / 스피노자(1632-1677)
계몽주의: 과학이 우리 삶의 지침이 될 수 있는가?　214
　　흄(1711-1776) / 루소(1712-1778) / 콩도르세(1743-1794)

제6장　칸트: 이유와 원인, 역사와 종교　220
　　칸트의 생애와 저술　220
　　형이상학과 지식의 한계　223
　　인간의 본성에 관한 이론: 지각과 개념, 이유와 원인과 자유의지　228
　　진단: 이기심과 사회　238
　　처방: 순수한 종교와 문화적 발전　242
　　더 읽을거리　252

제7장　마르크스: 인간 사회의 경제적 기반　253
　　마르크스의 생애와 저술　254
　　역사적 유물론　259
　　인간의 본성에 관한 이론: 경제학, 사회, 그리고 의식　268
　　진단: 소외, 자본주의, 그리고 착취　271
　　처방: 혁명과 유토피아　276
　　더 읽을거리　280

제8장　프로이트: 정신의 무의식적 기반　283
　　프로이트의 생애와 저술　283
　　형이상학적 배경: 신경학, 결정론, 그리고 유물론　288
　　인간의 본성에 관한 이론: 정신적 결정론, 무의식, 본능,
　　그리고 아동발날　290
　　진단: 정신적 부조화, 억압, 그리고 신경증　296
　　처방: 정신분석 요법　299

비판적 논의: 프로이트는 사이비 과학자인가? 302
비판적 논의: 도덕론자로서의 프로이트 311
더 읽을거리 316

제9장 사르트르: 근본적인 자유 318
사르트르의 생애와 저술 322
형이상학: 의식과 대상, 무신론 325
인간의 본성에 관한 이론: 존재와 본질, 부정과 자유 327
진단: 불안과 불성실, 타인과의 갈등 333
처방: 반성적인 선택 339
"제1윤리학": 만인을 위한 본래성과 자유 344
"제2윤리학": 사회와 인간의 욕구 348
더 읽을거리 352

제10장 인간의 본성에 관한 다윈주의 이론 354
진화론 356
    다윈의 자연선택론 / 진보인가, 진보가 아닌가? / 유신론자인가, 무신론자인가?
진화론에 의거한 인간의 본성 366
    뒤르켐과 표준 사회과학 모델 / 스키너와 행동주의 / 촘스키와 인지심리학 / 틴버겐과 동물행동학 / 윌슨과 사회생물학 / 사회생물학에 대한 반박 / 투비와 코스미데스: 통합적 인과 모델
진화론에 의거한 진단과 처방 401
    스키너: 행동 기술에 관하여 / 로렌츠: 인간의 공격성에 관하여 / "생물학적 결정론"에 관한 좌파의 반발 / 촘스키: 인권에 대한 논쟁 / 윌슨의 처방
더 읽을거리 417

결론 상반되는 이론의 종합은 가능한가? 419
인간의 본성에 관한 선천적 이론 421
인간의 본성에 관한 경험적 이론 424
진단 426
처방 431

더 읽을거리 436
옮긴이의 말 438

주 448

찾아보기 485

서론

상반되는 이론들에 대한 비판적 평가

이 책은 이른바 "인생철학"을 찾고자 하는 사람들을 위해 쓴 것이다. 즉 인간의 본성에 관한 이해를 통해, 우리가 어떻게 살아야 하는지에 대한 일종의 지침을 제시하려는 것이다. 이처럼 어떤 '처방'을 내리려면, 대개는 먼저 무엇이 잘못되어 가고 있는지를 '분석'해야만 한다. 따라서 이런 식의 접근방식은 인생을 어떻게 살아야 하는지, 혹은 인간이 어때야 하는지에 대한 어떤 '이상(理想)'을 전제로 하고 있게 마련이다.

이 책의 제목에 보이는 "인간의 본성에 관한 이론"은 매우 넓은 의미로 사용되고 있으며, 따라서 고대의 종교 전통과 고전 철학 체계는 물론이고, 과학적인 방법을 통해 인간의 본성을 이해하고 인생과 사회에 대한 지침을 발견하려는 보다 최신의 이론까지도 모두 포괄한다. 우선 "이론"이란 단어 자체가 단순히 "과학 이론"만을 의미하진 않는다. 가령 여기서 "이론"이란 단어는 이른바 '필로-소피아(philo-sophia)' (지혜에 대한 사랑)라는 고전적 의미에서의 "철학"이란 단어로 대체할 수도 있고, "세계관(worldview)" (독일어 '벨트안샤웅[Weltanschauung]'에서 비롯된)이란 단어나, "이데올로기"(특정한 사회나 공동체가 지닌 믿음이나 가치관)란 단어로 대체할 수도 있다. 즉 우리가 사용하는 넓은 의미에서의 "인간의 본성에 관한 이론"이란 다음과 같은 뜻을 포함한다.

1. 우주와 그 안에서의 인간의 위치에 대한 기본적인 형이상학적 이해.
2. 인간, 인간 사회, 그리고 인간의 상태에 대한 몇 가지의 독특한 일반 이론, 즉 보다 좁은 의미에서의 인간의 본성에 관한 이론.
3. 인간의 대표적인 약점에 대한, 또한 인생과 인간 사회에서 잘못될 가능성이 있는 것에 대한 분석.
4. 어떻게 하면 인생을 최선으로 살 수 있을지에 대해 개인이나 인간 사회에 지침을 제공하는 처방, 혹은 이상.

위와 같은 요소를 겸비한 보다 넓은 의미에서의 이론만이 인류가 안고 있는 여러 가지 문제에 대한 해결 전망을 제시할 수 있다. 예를 들어, "모든 사람은 이기적으로 구는 경향이 있다"는(예컨대 우리는 자신의 사욕(私慾)만을 위해 행동한다는) 단 한 가지 주장은 매우 간략한 '분석'에 불과할 뿐, 과연 무엇이 우리를 그렇게 이기적으로 만드는지, 또한 어떻게 해야 우리가 그것을 극복할 수 있는지에 대해서는 아무런 제안도 내놓지 않는다. 마찬가지로 "우리 모두가 서로를 사랑해야 한다"는 주장은 이에 대한 '처방'이라 할 수 있지만, 어째서 우리가 서로를 사랑하기 어려운지에 대해서는(아울러 우리가 어느 정도까지 다른 사람들로부터 "사랑"을 기대할 수 있는지에 대해서도) 아무런 설명을 해주지 못하며, 또한 실제로 우리가 서로를 사랑하는 데에도 아무런 도움을 주지 못한다. 진화론 역시 우주에서의 인간의 지위에 대해 중요한 사실을 말해주긴 하지만, 그렇다고 해서 그 자체로 어떤 '처방'을 내려주지는 않는다. 왜냐하면 이것은 인간이라는 종(種)이 어떻게 해서 존재하게 되었는지에 대한 순전히 과학적이며 인과적인 설명일 뿐, 그렇다고 해서 우리의 삶의 목적이나 의미를 ― 즉 우리가 무엇을 해야 할지라든지, 우리가 무엇이 되어야 할지를 ― 말해주려는 것은 아니기 때문이다.

이 책은 또한 오늘날 이른바 논리학, 언어철학, 형이상학, 지식이론, 심리철학, 윤리학, 정치철학, 미학, 종교철학 등의 명칭으로 정의되는 각각의 학문적 주제에 해당하는 좁은 의미에서의 철학 개론서도 아니다. 물론 우리는 이들 각각의 영역에 해당하는 문제를 다루겠지만, 우리의 주된 관심은 그중에서도 여기 선정된 열 가지의 사상 체계에만 집중하는 것이다. 왜냐하면 이 열 가지 이론이야말로 많은 사람들로 하여금 난생 처음으로 철학을 공부하고픈 생각을 품게 할 만큼 매우 실존적이면서도 우리의 인생에 관계된 답변들을 제공해 주기 때문이다. 그래서 우주 속에서의 우리의 지위란 무엇일까? 우리는 왜 여기 있을까? 아울러 우리는 "우리가 어떻게 해서 태어났을까?"라는 간단한 질문에서부터 시작해서 "우리가 과연 무엇 때문에 태어났을까?"(우리는 과연 무엇을 지향해야 할까? 우리는 과연 무엇을 기피해야 할까?)라는 보다 의미심장한 질문까지도 던져볼 수 있다.

이는 우리가 인간의 본성에 관한 많은 이론들 중에서 특히 어떤 것을 받아들이는지에 따라 크게 좌우될 것이다. 가령 개인의 차원에서는 우리 인생의 의미와 목표가 무엇인지, 우리는 어떻게 살아야 하며 무엇을 추구해야 하는지, 우리는 무엇을 성취하거나 무엇이 되려는 희망을 품어야 하는지를 질문해 볼 수 있다. 그리고 인류 사회의 차원에서는 우리가 향후 인류 사회에 내해 어떤 비전을 기대할 수 있는지, 그리고 어떤 종류의 사회적 변화를 선호해야 하는지를 질문해 볼 수 있다. 이와 같은 커다란 질문에 대한 우리의 답변 역시, 우리가 인간에게 어떤 "진정한"

혹은 "선천적인" 본성이 있다고 생각하는지, 또는 인생에 대한 어떤 객관적 가치관이 있다고 생각하는지 여부에 달려 있을 것이다. 만약 그런 것이 있다면 과연 무엇일까? 정말 우리는 본질적으로 진화의 산물이고, 사욕만을 추구하도록 프로그램되어 있으며, 단지 유전자를 복제할 뿐이고, 생물학적 충동을 채우는 존재일 뿐일까? 아니면, 그런 "근본적인" 인간의 본성이란 없으며, 단지 사회와 경제와 정치와 문화의 힘에 의해 형성될 어떤 가능성만이 존재하는 것일까? 아니면, 개인의 인생은 물론이고 인류 역사에서도 어떤 초월적이고 객관적인(또는 신적인) 목적이 존재하는 것일까?

상반되는 이론들

이런 근본적인 질문에 대해서는 물론 여러 가지 견해가 있을 수 있다. "사람이 무엇이기에 주께서 그를 생각하시며 (……) 그(사람)를 하느님보다 조금 못하게 하시고, 영화와 존귀로 관을 씌우셨나이다."[5] 시편 8편의 저자는 이렇게 썼다. 성서에서는 초월적 존재인 하느님이 스스로의 형상대로 인간을 창조하고, 또한 인간의 삶에 어떤 목적을 부여한다고 본다. 그런가 하면 플라톤, 아리스토텔레스, 칸트가 구축한 탁월한 철학 체계에서도 인간의 삶과 사회가 따라야 할 객관적 가치 기준을 각자 내세우고 있다.

"인간의 진정한 본성이란 바로 사회적 관계들의 총합이다."[6] 19세기 중엽에 카를 마르크스는 이렇게 썼다. 마르크스는 하느님의 존재를 부정하면서, 각 사람은 자신이 속하는 인간 사회가 처한 특정한 경제적 단계의 산물이라고 주장했다. "인간은 자유롭도록 저주받은 존재이다."[7]

장 폴 사르트르는 제2차 세계대전 당시 프랑스에서 이렇게 썼다. 사르트르는 마르크스의 무신론에 동의하는 한편, 마르크스와는 달리 우리가 이 사회나 다른 어떤 것에 의해 결정된다고 보진 않았고, 오히려 모든 개인은 자신이 되고 싶거나 하고 싶은 것을 자유롭게 결정할 수 있다고 주장했다. 그런가 하면 인간의 본성에 관한 과학적 이론가를 자처하는 에드워드 O. 윌슨 같은 사람은 인간을 진화의 산물이자 생물학적으로 결정된, 종 특유의 행동 유형을 지닌 존재로 간주한다.

오늘날의 독자라면 위에 언급한 성서와 마르크스와 사르트르의 인용문이 모두 '남자(인간)'라는 단어를 사용하고 있음을 금세 눈치챌 수 있을 텐데, 물론 여기서는 이것이 여성과 어린이를 포함한 '모든' 인류를 지칭하는 단어다.[8] 이와 같은 전통적인 단어를 사용하다 보면, 그로 인해 이 사회와 가정에서 남성의 지배가 당연하고, 따라서 여성에 대한 무시와 탄압 역시 당연하다는 식의 의문의 여지가 다분한 가정을 널리 퍼트리는 데 일조한다 하여 비판의 대상이 되기 십상이다. 물론 이것은 단순한 언어 사용 이상의 중대한 문제임에 틀림없다. 하지만 이 책에서는 그런 페미니스트적인 주제를 구체적으로 다루진 않는다. 즉 인간의 본성에 관한 '페미니스트'의 이론을 다루는 장은 들어 있지 않다.(이제는 페미니스트들 사이에서도 이에 관해 서로 다른 여러 이론이 존재하긴 하지만!) 물론 우리는 이 책에 나오는 "이론들"이 말하는 남성과 여성 사이의 공통점과 차이점에 대해서도 분명히 언급할 것이다. 또한 가급적이면 성차별적인 용어는 쓰지 않으려고 노력할 것이다.(하지만 인용문이나 인용구의 경우, 항상 그러리라 장담할 수는 없다.)

이같은 인간의 본성에 관한 서로 다른 개념들로부터 우리는 무엇을 해야 하며, 또 어떻게 할 수 있는지에 대해서도 서로 다른 시각들이 나오게 된다. 만약 전능하고도 지극히 선한 하느님이 우리를 만들었다고 치면, 우리가 무엇을 해야 하며, 또 어떻게 할 수 있는지조차도 하느님의 목적에 따라 결정되기 때문에, 우리는 결국 하느님에게 도움을 청해야 할 것이다. 하지만 반대로 우리가 이 사회의 산물이고, 또한 현재 많은 사람들의 삶이 불만족스럽다는 사실을 깨닫게 된다면, 지금의 인간 사회가 변화되기 전까지는 진정한 해결책이 없을 것이다. 만약 우리가 근본적으로 자유로우며, 따라서 어떻게든 개인적 선택의 필요성으로부터 결코 벗어날 수가 없다면, 우리는 이를 기꺼이 받아들이고 우리가 하는 일을 완전히 자각한 상황에서 결단을 내려야만 할 것이다. 아울러 우리의 생물학적 본성에 의해 우리가 특정한 방식으로 생각하고, 느끼고, 행동하게 된 것이라면, 우리는 개인의 선택이나 사회 정책의 과정에서도 그런 현실적인 면을 고려해야만 할 것이다.

　　인간의 본성에 관한 서로 상반되는 믿음이 특히나 현저하게 나타나는 영역은 바로 개인의 삶의 방식(인생관)과 정치 및 경제 체제 면이다. 마르크스주의 이론(특히 그중에서도 몇 가지)은 20세기에 공산당이 지배하던 여러 국가에서 절대적 우위를 누린 까닭에, 당시에 그 이론에 대해 의문을 제기하는 사람에게는 심각한 결과가 빚어질 수도 있었다. 또한 오늘날의 우리는 이미 잊어버렸지만, 불과 몇 세기 전만 해도 기독교는 서구 사회에서 이와 비슷한 지배적인 위치를 차지하고 있었다. 그때만 해도 이단자와 불신자는 탄압을 받았고, 심지어 화형에 처해지기도 했다. 오늘날까지도 기독교가 우세한 일부 지역에서는 이에 반대하는 사람들이 사회적으로 불이익을 감수해야 하는 경우가 종종 있다.(수많은 이슬람 국가에서는 이슬람교가 이와 비슷한 지배적인 위치를 차지하고 있다.) 전통적으로 가톨릭이 우세한 나라(가령 이탈리아, 아일랜드 공화국, 폴란드 등)에서는 교회가 상당한 사회적 영향력을 발휘하는 까닭에, 낙태나 피임이나 이혼처럼 로마 가톨릭이 반대하는 풍속에 대해서는 국가의 정책 추진에 제동이 걸리기도 한다. 또한 교회와 정치가 아예 법적으로 분리되어 있는 미국의 경우조차도 프로테스탄트 가운데 특정 교파의 정서가 여론 형성을 주도하는 것은 물론이고, 심지어 국가의 정책에도 영향력을 발휘하고 있다.

이에 비하면 사르트르의 "실존주의" 철학 같은 것은 얼핏 보기에 오히려 사회적 영향력이 별로 없어 보인다. 하지만 현대의 "자유" 민주주의는 이른바 인간의 삶에서 객관적인 가치란 "없으며," 따라서 오로지 개인의 주관적인 선택만 있을 뿐이라는 철학적 견해를 통해 정당화되고 있다. 이러한 전제는 20세기 중반에 이르러 유럽 실존주의 철학의 대두에 영향을 끼쳤을 뿐만 아니라, 나아가 현대 서구 사회 전체에도 큰 영향을 끼쳤다. 자유민주주의의 정신은 본래 미국 독립선언서에도 깃들어 있어서, 여기서는 각 "사람"에게 "생명과 자유와 행복을 추구할" 권리가 있음을 확언하고 있다.[9] 이 대목은 종종 각 사람이 자신이 지닌 '신념'에 따라 행복을 추구할 수 있다고 해석된다. 하지만 어떤 객관적인 도덕 기준(종교적인 것이든, 세속적인 것이든 간에)이 분명히 "있다"고 믿는 사람들이라 하더라도, 이들이 만약 자신이 믿는 기준을 남들에게 '강요하는' 것이 부당하고 불합리한 행위라 생각한다면, 이들은 은연중에 자유민주주의라는 정치 체제를 옹호하는 셈이 된다. 따라서 가치주관주의[10]가 곧 정치적 자유주의를 뒷받침하는 것은 사실이지만, 그 반대로 정치적 자유주의가 곧 가치주관주의를 뒷받침하는 것은 아니다.

서구 전통의 바깥에도 인간의 본성에 관한 다른 이론들이 있고, 그 중 일부는 지금까지도 건재하다. 유대교 및 기독교와 동일한 기원을 갖는 이슬람교는 이슬람 세계에 사는 사람들이 서구 문명의 일면을 거부함에 따라 다시 대중적 위력을 발휘하고 있다.(물론 이는 테러리스트뿐만 아니라, 이슬람의 문화적 정체성을 옹호하는 훨씬 온건한 사람들까지 포함시켜서

하는 말이다.) 이민을 통해 이슬람은 서구로도 전파되었으며, 그곳에서 새로운 신도를 얻었다. 인도에서는 힌두교가 근본주의나 민족주의의 형태로 다시 위력을 발휘하고 있다. 본래 인도에서 시작된 종교인 불교는 극동 지역의 중국과 일본으로 전파되었으며, 이후 서구로도 전파되어 인기와 신도를 얻고 있다. 러시아에서는 마르크스와 공산주의의 영향력이 쇠퇴함과 동시에 과거의 러시아 정교를 지침으로 삼는 일부와, 다양한 형태의 현대적인 종교를 찾는 사람들이 늘어나고 있다. 중국 역시 현대화되는 동시에 점차 마르크스주의로부터 탈피하게 되면서, 이제는 고대 중국철학인 공자의 사상이 다시 한 번 주목을 받고 있다.

이 책에서 우리는 자세한 검토를 위해 열 가지 이론 — 철학, 세계관, 혹은 이데올로기 — 을 선택했다. 우리는 독자 여러분이 그 각각의 토론을 통해 스스로 생각할 수 있게 되기를 바란다.(아울러 각각의 주제에 대해 "더 읽을거리"를 충분히 추천할 것이다.) 우리는 단순히 어느 한 가지 이론을 "최고"라며 추천하기보다는 그 선택의 여지를 독자들에게 충분히 남겨놓을 것이다. 물론 결론의 종합 부분에서는 몇 가지 제안을 하긴 하겠지만 말이다. 본 주제에 들어가기 앞서, 우선 이 논란의 여지가 많은 주장들에 대해 어느 정도까지 공정하고도 합리적인 평가가 가능한지를 살펴보도록 하자.

상반되는 이론에 대한 비판적 검토

이 책에서 소개하는 이론들 가운데 상당수는 인류의 사회와 제도 속에 체화되어 있는(혹은 '있었던') 것들이다. 따라서 이들은 단순한 지적 구조물이라기보다는 오히려 역사적 변화와 성쇠에 종속되는 것이다. 다수의 사람들이 이 세계와 인간의 본성에 관한 특정한 믿음의 체계를 단순히 지식이나 학문이나 과학의 방법으로 신봉할 뿐만 아니라 각자의 삶의 방식으로 받아들이게 되는 순간, 그것은 종종 "이데올로기"라고 불린다.

어떤 믿음이 이데올로기 — 이는 어느 사회 집단의 삶의 방식을 정당화하기 위해 쓰이는 말이었다 — 가 되고 나면, 그 집단의 구성원들로서는 그것을 객관적으로 다루기가 불가능해진다. 왜냐하면 그 이데올로기에 순응하고, 그것을 승인하라는 강력한 사회적 압력이 존재하기 때문이다. 따라서 사람들은 비록 자신들이 지닌 믿음이 때로는 이론적인 어려움을 노출시키기는 하지만, 그래도 어떤 매우 중요한 통찰을 지니고 있다고, 즉 어떤 현실적인 중요성을 지닌 매우 본질적인 진리에 대한 견해를 지니고 있다고 생각할 것이다. 이런 사람들을 향해 그들 각자가 지닌 인간의 본성에 관한 이론에 대해 의문을 제기하는 것이야말로 그들의 삶에 의미와 목적과 전망을 부여하는 특정한 견해에 위협을 가하는 것이나 마찬가지이며, 따라서 그들로서는 심리적인 불편과 불안을 느낄 수밖에 없다. 아울러 자신이 틀렸다는 사실을 인정하지 않으려는 타성과 마지못함 역시 한몫을 한다. 만약 특정한 믿음이나 그 가르침을 따르는 삶의 방식 속에서 자라난 사람이라든지, 혹은 훗날 그런 믿음으로 전향해 그 가르침을 따르게 된 사람의 경우에는, 자신의 인생을 건 그런 믿음을 감히 의문시하거나 포기할 수가 없다.

이런 상황에서는 공평하고도 합리적인, 그리고 "순전히 철학적인" 차원의 고찰과 가치평가조차도 쉽지는 않아 보인다. 수많은 논의와 토론(공적으로나 사적으로나)을 겪다 보면, 우리는 각 사람들의 근본적인 입장이 어떤 사건이나 주제보다도 훨씬 이전에 결정되어(그것도 종종 이런저런 사회적 조건화에 의해) 있으며, 또한 이른바 "토론"을 통해 얻을 수 있는 것이라곤 그저 각자의 편견을 재확인하는 것뿐임을 깨닫게 된다. 따라서 누군가가 지적이거나 윤리적인 차원에서 이의를 제기한 경우, 사람들은 각자가 선호하는 이데올로기나 인간의 본성에 관한 이론(가령 기독교나 마르크스주의)을 열렬히 옹호하거나 변호하곤 한다. 이들의 특징은 대략 다음과 같다.

첫째로, 그런 신봉자들은 대개 누군가의 이의 제기에 대해 언제라도 변명할 수 있는 방법을 지니고 있게 마련이다. 가령 기독교인들이라면 하느님이 항상 악을 방지하거나 항상 우리의 기도에 응답하는 것은 아니라고 주장하거나, 또한 때로는 우리에게 좋지 않아 보이는 일도 궁극적으로는 우리에게 최선일 수 있다고 주장할 것이다. 마찬가지로 정치적 선동가들은 특정 정치 체제 아래에서 사람들이 고통 받는 것조차도 새로운 세계질서의 형성에 수반되는 불가피한 산고(産苦)라고 주장할 것이다. 이런 설교자들과 정치가들로 말하자면 무슨 일에건 하느님과 교회의 뜻을, 또는 여당과 당수의 뜻을 정당화하는 데는 도가 튀어 있다.

둘째로, 그런 신봉자들은 도리어 상대방이 제기하는 비판의 동기를 문제 삼을 수 있다. 가령 기독교인들이라면, 상대방이 죄에 눈이 먼 까닭에, 즉 그 자신의 교만에 눈이 먼 나머지 빛을 못 보는 까닭에 감히 그런 비판을 제기하는 것이라고 말할 것이다. 또한 마르크스주의자라면, 마르크스의 분석에 담긴 진리를 인식하지 못하는 자들이야말로 이른바 자본주의 사회에서 이득을 취하는 사람들에게서 보이는 전형적인 "허위의식"을 지니고 있기 때문에 감히 비판을 제기하는 것이라고 주장할 것이다. 프로이트의 이론에서, 정신분석학에 대한 비판자들은 종종 그 이론을 거부하려는 동기를 무의식적으로 지닌 것으로 "분석"되곤 했다. 즉 비판자의 동기 역시 그 비판당하는 이론의 논리로 "분석"될 수 있다는 것이다.

위의 두 가지 내용을 요약하면 다음과 같다.

1. 자신의 이론에 대항하는 어떠한 증거도 허락하지 않으며, 또한 이른바 반증에 대해서도 어떻게든 변명할 방법이 있다고 항상 가정한다.
2. 자신의 이론에 대한 비판이 제기될 경우, 그 이론 자체의 논리를 사용하여 비판자의 동기를 분석한다.

만약 어느 이론이 위의 두 가지 장치에 의해 옹호되고 있다면, 우리는 그 이론을 가리켜 "폐쇄체계"라고 할 수 있다. 물론 그렇다고 해서 그 이론의 신봉자(가령 기독교인이나, 마르크스주의자나, 프로이트주의자나) 모두가 폐쇄적 사고방식을 지니고 있다는 뜻은 아니다.

그렇다면 우리가 이 책에서 목표하는 바대로, 이른바 인간의 본성에 관한 다양한 이론들을 합리적이고 객관적으로 논의한다는 것은 가능할까? 그런 이론이 삶의 방식 속에 체화되어 있을 경우, 그에 대한 믿음은 단순한 추론의 경지를 넘어선 듯 보인다. 궁극적으로는 신앙이나 권위, 또는 특정 공동체에 대한 소속, 충성, 참여 여부 같은 비이성적인 근거에 호소하게 되기 때문이다. 가령 어떤 믿음이나 권위에 대해 "내가 왜 이걸 믿어야 할까?"라든지, 또는 "내가 왜 이런 권위에 순종해야 할까?"라는 질문을 던졌을 때, 그 믿음이나 권위와 연관된 어떤 집단이나 전통에도 소속되지 않은 사람이나, 혹은 그에 대해 매력을 느끼지 못하는 사람들 조차도 모두 만족시킬 만한 답변은 존재하지 않는다.

오늘날에는 이처럼 상반되는 전통과 이데올로기들이 그 어느 때보다도 큰 영향력을 발휘하고 있다. 종교적, 종파적, 정치적, 민족적, 인종적, 정신요법적, 성별적 등등의 온갖 교설들이 강경하거나 온건한, 또는 조악하거나 세련된 형태로 다양하게 주장되고 있는 것이다. 이른바 "지구촌"의 매체를 통해 서로 다른 문화가 상호간의 진정한 대화와 청취 및 이해를 도모하기보다는 오로지 충돌을 빚기만 하는 듯하다. 많은 사람들은 매우 뚜렷이 규정된 공동체를 통해 확신과 참여와 정체성과 소속감을 얻는 일에 더욱 매력을 느끼게 된다. 이러한 추세야말로 다양한 형태의 "근본주의"로 나타나는데, 이것은 어떤 전통에서 만사를 뭔가 근본적이고 본질적이고 확고부동하다고 여겨지는 — 실제로 옳건 그르건 간에 — 주제에 호소하는 것을 말한다.(이것은 프로테스탄트건, 가톨릭이건, 유대교건, 이슬람교건, 힌두교건, 마르크스주의건, "자유시장주의"건, 미국 민족주의건 뭐건 간에 마찬가지다.)

이에 대한 반발로 회의주의와 냉소주의 또한 힘을 얻고 있다. 오늘날 이러한 경향은 문화상대주의나 포스트모더니즘의 형태로 나타나는데, 이에 따르면 더 이상은 특정한 문화적 전통(이데올로기, 혹은 인간의 본성에 관한 이론)의 입장이 다른 전통에 비해 더 합리적이고 정당하다고는 할 수 없다. 이러한 경향에서 가장 큰 영향력을 지닌 예언자는 19세기 독일의 철학자인 프리드리히 니체로, 그는 "회의의 대가"라고 일컬어진다. 왜냐하면 그는 "객관적인" 진리나 도덕으로 가정되는 것의 주장 뒤에는 항상 우리가 미처 인식하지 못한 이데올로기적 신조나 심리학적 욕구가 존재한다고 진단하고 있기 때문이다.(이런 생각은 그 이전의 마르크스나, 이후의 프로이트와 마찬가지다.) 만약 우리가 이런 상대주의적인 결론을 받아들여 이른바 인간의 본성에 관한 진정한 설명이 불가능하다거나, 혹은 인간의 본성에 관한 상반되는 이론들간의 합리적인 논의 같은 것은 궁극적으로 불가능하다고 생각하게 된다면, 이 책에서 내세운 목표는 그 시작부터 난국에 처하게 되는 셈이다.

하지만 우리가 생각하기에, 그런 식의 절망은 지나치게 섣부른 것이 아닐까 싶다. 우선 한편으로는 우리가 이 책에서 다루려는 이론들 가운데 오늘날 특별히 영향력 있는 사회 집단의 이데올로기로 기능하는 것은 없는 듯하며, 비록 그렇게 기능하는 예가 있다 하더라도 그 집단 자체가 이전처럼 매우 폐쇄적인 사고방식을 지닌 경우는 별로 없는 듯하기 때문이다. 하지만 보다 중요한 사실은, 어떤 이론이 비록 많은 사람들에 의해 '폐쇄체계'로 주장된다 하더라도, 아직까지는 어느 정도 그에 대한 합리적인 평가가 가능하다는 점이다. 누군가가 어떤 말을 할 때, 우리는 항상 그의 말의 배후에 숨은 동기를 식별할 수 있다. 만약 어떤 화자(話者)의 말을 통해 그의 성격이나 사회적 배경을 이해하고자 할 때는 무엇보다도 그의 말의 동기를 이해해야만 한다. 하지만 그 말 자체의 진위만을 문제 삼을 때는, 일단 그 말을 믿을 만한 근거가 충분하다면 그의 동기는 무시해버려도 그만이다. 왜냐하면 어떤 사람이 무척이나 훌륭한 동기를 품고 있다 해도 정작 그가 말하는 내용은 거짓일 수 있으며, 마찬가지로 어떤 사람이 뭔가 진실한 말을 한다고 해도 실제로 그의 동기 자체는 의문의 여지가 있을 수 있기 때문이다. 비판자가 싫다고 해서 그의 주장마저 처음부터 묵살해서는 안 된다. 왜냐하면 비판자 중에서도 가장 성가신 부류는 바로 (비록 부분적이나마) '옳은' 말을 하는 비판자이기 때문이다.

따라서 만약 어떤 이론이 진실한지, 혹은 그 이론을 믿을 만한 충분한 이유가 있는지에 대해 논의하려고 한다면, 누군가 그 이론에 대해 내세우는 반론 자체에 대해서만 답변이 이루어져야지, 결코 그 반론의 동기를 문제 삼아서는 안 된다. 그렇지 않고 그 동기를 문제 삼는다는 것은, 즉 그 반론을 반박당하는 그 이론의 논리로 분석한다는 것은 결국 그 이론 자체가 진리라고 가정하는 셈이고, 따라서 논점을 교묘하게 회피하는 행위가 된다.(즉 순환논법이다.) 어떤 이론에 대한 반론이 있을 때, 단순히 그 이론의 일부를 재차 강조하는 것은 합리적인 논박이 될 수 없다. 위에서 밀한 '폐쇄체계'의 두 번째 특징 — 모든 비판에 대해 그 비판자의 동기 자체를 문제 삼는 기술 — 은 따라서 이성적으로 불만족스러운 것이다. 우리로선 누군가의 주장을 충분히 그 자체만으로 논의하고, 또

평가할 수 있기 때문이다.(아울러 상대방에 대해서도 깍듯이 예의를 차려가면서 말이다.)

위에서 언급한 '폐쇄체계'의 첫 번째 특징 — 즉 반론에 대해서는 항상 어떤 식으로건 변명할 방법을 찾아내려는 태도 — 에 대해서도 우리는 과연 그런 "변명해 넘기기"가 타당한 것인지 여부를 물어볼 수 있다. 그 이론의 신봉자로선 단순한 미사여구, 즉 "재치 있는 한 마디"나 "결정적인 한 마디"로 비판자를 그만 꼼짝 못하게 만든 채 마치 훌륭한 방어전을 치른 양 우쭐대며 도피해버릴 수는 있지만, 그것만으로는 불충분하다. 합리적이고 철학적인 논의는 — 이른바 매체에서 흔히 볼 수 있는 "토론"과는 달리 — 정해진 결말이 없으며, 비록 이미 한 번 언급되었던 내용이라 하더라도 과연 그것이 구체적인 음미에도 견뎌낼 수 있는지를 확인하기 위해 계속해서 문제점을 제기하고 다시금 고찰할 수 있는 가능성이 존재한다. 따라서 어떤 식으로건 "변명"하고 넘어가려는 시도조차도 신중한 고찰로 잡아내는 한편, 그 주장이 실제로 설득력이 있는지 여부를 판별할 수 있는 것이다. 많은 사람들에게는 이처럼 일정한 결말이 없는 토론에 참여할 만한 시간도, 인내심도, 열의도 없다. 하지만 그렇다고 해서 비록 일부나마 그렇게 하려는 사람들을 막을 수는 없다. 고대 그리스의 철학자 소크라테스는 우리에게 이른바 "소크라테스 식 대화법"(제4장 참조)이라는 방법을 알려주었다. 예수 역시 아무하고나, 심지어 사회적으로 소외된 사람들과도 어울리며 그들의 정신적 안위에 대해 기꺼이 이야기를 나누고, 진지한 논쟁을 벌였다.

그러므로 우리는 어떤 이론의 신봉자들(다양한 신조를 지닌 근본주의자들까지 포함해서)에게 이렇게 말하고 싶다. 즉 우리는 당신의 신조를 '포기하라'고 요구하는 게 아니라, 다만 그것에 대해 '생각하라'고 요구하는 것뿐이다. 당신의 이론을 다른 이론들과 비교해 봄으로써, 당신이 어느 정도까지 동의하고 또 동의하지 않는지를 생각해 보라는 것이다. 또한 당신의 이론에 대한 반론에 스스로가 얼마나 잘 답변할 수 있는지를 생각해 보라는 것이다. 당신이 생각하기엔 그런 전통 가운데 어떤 부분이 가장 본질적인 것인지, 혹은 가장 근본적인 진리를 담고 있는지를 생각해 보고, 한편으로는 어떤 부분이 임의적인 것인지를 — 즉 역사적 중요성이 있을지는 몰라도, 오늘날 모든 사람에게 강요할 필요는 없는 것인지를 — 생각해 보라는 것이다. 어떤 단계에서든 여러분이 무엇을 지지할 것인지(혹은 바꿀 것인지)는 오로지 여러분 자신이 결정할 문제이다.

또 우리는 어떠한 이론도 신봉하지 않는다는 사람들(상대주의자, 혹은 포스트모더니스트까지 포함해서)에게는 이렇게 말하고 싶다. 사람이라면 누구나 인간의 본성에 관한 이론이나 이데올로기나 철학을 어떤 식으로건 갖고 살아가게 마련이다. 여러분 자신조차도 인류의 안위에 영향을 주는 개념이나, 가장 가치 있게 여기는 시각을 최소한 몇 가지는 갖고 있을 것이다. 적어도 그것이 오로지 여러분 자신의 장기적인 안위나 행복만을 위한 것이라 하더라도 말이다. 우리는 지금 여러분 앞에 내놓는 이런 다양한 사고 체계를 여러분이 한 번 숙고해 주기를, 여러분이 현재 갖고 있는 시각(비록 아무리 사소하고 상대적인 것이라 하더라도)과 비교해 주기를, 또한 그 두 가지 사이의 차이를 합리적으로 평가해 주기를 바란다. 동물과 같은 수준이 아닌 이상, 인간이라면 어느 누구도 자신의 믿음과 행동에 대해 아무런 이유도 부여하지 않고 살아갈 수는 없기 때문이다.

제1장
유교: 성인(聖人)들의 도리(道理)

중국의 사상과 문명에서 공자(孔子, BC 551-479)만큼이나 지대한 영향을 끼친 인물도 없다. 하지만 중국 역사상 오랜 세월에 걸쳐 이른바 "스승"으로 간주되어 온 이 중요한 인물의 삶에 대해서는 오히려 확실히 알려진 바가 없다. 그는 오늘날 산동지방의 일부인 노(魯)나라의 가난한 귀족이었던 공씨 가문에서 태어났다. 전해지는 바에 따르면, 그는 일찍이 부모를 잃었으며, 어려서부터 공부를 좋아했다고 한다. 훗날 그는 고향인 노나라를 떠나 중국 전역을 떠돌면서 여러 봉건 군주의 고문으로 일했다. 하지만 그는 자신의 사상을 실행할 만큼 유력한 자리를 얻는 데는 실패했기 때문에, 결국 노나라로 돌아와 일생을 교육에 바쳤다. 따라서 그의 사상을 음미할 경우에는 이러한 실패마저도 염두에 두어야 할 것이다. 공자는 이후 중국 역사에서 "위대한 공 선생"이란 뜻의 '공부자(孔夫子)'로 통칭되었는데, 훗날 이 이름이 서구에 전해지면서 '컨퓨셔스'[11]가 되었다.

공자의 사상을 알 수 있는 가장 신뢰할 만한 저서는 바로 『논어』 — 영어로는 흔히 "어록"이라고 번역된다 — 이다. 『논어』는 공자의 단편적인 말을 그의 사후에 제자들이 엮은 것이다. 따라서 『논어』의 내용을 실제로 공자가 한 말로 봐야 하는지를 놓고 학술적으로 논쟁이 벌어져 왔으며, 그 내용 가운데 많은 부분이 후대에 덧붙여진 것이라고 주장하는 학자들도 많다. 유교 자체는 긴 역사와 복잡한 전통을 지닌 것이지만, 그 중에서도 『논어』는 이후 여러 세기 동안 지속되어 온 전통에서도 가장 원초적이고도 핵심적인 유교 사상의 목소리를 들려주고 있다. 따라서 이 장에서는 특히 『논어』의 전체적인 내용을 집중적으로 소개하는 한편, 편의상 『논어』에 기록된 내용을 직접 말한 인물을 그냥 "공자"로 간주하겠다. 또한 후대의 유교에서 일어난 두 가지 분파에서 주장한 인간의 본성에 관한 이론에 대해서는 이 장의 끝부분에서 별도로 다루고자 한다.[12]

우주에 관한 이론

『논어』에서는 형이상학보다 오히려 인본주의 쪽이 강조되어 있다. 즉 공자는 기본적인 인류의 안위에 대해서 주로 관심을 가졌던 반면, 자기가 살아가는 이 세계의 궁극적 본성에 대해서는 거의 이야기하지 않았다. 한번은 누군가가 신령(神靈)을 섬기는 것에 대해 묻자, 공자는 이렇게 대답했다. "사람을 잘 섬기지 못한다면 어떻게 귀신을 섬기겠는가?"(XI.12) 그리고 죽음에 대해 묻자, 이렇게 대답했다. "삶을 모른다면 어떻게 죽음을 알겠는가?"(XI.12)[13] 형이상학적 사변을 멀리하는 대신, 공자는 백성들의 안위를 도모하고, 그로 인해 백성들 사이에 조화로운 관계를 가져올 좋은 정부를 옹호했다. 그러나 공자는 이 우주에 우리의 삶을 결정하는 힘이 있다는 사실은 알고 있었다. 그는 이를 나타내기 위해 '명(命)'이라는 단어가 포함된 두 가지 개념을 사용했다. 하나는 '천명,' 곧 "하늘의 뜻"이고, 또 하나는 '운명,' 즉 "불가피한 숙명"이다.

공자는 우리가 도덕적인 세계에 살고 있다고 주장했다. 덕(德)은 이 우주를 형성하는 구조 자체이다. 공자는 윤리 규범 자체에 어떤 궁극적이고 초월적인 면이 있다고 보았다. 그는 이렇게 말한 바 있다. "하늘이 나에게 덕을 주었으니."(VII.23)[14] 공자 당시의 중국에서 '천명'은 널리 받아들여지는 개념이었다. '천명'은 대개 통치권에 대한 도덕적인 명령으로 이해되었는데, 이는 하늘이 백성의 안위에 대해 깊은 관심을 갖고 있다는 믿음에서 나온 것이었다. 즉 하늘이 어떤 황제를 세운 것은 그로 하여금 좀 더 높은 목적을 위해 통치하게 하려는 것이지, 결코 황제 개인의 이익을 취하게 하려는 것이 아니다. 공자는 이러한 본래 뜻을 더욱 확장시켜, 세상 모든 사람이 '천명'에 따라야 한다고 주장했다. 즉 이제는 모든 사람이 — 단지 황제뿐만 아니라 — 그 우주적인 법칙에 종속됨으로써, 이른바 '하늘의 뜻〔天命〕'에 부합하기 위해 도덕적으로 행동해야 한다는 것이다. 따라서 공자가 생각하는 궁극적인 완성은 하늘이 내려준 초월적인 덕을 우리 몸에 배양하는 것이다. 물론 우리는 '하늘의 뜻'에 반항하거나, 순종하지 않을 수도 있다.

그럼에도 불구하고 이 세상에는 인간의 능력을 넘어서는 삶의 차원이, 즉 인간의 노력이 아무런 효과를 거두지 못하는 영역이 있게 마련이다. 이렇듯 불안정한 인간의 삶은 바로 '운명〔命〕'에 이끌려가게 되는데, 이때 '운명'이란 인간의 이해를 초월한 '하늘의 뜻〔天命〕'의 한 측면이다. 즉 한 사람의 삶이나 사회적 성공, 재산, 수명 같은 것은 모두 '운명'에 달려 있다. 따라서 우리가 아무리 노력해도 그 결과에는 하등 영향을 끼치지 못한다. 왜냐하면 애초부터 모든 것이 정해져 있기 때문이다. '하늘의 뜻'은 경우에 따라 사람이 이해할 수도 있는 — 물론 매우 힘들긴 하지만 — 반면, '운명'은 전적으로 사람의 이해를 넘어선다. '하늘의 뜻'(인간이 순응할 수도 있고, 순응하지 않을 수도 있는)과 '운명'(전적으로 인간의 능력을 넘어서는) 사이의 구분이야말로 공자에게는 가장 근본적인 것이었다. 왜냐하면 만약 어떤 사람이 자기 삶의 물질적 안락이 결국 '운명'에 달려 있다는 사실을 깨닫게 된다면, 그는 지금까지의 부질없는 노력을 포기하고 앞으로는 하늘의 덕을 추구하는 데 더욱 노력할 것이기 때문이다. 따라서 덕 — 이는 사회적 성공과는 무관한 것이었다 — 이야말로 사람이 평생에 걸쳐 추구할 만한 가치가 있는 것이다. 공자는 '하늘의 뜻[天命]'(II.4)[15])과 '운명[命]'(XX.3)[16] 모두의 본성을 이해할 필요가 있다고 주장했지만, 그 이유는 서로 다르다고 했다. 즉 '하늘의 뜻'은 궁극적인 관심의 진짜 목적이기 때문에 이해해야 하지만, '운명'은 단지 그것을 대담하게 받아들이기 위해서만 이해해야 한다고 말이다.

인간의 본성에 관한 공자의 이론을 살펴보기에 앞서, 그의 여러 가지 개념들 가운데 또 하나를 살펴보는 편이 유용할 것이다. 그것은 바로 '도리[道],' 즉 "길"이다. 물론 훗날 중국에서는 이 '도'라는 말이 추상적이고 형이상학적인 원칙을 의미하는 것으로 상징되었지만(특히 도가[道家]에 의해서), 공자에게 '도리'란 무엇보다도 고대 중국의 이상적인 시대의 군주인 "성인(聖人)들이 취한 도리"를 의미하는 것이었다. 또한 예(禮)로 나아가는 길과 연관되어 있다는 면에서, 유교에서 말하는 '도리'란 '하늘[天]'의 개념과 매우 밀접하다. 비록 분별하기가 쉽지는 않지만, 우리는 과거 성인들이 한 행동을 통해 '하늘의 도리[天命]'를 알게 될 수도 있다. 가령 공자는 성인 중 한 사람인 '요(堯)'에 대해 이렇게 말한 것으로 기록되어 있다. "위대하시다! 요의 임금노릇 하심이여! 높고 크다. 오직 저 하늘이 가장 크거늘, 오직 요임금만이 그와 같으셨으니, (ㄱ 공덕이) 넓고 넓어 백성들이 무어라 형용하지 못하는구나."(VIII.19)[17]) 따라서 과거의 성인들 — '하늘'의 뜻을 모범적으로 실천했던 — 이야말로 오늘날 인간의 완성에 도달하기 위한 도리, 아울러 모든 사람이 따라야 할 도리의 모범이 될 수 있다.(VI.17)[18] 공자에게 서로 연관된 이 세 가지는 결국 존경의 대상이 된다. 공자는 이렇게 말한 것으로 기록되어 있다. "군자는 세 가지 두려워함이 있으니, 천명을 두려워하며, 대인(大人)을 두려워하며, 성인(聖人)의 말씀을 두려워한다."(XVI.8)[19]

인간의 본성에 관한 이론

공자는 인간의 잠재 능력에 대해 매우 낙관적으로 생각했던 모양이다. 실제로 중국 철학 가운데 상당수의 목표는 사람들로 하여금 성인(聖人)이 되게 하는 것이었다. 이른바 "하늘이 바로 내 몸 속에서 나오는 덕의 근원"이라는 공자의 말은 인간이 '하늘(天)'의 도덕의 궁극적 실재에 도달할 수 있다는 그의 확신을 보여준다. 공자가 보기에 모든 사람은 성인이 될 자질을 갖고 있으며, 또한 성인이란 바로 자비심을 널리 베푸는 사람을 의미했다.(VI.30)[20] 즉 모든 인간에게는 덕을 기르고, '하늘의 뜻(天命)'에 부합할 수 있는 자질이 내재되어 있다는 것이다. 공자는 '하늘의 도리(天命)'를 따름으로써 개인적인 즐거움을 맛보게 되었다고 말한다. 하지만 공자가 인간의 자질을 이처럼 낙관했다고 해서 인간의 '현 상태'마저 낙관한 것은 아니었다. 오히려 공자가 증명한 바에 의하면, 성인이란 무척이나 드문 존재인 것이다. 그는 이렇게 주장한다. "성인을 내가 만나볼 수 없(다.)"(VII.26)[21] 비록 모든 인간이 성인의 자질을 지니고 있긴 하지만, 그중에서 실제로 성인이 되는 경우는 매우 드물다. 오히려 대부분의 인간은 끔찍한 상태에 놓여 있다.

그렇다면 어째서 성인(聖人)의 자질을 지닌 사람들이 그토록 잘못될 수 있는 것일까? 공자는 인간의 본성에 관해서는 직접적으로 언급한 바가 거의 없었기 때문에, 그의 제자인 자공(子貢)은 이렇게 말한 적도 있었다. "부자(夫子)의 문장(文章)은 들을 수 있으나, 부자께서 성(性)과 천도(天道)를 말씀하시는 것은 들을 수 없다."(V.13)[22] 이처럼 공자가 인간의 본성에 관해 언급한 바가 드문 까닭에, 후대의 유교에서는 이에 관한 매우 다양한 이론이 생겨나게 되었다. 그러나 비록 인간의 본성에 관한 뚜렷한 언급은 없다 하더라도, 공자의 말 속에는 인간이 삶의 어떤 영역에서는 자유의지를 발휘할 수도 있음이 드러나 있다. 즉 비록 우리가 스스로의 '운명'을 제어할 수는 없다 해도 ─ 가령 우리는 자신의 사회적 지위나 수명을 결정할 수 없다 ─ 우리에겐 덕(德)과 예(禮)를 거부하거나, 혹은 받아들일 자유가 있다. 다시 말하면 우리는 덕의 원천인 '하늘의 뜻'에 반항하거나, 혹은 그에 순응할 수 있는 능력을 지니고 있는 것이다. 공자는 인간이 현재 살고 있는 환경에 대해 중대한 선택권을 지니진 못한다는 사실을 인정하는 한편, 적어도 인간이 어떤 상황에서 '어떻게' 살 것인지를 결정할 수 있는 선택권만큼은 갖고 있다고 강조했다.

비록 인간의 본성에 관해 구체적으로 정의를 내린 적은 없지만, 공자는 모든 인간이 근본적으로 똑같다고 주장한다. 다만 우리는 각자 서로 다른 삶의 방식을 취한 까닭에 이처럼 달라진 것이다. "성품은 서로 비슷하나, 습관에 의하여 서로 멀어지게 된다."(XVII.2)[23] 다른 무엇보다도 이 말에 담긴 뜻은 곧 인간이 변화될 수 있다는 점이다. 우리는 거의 무엇이든지 될 수 있다. 우리는 아직 미완성 상태에 있고 유연하기 때문에, 덕의 완성이라는 궁극적 목표를 성취하기 위해 지속적으로 자신을 길고닦아야 한다. 현대의 사회학자나 심리학자와 마찬가지로, 공자는 마치 인간의 성격이 그 환경으로부터 결정적인 영향을 받게 된다고 주장하는 듯싶다. 그리하여 그는 이상적인 인간의 삶을 살아가기 위해서는 우리에게 모범이 되는 인물들 — 성인(聖人)들 — 과 그들의 행적을 살피는 일이 중요하다고 보았다. 즉 이처럼 주의 깊게 만들어진 문화가 없다면 결국 끔찍한 결과가 일어나리라는 것이다. 문제투성이의 사회 조건으로 인해 벌어지는 결과에 대해서는 다음 절에서 자세히 설명하겠다.

마지막으로, 인간의 본성에 관한 공자의 시각에 대해 다음 두 가지를 더 언급하고 싶다. 첫째로 공자는 자신이 보기에 이상적인 덕을 지닌 인물을 '군자(君子)', 즉 "신사"라고 불렀다. 여기서 이 용어는 어디까지나 '남성명사'이다. 물론 굳이 따진다면 남녀 모두에게 사용할 수 있겠지만, 공자는 분명히 남성만을 대상으로 이 용어를 사용했다. 그는 여성에 대해 거의 언급한 바가 없었으며, 간혹 하더라도 지나치게 솔직한 표현을 사용했다. 한번은 여자와 "소인(小人)"[24]을 싸잡아서, 이들이야말로 집안 식구들 중에서도 특히나 "기르기 어렵다"(XVII.25)[25]고 말했다.

둘째로, 비록 인간의 본성이 근본적으로는 동일하다고 말하긴 했지만, 공자는 그러한 본성이 선하기 때문에 조심스럽게 지켜야 한다거나, 혹은 악하기 때문에 크게 고쳐나가야 한다고 명확하게 이야기하진 않았다. 이에 대한 구체적인 언급이 없었기 때문에, 후대의 유교에서는 이에 대한 논쟁이 활발하게 벌어졌다. 후대에 활동한 두 사람의 주요 유교 사상가가 이에 대하여 어떤 주장을 펼쳤는지에 관해서는 이 장의 맨 마지막 절에서 설명할 것이다.

진단

비록 지나치게 규범적인 면이 없진 않지만, 공자의 주장은 인간의 삶에서 무엇이 잘못되었는지를 명확하게 지적하고 있다. 대체로 말해서 과거에 대한 무지와 이기심에서 비롯된 사회적 알력, 이것이야말로 현재를 살아가는 인간의 상태다. 보다 간단히 말하자면, 인간은 곧 '하늘의 뜻'과 불일치하는 존재이다. 그로 인해 인간 사이에는 다툼이 생기고, 통치자는 사욕을 채우는 데만 전념하며, 백성들은 지나친 부담에 짓눌려 신음하고, 사회 전반에 이기주의와 탐욕이 만연하는 것이다. 이것이야말로 인간이 처한 처참한 상황이다. 이처럼 절망적인 상황이 빚어진 이유는 무엇일까? 『논어』에서는 이에 대해 다섯 가지의 이유를 들고 있다. (1)사람들이 점점 이익에 집착한다. (2)사회에서 효(孝)가 사라졌다. (3)사람들의 말과 행동이 일치하지 않는다. (4)성인의 가르침에 대한 무지가 만연해 있다. (5)세상에 너그러움(仁)이 결여되었다. 그러면 이 다섯 가지의 이유를 하나씩 자세히 살펴보자.

공자는 이렇게 말한다. "이익에 따라 행동하면 원망이 많다." (IV.12)[26] 유교 사상의 핵심 교의 가운데 하나는 정의(義)와 이익(利)이 상반된다는 것이었다. "군자는 의(義)에 깨닫고, 소인은 이익에 깨닫는다."(IV.16)[27] 대체로 인간의 행동은 특정한 행동을 통해 자신에게 유리한 어떤 결과가 나오기를 바라는 기대감에 의해 촉구되게 마련이다. 즉 사람들은 흔히 '내가 이렇게 하면 무엇을 얻을 수 있을까?' 라고 생각한다. 따라서 인간의 행동은 무엇이든지 이기적인 목표를 갖게 마련이다. 사람들은 대개 자신의 재산이나 권력을 키우기 위해 행동한다. 이것이 바로 공자가 말하는 "이익에 따라 행동하는" 것이다. 만약 어떤 사람이 정의로운 일을 하더라도, 그의 동기가 비도덕적인 것이라면 — 가령 어떤 지위를 얻으려고 그랬다든지 — 그 사람은 이익에 따라 행동한 셈이다. 공자는 『논어』에서 이렇게 경고하고 있다. "나라에 도(道)가 없을 때에 녹(祿)만 먹는 것이 수치스러운 일이다."(XIV.1)[28] 공자는 덕이야말로 모든 행동에서 유일한 지침이 되어야 한다고 믿었기 때문에, 이처럼 오로지 이익만을 추구하는 행동이 이루어지면 그로 인해 부도덕한 상황이 빚어지는 것은 물론이고, 모두가 이기적으로 자기 일만 생각함으로써 사회적 알력이 생겨날 것이라고 지적했다. 노동을 통해 물질적 이익을 얻는 것 자체가 나쁘다는 것은 아니었지만, 공자는 어떤 방법을 통해 이익을 얻는지를 매우 중요하게 생각했다. "의롭지 못하고서 부(富)하고 또 귀(貴)함은 나에게 있어 뜬구름만 같으니라."(VII.16)29)

개인적 이익이라는 동기에 따르는 이기적인 규범은 곧 이 사회에서 다른 사람을 향한 진정한 존경심이 없어졌음을 넌지시 말해준다. 공자가 보기에 이러한 존경심의 결여는 곧 사람들 사이의 부적절한 관계를 드러내며, 아울러 자기수양의 결여를 뜻한다. 이런 일이 벌어지는 까닭은 각 개인이 덕의 기반을 잃어버렸기 때문이며, 그로 인해 건전한 사회의 토대인 가족에 문제가 일어나게 된다. 이런 점에서 유교는 가족의 가치에 근거한 전통이기도 하다. 자기 아버지를 잘 봉양하지 못하는 아들이라면, 결국 훌륭한 국민이 될 수도 없을 것이다. 따라서 더 나은 가족 관계를 만드는 데 필수적인 덕목을 갖추지 못한 타락한 개인은, 결과적으로 사회 전체에 악의를 퍼트리게 된다. 그런 반면에 "그 사람됨이 효(孝)하고 공경스럽고서 윗사람을 범하기를 좋아하는 자는 드물다."(I.2)30)

공자가 지적한 또 하나의 문제점은 이른바 사람들이 하는 말과 하는 행동이 별개인 경우가 많다는 점이었다. 공자는 이렇게 말한다. "내가 처음에는 남이 하는 말을 듣고 그의 행실을 믿었으나, 이제 나는 남이 하는 말을 듣고 나서도 다시 그의 행실을 살펴보게 되었다."(V.10)31) 공자는 사람들이 종종 신의 없이 행동한다는 사실을 알았다. 말과 행동이 직결되지 않는다면 아무런 신뢰도 생길 수 없다. 왜냐하면 신뢰란 말한 바를 곧 행동으로 옮기겠다는 근거 위에 성립되기 때문이다. 이런 기본적인 신뢰가 없다면 사람들은 스스로의 성실성을 주장할 수도 없고, 나아가 다른 사람들을 신뢰할 수조차 없게 된다. 따라서 이 사회의 터전을 잃게 되는 것이다.

과거에 대한 무지 역시 이처럼 문제가 많은 인간의 상태를 만들어내는 주된 요인이다. 공자가 이 대목에서 특별히 의미하는 바는 이른바 성인들의 도리에 대한 무지이다. 앞에서 언급했던 것처럼 성인들은 '하늘〔天〕'을 본받아 살아가고, 그런 까닭에 덕의 완성으로 향하는 훌륭한 모범이 된다. 따라서 성인들의 도리에 대한 지식이 없으면, 사람들은 과거의 도덕적 통찰로부터 차단되고 마는 것이다. 그런 상태에서 사람들은 도덕적으로 방황하게 되어 잘못을 저지르게 된다. 공자는 성인들의 도리에 대해 깊은 믿음을 갖고 있었기 때문에, 심지어 이렇게까지 말한다. "아침에 도(道)를 들으면 저녁에 죽어도 괜찮다."(IV.8)[32]

공자가 생각하기에, 인간이 소유할 수 있는 가장 중요한 덕목은 바로 "너그러움〔仁〕"이었다. 너그러움을 체득하는 것이야말로 덕을 완성하는 것이나 마찬가지였다. 유교의 중심 개념인 이 단어를 한자로 써 보면 다음과 같은 두 가지 글자의 조합이 된다. 즉 "사람〔人〕"이란 뜻과 "둘〔二〕"이라는 뜻이다. 다시 말하면 이것은 "두 사람"이 서로 조화를 이루며 함께 서 있는 것〔仁〕을 나타낸다. 특히 너그러움은 사람들 사이의 관계에 대한 덕목이다. 어떤 학자들은 '인(仁)'을 영어로 옮길 때는 "인정 많음"이라든지, "인간다움"이란 말이 더 적절할 것이라고 말한다. 어쨌거나 '인'은 매우 넓은 도덕적 의미를 지닌 단어이자, 공자에게는 인간의 탁월함 중에서도 가장 높은 경지를 나타내는 것이었다. 그리고 공자는 너그러움이야말로 인간이 충분히 성취할 수 있는 범위 내에 있는 것이라고 주장했다. "인(仁)이 멀리 있는가? 내가 인을 하고자 하면 인이 당장 이르는 것이다."(VII.30)[33] 즉 인간의 완성에서 그 핵심은 바로 너그러운 마음〔仁〕인 것이다. 하지만 공자는 불행히도 이러한 덕목은 이 세상에서 찾아보기가 극히 힘들다고 생각했다. "나는 인(仁)을 좋아하는 자와, 불인(不仁)을 미워하는 자를 보지 못하였다."(IV.6)34) 따라서 이 사회는 조화 대신에 다툼으로 얼룩지게 된 것이다.

처방

인간 존재의 여러 병폐에 대한 공자의 처방은 주로 자기수양에 근거하고 있다. "완성된 인간(君子)"이란 무엇이냐는 질문을 받은 공자는 이렇게 대답한다. "몸을 닦아서 사람을 편안하게 하는 것이다."(XIV.42)35) 공자가 생각하는 이상적인 통치자란 스스로 덕의 모범으로써 다스리는 사람을 말한다. 하지만 과연 이 문맥에서 자기수양이란 무슨 뜻일까? 이에 대한 답변 역시 앞 절에서 살펴보았던 다섯 가지 병폐에 대해 공자가 제시한 해결책을 살펴봄으로써 얻을 수 있다.

오로지 이익만을 고려해 행동하려는 인간의 성향을 극복하기 위해, 공자는 "대가를 바라지 않는 행동"을 제안한다. 좀 더 자세히 말하면 이 것은 어떤 일이 도덕적으로 옳기 때문에 그 일을 할 뿐이지, 그 외의 다른 이유는 없음을 말한다. 공자에게 도덕적 노력은 그 자체가 목적이다. 사람은 그런 노력을 통해 자신의 뜻과 '하늘의 뜻(天命)'을 일치시킬 수 있다. 이익을 바라고 어떤 행동을 한다기보다는, 오히려 옳기 때문에 어떤 행동을 한다는 것은 삶이 주는 환멸에 대한 방패 노릇도 할 수 있다. 너그러움의 상태가 지니는 특징은 사람이 직접적으로 제어할 수 없는 행운과 불행에 대한 내적 고요와 평정, 그리고 무심(無心)이라 할 수 있다. 그로 인해 얻을 수 있는 보상은 '의로움(義)'으로, 이것은 그 어떤 특정한 사회적 상태조차도 초월하는 대단한 보상이다. 비록 각자의 그러한 노력이 남들에게 인정받지는 못하더라도, '대가 없는 행동'의 원칙에 따르는 사람은 결코 불만스러워하지 않는다. "남이 나를 알아주지 않아도 울분을 품지 않는다. 그런 사람이 나는 되고 싶다."(I.1)³⁶⁾ 더 나아가 이러한 원칙은 그 사람에게 이 세상이 알아주지 않는다 해도 계속해서 의로운 일을 행해 나가도록 촉구한다. 공자 자신조차도 "불가능한 줄을 알면서도 하는 자"(XIV.38)³⁷⁾로 일컬어진 바 있다. '하늘의 도리〔天命〕'에 대한 믿음은 사회적인 지위나 평판 같은 결과에 근거하는 것이 아니다. 공자 스스로도 좋은 평판과 아울러 자신의 사상을 실천에 옮길 수 있는 정치적 지위를 얻는 데는 결국 실패하고 말았음을 상기해야 한다. 『논어』에서 공자는 자신이 정치에 관여하려는 것은 단지 그것이 옳다고 생각해서일 뿐, 자신의 원칙을 널리 펴기 어렵다는 사실쯤은 이미 알고 있다고 말한다.(XVIII.7)³⁸⁾ 이는 이 장의 앞부분에서 살펴본 '운명〔命〕'의 개념과도 연관되어 있다. 사회적 성공은 '운명'에 달려 있다. 따라서 공자는 성공을 추구해 보았자 쓸모없다고 결론내린 것이다. 하지만 도덕적 성실성은 사람이 제어할 수 있는 것이며, 실제로는 삶에서 유일하게 추구할 만한 가치를 지닌 것이다. 사람은 '하늘의 도리'를 이해하기 위해 애써야 하지만, 동시에 하늘이 내린 어떠한 것에도 너그러이 행동해야 한다. 중요한 것은 사회적 평판이 아니라 자기수양을 하는 것이다. "군자는 자기의 무능함을 병으로 여기고, 남이 자기를 알아주지 못함을 병으로 여기지 않는다."(XV.19)³⁹⁾

조화로운 사회를 만들기 위해 공자가 제시한 또 다른 처방은 가족의 좋은 일원이 되도록 자기수양을 하는 것이었다. 그는 가족의 좋은 일원이 되는 것이야말로 한 사람이 가족의 울타리를 넘어서서 보다 중대한 영향력을 끼칠 수 있다고 보았다. "효하며 형제간에 우애하여 정사에 베푼다."(II.21)⁴⁰⁾ 즉 사회의 변화는 바로 가족의 울타리 안에서 이루어지는 자기수양으로부터 시작되는 것이다. 그런 뒤에라야 마치 잔잔한 연못에 돌을 던졌을 때 생긴 파문처럼 점점 널리 퍼져나갈 수 있는 것이다. 가정을 다스리는 원칙과 관계는 한 사회 전체로까지 확대해서 적용할 수도 있다. 다른 사람들을 향한 너그러움은 곧 자기 가족에 대한 사랑이 확장된 형태라야 한다. 공자에게 무엇보다도 중요한 관계는 아버지와 아들의 관계였다. 누군가 효에 대해 묻자, 공자는 이렇게 대답했다. "어김이 없어야 한다."(II.5)[41] 착한 아들이라면 아버지의 의도를 따르는 것이 곧 아버지를 잘 섬기는 길이다. "아버지가 돌아가셨을 때에는 (……) 3년 동안 아버지의 도[道, 행동]를 고치지 말아야 효라 이를 수 있는 것이다."(I.11)[42] 물론 여기서는 그 아버지가 얼마나 덕성을 지녔느냐가 문제이긴 하다. 공자는 한 집안의 아버지라면 마땅히, 혹은 보다 확장시켜서 한 나라의 군주라면 마땅히 덕의 모범으로써 다스려야 한다고 믿어 의심치 않았다. "그대가 바름으로써 솔선수범한다면 누가 감히 바르지 않겠는가?"(XII.17)[43]

한번은 누군가 공자에게 만약 당신이 한 나라의 실권을 잡게 되면 가장 먼저 무엇을 하겠느냐고 물어보았다. 그러자 공자는 이렇게 대답했다. "반드시 명분을 바로잡겠다."(XIII.3)[44] 명분(이름)을 바로잡는다는 것은 곧 명분과 행동을 일치시킨다는 뜻이다. 이것을 반드시 바로잡아야 하는 까닭은 명분과 실제가, 혹은 말과 행동이 일치하지 않을 때는 많은 것을 잃어버리게 되기 때문이다. 공자에게 이름(명분)이란 곧 그 이름이 붙여진 대상의 본질 자체를 구성하는 특정한 의미를 담고 있다. 예를 들어 어느 제후가 좋은 정부에 대해 묻자, 공자는 이렇게 대답한다. "임금은 임금노릇하며, 신하는 신하노릇하며, 아버지는 아버지노릇하며, 자식은 자식노릇하는 것입니다."(XII.11)[45] 여기서 "자식"의 개념은 우리가 위에서 살펴본 것처럼 단순히 생물학적인 명칭 이상이다. 이름은 곧 조화로운 존재에 본질적인 요소라 할 수 있는 특정한 태도와 책임감을 암시한다. 더군다나 말과 현실이 서로 동떨어지면 진정한 신뢰도 생겨날 수 없다. 바꿔 말하면 이것이야말로 거짓말에 대한 정의라고 할 수 있다. 좋은 정부에 대한 공자의 주장을 듣고 난 제후는 이렇게 감탄한다. "좋습니다. 진실로 만일 임금이 임금노릇을 못하며, 신하가 신하노릇을 못하며, 아버지가 아버지노릇을 못하며, 자식이 자식노릇을 못한다면, 비록 곡식이 있은들 내 그것을 먹을 수 있겠습니까?" 즉 여기서 "곡식"이란 말과 "곡식을 먹을 수 있는" 현실은 분명히 서로 다르다. 이 두 가지가 전혀 연관되어 있지 않다면 ― 가령 곡식 창고가 잠겨 있거나, 혹은 텅 비어 있다면 ― 우리는 결국 굶을 수밖에 없을 것이다. 말을 하기란 무척이나 쉽다. 어떤 사람이나 정부가 진실을 은폐하기 위해 고의적으로 말을 사용할 경우에는 사회적 혼란이 잇따르게 된다. 따라서 자기수양을 하는 군자는 "말함에 성실함이"(I.7)[46] 있고, 또한 "먼저 그 말한 것을 실행하고, 그 뒤에 말이 (행동을) 따르게 하는 것이다."(II.13)[47]

과거에 대한 무지라는 문제에 대한 공자의 해결책은 앞 절에서 이미 언급된 바 있다. 유교는 사실 학문적인 전통이다. 중국에서는 이를 가리켜 '유가(儒家)'라고 ― 사실 '유(儒)'라는 말 자체가 "학자"를 뜻한다 ― 일컬었으며, 기록된 바에 따르면 이 학파에서는 특히 '육경(六經),' 즉 '여섯 가지 고전'[48]을 집중적으로 공부했다고 한다. 이로 미루어 볼 때, 공자가 배움을 크게 강조한 것은 분명하다. 그는 이렇게 말한다. "독실하게 믿으면서도 학문을 좋아하여, 죽음으로써 지키면서도 도(道)를 잘해야 한다."(VIII.13)[49] 그렇다면 한 사람이 심지어 죽음으로써 지키면서까지 배워야 하는 학문의 내용은 무엇일까? 유교에서는 이른바 '고전'을 공부하라고만 하는데, 이는 과거의 문화적 유산을 수록한 책의 모음을 말한다. 공자는 고전이 성인의 도리를 보여주고 있으며, 따라서 덕의 완성으로 가기 위한 모범으로 삼을 수 있다고 생각한 까닭에 이를 매우 중요하게 여겼다. 바로 이 때문에 고전을 공부하는 것은 탁월함을 성취하기 위한 중요한 요소이자, 자신의 본성을 확장시키는 성스러운 임무로 이해되었다. 이것은 또한 훌륭한 정부가 세워지는 데도 중요한 측면이었다. "학문을 하고서 여가가 있으면 벼슬을 한다."(XIX.13)[50]

유교 전통에서 말하는 탁월함은 무엇보다도 너그러움을 체득하는 것을 의미했다. 앞에서 제시한 다섯 가지 문제 가운데 맨 마지막 것에 대한 답변 역시 너그러움을 체득하는 것과 관련이 있다. 이 과정에는 세 가지 요소가 연관되어 있다. 즉 이른바 "황금률"을 준수하고, "의례[禮]"를 관찰하면서, 언제나 '너그러움'을 잃지 않는 것이다.

공자는 말한다. "군자는 밥을 먹는 동안이라도 인(仁)을 떠남이 없으니."(IV.5)[51] 결국 무슨 일을 하건간에 항상 너그러움을 염두에 둬야 한다는 이야기이다. 유교의 목표는 곧 삶의 모든 측면에서 '너그러움'을 그 판단 기준으로 삼는 것이다. 왜냐하면 이것이야말로 '하늘의 뜻'을 따르는 완전한 덕이기 때문이다. 공자 자신도 『논어』에서 항상 행실을 고치고 너그러워지려 노력한다고 말했다.(VII.4)[52] 하지만 과연 어떤 사람이 '너그러움'을 지니고 있는지를 어떻게 알 수 있을까?

'너그러움[仁]'의 실천은 타인과 자신에 대한 균형 잡힌 배려를 말한다. 타인을 배려하는 방법 가운데 한 가지는 바로 자신이 받고 싶은 만큼 남에게도 대하라는 것이다. 공자는 이렇게 말한다. "인자(仁者)[너그러운 사람]는 자신이 서고자 함에 남도 서게 (한다.)"(VI.30)[53] 달리 말하면 이것은 곧 '황금률'이다. "그러므로 무엇이든지 남에게 대접을 받고자 하는 대로 너희도 남을 대접하라."[54] 공자 역시 이와 같은 법칙을 부정형으로 표현하고 있다. 즉 '너그러움'이 무엇인지 정의해 달라는 질문을 받자, 그는 이렇게 대답한다. "자신이 하고자 하지 않는 것을 남에게 베풀지 말아야 (한다.)"(XII.2)[55] 결국 일반적으로 자기 자신을 올바른 규범의 잣대로 삼으라는 이야기이다. 하지만 공자는 이것보다도 훨씬 더 탁월한 규범의 잣대에 대해 이야기한다. 즉 어떤 사람의 마음이 올바른 자리에 있어도, 특정한 상황에서 어떤 것이 올바른 규범인지에 대한 지식이 모자라서 본의 아니게 남에게 폐를 끼칠 수 있다는 것이다. 따라서 지식이야말로 도덕적 행동에서 매우 중요한 요소라고 할 수 있다. 특히 공자에게 이것은 예의에 걸맞은 행동, 또는 '예(禮),' 즉 "의례"를 의미했다. 이것은 일상생활의 모든 면에서 행동을 지배하는 규범은 물론이고, 조상에게 제물을 바치는 의식에서의 규범까지도 포함하고 있다. 이러한 '의례'는 각 개인에게 올바르게 행동하는 방법을 가르치기 위해 고안되었으며, 따라서 도덕 교육에서 중요한 요소가 된다. 일반적인 예절바름보다 더 뛰어난 행동을 위한 지침으로 기능하는 '의례'에 대한 지식은 자기 자신을 규범의 잣대로 삼음으로써 생겨난다. 도덕적 완성을 이루기 위해서는 결국 자신의 사욕(私慾)을 '의례'에 복종시켜야만 한다. "자기의 사욕을 이겨 예(禮)에 돌아감이 인(仁)을 하는 것(이다.)"(XII.1)[56] 그리하여 우리는 이러한 원칙을 고찰함으로써 사욕을 초월할 수 있는 것이다. '의례'는 과거의 도덕적 통찰로부터 모은 원칙들의 집합으로, 곧 도덕적 완성을 향한 행동의 지침이 된다. 그렇다면 이런 '의례'들의 근거는 무엇이며, 우리는 어떻게 해서 이에 대해 알게 되는 것일까? 의례의 근거는 바로 '고전'이며, 우리는 공부를 통해서 그러한 의례를 알게 된다. 그리하여 공자가 주장한 개념간의 상호연관성이 이제 분명해진다. 도덕적 완성, 혹은 너그러움[仁]은 의례[禮]를 준수함으로써 얻을 수 있고, 의례는 고전을 공부함으로써 알 수 있으며, 고전은 곧 성인들이 체득한 '하늘의 도리[天命]'를 담고 있는 것이다.

아마 『논어』에 나온 내용 가운데서도 가장 중요한 대목은 완성을 향한 길에 대한 요약적인 설명일 텐데, 이는 초창기 유교의 인식을 고스란히 보여준다. "나는 열다섯 살에 학문에 뜻을 두었고, 서른 살에 자립(自立)하였고, 마흔 살에 사리(事理)에 의혹하지 않았고, 쉰 살에 천명(天命)을 알았고, 예순 살에 귀로 들으면 그대로 이해되었고, 일흔 살에 마음에 하고자 하는 바를 좇아도 법도에 넘지 않았다."(II.4)[57] 여기서 공자는 자신이 나이 열다섯 살에 고전을 열심히 공부했다고 말한다. 그로 인해 그는 성인의 도리에 대한 지식을 얻게 되었고, 그로 인해 이른바 완성된 품행을 위한 제도적 형태라 할 수 있는 '의례〔禮〕'에 대해 알게 되었다. 나이 서른 살에 그는 의례를 확고히 지키게 되었으며, 그 의례를 실천에 옮기는 데 적절한 규범을 세울 수 있게 되었다. 의례를 실천함으로써, 그는 나이 마흔 살이 되자 이제는 의례를 단순히 고찰하는 것에서 한 걸음 더 나아가 의례의 진정한 의미를 이해하게 되었다. 그로 인해 그는 나이 쉰 살이 되자 '하늘의 도리〔天命〕' 마저도 덩달아 이해하게 되었다. 나이 예순 살에 공자는 자신의 뜻과 하늘의 도리가 하나됨을 경험했으며, 그리하여 나이 일흔 살에는 자신의 마음 — 이제는 '하늘의 도리'와 조화를 이루는 — 에 원하는 바에 따라 행하는 것이 곧 완벽한 너그러움〔仁〕을 실천하는 결과를 가져왔다.

여기서 말하는 바는 일종의 단계적인 활동을 통한 발전의 과정이라고 할 수도 있다. 완성된 존재인 성인들은 무슨 일이든 자연스럽게 너그러움을 발휘했다. 이들의 너그러움은 이미 완성된 내부 상태가 외부적으로 표현되는 것이었다. 이처럼 이들의 너그러운 행동은 성인이 도달한 경지를 성취하고자 원하는 유학자들에게 자기완성의 모범이 된다. 여기서 또다시 성인들의 도리는 고전을 통해 알 수 있다. 따라서 유교 전통에서는 공부를 무척이나 강조한다. 성인들이 자연스럽게 행동했던 것을, 후대의 유학자들은 의식적인 자기수양을 통해 체득함으로써 도덕적 완성을 이루려고 했던 것이다. 이처럼 적절하게 수양된 행동을 유교 전통에서는 바로 '의례〔禮〕'라고 불렀던 것이다. 문외한의 눈에는 성인들이 행한 자연스러운 너그러움이나, 유학자들이 '의례'를 준수하여 행한 수양이나 모두 똑같아 보였을 테지만, 그 내적 동기는 전혀 다르다. 성인의 행동은 그 내적으로 완성된 상태의 자연스러운 표현일 뿐이지만, 수양에 힘쓰는 유학자의 행동은 성인의 너그러움을 모범으로 삼아 학습된 행동 — 즉 '의례' — 일 뿐이다. 하지만 이처럼 학습된 행동의 목표는 결국 도덕적 행동을 완성시킴으로써 자연스럽고 자발적이 되도록 만드는 것이다. 이런 상태에 이른 사람을 가리켜 "군자"라고 하며, 이것이야말로 공자가 자신의 말년에 도달했다고 말한 경지인 것이다. 성인은 도덕적 완성을 자연스럽게 이룬 사람들인 데 비해, 군자는 그런 성인들의 행동을 모범으로 삼아 자신의 삶에 적용함으로써 도덕적 완성에 도달한 사람이다. 군자의 행동과 수양중인 유학자의 행동 역시 문외한의 눈에는 똑같아 보일 수 있다. 하지만 이번에도 역시 양쪽의 동기 자체부터가 다르다. 비유하자면 거물급 음악가는 자신이 연주하는 악기의 운지법을 완전히 숙달한 탓에 더 이상 그것에 대해 의식조차 못하는 반면, 이제 한창 악기를 배우고 있는 학생은 아무래도 운지법을 의식할 수밖에 없는 것과 마찬가지다. 또한 군자는 성인들의 도리를 숙달한 탓에 이제는 자발적으로 행동할 수 있지만, 갓 "의례를 지키게 된" 단계인 유학자나 학생은 아직까지 적절한 규범을 의식적으로 준수해야만 하는 것이다. 군자이건, 아니면 한창 공부하는 학생이건 간에, '의례'를 따름으로써 너그러움, 즉 도덕적 완성의 절정을 자신의 것으로 체득할 수 있기는 마찬가지다.

이른바 규범적 전통인 유교는 평범한 사람들조차도 성인들의 도리인 너그러움을 습득할 수 있도록 일련의 완벽한 도덕적 행동 규범을 만들어냈으며, 한편으로는 책을 통해 공부하는 엘리트의 전통과는 거리가 먼 사람들을 위해서도 도덕적인 모범을 만들어 놓았다. 즉 유교 전통에서 도덕적 완성은 곧 성인들에 의해 상징되는 것이며, 아울러 인간의 완성이라는 이상을 상징하는 군자는 곧 고전을 공부하고 성인들의 도리를 체득함으로써 도덕적 완성을 이룩하는 존재인 것이다. 가장 이상적인 유교 신봉자는 곧 이들과 똑같은 길을 따르는 사람을 말한다. 글을 읽을 수 없는 오늘날의 유교 신봉자들에게는 직접 이 길을 따르는 것이야말로 경전 공부나 마찬가지다. 유교의 의례[禮]를 따름으로써, 신봉자는 어느 정도까지는 너그러움[仁], 즉 성인들의 도리를 체득할 수 있고, 그로 인해 한 사회 전체를 향해 이 도리를 준수하고 또 따르도록 제안할 수 있다. 이런 방법을 통해서 먼 옛날의 성인들로부터 오늘날의 우리들에게까지 이어지는 일련의 도덕적 완성을 향한 계열이 생겨나는 것이다. 만약 모든 사람들이 이러한 도리를 따르게 된다면, 개인은 각자의 완성을 성취할 수 있을 테고, 이 사회 역시 너그러움이 지배하는 곳으로 크게 탈바꿈할 수 있을 것이라고 공자는 믿어 의심치 않았다.

이후의 발전

공자는 인간의 본성에 관한 자신의 생각을 자세히 언급한 바가 없기 때문에, 그의 사후에 유교 전통에서는 이 문제를 놓고 중대한 논쟁이 일어났다. 즉 '인간의 본성은 본래 선한가, 아니면 악한가?' 하는 논쟁이다. 이에 대해서는 유교 전통에서도 가장 저명한 두 인물이 서로 다른 답변을 내놓았다. 이른바 "이상주의자" 쪽을 대표하는 맹자(孟子, BC 371-289)는 인간의 본성이 근본적으로 선하다고 주장했고, 이른바 "현실주의자" 쪽을 대표하는 순자(荀子, BC 298-238)는 인간의 본성이 근본적으로 악하다고 주장했다. 지금 여기서 유교의 전통을 자세히 살펴볼 수야 없겠지만, 적어도 이 논쟁에 관한 간략한 개관은 유교 전통의 복잡성에 관해서는 물론이고, 우리의 본래 주제인 인간의 본성에 관한 이해에도 도움이 되리라 본다.

맹자는 그 저술과 사상에서 공자에 버금가는 지위를 차지하며, 무엇보다도 인간의 본성이 근본적으로 선하다는 주장으로 유명하다. 그의 말을 엮은, 그의 이름과 같은 제목의 책에서 맹자가 주창한 인간의 본성에 관한 입장은 이후 유교 전통에서 정설(定說)이 되었고, 나아가 대부분의 중국 문화에서도 규범이 되다시피 했다. 『맹자』[58]에서 맹자는 고자(告子)라는 철학자의 견해를 반박한다. 고자는 인간의 본성이 근본적으로 선하지도 악하지도 않으며, 따라서 도덕이란 우리의 외부에서 인공적으로 덧붙여진 것에 불과하다고 주장한다. 고자는 이렇게 말한다. "인간의 본성[性]은 맴도는 여울물과 같다. 동쪽으로 트면 동쪽으로 흐르고, 서쪽으로 트면 서쪽으로 흐른다. 인간의 본성을 선함과 선하지 못한 것으로 구분할 수 없는 것은, 마치 물에 동쪽과 서쪽의 구분이 없는 것과 같다." 그러나 맹자는 인간의 본성이 근본적으로 선하다고 주장한다. 그는 다음과 같이 고자를 반박한다. "물은 참으로 동서의 구분이 없지만 상하의 구분도 없겠는가? 인간의 본성이 선한 것은 마치 물이 아래로 내려가는 것과 같다. 따라서 사람은 선하지 않음이 없고, 물은 아래로 내려가지 않음이 없다."(VI.A.2)[59]

타고난 인간의 본성에 대한 맹자의 이론에서 그 핵심은 인간의 마음[心]에 대한 맹자의 이해와 연관되어 있다. 맹자의 경우에 생각하고 동정하는 마음은 바로 하늘[天]의 선물인 것이다.(VI.A.15)[60] 이것이 비로소 우리의 본질적인 인간다움을 규정하는 것이자, 인간이 동물과 구분되는 점이다. 특히 마음이란 '네 가지 단서[四端],' 혹은 맹자의 말마따나 "씨앗"을 담는 그릇이다. 그는 이렇게 주장한다. "사람이 이 네 가지 단서를 지니고 있는 것은 마치 사지를 지니고 있는 것과 같(다)."(II.A.6)⁶¹⁾ 방해하지 않고 잘만 양육한다면, 마치 작은 씨앗이 무성한 나무로 자라나듯이, 이러한 씨앗 역시 유교 전통에서 가장 훌륭하다고 평가되는 네 가지 덕으로 자라날 수 있다. 즉 동정[惻隱], 부끄러움[羞惡], 예의[辭讓], 선악을 분별함[是非]이라는 네 가지 씨앗은 훗날 너그러움[仁], 성실함[義], 예를 지킴[禮], 지혜[智]의 네 가지 덕으로 발전하게 된다.(II.A.6)⁶²⁾ 그리고 맹자는 이 네 가지 씨앗이 "밖에서 나를 녹여 오는 것이 아니라, 내게 본래부터 있는 것"(VI.A.6)⁶³⁾이라고 주장한다. 맹자가 보기에 모든 인간은 이런 근본적인 마음을 가진 탓에 성인의 자질을 갖고 있다.

하지만 맹자는 그 당시 대부분의 철학자들과 마찬가지로 인간이 욕망의 산물이라는 사실 역시 인정했다. 특히 이기적인 욕망은 인간의 좀 더 높은 도덕적 본성의 근원을 규정하는 이 네 가지 씨앗을 압도하는 위협이 된다. 따라서 하늘이 준 선물인 생각하는 마음조차도, 우리가 자꾸 사용하고 배양하지 않으면 자칫 파괴되거나 잃어버리기 쉽다. 물론 지금의 현실이 바로 그렇다. 맹자는 이렇게 말한다. "하늘이 내려준 재질이 달라서가 아니라, 그들의 마음을 빠지게 한 것이 그렇게 만드는 것이다." (VI.A.7)⁶⁴⁾ 따라서 맹자에게는 인간의 마음을 유혹하는 것이야말로 모든 악의 근원인 것이다. 그런 면에서 내적인 자질을 조심스레 양육하는 데는 각별한 주의가 필요하다. "길러 주면 자라나지 않는 것이 없고, 길러 주지 않으면 소멸되지 않는 것이 없다."(VI.A.8)⁶⁵⁾

맹자에 따르면 인간성에 대한 희망은 바로 인간의 마음에 들어 있다. 우리의 욕망하는 본성은 모든 동물과 똑같지만, 우리로 하여금 너그러운 성인이 되게끔 만들어 주는 것은 바로 우리의 생각하는 마음 ― 하늘이 준 특별한 선물 — 이다. 맹자는 모든 사람에게 내재된 선(善)의 증거를 이렇게 제시한다. "사람이 누구나 다 남에게 차마 하지 못하는 마음이 있다고 말하는 까닭은 이러하다. 이제 사람들이 어린애가 우물에 빠지려고 하는 것을 졸지에 보았다고 하면, 다들 놀랍고 측은한 마음이 생길 것이니, 그것은 그 어린애의 부모와 교분을 맺으려는 것도 아니요, 동네 사람과 벗들에게 칭찬을 받으려는 것도 아니요, 구해 주지 않았다는 소리를 듣기 싫어서도 아니다."(II.A.6)[66] 여기서 맹자가 말하고자 하는 바는, 그런 상황에서라면 모든 사람이 즉각적이고, 자발적이고, 무조건적으로 아이를 구하려는 충동을 느꼈으리라는 점이다. 이는 이기적인 유익을 넘어서는, 정의[義]를 향한 순전한 충동을 보여준다. 맹자는 그런 [마음을 느낀] 이후의 [실제] 행동에 대해서는 언급하지 않았다. 어쩌면 그 사람은 "갑작스러운" 충동을 떠올린 후, 혹시나 어떤 이기적이고 계산적인 행동을 했을 수도 있다. 하지만 그 이후의 행동이 어찌 되었건에, 이 대목에서 언급되는 그 순간적인 충동이야말로 그가 이른바 동정심의 씨앗[惻隱之心]이라고 부른 것의 예로는 충분하다. 그가 생각하기에는 이것이야말로 인간의 본성이 근본적으로 선하다는 사실을 확실하게 증명하고 있기 때문이다.

맹자의 강력한 반대자는 순자였다. 그는 맹자가 사망할 무렵에야 태어난 인물로, 유교 전통에서도 중요한 저술가 중 한 사람이었다. 순자는 우리의 내면세계가 강한 욕망의 충동에 지배된다고 주장했다. 순자에게 가장 기본적인 인간의 문제는 인간의 육욕적인 충동이 그야말로 무한하다는 점이었다. 자연은 우리로 하여금 이 유한한 세상에서 무한한 욕망을 갖게 만들었다. 따라서 본질적으로 경쟁적인 인간들 사이에 사회적 투쟁이 벌어지게 된 것이다. 순자는 자신의 저서[67]에서 이렇게 주장한다. "사람에게는 태어나면서부터 욕망이 있다. 욕망이 있는데 손에 넣을 수 없으면, 어떻게 하든 손에 넣으려고 추구한다. 추구하여 거기에 일정한 한계가 없으면 다투지 않고는 견뎌내지 못한다."(19편, 89쪽)[68] 이러한 시각이야말로 인간의 본성에 대한 맹자의 시각과는 정반대되는 것이다. "인간의 본성은 선천적으로 악하며, 선(善)의 요소는 모두 인위적인 노력에 기인한다."(23편, 157쪽)[69] 순자는 맹자의 주장을 잘 알고 있었지만, 그런 주장이 틀렸다고 논박한다. "맹자는 '인간의 본성은 선이지만, 그 선천적인 본성을 상실한 까닭에 악하다'고 말한다. 그러나 나는 이와 같은 주장이 잘못이라고 말하고 싶다."(158쪽)[70] 그는 맹자가 이야기한 '네 가지 씨앗[四端]'에 대한 이론을, 인간에게는 이익과 질투와 미움과 욕망의 네 가지 근본적인 성향이 있기 때문에 그것을 자연적인 상태로 놓아둘 경우에는 투쟁과 폭력과 범죄와 음란이 판치게 된다는 자신의 이론으로 대체시켰다. 그는 이러한 성향이 모든 사람에게 내재되어 있기 때문에, 우리 자신의 본성을 따르게 되면 결국 악해질 수밖에 없다고 주장한다. "이와 같이 선천적인 인간의 본성을 방임하여 태어나면서부터의 감정대로 살아간다면, 반드시 서로 다투고 빼앗고 하면서 사회 질서를 어지럽혀, 결국 무법사회가 출현하고 만다."(157쪽)[71]

나아가 순자는 인간의 범죄자 같은 성품을 구부러진 나무에 비유한다. "구부러진 나무의 경우, 도지개를 세우고 불에 쬐어 펴야 곧게 되는 것은 그 본성[性]이 곧지 못한 탓이다."(164쪽)[72] 그러나 놀랍게도 순자는 잠재적인 인간의 완성에 대해서는 오히려 낙관적인 생각을 지니고 있으며, 또한 적절한 교육과 훈련을 통해 모든 사람이 성인이 될 수 있다고 믿는다. "지나가는 행인조차도 우(禹)임금과 같은 성인이 될 수 있다는 말이 있(다)."(166쪽)[73] 과연 그렇다면 구부러진 나무와도 같은 인간을 곧은 목재로, 혹은 더 나은 인간으로 변화시켜 주는 것은 무엇일까? 즉 인간에게 도지개 역할을 하는 것은 무엇일까? 인간은 구부러진 나무와도 같다고 주장한 뒤에, 순자는 이렇게 말하고 있다. "이처럼 인간의 본성은 악한 까닭에 성인[聖王]의 정치와 예의의 교화를 기다려서, 비로소 도리에 맞고 선에 합하는 것이다."(164쪽)[74] 여기서 순자는 유교의 근본적인 개념의 절대적 가치를 확언하고 있다. 즉 '의례[禮]'가 바로 도지개 역할을 해준다는 것이다. 순자에게 의례란 성인들이 행한 순전히 지적인 활동의 산물이자, 인간의 무제한적인 욕망을 제어하기 위해 고안된 장치인 것이다. "선(善)의 요소는 모두 인위적인 노력에 기인한다"고 말했을 때, 순자는 우리 각자가 의례, 즉 과거의 성인이 창조하고 체득한 지침적인 원리에 따름으로써 인위적으로 변화될 수 있음을 말한 것이다. 모든 선한 것은 인간의 의식적인 노력의 소산이다. 우리의 두 팔은 자연스럽게 생겨난 것이지만, 우리의 덕은 오로지 꾸준한 노력을 통해서만 생겨난다. 순자의 경우, 어느 면에서는 '자연스럽지는 않은' 의례에 적극적으로 따르는 것이야말로 인격의 완성에서 핵심적인 요소였던 것이다. "인간의 본성이라는 측면에서는 성인(聖人) 역시 일반인과 똑같고, 특별히 더 나을 것도 없다. 다만 인위적인 노력이란 면에서 일반인과 다르고, 또 [일반인을] 능가하는 것뿐이다."(161쪽)[75] 즉 순자에게 성인이란 유교의 의례에 의해 그 본성이 크게 변화된 인간에 불과한 것이다.

맹자와 순자는 서로 극적인 대조를 보인다. 맹자는 덕(德)이 우리의 마음속에 자연적으로 존재한다고 믿었던 반면, 순자는 덕이 우리의 외부에서 인위적으로 주입된 것이라고 믿었다. 그럼에도 불구하고 순자와 맹자에게는 두 사람 모두 유교에 속한다는 것을 확인시켜 주는 사상적 공통점도 없진 않았다. 두 사람 모두 성인이 되는 길은 유교의 의례, 즉 옛날 성인이 모범적인 처신에 근거한 적절한 행위의 유형을 따르는 것임을 인정했다. 순자에게 의례란 구부러진 인간을 곧고도 너그러운 인간으로 바꿔주는 도지개 역할을 하는 것이다. 반면 맹자에게 의례란 마치 이미 만들어 놓은 테니스 라켓이 휘지 않게 해주는 라켓프레스 같은 것이다. 왜냐하면 동정심[惻隱之心]은 비록 근본적으로 내재하는 것이라 하더라도, 의례를 꾸준히 준수함으로써 강제하지 않는다면 결국 뒤틀려버리게 마련이기 때문이다. 이 두 철학자는 이론적으로는 비록 날카로운 대립을 보였지만, 실천적으로는 오히려 완벽한 일치를 보였다. 즉 인간의 완성은 옛날 성인의 모범적인 행동과 생각을 따르는 과정을 통해 이루어질 수 있다는 것이다.

비판적 토론

유교를 소개하는 이 장을 마치면서 이미 앞에서 시사되었던바, 유교에 대한 비판을 좀 더 확실하게 부각시켜 줄 만한 몇 가지를 언급해 두고 싶다. 유교는 단순히 모든 황금률에 공통적이라 할 수 있는 예절[禮]에 근거한 체계일 뿐만 아니라, 윗사람에 대한 복종을 가르치는 전통이기도 하다. 여기서 말하는 윗사람이란 집안의 가장, 국가의 통치자, 그리고 성인의 도리[道]를 가르치는 유학자를 말한다. 물론 집안의 가장이나 국가의 통치자가 정의로운 사람이라면 아무런 문제가 없다. 그러나 만약 그가 불의한 사람이라면, 모든 체계가 근본에서부터 타락하고 만다. 공자스스로도 이러한 문제점을 알고 있었기 때문에, 무엇보다도 지도자의 도덕적 성품을 강조했던 것이다. 그럼에도 불구하고 공자의 체계는 소수의 몇 사람에게만 권력을 부여하는 반면, 그 외의 다수는 그저 이들에게 복종해야만 하는 위치에 놓는다.

또한 유교는 과거를 현재의 지침으로 삼는 매우 보수적인 전통이기도 하다. 이는 어떤 면에서 현재의 개인이 지닌 창의성을 제한하는 태도로 볼 수도 있다. 그런 까닭에 1960년대 말부터 1970년대 초까지 중국에서 일어난 문화혁명 당시에 유교가 주된 공격 대상이 되었던 것이다. 더 나아가 유교는 엘리트 지식인, 즉 유학자들에게 의존하는 체계였다. 따라서 '과연 이들 유학자는 각자의 이데올로기적 틀에서 완전히 자유로운 상태에서 과거의 전통에 접근했는가?' 하는 질문을 던져볼 만하다. 실제로 유교는 덕(德)에 대한 거의 초월적이라 할 만한 시각을 지니고 있다. 어쩌면 그러한 시각이야말로 어떤 특정 집단이 자신들의 덕에 대한 시각에 우월성을 부여하기 위한 방법에 지나지 않는다고 논박할 수도 있을 것이다. 그렇다면 이번에는 '과연 유교는 과거에 대해서나 덕에 대해서 누구의 시각을 근거로 삼는 것인가?' 하는 질문을 던져볼 수 있다. 오늘날 대부분의 역사가들은 과거에 대한 유교의 시각이 중립적이지도 않았고, 비정치적이지도 않았다고 입을 모은다. 즉 역사적으로 이는 결국 권력의 문제와 연계되었다는 것이다.

그런가 하면 유교라는 거대기업에서 애초부터 배제당한 사람들도 많았다. 평민들은 아예 나름의 개성조차 지니지 않은 무능한 집단으로 간주되었는데, 이후 공산주의 중국의 관점에서 볼 때는 이것이야말로 큰 문제였다. 특히 여성의 경우에는 공자가 생각한 교육 체계에는 아예 포함될 수조차 없었던 듯하다. 인격의 완성에 대한 공자의 시각은 결정적으로 남성 위주였으며, 여성의 자기수양 가능성에 대해서는 거의 언급된 바가 없었다. 물론 공자가 여성에 대해 이야기한 적은 있지만, 대개는 남성의 당연한 권위에 대해 여성이 불손하고 반항적으로 구는 것에 대한 경멸적인 표현이었다. 물론 유교를 옹호하는 쪽에서는 인격의 완성에 대한 유교의 방법론을 여성에게까지 확장시켜 적용할 수도 있겠지만, 남녀평등을 믿어 의심치 않는 독자들이라면 『논어』를 읽는 내내 심적으로 불편하기 짝이 없을 것이다.

마지막으로 유교의 실천적인 성격 역시 다른 중국 철학자들, 특히 이보다 더욱 형이상학적인 면이 있었던 도가(道家) 사상가들에 의해 비판의 대상이 되어 왔다. 가령 도가철학자인 장자(莊子)는 유학자들이 인간 사회의 현상에 대해서만 관심을 가짐으로써 현실을 축소시켰다고 비판했다. 순자가 문화에 최고의 가치를 부여한 데 비해, 장자는 오히려 자연을 문화보다 더 우위에 둠으로써 순자의 평가를 뒤집어버렸다. 온갖 형태로 나타나는 생명의 장대함을 잘 인식하고 있었던 타고난 신비주의자 장자는 유학자들이 지나치게 좁은 세계에만 사로잡혀 있다고 믿었다. 그는 또한 유학자들을 가리켜 공리주의적인 문제에만 지나치게 몰두해 있으며, 만사를 쓸모있음과 쓸모없음이라는 단순한 잣대로 재단하려는 편견을 지닌 사람들이라고 비꼬았다. 하지만 이후의 역사는 중국 사상가들이 보다 추상적이고 형이상학적인 도가사상보다는, 오히려 덕스러운 인간 사회를 수립하는 유교사상에 더욱 큰 매력을 느꼈다는 사실을 증언해 주고 있다.

20세기 초에 중국에서 군주제가 무너짐에 따라 유교는 더 이상 신뢰를 얻지 못하게 되었고, 이후 문화혁명 시기에도 주된 비판 대상이 되긴 했다.(당시에는 유교야말로 구체제의 모든 악습과 동일시되었던 까닭이다.) 그러나 최근 들어, 특히 1976년에 마오쩌둥(毛澤東)이 사망함과 동시에 유교는 다시 한 번 부흥하기 시작했다. 이른바 현대 신유학(新儒學)으로 알려진 이러한 부흥은 유교를 포기하기보다는 오히려 근대화시키는 데 역점을 둔 일군의 학자들에 의해 주창되었다. 이러한 근대화에는 가령 여성의 예속과 같은 구식 유교 문화의 여러 측면 가운데 현대적인 관점에서 문제가 있는 부분을 걸러내는 작업이 포함되어 있다. 이러한 새로운 운동의 대표적인 인물은 현재 하버드 대학 교수로 재직중인 뚜웨이밍(杜維明)으로, 그는 유교 사상을 오늘날의 요구에 맞추어 보다 사회적으로 정당하고, 보다 생태학적으로 조화로운 삶의 방식으로 적용하려 하고 있다. 그는 유교야말로 인간 사회는 물론이고 자연 세계까지도 위협하는 근대화의 파괴적인 측면을 극복할 방법을 찾는 데 유용한 자원이라고 생각하고 있다. 이러한 새로운 형태를 통해, 유교는 오늘날의 중대한 문제들을 고려하는 데 다시 한 번 중대한 기여를 할 수 있을 것으로 보인다.

더 읽을거리

● 기본 자료: 『논어』는 여러 가지 번역본과 판본이 있다. 여기서 인용한 번역본은 D. C. 라우(D. C. Lau)의 『공자의 논어』(1979)이다. 이 책은 매우 쉽고 신뢰할 만한 번역이며, 특히 서문이 매우 훌륭하다. 그 외에도 널리 알려진 아서 웨일리(Arthur Waley)의 번역본 『공자의 논어』(1989)도 추천할 만하다.

● 맹자: 여기서 인용한 번역본은 D. C. 라우의 『맹자』(1970)이다. 이 판본의 서문 역시 매우 훌륭하다.

● 순자: 여기서 인용한 번역본은 버튼 왓슨(Burton Watson)의 『순자 선집』(1963)이다.

● 유교에 대한 더 자세한 내용은 다음 책을 참조하라. 로저 T. 에임스(Roger T. Ames)와 데이비드 L. 홀(David L. Hall) 공저, 『유교사상』(1987).

● 중국철학사에서 유교의 위상을 이해하려면 다음 책을 참조하라. 펑여우란(馮友蘭), 『중국철학사』(1966);[76] A. C. 그레이엄(A. C. Graham), 『도의 논쟁자들』(1989);[77] 벤저민 I. 슈워츠(Benjamin I. Schwartz), 『중국 고대사상의 세계』(1985).[78]

● 현대 신유학과 뚜웨이밍(杜維明)의 저서로는 다음을 참조하라. 뚜웨이밍, 『유교사상: 창조적 변형으로서의 자아관』(1985).[79]

제2장
우파니샤드 힌두교: 궁극적인 지식을 향한 추구

    힌두교에 대해 개관한다는 것은 무척이나 힘든 일이다. 왜냐하면 다른 종교 전통과는 달리 힌두교는 창립자도 없고, 역사적 기원도 분명치 않으며, 기본적인 경전도 없기 때문이다. 더군다나 힌두교는 그야말로 극단적으로 다양한 실천과 신앙을 모두 포괄하는 전통이기 때문에, 어떠한 일반화를 시도하더라도 도무지 쉽지 않은 작업일 수밖에 없다. "힌두교"라는 용어 자체만 해도 이른바 남아시아 아대륙의 주민들 사이에 널리 퍼져 있는 종교를 지칭하기 위해 서양에서 만들어낸 개념에 불과하다. 따라서 힌두교를 어느 한 가지 경전에 근거해 설명하려는 시도는 잘못일 수밖에 없다. 왜냐하면 한편으로 힌두교도를 자처하는 사람들 사이에서 절대적인 권위를 지닌 것으로 널리 인정받는 경전이 없기 때문이며, 또 한편으로 그들 대부분은 자신들이 믿는 종교가 경전에 근거하기보다는 오히려 실천에 근거한다고 보기 때문이다. 그럼에도 불구하고 이른바 힌두교 철학의 주요 교리를 담고 있는 "기본 경전"을 굳이 찾는다면, 아마도 주요 우파니샤드를 모은 선집 정도가 이에 해당할 것이다. 우파니샤드라는 일군의 경전들은 힌두교의 역사에서 결정적인 역할을 해

왔다. 이 경전들은 여러 세기 동안 인도에서 제기된 각종 철학적 문제의 근거를 제공해 왔으며, 이후 오늘날까지도 힌두교도들 사이에서는 삶의 영감과 지침의 주요 원천으로 남아 있다. 이 장의 목표 가운데 하나는 초창기 힌두교 경전에 나타나는 다양한 해석의 가능성에 대한 적절한 이해를 도모함으로써, 이 세상을 부정하는 사고방식뿐만 아니라, 이 세상을 거룩한 것으로 보고 포용하는 예배 형태처럼 서로 확연히 다른 전통들이 하나의 경전 안에서 어떻게 정당화될 수 있는지를 보여주려는 것이다.

우파니샤드 가운데서도 가장 오래된 것은 BC 8세기에서 7세기경에 인도 북부에서 작성된 것이다. '우파니샤드'라는 말을 문자 그대로 해석하면 "가까이 앉는다"는 뜻이다. 훗날 이 말은 "비밀스러운 가르침"을 의미하게 되었는데, 왜냐하면 이들 경전이 숲 속에 거주하며 명상하는 스승들이 가까운 제자들에게만 비밀스럽게 전수하는 내용을 담고 있기 때문이다. 실재의 궁극적 본성에 대한 고도로 사변적인 사상을 담고 있는 우파니샤드야말로 세계에서 가장 지적인 창조물 가운데 하나라 할 수 있다. 비록 우파니샤드가 단일한 철학 체계를 대표한다기보다는 오히려 때로는 탐구적이며 때로는 모순적인 사상을 표현하기도 하지만, 그 전반적인 주제는 존재론적인 단일성, 즉 만물이 근본적으로 서로 연관되어 있다는 믿음에 대한 것이다. 우파니샤드 중에서도 가장 오래되고 가장 방대한 것은 『브리하다란야까 우파니샤드』[80]로, 해석하자면 "숲 속의 방대하고도 비밀스러운 가르침"이란 뜻이다.[81] 이 경전은 어느 한 저자의 작품이 아니라, 여러 스승과 제자 사이에 오간 수많은 대화를 엮은 것이다. 『브리하다란야까 우파니샤드』에는 이 세계의 궁극적 본성에 관한, 그리고 인간의 진정한 본성에 관한 많은 내용이 담겨 있기 때문에, 힌두교 철학의 중요한 주제를 살펴보는 데 매우 유용한 출발점이 된다고 할 수 있다.

우주에 관한 이론

우리는 『브리하다란야까 우파니샤드』 속에서 모든 존재의 절대적 근거를 찾고자 하는 열렬한 형이상학적 탐색을 발견하게 된다. 우파니샤드에 깃든 중심적인 철학적 성향 가운데 하나는, 우주 전체의 배후에 어떤 단일하며 통일적인 원칙이 존재한다는 믿음이다. 즉 궁극적인 깨달음의 단계에 이르면, 겉으로는 다양성이 지배하는 이 세계가 결국 서로 연관된 통일성 가운데 하나임이 드러난다는 것이다. 이런 단일한 원칙을 확인하고자 하는 시도는 철학자인 바짜끄누의 딸 가르기와 위대한 현자 야쟈발끼야의 유명한 대화 속에서 살펴볼 수 있다.(3. 6)[82] 가르기는 세계의 궁극적 본성에 대한 질문을 던지면서, 맨 먼저 야쟈발끼야에게 모든 존재의 기반이 무엇인지를 알려달라고 한다. 그녀는 현자에게 묻는다. "만일 이 모든 것이 물로 둘러싸여 있다면, 그 물은 무엇으로 싸여 있겠습니까?" 야쟈발끼야는 곧바로 대답한다. "가르기여, 바람으로 싸여 있지요." 그러나 가르기는 이 질문에 만족스러워하지 않는다. "그럼 바람은 다시 무엇으로 싸여 있습니까?" 야쟈발끼야는 또 다른 것을 들어 대답한다. 가르기가 현자에게 점점 늘어나는 그 실재의 근본적인 층이 무엇인지를 연달아 묻자, 현자는 그때마다 매번 다른 것을 들어 대답한다. 그리고 결국에 가서 현자는 그녀에게 이 우주는 이른바 "브라흐만"이라는 것으로 둘러싸여 있다고 밝힌다. 그리고 이 시점에서 그는 더 이상은 설명할 수 없다고 말한다.[83] 즉 가르기의 질문에서는 '브라흐만'이 곧 그 최종 도달점이 된 것이다. 물론 모든 존재의 기반으로 여겨지는 다른 실재들이 있긴 했지만 — 가령 대공(大空)(4.1.1)[84]과 물(水)(5.5.1)[85]이 있다 — 이제는 모두 거부된다. 왜냐하면 단 하나의 궁극적 실재이자 모든 존재의 궁극적 기반은 결국 '브라흐만'으로 확인되었기 때문이다. '브라흐만'은 모든 형이상학적 질문의 최고 목표로 선언된다. "무엇을 공부하든 [베다에 관한 모든 공부는] 모두 브라흐만에 가서 합쳐(진다)." (1.5.17)[86]

'브라흐만'이라는 말은 "자라난다," "팽창한다," "늘어난다"는 뜻을 지닌 산스크리트에서 유래했다. 초기에는 성스러운 말[言]을 가리켰지만, 시간이 흐르면서 이 세계를 유지하는 힘과 동일시되었다. 그리고 우파니샤드 시기에 와서는 "궁극적 실재," 즉 존재의 제1원인, 또는 존재의 절대적 근원이라는 주된 의미로 정착되었다. 브라흐만은 전우주에 널리 퍼져 있는 미세한 본질과도 동일시된다. 그것은 드러난 것은 물론이고 드러나지 않은 것까지 포함한 모든 실재의 총체이다. 『브리하다란야까 우파니샤드』의 또 다른 유명한 구절에서는 존재의 통일적인 근거에 대한 형이상학적 물음이 결국 '브라흐만'에서 끝나게 되는 과정이 나타나 있다.(3.9)[87] 이 대목은 힌두교의 신학이 어떤 것인지를 잘 보여주기 때문에, 제법 길지만 모두 인용해 보겠다.

이 대목은 질문자인 샤깔리야 비다그다가 현자 야쟈발끼야에게 현존하는 신(神)의 숫자를 묻는 장면으로 시작된다. "야쟈발끼야여, 신은 몇이오?" 그가 묻는다. 그러자 야쟈발끼야는 이렇게 대답한다. "삼백 셋이오, 그리고 삼천 셋이오." 하지만 이 대답에 만족하지 못한 비다그다는 계속해서 묻는다.

"야쟈발끼야여, 그대는 잘 알고 있소. 그럼 정확하게 신은 몇인지 아시오?"
"서른셋이오."
"잘 알고 있소이다. 그럼 더 정확하게 신은 몇인지 아시오?"
"여섯이오."
"잘 알고 있소이다. 그럼 더 정확하게 몇인지 아시오?"

"셋이오."

"잘 알고 있소이다. 그럼 더 정확하게 신은 몇인지 아시오?"

"둘이오."

"잘 알고 있소이다. 그럼 더 정확하게 몇인지 아시오?"

"하나하고 반이오."

"그대는 잘 알고 있소이다. 그럼 더 정확하게 몇인지 아시오?"

"하나요."[88]

비다그다가 그 "하나의 신"이 누구인지 묻자, 야쟈발끼야는 이렇게 결론내린다. "바로 그 '브라흐만' 이오."[89]

비록 신은 여러 가지 모습으로 스스로를 드러내지만, 궁극적으로는 일자(一者)인 것이다. 여기서 다시 우리는 실재의 궁극적 본성에 대한 철학적 질문이 결국 '브라흐만' 이라는 단일하며 통일적인 원칙을 발견하는 것으로 끝나게 됨을 알 수 있다. 하지만 실재가 결국 하나라면, 어떻게 — 그리고 왜 — 그 숫자가 이토록 많을 수 있는 것일까? 어느 전통에서든지 창조 신화는 그 전통에 대해 많은 것을 알려준다. 『브리하다란야까 우파니샤드』에 나와 있는 창조에 대한 설명은 이러한 질문에 대한 답변을 제공하는 동시에, 대부분의 힌두 사상에서의 전범으로 여길 만하다.

"처음에는 이 세상에 아무 것도 없었다."(1.2.1)[90] 하지만 이 무(無)로부터 수많은 것이 나올 수 있다. 왜냐하면 힌두교의 전통에서는 대개 이 근원적인 무(無)로부터 전우주가 나왔다고 주장하기 때문이다. 마치 현대의 "빅뱅" 이론과도 유사하게, 이 본문에서는 무한한 단일성의 근원적이면서도 미세한 한 점으로부터 팽창이 일어났다고 묘사하고 있다. 그러나 빅뱅 이론과는 달리, 창조에 대한 이 설명은 '어째서' 그런 팽창이 일어나게 되었는지를 설명해 준다.

　태초에는 오로지 하나이며 단일하며 통일적인 원리, 즉 '브라흐만' 밖에 없었다. 그러나 브라흐만은 혼자여서 외로웠고 "전혀 즐겁지 않았다."(1.4.2)[91] 이런 외로움 속에서 브라흐만은 다른 하나를 열망한 나머지 스스로 두 부분으로, 즉 남자와 여자로 나뉘었다. 모호한 중성의 원래 상태에서 떨어져 나온 남성과 여성은 곧바로 성관계를 갖기 시작했고, 그로 인해 전우주가 갖가지 형태로 탄생했다.[92] 즉 미처 분화되지 않은 단일성의 근원적인 한 점이 스스로 나뉘었으며, 외부로 팽창하면서 다양한 형태를 지닌 현상 세계를 만들었던 것이다. 『브리하다란야까 우파니샤드』는 이것을 "브라흐만의 초월의 창조"(1.4.6)[93]라고 말한다. 이러한 창조에 대한 설명은 실재의 진정한 본성을, 또한 그 현실 내에서 존재의 궁극적 목표를 표현하고 있다. 이에 대해서는 나중에 좀 더 자세히 살펴보겠지만, 여기서 중요한 점은 이것이 이 세계의 다양성을 설명하는 동시에, 이 세계의 근본적인 상호연관성을 근본적으로 인지하고 있다는 사실이다. 이러한 근원적인 단일성은 결코 사라지지 않는다. 그저 다양한 형태의 외양을 취할 뿐이다.

　우주의 기원에 대한 이러한 이론은 단일성과 다양성을 동일한 것으로 인지한다. 하나의 실재는 이른바 "이름과 형태"(1.4.7)[94]를 통해 스스로를 구분짓는다. 비록 다양한 이름과 형태를 지니고 있긴 하지만, 우리가 감각을 통해 경험하는 이 세계는 결국 단 하나의 실재일 뿐이다. 이런 사실을 잘 표현한 것이 다음과 같은 시이다.

　　저것(저 세계)이 완전하고
　　이것(이 세계)도 또한 완전하도다.
　　완전함으로부터 완전함이 생겨나왔도다.

완전함의 완전함을 빼내었으나,

완전함이 남은 것이었도다.(5. 1. 1)[95]

여기서 우리는 내재적인 동시에 초월적인 신의 모습을 보게 된다. '브라흐만'은 이 세계 '속에' 존재할 뿐만 아니라, 또한 이 세계 '자체'인 것이다. 그런가 하면 '브라흐만'에는 다양한 형태의 세계를 완전히 벗어난 측면도 하나 있다. 『브리하다란야까 우파니샤드』에서는 '브라흐만'의 두 가지 측면(루파(rupa))을 언급하는데, 그것은 형태와 무형태, 즉 "형태가 있는 브라흐만(무르타(murta))과 형태가 없는 브라흐만(아무르타(amurta))이다."(2.3.1)[96] 형태가 있는 브라흐만은 모두 유형적이고 변화하는 것인 반면, 형태가 없는 브라흐만은 무형적이고 불변하는 것이다. 이러한 철학을 좀 더 쉽게 이해하기 위해서는 이른바 "세상 만물은 변하게 마련"이라는 격언의 이중적 의미를 떠올려 보면 된다. 구체적인 사물들의 세계는 끝없이 흐르고 항상 변화한다. 그 어떤 것도 영원히 그대로일 수는 없다. 그런 반면, 만물을 낳은 무(無)는 영원하고 불변이다. 이것은 영원히 그대로이다. 하지만 여기서 중요한 사실은 이 두 가지가 서로 다른 실재가 아니라, 오히려 하나의 실재를 서로 다른 시각에서 바라본 것에 불과하다는 점이다. 소금이 물 속에 녹아드는 것과 마찬가지로, 단일한 '브라흐만'은 형태가 있는 세계 속에 녹아든다. "그것은 마치 물에 소금 덩어리를 풀어놓았을 때, 소금이 물 속에 녹아드는 것과 같다오. 이때 손으로는 물 속에서 소금을 잡을 수 없지만, 물의 어느 부분을 취해 보든 그 맛은 소금 맛이 아니겠소. 그처럼 위대한 존재, 끝이 없고 경계가 없는 그는 '의식(意識)'으로 세상 속에 용해되어 있다오."(2.4.12)[97]

『브리하다란야까 우파니샤드』에서 인간의 본성에 관해 무엇이라 말하고 있는지를 살펴보기 전에, 마지막으로 한 가지 꼭 언급해 두어야 할 중요한 것이 있다. 이 책의 몇몇 대목에서는 '브라흐만'은 말로 표현할 수 없고, 따라서 정의하기가 불가능하다고 말한다. 그중 하나를 인용하자면 다음과 같다. "그것(브라흐만)은 굵지도 않고, 미세하지도 않고, 짧지도 않고, 길지도 않고, 붉지도 않고, 기름진 것도 아니고, 그림자도 아니며, 어둠도 아니며, 바람도 아니고, 대공도 아니며, 붙여놓을 수 있는 것도 아니고, 맛도 아니고, 눈도 아니고, 귀도 아니고, 소리도 아니고, 마음도 아니고, 광휘도 아니고, 생명도 아니고, 입도 아니고, 길이나 무게와 같은 것도 아니고, 그의 안이나 밖이 있는 것도 아니지요. 그것은 아무 것도 먹지 않고, 그 어느 누구에게도 먹히는 것이 아니라오." (3.8.8)[98] 즉 '브라흐만'은 우리가 감각을 통해 경험하는 이 세계를 완전히 넘어선 것이다. 그리하여 '브라흐만'은 종종 "(이것도) 아니요, (저것도) 아니요(neti neti)"라고 표현된다.

그런 반면에 이 책에는 오히려 '브라흐만'을 우리가 감각을 통해 경험하는 만물과 동일시하는 대목도 있다. "그 아뜨만(자아)은 브라흐만이며, 그는 지성(지각)으로 되어 있고, 마음으로 되어 있고, 숨으로 되어 있고, 눈으로 되어 있고, 귀로 되어 있고, 땅으로 되어 있고, 물로 되어 있고, 바람으로 되어 있고, 대공으로 되어 있고, 열기로 되어 있고, 열기가 아닌 것으로 되어 있고, 욕망으로 되어 있고, 욕망이 아닌 것으로 되어 있고, 분노로 되어 있고, 분노가 아닌 것으로 되어 있고, 다르마(공정함)로 되어 있고, 다르마가 아닌 것(불공정함)으로 되어 있으니, 이것(자아)이 바로 그(만물)입니다."(4.4.5)[99] 앞에서 말한 "(이것도) 아니요, (저것도) 아니요"라는 시각과는 정반대로, 이 대목에서는 "이것으로 되어 있고, 저것으로 되어 있다"고 말한다. '브라흐만'을 묘사하는 이 두 가지 서로 다른 방법은 결국 세계와 자아를 보는 서로 다른 시각으로 연결되며, 그로 인해 종교적 실천에서도 중대한 차이가 빚어지게 되었다. 우파니샤드에 대한 해석 가운데 가장 중요한 두 가지에 대해서는 이 장의 맨 마지막 절에서 좀 더 자세히 살펴보겠다.

인간의 본성에 관한 이론

모든 생명이 서로 연관되어 있다는 인식 속에는 인간의 본성에 관한 이론에 대해서도 분명한 암시가 들어 있다. 『브리하다란야까 우파니샤드』에 따르면 우리와 같은 인간뿐 아니라, 다른 모든 것 역시 우리의 동족이라는 것이다. 다음 구절에서는 인간의 본질적 자아가 근본적으로 모든 존재와 연관되어 있다고 가르치고 있다. "모든 것 속에 든 그것이 아뜨만이오."(3.5.1)[100] 따라서 궁극적인 자아 — 우파니샤드에서 "아뜨만(atman)"이라고 일컫는 — 는 다른 존재와 별개로 움직이는 자율적인 단위가 아니라, 오히려 이처럼 서로 연관된 실재의 그물망의 일부분인 셈이다. "그 아뜨만은 모든 생물체들의 통치자요, 모든 생물체들의 왕이다. 마치 마차바퀴의 바퀴살들이 가운데 중심에 의지하고 있듯, 이 아뜨만에 모든 생물체가 의지하고 있도다. 모든 신, 모든 세상, 모든 숨들이 바로 이 아뜨만에 의지해 있도다."(2.5.15)[101] 이 대목은 진정한 자아가 단순히 모든 존재에게 생명을 불어넣는 존재일 뿐만 아니라, 아울러 실재 전체로부터 불가분한 것임을 명백히 밝히고 있다.(2.5. 1-14)[102] 즉 자아가 곧 모두이며, 모두가 곧 자아인 것이다.

우파니샤드에서는 자아가 일시적이며, 또한 다른 자아들로부터 이탈된 것이라고 확고하게 주장한다. 즉 자기를 의미하는 '자아(아함카라〔ahamkara〕)'는 곧 내 몸과 그 사회 환경을 말한다. 이것이야말로 우리가

'너는 누구냐?'라는 질문을 받았을 때 즉각적으로 떠올리는 '자아'이다. 또한 이것이야말로 우리가 일상적으로 큰 의미를 부여하며, 또한 지키기 위해 분투하는 '자아'이다. 그러나 이것은 결코 궁극적인 자아도 아니며, 또한 인간의 진정한 정체성도 아니다. 본질적인 자아는 '아뜨만'으로 정의된다. 반면 우리의 일상적인 자아(아힘카라)는 단순히 유한하고도 조건부에 불과한 가면으로, 우리의 진정하고 무한한 본성을 덮어 가리고 있는 것이다.

『브리하다란야까 우파니샤드』의 몇몇 구절은 '아뜨만'을 가리켜 정의할 수 없는 것이라고 말한다. 이것은 결코 그 어떤 것과도 동일시되어서는 안 된다. "그것(아뜨만)은 '(이것도) 아니요, (저것도) 아니요'의 아뜨만이니, 잡히는 것이 아니기 때문에 '잡히지 않는 존재'라 하고, 쇠하는 것이 아니기 때문에 '쇠하지 않는 존재'라 하며, 어디에 붙어 있는 것이 아니기 때문에 '붙지 않는 존재,' 고통을 겪지 않고 상처를 입지 않기 때문에 '고통이 없는 존재'라 부른다오."(3.9.28)[103] 하지만 다른 구절에서는 '아뜨만'을 곧 만물과 동일시한다. "그 아뜨만[자아]은 '브라흐만'이며, 그는 지성[지각]으로 되어 있고, 마음으로 되어 있고, 숨으로 되어 있고, 눈으로 되어 있고, 귀로 되어 있고, 땅으로 되어 있고, 물로 되어 있고, 바람으로 되어 있고, 대공으로 되어 있고, 열기로 되어 있고, 열기가 아닌 것으로 되어 있고, 욕망으로 되어 있고, 욕망이 아닌 것으로 되어 있고, 분노로 되어 있고, 분노가 아닌 것으로 되어 있고, 다르마[공정함]로 되어 있고, 다르마가 아닌 것[불공정함]으로 되어 있으니, 이것[자아]이 바로 그[만물]입니다."(4.4.5)[104] 겉보기에는 매우 모순되는 성격의 이 두 가지 진술은 자아의 세계라는 서로 전혀 다른 입장에 대한 근거로 사용될 수 있다. 두 가지 모두 '아뜨만'을 불멸하고 불변하는 자아로 정의한 것은 똑같다. 즉 이는 "배고픔과 목마름, 슬픔, 미혹, 늙음, 죽음을 초월하는 것"(3.5.1)¹⁰⁵⁾이다.

우파니샤드의 중심적인 가르침을 요약하자면, 진정한 자아는 곧 실재의 영원한 차원이며, 그 영원한 차원은 곧 '브라흐만'의 지고한 실재라는 것이다. "그 위대한, 태어남 없는 아뜨만은 / 늙지 않고, 죽지 않으며 / 두려움이 없는 '브라흐만'이다."(4.4.24)¹⁰⁶⁾ '아뜨만'이 곧 '브라흐만'과 동일시되기 때문에, 그것은 또한 모든 생명의 원천이자, 모든 존재의 뿌리로 정의된다. "거미가 거미줄을 따라 움직이고, 불의 불똥들이 사방으로 흩어지듯, 이 아뜨만[자아]으로부터 모든 감각기관들과 모든 세계와 모든 신, 그리고 모든 생명체들이 나왔습니다. 이 비밀스런 가르침[그 감춰진 이름]은 '진리 중의 진리[실재 뒤의 실재]'이며, 숨[생명작용]이 곧 그것을 증명하고 있으니, 아뜨만은 곧 그들 모두의 진리[생명작용 뒤의 실재]인 것입니다."(2.1.19)¹⁰⁷⁾ 결국 『브리하다란야까 우파니샤드』는 인간의 본질적인 자아가 개별성, 한계, 고통, 그리고 죽음조차도 초월한다고 가르친다.

아울러 '아뜨만'에 대한 또 하나의 일반적인 정의는, 이것이 모든 생명을 "안에서 움직이게 하는 자"(3.7.2-23)¹⁰⁸⁾라는 것이다. 이러한 정의야말로 우리가 『브리하다란야까 우파니샤드』에서 찾아낼 수 있는 성격묘사 중에서도 가장 두드러진다. '아뜨만'은 단순히 의식의 대상이라기보다는 오히려 의식의 주체이거나, 또는 의식의 조용한 관찰자라고 할 수 있다. '아뜨만'은 모든 지식을 알게 하는 자이며, 또는 "지각을 지각하게 하는 자"이다. "그러나 모든 것이 아뜨만이 되고 난 곳에, 누가 누구를 냄새 맡을 것이요, 누가 누구를 볼 것이요, 누가 누구를 들을 것이요, 누가 누구에게 이야기할 것이요, 누가 누구를 생각할 것이요, 누가 누구를 알겠소? 그가 모두를 알게 하니, 그를 무엇으로 알 수 있단 말이오? 그가 모두를 알게 하니, 그를 무엇으로 알 수 있단 말이오? 우리로 하여금 '알게 하는 자'를 (아는 힘으로) [지각하게 하는 자를 감히 우리의 지각으로] 알 수 있겠소?"(2.4.14)[109] 지각을 지각하게 하는 자로서, '아뜨만'은 의식의 대상이 될 수 없기 때문에, 따라서 보통의 방법으로는 알 수가 없다. 왜냐하면 그것은 바로 의식 그 자체로 선언되기 때문이다. 비록 우파니샤드 힌두교와 초기 불교 사이에 유사점이 상당히 많긴 하지만, 대부분의 불교도들은 의식이 곧 어떤 본질적인 자아와 동일하다는 개념을 거부했다. 그럼에도 불구하고 우파니샤드에서는 우리의 진정한 자아를 곧 우리를 의식 있는 존재, 즉 모든 곳에 존재하는 의식으로 만들어 주는 것과 동일시한다. 우파니샤드의 주된 목표는 육체와 연관된 일시적인 자기-자아로부터, 만물과 결코 다르지 않은 영원하고 무한한 자아에게로 우리의 정체성을 이전시키는 것이다. 다른 말로 하자면, 그 목표는 '아뜨만'이 곧 '브라흐만'임을 깨닫는 데 있다. 물론 이러한 방정식에서 보다 자세한 내용을 기술하는 과제는 후대의 저술가들에게 남겨졌지만 말이다.

우파니샤드에 따르면, 우리의 현재 인생은 길고 긴 일련의 죽음과 환생의 과정 가운데 단 하나에 불과할 뿐이다. 우리의 현재 인생이 끝나면, 우리는 새로운 몸을 갖고 다시 태어난다. "풀벌레가 풀의 마지막 부분에 다다르면 다른 풀로 건너뛰어 그 풀에 앉듯, 이 아뜨만도 지금 머물고 있는 육신을 없애고, 무명(無明)을 가진 채로 다른 몸으로 건너가, 그 몸에 정착하는 것입니다."(4.3.3)[110] 따라서 풀벌레가 이쪽 풀에서 저쪽 풀로 옮겨가는 것과 마찬가지로, 우리는 한 몸에서 또 다른 몸으로 옮겨간다는 것이다. 비록 이후의 어떤 철학자들은 환생을 겪게 되는 개별적인 자아를 구성하는 것은 또 다른 종류의 자아라고 주장했지만, 우파니샤드에서는 환생을 분명한 것으로 가정하는 듯하다.

이러한 가정에 근거하여, 『브리하다란야까 우파니샤드』에서는 사후

경험으로 다음과 같은 두 가지의 가능성이 소개된다.(6.2.15-16)[111] 첫 번째 가능성은 이번과 같은 인생으로 되돌아오는 것이다. 사후에 인간의 몸은 화장에 처해진다. 속세의 삶을 승화시켜 종교적 희생을 바친 사람들은 연기로 화한다. 그리고 이들은 다시 밤〔夜〕으로 화하고, 결국에는 죽은 자〔조상〕들의 세계에 도달한다. 그리고 거기서 다시 달로 가고, 달에서 다시 비가 되고, 비가 되어 다시 흙〔땅〕으로 되돌아온다. 흙〔땅〕에 도착하면, 그들은 음식이 된다. 이 음식을 먹은 남자가, 아그니〔불〕[112]를 통해 이 음식을 여성에게 주입하면, 다시 사람이 되어 그곳에서 재탄생하는 것이다. 이처럼 삶과 죽음이 줄곧 반복되는 순환이 사람들 대부분의 인생을 규정한다. 여기서는 이러한 존재의 순환이 주는 즐거움은 매우 긍정적인 것으로 제시된다.

두 번째 가능성은, 숲에 살면서 최고의 지식을 성취한 명상가의 길이다. 이들이 죽어서 화장에 처해지면, 이들은 불꽃으로 화한다. 이들은 불꽃에서 다시 낮으로 화하고, 결국 신들의 세상에 도착한다. 그곳에서 이들은 다시 태양으로 화한다. 대부분의 힌두교 신화에서 태양은 이 세상을 벗어나는 문을 상징한다. 따라서 여기서도 최고의 지식을 성취한 사람들은 태양으로부터 다시 '브라흐만'의 세계에 도달하고, 이후 그곳에 머물면서 다시 속세의 인생으로 돌아오지 않는다. 이것은 '모크샤(moksha),' 혹은 삶과 죽음이 계속되는 순환으로부터의 "자유"를 나타내는 초창기의 상징 가운데 하나다. 비록 『브리하다란야까 우파니샤드』에서는 이 두 가지 길이 사후의 두 가지 동등한 가능성으로 제시되어 있지만, 이후의 우파니샤드에서는 그중에서도 이 세상으로 돌아오지 않는 길이 돌아오는 길보다 더 우월한 것으로 주장되고 있다. 이보다 훨씬 금욕적인 우파니샤드에서는, 이 세상으로 돌아온다는 것은 결국 자신의 자아에 대한 궁극적 지식을 성취하는 데 실패했다는 뜻이라고 주장한다. 따라서 매우 특별한 종류의 지식이야말로 성공적인 인생에서 그 정점이나 마찬가지인 것으로 주장된다.

진단

인간의 존재에서 주된 문제점은 우리가 실재의 진정한 본성에 대해 무지하다는 것이다. "이 세상에서 이 불멸의 존재를 알지 못하고 떠나는 사람은 비참하오."(3.8.10)[113] 이 구절에서 우리는 결국 불멸의 '브라흐만' — 우리를 그 일부분으로 포함한 — 을 아는 것에 인생의 성패가 달려 있음을 알 수 있다. 하지만 '브라흐만'을 알기란 무척이나 어렵다. 왜냐하면 이것은 "보이지 않으나 보는 자요, 들리지 않으나 듣는 자요, 마음속에 생각할 수 없으나 생각하는 자요, 알 수 없으나 아는 자요, 그 이외에 '보는 자'가 있지 않고, 그 이외에 '듣는 자'가 있지 않고, 그 이외에 '생각하는 자'가 있지 않고, 그 이외에 '아는 자'가 있지 않은"(3.8.11)[114] 존재이기 때문이다. 단일하고도 무한한 '브라흐만'에 대한 지식이 없다면 우리는 오로지 평범한 의식의 대상만을 지각할 수 있을 뿐이고, 따라서 단편적이고 일시적인 형태의 죽어가는 세계와 완전히 동일시되는 운명으로 인해 괴로움을 겪게 된다. "(그는) 마음을 통해서만 볼 수 있으며 / 그와 다른 그 어떤 존재도 있지 않도다. / (이 하나를) 여럿으로 보는 자는 / 죽음으로부터 죽음을 얻을 것이다."(4.4.19)[115]

실재의 진정한 본성에 대한 무지는 곧 우리 자아의 진정한 본성에 대한 무지와 마찬가지다. 또 달리 말하자면, 인간의 곤경은 결국 심각한 정체성 문제로 인해 야기된 것이다. 즉 우리 자신이 진정으로 누구인지를 알지 못하기 때문이다. 따라서 우리는 스스로를 일자(一者)인 '브라흐만'과 동일시하는 대신, 오히려 파편적이고 또한 겉보기에는 연결되어 있지 않은 다양성의 현상세계와 동일시하는 잘못을 범한다. 우리는 무한한 피조물이지만, 그럼에도 불구하고 극도로 제한적이고 유한한 인성(人性)에만 연연하는 것이다. 우리는 사실 이 거대한 우주의 동족이면서도, 우리의 삶은 우리 자아의 제한된 시야에 의해 압도되고 있으며, 또 가려지는 것이다. 그 결과 소외가 발생한다. 다른 사람들로부터, 생명의 원천 그 자체로부터, 일자(一者)로부터, 그리고 심지어 우리 자신의 진정한 자아로부터도 말이다. 따라서 인간의 상태는 계속되는 파편화, 고립, 고독의 경험에 불과하다. 결국 우리의 사회에는 범죄와 적대적인 대립이 만연하게 되는데, 이는 바로 우리 자신의 개별성에 대한 믿음에 근거하는 것이다. 또한 우리는 실존적 불안을 겪게 되는데, 이 역시 서로 연관되지도 않고 일시적인 것에 불과한 자아에 어떤 의미를 부여하기 때문에 생겨난 것이다.

우파니샤드에 따르면 혼자인 개인의 삶은 결코 자유롭지가 않다. 개별적인 자아에 대한 믿음에 근거하는 삶은 크게 조건화되고 한정될 수밖에 없기 때문이다. 이처럼 삶을 결정짓는 요소를 바로 '까르마〔業〕'라고 하는데, 『브리하다란야까 우파니샤드』는 훗날 힌두 사상에서 무척이나 중요해진 이 개념을 최초로 언급한 문헌이기도 하다. 현자 야쟈발끼야는 '까르마'를 이렇게 설명한다. "만드는 대로 행하는 대로 그대로 되리니, 선한 일을 하면 선한 자가 될 것이요, 악한 일을 하면 악한 자가 될 것입니다. 선이란 선한 행위로 만들어지는 것이요, 악이란 악한 행위로 만들어지는 것입니다."(4. 4. 5)[116] 자율적인 자아에 대한 믿음에 근거하는 인간의 일상적인 삶은 실상 무척이나 불확정적이며, 다만 이전의 행동이 빚어낸 힘에 의해 규정된다. 야쟈발끼야는 계속해서 이렇게 말한다. "그가 원하는〔욕망하는〕대로 그대로 의지가 생기고, 의지가 생김으로써 업

〔까르마〕을 쌓고, 업을 쌓음으로써 (그 결과를) 드디어 얻게 되는 것입니다."[117] 이 말은 결국 우리가 이렇게 심리학적으로 프로그램되어 있기 때문에, 보통의 환경에서는 자유행동이 결코 불가능하다는 뜻이다. 우리는 욕망에 따라 행동하며, 그 욕망 자체는 어떤 이전의 행동의 결과로, 우리의 무의식적 정신에 기록되어 있는 것이다. 그러한 욕망은 어떤 행동의 동기로 나타난다. 그 동기에 의해 이루어진 행동 역시 우리의 정신에 또 다른 인상을 남겨두게 되고, 그로 인해 또 다른 욕망의 성격이 결정되며, 이 또 다른 욕망은 곧 또 다른 미래의 행동의 뿌리가 된다. 이것이 바로 심리학적 속박의 순환, 즉 우리 인간이 처한 곤경의 모습인 것이다. 힌두교의 요가와 명상은 대부분 이처럼 제한되고 규정된 상태로부터 자유로워지는 것을 목표로 삼고 있다.

처방

우파니샤드에서는 궁극적인 자유를 얻을 수 있는 가능성을 대개 낙관하고 있다. 하지만 『브리하다란야까 우파니샤드』에서는 그에 대한 처방이라 할 수 있는 단 하나의 길을 제시하고 있지는 않다. 그리하여 후대에 활동한 보다 체계적인 저술가들의 주된 임무는 이 문헌과 또 다른 우파니샤드에 대한 분명한 해석을 확립하는 한편, 이들 문헌이 묘사하고 있는 궁극적인 상태로 이끌 특별한 길을 묘사하는 것이었다. 잠시 후에 살펴보겠지만, 후대에는 우주와 자아의 본성에 대하여 무척이나 큰 차이를 보이는 서로 다른 해석들이 다양하게 나왔다.
　일반적으로 말하자면, 자유를 향한 우파니샤드의 길은 특별한 종류의 지식을 획득하는 것과 관련되어 있다. 일반적인 지식은 결코 우리의 속박의 사슬을 끊을 수 없다. "무지를 숭배하는 자는 / 그저 어둠 속으로 빠져든다. / 그러나 지혜만을 숭배하는 자는 / 그보다 더 깊은 어둠 속으로 빠져들지어다."(4. 4. 10)[118] 물론 우파니샤드 문헌들이 모든 종류의 지식을 폄하하는 것은 아니지만, 적어도 기존의 전통적 지식의 한계에 대한 경고의 소리를 발하기는 한다. 위의 인용문 역시 일반적인 지식에만 지나치게 의존하는 것은 위험하다는 뜻을 이야기하는 듯하다. 다양한 형태를 지닌 전통적인 세계에서 살아가는 데는 일반적인 지식도 유용하다. 그러나 실재의 궁극적 본성과 자아를 아는 데는 무용지물에 불과하다.

『브리하다란야까 우파니샤드』는 결국 우리가 무언가를 아는 일반적인 방식에 대한 집착에서 벗어나야 한다고 분명히 말한다. 이 문헌은 우리가 "학자가 되기를 그만두고, 마치 아이처럼 살도록 노력해야 한다. 우리가 아이처럼, 혹은 학자처럼 살기를 그만둘 때, 우리는 현자가 될 수 있다"(3. 5. 1)[119]고 말한다. 결국 우리가 경전의 중요한 의미를 체득하고, 학문적인 면에서도 전문가가 되고 나면, 우리는 더 이상 배움에 의존하지 않게 되고, 오히려 어린아이와 같은 단순하고도 자발적인 상태로 돌아가려 한다는 것이다. 하지만 이 역시 우리가 어떻게 해야 궁극적인 지식과 자유를 성취할 수 있을지에 대해서는 분명한 지시를 내려주지 않는다. 『브리하다란야까 우파니샤드』는 일반적인 존재 방식을 벗어나 '아뜨만'에 대해 계속해서 명상하는 방법에 관해서는 단지 매우 일반적으로만 설명할 뿐이다. 이러한 모호성은 단지 이 문헌뿐만 아니라 다른 우파니샤드에서도 일반적인 특성이다. 그리하여 그러한 최후의 상태가 정확히 어떤 것이며, 또한 그걸 정확히 어떻게 성취할 수 있을지를 구체적으로 묘사하는 임무는 후대의 우파니샤드 주석가들의 몫으로 남게 되었다.

서로 다른 해석들

힌두교에서도 주된 논란 가운데 하나는 궁극적 실재를 비인격적이고 절대적인 것으로 보는 쪽과, 궁극적 실재와의 개인적 관계를 강조하는 쪽 사이에서 벌어졌다(이에 수반되는 문제는 다음과 같았다. '이 세계는 궁극적으로 실재인가, 아닌가?'). 『브리하다란야까 우파니샤드』에 대해서도 이 극단적으로 다른 두 가지 입장으로부터 판이한 해석이 나왔다는 사실은 그다지 놀라울 것이 없다. 후대의 힌두교에 대해 완벽한 개관을 하기 위해서는 우선 종교적 관습에서도 이전보다 훨씬 확장된 단계 — 가정의 제의, 신전의 제의, 순례, 요가 훈련 — 에 대해 묘사해야 하며, 또한 그처럼 다양해진 관습의 근거가 된 믿음에 대해서도 묘사해야 할 것이다. 물론 분량상의 한계 때문에 이 장에서는 그렇게 하기가 불가능하지만, 아래에서는 힌두교 전통 가운데서도 가장 대표적인 두 인물 — 샹카라와 라마누자 — 의 사상을 소개함으로써, 힌두교라는 넓은 맥락 안에 포함되는 다양한 관습과 믿음의 범위가 어느 정도인지를 대략적으로나마 보여줄 수는 있을 것이다. 이 두 사람은 이른바 베단타 학파에 속하는데, 여기서 '베단타'란 말 그대로 "베다의 끝," 즉 이른바 '베다'로 알려진 지혜의 계시서 가운데서도 최고봉을 가리켰다. 이러한 명칭은 주로 우파니샤드의 가르침을 지칭했으며, 나아가 『바가바드 기타』와 『브라흐마 수트라』 같은 가르침을 지칭하는 데도 사용되었다. 물론 힌두교 철학에는 베단타에 속하지 않는 다른 학파들도 많지만, 샹카라와 라마누자는 힌두 사상과 관습에서도 가장 영향력 있는 두 학파를 대표하는 인물이었다. 두 사람 모두 『브라흐미 수트라』에 대한 주석서를 써서 우파니샤드에 소개된 '브라흐만'의 개념을 한 걸음 더 나아가 고찰했는데, 다음 절에서는 이 둘의 저서에 나타난 해석의 근본적 차이를 살펴보겠다.

샹카라의 아드바이타 베단타

샹카라(788-820)는 인도는 물론이고 서구에도 널리 알려진 힌두교 철학자 가운데 한 사람이다. 이른바 '아드바이타'("불이론[不二論]")라는 그의 철학 체계는 힌두교 내에선 영향력이 비교적 적었던 반면, 오히려 서구에서 힌두교를 이해하는 데서는 지나치게 중시된 감이 없지 않다. 다만 철학 체계상으로는 힌두 세계에서도 중요한 위치를 차지하고 있으며, 종교적 금욕 행위에 대한 가장 일반적인 합리화를 제공하고 있다.

이른바 '브라흐만'을 안다는 것은 무슨 의미일까? 우파니샤드의 사변에서 가장 절박한 문제로 남은 것은 아마도 다음과 같은 것이 아니었을까. "과연 '브라흐만'이라는 궁극적 실재와, 우리가 감각으로 경험하는 다양성의 세계 사이에는 어떤 관계가 있을까?" 이에 수반되는 또 하나의 문제는 다음과 같다. "과연 인격신과 개인의 영혼은 각각 어떤 상태를 말하는 것일까?" 샹카라는 우파니샤드에 근거하여 제시된 이와 같은 중요한 질문에 대해, 일관성 있고 통일된 견해를 공식화한 최초의 인도 철학자들 가운데 한 사람이었다. 그의 철학은 곧 모든 다양성을 궁극적으로 부정하는 단일성의 철학이었다. 샹카라에게 '브라흐만'은 유일한 진리였고, 이 세계는 궁극적으로 실재가 아니며, 신과 개인의 영혼 사이의 구분은 단지 환영에 불과했다.

샹카라에게 '브라흐만'은 유일한 실재였다. 이것은 절대적이고 비(非)분화된 실재이며, 결코 둘이 아닌 하나('아드바이타[不二]')이고, 어떠한 특성도 없다('니르구나[nirguna]'). 그는 '브라흐만'에 대한 최고의 깨달음을 얻고 나면 곧 주체와 객체 사이의 모든 구별이 사라져버린다고 이해했기 때문에, 결국 다양성의 세계는 거짓일 수밖에 없다고 결론지었다. 샹카라는 우파니샤드에 두 가지 측면의 '브라흐만'이 나온다고 생각했다. 하나는 특성을 지닌 브라흐만('사구나[saguna]')이요, 다른 하나는 특성을 지니지 않은 브라흐만('니르구나')이다. 하지만 그는 전자를 가리켜, 이것은 단지 여러 제한적인 요소에 규정된 우리의 지각으로부터 생겨난 결과일 뿐이라고 주장했다. "브라흐만은 두 가지 측면이 알려져 있다. 하나는 우주의 다양성에서 비롯된 제한적인 요소, 즉 이름과 형식으로 규정된 측면이고, 다른 하나는 어떠한 제한적인 요소도 없기 때문에 앞서와 정반대되는 측면이다."(1. 1. 12) 실제로 샹카라는 '브라흐만'에 드러난 모든 외면적 구분은, 바라보는 사람이 자신의 인식 틀을 그 대상에 가탁(假託)[120]한 결과라고 주장한다. 이러한 주장으로부터 그의 철학에서 가장 중요한 개념이 등장한다. 이른바 환영, 또는 "마야(maya)"의 개념이다. '마야'는 다양성의 세계가 존재할 수 있게 되는 과정이기도 하며, 또한 형태가 없는 것이 형태를 갖게 되는 과정이기도 하다. 마야는 '브라흐만'의 진정한 본성을 숨기고 왜곡하며, 또한 인식론적으로는 무지[無明]('아드비야[adviya]')로 나타난다. 샹카라에게 다양성은 결국 모두 거짓이고, '마야'는 궁극적 지식을 깨닫는 데 가장 큰 장해물이 된다.

이 말은 결국 우리가 감각을 통해 경험하는 이 세계는 '브라흐만'이 아니라는, 따라서 궁극적인 실재가 아니라는 뜻이다. "감각은 자연히 대상을 이해하지만, 결코 브라흐만을 이해하진 못한다."(1. 1. 2) 물론 이런 샹카라의 주장은 결코 이 세계가 우리의 상상의 산물이라는 뜻은 아니다. 다만 그는 주관적 관념론을 철저히 반대했을 뿐이다. 그에게 이 세계는 단지 외면적 실재, 즉 어디까지나 실존적인 현실이었던 것이다. 그는 이렇게 썼다. "우리 외부의 사물이 존재하지 않는다고는 단언할 수 없다. 어째서일까? 왜냐하면 우리가 그 사물을 지각할 수 있기 때문이다. 기둥이니, 벽이니, 항아리니, 옷과 같은 사물은 그 각각에 대한 인식 행위를 통해 실제로 지각이 가능하다. 따라서 그처럼 지각되는 사물 자체가 비존재일 수는 없는 것이다."(2. 2. 28) 물론 샹카라는 비존재의 범주가 가능하다는 것 역시 충분히 인식한 까닭에, "불임 여성이 낳은 아들"이라는 그럴듯한 예를 들기도 한다. 반면 우리가 사는 세계는 외면적 실재이며, 그런 의미에서는 분명히 "존재한다." 하지만 '브라흐만'을 알게 되는 궁극적인 경험 — 모든 구분이 사라져버리는 — 에 비하자면 이 세계에 대한 경험은 사실 아무 것도 아니며, 따라서 절대적인 실재일 수도 없다. 우리가 꾼 꿈이 잠에서 깨어나는 순간 부정되듯, 이 세계에 대한 경험 역시 궁극적인 깨달음을 얻는 순간 부정된다. 이에 대한 비유로 그는 뱀과 밧줄에 관한 이야기를 한다. 어떤 사람이 어둑어둑한 데서 밧줄을 보고는 뱀으로 착각한다. 이때 그 사람이 느끼는 두려움은 분명 실제이고, 또한 실존하는 것이다. 하지만 그의 깨달음을 통해 그 "뱀"은 결국 밧줄에 불과한 것으로 드러난다. 이때 우리는 밧줄에 뱀의 모습을 가탁한 것이며, 그로 인해 뱀에게 현상적 실재를 부여한 것이다. 이 세계와 '브라흐만'의 경우도 — 방금 언급한 사례와 — 마찬가지다. 이른바 다양성의 세계는 대개 불이(不二)적인 '브라흐만'에 우리가 잘못 가탁해 생겨난 것이고, 결국 우리는 환영의 세계에 살고 있는 셈이다. 하지만 '브라흐만'에 대한 궁극적인 지식을 얻고 나면, 이 세계에 대한 경험은 거짓으로 드러난다. 이러한 이론을 통해 철학자들은 가변적인 세상과 진정한 실재를 서로 별개의 것으로 생각했는데, 이는 마치 여러 개의 물동이에 비친 달의 그림자와 진짜 달을 서로 별개의 것으로 생각하는 것과 마찬가지였다.

다른 두 가지의 중요하고 분화된 실체 — 인격신, 그리고 개인의 영혼 — 에 대해서도 같은 논증을 적용할 수 있다. 샹카라에게 인격신은 곧 속성을 지닌 '브라흐만'으로 정의된다. 하지만 모든 속성이란 곧 무지라는 제한적인 요인에서 비롯되는 것이기 때문에, 결국 신 역시 환영으로 간주된다. 그러나 샹카라는 인격신에 대한 예배만큼은 오히려 유익하다고 간주하는데, 왜냐하면 그런 인격신 자체가 비록 최고의 실재는 아니지만, 이른바 '마야'의 우주적인 환영에 여전히 사로잡혀 있는 피조물에게는 그것이야말로 인식 가능한 최고의 실재이기 때문이다. 즉 인격신은 영적인 체험에서도 결국 본질적인 요소라고 할 수 있는데, 왜냐하면 아직까지도 이 세계에 집착하고 있는 사람들은 인격신을 향한 예배를 통해 이 세계로부터 '브라흐만'에게로 나아갈 수 있기 때문이다. 다만 결국에 가서 우리는 이와 같은 구분에 대한 개념을 포기하는 한편, 모든 신들을 우리의 자아 속으로 재통합시켜야만 한다.

샹카라에게는 개인의 영혼('지바[jiva]') 역시 이와 비슷한 개념이었다. 이제까지 설명했듯이 샹카라에게 다양성이란 모두 환영적인 지각의 산물로 간주되었기 때문에, 그가 개인의 영혼 역시 환영이라 하여 결국 거부했다는 사실은 그리 놀라울 것도 없다. 비록 '지바,' 혹은 개인의 영혼은 단순히 몸과 연계된 자기정체성이 아니라 오히려 더 높은 수준의 깨달음과 연관되어 있긴 하지만, 샹카라의 최종적 해석은 결국 이것 역시 실재가 아니라는 것이었다. 샹카라에게 진정한 자아는 '아뜨만'이고, 그는 이것을 순수한 의식으로 정의한다. 세계나 신과 마찬가지로 개인의 영혼은 그저 외면적 실재에 불과하고, 그런 외양은 무지라는 제한적인 요소를 통해 자아를 바라본 결과로 생겨난 것이다. 그는 자아에겐 "영원한 의식이 부여되었으며 (……) 그것은 지고한 브라흐만으로, 비록 그 자체는 불변하지만 제한적인 요소와 연관되어 있기 때문에 개인의 영혼으로 나타난다"(2. 3. 18)고 말한다. 매일의 경험에서 우리는 스스로를 자기 행동의 행위자로 느끼는데, 이것 역시 환영에 불과하다. 바꿔 말하자면, 곧 진정한 자아는 '까르마'의 제한적인 영향력으로부터 영원히 자유롭다는 뜻이다. 자유로워지기 위해서는 오로지 이러한 속박이 정신적 구조물이라는 사실만 깨달으면 된다. 샹카라는 자아가 모든 경험을 초월한 것이라고 주장하는데, 왜냐하면 경험은 항상 그것을 경험하는 주체와 경험되는 객체 사이의 차이와 연관되어 있기 때문이다. 따라서 깨달음의 최고 수준에 이르면 개인의 영혼, 곧 모든 경험의 주체는 환영이 되어 사라져버린다. 그리고 진정한 자아는 '브라흐만,' 즉 절대적이고 단일한 존재의 근거와 동일한 것으로 선언된다.

샹카라에게 모든 영적인 노력의 목표는 이러한 궁극적인 사실을 깨닫는 것이었다. '브라흐만'에 대한 지식의 최고 수준은 절대적 정체성의 상태에서 무언가를 아는 주체와 알려지는 객체 사이의 모든 구분이 사라져버리는 것과 연관되어 있다. 이처럼 궁극적인 경험을 묘사하는 경우에 자주 사용되는 비유는, 모든 물이 결국 하나이고 비(非)분화된 바다로 돌아가게 된다는 것이다. 이상의 내용이 궁극적 지식을 향한 우파니샤드의 추구에 대한 샹카라의 해석이다.

하지만 이런 궁극적인 위업을 성취하기 위한 길에서 가장 본질적인 요소는 무엇일까? 이 장의 첫 절에서 우리는 『브리하다란야까 우파니샤드』의 창조신화를 언급한 바 있다. 거기서는 다양한 형태를 지닌 세계가 바로 욕망으로부터, 즉 누군가가 다른 누군가를 향한 욕망을 가짐으로써 생겨났다고 설명했다. 샹카라의 주장에서 본질적인 요소는 이처럼 욕망에 의해 생산된 다양성을 능가하는 단일성이라 할 수 있다. 왜냐하면 욕망이란 근원적인 단일함을 여럿으로 분리시키는 창조력을 동반하기 때문에, 욕망을 근절하는 것이야말로 재통합의 과정에서는 가장 필수적인 단계이기도 하다. 여기에서 이른바 재통합에 대한 개념이 등장한다. 샹카라에 따르면, 최고의 영적인 길은 우리에게 "나는 곧 '브라흐만'이다"라는 통찰력 있는 깨달음을 가져다주기 위한 명상의 수행으로 구성되어 있다. 그는 이처럼 명상함으로써 진정한 자아를 깨닫는 수행을 "사마디〔三昧, samadhi〕"라고 부른다. 하지만 우리가 이런 수행을 하기 위해서는 무엇보다도 먼저 일상적인 사회 활동과 가정 활동으로부터 물러나고, 또한 감각으로부터 얻은 자료에 대한 일상적인 신뢰에서 벗어나야만 한다. 즉 샹카라의 이론에서 비롯된 가장 현저한 결과는 곧 이 세상을 저버리려는 성향이다. 샹카라는 이른바 '다샤나미(Dashanamis)'라는 이름을 지닌 이와 같은 은둔자들('산야신(sannyasis)')의 조직을 만들기도 한 것으로 전해진다. 이들은 우선 각자의 장례식을 거행함으로써 이 길에 입문한다. 이는 자기의 이전 정체성에 종말을 고함을 상징하는 동시에, 앞으로 독신주의 종교 집단에 참여하여 비인격적 절대자인 '브라흐만'에 대한 명상에 전념하기 시작함을 상징하는 것이다.

라마누자의 비시슈타 아드바이타 베단타

샹카라의 견해에 정반대되는 시각 — 특히 바이슈나바스(Vaishnavas, 비슈누 신의 형체를 띤 신을 예배하는 자들) — 에서는 신의 인격적 특성이 곧 궁극적인 속성이지 결코 우리가 초월해야 할 환영은 아니라고 주장했다. 샹카라의 호적수로 유명한 라마누자(1017-1137)는 당시 슈리 바이슈나바 종파(Shri Vaishnavism)로 알려진 남부 인도의 신앙 운동에서 중요한 신학자이자 베단타 해석자였다. 그의 철학 체계는 비시슈타 아드바이타(Vishishta Advaita, "한정적 불이론〔限定的 不二論〕")라고 일컬어졌는데, 왜냐하면 그의 이론은 개별적인 사물들을 실재로 인정하는 동시에, 불이적인 실재의 속성으로도 이해했기 때문이다. 라마누자의 철학은 단일성과 다양성 모두를 긍정했기 때문에, 신과 세계와 자아의 특성에 대해서도 샹카라와는 아주 다른 견해를 낳게 되었다.

라마누자는 『브라흐마 수드라』에 대한 주석서에서, 샹가라기 '브리흐만'의 불이론적 실재에 있어 어떠한 특성, 혹은 차이도 인정하지 않은 것을 비판한다. 샹카라와 마찬가지로, 라마누자 역시 '브라흐만'이 유일한 실재라는 우파니샤드의 주장을 받아들인다. 하지만 라마누자에게 '브라흐만'은 바로 신을, 즉 무수히 많은 탁월한 특성을 보유한 신을 의미했다. "'브라흐만'이라는 단어는 다른 무엇보다도 모든 상서로운 특성을 그야말로 무한한 정도에 이르기까지 보유한, 또는 세속의 더러움으로부터 완전히 자유로운 지고의 인격체를 의미한다. 이 지고의 인격체야말로 〔우리가〕 그 진정한 본성을 앎으로써 해방을 얻을 수 있는 유일한 존재이기도 하다."(1.1.1,p.1.) 따라서 샹카라와는 달리 라마누자는 굳이 '브라흐만'과 신을 구분하지 않으려 한다. 오히려 라마누자는 '브라흐만'을 가리켜 "특성이 없다"고 한 우파니샤드의 묘사를, 단지 '특정한 종류의 특성' — 즉 부정적인 특성이나 구속되는 특성 — 이 없다는 뜻으로 해석했다. 따라서 그는 "특성이 없는"('니르구나') '브라흐만'이라는 샹카라의 주장을 뒤집어, 이른바 "특성이 있는"('사구나') '브라흐만'이 그보다 우월한 형태라고 주장했다. 특히 라마누자는 '브라흐만'을 순수하고 비(非)분화된 의식으로 간주한 샹카라의 개념화를 거부하면서, 만약 그런 주장이 사실이라면 '브라흐만'에 대해서는 어떠한 지식도 얻을 수 없다고 주장했다. 왜냐하면 모든 지식은 오로지 분화된(개별적인) "대상"에 대해서만 가능하기 때문이다. "브라흐만은 결코 아드바이타 학파가 주장하듯이 비분화된 순수 '의식'일 수가 없다. 왜냐하면 그처럼 비분화된 대상에 대해서는 어떠한 증거도 예시할 수가 없기 때문이다."(1.1.1, pp.19-20)

라마누자에 따르면, 우리가 목표로 삼아야 할 특별한 종류의 경험은 다름 아닌 무한하고도 놀라운 특징을 지닌 '주님'으로서의, 또는 보다 쉽게 설명하자면 신의 사랑으로서의 '브라흐만'에 대한 축복된 지식뿐이다. 하지만 이러한 관계가 가능하기 위해서는 아는 주체, 혹은 사랑하는 자(개인의 영혼)와 알려지는 객체, 혹은 사랑받는 자(주님) 사이의 구분이 반드시 필요하다. 힌두교의 경건한 신학자들 가운데 대다수는, 자신들이 원하는 것은 직접 설탕이 되는 것(샹카라의 목표)이 아니라, 오히려 설탕을 맛보는 축복을 경험하는 것(라마누자의 목표)이라고 주장했다. 이것은 곧 차이를 진지하게 받아들여야 한다는 뜻인 동시에, 앞서 샹카라의 아드바이타 체계에서 살펴본 것과는 아주 다른 감각 경험의 세계상을 시사하고 있다.

라마누자에게 이 세계는 실재이며, 다양해지고자 하는 신의 욕망으로부터 창조된 것이다. 즉 세계는 '브라흐만'의 실제 변화의 결과인 것이다. 이러한 관점을 설명하기 위한 예로는 액체인 우유가 고체인 치즈로 바뀌는 것을 들 수 있다. 치즈는 우유를 가공해서 만드는 것이기 때문에, 두 가지는 분명 다르면서도 그 근원에서는 다르지가 않다. 힌두교도들은 이 세계가 결국에는 환영에 지나지 않는다는 샹카라의 이론보다도 오히려 라마누자의 견해를 더욱 선호했다. 이러한 견해에는 다양성의 결과로 생겨나는 창조적 과정을 반드시 극복해야 할 것이 아니라, 오히려 신의 창조적 활동의 산물로 간주하고 있는 그대로를 인정해야 한다는 뜻이 내포되어 있다. 샹카라와 마찬가지로 라마누자 역시 하나가 여럿으로 변하려는 욕망을 '마야'의 개념과 연관짓기는 하지만, 샹카라처럼 '마야'를 단순히 "환영"으로 개념화하기보다는 이것을 신의 "창조력"으로 받아들인다. "'마야'라는 단어는 비실재나 거짓을 의미하는 것이 아니라, 오히려 놀라운 결과를 만들어내는 힘을 의미한다."(1.1.1,p.73) 따라서 라마누자가 이 세계를 보는 관점은 훨씬 긍정적이며, 실제로 이 세계를 "신의 몸"으로 묘사하는 데까지 나아간다. 그는 '브라흐만'을 가리켜 "우주의 창조자이며, 보존자이며, 파괴자이며, 우주에 널리 퍼져 있으며, 우주에 내재하는 지배자이다. 이 세계 전체가, 호흡이 있는 것과 없는 것〔유정물(有情物)과 무정물(無情物)〕 모두가 그 몸을 구성한다"(1.1.1,p.

55)고 말한다. 즉 일시적인 몸이 곧 영원한 영혼의 속성이듯이, 유한하고 일시적인 이 세계는 곧 무한하고 영원한 신의 속성이라는 것이다. 따라서 이 세계는 신과 다른 것인 동시에, 마치 속성이 그 실체와 연결되어 있는 것과 마찬가지로, 세계 역시 신과 불가분하게 연결되어 있는 것이다.

이것은 개인의 영혼('지바')의 경우에도 마찬가지다. 이것 역시 신의 몸의 일부분으로 간주되었으며, 라마누자는 이러한 맥락에서 우파니샤드에서 말하는 '브라흐만'의 정체성과 진정한 자아를 해석한다. 샹카라는 '브라흐만'에 대한 최종적인 경험에 이르러서는 모든 구분이 사라진다는 견해를 갖고 있었던 까닭에 개인의 영혼마저도 궁극적으로는 거짓 환영으로 묘사했던 반면, 라마누자는 개인의 영혼을 실재이며 영원한 것이라고 주장했다. 그에 따르면 '브라흐만'의 일부분인 영혼은 그 전체와 다른 것인 동시에, 다르지 않은 것이기도 하다.(2.3.42, p.298) 물질세계와 개인의 영혼은 소멸의 때를 맞아 신 안으로 들어가고, 창조의 때를 맞아 신으로부터 분리되어 나온다. 라마누자는 진정한 자아가 곧 모든 경험을 초월한 순수한 의식이라는 샹카라의 주장을 거부하면서, 오히려 진정한 자아는 경험을 특별히 즐기는 자라고 주장한다.(2.3.20, p.285) 개인의 영혼이 지고한 상태에 도달하면, 그것은 영원한 동시에 '브라흐만'을 아는 축복받은 존재가 된다.

자유와 함께 '브라흐만'의 축복받은 경험으로 가는 길은 다음 구절에 잘 나타나 있다. "이러한 속박은 오로지 '지식'을 통해서만 끊을 수 있다. 즉 '브라흐만'이 영혼이나 물질과는 다른, 내재하는 지배자라는 사실에 대한 '지식'을 통해서 말이다. 이러한 지식은 서로 다른 카스트와 삶의 단계에 주어진 일상적인 의무를 제대로 수행함으로써, 또한 어떤 결과를 얻으려는 의도가 아니라 오로지 주님을 기쁘게 해 드리려는 의도만을 갖고 그런 의무를 수행함으로써, 그로 인해 기뻐하시는 주님의 은혜를 통해 얻을 수 있다."(1.1.1,p.80) 이는 샹카라처럼 속세를 저버리는 것과는 전혀 반대되는 주장인데, 여기서 묘사된 아주 특별한 종류의 행위는 또 하나의 중요한 베단타 문헌인 『바가바드 기타』에 나오는 '까르마 요가(karma-yoga)'와도 연결된다. 『바가바드 기타』의 2장 47절[121])에서는 궁극적인 해방을 추구하는 자는 행위의 결과는 물론이고 행위의 포기에 대해서조차도 집착하지 않도록 행동해야 한다고 말한다. 즉 행위의 지침으로서 '까르마 요가'는 현재 힌두교에 있는 두 종류의 행위 사이에 위치해 있다. 그중 다른 하나는 베다의 희생제라는 지침 ― 즉 일상적인 행동 ― 으로, 이것은 그 행위의 결과를 의도하고 하는 행동이다. 하지만 솔직히 우리는 보통 어떤 행위를 할 때 그로 인한 결과를 미리 예상하지 않는가? 실제로 대부분의 종교적 행동이 이와 같은 논리를 따르고 있다. 가령 베다의 희생제와 같은 종교적 행동은 자신이 원하는 결과를 얻기 위해 하는 것이다. 하지만 라마누자는 『바가바드 기타』의 주장을 지지하면서, 베다의 희생제와 같은 행위는 곧 근본적인 무지를 드러내는 것이며, 오로지 우리를 더욱 속박되게 할 뿐이라고 주장한다. 라마누자에 따르면 삶이란 우주적인 연극('릴라(lila)')이며, 신은 곧 궁극적인 극작가나 다름없다는 것이다.(2.1.33,p.237) 따라서 우리가 하는 모든 행동의 결과를 의도하는 인간의 충동은 마치 그 극작가의 역할을 빼앗으려는 시도와 마찬가지라는 것이다. 나아가 그야말로 '브라흐만'으로 충만한 세계에서 특정한 행동의 결과만을 고집한다는 것은 마치 온갖 종류의 사탕을 다 구비해 놓은 훌륭한 제과점에 들어가서는 거기 있지도 않은 특정한 종류의 사탕만을 찾는 것이나 마찬가지라고 할 수 있다. 그 결과, 잠재적으로는 더 놀라운 상황이 될 수 있음에도 불구하고 실제로는 고통과 속박만이 생겨날 뿐이다. 그러면 어떻게 할 것인가? 단지 모든 행위를 포기하는 것은 이에 대한 답변이 될 수가 없다. 왜냐하면 그것이야말로 앞서 언급했던, 힌두교에 있는 두 가지 행동 방식 가운데 반드시 피해야 할 또 다른 하나에 해당하기 때문이다. 『바가바드 기타』의 주장을 따라, 라마누자는 우리가 각자의 삶의 상황에 따라 필요한 행동을 해야 한다고 주장했다. 세상을 저버리는 것은 단지 뭔가를 우리 뜻대로 의도하려는 또 다른 시도에 불과하며, 그것만 가지고는 우리를 축복받은 기쁨의 상태로 이끌지 못하기 때문이다. 라마누자는 우리를 향해 그 대신 신에게 완전히 복종하라고 충고한다. 그렇게 할 때에만 우리는 이 세상이라는 놀라운 구경거리를 자유롭게 즐길 수 있기 때문이다. 샹카라는 이 세상을 저버린 반면, 라마누자는 그 안에서 자유롭게 사는 방법을 제시하고 있다.

비록 라마누자는 『브라흐마 수트라』에 대한 자신의 주석서에서 구체적인 형태의 신을 예배하는 것에 대해서는 거의 말한 바가 없지만, 그 자신은 이런 종류의 명상을 곧 중심적인 종교적 관습으로 삼는 신앙 공동체에 속해 있었다. 우리의 이기적인 자아를 위한 것이 아니라, 오히려 주님을 기쁘게 하기 위해 의도된 행동은 종종 구체적인 신의 형태나 형체에 대한 예배로 사원이나 혹은 집안 사당에서 벌어지게 마련이다. 『브리하다란야까 우파니샤드』에서 비다그다가 야쟈발끼야에게 이 세상에는 신이 몇이나 되느냐고 물어보았던 것과 같은 문헌들을 근거로 하여, 이처럼 구체적인 각 신의 형태는 유일하고 불이론(不二論)적인 신의 다양한 형태로 간주된다. '브라흐만'은 이러한 각각의 특별한 형체를 통해 완전히 나타나는데, 이처럼 무한한 존재가 유한한 형태로 나타나는 현상은 일반적인 감각과 육체를 지닌 인간이 쉽게 접근할 수 있도록 신이 자비롭게 허락해 주었기 때문에 가능한 것이다. 비유하자면 어떤 그림을 굳이 액자 속에 넣어둠으로써, 그렇지 않을 경우에는 사람들이 미처 못

보고 넘어갔을 법한 어떤 것을 지각하게끔 하려는 것과 마찬가지다. 힌두교의 실천 가운데 대다수는 이처럼 구체적인 형태를 지닌 신을 사랑하고 예배하는 것으로 되어 있다. 샹카라는 이러한 행위를 '사마디(三昧)' 명상이라는 보다 높은 차원의 행위로 가기 위한 예비적 단계로만 보았지만, 라마누자에게는 신을 사랑하는 행동이야말로 지고한 것이다. 이때 사랑의 헌신은 인간의 감정에 대한 태도에서도, 우리가 샹카라에게서 살펴본 것과는 상당히 다른 태도를 시사하고 있다. 라마누자에게는 이 세계가 곧 실재이므로, 그 안의 모든 것 — 심지어 인간의 감정까지도 — 을 신앙생활을 위한 연료로서 사용할 수 있다.

이처럼 헌신적인 행동의 목표는 신과의 연합이라 할 수 있는데, 이때 해방된 영혼은 사랑스러운 주님의 면전에서 살아가긴 하지만, 그렇다고 해서 스스로가 신과 비분화된 하나로 융합되지는 않는다. 바이슈나비즘에서는 이를 가리켜 바이쿤타(Vaikuntha)[122]라는 천상의 궁전에서 영원히 축복받으며 존재하는 것으로 묘사한다. 그곳에서 "해방된 자아는 지고의 브라흐만을 즐기며 살아가는 것이다."(4.4.20, p.493.)

지금까지 우리는 동일한 우파니샤드 문헌으로부터 두 가지의 극단적으로 다른 종교적 감성이 비롯되었음을 — 아니면 최소한 정당화됨을 — 살펴보았다. 샹카라가 해석한 『브리하다란야까 우파니샤드』의 불이론(不二論)은 곧 다양성의 세계와 거기 연관된 모든 것을 결국 환영이라고 주장하는 것이다. 즉 진정한 의식이 떠오름과 동시에, 이 세계와 개인적 자아, 그리고 신마저도 실재가 아닌 것으로 드러나는 것이다. 따라서 일상적인 세계를 살아가는 것은 결국 지고한 영적 생활에 장해물로 간주된다. 이러한 시각을 갖게 되면 종국에 가서는 세계를 저버리는 것을 긍정하는 한편, 일반적인 인간의 감각에 근거한 모든 것을 의심하게 된다. 이에 반해 라마누자가 해석한 『브리하다란야까 우파니샤드』의 불이론은 곧 이 세상 만물에는 유일한 원인이 있지만, 그 유일한 원인에서 비롯된 다양한 결과 역시 실재라는 것이다. 이때 궁극적 실재인 신은 곧 다양한 세계와 개인의 영혼의 내적 통제자로 이해된다. 이러한 시각을 갖게 되면 종국에 가서는 헌신적으로 활동하는 종교적인 삶을 살게 되어, 이 세계를 긍정적으로 바라보고 일상적인 감각을 통해 분화된 '브라흐만'에 대한 축복받은 경험을 추구하게 된다. 오늘날 인도의 거의 모든 종교 중심지에서는 여전히 세상을 저버린 수도자들을 찾아볼 수 있지만, 그래도 힌두교 전통에서는 오히려 사원이나 집안 사당에서 예배하는 관습이 절대 다수를 차지한다.

비판적 토론

샹카라와 라마누자로 대표되는 베단타 철학은 지극히 문헌 중심의 전통이었다. 무슨 뜻이냐 하면 베단타 철학자들은 — 비록 그들이 경험을 모든 것의 최종적인 증거로 간주하긴 했지만 — 매우 권위 있는 것으로 여겨졌던 『브리하다란야까 우파니샤드』와 같은 문헌에 크게 의존하고 있었다는 것이다. 하지만 오늘날 대부분의 철학자들은 이와 같은 경전을 진리의 근거로 신뢰하고 있지 않다. 더 나아가 베단타 철학은 이른바 '브라흐만'의 개념으로 상징되는 우파니샤드의 초월적인 주장에 근거한 것이다. 분명 이것 역시 세속 철학자들로서는 의구심을 가질 만하다. 왜냐하면 세속 철학자들에게 초월성의 개념은 그야말로 미심쩍어 보이기 때문이다. 결국 이런 이유로 인해 베단타는 결국 "종교" 철학이 될 수밖에 없는 것이다. 바로 이 점에서 인도의 철학 전통은 서구의 철학 전통과 크게 다르다. 왜냐하면 대부분의 힌두교 철학은 영적 경험에 대한 실제적 근거를 마련하려는 의도에서 이루어지는 것이기 때문이다.

이 책에서 소개되는 다른 이론들과는 대조적으로, 베단타 철학은 사회적이고 정치적인 투쟁과 개혁, 혹은 실제적인 윤리에 대해서는 거의 언급하지 않는다. 오늘날 베단타 철학의 옹호자들은 이러한 지적에 이의를 제기할지도 모르지만, 그렇다고 아주 틀렸다고 반박할 수는 없을 것이다. 베단타 철학자들의 저술은 이른바 보다 높은 지식과 자유를 성취하는 데, 또는 궁극적인 실재와 세계와 자아의 본성에 대한 형이상학적 문제를 다루는 데 지나치게 얽매여 있다. 가령 샹카라에게 '브라흐만'은 일상적인 세계와는 별다른 관련이 없고, 모든 규범적인 구분을 초월하는 것이며, 진정한 자아 역시 선과 악의 범주를 초월하는 것이다. 하지만 샹카라조차도 '마야'에 의해 제한된 세계 속에서 살아가는 사람들이 하는 모든 행동에 어떤 도덕적인 결과가 존재하게 마련이라고 주장했다는 점은 지적해 둘 만하다. 이타적이고 동정적인 행동은 거짓의 경계를 허물고 보다 높은 깨달음으로 인도하는 반면, 이기적이고 난폭한 행동은 거짓의 경계를 강화하고 더 많은 속박을 가져온다는 것이다. 더 나아가 라마누자의 체계에서도 비록 현실세계를 긍정하는 것은 사실이지만, 종종 그 실천에서는 어떤 구체적인 것을 평가하는 경우에 그 자체의 가치를 따지기보다는 오히려 그것이 신을 아는 데 도움이 되는지 여부를 따지게 된다는 점도 사실이다.

『브리하다란야까 우파니샤드』에서는 형이상학적인 토론에 여성이 활발하게 참여하고 있으며, 또한 그 문헌에서 제시되는 보다 높은 목표를 추구하는 데 여성이 딱히 배제되었다는 증거를 찾을 수도 없다. 하지만 이후 샹카라의 은둔자 수도회에서는 물론이고, 라마누자가 소속된 슈리 바이슈나바 종파 내부의 성직제도에서도 여성은 결코 참여할 수가 없었다. 비록 라마누자가 자신의 전통을 여성과 하층계급에게도 개방하긴 했지만, 베단타 철학 전반의 풍조는 물론이고 특히 샹카라의 학파는 무척이나 엘리트 중심적이었다. 왜냐하면 가장 높은 차원의 깨달음을 얻기 위해서는 우선 무엇보다도 경전에 대해 잘 알고 학식 있는 종교 수행자가 필요했기 때문이다. 전통적인 인도 사회에서는 이런 조건을 만족시킬 만한 사람이 결국 상류층밖엔 없었다. 태생적으로 그런 준비를 부여받지 못한 사람들은 마찬가지로 가장 높은 차원의 성취를 거둘 기회조차도 부여받지 못했던 것이다. 적어도 지금 생에서는 말이다.

더 읽을거리

● 기본 자료: 『브리하다란야까 우파니샤드』(여러 가지 번역본이 있다.) 이 장에 수록된 인용문이나 인용구들은 다음 책에서 가져온 것이다. 패트릭 올리벨(Patrick Olivelle), 『우파니샤드』(1996). 비교적 읽기 쉽고 신뢰할 만한 번역문에, 훌륭한 해설이 첨부되어 있다. 또 다른 번역본들은 다음과 같다. 로버트 E. 흄(Robert E. Hume), 『열세 가지 주요 우파니샤드』(1971); R. C. 재너(R. C. Zaehner), 『힌두교 경전』(1966).[123]

● 샹카라의 『브라흐마 수트라』 주석서: 신뢰할 만한 번역서가 많지는 않다. 내가 인용한 다음 번역서는 그중 가장 괜찮은 영어 번역본이다. 스와미 감비라난다(Swami Gambhirananda), 『슈리 샹카라카랴의 브라흐마 수트라 바샤』(1977).

● 라마누자의 『브라흐마 수트라』 주석서: 역시 신뢰할 만한 번역서가 많지는 않다. 내가 인용한 다음 번역서는 그중 가장 괜찮은 편이다. 스와미 비레스와라난다(Swami Vireswarananda)와 스와미 아디데바난다(Swami Adidevananda), 『브라흐마 수트라, 슈리 바샤』(1978).

● 인도 철학 전반에 대한 해설서로는 다음을 참조하라. M. 히리야나(M. Hiriyana), 『인도철학 개설』(1973).[124]

● 우파니샤드의 철학에 관해서는 다음을 참조하라. 파울 도이센(Paul Deussen),

『우파니샤드의 철학』(1966).

● 『브라흐마 수트라』에 관해서는 다음을 참조하라. S. 라다크리슈난(S. Radhakrishnan), 『브라흐마 수트라: 영적 생활의 철학』(1960).

● 샹카라의 아드바이타 베단타에 대해서는 다음을 참조하라. 엘리엇 도이치(Eliot Deutsch), 『아드바이타 베단타: 철학적 재구성』(1969).

● 라마누자의 비시슈타 아드바이타 베단타에 대해서는 다음을 참조하라. 존 카먼(John Carman), 『라마누자의 신학』(1974).

● 힌두교의 구체적인 형태를 지닌 신에 대한 예배에 관해서는 다음을 참조하라. 다이애나 에크(Diana Eck), 『다르샨: 인도의 신 이미지』(1996).

제3장
성서: 하느님과 관계된 인간

　이 장에서는 성서에 나오는 인간의 본성과 운명에 대한 개념을 살펴보겠다. 히브리 성서, 혹은 구약성서는 대략 BC 11세기에서 BC 2세기에 이르는 시기에 작성된 다양한 저술 — 창조신화, 유대인과 그 조상들의 역사와 율법, 시와 지혜문학, 예언서 — 로 구성되어 있다. 구약성서는 유대인과 기독교인 양쪽으로부터 하느님의 말씀으로 인정되고 있다. 이에 비해 훨씬 짧은 신약성서는 대부분 1세기경에 저술된 것들로, 기독교에서는 인정되지만 유대교에서는 인정되지 않고 있다. 따라서 이 장에서는 구약과 신약 두 가지를 나누어 살펴보겠다.[125]

　이처럼 특정 문헌을 종교적으로 권위 있는 것으로 인식하고, 따라서 거룩한 경전에 "정경(正經)"으로 포함시키게 되기까지, 구약과 신약은 매우 복잡한 역사적 과정을 거쳐 왔다. 그중 과연 '어떤' 문헌을 정경으로 인정할 것인지를 놓고 오랫동안 논란이 빚어졌으며, 이른바 구약 '외경(外經)'은 지금까지도 정경으로 인정되지 않고 있다.

　오늘날 세계 종교 가운데 하나인 유대교는 단지 히브리 성서에만 근거하는 것은 아니며, 동시에 2세기경(기독교의 성립 이후)에 성립된 탈무드의 랍비 전승에도 근거하고 있다. 이 장에서는 탈무드 성립 이후의 유대교에 대해서는 언급하지 않을 것이며, 오로지 히브리 성서에만 한정해서 살펴볼 것이다.

    기독교는 1세기 이후 지속적이고도 복잡한 발전 과정을 거쳐 왔다. 초기 공의회를 통해 신조가 정립되고, 교황권이 등장했으며, 11세기에 이르러 로마 가톨릭과 그리스 정교가 분열되고, 16세기에 이르러 종교개혁이 일어나고, 이후에도 다양한 발전과 분열이 이루어졌다. 아울러 초기 기독교 분파 가운데 일부는 교황권의 영향력 안에 들어오지 않고, 오늘날 중동과 아프리카와 인도에 남아 있는 콥트 교회를 통해 명맥이 이어지고 있음을 기억해야 한다. 물론 이 장에서는 기독교의 역사 전체를 다루지는 않을 것이며, 오로지 신약성서 문헌에만 집중해서 살펴볼 것이다.

    일신교 가운데서도 세계에서 세 번째로 큰 규모를 자랑하는 이슬람교는 셈족에서 유래한 것으로, 7세기경에 예언자 마호메트(무함마드)가 받은 계시를 통해 아라비아 반도에서 시작되었다. 이슬람교도는 구약성서에 나오는 아브라함 이후 예수에 이르기까지의 예언자들을 자신들의 선조로 생각하는 한편, 그중에서도 최후의 가장 위대한 예언자는 바로 마호메트이고, 코란(꾸란)만이 하느님("알라")의 말씀으로 유일한 권위를 갖고 있다고 주장한다. 하지만 나로선 이슬람교에 대해서는 전문가도 아닐뿐더러, 지면이 부족한 관계로 이 정도로만 언급하고 넘어가고 싶다.

    성서에 나오는 개념들을 해석하고 또 평가하는 데서는 여러 가지 문제가 발생한다. 가장 큰 문제는 그 신자들(유대교든지 기독교든지)이 성서를 하느님 사신의 본성과 의지를 드러내는 거룩한 문헌으로 여긴다는 점이다. 그래서 성서의 모든 구절을 무오류의 권위 있는 것으로 생각하는 사람도 있고, 성서의 여러 구절을 윤리적 지침으로 받아들이는 사람도 있다. 유대교와 기독교는 단순히 이론에만 그치는 것은 아니다.(이는 힌두교나, 전통적인 중국 사회에서의 유교도 마찬가지였다.) 오히려 이 두 종교는 모두 그 신자들의 삶에 해석과 지침을 제공하는 현실 종교라 할 수 있다. 또한 이 두 종교는 어느 한 사상가에게서 유래한 것으로도 볼 수 없다.(가령 오늘날에는 아무도 모세가 이른바 '모세오경,' 즉 히브리 성서 가운데 처음 다섯 권의 저자라고는 믿지 않는다. 기독교의 경우에는 예수가 중심이지만, 이른바 '복음서'에 기록된 그의 말이 모두 사실이라 하더라도, 사도 바울과 달리 예수는 아무런 저술도 남긴 바가 없다.) 그리고 유대교와 기독교는 이후의 발전 과정에서 지나치리만큼 서로 차이를 보이고 또 적대적인 관계가 되었다.

또 다른 문제는 오랜 세월에 걸쳐, 특히 지난 2세기 동안에 걸쳐 히브리어와 아람어와 그리스어 같은 고대어 분야를 비롯해서, 고고학과 역사학과 사회학 분야의 전문가들이 수많은 성서 관련 저술을 양산함으로써, 오늘날에는 성서에 대한 학술적 연구와 해석이 그야말로 산업이라 할 만큼 거대한 규모로 커졌다는 점이다. 그런데 이들 저술은 서로 다른 시기에, 서로 다른 필자에 의해 집필되고 편집되어, 서로 다른 목적을 위해 생산되고 사용되어 왔다. 지난 여러 세기에 걸쳐 신학자들은 이런 저술들을 서로 다른 신학적 입장의 근거로 삼아 왔다. 따라서 지금에 와서는 X를 가리켜 유대-기독교적 믿음, Y를 가리켜 히브리적 개념, Z를 가리켜 신약성서의 견해라고 딱 꼬집어 말하는 것이 도리어 지나친 단순화로 여겨질 지경이다.

요컨대 모든 사람을 만족시킬 수가 없다는 것이다. 각자 다른 믿음을 지닌 신자들은 물론이고, 학술적 논쟁에 익숙한 학자들까지 있으니 말이다. 그러니 적어도 성서에 관해서라면 이른바 어떠한 편견도 개입되지 않은 객관적이고 중립적인 접근이란 있을 수가 없게 되었다. 그래서 이 장을 읽을 독자들에게도 내가 "어느 쪽 출신"인지를 미리 알려두는 편이 공정하리라 생각된다. 나는 영국국교회 가정에서 자라났지만, 이후 그 근본 교리에 대해 의문을 품게 되었다. 그리하여 학생 시절에는 복음주의적 기독교로 회심했지만, 곧이어 그로부터 다시 떨어져 나와서 이후 사반세기쯤을 무신론자로 자처하며 살아 왔다. 그러다가 문득 퀘이커를 알게 되었고, 특정한 교리나 신조도 없는 그 교파의 영성과 윤리적이고 사회적인 참여 활동에 매력을 느끼게 되었다. 그리하여 퀘이커 모임에 가입하게 되었는데, 여기서는 기독교를 "주의(관념)가 아니라, 방법으로" 이해하고 있다.

이 장에서는 우선 유대교와 기독교(그리고 이슬람) 모두에 공통되는 "우주론"적인 배경, 즉 하느님의 일신론적인 성격을 살펴보도록 하겠다. 물론 이것은 지금까지 무수한 토론을 낳은 주제이기는 하지만, 여기서는 단지 대체적인 개관만 하고 넘어가겠다. 왜냐하면 이 책에서 내가 보여주려고 의도하는 것은 유대교와 기독교에 있어 인간의 본성에 관한 개념이기 때문이다. 그런 다음에는 그 각각의 이론에 대한 진단과 처방을 살펴보도록 하겠다. 특히 기독교에서는 "영적"인 것과 "초자연적"인 것에 대한 구분을 제시할 텐데, 이 두 가지 중에서 특히 나중 것을 대하는 어려움에 대해서는 조금 뒤에 자세히 설명하겠다.

형이상학적 배경: 유대-기독교적 개념에서의 하느님

히브리 성서의 첫 번째 책인 창세기의 처음 세 장에는 인간을 포함한 이 세계가 어떻게 창조되었는지가 나온다. 이야기는 아담의 후손(4-5장)을 거쳐 홍수와 노아의 방주(6-9장), 노아의 후손과 바벨탑(10-11장)으로 이어진다. 여기까지는 이른바 인류 역사에 '공통적인' 부분으로 간주된다. 그러다가 12장에 이르러 하느님이 아브람을 불러 그를 선택된 백성인 유대인의 조상으로(이때 이름이 '아브라함'으로 바뀐다) 삼으면서, 이후 히브리 성서의 나머지 부분에는 그 "이스라엘의 자녀"의 이후 역사가 서술된다.

그러면 맨 처음의 공통적인 장들에서 하느님이 어떻게 묘사되어 있는지 살펴보자. 창세기 1장부터 2장 3절까지에는 하느님을 지칭하는 히브리어가 복수형인 '엘로힘(elohim)'으로 나와 있다. 그런데 2장 4절 이하에서는 하느님을 지칭하는 히브리어가 단수형인 'JHWH'(이는 자음만 적어놓은 것으로, 보통 "야웨(Jahweh)"라고 읽는다)[126]로 나와 있다. 따라서 학자들은 창세기가 최소한 두 가지의 서로 다른 출처로부터 편집된 것이라고 결론내렸다. 즉 신자들이야 이 안에 궁극적으로 하느님의 영감이 들어 있다고 믿거나 말거나, 지금 우리가 보는 이 문헌은 분명히 오래전에 인간의 손을 거쳐 편집된 것이다. 따라서 이 처음 몇 장에 나오는 "하느님"이란 이름은 오해의 여지가 없지 않은데, 왜냐하면 여기서 그 이름에 어울리는 대상이 단 하나의 초인간적 존재인지 여부조차 불확실하기 때문이다. 따라서 창세기의 첫 구절은 다음과 같이 번역될 수도 있다. "태초에 하느님들(또는 '거룩한 힘들')이 천지를 창조하시니라."[127]

여기서 하느님(혹은 '거룩한 힘들.' 그러나 이하에서는 편의상 '하느님'으로 통일하겠다)은 무언가를 명령하는 존재로 그려진다. 가령 '빛이 있으라'고 하면, 곧바로 그 일이 이루어진다. 마치 하느님은 뭔가를 만들기 위해 굳이 직접 움직일 필요가 없는 듯하고 — 그야말로 손 하나 까딱 안 하면서(물론 손이 있기야 하다면야!) — 그냥 명령을 하면 그 결과가 나타난다. 전통적인 해석에 따르면 하느님은 '무(無)로부터' 세계를 창조했다고 한다. 플라톤이 『티마이오스』에서 말한 조물주(데미우르고스)[128]와는 달리, 기존에 있는 물질을 가지고 창조한 것이 아니라 애초부터 만물을 나타나게 했던 것이다. 결국 히브리의 하느님은 언어 사용자였다. 하느님은 어떤 사물이 존재하기도 전에 그에 대한 개념을 갖고 있었고, 이후 그 사물이 존재한 뒤에는 거기에 새로운 이름을 붙여주었다.(이런 내용은 "하느님이 뭍을 땅이라 부르시고"(1장 10절) 등에서 찾아볼 수 있다.) 이렇게 보면 하느님은 마치 만물 뒤에 있는 어떤 정신적인, 혹은 관념적인 힘인 것 같다. 그러나 어떤 구절에는 하느님이 실제로 물질을 직접 다루는 것으로도 나타나 있다. "하느님이 궁창을 만드사, 궁창 아래의 물과 궁창 위의 물로 나뉘게 하시니, 그대로 되니라."(1장 7절)[129] 따라서 어딘가 모호한 데가 없지 않다.

각각의 창조 단계에서는 하느님이 "보시기에 좋았더라"(1장 10절 등)라는 구절이 등장한다. 여기서 그는 가치 판단을 하는 존재로 묘사되는데, 이때 그는 이른바 '좋다'는 것을 임의대로 선택한다기보다는 오히려 자신의 창조물 속에서 그보다 먼저 존재하고 있던 어떤 객관적인 가치 기준이 제대로 적용되었음을 인지하고 있다. 이러한 요지는 창조의 마지막인 여섯 번째 "날"에 이르러 더욱 강화되는데, 이때는 "하느님이 지으신 그 모든 것을 보시니, 보시기에 심히 좋았더라"(1장 31절)고 나온다. 바로 이 대목에서 인간(최소한 '타락' 이전의 인간)을 비롯하여 모든 존재의 본래적인 선에 대한 근본적인 요지가 등장한다.

하지만 머지않아 문제가 발생한다. 3장에 가면 이브와 아담에 의해 인간이 저지른 최초의 불복종에 대한 이야기가 나온다. 4장에 가면 가인이 그 동생을 죽인다. 그리고 6장 5-7절에 가면 하느님은 인간이 매우 악하다는 사실 때문에, 자신이 인간을 창조한 것을 후회하고, 분노에 사로잡혀(복수심에 불타서?) 인간뿐만 아니라 모든 살아 있는 생물을 쓸어버리기로 한다. 그러나 하느님은 노아를 선하다고 본 까닭에, 그의 가족과 다른 동물들은 목숨을 살려준다.(6장 8절-9장 19절) 여기서 하느님은 변덕스럽게도 자기 마음을 바꾸는 존재로 그려진다. 처음에는 창조의 모든 행위를 만족스럽게 여기더니만, 뒤이어서는 인간을 모두 멸망시키려고 작정하는 것이다.(6장 7절) 이러한 성격이야말로 이후에 생겨난 전지전능하고 완벽한 선(善)인 하느님이라는 신학적 개념과는 결코 들어맞지 않는 것이 아닌가!

그 앞 구절(창세기 6장 1-4절)을 보면 한 가지 흥미로운 이야기가 나온다. 즉 "하느님의 아들들"이 사람의 딸들을 아내로 삼았다는 이야기와, 그 당시에 땅에 "네피림"(아마도 거인의 종족이었던 듯한)이 있었다는 이야기이다. 이 대목 역시 이 문헌(창세기)이 서로 다른 신의 개념을 포함하는 여러 개의 고대 설화를 편집한 것임을 일러준다.

구약성서 전체에서 하느님은 종종 각 사람에게 '말하는' 존재로 묘사된다. 가령 아담과 이브에게(창세기 2-3장), 노아에게(6장 13절), 아브라함에게(12장 1절 이하와 22장 1절 이하), 모세에게 계속해서(특히 출애굽기 3장 4절 이하에 나오는 불타는 덤불에서, 그리고 31절과 34절에서 시내산에서 십계명을 내려줄 때), 여호수아에게(여호수아 1장 1절 이하), 사무엘에게(사무엘상 3장 4절 이하), 엘리아에게(열왕기상 17장 2절 이하), 욥에게(욥기 38장 1절). 특히 하느님은 각 사람에게 그 상황에서 해야 할 일을 주로 말해주고 있다. 모세는 특히 하느님과 친밀한 관계를 맺고 있었기 때문에, 마치 사람이 친구와 이야기하듯 하느님과 대면해서 이야기를 나누었다.(출애굽기 33장 11절) 그러나 모세는 하느님을 바라보기를 두려워했고(3장 6절), 나중에는 하느님의 얼굴을 보려 하지만 거절당하고 만다.(33장 20절) 이 대목에서 하느님이 (원칙적으로) 눈에 보이는 존재이며, 심지어 '얼굴'까지 갖고 있다고 한 대목을 주목하라! 이에 못지않게 하느님은 종종 목소리를 가진 것으로 묘사되긴 하지만, 특별히 몸을 지니고 있다거나, 혹은 인식 가능한 공간적 실재를 지닌 것으로는 묘사되지 않는다.(물론 욥의 경우에는 자기가 직접 하느님을 눈으로 '보았다'(42장 5절)고 주장했지만.)

시편은 주로 하느님을 향한 기도문을 모은 것이다. 대부분 시 형식을 띤 작품이기 때문에, 여기 나온 하느님에 대한 묘사는 은유적인 것으로 받아들여야 한다. 가령 하느님을 가리켜 "방패"(3편 3절)라고 하거나, 하늘을 가리켜 "주의 손가락으로 만드신"(8편 3절) 것이라고 하거나, "여호와의 보좌는 하늘에 있음"(11편 4절)이라거나, 하느님을 가리켜 "나의 바위"(18편 2절)라거나, "그의 코에서 연기가 오르고 (……) 그룹[130]을 타고 다니심이여 (……) 화살을 날려 그들을 흩으심"(18편 8-14절)이라거나, "여호와는 나의 목자시니 (……) 기름을 내 머리에 부으셨으니 내 잔이 넘치나이다"(23편 1-5절)라거나 등등 말이다. 하지만 이처럼 하느님에 대한 언급 중에는 이걸 과연 은유적으로 받아들여야 할지, 아니면 문자적으로 받아들여야 할지 모를 것도 있다. 가령 "진노가 급하심이라"(2편 12절)거나, "내 울음소리를 들으셨도다"(6편 8절)거나, "만민에게 심판을 행하시오니"(7편 8절)라거나, "힘으로 내게 띠 띠우시며"(18편 32절)라거나, "나를 모태에서 나오게 하시고"(22편 9절)라는 구절이 이런 경우다.

이후 예언자들의 시대(이사야, 예레미야, 그리고 다른 예언서들이 나온)에 접어들면, 하느님은 반드시 어떤 매개자를 통해서만 이야기를 하게 된다. 가령 예언자는 하느님의 계시를 보거나(이사야 1장 1절), 혹은 하느님의 말씀이 그에게 임한다.(예레미야 1장 4절 이하) 그러면 예언자는 이 메시지를 사람들에게 전하면서 "주께서 이르시되 ……"라고 말한다. 전형적으로 예언자는 앞으로 일어날 일을 예언하며, 인류 역사에서 벌어지는 사건들 — 과거와 현재와 미래 — 을 하느님의 뜻으로 해석한다. 외적의 침입과 패망, 노예로의 전락과 유배, 그리고 이후 귀향과 재건과 회복에 이르기까지 이 모두는 하느님의 의도가 반영된 것이다. 인간들의 불복종과 불충실과 죄에 대한 처벌은 물론이고, 자비로운 용서도 마찬가지다.

이른바 지혜문학에 속하는 잠언, 전도서, 그리고 솔로몬의 지혜서(외경에 들어 있다)에서는 특이하게도 하느님에 대해 명백히 이야기하는 구절을 찾을 수가 없다. 학자들은 이들 작품에서 이집트나 그리스의 영향을 감지하긴 했지만, 그래도 처음 두 가지는 이른바 구약성서의 정경에 포함되는 것으로 받아들여졌다. 물론 잠언의 서두에는 "여호와를 경외하는 것이 지식의 근본이거늘"(1장 7장)이라는 표현이 등장한다. 그러나 이 책의 나머지 부분에서는 하느님에 대한 이야기를 거의 찾아볼 수 없다. 솔로몬의 지혜서에서는 지혜가 의인화되고 ― 그것도 여성으로 ― 거의 신격화된다. "지혜는 사람을 사랑하는 영이다."(1장 6절) "지혜는 하느님께서 떨치시는 힘의 바람이며 (……) 비록 홀로 있지만 모든 것을 할 수 있으며 (……) 모든 세대를 통하여 거룩한 사람들의 마음속에 들어가서 ……."(7장 25-27절) 지혜에 대한 이러한 묘사는 의인화(가령 그리스 신화에서 사랑의 여신이 "아프로디테"로 의인화되고, 시나 그림에서 이른바 "미덕"이 여성으로 의인화되듯이)라고 할 수 있을 것이다. 그렇다면 하느님에 대한 묘사는 무엇이라 해야 할까? 그것 역시 의인화, 즉 단지 이야기에만 나오는 형상에 불과한 것일까?(반대로 생각해 보자면, 과연 '지혜'가 '하느님'에 비해서는 훨씬 덜 실제적이라고 말할 수 있을까? '지혜'는 대개 있을 때보다도 없을 때 더 잘 인식된다. 하지만 어떤 사람들은 오히려 '지혜'가 있을 때 더 잘 인식하기도 한다.)

이 책의 제3판에서 나는 성서에 나타난 하느님은 단순히 상징으로 간주해야 한다고 말한 바 있다. 즉 하느님에 대한 그런 묘사는 시이거나 우화이거나 상징이거나 비유이거나 신화일 수는 있지만, 그런 묘사가 곧

지고의 실재로 명백히 인식되는 하느님 자체는 아닌 것이다. 하지만 지금은 나로서도 확신을 할 수가 없다. 그렇다면 우리는 과연 어느 지점에서 하느님에 대한 상징적이거나 은유적인 언급과, 실제적이고 문자적인 언급 사이에 선을 그을 수 있을까? 하느님이 얼굴, 콧구멍, 숨, 팔, 손, 손가락을 갖고 있다고 묘사되고는 있지만, 오늘날의 신자들은 이 모두를 일종의 은유, 시, 혹은 도식적 사고로 받아들인다. 이들은 내게 하느님이 육체를 갖고 있지 않다고 말한다. 미켈란젤로나 윌리엄 블레이크 같은 화가들은 하느님을 나이 많고 턱수염 달린 유럽인으로 그렸지만(또한 그로 인해 지금까지도 우리의 상상이 거기에 얽매이게 만들어버렸지만), 오늘날의 신학자들은 그것은 단지 그림 속의 이미지일 뿐이며, 따라서 '그것'을 유대-기독교의 전통에서 믿는 하느님으로 생각하는 것은 분명히 잘못이라고 말하고 있다.(그런 면에선 출애굽기 20장 4절에 나온 우상을 만들지 말라는 계명이나, 이슬람교에서 초상화를 금지한 것에 대해서는 공감이 가기도 한다.)

성서의 하느님은 물질적인 육체를 지니고 있지도 않고, 또한 그렇게 간주해서도 안 된다는 이야기를 우리는 종종 듣는다. 그는 이 우주 안에 있는 다른 사물과는 같지 않으며, 공간에 어떤 자리를 차지하지도 않으며, 일정 길이의 시간 동안만 존재하지도 않는다. 그는 이 우주 전체와 동일시될 수도 없으며, 존재하는 모든 것의 총합도 아니다. 만약 그렇다면 유신론이 아니라 범신론이라고 해야 할 것이다. 하느님은 초월적인 동시에 내재적이라고 한다. 어떤 의미에서는 모든 곳에 있고 항상 있는 존재이면서, 또한 공간과 시간에 속한 세계 너머의 존재로 생각되기도 힌다.(시편 90편 2절, 로마서 1장 20절) 그렇다고 하느님을 우리 눈에 보이지는 않는 어떤 실재(원자, 전자, 자기장, 쿼크, 초끈 등등)로 간주할 수도 없다. 왜냐하면 적어도 이런 실재는 우리의 감각을 통해 관찰할 수 있고,

또 과학 이론으로 설명할 수 있기 때문이다. 반면 하느님은 결코 과학적 공리가 아니다. 하느님의 존재와 행동은 결코 관찰과 실험에 의해 검증될 수 있는 경험적 가설이 아니다.

그렇다고 하느님이 숫자나 형태나 다른 수학의 대상처럼 순수한 추상인 것도 아니다. 왜냐하면 하느님은 우리를 창조하고, 우리를 사랑하고, 우리를 보호하고, 한 나라나 한 개인과 맹세하거나 언약을 맺고, 우리를 심판하고, 우리를 구속하거나 구원하는 인격적 존재로 간주되기 때문이다. 따라서 육체가 없긴 하지만, 그는 여전히 '하나의 인격체'로, 즉 이성과 지식과 욕망과 의도를 지닌 초인적인 정신으로 생각된다. 그는 분노와 사랑과 용서의 능력을 지니고 있다. 그는 의지하고 행동하며 어떤 식으로건 이 세계에 간섭한다. 직접 사람들의 마음에 "말함"으로써, 혹은 그의 전능한 힘으로 물리적 사건의 방향을 전환시키는 기적적인 능력을 통해 보다 직접적으로 말이다. 하지만 하느님은 우주론적으로 못지않게 윤리적으로도 중요한 존재이다. 하느님을 믿음으로써, 우리는 자신이 누구인지, 그리고 어떻게 살아야 하는지를 알게 되기 때문이다.

성서에 나오는 하느님에 대한 전통적인 묘사를 사실적으로, 즉 곧이곧대로 초인적인 인간의 존재를 암시하는 것으로 해석해야 한다는 가정을 놓고, 대중적인 수준에서건, 혹은 보다 지적인 수준에서건 수많은 생각과 논쟁이 나온 바 있다. 만약 하느님이 육체를 지닌 인격체(우리 모두는 이것이 지나치게 조잡할뿐더러 성서의 은유를 문자적으로 받아들이는 오류를 범하는 것이라는 데 동의한다)가 아니라면, 우리는 그를 전지전능하고 완전히 너그러운 초인간적인 특성 — 즉 (안셀무스의 주장처럼) 우리가 감히 생각할 수 있는 어떤 것이나 어떤 사람보다도 더 훌륭하고 더 뛰어난 존재라는 개념 — 을 지닌 비육체적인 인격체로 생각해야 할 것이다.

하지만 이러한 개념은 경험적 왜곡을 피하려다가 도리어 형이상학적 모호함을 가져올 위험을 안고 있기도 하다. 과연 우리는 정말로 이른 바 비육체적인 인격체, 그것도 이상적이고 탁월한 특성을 지닌 존재에 대한 개념이 말이 된다고 생각하는 것일까? 물론 우리는 '말'로는 적절하게 표현할 수 있고, 그렇기 때문에 그 '말'을 통해 뭔가를 이해하는 듯하기도 하다. 그러나 과연 그런 비범한 인격이 '존재한다'고 주장하는 것은 무슨 의미일까? 우리는 이런 주장이 어떤 새로운, 심지어 신비롭기까지 한 어떤 과학적 증거에 의해 확증되거나 반박될 수 있는 경험적인 가설이 아니라는 데 동의한다.(물론 그렇게 받아들일 사람도 있기야 하겠지만.) 그렇다면 이러한 형이상학적인 주장을 역설하는 언행의 요점이 무엇이란 말인가?

물론 이 책은 종교철학에 대한 것이 아니고, 또한 이 장의 주 목적은 성서에서 말하는 인간의 본성에 관한 이론이다. 다만 나는 이 절에서 독자들에게 이 세상에는 성서에 나오는 하느님에 대한 내용을 문자 그대로, 혹은 고지식하게 사실적으로 받아들이지 않으면서도, 즉 오히려 그것을 무엇보다도 은유로서 — 아니면 혹 여러 은유를 만들어내는 비결로서 — 받아들이면서 해석하는 방법도 분명히 있다는 사실을 제시하고 싶을 뿐이다. 그런 방법을 통해 성서 시대부터 오늘날에 이르기까지 많은 사람들은 각자의 삶의 경험 — 삶의 성공과 좌절, 삶의 기쁨과 재난, 삶의 사랑과 미움, 삶의 도덕적 실패, 삶의 조명, 그리고 삶의 새로운 가능성 — 을 이해하고 또 표현하는 데 도움이 되고, 유용하고, 설명적이라고 여겨진 해석 체계를 제공받아 왔다. 그러나 다른 사람들은 일신론적인 해석 체계를 거부해 왔거나, 한 번도 그렇게 이용해 본 적이 없다. 어쩌면 일신론과 무신론의 차이는 어떤 초월적이면서도 비물질적인 인격적 존재를 둘러싼 형이상학적 사실에 대한 문제라기보다도 오히려 우리의 삶에 대해 이야기하는 일신론적인 형상 속에서 얼마나 도움이 되고, 유용하고, 설명적인 내용을 발견할 수 있느냐는 문제라고 할 수 있을 것이다. 그리고 이에 대한 답변은 사람마다 다를 것이다.

인간의 본성에 관한 히브리의 이론

히브리의 인간 개념에 따르면 우리는 우선적으로 하느님과의 관계 속에서 존재한다. 그리고 하느님은 인간이 이 우주 속에서도 특별한 지위를 차지하도록 창조했다. "하느님이 이르시되, 우리의 형상을 따라 우리의 모양대로 우리가 사람을 만들고, 그들로 바다의 물고기와 하늘의 새와 가축과 온 땅과 땅에 기는 모든 것을 다스리게 하자 하시고."(창세기 1장 26절) 여기서 곧바로 이 구절을 문자 그대로, 즉 먼 과거의 어느 특정한 시간쯤에 일어났던 역사적 사건으로 읽어야 하는지, 아니면 오히려 신화로, 즉 역사나 과학의 차원이라기보다는 인간의 상태에 대한 중요한 진리를 시적으로 표현한 것으로 읽어야 하는지에 대한 의문이 생겨난다. 물론 이 문헌이 나왔을 당시의 작가나 편집자나 독자나 청취자는 이와 같은 구분을 전혀 하지 않았을지 모르지만, 오늘날의 우리로선 이런 의문을 떠올리지 않을 수 없다.

여기서 어떤 문자적인 진실을 찾아보려는 시도는 두 가지 중대한 어려움에 직면하게 된다. 우선 한 가지 어려움은 이 문헌 자체가 내적인 불일치를 보여주고 있다는 점이다. 왜냐하면 창세기에는 인간의 창조에 대한 '두 가지' 이야기가 들어 있는데, 그 각각은 여자의 창조를 묘사한 대목을 비롯하여 여러 가지 면에서 서로 전혀 다르기 때문이다. 즉 첫 번째 이야기에서는 하느님이 남자와 여자를 동시에, 그리고 개별적으로 창조했다.(1장 27절) 그런데 두 번째 이야기에서는 하느님이 우선 남자 한 명을 창조하고(2장 7절), 그 뒤에 남자에게서 취한 갈빗대 하나로 여자 한

명을 창조했다.(2장 22절)

　이것말고도 또 한 가지 어려움은 바로 여기 묘사된 내용과 과학적 사실 — 특히 우주론, 지질학, 그리고 진화생물학 — 이 불일치한다는 점이다. 가령 과학에서는 물질적 우주의 기원을 이른바 빅뱅으로 설명한다. 그런가 하면 은하계와 행성과 태양계의 형성이며, 바다와 대륙과 대기의 기원이며, 또한 낮은 차원의 생명체에서 인간이 점차 진화해 온 것 등에 대해서도 과학은 성서와는 완전히 다른 설명을 제공한다. 그리고 성서에는 우리의 상식과 모순되는 내용도 없지 않다. 가령 아담과 이브가 최초로 창조된 인간이며, 이후 모든 인간은 그들로부터 비롯되었다고 한다면, 그들의 큰아들인 가인이 도대체 어떻게 해서 다른 곳에서 아내를 얻을 수 있었다는 것일까?(4장 17절) 따라서 나로선 이 창조 설화를 상징적으로 읽어내는 것만이 진지하게 다룰 만한 가치가 있다고 본다. 오늘날은 이것이 단지 신화(아마도 보다 깊은 종교적 진실의 상징일 수 있는)라는 사실이 비교적 널리 — 아직까진 차마 '보편적으로'라고는 못하지만 — 받아들여지고 있으니, 굳이 과학과 불일치되지 않는 점을 찾으려 노력할 필요는 없다. 오히려 내가 보기에는 모든 인간의 유일한 조상인 아담과 이브의 역사적 존재를 주장하는 사람이야말로 성서를 지나치게 문자 그대로 해석하는 오류를 범하고 있는 셈이다.

　그렇다면 우리가 하느님의 형상을 따라 창조되었다는 것은 무슨 의미일까? 신자라면 이는 곧 우리 인간이 하느님의 이성과 인격 가운데 일부를 물려받았기 때문에 특별한 존재가 되었다는 뜻이라고 설명할 것이다. 하지만 거꾸로 말하자면, 이른바 하느님의 완벽한 이성과 도덕적 인격에 대한 우리의 개념은, 사실상 우리 인간이 이성과 인격 양면에서 불완전하다는 사실에 근거해 오히려 하느님을 이상화한 것에 불과하다고 할 수 있다. 우리 모두는 인간이 (비록 불완전하지만) 이성적인 존재이며 또한 인격적인 존재라는 사실은 물론이고 우리에겐 자의식과 선택의 자유가 있으며, 또한 서로 사랑하는 인간관계를 가질 능력과 아울러 증오와 악을 지닐 능력 또한 갖고 있다는 사실을 잘 알고 있다.

그렇다면 인간이 애초부터 다른 피조물 위에 군림하도록 창조되었다는 것은 무슨 의미일까? 우리는 실제로 (좋은 의미에서건 나쁜 의미에서건 간에) 자연에 대해 어느 정도의 힘을 행사하고 있다. 창세기에 묘사된 당시의 중동 지역에서도 가축을 키우고 농사를 짓는 등, 이미 수렵과 채집 단계는 넘어섰던 것이다.

따라서 나머지 피조물에 비하면 인간이 보다 특별한 역할을 지니고 있다는 것은 사실이지만, 우리는 또한 자연과 연관을 지닌 존재이다. 최초의 인간은 "땅의 흙으로," 즉 이 세계의 나머지를 구성하고 있는 것과 똑같은 물질로 만들어진 존재였다. "여호와 하느님이 땅의 흙으로 사람을 지으시고 생기를 그 코에 불어넣으시니 사람이 생령이 되니라."(창세기 2장 7절)(과연 우리는 '이 대목'을 문자 그대로 받아들여야 하는가? 하느님이 숨을 쉰다고?)131) 물질적인 육체와 비물질적인 영혼이나 정신 사이의 구분이야말로 성서에서 말하는 인간의 본성에 관해 거듭되었던 '오해'에 불과하다. 이른바 '정신'으로 번역되는 히브리어 '루아크(ruach)'는 한편으로 '바람'이나 '호흡'이란 뜻도 있기 때문에, 여기서는 개별적인 플라톤적 영혼을 가리키는 것으로 굳이 해석할 필요는 없으며, 차라리 생명체의 속성이거나 기능이라는 의미에서 아리스토텔레스의 비실체적 영혼 개념에 가깝다고 할 수 있다.(제5장을 참조하라.) 육체와 영혼의 이원론은 플라톤의 개념이었을 뿐, 구약성서(혹은 신약성서)에서는 전혀 나타나지 않는다. 오늘날 우리는 육체와 영혼 사이의 구분에 너무나도 익숙해진 나머지, 사실은 플라톤과 데카르트로부터 물려받은 전통을 마치 성서에서 읽은 것인 양 여기고 있다. 실제로 성서에는 전혀 그런 이야기가 없는데도 말이다.

성서의 개념에 따르면, 우리는 '인격체'이며, 이것은 우리를 생명이 없는 물질이나 동물과는 구별지어 주는 중요한 사실이다. 하지만 우리가 인격적인 존재라는 사실로부터, 우리가 육체에서 분리될 수 있는 비(非)물질적인 실체를 소유하고 있다는 사실이 도출되지는 않는다. 히브리 성서에서는 사후의 삶에 대한 기대가 뚜렷이 나와 있지는 않다. 유대인에게 처음으로 사후에 대한 믿음이 등장한 것은 예수가 나타나기 조금 전의 일이었으며, 물론 이에 대한 견해 역시 어떤 합의에 이르진 못했다.(신약성서의 4복음서에는 부활의 개념을 부정하는 사두개인132)들에 대한 언급이 나온다.)

히브리적인 세계관에서는 남자와 여자의 관계가 애초부터 좀 모호한 감이 있었다. 우리가 살펴본 바와 같이, 이들의 두 가지 창조 설화 가운데 한쪽에서는 남녀 양성의 평등을 언급한 반면, 다른 한쪽에서는 남자가 여자보다 더 먼저 창조되었다고 언급하고 있으니 말이다. 더욱이 인간의 불복종으로 인한 "타락"의 이야기에서 여자는 먼저 유혹에 넘어간 뒤, 자기와 똑같이 되도록 남편을 설득하는 것으로 묘사된다.(창세기 3장 6절) 그때 이후로 여자가 더 죄에 이끌리기 쉽고, 또한 남자를 유혹해 죄를 짓게 만든다고 보는 경향이 나타났다. 또한 그때 이후로 성(性)과 죄를 연관시키게 되었는데, 그것은 아담과 이브가 하느님의 금기를 어기자마자 "이에 그들의 눈이 밝아져 자기들이 벗은 줄을 알고 무화과나무 잎을 엮어 치마로 삼았더라"(3장 7절)고 하기 때문이다. 불순종에 대한 처벌로 하느님은 여자가 남편을 갈망하고, 남편은 여자를 "다스릴" 것이라고 선언한다.(3장 16절) 아브라함과 그 후손들의 이야기에서는 '남자' 후계자를 낳는 것의 중요성이 엄청나게 강조된다.(이는 오늘날까지 대부분의 인류 문화에서 공통적이다.) 그리고 하느님 자신 역시 항상 남성적인 용어로 묘사된다.

아마도 인간의 본성에 관한 성경적인 이해에서도 핵심적인 부분은 자유의 개념일 것이다. 우리는 하느님의 뜻에 순종하고, 그를 믿고, 그를 사랑하기로 선택하거나, 아니면 불순종하고, 믿지 않고, 오만하게 굴기로 선택할 수 있다. 이처럼 순종과 불순종, 선과 악 사이의 선택의 필요성은 창세기 2장 16-17절에 나와 있는데, 이 구절에서 하느님은 아담에게 선과 악을 알게 하는 지혜의 나무의 열매를 먹지 못하게 한다.(하지만 선악을 알게 하는 지혜가 어째서 '나쁜' 것으로 간주되어야 하는가? 솔직히 그것이야말로 성숙한 인간에게는 당연히 기대되는 자질이 아닌가? 아마도 여기서는 초기의 순수한 상태, 그러니까 윤리적 구분조차도 이해하기 이전인 유아기 ─ 또한 인류의 진화 초기 단계 ─ 와도 같은 상태가 있었다는 의미인 듯하다.)

그리스 사상은 지성, 즉 진리(윤리적 진리를 포함하여)에 관한 지식을 얻을 수 있는 우리의 능력을 중요시했다. 플라톤과 아리스토텔레스가 생각하기에, 인생에서 가장 높은 단계의 성취는 오로지 그러한 이성적인 지식을 획득한 사람들에게나 얻어질 수 있는 것이었다. 그 반면 유대-기독교의 전통에서는 인간의 선을 특히 강조하는데, 이것은 기본적인 태도에 ─ 정신이나 지성보다는 오히려 "마음"이나 의지에 ─ 속하는 것으로 누구에게나 가능하며, 지적 능력과는 별개인 것이다.

따라서 여기서는 하느님 앞에서 유한한 인간은 누구나 평등하다는 이상이 드러나기 때문에, 결국 성서에는 민주주의적인 요소가 함축되어 있다고도 볼 수 있다.(물론 유대인과 기독교인의 관습이 과연 얼마나 이러한 이상에 부응했는지에 대해서는 의문의 여지가 없지 않지만.) 인간의 선에 대한 관심 역시 단순히 올바른 행동에 대한 관심만은 아니었다. 오히려 그런 행동을 야기하는 인간의 성격과 인격의 근거에 대해 더 관심이 많았다. 어떤 면에서 이것은 플라톤과 아리스토텔레스가 제시한 인간의 덕에 대한 개념을 뛰어넘는 것인데, 왜냐하면 성서의 저자들은 초월적이면서도 인격적인 하느님에 대한 신앙을 인간의 선에 있어 유일하게 견고한 기반으로 보았기 때문이다. 즉 하느님은 당신 자신과 교제를 나눌 수 있도록 우리를 창조하셨으며, 우리의 삶에서 그 목적을 성취하는 길은 오로지 창조자에게 사랑과 예배를 바치는 것뿐이다.

구약성서 안에서는 이처럼 지성을 사용해서 추론을 하고, 진리와 윤리에 대해 스스로 판단을 내리기보다는, 차라리 하느님에게 순순히 복종해야 한다는 궁극적인 요구를 드러내는 다양하고도 극적인 예를 쉽게 찾아볼 수 있다. 그중 하나는 아브라함이 자기 외아들 이삭을 하느님께 제물로 바치라는 명령을 받은 일화다.(창세기 22장) 하느님은 아브라함이 당신의 거룩한 요구에 자기가 낳은 아이까지 순순히 포기할 채비가 되어 있다는 사실을 알고, 그가 "경건한" 사람이라며 그 보답을 해 준다. 그리하여 하느님은 그가 무수한 자손을 거느린 족장이 되리라고 기약한다. 이런 상황에서는 죄 없는 아이를 죽이는 일이야말로 비도덕적인 처사이기 때문에 거부할 수도, 즉 그런 "명령"이 정말로 선하고도 사랑 많은 하느님으로부터 왔을 리 없다고 결론내릴 수도 있었을 것이다. 단지 "믿음을 시험"하는 것이라고 하더라도, 어째서 하느님이 그런 속임수를 쓰겠는가? 인류학적인 해석에 따르자면, 이 이야기는 초기 유대교의 전통에서는 당시 이웃 종교 문화에 만연해 있던 어린아이 인신공양의 관습을 거부했다는 사실을 보여준다고 한다.

이성보다는 믿음을 더 낫게 여긴 또 다른 유명한 사례는 욥기에 등장한다. 여기서 욥과 그 친구들은 부당한 고통의 문제에 대해 논전을 벌인다. 욥은 결백하고도 경건한 사람이었지만, 사탄은 하느님을 설득해 욥에게 파국적인 재산의 손실과 육체의 질병을 부과함으로써 그를 시험한다.(욥기 1-2장) 하지만 욥을 위로한답시고 찾아온 친구들의 노력에도 불구하고, 그가 겪는 고통에 대해서는 아무런 합리적인 설명이 나오지 않는다.(3-37장) 마지막에 가서 하느님이 갑자기 모습을 드러내 자신의 힘과 권위를 보여주자 욥은 순순히 복종한다.(38-42장) 이 이야기의 결론은 일종의 지적 통찰력을 얻기보다는, 차라리 하느님(혹은 운명, 또는 자연의 법칙과 우연) 앞에서 겸손하게 구는 적절한 자세를 취하자는 데 있는 듯하다.

진단: 인간의 불복종

인간이 하느님에 의해 창조되었다는 사실로부터 인간에게 무엇이 근본적으로 잘못되었는지에 대한 분석이 뒤따른다. 우리는 하느님이 부여해 준 자유의지를 잘못 사용하여 선보다는 악을 택하고 죄에 오염되어, 결국 하느님과 우리의 관계가 끊어졌던 것이다.(이사야 59장 2절) 하지만 타락을 단순히 특정한 역사적 사건으로 여길 필요는 없다. 아담과 이브가 금지된 열매를 먹었다는 이야기는, 비록 우리가 자유롭긴 하지만 우리의 본성 속에는 그런 자유를 가지고도 죄를 짓는 데 악용할 수 있는 치명적인 결함이 존재한다는 사실에 대한 상징으로도 읽을 수 있다.

창세기 3장 14-19절에는 먹고 살기 위해 일해야 하는 것, 출산할 때의 고통, 그리고 심지어 죽음 자체와 같은 인간의 삶에서 벌어지는 특별히 익숙한 현상이 사실은 타락의 결과 — 즉 불순종의 대가로 하느님으로부터 부과받은 처벌 — 라고 나와 있다. 우리 모두는 이와 같은 일을 반드시 겪지 않아도 되는 삶을 바라며, 그렇기 때문에 의향과 필요, 혹은 욕구와 의무 사이에 아무런 긴장이 없는 태초의 에덴 동산, 혹은 사후의 천국에 대해 환상을 품게 된다. 그러나 이처럼 인간의 삶에 있어 가장 근본적인 생물학적 현상을 가리켜 인간이 도덕적으로 타락한 결과로 생겨난 것이라고 해석한다니, 어딘가 이상한 구석이 없지도 않다.

인간의 죄성에 대한 확인과 단죄는 구약성서 전체를 통해 거듭 나타난다. 가령 아담과 이브의 두 아들 가인과 아벨의 이야기에서는, 가인이 자기 동생을 죽임으로써 인류 사회에서 최초로 동족상잔이 시작된다. 창세기 6장 5-7절에서, 하느님은 인간을 창조한 것을 후회 — 비록 노아는 은혜를 입었지만 — 한다. 창세기 11장 1-9절에서 하느님은 본래 하나였던 인간의 언어를 제각각으로 흩어버리는데, 그 이유는 인간이 너무 오만해져서 바벨탑을 건설해 하늘에 닿으려 했기 때문이다.

이스라엘의 후손들이 등장하는 이후의 이야기에서도, 예언자들은 계속해서 하느님을 향한 이들의 불충실과 불신앙, 오만, 이기심, 불의를 비난한다.(가령 출애굽기 32장, 민수기 25장, 사무엘상 19장, 사무엘하 11장, 이사야, 예레미야, 아모스 등을 보라.)[133]

처방: 하느님의 언약과 회복

히브리인들에게는 이론이나 분석에서와 마찬가지로 처방 역시 하느님으로부터 비롯된다. 하느님이 우리를 자신과 교제할 수 있도록 창조했는데, 이후에 우리가 그로부터 멀어짐으로써 둘 사이의 관계를 깨트렸다면, 우리는 하느님을 향해 용서를 구하고 그 관계를 회복해야 한다는 것이다. 따라서 인간의 구원, 혹은 회심은 하느님의 자비와 용서와 사랑을 통해 가능하다. 구약성서에서는 하느님과 그의 선택된 백성 사이에 맺어진 "언약," 즉 강력한 통치자와 그의 지배를 받는 국가 사이에 맺어진 것과 같은 유사법률이라는 주제가 거듭 등장한다. 최초의 언약은 노아와 맺은 것(창세기 9장 1-17절)이었고, 두 번째 언약은 아브라함과 맺은 것(창세기 17장)이었으며, 세 번째인 가장 중요한 언약은 모세가 이끄는 "이스라엘의 자녀"와 맺은 것으로서, 이때 하느님은 자신이 그들을 이집트의 속박에서 풀려나게 만든 것을 상기시키며, 그들이 자신의 법을 준수하는 한 자신의 백성이 될 것이라고 기약한다.(출애굽기 19장)

하지만 이 세 가지 언약은 모두 완전히 효과를 거두진 못한 듯하다. 왜냐하면 이후에도 지상에서는 죄가 결코 사라지지 않았기 때문이다.(물론 그런 상황은 오늘날까지도 마찬가지임을 덧붙여 말해야 할 것이다!) 아울러 한 나라가 스스로를 "하느님께 선택된 백성"이라 자처하며 이웃나라를 정복하고 탄압하는 행위를 정당화하는 상황에서는 오히려 영적 오만의 위험까지 있는 것이다. 히브리 성서는 이스라엘의 자녀들이 "약속의 땅"을 정복하는 과정에서 벌인 대량학살을 기록하고 있는데, 이때 하느님은 심지어 이들에게 그렇게 하라고 명령하기도 했다.(여호수아 8-11장) 구약성서에는 이처럼 이집트 탈출과 가나안 정복이라는 초창기 이야기의 특징인 배타적인 종족주의 ― 다른 민족의 신에 반대하여 야웨만을 이스라엘의 하느님으로 숭배하는 것 ― 와, 이후에 나타난 예언자들에게서 드러나는 보편적 성향 ― 야웨를 '모든' 인류의 하느님으로 숭배하는 것(이사야 49장 8절)[134] ― 사이의 긴장이 존재한다.

심지어 이들 백성이 하느님의 계명과 율법에 순종하지 않으면, 하느님이 역사의 사건, 특히 이웃나라에게 침략당하는 것 등을 통해 이들의 죄를 벌한다는 예언적인 생각이 생겨나곤 했다. 그러나 하느님의 자비로운 용서에 대한 약속도 있었는데, 이때 하느님의 회복은 단지 이스라엘 백성에 대한 것만이 아니라 모든 피조물에 대한 것이다. 특히 제2이사야서는 그야말로 열광적인 언어로 하느님의 용서와 구원과 새로운 창조에 대해 이야기한다.(그 내용은 이후 헨델의 『메시야』에 포함되어 더욱 유명해졌다.) "여호와의 영광이 나타나고 모든 육체가 그것을 함께 보리라."(40장 5절) "너희는 기쁨으로 나아가며 평안히 인도함을 받을 것이요 산들과 언덕들이 너희 앞에서 노래를 발하고."(55장 12절) "보라 내가 새 하늘과 새 땅을 창조하나니."(65장 17절) 이로부터 유대교에서는 하느님이 지명한 구원자, 즉 "메시야"의 도래에 대한 기대가 생겨나게 되었는데, 기독교인들은 그가 바로 '예수'라고 믿는다.

신약성서

유대교의 랍비, 혹은 종교 지도자인 나사렛의 예수는 아무런 저술도 — 우리가 아는 한 아무 것도 — 남기지 않았다. 소크라테스(제4장을 참조하라)와 마찬가지로, 예수는 자신의 제자들과 대담자들에게 인간적으로 대단한 영향력을 행사했으며, 이후 그의 추종자들이 쓴 저술을 통해 여러 세기에 걸쳐 간접적인 영향력을 행사했다. 그리하여 그의 생애와 가르침과 십자가 처형과 이른바 부활이란 사건에 대한 그 추종자들의 반응으로부터 기독교라는 새로운 종교가 생겨나게 되었다. 최초의 기독교 문헌은 사도 바울(과 다른 사람들)이 초기 기독교 공동체에 보낸 편지("서한문")였다. 예수의 생애와 죽음에 대해 기록한 네 가지 복음서는 이보다 오히려 나중인 서기 70년에서 100년 사이에 편찬되었다.

  기독교인들은 예수의 존재로 인해 하느님과 인간의 본성에 관한 개념을 완전히 바꾸게 되었다. 구약성서의 '하느님'은 이제 '성부(아버지) 하느님'이 되었으며, 예수는 어떤 의미에서 하느님의 육화, 혹은 증거이며, 하느님과 함께하는(요한복음 10장 38절) 자이기 때문에, "성자(아들) 하느님"이라고 묘사될 수 있다. 기독교인들은 여기다가 이른바 "성령 하느님"(이 존재의 기원은 창세기 1장 2절로 거슬러 올라가지만, 예수의 제자들이 이 존재를 강력하게 경험한 것은 사도행전 2장 1-5절에 묘사된 오순절 때의 일이었다)을 덧붙여 3중의 개념을 만들었다. 이 세 가지는 나중에 이른바 삼위일체라는 역설적인 교리로 정립된다. 즉 "한 분이신 하느님 안에 세 위격이 존재한다"는 것이다.

이후 오늘날에 이르기까지 기독교가 서구 문명에 끼친 지대한 영향력으로 인해, 이른바 "기독교인"이란 말은 대개 경칭과 다름없이 사용되었다. 바꿔 말하자면, 최근까지만 해도 누군가가 자신은 기독교인이 '아니라'고 말하는 것은 충격적이거나, 혹은 무모한 말처럼 들렸던 것이다.(물론 아직까지도 그렇게 여기는 집단이 있다.) 하지만 과연 우리는 이 말을 무슨 뜻으로 사용하는 것일까? 과연 우리는 어떤 기준을 가지고 누군가를 가리켜 '기독교인'이라고 하는 것일까? 그리고 누군가가 기독교인이거나 아니거나가 어째서 그토록 중요한 것일까? 아마도 그 중요성은 서구에 널리 퍼져 있는 문화적 유산에 기인한 바가 클 것이다. 즉 "우리" 자신이 기독교인이라는, 따라서 기독교가 무엇인지를 규정해야 한다는 가정을 통해 우리 자신은 다른 사람들과 구분되기 때문이다.(기독교의 그 수많은 교파가 생겨난 까닭도, 결국 그들 스스로가 경쟁 집단과는 다르다고 주장했기 때문이 아닌가?)

이른바 "기독교인"이라는 말에 어떤 의미가 내포되어 있든지간에, 기본적인 공통분모는 예수에 대한 신학적 주장의 일치이다. 기독교인이 되려면, 단순히 예수가 아주 좋은 사람이라거나 위대한 영적 통찰력을 지닌 사람이라고 말하는 것만으로는 부족하다. 왜냐하면 무신론자나 다른 종교를 믿는 사람들도 그 정도는 말할 수 있기 때문이다. 기독교의 주장에서 가장 핵심적인 것은 예수라는 이 역사적 인물, 즉 로마의 식민 통치하의 팔레스타인 지방에 살았고, 설교했고, 결국 십자가 처형을 당했던 예수 안에 하느님의 매우 특별한 계시가 존재했다는 점이다. 기독교 전통에서는 이를 이른바 '성육신(聖肉身)'의 교리로 설명한다. 즉 예수는 인간인 동시에 하느님이며, 그 하느님의 영원한 말씀이 곧 육신이 된 존재(요한복음 1장 1-18절)라는 것이다. 이는 나중에 그리스 철학의 용어를 사용하여 ("한 실체 속에 두 본성이 존재하는") 교리로 정식화되었는데, 이런 표현은 선택사항일 수 있다. 하지만 이른바 성육신, 즉 하느님이 '유일무이하게' 예수 안에 존재한다는 기본 개념이야말로 기독교에서는 가장 확고한 교리이다.

신약성서에서 말하는 인간의 본성

예수는 또한 어떤 면에서 인간의 본성도 거룩해질 수 있다는 사실을 보여줌으로써, 기독교인들의 인간 본성에 관한 개념을 확장시켰다. 과연 이것은 무슨 뜻일까? 로마서 8장 1-12절에서 바울은 "영(혼)"과 "육(신)"을 확실하게 대비시키는데, 이때 "육(肉)"이라는 말은 흠정역 이후 전통적으로 사용된 번역어였다.(내가 참조한 개역판 영어성서에서는 "육" 대신 "우리의 옛 본성"이란 말로, 그리고 예루살렘 성서135에서는 "인간의 본성"이란 말로 번역했다.) 요한복음 3장 5-7절(그리고 6장 63절)에는 예수 본인도 이와 유사한 구분을 한 것으로 나와 있다.

> 예수께서 대답하시되, 진실로 진실로 네게 이르노니, 사람이 물과 성령으로 나지 아니하면 하나님의 나라에 들어갈 수 없느니라. 육으로 난 것은 육이요, 영으로 난 것은 영이니, 내가 네게 거듭나야 하겠다 하는 말을 놀랍게 여기지 말라.(요한복음 3장 5-7절)

이 구절은 흔히 형이상학적 이원론, 즉 비(非)물질적인 영혼과 물질적인 육체 사이의 구분으로 해석되곤 한다. 하지만 바울의 구분은 단순히 영혼과 육체(정신과 물질), 혹은 우리의 영적인 본성과 인간의 본성(즉 인간이 비록 하느님의 형상을 따라 창조되긴 했지만, 우리의 본성은 본래부터 악하다는) 사이의 구분이라기보다는, 오히려 회심한 인간의 본성과 회심하지 않은 인간의 본성, 혹은 구속된 인간의 본성과 구속되지 못한 인간의 본성 사이의 구분이라고 봐야 한다. 이러한 근본적인 대조는 두 가지 삶의 방식으로 드러난다.

육신을 따르는 자는 육신의 일을, 영을 따르는 자는 영의 일을 생각하나니, 육신의 생각은 사망이요, 영의 생각은 생명과 평안이니라. (로마서 8장 5-6절)

물론 여기서 "육(肉)"은 종종 우리의 생물학적 본성 — 즉 우리의 육체적 욕망, 그중에서도 특히 성적인 것(이 책 제4장의 플라톤의 경우에 욕구와 영혼의 더 높은 부분 사이의 충돌이 일어나는 것과 비교해 보라) — 과 동일시되기도 한다. 그러나 선과 악의 구분을 우리의 정신적 본성과 육체적 본성 간의 구분과 동일시하는 것은 인간의 본성에 관한 기독교의 개념을 오해하는 것이다. 가령 부와 명예와 권력을 향한 욕망은 육체적인 것이라기보다는 오히려 정신적인 것에 해당하지만, 예수의 가르침에서는 이 역시 영적인 것이 아닌 세속적인 것으로 간주되어 정죄되기 때문이다.(마태복음 5-7장에 나오는 이른바 "산상설교"를 참조하라.) 그리고 이것은 바울에게도 역시 마찬가지로 "육신을 따르는" 것 가운데 하나다. 하지만 우리의 성적 욕망이 본질적으로 악하다는 금욕주의적 관점은 이후 기독교의 역사에 지대한 영향을 끼쳤음을 인정해야 한다. 이러한 성향은 바울에게서도 드러날 뿐 아니라(가령 고린도전서 7장에서 결혼보다는 독신생활이 더 낫다고 주장한 부분을 보라), 이후 아우구스티누스에 의해서도 주장되어 더욱 큰 영향력을 발휘하게 되었다.

유대인 대부분이 그러했듯이 바울 역시 동성애에 대해 단호한 태도를 취했지만(로마서 1장 27절), 이것이 기독교에만 유별난 것인지 아니면 당시의 전반적인 인식이 그랬던 것인지는 불분명하다. 반면 바울이 노예제도에 대해서는 비난하지 않았다는 사실은 언급할 만하다.(고린도전서 7장 20-24절)

남녀간의 평등이라는 문제를 언급하기에 앞서, 우리는 복음서에서 예수가 여성들을 무척이나 존중했다는 사실을 기억해야만 한다. 물론 그럼에도 불구하고 예수는 결코 여자 제자를 둔 적이 없었다. 이는 어쩌면 예수 역시 유대교의 랍비로서 그 시대에 얽매인 사람이었기 때문인지도 모른다. 바울은 그리스도 안에서는 유대인과 그리스인, 노예와 자유인, 남자와 여자의 구분 같은 것은 없다고 말하지만(갈라디아서 3장 28절), 한편으로는 아내가 남편에게 반드시 복종해야 한다고 말함으로써 가부장제를 옹호한다.(에베소서 5장 22절) 바울은 교회에서 여자가 머리카락을 드러내서는 안 된다고 강력히 주장하는데, 오늘날의 우리로선 이 구절이 과연 어떤 문화적 맥락에서 언급된 것인지 이해하기가 힘들다.(고린도전서 11장 3-10절) 그때 이후로 수많은 후대의 기독교 사상가들은 여성을 신학적으로 문제 삼게 되었다. 그 대표적인 것으로는 여성의 성직수임을 둘러싸고 지속되는 논쟁을 들 수 있다.

육을 따르는 것과 영을 따르는 것 사이의 구분은 단지 우리가 살아 있는 동안만 이루어지는 것일까, 아니면 우리가 죽은 뒤에도 연관되는 것일까? 여기서 우리는 기독교에 대한 순수한 영적 해석과, 초자연적이거나 종말론적인 해석 사이의 차이와 마주하게 된다.("종말론"이라는 말은 이 세계의 끝, 즉 "최후"를 의미한다.) 예수는 이른바 "하늘나라," 혹은 "하느님 나라"가 온다고 주장한 바 있다.(마태복음 4장 17절, 마태복음 23장, 마가복음 1장 15절) 하지만 이것이 과연 어떤 심리적인, 정치적인, 혹은 형이상학적인 변화를 의미하는 것인지는 불명확하다.(물론 당시 예수의 말을 직접 들은 사람들에게도 불명확하기는 마찬가지였을 것이다.) "영생"이란 표현은 요한복음에 나오는데, 여기서 예수는 누구든지 그를 믿는 자에게, 그리고 "거듭난" 자들에게 영생을 주는 존재로 묘사된다.(요한복음 3장 16절) 그러나 단지 이 구절을 근거로 삼아, 인간의 생명이 사후에도 계속된다는 결론으로 성급하게 건너뛸 필요는 없다. 과연 이 구절에서는 '지금'의 인생을 더 새롭고 더 낫게 살아가는 방법, 즉 영원한 진리와 가치에 적절하게 연관된 어떤 방법을 찾아볼 수 있을까?

예수의 말과 바울의 저술 가운데 일부는 그러한 방법으로 간주할 수 있다. 가령 갈라디아서 5장 16-25절에 나오는 다음과 같은 구절을 보라.

> 내가 이르노니, 너희는 성령을 따라 행하라. 그리하면 육체의 욕심을 이루지 아니하리라. (……) 육체의 일은 분명하니, 곧 음행과, 더러운 것과, 호색과, 우상 숭배와, 주술과, 원수 맺는 것과, 분쟁과, 시기와, 분냄과, 당짓는 것과, 분열함과, 이단과, 투기와, 술 취함과, 방탕함과, 또 그와 같은 것들이라. (……) 오직 성령의 열매는 사랑과, 희락과, 화평과, 오래 참음과, 자비와, 양선과, 충성과, 온유와, 절제니, 이 같은 것을 금지할 법이 없느니라. 그리스도 예수의 사람들은 육체와 함께 그 정욕과 탐심을 십자가에 못박았느니라. 만일 우리가 성령으로 살면 또한 성령으로 행할지니.[136]

이 구절은 이른바 "육신의 일"을 곧 이기적이고 세속적인 욕심의 원천인 동시에 육체적 방탕으로 바라보는 우리의 해석에 근거를 제공해 준다. 또한 이 구절에 나온 내용은 바울이 고린도전서 13장에서 거듭 이야기하는, 그리고 일면 지나치게 감상적으로 받아들일 위험이 있는 "사랑"(이에 해당하는 그리스어 '아가페'는 대개 "자비"로 번역된다)보다도 훨씬 더 자세하다. 또한 이 구절을 통해 우리는 무엇이 옳고 그른지를 알 수 있을 뿐만 아니라, 윤리적인 행동이 나오는 마음의 근본적인 변화에 대해서도 알 수 있다.

신약성서에서 하느님을 사랑하고, 또한 하느님의 뜻에 따라 살아가는 것은 지적 능력의 정도에 상관없이 모든 사람에게 가능하다.(고린도전서 1장 20절) 예수가 구약성서의 율법을 다음과 같은 두 가지 명령으로 요약했다는 사실은 유명하다. "네 마음을 다하고, 목숨을 다하고, 뜻을 다하여 주 너의 하나님을 사랑하라." "네 이웃을 네 자신 같이 사랑하라."(마태복음 22장 34-40절, 마가복음 12장 28-31절, 누가복음 10장 25-28절. 그리고 이 말의 근거가 된 구약성서의 구절은 신명기 6장 5절과 레위기 19장 18절이다.) 그런데 여기서 말하는 "이웃 사랑"은 단순한 인간적 애정과는 다르며, 그 본성상 거룩한 것이다. "사랑하는 자들아, 우리가 서로 사랑하자. 사랑은 하나님께 속한 것이니, 사랑하는 자마다 하나님으로부터 나서 하나님을 알고, 사랑하지 아니하는 자는 하나님을 알지 못하나니, 이는 하나님은 사랑이심이라."(요한1서 4장 7-8절)

"영생"이란 말은 '최소한' 이 세상에서의 성령 충만하고 하느님을 사랑하는 삶을 뜻하는 것으로 생각할 수 있지만, 한편으로 신약성서에서는 부활, 최후의 심판, 그리고 악한 자들에 대한 영원한 처벌과 모든 신자들에 대한 영원한 생명의 보상에 대해서도 강조하고 있다는 점을 무시할 수 없다.(마태복음 7장 21-23절, 13장 36-43절, 마태복음 24-25장) 전통적으로 예수가 십자가에서 죽은 직후에 부활한 것은, 모든 사람에게는 — 혹은 적어도 "구원받은" 사람에게는 — 사후에 또 다른 삶이 있으리라는 하느님의 보장을 선언한 것으로 간주된다. 우리에게는 회심한 이후의 영적 생활에 대한 희망이 다음과 같이 제시된다. "그런즉 누구든지 그리스도 안에 있으면 새로운 피조물이라. 이전 것은 지나갔으니, 보라, 새 것이 되었도다."(고린도후서 5장 17절) 하지만 이것은 그야말로 평생에 걸친 과정이며, 그 완성은 우리가 죽은 뒤의 삶에서나 가능한 것으로 보아야 한다.(빌립보서 3장 12-14절) 부활에 대한 기독교인들의 기대는 고린도전서 15장에 매우 뚜렷이 나타나 있다.

진단: 죄에 대한 신약성서의 견해

기독교에 원죄의 교리가 있는 것은 사실이지만, 그렇다고 해서 우리가 전적으로 타락했다는 뜻은 아니다. 이는 단지 우리가 결코 하느님의 기준에서 보기에 '완벽한' 상태에는 도달할 수 없음을 뜻할 뿐이다. "모든 사람이 죄를 범하였으매, 하나님의 영광에 이르지 못하더니."(로마서 3장 23절) 우리 안에는 내적 갈등이 벌어진다. 우리는 우리가 어때야 하는지를 인식하면서도, 정작 그렇게 하는 데는 실패하고 만다. 바울 역시 로마서 7장 14절 이하에서 죄를 의인화해 가면서까지 이러한 사실을 명백히 밝히고 있다. "이제는 그것을 행하는 자가 내가 아니요, 내 속에 거하는 죄니라."(7장 17절) 따라서 정작 죄를 짓는 사람 본인은 책임을 면해 주어야 한다는 것이다. 왜냐하면 그건 결코 본인의 의도가 아니었기 때문이다! 요한 역시 죄의 노예가 되는 것과, 예수 안의 진리를 앎으로써 자유로워지는 것을 대조시키고 있다.(요한복음 8장 31-36절)

우리가 살펴본 바와 같이, 여기서 말하는 죄가 본래 기본적으로 성(性)적인 것을 의미하진 않았다. 오히려 결혼의 테두리 안에서의 성은 긍정되었다. 따라서 죄의 진정한 본성은 정신적이거나 영적인 것을 의미했다. 즉 죄는 오만한 것, 하느님의 뜻에 반해 우리 자신의 이기적인 뜻을 내세우는 것, 그리하여 결국 하느님으로부터 멀어지는 것을 의미했다. 하지만 그렇다고 해서 모든 자기주장이 죄가 된다는 뜻은 아니다. 니체는 기독교가 온순함과 겸손함을 예찬하는 반면, 인간의 자기주장과 충만한 삶을 폄하함으로써 결국 "노예의 도덕"을 권장한다고 비판한 바 있다. 가령 이른바 '여덟 가지 복〔八福〕'을 설명한 대목(마태복음 5장)을 보더라도 이렇게 생각할 수 있다. 즉 예수는 "심령이 가난한 자는 복이 있나니"라고 말했지만, 과연 이 수수께끼 같은 말을 어떻게 이해해야 하는지는 확실하지가 않다. 거꾸로 예수나 바울의 이야기 가운데서 어떤 명백한 윤리적 판단이나, 정의로운 분노나, 단호한 행동조차도 금지하는 구절은 찾아볼 수가 없다.(예수의 경우에는 오히려 성전에 들어가 환전상을 쫓아내기까지 했다.)

인간의 타락은 곧 모든 피조물의 타락과도 연관되어 있다.(로마서 8장 22절) 즉 만물이 하느님의 영광에 이르지 못하는 것이다. 하지만 그렇다고 해서 굳이 이러한 악을 사탄이나 악마의 능력이란 개념으로 의인화할 필요가 있는지는 의문이다. 물론 신약성서에서는 이러한 견해가 분명히 제시되긴 하지만 말이다.(마태복음 4장 1-11절, 마가복음 5장 1-13절, 사도행전 5장 3절, 데살로니가후서 2장 3-9절, 요한계시록 12장 9절)[137] 이른바 선과 악의 두 가지 동등한 힘이 존재한다고 믿는 것은 성서적이라기보다는 오히려 마니교적[138]인 생각이다. 왜냐하면 이 세상에서는 유대인이나 기독교인 모두에게 비록 악이 여러 모습으로 나타나는 것은 사실이지만, 궁극적으로는 하느님이 모든 것을 다스리기 때문이다.

처방: 예수를 통한 하느님의 구원

학자들과 신학자들은 예수가 자기 자신에 대해 어떤 개념을 갖고 있었는지를 놓고 오랫동안 토론에 토론을 거듭해 왔다. 물론 복음서에서는 예수가 자기 자신에 대해 뚜렷하게 신학적 주장을 하는 것으로 나와 있다. 특히 네 번째 복음서(요한복음)에서 그는 자신을 가리켜 메시야(4장 25-26절), 하느님의 아들(5장 16-47절. 아울러 마태복음 16장 15-17절도 참조하라.), 하늘에서 내려온 떡(6장 30-58절)이라고 선언하며, 또한 자신이 아브라함이 태어나기도 전부터 존재했다고(8장 58절) 주장한다. 그러나 복음서는 모두 예수의 사후에, 이미 그의 신성을 굳게 믿었던 신자들에 의해 편찬된 것이다. 그리하여 성육신과 구원에 관한 기독교의 이론 가운데 가장 먼저 공식화되어 기록된 것은 오히려 바울의 초기 저술이라고 할 수 있다. 여기서의 핵심 주장은 하느님이 유일무이하게 나사렛 예수를 통해 인간의 모습으로 나타났으며, 하느님은 예수의 생애와 죽음과 부활을 통해 우리와 하느님 사이의 올바른 관계를 회복하려 했다는 것이다.

> 그런즉 한 범죄 〔여기서 바울이 의미한 바는 '아담의 타락'이다〕로 많은 사람이 정죄에 이른 것 같이, 한 의로운 행위 〔즉 '예수가 십자가에 못 박혀 죽음'〕로 말미암아 많은 사람이 의롭다 하심을 받아 생명에 이르렀느니라. 한 사람이 순종하지 아니함으로 많은 사람이 죄인 된 것 같이, 한 사람이 순종하심으로 많은 사람이 의인이 되리라.(로마서 5장 18-19절)

이 대목에서 바울의 말은 대단한 설득력과 확신을 갖고 있으며, 이후 많은 사람들에게 막강한 권위를 지니게 되었다. 하지만 그가 여기서

한 말을 좀 더 곰곰이 따져보면, 이것이야말로 우리가 흔히 갖고 있는 책임과 비난에 대한 개념과는 정반대임을 알 수 있을 것이다. 아주 오래전에 한 사람(가령 아담)이 저지른 잘못 때문에 모든 인간이 비난을 받아야 한다는 것은 공정하다고 할 수 있을까? 마찬가지로, 또 다른 한 사람(예수)이 보여준 순종으로 인해 모든 인간이 속죄를 얻거나 "의롭다 하심"을 받는다는 것은 정당하다고 할 수 있을까? 이것은 '속죄'에 대한 수수께끼 같은 신학적 이론과도 연관되어 있다. 즉 예수의 생애와 죽음이라는 특정한 역사적 사건을 도구로 삼아, 하느님이 모든 피조물과 하느님 자신 사이의 화해를 도모했다는 것이다.(로마서 5장 6-10절, 고린도후서 5장 18-21절)

기독교인들에게 예수는 자신의 근본적인 가치관에 반하는 삶을 사느니 차라리 죽음을 달게 받은 인간 — 이런 예는 소크라테스를 비롯한 여러 역사적 인물들(기독교인 순교자들도 포함해서)에게서 얼마든지 찾아볼 수 있다 — 이상의 존재이다. 바울과 다른 기독교인 저술가들은 구약성서에 나오는 희생의 개념으로부터 뚜렷한 영향을 받은 듯하지만(특히 히브리서 10장),[139] 그리스도의 "구속사역"을 단지 속죄를 위한 희생으로 — 즉 하느님이 죄를 용서하기 위해 피(어떠한 피든지, 하다못해 무고한 자의 피라 하더라도)를 흘릴 것을 요구했다고 — 해석하려는 신학자들은 그리 많지 않다. 하지만 그렇지 않다면, 서기 30년경에 로마의 총독 본디오 빌라도가 다스리던 예루살렘에서 십자가에 못 박혀 처형된 어느 유대인 종교 지도자의 죽음이 과연 어떻게 해서 전세계를 죄로부터 구원했다고 생각할 수 있는 것일까?

기독교의 처방은 단지 예수 그리스도의 신비한 "구속사역"만으로 완성되는 것은 아니다. 나아가 이러한 사실이 각 개인에게 받아들여져야만 하며, 또한 교회를 통해 전세계에 전파되어야만 하는 것이다. 그러나 과연 한 개인이 "구원되기" 위해서 필요한 것이 무엇인지에 대해서는 어딘가 모호한 점이 없지 않다. 기독교인이 되기 위해서는 세례라는 전통적 의식을 거쳐야 하지만, 이것은 단지 그의 내적이고 영적인 변화를 나타내는 외적이고 가시적인 상징에 불과하다. 이 내적이고 영적인 변화를 가리키는 데 자주 사용되는 표현은 "거듭났다," "그리스도를 믿는다," "그리스도에 대한 신앙을" 가진다, "오직 믿음으로 의로워진다" 등이 있다. 하지만 과연 이런 표현은 실제로 무엇을 뜻하는 것일까? 이런 표현들은 단지 예수가 하느님의 아들이라는, 또한 그의 죽음이 이 세상의 모든 죄를 속죄한 것이라는 신학적인 주장에 대한 명제적 믿음을 요구하는 것일까? 아니면 이런 표현들은 단지 종교적 권위자이자 "스승," 하느님의 계시자이자 삶의 지침, 그리고 영적 생활의 원천으로서의 예수를 신뢰함으로써 어떤 개인적 관계를 갖는 것을 의미할까? 그렇게 된다면 그를 — 보다 정확히 말해서 지금 우리에게 남아 있는 예수에 대한 기록을 — 단지 이타적인 삶, 혹은 "성령 충만한" 삶의 탁월하면서도 감격적인 사례로 여기는 것밖에 더 있겠는가?

구원이라는 드라마에서 인간과 하느님이 각각 맡은 배역을 놓고도 전통적인 문제가 생겨난다. 근본적인 개념은, 속죄는 오로지 하느님으로부터, 즉 하느님이 그리스도를 통해 스스로를 제공함으로써 올 수밖에 없다는 것이다. 우리가 하느님 앞에서 "의롭다"고 여김을 받을 수 있다면, 그것은 우리의 선한 행동을 통해서가 아니라, 우리의 믿음(로마서 3장 1-28절), 즉 하느님이 우리에게 한 일을 그저 받아들임을 통해서 가능하다. 우리는 이처럼 하느님이 거저 베풀어 주는 은혜를 통해 구원받았지, 우리 스스로가 한 일을 통해 구원받은 것은 아니다.(에베소서 2장 8절) 하지만 그 못지않게 분명한 사실은 우리에게 자유의지가 있다는 점이다. 즉 하느님의 구원을 받아들임으로써 우리의 삶이 그로 인해 회복되도록 하기 위해서는 반드시 우리 각자가 선택을 해야 한다. 신약성서에는 참회와 믿음에 관한 권유(특히 사도행전 3장 19절을 보라), 그리고 성령 속에서의 삶을 살라는 권유가 그야말로 넘쳐나고 있다. 따라서 구원이 전적으로 하느님의 은혜라는 시각과, 하지만 결정적인 부분에서는 우리 인간의 자유로운 선택으로 인한 반응이 필수적이라는 시각 사이에는 오래도록 긴장이 존재해 왔다.(뒤의 "사상사적 간주곡"에서 아우구스티누스와 펠라기우스에 대한 부분을 참조하라.)

기독교의 영적인 부분과 초자연적인 부분

성육신, 속죄, 부활, 그리고 세상의 종말에 대한 교리는 인간의 이성에 비추어볼 때 그야말로 문젯거리가 아닐 수 없으며, 그렇기 때문에 이러한 공식화는 이후의 기독교 전통에서 줄곧 논란의 대상이 되어 왔다. 어떻게 해서 한 인간이 초월적이고 영원불멸한 하느님의 한 부분이 될 수 있는 것일까? 삼위일체의 교리 — 한 분이신 하느님 안에 세 위격이 존재한다 — 는 이러한 개념상의 문제를 더욱 가중시켰다. 이 문제에 대한 전형적인 설명은, 이것은 모순이라기보다는 오히려 신비라는 것이었다. 즉 인간의 이성으로는 하느님의 영원한 신비를 이해할 수가 없을 테고, 따라서 하느님이 우리에게 그 자신을 드러낸 이 사건을 그저 믿고 받아들일 수밖에는 없다는 것이다. 하지만 모든 것을 신앙의 견지에서 바라보는 이런 식의 주장은 정작 기독교를 믿지 않는 사람이나, 혹은 이 교리에 혼란을 느끼는 사람들에겐 아무런 답변도 될 수가 없다.

이전의 유대교와는 달리, 기독교는 사후의 삶에 대한 확고한 기대를 발전시켰다. 하지만 비물질적인 영혼의 생존이라는 이런 개념은 그리스의 개념과는 전혀 다른 것이다. 사도신경에는 '육체'의 부활에 대한 믿음이 드러나 있는데, 성서에서 이에 대한 가장 뚜렷한 언급은 고린도전서 15장 35절 이하에서 바울이 우리의 육체는 죽더라도 "영의 몸"은 살게 된다고 말한 대목이다. 여기서 영의 몸이란 것이 과연 무엇인지는 명확하지 않지만, 바울은 "육체"란 뜻의 '소마(soma)'라는 그리스어를 사용하고 있다. 기독교인들은 예수의 부활은 역사적 사실이고, 분명한 사건인 동시에, 하느님의 유일무이한 행동이었다고 주장한다.(동정녀의 수태라는 개념 역시 기적적이기는 마찬가지지만, 이것은 오히려 그보다 덜 중요시된다.) 그리고 예수의 부활이야말로 결국 우리 모두에게도 이와 유사한 부활이 가능하리라는 가능성을 보여주고 있다고 주장한다.

하지만 과연 그것을 미래에 이 세상에서도 그와 같은 부활이 보편적으로 이루어질 것이라는 뜻으로 받아들일 수 있을까? 바울은 "나팔 소리가 나매, 죽은 자들이 썩지 아니할 것으로 다시 살아나고 우리도 변화되리라"(고린도전서 15장 52절)고 말하고, 베드로는 "주의 날 (……) 에는 하늘이 큰 소리로 떠나가"(베드로후서 3장 10절)게 되리라고 말한다. 예수 자신도 이 세상의 갑작스러운 최후를 예언한 것으로 나와 있다.(마태복음 24장) 바울은 독자에게 계속해서 종말이 임박했다고 환기시키며, 데살로니가전서 4장 16-17절에서는 앞으로 일어날 일에 대한 자신의 생각을 다음과 같이 생생히 묘사하고 있다.

주께서 호령과 천사장의 소리와 하나님의 나팔 소리로 친히 하늘로부터 강림하시리니, 그리스도 안에서 죽은 자들이 먼저 일어나고, 그 후에 우리 살아남은 자들도 그들과 함께 구름 속으로 끌어 올려 공중에서 주를 영접하게 하시리니, 그리하여 우리가 항상 주와 함께 있으리라.

바울은 그야말로 천재지변 같은 이 거룩한 사건이 극적이고 뚜렷하게 우리의 시간과 공간 속으로 침투해 들어와 벌어지리라고 예견한 듯하다.

요한계시록에는 기이한 짐승, 전쟁, 고문, 그리고 숫자에 대한 집착까지 비롯해서 종말론적인 사건들의 묘사가 시종일관 넘쳐난다.(내 생각에는 마치 무슨 SF 영화의 대본 같다. 물론 특수효과는 그럴듯하지만, 내용은 무척 별로인 영화 말이다. 가령 요한계시록 21장에 나오는 새 예루살렘에 대한 묘사에서는 그 영적인 의미보다도 오히려 그곳의 보석이며 규모에 대한 묘사가 더 흥미로웠다. 솔직히 말하자면, 나로선 이 작품이 '정경'에 포함되었다는 것 자체가 그야말로 놀랍기만 하다!) 아무튼 초기 기독교인들이 옳건 그르건 간에 인류 역사의 종말에 대해서, 그리고 이후에는 인간이 형이상학적으로 전혀 다른 존재로 변화되리라는 데 대해 확고한 기대를 지니고 있었던 것만은 분명하다. 그때에 가서 모두가 "구원받을" 것이라고 생각하면 반가운 일이지만, 계시록에는 최후의 심판을 통해 결국 구원받는 자와 저주받는 자를 분류하게 될 것을 예시하는 구절이 상당히 많다.(21장 8절에서는 이른바 "제2의 죽음"에 대한 묘사가 나와 있다.)

이와 같은 파국에 대한 예언이나 기대를 우리는 어떻게 이해해야 할까?(아니, 이런 것을 과연 '이해' 하긴 해야 할까? 하지만 우리가 이해할 수 없는 것이라면, 어떻게 감히 믿을 수 있단 말인가?) 만약 우리의 육체가 부활한다면, 적어도 그게 '육체' 인 한에서는 분명히 특정한 시간과 장소를 차지해야만 할 것이다. 오늘날의 해석에 따르면, 이렇게 부활한 육체는 지금 우리가 사는 이 물리적 우주의 어딘가에 존재하는 것은 아니라고 한다. 그렇다면 지구에서 멀리 떨어진 어느 곳에 바울과 나폴레옹과 우리 친척 아주머니의 부활된 육체가 존재하기라도 한다는 뜻인가? 그렇다면 이것은 과학적 가설이 되어, 경험적으로 검증 가능해야만 한다. 즉 우리는 이 세상에 부활한 육체들이 존재하는 공간이 있다는, 하지만 그곳은 지금 우리가 사는 이 공간과는 전혀 연결되어 있지 않다는 개념을 이해하도록 노력해야 하는 것이다.

공간뿐만 아니라, 시간에 대한 문제도 난해하긴 마찬가지다. 이것은 과연 이 세상에서 벌어지는 사건과는 아무런 시간적 연관을 맺고 있지 않은 일련의 사건들이 존재한다는 의미인가? 아니면 부활한 세계는 시간이 없다는 의미인가? 만약 그렇다면 이른바 부활한 이후의 '삶'이란 게 무슨 의미가 있겠는가? 말 그대로 영원히 지속되는 삶이 과연 그토록 '매력적인' 것일까? 내가 제시하고픈 답변은 꼭 그렇진 않으리라는 것이다. 또한 만약 부활한 이후의 삶이 시간에 속해 있는 게 아니라면 과연 무슨 의미가 있겠는가? 그야말로 시간이 없는 삶이라면, 우리가 '개인적인' 삶을 살고, 어떤 일을 하고, 남들과 의사소통하는 것이 가능하긴 하겠는가?

상당수의 의식 있는 기독교인들 역시 이러한 지적 문제점을 인식하고 있을 것이다. 하지만 그들은 자신들이 교회 예배에 나가거나 성서를 읽음으로써 얻을 수 있는 것 — 가령 영적 생활에서의 성장이라든지 — 때문에 여전히 기독교인 공동체의 일원으로 남아 있으면서 그러한 정통 교리를 어떤 의미에서 그냥 "받아들이거나," 혹은 그에 "맞춰 나가고" 있다. 그런 사람들은 종종 기독교는 단지 이론이 아니라 오히려 삶의 방식이라고 주장한다. 적어도 갈라디아서 5장과 고린도전서 15장에 묘사된 "성령의 열매"에 관한 것이라면, 어쩌면 우리 역시 어느 정도까지는 그런 "영적 성장"으로 여겨질 법한 데까지 도달할 수 있을 것이다. 하지만 그런 영적 성장이 오로지 신약성서의 기독교에 고유한(즉 유대교, 이슬람교, 힌두교, 불교, 그리고 심지어 과학적 자연주의에서는 불가능한) 형이상학적, 초자연적, 종말론적 주장을 받아들임으로써만 가능하다는 주장은 상당히 큰 의문의 여지를 남긴다.

더 읽을거리

● 성서의 영어 번역본에는 여러 가지가 있다. 그중에서도 가장 탁월한 것 중에 하나는 다음과 같다. M. J. 석스(M. J. Suggs) 외 편저, 『옥스퍼드 학습용 성서: 개역 영어성서와 외경』(1992). 이 책에는 자세한 각주와 더불어 각 문헌의 역사적, 사회적, 문학적, 종교적 배경에 대한 유용한 해설이 들어 있다.

● 옥스퍼드 대학 출판부에서 나온 〈아주 짧은 개론서〉 시리즈 가운데 J. 리치스(J. Riches)가 쓴 『성서』,[140] N. 솔로몬(N. Solomon)이 쓴 『유대교』,[141] D. F. 포드(D. F. Ford)가 쓴 『신학』,[142] E. P. 샌더스(E. P. Sanders)가 쓴 『바울』,[143] J. 배기니(J. Baggini)가 쓴 『무신론』을 참조하라. 또한 같은 출판부에서 나온 〈고전 사상가들〉 시리즈 가운데 H. 카펜터(H. Carpenter)가 쓴 『예수』에 대한 책을 참조하라.

● 인간의 본성에 관한 기독교의 이해에 관해서는 다음을 참조하라. 라인홀트 니버(Reinhold Niebuhr)의 『인간의 본성과 운명』(1964)은 이 분야의 고전이라 할 만하다. E. L. 매스콜(E. L. Mascall)의 『인간됨의 중요성』(1958)은 신(新)토마스주의의 관점을 소개하고 있다. E. W. 켐프(E. W. Kemp)가 편저한 『인간: 타락하고 자유로운』(1969)은 특히 구약성서에 관한 J. A. 베이커(J. A. Baker)의 탁월한 글을 비롯해서 매우 다양하고도 흥미로운 에세이들을 수록하고 있다. J. 매쿼리(J. Macquarrie)의 『인간성의 탐구』(1983)는 좀 더 실존주의적인 관점을 제시하고 있다.

● 기독교에 대한 신앙을 유지하면서도 페미니즘적인 비판을 보여주는 저서로는 다음을 참조하라. 대프니 햄슨(Daphne Hampson), 『기독교 이후』(1996).

● 종교철학에 대한 저서는 그야말로 무수히 많지만, 포괄적인 이해를 돕는 데는 다음 책을 추천하고 싶다. M. 피터슨(M. Peterson) 외 편저, 『종교철학 선집』(1996).

제4장
플라톤: 이성의 지배

인간의 본성에 관한 이론 가운데서도 우리가 가장 먼저 살펴볼 비종교적인(혹은 최소한 노골적으로 종교적이진 않은) 이론은 바로 플라톤(BC 427-347)의 철학이다. 비록 지금으로부터 무려 2,500년 전의 것이긴 하지만, 플라톤의 선구적인 사상은 오늘날까지도 여전히 유효한 면이 많다. 그는 오로지 이성만을 체계적으로 사용함으로써 우리가 어떻게 살아가야 할지를 보여준 최초의 인물이기도 하다. 인간의 본성과 문제점에 대한 진실한 이해에 근거한, 인간의 덕과 완성에 관한 명확한 개념이야말로 플라톤이 보기에는 개인의 행복과 사회의 건전성을 확보할 수 있는 유일한 길이었던 것이다.

플라톤의 생애와 저술

플라톤의 사상의 유래를 좀 더 잘 이해하기 위해 그의 배경을 잠깐 살펴보도록 하자. 그는 그리스의 도시국가 아테네의 유력한 가문에서 태어났다. 당시 아테네는 제국을 건설하고 무역을 통해 경제적 번영을 누리고 있었으며, 오늘날에 와서 사상 최초의 민주주의 실험이라는 영예로운 평가를 얻은 바 있는 민주적 정치 체제를 발전시켰다. 무엇보다도 당시 아테네는 조각, 연극, 역사, 수학, 과학, 철학 등 예술과 지적 탐구 영역에서 유례가 없던 진보의 중심지였음을 기억해야 한다. 그곳에서도 가장 위대한 인물은 도덕철학자인 소크라테스로, 그의 가르침은 플라톤에게 깊은 영향을 주었다. 그러나 이런 사상가들이 살던 당시의 아테네는 정치적으로 격변을 겪고 있었다. 스파르타와의 전쟁[144]이 비참한 패배로 막을 내리자, 일련의 독재 시대가 연이어졌다. 그러다가 새로운 당파가 정권을 잡자, 소크라테스는 이전 정권의 몇몇 인사들과의 관계 때문에 위험인물로 낙인찍힌다. 결국 그는 BC 399년에 이르러 국교를 비방하고 젊은이들을 타락시킨다는 죄목으로 재판에 회부되어 사형에 처해진다.

　소크라테스의 토론 및 교육법은 당시의 이른바 "소피스트"와 여러 면에서 비슷했다. 이들 자칭 전문가들은 수업료를 받고 학생들에게 기술을 가르쳤다. 그 기술이란 특히 수사학(즉 연설을 통해 대중을 설득하는 기술)으로, 이는 아테네의 정치 발전에서 매우 중요한 요소이기도 했다.(결국 소피스트야말로 그 당시의 홍보전문가였다고 할 수 있다.) 이들은 또한 윤리와 정치에 대해서도 논했다. 아테네인들은 지중해 전역의 다양한 종교와 다양한 문화의 관습에 대해 잘 알고 있었기 때문에, 이런 논의와 관련하여 어떤 진리의 기준이 있느냐는 문제로 고민하지는 않았다. 소피스트들은 종종 어느 한 가지 윤리나 정치적 입장이 다른 전통보다 더 낫다는 주장에 대해 오히려 회의감을 드러내기도 했다. 오늘날 우리가 "문화상대주의"라고 부를 만한 것이 이 고대 사상에서도 나타났던 것이다.

　소피스트와는 달리, 소크라테스는 사람들을 가르치면서 수업료를 요구하진 않았고, 다만 그 스스로가 어떤 근본적인 철학적, 윤리적 문제로 고민하고 있었다. 그의 사상 가운데서도 가장 획기적이었던 것은, 우리가 이성을 제대로 사용하기만 한다면 과연 어떻게 사는 것이 가장 올바른지를 알 수 있다고 생각한 점이었다. 따라서 그를 "철학의 시조"라고 부르는 까닭은 그가 어떤 결론을 도출해 내서라기보다는 오히려 허심탄회하고도 독단적이지 않은 태도로 이성적인 논증과 질문을 사용하는 방법을 처음으로 개척했기 때문이다. 소크라테스가 사용한 유명한 방법은, 자기는 자신이 수많은 어려운 문제에 대해 전혀 '아는' 게 없는 반면에 다른 사람들은 스스로가 뭔가를 안다고 생각하니, 결국 자기보다는 다른 사람들이 훨씬 똑똑하다고 주장하는 것이었다. 하지만 그는 다른 사람들에게 끈질기게 질문을 던짐으로써, 결국 그들이 스스로 알고 있다고 생각한 사실에 대해 실상은 완전히 무지하다는 사실을 보여주곤 했다. 플라톤의 초기 대화편(특히 『소크라테스의 변론』)에 따르면, 소크라테스는 "캐묻지 않은 삶은 살 가치가 없는 것"[145)]이라고 믿었으며, 또한 그의 동료 아테네인들로 하여금 결코 다른 방식으로는 불가능한 방식으로 각자의 삶에 대해 생각해 보게 만들었다고 한다. 소크라테스는 일종의 종교적 열성을 지니고 사람들의 정신적 나태함을 훼방하고 나섰으며, 그런 까닭에 심지어 죽임을 당할 지경에 이를 정도로 사람들의 미움을 샀던 것이다.

이런 면에서 소크라테스는 플라톤에게 큰 영향을 주었고, 플라톤은 이 탁월한 스승의 처형에 큰 충격을 받았다. 플라톤은 현실 정치에 대해 환멸감을 가지게 된 반면, 이성적 탐구에 대한 소크라테스의 신념을 유지하고 있었다. 그는 이 세계와 인간의 본성 배후 깊은 곳에 있는 지식을 능히 획득할 수 있을 것으로 확신했고, 나아가 그 지식을 인간 사회의 이익을 위해 사용할 수 있을 것으로 보았다. 소크라테스는 아무런 저술도 남기지 않았고, 그의 영향력 역시 전적으로 말에 의한 것이었다. 플라톤 역시 책의 가치에 대해서는 일종의 회의적인 태도를 보였으며, 소크라테스와 마찬가지로 사람들로 하여금 스스로 생각하게 만들고, 나아가 각자의 삶에 대한 태도를 변화시키게 만들 수 있는 가장 좋은 방법은 대화뿐이라고 믿어 의심치 않았다. 그래도 플라톤은 매우 뛰어난 문학성을 발휘하는 여러 저술을 남겼으며, 그의 작품은 철학사에서도 최초이며 가장 중요한 논고들 중 하나로 인정받고 있다. 이들 작품은 대화체로 이루어져 있으며, 특히 소크라테스가 토론에서 주도적인 인물로 등장한다. 대부분의 학자들은 『소크라테스의 변론』, 『크리톤』, 『에우티프론』, 『메논』과 같은 플라톤의 초기 대화편은 주로 소크라테스의 사상을 해설하고 있다고 보고, 이에 비해 후기 대화편(훨씬 더 길고 더 체계적인)은 저자 본인의 사상을 표현하고 있다고 본다. 플라톤은 훗날 아테네에 아카데미아를 설립했는데, 이는 사상 최초의 대학으로 평가되기도 한다.

　플라톤의 저술 가운데 가장 유명하고 또 가장 많이 연구되는 것은 『국가』로, 이는 여러 명의 등장인물 사이에 이루어진 길고, 복잡하고, 꽉 짜인 대화편이다. 전통적으로 이 저술은 내용상 10권으로 구분된다.(물론 토론 자체가 그 구분에 딱딱 맞아떨어지진 않는다.) 제목에서 알 수 있듯이, 이 책의 주제는 이상적인 인간 사회의 대강을 설명하는 것이지만, 그 중심 내용은 각 개인의 문제와 성취를 다루고 있다. 이 저술에서 플라톤은 형이상학, 지식론, 심리학, 윤리, 정치, 사회계급, 가족, 교육, 예술 등 다양한 논제를 언급한다. 이 장에서는 『국가』를 중심으로 살펴보면서 종종 다른 대화편도 언급하도록 하겠다.(각 인용문 뒤에 나온 숫자는 플라톤의 저술에 사용되는 고유한 쪽수이며, 별도의 언급이 없는 한 모든 인용문은 『국가』에서 나온 것이다.)[146]

형이상학적 배경: 형상의 이론

플라톤은 이 책에서 신(神), 혹은 신들에 대해 언급하긴 하지만, 그가 이런 단어를 문자적으로 어떻게 이해하고 있었는지는 불분명하다.(물론 그가 당시 그리스의 대중적 다신교의 신자였을 리는 없다.) 그가 이른바 "신"이라고 언급했을 때, 이것이 인간 앞에 나타나 인간과 의사소통하고 인간의 역사에 간섭하는 인격신이라는 성서의 '하느님'을 뜻한 것은 결코 '아니었다.' 플라톤이 생각한 '신'은 오히려 추상적 관념에 불과했다. 『필레보스』와 『법률』에서 신, 혹은 신성은 곧 우주의 이성(로고스)과 동일시된다.(신약성서 요한복음의 제일 첫 구절인 "태초에 말씀(로고스)이 계시니라"는 이와 같은 플라톤의 사상에서 받은 영향을 보여준다.) 『티마이오스』에서 플라톤은 하느님이 무(無)에서 세계를 창조했다는 성서의 교리와는 전혀 다른 창조 설화를 소개하고 있다. 즉 플라톤의 창조 설화에서는 "신성한 지혜"가 이미 존재하는 물질로부터 이 세계를 창조해냈고, 사실 다루기도 쉽지 않은 그 물질을 가지고 어떻게 해 보는 것밖에는 달리 선택의 여지가 없었다는 것이다.

하지만 플라톤의 형이상학에서 가장 특징적인 것은 이른바 "형상"(그리스어로는 '에이도스[eidos]'라고 하는)에 대한 그의 이론이었다. 다만 이 단어가 정확히 무엇을 의미하는지를 설명하려면 매우 복잡한 철학적 해석이 필요하다. 왜냐하면 플라톤이 이러한 이론을 명확하게 서술한 적은 없으며, 또한 체계적으로 설명한 적도 없기 때문이다. 다만 이러한 이론은 여러 대화편의 중요한 대목에서 언급되거나 전제되었을 뿐이고, 또 『파르메니데스』와 같은 대화편에서는 플라톤 본인조차도 이 이론의 문제점 때문에 고민하고 있었음이 드러나기 때문이다. 따라서 우리로선 그가 철학의 선구자로서 사상사적으로도 가장 근본적인 개념을 맨 처음 표현하고, 또 명확히 하려 노력했다는 사실을 기억해야 할 것이다.

플라톤은 인간의 지식이 단순히 우리 주위의 사물이나 사건을 수동적으로 관찰하는 차원의 문제가 아니라는 사실을 깨달았다. 『테아이테토스』에서 플라톤은 우리의 지식이 오성과 연관되어 있으며, 오성을 통해서 우리는 감각기관을 통해 받아들인 외부의 자극을 적극적으로 해석하며, 또한 개념을 적용해 우리가 지각한 것을 체계화하고 분류하는 등, 우리의 감각기관과 정신능력을 함께 사용한다고 주장했다.(이 책의 제6장에 나오는 칸트의 인식론에서의 유사한 주장을 참조하라.) 플라톤의 형상을 이른바 '개념'과 동일시함으로써, 우리는 그를 이해하는 데 있어 최초의 근사치에 접근했다고 할 수 있을 것이다. 플라톤의 형상 가운데서 네 가지 주요 측면을 제시하자면 다음과 같다. 논리적, 혹은 의미론적(의미나 개념을 다루는) 측면, 형이상학적(궁극적인 실재를 다루는) 측면, 인식론적(우리가 무엇을 알 수 있는지를 다루는) 측면, 그리고 윤리적, 혹은 정치적(우리가 어떻게 살아야 하는지를 다루는) 측면이다.

형상의 논리적, 혹은 의미론적 측면은 일반명사의 의미를 구성하는 분류의 개념이나 원칙으로서의 역할을 말한다. 가령 우리가 "침상"이나 "탁자" 같은 하나의 단어나 개념을 수많은 특정한 침상이나 탁자에 사용할 수 있는 근거는 무엇일까? 이는 플라톤이 『국가』 596에서 직접 든 예로, 그가 주장한 요점의 일부는 이러한 물건을 만드는 장인이라면 반드시 자신들이 만들려고 하는 물건에 대한 개념을 갖고 있어야 한다는 것이다.[147] 하지만 "여럿을 포괄하는 하나"라는 구조는 어떠한 일반명사에도 적용할 수 있다. 우리는 이 세상의 여러 사물들이 자연적으로 어떤 특정한 종류에 속한다는 것을 알고 있다. 가령 동물이나 식물, 그리고 금속과 돌과 액체 같은 종류에 말이다. 심지어 붉음이나 뜨거움 같은 단순한 감각적 성질의 경우에도, 이 세상에는 붉은 사물이나 뜨거운 사물이 얼마든지 많지만, 그 각각의 성질에 대한 개념은 단 하나뿐이다. 507에서 플라톤은 수없이 많은 좋은 것들이며 아름다운 것들과, 이른바 단 하나뿐인 '좋음'이나 '아름다움'의 형상을 구분하고 있다.148)

개념이나 보편에 대한 "유명론자(唯名論者)"149)의 관점에 따르면, 이른바 말 그대로 모든 상황에 공통적으로 적용 가능한 개념은 없다. 기껏해야 그 사이에 어떤 유사성이 존재할 따름이다. 반면 전통적으로 "플라톤적 실재론"이라고 불리는 관점에서 어떤 특정한 사물을 F에 속하는 것으로 간주할 수 있는 까닭은, 그 사물이 이른바 F의 '형상,' 혹은 '이데아'와 닮았거나 그것을 "분유(分有)하고 있기" 때문이다. 이때 형상, 혹은 이데아는 추상적인 실체로서, 그 모든 개별적인 상황과는 별개인 채 스스로 존재하는 것이다. 『국가』의 596에서, 플라톤은 마치 각각의 일반명사마다 그에 해당하는 형상이 하나씩 존재한다는 관점을 보여주는 듯하다. 하지만 다른 곳에서 그는 오로지 특정한 종류의 단어나 개념만이, 즉 순수한 단일체(이른바 우리가 오늘날 "자연적 종류"라고 부르는 것을 포함해서)라고 할 수 있는 것만이 자신이 말하는 '형상'을 표현할 수 있다고 주장한다. 가령 그는 "진흙"이니 "먼지"니 "야만인"(이 말은 당시 그리스인이 아닌 사람들을 지칭하는, 오늘날로 말하자면 "외국인"과 같은 뜻으로 쓰였다) 같은 말에 상응하는 '형상'이 있다는 사실은 선뜻 인정하려 들지 않을 것이다.

'형상'에서 중요한 형이상학적 측면은, 플라톤이 이 '형상'을 물질 자체보다도 더욱 실제적인 것으로 생각하는 한편, 이것을 결코 변하지도 않고, 쇠하지도 않고, 심지어 존재하지 않지도 않는 것으로 생각한 점이다. 물질적 대상들은 파손되거나 파괴될 수 있지만, '형상'들은 공간이나 시간 속에 있지 않기 때문에 감각으로는 알 수도 없고, 오로지 인간의 지성이나 이성을 통해서만 알 수 있다.(485, 507, 526-527)150) 플라톤의 거대한 형이상학 이론은 변화하고 파괴되는 사물의 세계 너머에 이처럼 불변하는 영원한 '형상'들을 포함한 또 다른 세계가 있다는 것이다. 우리가 지각할 수 있는 사물은 단지 이러한 궁극적인 실재와 간접적으로 연관되어 있을 뿐이다. 플라톤은 이러한 우리 인간의 상태를 마치 쇠사슬에 매인 죄수들과 같다고 묘사했다. 즉 동굴 안쪽의 벽만을 바라보게 해놓았기 때문에, 벽에 비친 그림자만 알고 있을 뿐, 동굴 밖에 있는 실제 세계에 대해서는 아무 것도 모른다고 말이다.(515-517)[151] 만약 플라톤이 현대에 살아 있다면, 그는 재빨리 자신의 비유가 얼마나 적절한 것이었는지를 지적하고 나섰을 것이다. 오늘날의 우리가 알고 있다고 가정하는 지식조차도 사실은 이처럼 TV나 영화나 컴퓨터 화면에 비치는 모습에만 의존해서 얻은 것이 아니냐면서 말이다.

대부분의 사람들은 그림자만을 알고 궁극적인 실재에 대해서는 무지하지만, 플라톤은 교육이라는 과정을 통해서 인간의 정신이 '형상'의 세계에 대한 지식을 얻을 수 있다고 — 최소한 그럴 가능성이 더 있다고 — 생각했다. 그의 이론에서 인식론적 측면은 바로 '형상'에 대한 이러한 지적인 앎만을 진정한 지식이라 쳐야 한다는 것이다. 플라톤은 몇몇 대화편에서 지식의 본성을 논의한 바 있지만, 『국가』에서는 오로지 완전하고도 실제로 존재하는 것만을 우리가 완전하고도 실제로 알 수 있다는 주장을 펼친다. 따라서 물리 세계의 일시적인 대상이나 사건에 대한 인식은 결국 "믿음"이나 "견해"일 뿐, 결코 지식은 아니라는 것이다.(476-480)[152] (플라톤은 자신의 지식 이론의 구체적인 구조에 더 잘 들어맞게끔, 자신이 말한 동굴의 비유에서 그 작동 원리를 매우 자세하게 묘사한다. 즉 동굴 안의 죄수들이 보는 것은 동굴 안의 불빛에 비친 모형의 그림자에 불과하다. 반면 동굴 밖에는 더 많은 실제 사물들이 있으며, 햇빛을 받아 그림자를 드리우고 있다.)

이른바 '형상' 이론에 대한 가장 명확한 예로는 플라톤이 무척이나 익숙했던, 그리고 훗날 에우클레이데스(유클리드)가 체계화한 기하학적 추론을 들 수 있다. 가령 우리는 기하학을 통해 직선이니, 원이니, 사각형을 떠올리지만, 실제로 '완벽하게' 곧은 직선이나, 둥근 원이나, 네 각이 똑같은 사각형이란 없지 않은가. 우리가 일상생활에서 뭔가를 가리켜 곧으니 똑같으니 하고 말하는 것은 어디까지나 근사치를 말할 뿐이지, 보다 엄밀한 기준에서 말하자면 결코 정확하지는 않은 — 가령 현미경 같은 것으로 들여다보면 그런 불규칙함과 차이를 쉽게 발견할 수 있다 — 것이다. 그런데도 우리는 연역적 논증을 통해 기하학적인 개념들 — 두께가 없는 직선, 완벽한 원, 정확한 사각형 — 을 확실하게 공리(公理)로서 증명해 낼 수 있다. 이와 비슷하게 우리는 셈의 대상이 되는 물질이 제아무리 모호하고 가변적이라 하더라도, 그와는 별개로 산술적인 진리를 알 수 있다.(가령 물방울 두 개를 합쳐 놓았다고 해서 "1 더하기 1은 2"라는 사실이 방증되는 것은 아니다.) 따라서 우리로선 물질적인 대상과는 간접적으로 유사한, 이런 분명히 정의되고 불변하는 수학적 대상, 즉 유형, 혹은 '형상'을 이해할 가능성도 있을 것이다. 이후의 다른 많은 철학자들과 마찬가지로, 플라톤은 수학적 지식의 확실성과 엄밀성에 깊은 감명을 받았고, 이것을 곧 모든 인간의 지식이 견지해야 할 이상으로 삼았다. 따라서 그는 우리의 정신을 지각 가능한 대상으로부터 멀어지게 만들 수 있는 중요한 도구로서 수학 교육을 적극 추천했다.

인간의 본성과 사회에 관한 플라톤의 개념에서 가장 중요한 역할을 하는 것은 바로 '형상' 이론의 윤리적 응용이라 할 수 있다. 즉 우리는 수많은 특정의 용감한 행동이나 정의로운 태도와, '용기'와 '정의'의 일반적 개념, 혹은 형상을 구분할 수 있다. 플라톤의 초기 대화편에서 소크라테스는 이러한 덕의 적절한 일반적 정의를 추구하면서도, 이러한 덕의 단순한 사례나 하위항목의 나열에 결코 만족하지 않는 인물로 묘사된다. 우리는 현실세계의 상황 속에서 특정한 인간이 처한 현실(종종 복잡하고도 번잡한)과 이러한 이상을 구분해야만 한다. 현실에서야 특정 상황에서 어떤 한 가지 행동이나 한 사람이 옳고, 정의롭고, 칭찬받을 만하더라도, 다른 상황에서는 오히려 아닐 수 있다.(가령 어떤 한 친구를 위해 최선을 다 하다보면, 오히려 다른 친구를 소홀히 할 수가 있다.) 마치 완벽한 사각형인 물질적 대상이 존재하지 않는 것과 마찬가지로, 완벽하게 선한 인간이나 사회가 존재할 수는 없는 것이다.

플라톤에게 선(善)의 '형상'은 이른바 '형상'의 세계에서도 가장 탁월한 것이었다. 이것은 그의 철학 체계 내에서 거의 하느님과도 같은 역할을 담당하여, 모든 실재와 진실과 선의 원천으로 묘사된다. 그는 '형상'의 세계에서 이것이 맡은 역할을, 물질세계에서 모든 빛의 원천이 되는 태양에 비교했다.(508-509)[153] 태양과 동굴이라는 플라톤의 두 가지 이미지 — 빛의 원천이라는, 그리고 "빛을 보게" 된다는 개념 — 는 우리에게 '형상'의 이론에 대한 인상적인 도식적 예를 제공한다.

플라톤의 전체 철학에서는 우리가 이성의 능력을 적절히 사용함으로써 무엇이 선한 것이며, 또한 선하게 될 수 있는 것인지를 알 수 있다는 점이 중요하다. 이런 점에서 플라톤은 자신의 전범인 소크라테스를 따른다. 그는 초기 대화편 가운데 일부(『프로타고라스』와 『메논』)에서 소크라테스로 하여금 실제 역사적 인물인 소크라테스의 교설인 듯한 주장을 펼치게 하는데, 그것은 다름 아닌 덕스럽게 '되기' 위해서는, 즉 선한 인간이 되기 위해서는 인간의 덕이 무엇인지를 '아는' 것만으로 충분하다는 것이다. 모든 덕은 그 근본이 동일하다고들 이야기되기 때문에, 그중 어느 한 가지를 갖게 되면 결국 나머지도 갖게 된다는 것이다. 그리고 이런 독특한 인간의 선은 단순히 정부의 집적이나 지적 감식력이 아닌, 넓은 의미에서의 지혜에 대한 지식과 동일시된다.

따라서 소크라테스는 어느 누구도 스스로 잘못이라 생각하는 것을 의도적으로, 혹은 기꺼이 저지르진 않는다는 원칙을 내세웠다. 하지만 이것은 너무나도 뻔한 인간의 본성과는 맞지 않는 생각이다. 우리는 종종 우리가 어떻게 해야 마땅한지를 너무 잘 알아서 탈이지만, 실제로는 그 근처에도 가지 못하는 경우가 많다. 즉 우리는 때때로 내키지 않으면서도 어떤 일을 할 때가 있다. 플라톤이 이러한 난점을 어떻게 극복하려 했는지는 차후에 살펴보도록 하겠다.

'형상'의 이론은 그 당시의 지적이고 도덕적인 회의주의와 상대주의에 대한 플라톤의 답변이었다. 이것은 우리가 세계 전체에 대한, 그리고 인간의 삶과 사회에 관한 적절한 규범에 대해 신뢰할 만한 지식을 얻을 수 있다는 희망을 나타낸 최초의, 그리고 가장 위대한 표현이었던 것이다. 물론 한편으로 우리는 플라톤이 이성과 지식의 역할을 지나치게 과대평가했다고 의심해 볼 수도 있다. 그는 우리 모두가 신중한 자제심을 기르고 감정과 욕망을 조절함으로써 각자의 이성을 사용할 필요가 있다는 사실에 대한 좋은 선례를 보여주었다. 그러나 『국가』에서도 중심을 이루는 형이상학적인 대목(5-7권)에서 플라톤은 오로지 능숙한 지적 엘리트들에게만 가능한, 이른바 '형상'에 대한 특별한 종류의 지식으로 구성된 이성에 대해 고도로 이론적인 개념을 주장한다. 하지만 그렇게 전문적인 철학적 사고가 과연 인간의 선을 위해 꼭 필요하거나 충분한 조건인지에 대해서는 선뜻 수긍하기가 어렵다.

인간의 본성에 관한 이론: 영혼의 세 가지 구조

플라톤은 이원론적 시각을 지닌 대표적인 사상가로, 그에 따르면 인간의 영혼, 혹은 정신(이 두 가지 용어는 거의 동등하게 사용된다)은 육체와 떨어져서도 존재할 수 있는 비물질적인 실체라는 것이다. 플라톤에 따르면, 영혼은 우리가 태어나기 전부터 존재하고, 소멸이 불가능하며, 우리가 죽은 뒤에도 영원히 존재할 것이라고 한다. 이러한 교설에 대한 주요 논증은 그의 초기 대화편에 수록되어 있다. 『메논』에서 플라톤은 영혼의 선재(先在)를 증명하려고 시도하면서, 우리가 뭔가를 '배운다'고 할 때, 이는 사실 우리가 태어나기 이전에 영혼이 '형상'과 함께 있을 때 알았던 것을 "회상"하는 것에 불과하다고 주장했다.(이는 동양 사상에서 말하는 '윤회'와 비슷하다.) 가령 노예소년처럼 보통의 지능밖에 지니지 못한 사람도 수학의 명제를 이해할 수 있고(물론 비교적 쉬운 것만이라도), 증명 과정에 주의를 기울임으로써 왜 그 명제가 사실이어야 하는지를 깨달을 수 있기 때문이다. 플라톤은 추론 과정의 타당성과 결론의 필연성을 이해하는 정신적 능력은 분명히 내재적인 것이라고 매우 그럴듯한 주장을 편다. 하지만 뒤이어 그는 이러한 내재적 능력은 오로지 인간의 영혼이 전생에서 '형상'에 대한 지식을 지녔기 때문이라고밖에 설명할 수 없다고 주장하는데, 이 주장에는 의문의 여지가 없지 않다. 왜냐하면 오늘날 우리는 인간의 내적 능력에 대해 진화론적으로 설명하고 있기 때문이다.(이 책의 제10장을 참조하라.)

『파이돈』에서 플라톤은 인간의 영혼이 반드시 육체의 사후에도 영속되어야 한다는 데 대해 여러 가지 다른 주장을 내세우고 있다. 그는 이른바 인간의 영혼은 작은 입자로 이루어져 있어서 죽음과 동시에 공중으로 흩어진다는, 자기보다 앞선 그리스 원자론자(데모크리토스를 비롯한)들의 유물론적 이론을 반박하려 한다. 또한 그는 마치 적절히 조율한 악기로 연주되는 음악과 마찬가지로, 영혼이 살이 있는 인간의 육체외 두뇌 사이의 "조화"로서 자기 역할을 한다는 개념(이 개념은 이후 아리스토텔레스에 의해 더욱 발전된다. 자세한 내용은 이 책의 제5장을 참조하라)을 반박한다. 플라톤의 논증은 종종 지나치게 복잡하고 억지스러워 보이긴 하지만, 그래도 꼼꼼히 살펴볼 필요는 있다. 즉 그런 논증이 왜 틀렸는지를 정확히 살펴봄으로써 도리어 많은 것을 배울 수 있기 때문이다.

플라톤은 마치 종교적 신앙과도 같은 열렬함을 지닌 채, '형상'에 대한 지식을 보유하는 것은 신체적인 감각이 아니라 비물질적인 영혼이라고 주장한다. 그는 영혼을 거룩하고, 이성적이고, 불멸하고, 용해되지 않고, 변화하지 않는 것에 비유한다. 영혼은 인간의 본성에서 높은 차원의 요소인 반면, 육체는 낮은 차원이다. 따라서 철학자나 현자의 최대 관심사는 바로 각자의 영혼에 대한 것이 되어야 한다. 또한 영혼이 불멸하기 때문에, 죽음뿐 아니라 죽음 이후의 삶에 대한 준비도 해야 한다. 『파이돈』의 결말에 나오는 유명한 장면, 즉 감방에서 독약을 마시고 죽기 직전에 나눈 소크라테스의 마지막 대화에서, 플라톤은 자신의 영웅 소크라테스를 육체의 근심과 한계에서 자기 영혼이 해방되기를 고대하는 인물로 그리고 있다. 영혼의 비물질성과 불멸성에 대한 교설은 『국가』의 제10장에 언급되는 "에르의 이야기"(608-620)[154]에도 나온다. 이후의 주석자들은 이 이야기가 철학서에는 전혀 어울리지 않는 부속물로 여기는 모양이지만, 플라톤은 오히려 이것이야말로 좀 더 문학적이고 덜 논쟁적이면서 자신이 주장하는 바를 적절히 표현할 수 있는 수단이라고 여긴 듯하다. 물론 이는 역설적인 데가 없지 않다. 왜냐하면 플라톤은 시(詩)와 같은 예술의 수사학적 위력을 불신했기 때문이다.

『국가』에 나오는 도덕에 대한 플라톤의 주된 논의에서 핵심적인 것은 바로 영혼의 세 가지 부분에 대한 이론이다.(435-441) 여기서는 비록 "영혼"이라는 단어를 사용했지만, 이 단어를 반드시 형이상학적 이원론에서의 영혼으로 해석할 필요는 없다. 다만 이것은 인간의 정신적 본성의 세 가지 측면을 구분한 것으로 받아들이면 될 것이다. 우리는 자신의 내부에 어떤 상충되는 성향이 존재함을 알 수 있다. 심지어 인간은 다만 잘 발달된 두뇌를 지닌 동물에 불과하다는 유물론이나 진화론의 관점을 받아들인다 하더라도 이는 마찬가지다.(물론 여기서는 플라톤의 세 가지 구조에 대한 이론에만 집중하도록 하겠다. 다만 플라톤이 『필레보스』와 『법률』에서는 인간의 본성을 이성과 쾌락이라는 '두 가지' 방식으로 나뉜 존재로 묘사했다는 점을 기억해 두자. 또한 플라톤은 『고르기아스』와 『프로타고라스』에서 쾌락에 대해 더 자세히 논하고 있다.) 여기서 설명할 플라톤의 세 가지 구조는 이후의 사상가들에게도 영향을 끼쳤다.(가령 이 책의 제8장에 나오는 프로이트를 참조하라.)

이 부분에서 우리는 플라톤이 이른바 사람은 결코 잘못을 알면서도 기꺼이(확실히 예견하고서, 혹은 성심성의껏) 범하지는 않는다는 소크라테스의 교설을 그대로 받아들이기는 힘들다고 생각했음을 알 수 있다. 그는 이러한 내적 갈등이 어떻게 해서 가능한지 하는 이론적인 문제는 물론이고, 우리가 어떻게 해야만 내적 조화를 이룰 수 있는지 하는 실제적인 문제까지 놓고 두루 고민했다. 우선 그가 주장한 세 가지 구조에 대해 알아보자.

가령 어떤 사람이 무척 목이 마른데도 불구하고 자기 앞에 있는 물을 마시지 않는 경우 — 그 물에 독이 들어 있다고 믿거나, 혹은 다른 어떤 종교적 금욕주의 때문에 — 에 생기는 정신적 갈등, 혹은 억제의 경우를 예로 들어보자. 이처럼 우리가 신체적 충동을 만족시키지 않는(혹은 선뜻 그렇게 하지 않는) 경우는 종종 있다. 하지만 거꾸로 우리는 간혹 누군가가 내민 한 개비 담배, 두 접시째의 케이크, 세 잔째의 와인, 혹은 다른 유혹적인 대상에 직면한 상황에서, 그 결과가 우리에게 오히려 나쁠 수도 있다는 사실을 알면서도 선뜻 유혹에 굴복하기도 한다. 특히 나쁜 습관일수록 중독성이 강하게 마련이다. 폭식(요즘이라면 지나친 '절식'),

알콜 중독, 약물의존, 호색 같은 것이 그렇다. 플라톤은 어떤 식으로건 내적 갈등이 존재하는 곳에는 서로 모순되는 두 가지 다른 요소가 존재하게 마련이라고 주장했다. 앞서 말한 목마른 사람의 경우에는 물을 마시고 싶어하는 한 가지 요소와, 정작 물을 마시지 못하게 하는 또 다른 요소가 있는 것이다. 플라톤은 첫 번째 요소를 "욕구"(배고픔, 목마름, 성욕 같은 신체적 충동이 모두 이에 해당한다)라 불렀고, 두 번째 요소를 "이성"이라 불렀다.

여기까지만 해도 플라톤의 주장은 매우 낯익은 편이다. 하지만 그는 서로 다른 정신적 갈등의 경우를 고찰하면서 우리의 본성에 세 번째의 요소가 존재한다고 주장한다. 그런데 그가 처음으로 든 예는 조금 엽기적인 경우라 할 수 있다. 즉 어떤 사람이 시체더미를 자세히 보고 싶은 욕망에 사로잡힌 한편, 그런 욕망을 느끼는 자기 자신에 대해 혐오감이 들었다는 일화이다.(440)[155] 플라톤은 이와 같은 경우를 설명하기 위해서는 우리 자신 안에 이른바 "격정," 혹은 기개라고 하는 세 번째 요소가 존재함을 알아야 한다고 주장한다. 이에 관한 그의 논증이 아주 명확한 것은 아니지만, 이것이 단순히 그런 욕망의 불합리성과 불건전성에 대한 지적 인식과는 다르며, 오히려 자기혐오의 '감정'과 연관되는 것이기 때문에 '격정'과 '이성'은 뚜렷이 구분되어야 한다.

따라서 우리는 감정이 육체적 욕망은 물론이고, 이성적이거나 도덕적인 판단과도 분명히 다르다는 사실을 인정할 수밖에 없다. 가령 사랑은 정욕과는 같지 않으며, 또 한편으로는 사랑받는 상대방의 뛰어난 자질에 대한 순전히 지적인 판단 이상의 무엇이기도 하다. 분노, 분개, 야망, 공격성, 그리고 권력욕 같은 것은 결코 '육체적' 욕망도 아니고, 또한 어떤 사물의 가치나 무가치에 대한 판단도 — 물론 어느 정도는 그런 판단이 들어가 있겠지만 — 아니다. 플라톤은 어린아이들이(그리고 심지어 동물들조차) '이성'에 앞서 이런 '격정'을 드러낸다고 말한다. 어린아이를 상대해 본 사람이라면 누구나 어린아이 특유의 쾌활함, 기쁨과 좌절, 고집, 그리고 (때때로) 공격성과 지분거림 등에 대한 각자의 경험을 통해 이를 확신할 수 있을 것이다.

플라톤은 내적 갈등이 벌어지는 상황에서는 '격정'이 오히려 '이성'의 편을 든다고 주장한다. 하지만 우리의 정신 속에서는 분명히 서로 다른 요소인 까닭에, 때로는 '격정'이 '이성'과 갈등을 빚는 경우도 있을 수 있다고 한다. 플라톤은 "그는 제 가슴을 치면서 이런 말로 제 심장을 나무랐다"156)라는 호메로스의 시 가운데 한 구절을 이에 대한 근거로 인용한다. 또한 우리는 각자의 경험으로부터도 이러한 예를 찾아볼 수 있다. 즉 때때로 우리는 뭔가 비이성적이고, 바람직하지 않고, 심지어 비윤리적인 것으로 판단되는 것에 대해 분노와 질투와 사랑의 감정을 느끼게 되기 때문이다. 이런 경우야말로 우리 안의 서로 다른 요소가 각각 '세 가지' 방향으로 우리를 이끌어 나가는 경우라 할 수 있을 것이다. 가령 내 배우자감으로는 누가 가장 어울릴까를 결정하는 데 있어 욕정과, 낭만적 사랑과, 이성적 판단의 세 가지를 놓고 갈등하는 것처럼 말이다.

플라톤은 자신의 이러한 세 가지 구조의 이론을 심지어 조악하게 보일 정도로까지 생생한 예를 들어 묘사한다. 『파이드로스』의 253-254(이 대목의 주제는 바로 '사랑'이다)에서는 영혼을 흰 말(격정)과 검은 말(욕구)에 의해 이끌려 가는 전차 위에서 말들을 제어하기 위해 애쓰는 몰이꾼(이성)으로 묘사한 바 있다. 또한 『국가』의 588에서는 우리 인간을 몸집이 작은 사람 한 명, 사자 한 마리, 그리고 머리가 여럿 달린 괴물 한 마리의 조합으로 묘사한다.157) 물론 이 비유는 얼마든지 무한역행할 ― 가령 우리 안의 그 '사람' 속에는 또 다른 '사람'이 들어 있다는 식으로 ― 가능성이 있다는 게 문제이지만, 플라톤은 미처 그것까지는 생각지 못하고 그저 자신의 생각을 설명하기 위한 보기로만 내세운 듯하다.

그렇다면 이른바 영혼이 세 가지 구조로 되어 있다는 플라톤의 주장은 과연 적절한가? 얼핏 보기에는 인간의 본성 안에 서로 상충되는 요소를 구분해 놓았다는 점이 제법 흥미로워 보인다. 하지만 오늘날 같으면 지적, 감정적, 육체적 욕망이라고 묘사할 수 있는 이러한 각 부분에 대한 구분은 결코 엄격하지도 뚜렷하지도 않다. 그리고 플라톤이 말하는 '격정'이란 중간적 요소가 과연 무엇에 해당하는지도 불분명하다. 가령 감정은 인간의 본성 가운데 한 부분이지만, 플라톤은 '육체적' 욕구도 아니고 감정도 아닌 것, 이를테면 자기주장, 야망, 금전욕, 명예욕, 권력욕 같은 인간의 욕구나 충동까지도 이에 속하는 것으로 생각한 듯하다. 그렇다면 인간의 '의지'는 여기에서 어디에 속한단 말인가? 플라톤은 우리가 뭔가를 해야 한다고 (이성을 가지고) 인식하거나 판단하는 일과, 그 일을 실제로 하거나, 혹은 하려고 시도하는 일은 별개라는 사실을 미처 몰랐던 것일까? 그 반면, 기독교의 대두와 함께 표준이 되다시피 한 정신의 세 가지 부분은 이성과 감정, 그리고 '의지'로 나뉜다. 어쩌면 우리는 인간의 본성을 다음과 같이 다섯 가지 요소로 구분할 수도 있을 것이다. 이성, 의지, 비육체적인 동기나 충동, 감정, 그리고 육체적 욕구로 말이다.

플라톤의 주장 가운데 상당 부분은 여성보다는 오히려 남성을 염두에 두고 이루어진 듯하지만, 사실 그는 남녀 양성에 대해 당시로선 매우 독창적인 시각을 지니고 있었다. 당시 그리스 사회에서 여성은 공적인 활동을 전혀 하지 못했고, 단지 자녀를 출산하고 가사를 돌보는 역할에만 한정되어 있었다. 그래서 플라톤의 대화편에 등장하는 사랑에 대한 논의 역시 하나같이 남자들 사이의 동성애를 다루고 있었다. 그러나 『국가』(449이하)에서 플라톤은 이 사회의 어떤 역할이라 하더라도 굳이 어느 한쪽 성에 제한을 둘 필요는 없다고 주장한다. 그는 여자들 중에도 어떤 사람은 운동이나 음악이나 철학에 뛰어나며, 심지어 "용맹한" 경우도 있을 수 있다고 말한다.(놀랍지 않은가? 그는 여기서 용감한, 따라서 군 복무에도 적절한 여성을 언급하고 있다.) 플라톤은 한편으로 남성은 무슨 일에서든 여자보다는 평균적으로 좀 더 나은 편이라고 말하면서도, 남녀간의 분명한 차이는 단지 생물학적인 것(남자는 아이를 갖게 만들고, 여자는 아이를 낳는)뿐이라고 말하면서, 그 외의 다른 차이는 그야말로 정도의 문제일 따름이라고 말한다. 따라서 그는 심지어 적절한 재능을 지닌 여성이라면 지도자로서도 받아들일 준비가 되어 있는 듯하다.

인간의 본성에 관한 플라톤의 이론에서 또 한 가지 측면을 강조하고 넘어가야 할 듯하다. 즉 우리는 사회적 존재라는 점이다.(즉 인간에겐 사회에서 살아가는 것이 자연스럽다는 뜻이다.) 우리 개인은 자급자족이 불가능한 까닭에, 스스로는 해결할 수가 없는 수많은 것을 필요로 한다. 가령 남의 도움이 없다면 우리는 기본적인 의식주조차 얻을 수 없을 것이다. 무인도에 혼자 사는 인간이라면 생존을 위해 분투해야 하기 때문에, 친교나 놀이나 예술이나 정치나 학문이나 추론 같은 인간 고유의 활동조차도 하지 않게 될 것이다. 따라서 이 세상에는 각 사람마다 제각각의 성향과 이해를 갖게 마련이다. 농부, 장인, 군인, 행정가 등이 각자의 성격과 훈련과 경험에 따라 어느 한 가지 일을 전문적으로 하게 되는 것이다. 따라서 노동의 분화는 사회에서 본질적인 것이다.(369-370)

진단: 영혼과 사회 간의 부조화

이성, 격정, 욕구는 모든 사람에게 어느 정도씩 들어 있게 마련이다. 그리고 이 세 가지 요소 가운데 과연 어떤 것이 우세하느냐에 따라 세 부류의 사람이 존재하게 된다. 즉 이 세 부류의 사람은 각각 지식, 명성, 물질적 부에 대한 욕망을 최우선으로 갖고 있다. 플라톤은 이들을 각각 지혜를 사랑하는(철학적인), 이기기를 좋아하는, 이익을 탐하는 부류로 구분한다.(581)[158] 그는 이 세 가지 요소 가운데 어떤 것이 가장 우세해야 하는지에 대해 확고한 생각을 갖고 있다. 즉 이성이 격정과 욕구를 다스려야만 한다는 것이다.(590)[159] 하지만 그 각각의 요소는 적절한 역할이 있는 법이기 때문에, 우리의 본성에서 이 세 가지 측면 사이에 조화로운 일치가 이루어지고, 이성이 전체를 통제하는 것이 가장 이상적이라고 보았다. 플라톤은 443에서 이에 대해 다음과 같이 설득력 있는 주장을 한다.

> 사실 '올바름' (……) 은 외적인 자기 일의 수행과 관련된 것이 아니라, 내적인 자기 일의 수행, 즉 참된 자기 자신, 그리고 참된 자신의 일과 관련된 것일세. 자기 안에 있는 각각의 것이 남의 일을 하는 일이 없도록, 또한 혼의 각 부류가 서로들 참견하는 일도 없도록 하는 반면, 참된 의미에서 자신의 것인 것들을 잘 조절하고, 스스로 자신을 지배하며 통솔하고, 또한 자기 자신과 화목함으로써 이들 세 부분을 마치 영락없는 음계의 세 음정 (……) 처럼 전체적으로 조화시키네. 또한 혹시 이들 사이의 것들로서 다른 어떤 것들이 있게라도 되면, 이들마저도 모두 함께 결합시켜서는, 여럿인 상태에서 벗어나 완전히 하나인 절제 있고 조화된 사람으로 되네. 이렇게 되고서야 그는 행동을 하네.[160]

그리고 영혼에서도 이성적인 부분이 다른 부분들을 다스리고 통제해야 하는 것과 마찬가지로, 이 사회에서도 가장 뛰어난 "이성"(위에서 살펴보았듯이 여기에는 도덕적 지혜도 포함된다)을 지닌 사람들이 모두의 이익을 위해 사회를 다스려야 한다는 것이다. 질서정연하고 "정의로운" 사회는 바로 각 계급에 속한 사람이 각자의 정해진 역할을 수행하고, 서로 조화를 이루는 사회를 의미한다.(434)161) 플라톤은 인간과 사회의 이상적인 상태를 '디카이오수네(dikaiosune)' 라는 그리스어로 표현했는데, 이 단어는 보통 "정의(正義)"로 번역된다. 하지만 이 단어를 개인에게 사용하면 오늘날과 같은 법적이고 정치적인 뜻을 내포하지는 않게 된다. 이런 경우에는 적확한 영어 번역어가 없다. 다만 플라톤이 의미한 바를 묘사하려면 "덕," "도덕," "적절하게 기능함," "안위" 혹은 "정신적 건강" 같은 말이 필요할 것이다. 444에서 그는 덕〔'훌륭함' 혹은 '훌륭한 상태'〕을 정신적 건강, 아름다움, 좋은 상태로 정의하는 반면, 악〔'나쁨,' 혹은 '나쁜 상태'〕을 질병, 추함, 허약함으로 정의한다.162) 그의 근본적인 주장은 곧 뭔가가 우리에게 좋은지 나쁜지는 우리 인간의 본성, 즉 우리의 정신적 체질의 요소가 어떻게 결합되어 있느냐에 달려 있다는 것이다.

우리 영혼이 세 가지 부분으로 되어 있다는 이론(그리고 '형상'을 곧 지식의 대상으로 보는 그 배경의 이론)은 결국 개인과 사회의 안위에 대한 플라톤의 이상을 규정한다. 그리고 그는 당시의 상황을 바라보며, 그것이 자신의 이상과는 아주 먼 상태임을 발견했을 것이다. 그렇다면 과연 플라톤이 오늘날 우리의 상황을 보았다면, 역시나 그처럼 가혹한 평가를 했을지 궁금하기도 하다. 아직까지도 많은 사람들이 이른바 "내적 조화," 혹은 각자의 욕망과 정신적 능력을 적절히 통제하는 능력을 발휘하진 못하기 때문이다. 그리고 오늘날 많은 인류 사회는 플라톤이 추구했던 질서정연함과 안정성을 보여주지 못하고 있다.

플라톤은 우리 각 개인의 문제들이 곧 인류 사회의 단점들과 긴밀하게 연관되어 있다고 분석했다. 하지만 그렇다고 해서 플라톤이 이른바 사회문제는 개인의 악행 때문이라는 보수적, 혹은 우파적 시각을 지니고 있다거나, 반대로 개인의 악은 사회 질서의 결함 때문이라는 진보적, 혹은 좌파적 시각을 지니고 있다고 단정할 수는 없다. 내가 생각하기에 플라톤은 이 두 가지, 즉 개인과 사회가 상호의존적이라고 말했을 것 같다. 즉 불완전한 사회로부터 문제 있는 개인이 나오고, 또한 문제 있고 잘못 자라난 개인이 결국 사회에 문제를 야기한다고 말이다.

플라톤은 『국가』의 제8권(543-576) 전체에서 사회를 모두 다섯 가지의 계급으로 분류한다. 그는 우선 앞서 간략히 설명했던 자신의 이상, 즉 "귀족정체"(정확히 말하자면 "최선자(最善者)정체," 즉 태생에 의해서가 아니라 능력에 의한 귀족정체를 말한다)에 대해 설명하는 것으로 시작해서, 불완전한 사회의 네 가지 유형, 즉 "명예지배정체," "과두정체," "민주정체," "참주정체"를 각각 분석하고 있다. 또한 플라톤은 이 각각의 사회에 전형적으로 있게 마련인 유해한 개인에 대해서도 묘사한다. 그는 이 네 단계의 정체가 어떻게 매번 그보다 선행하는 정체의 쇠퇴로 인해 시작되는지, 그리고 각 개인의 성격이 어떻게 그 전 세대의 문제로부터 형성되는지(특히 부자관계에 집중해서)에 대해 설명한다.

"명예지배정체" 사회의 예로는 고대 스파르타를 들 수 있는데, 거기에서는 명예와 명성 — 특히 전쟁과 사냥에서 얻은 — 을 무엇보다도 높이 평가했다. 반면 이성과 철학적 이해는 소홀히 여겨졌고, '격정'이 사회 전체는 물론이고 지배계급 내에서도 유력한 역할을 담당했다.(545-549) 아마 근대 이전의 유럽 봉건사회에 대해서도 이와 비슷한 평가를 할 수 있을 것이다.

"과두정체"에 접어들면 과거의 계급 구분은 무너지고, 축재(蓄財)만이 가장 유력한 활동으로 부상하며, 정치적 권력이 곧 경제적 능력과 동일시된다. 플라톤은 이러한 상황에서 나타나는 개인의 성격에 대해 다음과 같이 혐오감을 표시했다.

이런 사람은 욕구적이며 재물을 좋아하는 부분을 그 옥좌에 앉힌 다음, 자신의 황제로 삼고서 (……) 그는 헤아리는(이성적인) 부분과 격정적인 부분을 욕구적인 부분 아래 땅바닥 양쪽에 쪼그리고 앉게 하여, 노예 노릇을 하게 하면서, 앞엣것에 대해서는 어떤 수로 더 적은 재물에서 더 많은 재물이 생기게 되겠는지를 셈하거나 생각하는 것 이외에는 그 어떤 것도 허용하지 않을 것이라 나는 생각하네. 그런가 하면, 뒤엣것으로 하여금 부와 부자들 이외에는 아무것에 대해서도 감탄하며 존중하지 못하도록 하며, 또한 재물의 획득이나 그것에 도움이 되는 것 이외에는 그 어떤 것도 자랑거리로 여기지 못하도록 할 걸세.(553cd)[163]

(우리는 여기서 플라톤이 현대 자본주의의 자유경쟁체제를 별로 좋아하지 않으리라는 사실을 분명히 알 수 있다!)

"민주정체"는 가난한 다수가 권력을 획득함으로써 시작된다. 『국가』에서 플라톤은 민주주의에 대해 매우 삐딱한 시각을 지니고 있는데, 이는 분명히 아테네 민주정체의 전횡과 불안에 대한 자신의 체험으로부터 비롯된 시각이었을 것이다. 당시 아테네 민주정체에서는 모든 성인 남성은 회합에 나가 투표를 해서 정책을 결정했으며(그러나 여성과 노예에겐 투표권이 없었다!), 제비뽑기를 통해 정부 요직을 선출했다.(555-557) 플라톤은 모든 사람에게 동등한 발언권을 준다는 것은 부조리하다고 생각했다. 왜냐하면 그가 보기에 대부분의 사람들은 무엇이 최선인지조차 모르고 있었기 때문이다. 그는 이른바 자신이 "민주정체적인" 유형이라고 부르는 사람들을 가리켜 교육도 부족하고, 오로지 순간의 쾌락만을 추구하고, "불필요하고, 방탕한" 욕망에만 몰두하게 마련이라고 비난한다 (그에 비하면 '성공적인' 축재자는 다른 모든 잘못에도 불구하고 적어도 어느 정도는 자제를 할 수 있다면서 말이다.)

젊은이가 (……) 온갖 종류의 다채로운 쾌락을 온갖 방식으로 제공할 수 있는, 열화 같고 영리한 짐승들과 어울리게 될 때. (……) (559d)

그리하여 마침내는 이것들이 청년의 혼의 성채(城砦)에 (……) 훌륭한 학문들과 활동들이, 그리고 진실된 말들이 [전혀 없다시피] 텅 비어 있음을 알아차리고서는, 이를 점령해 버릴 것이라 나는 생각하네. (……) (560b)

또한 그는 진실된 말을 받아들이지도, 그걸 초소로 들어오게 하지도 않을 것이네. 가령 누군가가 어떤 즐거움들은 아름답고 좋은 욕구들에 속하는 것들이지만, 어떤 것들은 나쁜 것들에 속하는 것들이며, 한쪽 것들은 추구되고 존중되어야 하나, 다른 쪽 것들은 억제되고 굴종시켜야 한다고 말할 경우에 말일세. 그는 오히려 이 모든 경우에 거절의 표시를 하고선, 모든 즐거움은 같으며 똑같이 존중되어야만 한다고 말할 것이네.(561c)[164]

플라톤은 민주정체의 혼란스럽고 구속되지 않은 자유로 인해 무정부 상태가 벌어지고, 무슨 일이든지 관용되고, 가장과 교사의 권위가 사라져버릴 것이라고 생각한다.(그는 여성과 노예가 해방된다는 생각에 그야말로 경악해 마지않는다!) 그렇게 되면 질서를 회복하고자 하는 열망이 생겨나게 되어, 대개는 어떤 힘 있고 무자비한 개인이 대두해서 절대 권력을 획득하고 참주가 되는 것이다.(565-569) 플라톤의 분석에 따르면 참주 본인(권력을 얻고 유지하기 위해 어느 정도 지성과 자제력을 발휘해야 하는)과는 달리, "참주정체"의 개인은 완전히 자기 자신의 욕구, 특히 성욕에 완전히 지배당한다. 이러한 개인은 그 어떤 제지에도 순응하지 않으며, 자기가 지닌 재산과 돈, 그리고 가족과 친구관계까지도 희생시켜 가면서 오로지 자신의 욕정만을 열광적으로 추구한다.(572-576)

이러한 일련의 사회 분석과 개인 묘사에서, 우리는 때때로 개인과 사회 간의 유비가 지나치게 나아가지 않았나 하는 느낌을 받게 된다. 하지만 그 각각의 묘사에는 오늘날에도 분명히 적용할 수 있을 만큼 주목할 만한 사회적, 심리학적 통찰이 들어 있기도 하다. 플라톤은 각 유형의 개인과 사회는 점점 더 이상으로부터 멀어져서, 보다 깊은 타락과 불행 속으로 떨어지게 마련이라고 결론내린다. 그는 축재에 전념하고, 쾌락을 추구하고, 욕정에 사로잡힌 개인은 결코 행복하지 않으며, 이것이야말로 "정의"나 "도덕"이 개인의 이익에 중요한 까닭이라고 분명히 밝힌다.

처방: 철인군주의 교육과 지배를 통한 영혼과 사회 간의 조화

플라톤은 개인에게나 사회에게나 "정의," 혹은 안위는 본질적으로 똑같은 것이라고 말한다. 이는 곧 개인의 영혼이나 국가의 계급의 각 부분이 원활하게 함께 기능하는 것이다.(435)[165] 반면 이와 같은 조화가 결여된 것이야말로 불의가 된다. 하지만 『국가』에서는 과연 제도적인 개혁과는 무관하게 개인이 그들 자신을 변화시킬 수 있는지 여부와, 개인의 향상과 그 실현을 위해서는 반드시 사회적 변화가 선행되어야 하는지 여부에 관해서 약간 모호한 구석이 없지 않다.(물론 이러한 문제는 오늘날의 우리에게도 여전히 남아 있다.) 플라톤이 이러한 주장을 내세운 주요 목적은 냉소주의자인 트라시마코스(제1권에 나오는)의 도전에 답하여, 결국 정의롭거나 도덕적인 것이 개인에게도 장기적으로 이익이 됨을 보여주기 위해서였다. 플라톤은 이를 위해 정의가 무엇인지를 재개념화하는데, 그에 따르면 정의란 곧 우리 영혼의 세 가지 요소의 조화이며(제4권), 또한 우리 각자를 보다 행복하고, 보다 완전한 인간으로 만들어주는 것이었다.(제9권)

그렇지만 과연 어떻게 해야만 그런 조화를 이룰 수 있을까? 플라톤

은 444에서 덕이나 악은 곧 우리 행동의 결과라고 말한다. 따라서 우리 자신을 어떻게 만들어 나가는지 여부는 적어도 어느 정도까지는 우리 스스로에게 달린 듯하다.(이것은 오히려 실존주의적인 주제다. 이 책의 제9장을 참조하라.) 『향연』에 나오는 소크라테스의 유명한 연설(200-212)[166]을 통해 플라톤은 우리의 사랑(에로스)이 어떻게 아름다운 육체를 향한 성적인 욕망으로부터 시작되어, 이후 영혼의 아름다움에 대한 경모를 거쳐서 결국 "절대적인," 혹은 신적인 아름다움, 즉 아름다움의 '형상' 그 자체에 대한 사랑으로 점차 변모될 수 있는지를 개괄하고 있다. 하지만 이런 과정은 "사랑에 관한 가르침"이 전제되어야 하는데, 과연 누가 이를 제공할 수 있다는 것일까?

바로 여기서부터 플라톤의 이야기에는 사회적 요소가 도입된다. 그는 덕스럽고, 조화롭고, 균형 잡히고, "정의로운" 사람들을 만들어내기 위한 중요한 방법으로서 무엇보다도 적절한 교육을 강조한다.(376-412, 521-541) 플라톤은 교육이야말로 더 나은 사회를 건설하기 위한 도구라고 생각한 최초의 인물 가운데 하나였다. 그리고 그가 말하는 "교육"이란 단순히 정규적인 학교 교육뿐만 아니라, 가정에서의 양육을 위시하여 한 사람의 발전에 끼치는 온갖 사회적 영향력까지도 포함한 것이었다. 몇몇 대목(377, 424-425)에서 그는 이후 프로이트가 그랬던 것처럼(이 책의 제8장을 참조하라) 유년기 초기의 중요성을 특별히 강조한다. 플라톤은 자신이 구상한 교육의 종류에 대해 매우 상세히 설명하기 시작하는데, 이때 그는 결코 정규 학교 교육을 중심에 두지는 않는다.(오히려 이러한 정규 교육은 적절하게 성숙한 나이가 된 엘리트 소집단에게만 실시한다.) 플라톤이 모두에게 중요하다고 본 것은 바로 전체적인 인성을 — '이성,' '격정,' 그리고 '욕구'를 모두 — 훈련시키는 것이었다. 따라서 그는 체육, 작시(作詩), 음악을 일반적인 교과과목 가운데 한 요소로 추천했다. 우리가 보기에는 그의 교육 계획의 세부내용이 지나치게 구식인 듯하지만, 이른바 "인격 형성"이라는 기본 개념이 학문적인 상부구조보다도 더욱 중요하게 여겨졌다는 것은 예나 지금이나 매우 현실적이다.

그러나 이러한 교육을 어떻게 실시해야 할까? 우선은 무엇을 목표로 삼을 것인지에 대해 분명한 개념이, 그리고 실제로 인간의 본성과 인간의 지식에 대한 전반적인 이론이 필요하다. 더 나아가 공들여 만든 사회 조직과 자원이 필요하다. 이것이야말로 플라톤이 『국가』에서 그야말로 근본적으로 정치적인 처방을 내리게 된 주된 이유 가운데 하나이기도 하다.

> 철학자(지혜를 사랑하는 이)들이 나라들에 있어서 군왕들로서 다스리거나, 아니면 현재 이른바 군왕, 또는 '최고 권력자'들로 불리는 이들이 '진실로 그리고 충분히 철학을 하게(지혜를 사랑하게)' 되지 않는 한, 그리하여 이게 즉 '정치 권력'과 철학(지혜에 대한 사랑)이 한데 합쳐지는 한편으로, 다양한 성향들이 지금처럼 그 둘 중의 어느 한쪽으로 따로따로 향해 가는 상태가 강제적으로나마 저지되지 않는 한, (……) 나라들에 있어서, 아니 내 생각으로는 인류에게 있어서도 '나쁜 것들의 종식'은 없다네.(473d)[167]

플라톤은 이러한 주장이 극도로 비현실적으로 들린다는 사실 역시 잘 알고 있었지만, 이른바 '형상'과 인간의 지식, 그리고 인간의 본성에 관한 그의 이해를 고려해 볼 때, 우리는 이러한 주장이 적어도 그에겐 타당하게 생각되었음을 짐작할 수 있다. 즉 우리가 어떻게 살아야 하는지에 대한 진리가 과연 있다고 가정한다면, 그런 지식을 가진 사람들이야말로 이 사회를 다스리기에 가장 적합한 능력을 지닌 사람이라고 할 수 있을 것이다. 플라톤의 개념에서 철학자들은 이른바 모든 가치의 진정한 기준을 포함하여 그러한 궁극적인 실재를 알게 된 사람들이므로, 만약 '그들'이 사회를 다스리게 된다면 인간의 본성의 문제 역시 해결될 수 있다고 본 것이다.

이른바 철인군주, 혹은 "수호자"가 되기에 적절한 자들, 즉 지혜를 사랑하는 자들을 만들어내려면, 충분히 그럴 만한 정신적 능력을 지닌 사람들에게 보다 수준 높은 교육을 시켜야만 한다. 이들은 적절한 나이에 도달하면 수학을 공부하고, 이후에는 철학을 공부하게 되는데, 이 두 가지 교육을 통해 이들의 정신은 '형상'에 대한 지식과 진실에 대한 사랑으로 향하게 된다. 그렇게 해서 배출된 엘리트들은 계속해서 각자 나름의 지식을 추구하게 되지만, 플라톤은 그들이 사회적 의무의 부름에 응답하여 각자의 전문적 지식을 이 사회의 운영에 적용하기를 기대했다. 우선 하위 부서에서의 경험을 통해, 그들 중 일부는 최고 권력을 행사할 태세를 갖추게 된다. 이렇듯 지혜를 사랑하는 자들은 권력을 남용하려는 유혹에도 거뜬히 저항할 수 있을 것이다. 왜냐하면 그들은 물질적 부유함보다는 정의롭고 합리적인 삶의 행복을 더욱 높이 평가하기 때문이다.(521)

이러한 '수호자'들의 삶의 방식은 요즘으로 말하자면 그야말로 '스파르타식'이다.(실제로 플라톤의 개념 가운데 일부는 그리스의 도시국가 가운데 하나인 스파르타의 경우에서 착안한 듯하다.) 그들에겐 사유재산이나 가정생활이 전혀 없다. 국가에서는 이들 중에서도 특히 자녀생산에 적합하다고 생각되는 자들만을 골라 이른바 "짝짓기 축제"를 거행한다. 그로 인해 태어나는 아이들은 유모들에 의해 공동으로 양육되는데, 이때 어느 부모도 자신의 아이가 누구인지를 알 수 없게끔 최대한 주의를 기울인다.(457-461) 여기서 플라톤은 어린아이들과 그들을 양육하는 어른들(대개는 그 아이들의 부모인) 사이의 강력한 감정적 유대에 대한 심리학적 필요성을 간단히 부정하고 있다. 하긴 플라톤처럼 지체 높은 신분의 그리스인 남성이야 아이를 키워 본 경험이 없었을 테니, 아이가 정말 무엇을 필요로 하는지도 몰랐을 게 당연하다.

그렇게 해서 훈련된 수호자들은 진리와 선을 사랑하는 자들일 것이기 때문에, 따라서 결코 자신이 지닌 권력을 남용하지는 않을 것이라고 봐도 된다는 플라톤의 생각이야말로 천진난만할 정도로 낙관적이다. 그는 이른바 '권력은 부패하게 마련'이라는, 또한 '절대 권력은 절대 부패하게 마련'이라는 속담 속에 깃든 지혜를 무시하고 있는 셈이다. 전횡이나 독재를 막기 위한 구조적인 견제와 균형 장치는 반드시 필요한 것이다. 플라톤은 이렇게 묻는다. "과연 어떤 인물이 절대 권력을 휘두르기에 적절할까?" 하지만 우리는 이렇게 바꿔 물어보아야 한다. "과연 어떻게 해야 어느 누구도 절대 권력을 휘두르지 못하게 할 수 있을까?"

만약에 교육도 잘 받고 지식도 많은 인물들이 도덕적이거나 정치적인 문제에 대해 서로 의견을 달리하게 된다면 — 우리가 아는 한, 이런 일은 실제로도 벌어지곤 한다 — 어떻게 될까? 그중 과연 누가 옳은지 증명할 방법이 있을까? 플라톤은 그런 상황에서 합리적 논증을 사용하기를 희망하며, 또한 그 자신이야말로 이 분야에서는 최고의 철학적 선구자 가운데 한 사람이기도 하다. 하지만 일부 사람들이 이른바 가치나 정책 같은 문제에 대해 유독 자신만이 어떤 궁극적인 진리를 알고 있다고 생각하면, 그들은 자신들과 의견을 달리하는 사람들을 관용하지 않게 되고, 결국 자신들의 생각을 다른 사람들에게 강요하는 행위 자체를 정당화시키게 될 것이다.(지금까지의 역사에서 벌어진 종교적, 정치적 논쟁이야말로 그 증거라 할 수 있다.)

그렇다면 이른바 '엘리트가 아닌,' 그 사회의 나머지 사람들은 어떻게 될 것인가? 그 사회에는 반드시 수행되어야 할 수많은 서로 다른 경제적, 사회적 기능이 있으며, 노동의 분업이야말로 이를 위한 가장 자연스럽고 효과적인 방법이다. 플라톤은 영혼에 관한 자신의 이론에 상응하게끔 그 사회를 세 가지 구조로 나누었다.(412-427) 이른바 '수호자'들 외에도 그 사회에는 전통적으로 "보조자"들이라고 불리는 계층이 있는데, 이들은 군인, 경찰, 그리고 공복(公僕)의 기능을 수행하며 '수호자'들이 내린 지시를 실천으로 옮긴다. 그리고 마지막으로 세 번째 계층은 농부, 장인, 상인을 비롯해서 이른바 생필품을 생산하고 보급하는 일꾼들을 포함한다. 이 세 계층간의 구분은 매우 엄격할 것이다. 플라톤은 그 사회의 "정의," 혹은 안위는 각 사람이 각자에게 적합한 기능을 수행하고, 다른 사람들을 간섭하지 않는 데 달려 있다고 말한다.(432-434)

> 법은 이런 것에, 즉 나라에 있어서 어느 한 부류가 각별하게 잘 지내도록(살도록) 하는 것에 관심을 갖는 게 아니라, 온 나라 안에 이것이 실현되도록 강구하는 데 관심을 갖는다는 것 말일세. 법은 시민들을 설득과 강제에 의해서 화합하게 하고, 각자가 공동체에 이롭도록 해줄 수 있는 이익을 서로들 나누어줄 수 있도록 만듦으로써 그런다네. 또한 법은 나라에 그런 사람들이 생기도록 하는데, 이는 각자가 내키는 대로 향하도록 내버려두기 위해서가 아니라, 법 자체가 나라의 단합을 위해 이 사람들을 십분 이용하기 위해서일세.(519e-520a)[168]

플라톤은 사회 전체의 조화와 안정을 그 안에 살아가는 개인의 안위보다도 더 우선시했던 것 같다. 물론 우리 역시 어떤 "공동체 의식"을 지니고, 각자가 이 사회의 안위를 위해 뭔가 기여할 수는 있다. 하지만 위에서처럼 엄격히 계층을 구분하고, 각자가 자신에게 주어진 기능을, 그리고 오로지 그것만을 완수해야 한다고 주장함으로써, 플라톤은 그런 단순 기여 이상의 것을 생각하는 셈이다. 그는 이를 가리켜 국가의 "정의"라고 부르지만, 이는 오늘날 '우리'가 말하는 국가의 "정의," 즉 법 앞의 평등과 어느 정도의 사회적 정의, 그리고 균등한 분배라는 의미와는 전혀 다르다. 만약 노동자가 자신이 노동자라는 사실에 대해, 혹은 자신이 경제적으로는 엄격히 제한된 몫밖에 분배받지 못하며, 정치적으로도 발언권이 없다는 사실에 대해 불만을 표시하는 경우, 플라톤이 말하는 국가에서는 그에게 현재의 위치에 그대로 남아 있으라고 강요할 것이다. 하지만 그 안에서 살아가는 개인의 이익에 공헌하지 못하는 한에서야 그처럼 엄격하게 조직된 사회가 무슨 소용이 있단 말인가?

플라톤의 국가는 그야말로 독재주의적이고, 심지어 전체주의적이기까지 하다. 그는 검열에 대해서도 전혀 거리낌이 없다. 즉 그는 자신의 이상 사회에서 시인들과 다른 예술가들을 배제시켜야 한다고 주장하는데, 그 이유는 그들이 우리 본성의 저급하고 비이성적인 부분에 호소하기 때문이라는 것이다.(605)[169] 시(詩)에 대한 플라톤의 적대감을 보다 잘 이해하기 위해서는, 당시에 시가 곧 윤리의 일반적인 개념의 원천이었던 것은 사실이지만, 그에 반해 플라톤은 어디까지나 이성에 호소한 윤리 개념을 만들기 위해 분투했다는 사실을 알아야 한다. 만약 오늘날의 사회에서 모든 사람이 아주 어린 시절부터 미디어와 연예 및 광고 산업의 영향을 널리, 그리고 무한정 받으며 자라난다는 사실을 알게 되면 플라톤은 그야말로 소스라치고 말 것이다. 물론 플라톤이 제시한 국가적 검열의 해결책은 우리 마음에 들지 않을 수 있다. 하지만 그는 상충되는 문화적, 경제적 이해와 영향의 파도 한가운데서 어떻게 진리와 선을 제시하고 가르쳐야 하느냐는 영속적인 문제를 향해 우리의 관심을 환기시키고 있다.

『국가』에서 플라톤은 민주정체를 오히려 너무 손쉽게, 그리고 우리가 보기엔 불공평하게 폄하하고 있는 듯하다. 이때 그가 생각한 민주정체란 아테네 식으로 모든 시민이 중요한 결정에서 각자 한 표씩을 행사하는 것이었다. 전자투표 시스템을 통해 이와 같은 일이 가능해진 오늘날에도 수많은 사람들이 집단적 감정이나 "수사적인," 혹은 교활한 광고에 쉽게 영향을 받아 변덕을 부림으로써 매우 불안정한 정부가 탄생할 가능성은 엄연히 존재하는데, 이는 플라톤이 아테네의 민주주의를 가리켜 비판했던 것과 마찬가지다. 하지만 현대의 민주주의에서 가장 중요한 특징은 ─ 일정한 기간 뒤에 다시 선거를 통해 정부를 구성함으로써 ─ 『국가』에서는 결여되었던 평화적인 정권의 교체가 가능해졌다는 점이다. 또한 『정치가』와 『법률』에서 플라톤이 법치를 옹호했으며, 나아가 민주주의를 가리켜 비록 그 모든 불완전함에도 불구하고 인간의 본성에 가장 잘 어울리는 종류의 정체로 인정했다는 사실 역시 언급해 두어야 한다. 『국가』야말로 모든 시대를 통틀어 가장 영향력 있는 저서 가운데 하나였다. 따라서 나는 이 장에서 이 책 한 권에만 집중했지만, 우리는 플라톤이 그 외에도 많은 작품을 남겼으며, 그때마다 그의 견해 역시 계속 발전하고 변화했음을 분명히 기억해 두어야 할 것이다. 소크라테스와 플라톤은 우리가 어떻게 살아야 하는지에 대해 합리적인 질문을 던지는 전통을 맨 처음 시작한 사람들이다. 그러나 내가 생각하기엔 지금 우리가 하고 있는 것과 마찬가지로, 그들 역시 특별히 만족스러운 답변을 얻었던 것 같진 않다.

더 읽을거리

● 기본 자료: 플라톤의 『국가』. 여러 가지 번역본이 있지만, 가독성과 생동감 면에서 가장 좋은 평판을 얻은 비교적 최근의 판본은 G. M. A. 그럽(G. M. A. Grube)이 번역하고, 이후 C. D. C. 리브(C. D. C. Reeve)가 개정한 판본(1992)

이다.170)

● 『국가』는 아주 길고 복잡한 작품이다. 반면 이보다 훨씬 짧은 대화편들은 좀 더 쉽게 읽을 수 있다. 『에우티프론』, 『소크라테스의 변론』, 『크리톤』, 『메논』, 『프로타고라스』 등을 참조하라.171) 〈아주 짧은 개론서〉 중에는 줄리아 애너스(Julia Annas)가 쓴 탁월한 개론서인 『고대 철학』(2000)이 있다.

● 플라톤의 사상에 대한 개설서로는 〈고전 사상가들〉 시리즈 가운데 하나인 R. M. 헤어(R. M. Hare)의 『플라톤』(1982)을 참조하라.172) 이 책은 훗날 아리스토텔레스와 아우구스티누스에 대한 내용과 함께 『사상의 창시자들』(1991)이라는 제목으로 나온 책의 제1부로 수록되기도 했다.

● 『국가』에 대한 보다 깊은 철학적 논의는 다음 책을 참조하라. 줄리아 애너스, 『플라톤의 「국가」 개론』. 이 책은 플라톤의 저서에 나온 주된 도덕적 주장, 인간의 본성에 관한 근거, 그리고 현대 상황과의 연관 등을 뛰어난 학식과 명확한 통찰을 통해 보여주고 있다.(특히 제13장의 요약 부분을 보라.)

● 플라톤의 정치 이론에 대한 전통적인 반론으로는 다음 책을 참조하라. K. R. 포퍼, 『열린 사회와 그 적들』(1962, 제4판).173)

● 플라톤의 도덕철학에 대한 학술적인 연구서로는 다음을 참조하라. 테렌스 어윈(Terence Irwin), 『플라톤의 윤리학』(1995).

제5장
아리스토텔레스: 인간의 완성이라는 이상

아리스토텔레스의 생애와 저술

아리스토텔레스(BC 384-322)는 플라톤보다 한 세대 뒤에 살았으며, 역시 생애 대부분을 아테네에서 보냈다. 그래서 제4장에 언급한 역사적 배경은 제5장에도 공통적으로 적용된다고 할 수 있다. 그는 17세의 나이에 플라톤의 아카데미아에 입학했고, 그의 사상에서 플라톤의 영향 역시 지대하다. 비록 그의 스승의 시각에 깊은 영향을 받은 것은 사실이지만, 아리스토텔레스는 중요한 점에서 스승의 시각을 비판했다.(솔직히 이것이야말로 철학에서는 가장 이상적인 스승과 제자의 관계가 아닐까 싶다.)

아리스토텔레스는 BC 347년에 아테네를 떠났는데, 이것은 아마도 정치적인 이유에서였을 것이다. 이후 몇 년 동안 그는 훗날 '알렉산드로스 대왕'으로 불리며 전세계를 제패한 젊은 군 사령관의 가정교사로 일하기도 했다.(그러나 알렉산드로스의 이후 행적에서는 이 유능한 스승의 영향력이 거의 엿보이지 않는다.) 아리스토텔레스는 의사 집안 출신이라서 동식물에 관해 방대한 연구를 했다. 경험적인 과학 연구에 대한 이러한 경험은 이후의 저술에도 영향을 주어, 그의 저술은 비록 추상적이기는 하지만 스승 플라톤이 보여준 초월에 대한 연모에 비하면 오히려 더욱 현실적인 정신을 지니고 있다. 아리스토텔레스는 BC 335년에 아테네로 돌아와, 플라톤의 아카데미아에서 시작된 체계적인 지적 탐구의 전통을 이어받아 뤼케이온174)을 설립했다. 하지만 말년에 가서 아리스토텔레스는 정치적 상황으로 인해 다시 한 번 아테네를 떠나야만 했다.

아리스토텔레스의 저술은 그야말로 놀라울 만큼 다양한 분야에 걸쳐 있으며 — 논리학, 형이상학, 인식론, 천문학, 물리학, 기상학, 생물학, 심리학, 윤리학, 정치학, 법학 — 대부분의 분야는 그가 처음으로 개척하다시피 한 것이었다. 물론 당시만 해도 철학과 과학은 명확히 구분되지가 않았다. 아리스토텔레스는 모든 분야에서 근본적인 개념과 원칙을 공식화했다. 그가 오늘날 우리가 천문학, 물리학, 생물학, 심리학으로 일컫는 과학 분야를 연구하며 놓은 단초들은 이후 17세기가 될 때까지도 대부분 무오류한 것으로 간주되었다. 하지만 그의 저술 가운데에는 오늘날 전하지 않는 것도 상당수가 있다. 그의 재능과 정력은 그야말로 대단했던 모양이다. 현재 남아 있는 그의 저술은 플라톤의 대화편처럼 말끔하고 우아한 문학적 저술이라기보다는, 오히려 축약적이고 은유적인 강의록에 더 가까워 보인다. 아리스토텔레스의 저술은 추상적이고, 전문적이고, 체계적이다. 그야말로 철학자 중의 철학자라고 할 만한 인물이다.

그러나 인간의 생활과 그 목적, 그리고 그 성쇠에 대해 논의하는 그의 주저 『니코마코스 윤리학』은 비교적 접근하기가 쉽다. 이 장에 나오는 인용문은 특별한 언급이 없는 한 모두 이 저술에서 가져온 것이다.(그리고 아리스토텔레스의 작품에 사용되는 전통적인 쪽수 체계를 따르고 'NE'라는 기호를 적어두었다.)175) 물론 그렇다고 해서 읽기 쉬운 책은 아니지만 (또한 그의 철학의 핵심을 보여주는 주요 저술도 아니지만), 이 책은 플라톤의

『국가』와 마찬가지로 인간이 어떻게 살아야 하는지에 대한 심오한 주제를 다루고 있으며, 분량이 아주 많지도 않으며 비교적 구성도 잘된 편이다. 어떤 대목은 상당히 설득력이 있어 보인다. 이보다는 더 짧고 더 전문적인 작품인 『영혼에 관하여』 역시 인간의 본성에 관한 아리스토텔레스의 시각을 이해하는 데 중요하다.

형이상학적 배경: 성질로서의 형상, 그리고 네 가지 질문

아리스토텔레스는 종종 신(神)에 대해 이야기하지만, 그렇다고 성서에서처럼 인간의 역사를 계획하고 특정 민족에게 자신을 드러내는 인격적 존재를 의미하는 것은 '결코' 아니다. 비록 외적으로는 대중적인 그리스의 다신교(제우스, 헤라, 아테나 등등이 나오는)를 존중하는 척했지만, 『형이상학』의 제12권 8장, 1074b1 이하에서 아리스토텔레스는 이처럼 의인화된 신화는 단지 보통 사람들을 위한 것이라고 말한다. 그는 실제로 유일한 지고의 신에 대한 개념을 갖고 있었기 때문에 『자연학』의 제7권에서 이 세상에는 유일한 '부동(不動)의 동자(動者),' 즉 이 우주의 모든 변화 과정을 만들어내는 불변의 원인이 존재한다고 말한다.(성 토마스 아퀴나스는 훗날 이러한 주장을 기독교의 하느님의 존재를 증명하는 "다섯 가지 방법" 가운데 하나로 차용했다.) 더 나아가 아리스토텔레스는 "생각하고 그 지성을 사용하는 것은 신성한 존재의 작용이다"(『동물의 부분에 대하여』 제4권 10장,686a29)라고 주장하지만, 아리스토텔레스의 신은 단지 지적인 관조만 하고 있을 뿐, 인간사에는 결코 '관심'을 두지 않는다. 이 '부동의 동자'는 인간이 숭배하고 복종해야 할 대상이라기보다는, 단지 과학적 이론의 개념에 불과하다.(따라서 나는 여기서 '하느님'이라고 하지 않고 '신'이라고 했다.)

비록 플라톤의 '형상' 이론에 영향을 받긴 했지만, 아리스토텔레스는 오히려 그 이론을 비판했다. 우리는 이미 제4장에서 플라톤이 이른바 어떤 사물이 F로 간주되는 까닭은 그것들이 F의 '형상'을 "분유하고 있기" 때문이라고 설명했음을 살펴본 바 있다. 이때 F의 '형상'은 개별적인 경우의 F와는 별개로 존재하는 추상적인 실체로 이해된다. 아리스토텔레스는 이와 같은 '형상'의 분리에 반대했으며, 결국 변화하는 물질의 세계 너머에 영원한 '형상'을 포함하고 있는 또 다른 세계가 있다는 플라톤의 형이상학적 도식을 거부했다. 아리스토텔레스의 견해(흔히 "아리스토텔레스적 실재론"이라고 하는)에 따르면, 모든 사물에는 F라는 일반적인 개념을 정확하게 적용시킬 수 있는 어떤 공통적인 것, 즉 F의 성질(혹은 이른바 "아리스토텔레스적 형상")이 존재한다는 것이다. 하지만 이런 공통적인 성질은 '그러한 성질을 지닌 사물 속에' 존재하며, 결코 그 사물로부터 분리되어 다른 세계에 존재하지는 않는다는 것이었다. 이러한 주장 앞에서는 플라톤이 묘사한 동굴 속의 사람들에 대한 비유가 부적절해진다. 왜냐하면 우리 인간의 상황에 대한 아리스토텔레스의 이해에 따르면, 우리에게 정말로 필요한 일은 동굴을 벗어나 전혀 다른 세상으로 가는 것이 아니라, 오히려 지금 이미 우리 눈앞에 있는 것을 보다 명확하게 인식하는 것이기 때문이다.

'형상'을 사물과 분리된 실체로 보는 대신, 오히려 사물에 내포된 성질로 설명하는 것이야말로 우리에겐 매우 상식적으로 들리지만, 사실 이런 설명 역시 철학적으로 음미해 보면 난점이 없지 않다. 그리고 아리스토텔레스 역시 이러한 난점을 알고 있었다. 가령 세상의 모든 고양이들 가운데서 발견되는 '공통적인' 성질(혹은 '고양이다움'이나 '고양이스러움')이 과연 무엇이냐고 물어볼 수가 있는 것이다. 만약 이것을 "성질"(혹은 "형상") 같이 단수형이나 복수형이 모두 가능한 명사로 표현한다면, 우리는 마치 이러한 성질을 어떤 진기한 종류의 '사물'로 ― 즉 여러 다른 사물을 동시에 전부, 그리고 완전히 나타낼 수 있는 어떤 것으로 ― 생각하는 우를 범하는 것 같기도 하다. 아리스토텔레스는 우리가 서로 다른 '범주'를 구분해야 할 필요가 있음을 깨달았다. 즉 그 성질이나 특성이 근본적으로 다른 사물이나 물질이 있기 때문에, 우리는 그 각각을 서로 다른 것으로 생각해야 한다는 것이다.

과연 우리는 이와 같은 하나이면서 여럿인 구조를 모든 일반명사의 사용에서 발견할 수 있는가, 아니면 이는 각 경우에 따라 다른 세부사항일 뿐인가? 아리스토텔레스는 우리가 종종 어떤 단어를 다양한 방법으로 사용하지만, 그렇다고 해서 그 각각의 경우마다 그 단어가 정확히 똑같은 의미를 지니진 않는다는 사실을 깨달았다. 그가 내세운 표준적인 예는 이른바 "건강하다"는 형용사였다. 가령 우리는 "건강한" 사람이니, 음식이니, 운동이니, 기후니, 안색이니 하는 말을 사용하지만, 이때 우리가 사용하는 "건강한"이라는 말이 이른바 육체가 제대로 기능해서 오래 살 수 있다는 일차적인 뜻(사람에게나 적용 가능한)으로 항상 사용되는 것은 아니다.[176]

아리스토텔레스는 가치를 나타내는 용어에도 이러한 교훈을 적용했고, 특히 그중에서도 가장 일반적인 "좋음(善)"이란 용어에 적용했다. 그는 서로 다른 주제를 다룰 경우에는 그 연구 방법이나 정확성의 정도가 달라져야 함을 알고 있었기 때문에, 그런 의미에서 윤리학은 그로 인해 도출되는 결과에서부터 수학과 전혀 다르다고 주장했다.(NE1094b12-29)[177] 그는 과연 모든 좋은 것들이 어떤 단일한 의미에서, 즉 그 사물 자체와는 별개로 존재하는 플라톤의 '좋음의 형상'과 연관된다는 의미에서 좋은 것인지를 묻는다. 『니코마코스 윤리학』(NEI.6,1096a12-

1096a14)에서 아리스토텔레스는 플라톤의 견해를 반박하는 전문적인 논증을 연달아 펼친다.(그는 우선 플라톤과의 우정도 중요하지만, 진리는 그보다 더 중요하다고 선언하기까지 한다.)178) 기본적인 요점 가운데 하나는 우리가 여러 '개별적인' 사물을 '좋다'고 인식할 때는 그 자체로, 즉 다른 어떤 것(가령 쾌락이나, 명예나, 지혜나) 때문이 아니라 바로 그 자체만으로 소유하거나 추구할 가치가 있기 때문에 '좋다'고 인식한다는 점이다. 그러나 과연 무엇이 이처럼 서로 다른 것들을 모두 '좋다'고 만드는지를 질문해 보면, 이에 대해서는 아무런 일반적인 답변을 할 수가 없다. 왜냐하면 가령 지혜가 '좋다'는 것과, 명예(혹은 쾌락)가 '좋다'는 것은 그야말로 더 이상 환원 불가능할 만큼 서로 다른 방식이기 때문이다.(이러한 주장은 단 하나의 좋음에 대한 아리스토텔레스적 형상, 즉 모든 좋은 사물이 보유하고 있는 성질의 존재조차도 배격하는 듯하다.)

아리스토텔레스가 우리에게 남긴 또 하나의 방법론적이고 형이상학적인 교훈은, 전통적으로 "4원인설(四原因說)"이라 부르는 것이다. 『자연학』 제2장 3절 194b16에서 그는 우리가 어떠한 것에 대해서도 던질 수 있는 네 가지 질문을 다음과 같이 구분하고, 그에 상응하는 답변, 혹은 설명을 해 두었다.

1. 이것은 무엇으로 만들어졌는가? 그 질료. ("질료인〔質料因〕")
2. 이것은 무엇인가? 그 형상, 혹은 그 사물 자체의 종류. ("형상인〔形相因〕")
3. 이것은 무엇으로 인해 존재하게 되었는가? (현대적인 의미에서의) 그 원인. ("작용인〔作用因〕")
4. 이것은 무엇을 위한 것인가? 그 목적, 혹은 기능. ("목적인〔目的因〕")

아리스토텔레스는 이 네 가지 질문에 항상 답변이 존재하리라고 가정한 듯하다. 이 가운데서 네 번째 질문은 그에게 전우주에 관한 어떤 "신학적" 시각을 부여하는데, 이에 따르면 모든 것은 어떤 정해진 목적이나 기능, 혹은 목표를 지니고 있어서, 각자 그 목표를 향해 어떻게든 기여하거나 분투한다는 것이다. 가령 침대나 칼이나 전화와 같은 인공물에는 이것들을 만든 목적이 있게 마련이다. 그리고 아리스토텔레스 자신이 생물학 연구를 통해 잘 알고 있었던 것처럼, 뿌리나 심장이나 눈과 같은 동식물의 기관은 저마다의 기능을 지니고 있다. 물론 동식물 '전체'를 놓고 볼 때는 그것들이 어떤 목적을 "위해" 존재한다는 생각은 좀 이상해 보이지만, 우리는 각각의 종에서도 가장 성숙하고 번성하는 것을 그렇게 간주할 수 있다.(보다 논쟁적으로, 아리스토텔레스는 인간의 종에 대해서도 이와 같은 주장을 펼치려 했다.) 하지만 우리는 생기가 없는 자연물 — 바위, 산, 강, 빙하, 해변, 구름, 해와 달, 행성, 별, 은하 — 이 어떤 목적을 위해 존재한다고는 보지 않는다.(물론 하느님이 특별한 목적을 갖고 이 모든 것을 창조했다고 믿는다고 볼 수도 있겠지만.) 그리고 우리는 이러한 자연물이 최상의 상태에 이르기까지 자라나는 어떤 "자연적인" 성숙, 혹은 최상의 상태가 있다고도 생각하지 않는다. 물론 아리스토텔레스가 이와 같은 목적론을 지나치게 확장시킨 감이 없지는 않지만, 위와 같은 네 가지 질문에 대한 구분은 우리의 사고를 위해 매우 유용한 설명이라 할 수 있다.

이와 같은 방법을 통해 아리스토텔레스는 우리에게 떠오르는 최초의 개념이나 우리가 들은 최초의 이론에만 집착하지 말고(사실 그것이야말로 철학을 하는 방법 중에서도 가장 게으른 방법이라 할 수 있다), 좀 더 심사숙고하며, 적절하게 여러 종류의 예를 탐구하고, 이 세계와 그에 대해 생각하고 이야기하는 방식의 복잡성을 인식하는 어려움을 받아들이며, 일반 이론을 숙고할 경우에는 이런저런 편견을 모두 버리고 열린 마음으로 임할 것을 재차 촉구하고 있다. 결국 아리스토텔레스야말로 이후 20세기 중엽 루트비히 비트겐슈타인의 사상에 와서 예시된 "분석" 철학의 시조로도 간주될 수 있을 것이다.

인간의 본성에 관한 이론:
이성을 포함한 여러 능력의 집합체인 영혼

이미 살펴본 바와 같이 플라톤은 이원론적 시각을 옹호했으며, 인간의 영혼은 비물질적인 실체이고, 육체가 죽은 뒤에도 여전히 존재할 수 있다고 주장했다. 아래에서 차차 설명하겠지만, 아리스토텔레스는 플라톤의 이와 같은 생각에 대해 매우 교묘한 방식으로 근본적인 훼손을 가하고 있다.

　이 문제에서는 특히 아리스토텔레스의 생물학자다운 면모가 철학에도 큰 기여를 한 셈이다. 그는 인간을 동물 가운데 하나로 생각했고, 다만 합리적인 사고를 할 수 있다는 점에서만 좀 특별한 종류의 동물에 불과하다고 보았다. 또한 그는 모든 생물이 동물(이 안에는 유인원뿐만 아니라 파충류, 새, 곤충, 갑각류 등이 모두 포함된다)과 식물 중 어느 하나에 속한다고 보았다. 따라서 모든 생명은 목(目)과 속(屬)과 종(種)의 거대한 계층구조를 형성하며, 또한 그 각각이 뚜렷한 특징을 지니게 된다. 마치 나뭇가지와도 같은 이러한 구조의 대략은 일찍이 아리스토텔레스 자신과 같은 고대 생물학자들의 경험적 관찰을 통해 인식되었으며, 이후 18세기의 린네에 와서 디욱 다듬어졌다. 그런 뒤에 다윈이 진화론을 들고 나와 이러한 계층구조가 유전의 역사적 계통과 어떻게 연관되어 있는지를 설명했던 것이다.(이에 대해서는 제10장을 참조하라.)

아리스토텔레스는 보통 그 라틴어 제목인 "데 아니마"로 더 잘 알려진 『영혼에 관하여』라는 짧지만 획기적인 논저에서 이러한 접근을 설명하는데, 따라서 이 책이야말로 최초의 심리학 저술이라 할 만하다. 하지만 우리는 그리스어 '프시케(psyche)'를 "영혼"으로 번역하는 과정에서 빚어지는 난점을 분명히 인식하고 있어야만 한다. 가장 큰 위험은 기독교와 플라톤의 영향 때문에 오늘날 "영혼"이란 말이 이른바 경건하고 불멸하는 존재라는 강한 종교적 함축을 지니게 되었다는 점이다. 그러나 아리스토텔레스는 기독교가 생겨나기보다 무려 4세기 전의 인물이었으며, 또한 '프시케'에 대해서는 자기 스승인 플라톤과도 전혀 다른 개념을 갖고 있었다. 여기서 우리는 "영혼"이라는 말 대신에 "정신"이란 말을 사용할 수도 있지만, 이 역시 문제가 있긴 마찬가지다. 아리스토텔레스의 개념에서 가장 중요한 차이는 그 영혼, 혹은 정신을 어떤 사물이나 실체로(심지어 비물질적인 실체로도) 생각하진 않는다는 점이다. 엄밀하게 말해서 아리스토텔레스의 견해를 제대로 표현하려면 '프시케'를 명사로 번역해서는 '결코' 안 되며, 그 대신 생물에는 "영혼이 깃들어 있다"고 묘사해야 할 것이다. 즉 '프시케'는 그 존재와 기능에 있어 어떤 뚜렷한 나름의 방식이 있다는 것이다.

좀 더 전문적인 논의로 접어들자면, 아리스토텔레스는 이른바 질료와 형상이라는 자신의 일반적인 구분법을 이 경우에도 적용해서, 영혼은 곧 생물의 "형상"이라고 말한다. 하지만 여기서 말하는 "형상"은 결코 플라톤의 '형상'을 의미하지는 않으며, 그렇다고 보다 일반적인 의미에서의 '형체'를 의미하는 것도 아니다. 오히려 이는 어떤 사물을 그 자체의 '근본적인 종류'로 만드는 요소를 의미한다.(즉 위에서 언급한 네 가지 질문에서 두 번째인 '형상인'이다.) 그렇다면 어떤 것을 살아 있게 만드는 것은 무엇일까? 이는 단순히 어떤 것을 '존재하게' 만드는 것이 무엇이냐는 질문이 아니라(그런 질문이라면 세 번째인 '작용인'에 해당할 것이다), 오히려 어떤 것이 '살아 있기' 위해 필요한 것이 무엇이냐는, 즉 어떤 것을 '생물의 범주에 포함시킬 수 있는' 기준이 무엇이냐는 질문이다. 이른바 생물의 범주에는 식물과 동물이 모두 들어간다는 사실을 기억한다면, 그런 기준은 바로 물질대사와 번식이라는 답변이 가능할 것이다. 이 가운데서 첫 번째 것은 아리스토텔레스가 이야기한 "스스로에 의한 영양섭취〔自養〕, 성장, 쇠퇴," 혹은 "영양섭취능력"(『영혼에 관하여』, 412a13, 414a32)[179]이다. 또한 아리스토텔레스는 두 번째인 번식에 대해서도 언급하고 있다.(415a22)[180] 그렇다면 식물과 동물을 구분하는 요소는 무엇일까?(혹은 약간 위험스럽게 질문을 바꿔보자면, 동물적인 종류의 영혼의 특징이라 할 수 있는 것은 무엇일까?) 동물은 감각지각과 욕구(412a33),[181] 그리고 장소운동능력(414b18)[182]을 지니고 있다. 즉 식물과 달리 동물은 그들의 감각기관을 통해 지각하고, 그들의 욕구를 충족시키기 위해 스스로 움직인다는 것이다.

그렇다면 인간이 이런 동물과 다른 점이란 무엇일까? 아리스토텔레스는 그것을 바로 "추론적 사고능력과 지성"(414b19)[183]의 능력이라고 말한다. 하지만 단지 이것만으로는 그의 말이 무슨 의미인지가 명확하지 않다. 여기서 사고란 다른 동물들은 전혀 갖고 있지 않은 능력임이 분명하다. 또한 사고는 언어나 어떤 주장으로 표현이 가능하며, 이성을 사용하여 이를 옹호하거나 반대할 수 있다. 따라서 인간의 영혼, 혹은 정신은 단순히 어떤 사물이 아니라 '추론을 비롯한 어떤 독특한 능력의 집합'이며, 이것이야말로 인간다운 생활과 기능에서는 가장 근본적인 것이다. 아리스토텔레스는 이렇게 말한다. "영혼이 공감한다, 배운다, 또는 생각한다고 말하는 것보다, 〔영혼을 지닌〕 사람이 영혼으로 인해 그런다고 말하는 것이 더 낫다."(『영혼에 관하여』, 408b15)[184] 그리고 우리는 이보다는 오히려 '인간'이 (자신의 정신적 능력을 사용하여) 슬퍼하고, 배우고, 생각한다고 말하는 편이 차라리 더 낫다고 제안할 수도 있다.

따라서 어떤 X라는 생물의 영혼은 본체도, 실체도, 또한 부수적인 (개별적인) 것도 아니다. 이것은 오히려 X가 살아가고, 움직이고, 기능하는 방법이다. 또한 그 "방법" 자체는 대개는 함께 작용하는 능력들, 혹은 방법들의 조합으로 분석될 수 있다.(하지만 특별한 경우에는 그런 능력들 가운데 일부가 결여될 수도 있다. 즉 기억을 잃어버린 사람도 있을 수 있고, 아직 말을 배우지 못한 아이도 있을 수 있다.) 이런 개념하에서는 육체가 없어도 존재하는 영혼이나 정신에 대한 이야기는 전혀 이치에 닿지 않는다. 왜냐하면 육체가 없다면(혹은 최소한 '살아 있는' 육체가 없다면) 기능 자체가 불가능한 상황이라서, 결국 육체가 기능할 수 있는 어떠한 '방법'도 없기 때문이다. 아리스토텔레스는 414a19에서 다음과 같은 결론을 이끌어 낸다. 즉 영혼은 육체 없이는 존재할 수가 없는데(결국 플라톤과 반대이다), 그 까닭은 영혼이 일종의 육체이기 때문이라서가 아니라 실은 그 어떤 종류의 사물도 아니기 때문이며, 오히려 영혼은 살아 있는 육체들의 복합적 특성이기 때문이라는 것이다.[185]

아리스토텔레스는 이 분명한 결론에 매우 중대한, 그러나 한편으로는 혼란스러운 의미를 부여한다. 그는 인간의 이성, 즉 순수하게 이론적인 사고의 능력(그는 이를 가리켜 "관조"라고 부른다. 비록 그는 이 말을 사용함에 있어 미적 감상이나 명상이나 기도보다는,[186] 오히려 수학이나 물리학을 염두에 두고 있지만)에는 특별히 다른 뭔가가 있다고 주장한다. 그리고 그는 이러한 능력, 혹은 이러한 종류의 영혼은 육체와 별개로 존재할 수 있다고 말하는 듯하다. "영속하는 것들이 사멸하는 것들로부터 (분리되듯이)"(『영혼에 관하여』, 413b26)[187] 말이다. 그러나 아마도 여기서 아리스토텔레스가 지적하는 바는, 우리 인간이 아니라 다만 신들의 경우에는 육체 없이도 이성적 기능이 존재할 수 있다는 것인 듯싶다.

    이 대목은 마치 아리스토텔레스가 자신의 플라톤적인 유산을 완전히 버리지 못해서 생긴 듯하며, 그가 모순을 범하지 않고서도 자신의 일반적인 주장의 논리로 돌아가기는 어려워 보인다. 가령 살아 있고 육체를 지닌 '수학자'가 없어도 '수학적 사고'가 가능하다고 생각할 수 있는가? 오늘날 같으면 컴퓨터를 가지고 그렇게 할 수 있지 않느냐고 반문할 수도 있을 것이다. 하지만 컴퓨터를 통한 수학적 사고를 "사고"로 간주한다 하더라도, 그 컴퓨터 자체야말로 전류가 흐르는 전선과 전극으로 복잡하게 구성된 사물이라는 데서 또 다시 문제가 생겨난다. 즉 이것은 '살아 있는' 육체이기는커녕, 오히려 엄연히 물질적인 대상인 것이다. 이처럼 완전히 비(非)육체적인 사고라는 의견은 그 개념 자체부터 난점을 갖는 것이다. 뒤에 "사상사적 간주곡"에서 살펴보겠지만, 이슬람과 기독교 세계에서 아리스토텔레스의 사상적 후계자들 가운데 일부는 이것이야말로 그의 심리철학에서 명백한 퇴보라고 주장한 바 있다.

    제4장에서 우리는 플라톤이 말한 영혼의 세 가지 구조 이론을 살펴보았다. 아리스토텔레스 역시 이 이론에 대해 알고 있었음이 분명하지만, 그는 이것을 재개념화했다. 이른바 영혼의 "부분"들, 혹은 "요소"들이라고 말할 때, 아리스토텔레스는 이것을 정말 어떤 공간적인 부분이나 조각으로 생각한 것은 아니었다. 왜냐하면 그에게 영혼은 육체가 아니라, 살아 있는 육체가 지닌 능력의 조합이었기 때문이다. 따라서 아리스토텔레스의 영혼에서 한 '부분'은 분명히 그 조합 가운데서 다른 능력과는 구분되는 하나의 능력으로 이해해야만 한다. 한편으로는 아리스토텔레스 역시 플라톤의 선례에 따라 이러한 능력을 이성적, 감정적, 육체적 욕망의 세 가지로 구분하지 않을까 싶지만, 그는 이러한 삼분법을 그대로 따르지는 않는다. 그는 대체로 '두 가지' 요소를 서로 대조시킨다. 하

나는 이성을 소유하고 있으며(이것이 실제로 사고하는 부분이다), 다른 하나는 보다 약한 의미에서만 이성을 소유하기 때문에 이성에 순종할 수도 있고, 불순종할 수도 있다.(NE 1098a5)[188] 또한 그는 다른 곳에서 영혼의 이성적이고 비이성적인 측면에 대해서도 이야기한다.(NE 1102a28이하)[189] 여기서 아리스토텔레스는 플라톤의 '이성'을 한편에, 그리고 '격정'과 '욕구'를 다른 한편에 두고서 이 양편 사이의 중대한 차이를 깨달은 듯하다. 즉 감정과 욕망 모두 잠재적으로는 이성에 순종하게 된다는 것이다. 가령 우리는 무엇이 최선인지를 결정할 경우에 심사숙고를 통한 판단을 자신의 느낌이나 열망보다 우선시한다. 그러나 항상 그렇지는 않다는 것 역시 잘 알려진 사실이다.

이후에 아리스토텔레스는 이 이성적인 부분 '내에서도' 또다시 구분을 하게 된다. 즉 필요명제(수학, 그리고 그의 생각에는 자연과학에서도)를 추론하는 우리의 능력과, 무엇을 할 것인지를 심사숙고하는 우리의 능력을 구분하게 된 것이다. 이것은 바로 칸트가 말한 순수이성과 실천이성의 구분이다.(이 책의 제6장을 참조하라.)

인간의 본성에 관한 아리스토텔레스의 이론에서 또 하나 중요한 측면은 플라톤의 이론에서와 마찬가지로, 우리가 어쩔 수 없이 사회적 동물이라는 것이다. 대표적인 것이 "인간은 정치적 동물"(NE1097b11)[190]이라는 그의 유명한 말이다.(여기서 "정치적"으로 번역한 '폴리티콘(politikon)'은 "시민적"이나 "사회적"이란 말로도 바꿔쓸 수 있다.) 또 다른 곳에서 그는 이렇게 말한다. "사회적 동물이란 곧 그 종 모두에게 공통적인 어떤 단일적 행동을 지닌 동물을 말한다.〔물론 이는 모든 군생동물에게 공통된 특징이라곤 할 수 없다.〕 가령 인간, 꿀벌, 말벌, 개미, 홍학처럼 말이다."(『동물지』, I.1,488a8) 이는 우리가 이 책의 제10장에서 다루게 될 에드워드 O. 윌슨의 사회생물학적 접근방식과도 놀라울 정도로 유사하다. 그러나 아리스토텔레스는 인간의 사회적 생활에서 특징적인 것은 바로 정의와 불의에 대한 앎이라고 생각했다.(『정치학』, I.1, 1253a15)[191] 그는 우리가 조직 사회의 일원으로서 살아갈 때만 인간의 본성이 완전한 발전에 이를 수 있다고 믿었다. 이때 그가 조직 사회라는 뜻으로 사용한 단어는 '폴리스(polis),' 즉 인구가 대략 10만 명쯤 되는 그리스 도시국가였다.

하지만 그중에서도 과연 누구를 가리켜 공직이나 정치에 참여할 능력이 있는 이성적 존재라고 할 수 있을까? 아리스토텔레스가 오로지 남성만을 그러한 존재라고 간주한 것은 어찌 보면 당연한 일이었다. 왜냐하면 대부분의 고대 그리스인들과 마찬가지로, 아리스토텔레스 역시 여성은 태어날 때부터 남성과는 정신적 능력이 다르며, 따라서 이성적인 사고에는 부적합하기 때문에 결국 출산이나 가사 역할에만 충실해야 한다고 믿어 의심치 않았던 것이다. 그는 이렇게 말한다. "남성과 여성의 관계도 자연적으로 우월한 자와 열등한 자의 관계, 즉 지배자와 피지배자의 관계이다."(『정치학』, IV.7)[192] "자연적인 상태에서 이상이 있는 경우를 제외하고는 남성이 여성보다 지배에 더 적합하며."(I.XII.1)[193] 이른바 "자연"을 들먹이는 이러한 주장이 물론 여성의 능력에 대한 경험적 연구에 근거를 두는 것은 아니었다. 오히려 "자연"이라는 꽤나 교활한 단어를 악용한 수많은 역사적인 사례와 마찬가지로, 이러한 주장은 당시에만 해도 "상식"에 속하는 것이었고, 따라서 그저 편견이나 고의적인 사리사욕의 표현이었을 따름이다. 적어도 여성에 대해서라면 아리스토텔레스는 지극히 보수적이었던 반면, 플라톤은 오히려 동시대인보다 앞서 나갔다고 할 수 있다.

아리스토텔레스는 또한 개인 가운데서도 각자의 사고와 추론의 능력은 날 때부터 다르다고 생각했다. 그래서 그는 종종 "좋은 태생"에 대해 이야기하며, (플라톤과 마찬가지로) 노동의 구분에 따른 사회계급의 존재를 당연시했다. 즉 다수를 차지하는 노동자(농부, 상인, 장인, 군인)는 대부분 고차원적인 사고를 할 능력이 없다는 것이다. 또한 그는 노인과 어린이에 대해서도 편견을 드러내기까지 한다!

나아가 당시의 다른 사람들과 마찬가지로, 아리스토텔레스는 노예제도에 대해서도 반대하지 않았으며, 심지어 어떤 사람들은 자연적으로 노예나 마찬가지라고 믿었다.

> 그래서 우리는 육체가 영혼과 다른 것처럼, 혹은 짐승이 사람과 다른 것처럼, 다른 사람과 차이가 나는 모든 사람들은 (이것은 육체적인 노동을 기능으로 하며, 그러한 노동을 할 때 최선의 성과를 내는 모든 사람들의 경우이다.) 본질적으로 노예이며 (……) 주인에게 지배를 받는 것이 그들에게는 더 좋다.(『정치학』, I.V. 8)[194]

그러나 아리스토텔레스는 "때로는 자연이 의도하는 바와 반대되는 일이 일어난다"(I.V.10)[195]면서, 그렇기 때문에 간혹 노예가 자유민의 육체를(그리고 올바른 태도) 갖고 있는 경우도 있다고 한다. 그러니 만약 그가 조금이라도 편견이 없이 경험적 사실을 탐구할 수만 있었더라면, 그중 어떤 노예들은 그 주인들과 적어도 대등할 정도의 정신적 능력을 지녔음을 아마 인정하지 않을 수 없었을 것이다.(물론 정신적으로 심각한 장애가 있는 사람을 제외하면, 한 인간과 다른 인간 사이의 차이가 인간과 짐승 사이의 차이만큼 크지는 않을 것이다.)

노예제도에 대한 아리스토텔레스의 주장에는 약간 그런 뉘앙스가 없진 않다. 왜냐하면 그는 '정당한' 노예 소유와 — (그의 주장에 따르면) 비록 주인과 노예 사이에 "자연적"으로 정신적 차이가 있긴 하지만, 그래도 그들 사이에는 공통의 이익이나 우정 관계가 성립할 수 있다는 것이다 — 단지 법적 강제나 우월한 힘에 근거한 '부당한' 노예 소유를 구분하고 있기 때문이다.(I.VI.10)[196]

또한 당시의 다른 그리스인들과 마찬가지로, 아리스토텔레스는 그리스인과 "야만인"의 구분도 "자연스러운" 일이라고 굳게 믿었다. 『정치학』 제1부 2장 4절에서 그는 모든 야만인들은 자연적으로 노예임을 시사하면서, 그리스인이 야만스러운 인간들을 지배해야 한다는 주장을 위해 어느 그리스 시인의 금언을 근거로 인용한다.[197] 『니코마코스 윤리학』(NE1145a30)에서도 그는 비록 "금수 같은" 유형의 인간은 보기가 드물긴 하지만, 그래도 그리스인이 아닌 족속 중에서는 오히려 흔한 편이라고 말함으로써 인종차별주의자적인 발언을 남기고 있다.[198]

가부장제와 노예제도, 그리고 제국주의에 대한 아리스토텔레스의 시각은 오늘날 우리의 입장에서는 오히려 충격적으로 보일 수도 있다. 그러나 일찍이 제국을 건설한 인물들(특히 지금으로부터 100여 년 전에 살았던, 고전 교육을 받은 영국의 식민 관료들의 경우) 같으면 아리스토텔레스의 견해에 기꺼이 동조하지 않았을까? 하지만 그렇다고 해서 우리가 아리스토텔레스의 다른 사상에 대해서까지도 편견을 가져서는 안 될 것이다. 왜냐하면 오늘날 우리로선 살아 있는 육체가 지닌 능력의 조합으로서의 정신에 관한 아리스토텔레스의 분석과, 인간의 완성에 관한 아리스토텔레스의 개념을 받아들이는 한편, 성별과 계급과 인종과 국적을 불문하고 모든 사람에게는 공통적이고도 균등하게 뚜렷이 인간다운 이성의 능력이 들어 있으며, 또한 인간의 욕구와 열망 — 그리고 권리 — 역시 이에 상응하게끔 보편적이라는 사실을 충분히 인정할 수 있기 때문이다.

이상과 진단: 인간의 완성, 덕과 악, 이론적이고 실제적인 지혜

아리스토텔레스는 오히려 긍정적인 면을 강조한다. 즉 인간의 상태 속에서 어떤 근본적인 잘못을 분석하고 그에 대한 치료법을 처방하는 — 다른 많은 종교들이 그렇듯이 — 것 대신, 아리스토텔레스는 무엇보다도 인간의 삶에 있어 어떤 목표나 목적, 혹은 의미를 설명하고 나서, 어떻게 하면 그것을 실천할 수 있는지, 그리고 어떻게 하면 그러한 이상을 따라잡지 못하는 실패를 피하거나 다스릴 수 있는지를 제시한다. 마찬가지로 다른 종교에서는(그리고 플라톤 역시 어느 정도까지는) 다른 세상으로의 구원이나 해법을 제시하는 반면, 아리스토텔레스는 인간의 완성에 관하여 전적으로 현세적인 설명을 시도한다. 이런 면에서 그의 접근방법은 이제껏 살펴본 다른 이론들보다도 오히려 유교(이 책의 제1장에 소개된)에 가깝다. (물론 '진단'과 '처방'이란 형태로 이론을 제시하느냐 — 우리가 이 책에서 사용하는 틀처럼 — 아니면 '이상'과 '실현'이라는 형태로 제시하느냐 — 아리스토텔레스의 이론과 더욱 부합되는 — 하는 차이는 단지 그것을 제시하는 데 따른 강조와 형식의 문제이긴 하다. 가령 인간에게 무엇이 잘못되었느냐에 대한 분석은, 우리가 어떻게 사는 것이 이상적인가 하는 어떤 가치 판단을 전제하기 때문이다. 뒤집어 말하자면 이러한 가치 판단 기준이야말로 어떤 인간들은 결코 성취할 수가 없는 것이기도 하다.)

아리스토텔레스는 『니코마코스 윤리학』의 서두에서 무엇보다도 먼저, 우리가 모든 행동과 계획에서 그 자체로 추구하는 어떤 목표나 목적이 존재하는지를 묻고 있다.(NE1094a1-b12)[199] 그는 이러한 목표가 존재한다는 데는 우리 모두가 동의할 것이며, 또한 그것을 가리켜 "행복"이라고 말하겠지만, 정작 그 행복이 실제로 무엇인지에 대해서는 의견이 서로 다를 것이라 주장했다.(NE1095a17)[200] 여기서 주의할 점은 "행복"으로 번역된 아리스토텔레스의 용어가 '에우다이모니아(eudaimonia)'라는 점이다. 이 그리스어의 어원은 이른바 각 사람마다 선한 수호령, 혹은 "수호신"('다이몬[daimon]')이 있게 마련이라는 생각과 연관되어 있다. 물론 아리스토텔레스가 이 단어를 사용할 때는 이러한 초자연적인 함의가 전혀 없었지만, 그래도 현대 영어의 "행복"이란 단어와는 달리 어떤 객관적인 윤리적 기준을 만족시키는 것은 사실이다. 가령 우리는 정신적으로 장애가 있는 성인이 장난감을 가지고 노는 한 '행복하다'고, 그리고 마약 중독자인 사람이 계속해서 마약을 공급받고 아무런 부작용을 나타내지 않는 한 '행복하다'고, 심지어 강간범이나 유아성욕자가 계속해서 범행대상을 찾아내고 결코 체포되지 않는 한 '행복하다'고 말할 수 있을 것이다. 하지만 아리스토텔레스는 이들 중 어느 누구도 '에우다이모니아'를 만끽하고 있다고는 생각지 않을 것이다. 왜냐하면 그의 개념에서 이 단어에는 인간을 뭔가 훌륭하게 완성된 삶으로 이끈다는 뜻이 내포되어 있기 때문이다. 따라서 이 단어는 차라리 "완성"이라고 번역하는 게 더 나을지도 모른다. 또는 "번영"이라고 하는 단어 역시 아리스토텔레스의 이상을 표현하는 데 사용되었던 또 다른 단어이기도 하다. '탁월함'이나 "완벽함" 또한 가능하다. "축복받음"이란 말도 기독교적 함의를 배제하고 나면 사용 가능할 것이다.(특히 "축복받음"이야말로 스피노자가 이 개념의 적절한 번역어로 추천했던 단어로, 이는 아리스토텔레스 자신이 선호했던 이상과 마찬가지로 정신의 이성적 관조 상태를 의미했다.)

    삶의 의미, 혹은 목적이라는 이상적인 인간의 완성 상태에 관하여 이보다 더 근본적인 어떤 것을 말할 수 있을까? 아리스토텔레스는 인간의 본성에 관한 자신의 이론 — 인간에게는 독특한 이성적 능력이 있다는 — 을 적용함으로써, 이제까지는 매우 추상적이었던 '에우다이모니아'의 개념을 좀 더 내용이 있는 것으로 공식화했다.

> 인간의 기능은 어떤 종류의 생이요, 이 생은 이성적 원리를 내포하는 정신의 활동 내지 행위이며, 훌륭한 사람의 기능이란 이러한 활동 내지 행위를 훌륭하게 수행하는 것이며, 또 어떠한 행동이나 거기 알맞은 덕을 가지고 수행될 때 잘 수행되는 것이기에, 인간의 선이란 결국 덕에 일치하는 정신의 활동이라 하겠다. 그리고 덕이란 것이 하나 이상 있다고 하면, 그 중의 가장 좋고 가장 완전한 것에 일치하여 정신이 활동하는 것이 인간의 선이다. 그런데 그것은 온 생애를 통한 것이 아니어서는 안 된다. 한 마리의 제비가 날아온다고 봄이 오는 것도 아니요, 하루아침에 여름이 되는 것도 아닌 것처럼, 인간이 복을 받고 행복하게 되는 것도 하루나 짧은 시일에 되는 것이 아니기 때문이다.(NE 1098a이하)[201]

위의 문장이 아리스토텔레스의 글 가운데서는 그나마 매우 설득력 있게 잘 쓴 편에 속하는 것이라면, 독자들은 아마 기겁을 할 것이다.(그는 매우 성실하고 진지한 철학자인 까닭에, 자기가 필요하다고 생각하는 수식어는 하나도 빼지 않고 집어넣다보니 종종 문장이 턱턱 막히곤 한다.) 하지만 위의 문장이 전하려는 내용은 매우 훌륭하다. 즉 (a)인간의 완성은 단순히 수동적으로 향유함으로써가 아니라 오히려 '행동', 즉 우리의 능력을 실천함으로써 가능하다는 것이고, (b)그것은 우리 인간의 특징인 '이성적' 능력을 사용하는 것과 연관되어 있으며, (c)그런 행동은 반드시 "훌륭하게" 수행됨으로써 최상의, 가장 완벽한 종류의 "탁월함," 혹은 '덕(德)'을 표현하고, (d)나아가 그야말로 '평생'에 걸쳐 지속되어야 한다는 것이다.

이러한 공식은 분명히 인간의 '탁월함'의 본성이 무엇이냐는 질문을 제기한다.(여기서 '탁월함'으로 번역한 그리스어 '아레테[arete]'는 흔히 "덕"

으로 번역되는데, 아리스토텔레스는 무생물조차도 '아레테'를 지닐 수 있다고 생각했다. 가령 날이 잘 드는 도끼가 있다면, 그 도끼는 '아레테'를 지닌 셈이다. 그러나 영어에서 우리는 보통 '좋은' 도끼라고는 말해도, 결코 '덕을 지닌' 도끼라고 말하진 않는다.) 앞서 이야기했던 것처럼, 영혼에서도 이성을 발휘하는 부분과 이성에 순종하는 부분이 있는 것에 상응하여, 아리스토텔레스는 탁월함에서도 지성의 탁월함과 성격의 탁월함을 구분한다. (NE 1103a15)[202] 앞의 것은 이론적인 것과 실천적인 것으로 나뉜다. 그중 이론적인 탁월함은 '소피아(sophia)' 혹은 지적 성취(오늘날이라면 이른바 '학문적 탁월함'이라고 할 수 있을 것이다)와, '테크네(techne)' 혹은 기술적 숙련(아리스토텔레스는 이를 그리 높이 평가하지 않음으로써 편견을 드러낸다)을 말한다. 실천적인 탁월함은 '프로네시스(phronesis),' 즉 실천적인 지혜를 말한다. 다시 말하면 현실 상황에서 무엇을 할 것인지를 계획하고, 그에 대한 현명한 결정에 도달하는 데 있어 탁월한 것이다.

플라톤은 이른바 '소피아'와 '프로네시스'를 구별한 적은 없었고, 다만 '형상'에 대한 이론적 지식이야말로 정확한 실천을 위해서는 필수적이라고 주장했을 뿐이다. 이에 비해 아리스토텔레스는 실천적 지혜의 독립성을 강조함으로써 새로이 중대한 기여를 한 셈이다.

사유에서의 긍정과 부정에 대응하는 것으로, 욕구에는 추구와 회피가 있다. 따라서 윤리적인 덕은 선택에 관계된 성품의 상태요, 선택이란 숙고한 욕구이므로, 좋은 선택을 하려면 이치도 옳아야 하거니와 욕구도 바른 것이어야 한다. 그리하여 전자가 주장하는 바의 것을, 후자는 추구해야만 한다. 그런데 이런 종류의 지능과 진리는 실천적인 성질의 것이다 (1139a21 이하)[203]

아리스토텔레스는 실천적 지혜가 단순히 도덕적 계율과 금기를 알고 또 적용하는 것으로 구성되어 있지는 않다고 주장했는데, 왜냐하면 그는 우리가 삶에서 마주하는 모든 특별한 선택에 적용 가능한 어떤 일반 법칙을 공식화할 수 있다고는 생각지 않았던 까닭이다. "행위자 자신이 항상 형편과 처지에 따라 어떤 행동이 적합한 것인지를 생각해야 되기 때문이다."(1104a9)[204] 현명한 사람, 즉 '프로네모스(phronemos)'는 항상 실천적 경험으로부터 뭔가를 배우기 때문에, 새로운 상황에 처해서도 현명한 결정을 내릴 것으로 기대된다.

실제로 『니코마코스 윤리학』에서 아리스토텔레스가 하는 탐구는 단순히 이론으로만 그칠 것이 아니라, 사람들이 선해지도록 도와주기 위해 착수된 것이다.(1103a27, 1179b11이하)[205] 그의 근본적인 관심사는 철학적 기교를 자랑하고 학문적 명성을 얻으려는 것이 아니라, 사람들로 하여금 덕을 증진하도록 도우려는 것이었다. 물론 한편으로는 난해하게 빚어진 아리스토텔레스의 철학적 문구를 이해하는 데 반드시 필요한 지적 능력을 지닌 사람이라고 하더라도, 본인이 충분히 그럴 의사가 없는 한 결코 덕스럽게 되진 못할 것이라는 사실 역시 인정해야만 할 듯하다. 아리스토텔레스는 훌륭한 양육, 즉 어린 시절부터 덕스러운 습관을 지니도록 훈련시키는 것 이상의 방법은 없음을 잘 알고 있었다. 하지만 그는 인간의 덕의 본성에 관해 심혈을 기울여서 펼친 자신의 설명이 사회 이론가들과 입법가들(그의 말마따나 "정치적 숙련가들")에게 도움이 되기를, 즉 어떻게 인간의 덕과 완성을 증진하도록 사회를 조직하느냐는 문제에 대한 생각에 도움이 되기를 바랐던 것이다.(NEI.3)[206]

『니코마코스 윤리학』의 핵심적인 권에서는 특정한 실천적 탁월함, 혹은 덕이 상당히 자세하게 논의되고 있다. 이른바 전통적인 덕의 목록(플라톤에서부터 비롯된)에는 실천적 지혜(종종 "신중함"이라 부르는)뿐만 아니라 다른 세 가지, 즉 중용(혹은 "절제"), 용기, 그리고 정의도 포함되어 있다. 그러나 아리스토텔레스는 이 목록을 더욱 크게 확장시켜서, 덕이란 이른바 두 가지 극단 사이의 중도(中道)라는 새로운 해석(그 모두는 아닐지라도, 상당수에 적용 가능한)을 내린다. 즉 용기는 공포와 태연(泰然) 사이의 올바른 균형 상태이고, 절제(특히 육체적 욕망에 관한)는 방종과 금욕 사이의 중도이며, 돈을 쓰는 데 있어 "관후(寬厚)"는 방탕과 인색 사이의 올바른 균형 상태이고, "온화함"(자신의 분노를 표현하는 데 있어서)은 성급함과 무성미(無性味) 사이의 중도이다.(NE III,6-V)[207] 아리스토텔레스가 지나칠 정도로 진지한 게 아니냐고 생각하는 사람들이라면, 그가 "인생에는 활동도 있지만 또한 휴식도 있고, 또 휴식에는 한가로이 재미있게 지내는 일도"(IV,8,1127b35)[208] 있다고 시인한 사실을 알면 조금이나마 위안을 얻을지도 모르겠다. 물론 그는 이렇게 쓴 직후에도 철학적 논조를 늦추기는커녕, 오히려 이번에는 재치에 대한 분석을 시도한다. 즉 재치는 지나친 익살과 유머감각 없는 촌스러움, 혹은 뻣뻣함 사이의 중도라는 것이다!

또한 아리스토텔레스는 아마도 고대 아테네 사회에만 특이하게 존재했을 법한 몇 가지 덕목에 대해 덧붙인다. 가령 "마음이 대범함"[209](이것은 거대한 일에 적합한 사람, 혹은 그렇게 생각하는 것을 말한다)이나 "호탕함"(이것은 공공사업에 자신의 돈을 적절하게, 그리고 멋지게 사용할 줄 아는 것을 말한다)처럼 말이다. 앞의 것은 자기 자신의 가치와 명예에 대한 적절한 감각으로, 곧 허오(虛傲)함(스스로 가치 없음에도 가치 있다고 생각함)과 "비굴함"(스스로 가치 있음에도 가치 없다고 생각함) 사이의 중도로 표현할 수 있다.(NE IV,3)[210] 하지만 보통은 마음이 대범함을 가리켜 덕이라고 말하지는 않는다. 특히 예수가 산상설교에서 "심령(마음)이 가난한 자는 복이 있나니," "온유한(유순한) 자는 복이 있나니"(마태복음 5장 3절; 5

절)라고 말한 것은 확실히 이와 반대된다. 그러나 19세기에 이르러 니체는 기독교의 겸손을 강력히 거부하고, 대신 아리스토텔레스의 "대범한 마음"을 옹호했다.

하지만 정의(正義)(물론 플라톤적인 의미라기보다는 오히려 현대적인 의미에서)의 덕 같은 경우에는 이른바 양 극단 사이의 중도라는 유형에 딱 맞아떨어지지는 않는 듯하다. 물론 의미상으로 이러한 덕에 대응하는 불의나 불공정 같은 악덕이 있긴 하지만, 이른바 '지나치게' 정의롭다거나, '지나치게' 공정하기는 불가능하기 때문이다.(물론 때로는 별것도 아닌 일에조차 공정성을 엄격하게 적용하려는 사람도 있긴 하지만.) 정의는 결정적으로 나와 다른 사람이 연관된 문제이다. 단지 가족이나 친구나 계약상의 의무와 같은 유대로 인해 연관된 특별한 사람들뿐만 아니라, 잠재적으로는 각자의 사회(오늘날은 이 사회의 개념이 그야말로 무한정해졌다. 물론 아리스토텔레스의 경우에는 '폴리스'만을 의미했지만)에 있는 모든 사람들까지도 말이다. 그는 상거래를 위한 법률 앞에서의 평등과, 사회의 건전성 앞에서의 평등의 중요성을 자각하고 있었다. 그는 이렇게 말한다. "무릇 국가는 비례적인 보상 관계에 의하여 유지되고 있다."(NE 1132b35)[211]

덕에 대한 이 모든 고찰은 인간의 삶을 위한 긍정적인 이상의 대강을 그려보이고 있다. 인간의 행동, 성품, 그리고 삶이 이러한 이상을 따르지 못할 경우에는 일이 잘못되게 마련이다. 하지만 아리스토텔레스는 어째서 그런지에 대해서는 포괄적인 분석을 내놓지 않았다. 왜냐하면 비록 인간의 완성의 기본적 이상은 오로지 하나뿐이지만(그는 이런 입장을 취했다), 그는 또한 이에 도달하지 못하는 '수많은' 다른 경우가 있음을 잘 알고 있었기 때문이다.(1106b31)[212] 우리가 살펴본 바와 같이, 대부분의 덕에는 그에 상응하여 보다 부족하거나 보다 지나치거나 해서 생겨나는 두 가지 악덕이 있게 마련이다. 또한 육체적 본능을 지닌 한편으로 강력한 사회적 감수성과 이성적 능력을 지닌 동물이라는 우리의 혼합된 본성으로부터 다양한 가능성이 생겨난다. 즉 우리는 쾌락 때문에 절제로부터, 그리고 두려움 때문에 용기로부터 멀어질 수가 있다. 우리는 사회적 야심 때문에 무모함에, 이기심 때문에 불의에 이끌릴 수가 있다.

그런데 아리스토텔레스가 세 가지의 바람직하지 못한 상태, 즉 악덕, 자제력 없음, 금수 같은 상태를 구분하는 순간, 아리스토텔레스의 분석은 더욱 복잡해진다.(NE 1145a16) 첫 번째 것은 덕의 반대, 즉 잘못된 일을 행하려는 고정적인 성향으로, 이것은 선천적인 것이라기보다는 부적절한 훈련과 잘못된 선택의 조합이라 할 수 있다. 반면 세 번째 것은 오히려 선천적이고 교정 불가능한 성향으로, 이것은 다른 사람들에게 해를 끼치거나 기괴한(정신질환자나 백치 같은) 종류의 "비인간적인" 방식으로 행동하려는 것을 말한다. 그리고 두 번째 것은 아리스토텔레스가 가장 흥미롭게 생각했던 성향으로, 그는 『니코마코스 윤리학』의 제7권에서 자제력과 자제력의 결여에 대해 난해한 철학적 분석을 시도하고 있기도 하다.

이 책의 제4장에서 이미 살펴보았듯이, 소크라테스는 어느 누구도 스스로 잘못을 알면서 일부러 행하지는 않는다고 주장했다. 하지만 이런 주장은 사도 바울이 말한 다음과 같은 인간 경험의 사실과 모순된다. "내가 원하는바 선은 행하지 아니하고, 도리어 원하지 아니하는바 악을 행하는도다."(로마서 7장 19절) 플라톤은 영혼의 상충되는 부분들을 구분하고, 우리가 어떻게 하면 내적 조화를 이룰 수 있는지 하는 실천적인 문제를 제기했다. 아리스토텔레스의 큰 기여 가운데 하나는 이른바 자제력이 결여된 사람과, 단순히 나쁘거나 악한 사람 사이에 중대한 차이가 있음을 지적했다는 점이다. 왜냐하면 뒤의 경우에 해당하는 사람은 전형적으로 자신이 얼마나 나쁜지에 대해서 아무런 인식이 없는 반면, 앞의 경우에 해당하는 사람은 자신의 염원과 행동 사이의 차이를 뼈저리게 실감하기 — 가령 위에서 말한 사도 바울처럼 — 때문이다.(NE 1150b36)[213] 따라서 뒤의 경우에 비하자면 앞의 경우에 해당하는 사람은 "고쳐질," 혹은 나아질 가능성이 더 많다.(물론 그렇다고 해서 뒤의 경우에 해당하는 사람을 포기해서는 안 된다. 왜냐하면 어쩌면 그런 사람도 자기가 하는 행동의 그릇됨을 깨닫는 '상태'에는 이를 수 있기 때문이다.)

긍정적인 쪽에도 두 부류의 사람이 구분된다. 하나는 우선 자신의 부적절한 욕망을 다스릴 수 있도록 자제력을 기른 뒤에야 비로소 옳은 일을 할 수 있는 사람이고, 다른 하나는 부적절한 욕망을 느끼지 않을 만큼 — 혹은 적어도 내적 충돌을 겪지 않을 만큼 — 덕(혹은 내적 조화, 계몽, 혹은 성령 충만한 삶)을 충분히 향상시켰기 때문에 보다 용이하고 우아하게 옳은 일을 할 수 있는 사람이다. 아리스토텔레스의 논의는 약간 지나치게 전문적인 감이 없지 않지만, 그는 뒤의 경우에 해당하는 '소프로수네(sophrosune)'의 이상을 우리 앞에 내놓았다.(이 단어의 뜻을 영어로 표현하려면 "중용"이나 "절제"가 그나마 비슷하다고 할 수 있다.)

깨달음, 혹은 처방: 정치적 숙련과 지적 관조

어떻게 해야 인간의 완성을 성취할 수 있을까? 어떻게 해야 내적 조화를 이룰 수 있을까? 아리스토텔레스는 덕과 악덕은 "습관"으로 인해 형성된다고 주장했다. 즉 우리의 성격은 과거에 했던 행동의 결과이기 때문에, 우리는 스스로를 지금의 모습으로 만든 것에 대해 적어도 어느 정도까지는 책임을 져야 한다고 말할 수 있다. 충고나 칭찬이나 비난은 모두 특정한 상황에서 적절한 행동을 조장하는 데 일부나마 효과를 발휘할 수 있지만, 아리스토텔레스는 "대부분의 사람은 염치감[부끄러움]에 지배받도록 되어 있지 않고, 오히려 공포심에 지배받도록 되어"(NE 1179b11)[214] 있다는 사실을 딱하다는 듯 인정하는 한편, "성격 속에 오랫동안 도사리고 있던 습성을 언설[말]에 의하여 제거한다는 것은 불가능하지는 않을지 모르지만 매우 어려운 일"(1179b18)[215]이라는 사실도 잘 알고 있었다.

따라서 성격의 형성에 있어서는 적절한 양육이야말로 중요한 요소이며, 또한 양육과 교육이 가능하려면 그 이전에 인간 사회가 있어야 하기 때문에, 아리스토텔레스 역시 플라톤과 마찬가지로 과연 어떻게 해야 사회가 최상의 상태로 조직화될 수 있을지를 묻게 된다.『니코마코스 윤리학』은 내용 대부분이 인간의 행복, 혹은 완성이라는 이상을 내세우고 있지만, 이런 서두에 이어 아리스토텔레스는 이러한 이상을 실천하는 것이야말로 "정치적 숙련"의 문제라고 지적한다.

> 왜냐하면 비록 이 선이 개인에 대해서나, 또 국가에 대해서나 같은 것이기는 해도, 국가의 선은 그것을 실현하는 경우이건, 또는 보전하는 경우이건, 사실상 더욱 크고 더욱 궁극적인 것이기 때문이다. 또한 이 선을 그저 개인을 위해 실행하는 것도 가치있는 일이지만, 한 민족이나 도시국가를 위하여 실현하는 것은 더욱 훌륭하고 더욱 신적인 일이기 때문이다. 우리는 이런 것들을 탐구하기 때문에, 우리의 연구는 어느 의미에서 정치학적인 것이라 하겠다.(1094b8)[216]

그렇게 해서『니코마코스 윤리학』은 제도, 입법, 그리고 좋은 정부에 대한 또 다른 질문으로 끝난다.(1181b13)[217]

아리스토텔레스가 제시한 처방의 세부내용 가운데 대부분은 또 다른 작품인 『정치학』에서 제시되는데, 이 저술 역시 (플라톤의 『국가』와 마찬가지로) 제목에서 나타난 것보다도 훨씬 더 넓은 범위의 내용을 다루고 있다. 『정치학』에서 아리스토텔레스는 결혼, 가족, 노예제도, 가정관리(제1권), 인구, 영토, 도시계획, 양육, 젊은이들에 대한 훈련(제7-8권), 그리고 시민의식, 제도, 혁명 및 개혁(제2-6권) 등을 다루고 있다. 플라톤보다는 훨씬 현실적이었던 아리스토텔레스는 가족생활과 사유재산을 인정했고, 따라서 국가 권력에 어떤 한계가 있어야 함도 인식하고 있었다. 하지만 그 외의 다른 면에서 그의 이상적인 '폴리스'는 상당 부분 전체주의적이어서, 그는 양육이야말로 어린이와 청년의 도덕성 발전에 중요한 것은 물론이고, 더 나아가 사회의 도덕적 건전성에도 역시 중요하다고 생각한 나머지, "그들의 양육과 여러 가지 종사하는 일〔행동〕이 법률〔국가〕에 의하여 규정되어야 한다"(NE 1179b35)고 주장한다. 이는 곧 어린이들의 삶에서는 일찌감치 국가가 지배력을 행사해야 한다는 이야기로 들린다. 이처럼 아리스토텔레스의 이상적인 '폴리스'는 마치 16세기에 칼뱅이 다스리던 제네바와 마찬가지로 그곳 시민들의 도덕심을 지배하는 권력을 지니는 셈이다. 오늘날이야 한쪽에는 정치와 입법에 대한 문제를, 다른 한쪽에는 "개인적인" 도덕에 대한 문제를 놓고 두 가지를 분명히 구분하는 게 일반적이지만, 아리스토텔레스의 시각은 우리에게 인간이 어떻게 살아야 가장 잘 사는 것이냐 하는 매우 근본적인 질문에 대한 어느 정도의 합의도 없는 어떤 공동체나 사회나 국가가 과연 제대로 살아남고 번영할 수 있겠느냐는 의문을 던지고 있다.

아리스토텔레스에 관한 장을 마무리하기 전에 이상적인 행복에 대한 그의 개념으로 되돌아가서, 그 스스로가 『니코마코스 윤리학』의 맨 마지막 권에서 선호했던 처방을 다시 한 번 생각해 보도록 하자.(NE X.6-9) 여기서 그는 제1권 5장에서 언급한 완성된 삶의 세 가지 개념(즉 쾌락에 바친 삶, 정치적 성공과 명예에 바친 삶, 그리고 지적 연구와 관조에 바친 삶)을 논하면서, 이 가운데서도 세 번째 것이 최고라고 주장한다. 그는 쾌락적인 삶을 가치없이 폄하한 반면(X.6), 실천적 정치활동을 차선으로 여겼으며(X.8,1178a9이하), 관조하는 삶에 최고의 영예를 부여했다.(X.7-8) 아리스토텔레스의 주장에 따르면 최고의 종류의 행복은 인간의 본성에서도 "지고한" 요소이며 지배적인 부분의 활동, 곧 "좋은 것과 신성한 것에 대한 앎"이다. 그는 이를 가리켜 관조적 활동이라고 했다.(1177a13이하)218) 이것은 가장 자족적인 종류의 인간 활동이며, 비교적 수수한 자원만으로도 가능하다. 아리스토텔레스는 또한 이것이야말로 누구나 혼자서도 가능한 유일한 일이라고 주장하는데(1177b1),219) 아마 이와 같은 주장을 들으면 음악가나 골프 선수, 혹은 연인이나 산책을 좋아하는 사람들은 불같이 화를 낼지도 모르겠다.

이 대목에서 아리스토텔레스의 논증에는 "신들"과의 비교가 등장한다.(물론 그가 신들을 말 그대로 받아들였는지 여부는 의문이지만.)

> 그러므로 인간에 비하여 이성이 신적인 것이라고 하면, 이성을 따른 생활은 인간적인 생활에 비하여 신적인 생활이라 아니할 수 없다. 그러나 우리는 "결국 인간이니 인간적인 일을, 또 사멸할 것일 따름이니 사멸할 것들을 생각하라"는 권고를 따를 것이 아니라, 도리어 할 수 있는 데까지 우리 자신을 불사불멸의 것이 되게 하고, 우리 자신 속에 있는 최선의 것들을 따라 살도록 온갖 힘을 기울이지 않으면 안 된다. 이 최선의 것은 부피는 작지만, 그 능력과 가치에 있어서는 모든 것을 능가하니 말이다.(1177b31이하)220)

계속해서 아리스토텔레스는 신들이 실제로 어떤 행동을 한다고 여기는 것은 부적절하다고 주장하면서도, 우리는 신들이 가장 높은 정도로 축복받고 행복한 존재임을 믿어야 하며, 또한 신들이 살아 있으며 따라서 '어떤' 식으로건 행동하고 있음을 인식해야 한다고 주장했다. 그리고 신들의 그 '어떤' 식이란 오로지 관조적인 방식이며, 따라서 이것이야말로 가장 고차원적인 종류의 행동이 되어야 한다는 것이다.(1178b8이하) 나아가 만약 신들이 모든 인간을 돌보는 것이 사실이라면, 우리 인간은 신들이 그들 자신과 가장 유사한 존재, 즉 우리의 이성의 훈련을 보며 가장 기뻐할 것이라고 간주할 수도 있다.(1179a25)

이 모든 논증은 아리스토텔레스가 이성의 활동을 인간의 행복에서도 지고한 종류로 가치매김한 것을 뒷받침하기 위한 것으로 보인다. 그러나 그는 과연 무엇 때문에 여기서 굳이 그중에서 첫째가는 것을, 즉 완성에 있어서도 유독 어느 한 가지만을 가장 높은 것으로 골라낼 필요성을 느낀 것일까? 이는 분명 아리스토텔레스 자신이 학문하는 삶을 추구했고, 이후 그 분야의 선구자가 되었으며, 또한 거기에서 커다란 만족을 얻었기 때문이 아니었을까 싶다. 하지만 아무리 그렇다고 해도 다른 분야의 추구를 열등한 것으로 폄하할 필요는 없다. 그저 방식이 다르다고 해서 굳이 좋지 않다고 할 수가 있을까? 우리는 이른바 "지적 활동"의 시야를 창의적 예술까지 포괄하는 것으로 넓혀야 할 것이다. 우리는 성공한 정치가를, 혹은 권력 그 자체만을 추구하진 않으며, 오히려 그 권력을 평화와 번영과 사회정의를 위해서만 사용하는 사람을 존경할 수도 있다. 또한 우리는 오히려 고상하지 못한 것으로 치부되는 삶의 방식(가령 장인, 농부, 기술자, 운동선수, 교사, 그리고 자신의 삶을 대부분 다른 가족들을 위해 바치는 가정주부처럼) 역시 존중해야만 한다. 실제로 많은 사람들이 여러 가지 이상(가령 자기 직업, 가족, 교회, 정치 활동, 음악, 스포츠 등)을 추구하면서 살아가고 있으며, 모든 사람이 반드시 하나의, 혹은 영속적인 최고 우선권을 가져야 한다는 강제조항은 없다.

만약 우리가 아리스토텔레스에게서 순수 이성에 대한 최후의 과대평가를 제거하고, 그 자리에 여러 종류의 인간적 세부사항을 대체해 넣는다면(그 자체로 가치 있는 일들이며, 그 어떤 것도 강제는 아닌), 우리는 이성적 능력을 사용하고, 평생에 걸쳐 "훌륭하게" 수행되는 그의 공식(I.7에 나오는)과도 부합될 뿐만 아니라, 보다 매력적인 인간의 번영, 혹은 완성의 개념을 갖게 될 것이다. 여기에서 "이성적"이란 말에는 실천적인 이성뿐 아니라 이론적인 이성도 포함된다. 그럼으로써 우리는 인간중심적인, 혹은 인간주의적인 윤리의 기초를 얻게 된다.

하지만 혹시 뭔가 빠진 것은 없을까? 우리는 가령 다음과 같은 불안을 느낄 수도 있다. 즉 운 좋게도 부유한 계급이나 나라에 태어난 사람은 이와 같은 종류의 기준에 따라 매우 완성된 삶을 살아가는 반면 — 좋은 직업, 가정, 친구, 예술, 과학, 스포츠, 취미 등 각자에게 어울리는 것을 즐기면서 — 다른 많은 사람들은 그와 같은 완성의 기회를 거의, 혹은 전혀 갖지 못한다는 생각이 드는 것이다. 아리스토텔레스 자신의 사회만 해도 노예나 야만인에겐 아무런 권리가 주어지지 않았다. 심지어 그리스인 남성 사이에서도 지적이거나 정치적인 직업은 오로지 지체 높은 귀족만 가질 수 있었다. 우리가 사는 이 시대, 이른바 자유주의적인 사회, 즉 자유를 사랑하는 (그리고 번영하는) 민주주의 사회에서도, 이 사회의 모든 사람이 인간적인 완성을 위해 똑같은 기회를 갖지는 못한다는 것은 고통스럽게도 사실이다. 나아가 이보다 더 넓은 세계 전체로 보자면 두말할 나위도 없다.

따라서 위에서 살펴본 바와 같이 수정된 아리스토텔레스적 인간주의의 논리를, 이른바 계명에 대한 예수의 요약, 즉 "네 마음을 다하고, 목숨을 다하고, 뜻을 다하고, 힘을 다하여 주 너의 하나님을 사랑하라.(……)

네 이웃을 네 자신과 같이 사랑하라"(마가복음 12장 30-31절)와 비교해 보면 좋을 것이다. 물론 유대-기독교의 하느님이나 아리스토텔레스의 신들이 실제로 '존재하는지' 여부에 대한 의문은 일단 젖혀두고, 그저 두 가지 이상을 단순히 비교해 보자. 이 두 가지는 하느님, 혹은 신에 대한 개념이 다를 뿐만 아니라, 인간의 열망을 위해 세워진 이상 자체도 크게 다르다. 아리스토텔레스의 신들은 전적으로 이성적인 존재이며, 만약 그 신들이 인간사에 관심을 갖고 있다 하더라도, 그들은 오로지 우리(혹은 우리 중에서도 가장 현명한 자들)가 그들의 지적 통찰을 모방하는 것밖에는 관심이 없는 것으로 그려질 것이다. 이에 반해 히브리의 하느님은 사랑의 하느님인 동시에 지혜의 하느님이며, 자신의 백성 전체는 물론이고 각 개인에게도 관심을 지니고, 특히 사회 정의(가령 가난한 자와 고아의 운명)에 관심이 많고, 용서의 능력을 지닌 것으로 그려진다. 이 모든 것은 이후 기독교에서 말하는 '사랑의 하느님'의 개념으로 집약된다.(이 책의 제3장을 보라.)

아리스토텔레스 역시 인간에게 있어 사랑의 중요성을 모르지는 않았다. 실제로 그는 『니코마코스 윤리학』에서 무려 두 권(제8권과 9권)에서 우정에 관한 주제를 다뤘다.(이 두 가지는 이 책에서도 가장 읽기 쉬우며, 또한 독립적인 부분이라 할 수 있다.) 그리고 그는 우리에게 스스로를 사랑〔自愛〕해야만 한다고, 즉 스스로가 잘되기를 바라야 한다고 말한다.(1168b30)[221] 그러나 아리스토텔레스의 개념에서 우정('필리아')은 단지 소수의 사람에게만 가능하다. 나아가 우정은 선한 사람들 사이에서만 실제로 존재할 수 있다. 이에 반해 신약성서의 개념에서 사랑('아가페,' 이는 보통 "자비"로 번역된다)은 보편적이며 무조건적인 것으로 간주된다. 내가 생각하기에는 이는 아리스토텔레스가 말한 "호의(好意)"(NE 1166b30)[222]에 더 가까운 듯하다. 그것이 우리 앞에 제시하는 이상은,

첫째로 우리가 다른 모든 인간을 사랑하고 동정해야 한다는 것이다. 그리고 둘째로 우리의 사랑, 혹은 동정은 결코 어떤 선한 행동이나 개인의 능력에 의거한 것이 아니므로, 따라서 회심이나 용서는 언제든지 가능하다는 것이다. 이 두 가지 이상이야말로 우리의 연약한 인간의 본성에는 실은 불가능할 정도로 힘든 것일 수 있다. 하지만 심지어 이처럼 우리 앞에 제시될 수조차 없는 윤리에는 뭔가 분명히 빠진 것이 있게 마련임을 명심해야만 할 것이다.

더 읽을거리

● 기본 문헌: 아리스토텔레스의 『니코마코스 윤리학』. 영어 번역본은 여러 가지가 있지만, 그중에서도 가장 최신의 것은 다음과 같다. 새러 브로디(Sarah Broadie)와 크리스토퍼 로우(Christopher Rowe) 공저, 『아리스토텔레스의 니코마코스 윤리학: 번역, 해설 및 주석』(2002). 브로디는 이 책에서 철학적 문제에 대한 탁월한 해설은 물론이고, 매우 자세하고 논쟁적인 주석을 달아놓고 있다. 이보다 좀 더 쉬운 해설서로는 다음을 참조하라. J. O. 엄슨(J. O. Urmson), 『아리스토텔레스의 윤리학』(1988).

● 아리스토텔레스: T. 어윈(T. Irwin)과 G. 파인(G. Fine) 편저, 『선집』(1995). 이 책은 아리스토텔레스의 모든 저작에서 중요한 부분만 골라 엮은 훌륭한 개론서다.[223]

● 아리스토텔레스 철학 전체에 대한 개설서로는 다음 몇 가지가 있다. J. L. 아크릴(J. L. Akrill), 『철학자 아리스토텔레스』(1981).[224] 아크릴의 책은 아리스토텔레스를 현대 철학과 연관시킨 대목이 특히 뛰어나다. D. J. 앨런(D. J. Allan), 『아리스토텔레스의 철학』(1970, 제2판).[225] 앨런의 책은 이 철학자의 저술과 그 역사적 배경에 대해 보다 자세한 내용을 다루고 있다. 옥스퍼드 대학 출판부의 〈아주 짧은 개론서〉 시리즈 가운데서 조너선 반즈(Jonathan Barnes)가 쓴 책도

훌륭하다.226)

● 아리스토텔레스의 『정치학』에 관한 좋은 개론서로는 어니스트 바커(Ernest Barker)가 직접 번역하고 해설과 각주, 그리고 부록을 첨부한 다음 책을 참조하라. 『아리스토텔레스의 정치학』(1946).

사상사적 간주곡

 이 책에서 소개하는 인간의 본성에 관한 여러 "이론"들을 선정하는 과정에서, 부득이하게 고대 세계에서 18세기 후반까지 사이에 역사적 간극이 생겨나고 말았다. 물론 그 사이에는 수많은 일들이 일어났다. 따라서 칸트와 그 이후의 사상가들에 대한 이해를 돕기 위해, 여기서 잠시 그 역사적 간극에 해당하는 기간에 활동했던 주요 사상가들에 대해 개략적인 소개를 하고 넘어갈까 한다. 또한 각 시대마다, 나는 그 시대의 주요 관심사를 하나의 질문으로 요약해 보았다.

플라톤 이후의 고대 사상: 철학은 과연 어떤 인생 지침을 제공하는가?

아리스토텔레스 이후의 그리스 세계에서, 아테네와 같은 작은 도시국가들은 알렉산더가 다스리는 제국으로 (그리고 더 나중에는 로마 제국으로) 흡수되었고, 그리하여 보다 코즈머폴리턴적인 사회의 일부분이 되었다. 지적인 탐구는 플라톤의 아카데미아, 아리스토텔레스의 뤼케이온, 그리고 다른 "학파" 등을 통해 실시되었다. 천문학과 의학 같은 학문은 보다 전문화되었고, 철학 역시 보다 실용적이고 유사종교적인 방향으로 흘러갔다. 사람들은 "지혜에 대한 사랑(철학)"을 단순히 이론적인 것으로 대하기보다는 오히려 그로부터 각자의 삶을 어떻게 살아야 최선인지에 대한 지침을 얻으려 했다.

스토아 학파

스토아 학파는 위에 언급한 주제를 다룬 대표적인 사상적 학파 가운데 한 곳이다. 창시자는 제논으로, 그의 철학은 BC 3세기경에 큰 인기를 누렸다. 스토아 학파는 논리학과 우주론에도 어느 정도 관심을 갖긴 했지만, 그들의 가장 유명한 주장은 인간이 지속적으로 "자연에 순응해" 살아야 한다는 처방이었다. 물론 가장 큰 문제는 여기서 "자연"이란 말이 과연 무슨 의미냐 하는 것이겠지만 말이다. 스토아 학파에서는 이 우주와 인간의 영혼 안에 이성적인 원리, 혹은 '로고스(logos)'가 존재하며, 따라서 우리는 이렇게 이성적으로나 신적으로 정해진 질서에 순응해야 한다고 주장했다. 이 세상에는 우리가 바꿀 수 없는 것도 많고, 반드시 배워야만 하는 것도 많다. 그러니 우리가 할 수 있는 유일한 선택은 과연 어떻게 해야 그런 필연적인 질서에 가장 '잘' 순응할 수 있느냐는 것이다.(즉 우리의 이성적 능력을 가지고 우리 자신의 감정을 제어하는 데 사용하느냐, 아니냐 하는 것이다.) 따라서 이 사상의 근본 메시지는, 우리가 스스로를 변화시킬 때에야 비로소 자유로워질 수 있다는 것이다. 우리는 올바르게 순응하는 태도를 통해 덕을 얻을 수 있고, 따라서 인간의 삶에서는 행복이 가능하다.

    스토아 철학은 로마 제국 초기에 무척 큰 영향력을 끼쳤다. 로마의 웅변가 키케로(BC 1세기경)의 저술 역시 스토아 철학에 상당 부분 근거하고 있다. 그 이후에도 네로 황제의 고문이었던 세네카(1세기경)나, 해방노예 출신으로 모든 인간은 "제우스의 자녀"이기 때문에 덕을 지닐 능력이 있다고(이는 기독교와 유사한 보편주의 철학이었다) 주장했던 에픽테토스(2세기경) 등이 대표적인 스토아 철학자였다. 또한 161년부터 180년까지 로마 황제로 재위했던 마르쿠스 아우렐리우스의 『명상록』 역시 스토아의 인생철학을 잘 표현하고 있는 유명한 저술이다.

에피쿠로스 학파

또 하나의 사상적 학파인 에피쿠로스 학파는 종종 스토아 학파와 반대되는 것으로 언급되곤 한다. 에피쿠로스(3세기경)는 경험론적 인식론과 원자론적 우주론을 설파했지만, 그의 주된 관심사는 윤리학이었고, 그의 가르침은 대개 쾌락이야말로 인생의 궁극적인 목표라고 요약된다. 하지만 이는 무작정 일시적인 감각적 쾌락만을 추구하라는 뜻은 아니다. 에피쿠로스는 이른바 지속적인 "영혼의 평온"을 신중하고도 조심스럽게 추구하는 한편, 고통을 최소화하고 적절한 한도의 쾌락을 지속시키라는 처방을 내렸다. 그로 인한 결과는 실상 스토아주의와 크게 다르지 않다. 하지만 이 두 학파의 강조점은 엄연히 달랐다. 에피쿠로스주의는 오로지 행복이라는 목표를 성취하기 위한 수단으로서만 덕을 긍정했기 때문에 궁극적으로는 이기적이지만, 반면 스토아주의는 오로지 덕을 성취함으로써만 행복을 얻을 수 있다고 보았기 때문이다.

신플라톤주의

로마 제국 말기에 들어서면 신플라톤주의 사상이 크게 두각을 나타냈다. 그중에서도 가장 유명한 인물은 플로티누스(3세기경)로, 그는 선(善)의 형상이야말로 무엇보다 탁월하다는 플라톤의 견해를 바탕으로 하여, 거기에서 더 나아가 모든 존재와 지식의 근원인 초월적인 신에 대한 정교한 교설을 발전시켰다. 인간의 삶에 대해서는 우리가 신을 향해 윤리적으로 점차 향상될 수 있으며, 그로 인해 신과의 신비로운 결합이라는 최종적인 상태를 성취할 수 있다고 했다. 따라서 플로티누스의 생각은 기독교와 유사한 부분이 상당히 많고, 그 역시 당시 새로 출현한 이 종교에 대해 알고 있었음이 분명하지만 직접적으로 언급하진 않았다. 그의 제자인 포르피리오스는 스승의 전기와 가르침을 『엔네아데스』라는 제목의 책으로 펴냈다. 이 학파는 이후 성 아우구스티누스에게 큰 영향을 미쳤다.

중세: 신앙에서 이성이 하는 역할은 무엇인가?

아우구스티누스(354-430)

4세기 초, 로마의 콘스탄티누스 황제는 기독교를 제국의 국교로 채택했다. 아우구스티누스는 고대와 이후 1,000년 동안 유럽을 지배하는 기독교의 중세적 세계관을 이어주는 중요한 가교이기도 하다. 그는 당시 로마 제국의 일부였던 북아프리카 출신이었다. 그의 어머니는 기독교인이었지만, 아우구스티누스 자신이 애초부터 기독교인이었던 것은 아니었다. 그는 로마의 전통적인 수사학(대중 연설) 훈련을 받았으며, 특히 마니교(이 세상에는 선과 악이라는 대등한 두 세력이 존재한다고 주장하는)와 신플라톤 학파의 저술을 탐독했다. 기독교인들과 접촉하고 성서를 공부한 이후에 그는 마침내 기독교로 개종했는데, 오랜 기간에 걸친 그의 지적이고 윤리적인 고민의 내용은 유명한 『고백록』에 잘 나와 있다. 이후 그는 사제 서품을 받고 주교가 되었다.

아우구스티누스의 방대한 저술은 기독교와 신플라톤주의 사상의 종합을 성취하고 있다.(반면 그는 아리스토텔레스에 대해서는 거의 아는 바가 없었다.) 만물의 근원으로서의 신에 대한, 또한 인간의 내적 조명이란 잠재능력에 대한 플로티노스의 개념은 창조주인 하느님에 대한 히브리의 신앙이나, 구원에 대한 기독교의 복음과 손쉽게 융합되었다. 아우구스티누스에게 지성은 신앙에 종속되는 것이었다. "나는 이해하기 위해 믿는다"라는 유명한 말은 단지 이성만으로는 가장 중요한 진리에 도달할 수 없다는 뜻이다. 그는 의지의 행위, 혹은 전인격적 결단을 중요하게 여겼다.

따라서 아우구스티누스는 인간의 자유의지를 강조하는 한편, 인간의 죄성을 보다 더 강조했다. 그는 우리 자신의 힘으로는 결코 하느님과 화해할 수 없다고 주장했다. 원죄에 빠진 우리는 스스로를 결코 죄로부터 해방시킬 수 없다. 오로지 하느님의 자유로운 행위, 즉 하느님의 "은혜"만이 우리를 구원할 수 있다. 어떤 사람은 구원을 받고, 또 어떤 사람은 구원을 받지 않는다 해도, 이는 딱히 그들 각자의 어떤 인간적인 장점 때문이 아니다.(구원을 받는 사람은 하느님의 선택이나 "선정"에 의해 예정되어 있었다.) 아우구스티누스는 펠라기우스(그는 사상 최초의 영국제도(英國諸島) 출신 사상가이다)와의 유명한 논쟁을 통해 이러한 입장을 옹호했다. 그는 공의회 쪽을 설득해 펠라기우스를 이단으로 규정하도록 했으나, 인간의 자유와 거룩한 은혜 사이의 관계는 이후 신학에서 중요한 난점으로 남게 되었다.

이른바 육체적 욕망으로 표현되는 인간의 죄에 대한 아우구스티누스의 지나친 강조는 이후 기독교가 성(性)을 곧 죄와 동일시하게 됨으로써 — 혹은 최소한 성을 가리켜 죄를 발생시키는 주된 요인으로 바라보게 됨으로써 — 오히려 유해한 영향을 끼치고 말았다. 이러한 영향은 또한 여성을 남성에 비해 보다 세속적이고 육체적인 존재로 간주하고, 따라서 결혼보다는 독신생활을 더욱 훌륭하게 보는 뚜렷한 성향과도 결합되었다.(이런 금욕적인 성향과 독신의 교리는 바로 사도 바울에게서 유래하는 것이었다.)

아우구스티누스는 또한 역사와 하느님의 섭리를 강조했다. 『신국론(하느님의 도성)』에서 그는 이른바 '인간의 도성'(그가 살아가던 시대의 로마 제국처럼 인간의 정치와 권력에 의한 일시적인 질서)과 '하느님의 도성'(하느님의 의지로 완성될 이상적인 인간의 운명)을 구분했다. 기독교 교회는 바로 이 두 도성 사이에서 어딘가 모호한 위치를 차지하게 된다. 즉 교회는 불완전한 인간의 제도로서 세속적인 역사와 문화에 따라 변화 발전하지만, 그런 한편으로 하느님의 의지를 체화하고 완수하는 것으로 간주된다. 아우구스티누스는 교회의 권위에 대해서는 물론이고, 그 일치의 중요성에 대해서도 강한 확신을 지니고 있었다. 정통 가톨릭과 북아프리카의 이른바 "도나투스파" 사이의 분열이 일어나게 되자, 그는 도나투스파를 복종시키기 위한 목적으로 세속 권력을 장악하기 위해 주교라는 자신의 직책을 기꺼이 이용하기도 했다.

이슬람 철학자들

이슬람교는 7세기경 아라비아 반도에서 예언자 마호메트가 일련의 환상을, 즉 그의 말에 따르면 하느님으로부터의 직접적인 계시를 받으면서 시작되었다. 이러한 환상을 기록한 것이 바로 코란이라는 경전이 되었다. 따라서 이슬람교는 계시된 하느님의 말씀으로 된 특정한 경전 모음을 신앙한다는 점에서 유대교나 기독교와 비슷하다. 이슬람교는 일찍이 종교적 권위의 성격에 따라 불일치가 생기면서 수니파와 시아파로 나뉘었다.(이란과 이라크인 다수는 시아파 전통을 따르는 반면, 그 외의 이슬람 세계는 대부분 수니파를 따른다.)²²⁷⁾ 이 새로운 종교의 지지자들은 이후 그 터전인 아라비아로부터 인도, 북아프리카, 그리고 에스파냐의 절반에 이르기까지 빠른 속도로 영토를 확장했다.

9세기부터 13세기까지 이들 지역에서는 이슬람 문화가 크게 융성했다. 당시 이슬람 신학, 철학, 과학, 그리고 의학은 중세 유럽보다도 훨씬 앞선 수준이었다. 당시 바그다드는 학문의 중심지로 명성을 날렸다. 학자들은 고대 세계의 문헌(그중에는 아리스토텔레스의 저술도 포함되었다)들을 연구했으며, 이슬람 철학자들은 그리스 철학과 이슬람교 신앙을 융합시키기 위한 여러 가지 사상 체계를 발전시켰다. 그런가 하면 수피²²⁸⁾ 운동으로 인해 신비주의의 전통이 영향을 발휘하기도 했다. 그리하여 한동안은 서로 다른 문명 사이에 풍부한 결실을 낳을 접촉이 이루어졌다. 실제로 당시 아리스토텔레스는 서구에서는 완전히 잊혀져 있었다가, 이슬람교 학자들에 의해 재발굴된 것이었다.

이슬람교 사상은 확고한 신적 계시에 근거한 종교 전통의 권위를 의문의 여지가 없는 것으로 전제한다는 점에서 중세 기독교 사상과 유사하다. 하지만 이슬람교에서는 신앙의 이유, 또는 개인적인 종교 경험과 종교적 권위 사이의 관계의 차이를 놓고 열띤 논쟁이 벌어지기도 했다.(이는 기독교 세계와 특히 비교가 된다.)

그런 논쟁의 결과로 10세기에는 알 할라즈가 처형되는 사건이 일어나기도 했는데, 하느님과의 신비로운 합일을 주장한 그의 수피 신앙이 이단적인 것으로 간주되었기 때문이다. 11세기 초에는 이븐 시나(라틴어식 이름은 '아비세나'라고 한다)가 인간의 정신 속에서 능동적인 요소와 수동적인 요소를 세심히 구분한 아리스토텔레스의 이론을 사용하여 "예언," 혹은 계시의 이론을 정립했다. 즉 하느님은 마호메트의 정신 속에서 활동하는 거룩하고도 능동적인 이성을 통해 말씀하시며, 그 종교적 진리는 마호메트의 정신 속에서 인간적이고 상상적인 측면을 통해 생생한 이미지로 묘사된다는 것이다. 이러한 이미지가 필요한 까닭은 많은 사람들에게 종교적 진리를 깨우치고 그렇게 행동하게 만들기 위해서이지만, 이븐 시나에 따르면 철학자들은 그런 이미지들을 보다 높은 영적 진리의 형식으로 해석할 수 있다고 한다. 또한 그는 육신의 부활을 문자 그대로 진리로 인정할지에 대해 의구심을 보였기 때문에, 그가 과연 정통 이슬람 신자였는지는 의문의 여지가 있다.

알 가잘리(1058-1111)는 뛰어난 학자였으나, 바그다드에서의 교수직을 버리고 고행자 겸 수피로 평생 떠돌아다녔다. 『철학자들의 모순』이란 대담한 제목을 붙인 책에서, 그는 자기 이전의 이슬람 철학자들이 그리스 사상으로부터 지나치게 영향을 받았고, 그런 까닭에 코란의 정통성으로부터 벗어났다고 비판했다. 또한 그는 인과관계의 필연성을 부정함으로써 흄의 선구자 격이 되었으며, 이를 토대로 하느님에 대한 형이상학적 이론에 의문을 제기했다. 그는 철학적 논증보다는 오히려 종교적 경험에 대한 수피적인 호소를 더욱 옹호했다.

이에 대해 에스파냐에서는 코르도바에 살던 이븐 루슈드(1126-1198, 라틴어 식 이름은 '아베로에스'라고 한다)가 다시 한 번 철학을 옹호했다. 그는 때로는 코란의 내용조차도 이성적인 해석을 해야 할 필요가 있고, 또 때로는 법학자들조차도 법률이나 윤리 문제에 대해 이견을 보이기 때문에, 이슬람교도는 부득이하게 이성을 사용할 수밖에 없다고 주장했다. 이븐 루슈드는 알 가잘리의 주장에 답변한 『'모순'의 모순』이란 제목의 저서에서, 굳이 이성을 사용해 이성의 신뢰성을 무너트리려는 시도 자체가 모순이라고 주장했다. 따라서 그는 다시 한 번 신학보다 철학을 중시하는 성향을 보였다.

이븐 시나와 이븐 루슈드는 이후 중세 서구 사상에 큰 영향력을 발휘했다. 11세기와 12세기 동안에는 『혼란에 빠진 자들을 위한 지침서』라는 유명한 책을 쓴 마이모니데스(1135-1204) 같은 유대교 철학자들의 사상까지 덧붙여져서 그야말로 삼파전의 열띤 토론이 벌어졌다. 하지만 에스파냐에서 벌어진 중세 다문화주의의 황금시대는 그리 오래가지 못했다. 머지않아 불관용과 충돌이 생겨나기 시작했으며, 에스파냐의 가톨릭 왕조가 이베리아 반도를 회복229)함에 따라, 유대인과 이슬람교도는 강제로 추방되었기 때문이다.

아퀴나스(1224-1274)

우리가 살펴본 바와 같이, 아리스토텔레스의 저술 가운데 대부분은 12세기에 와서야 다시 한 번 서구에서 주목을 받았다. 그리하여 중세 후기 사상에서는 일종의 혁명이 일어나다시피 했으며, 그런 와중에 일부 보수적인 교회 지도자들은 아리스토텔레스 연구를 금지하기도 했다. 성 토마스 아퀴나스의 방대한 기독교 철학체계 — 그의 저서인 『신학대전』에서 자세히 논의되는 — 는 한편으로 아리스토텔레스의 철학과, 또 한편으로는 성서 및 교부들의 저술을 융합시킨 것이었다. 『신학대전』은 그야말로 중세의 거대한 성당 건물과도 유사하다. 높은 종교적 열망을 담은 거대하고 인상적인 구조물인 동시에, 그 세부묘사를 보면 그것을 만들어낸 사람들의 신앙과 기술에 찬탄을 금할 수 없기 때문이다. 비록 당시에는 논란의 대상이 되었지만, 『신학대전』은 이후 교황의 권위를 뒷받침하는 가톨릭의 정통 주장으로 자리잡았다.

　아퀴나스는 비록 제한적이긴 했지만 인간 이성의 자연적 능력에 적법한 지위를 부여하여, 이성으로 하여금 기독교 신앙을 옹호하도록 했다.(이것이야말로 이전의 아우구스티누스나, 중세 후기에 나타난 그 계승자 성 보나벤투라 모두가 부정했던 것이었다.) 아퀴나스는 모든 인간의 지식은 감각을 통한 지각으로부터 출발한다는 아리스토텔레스적(즉 경험론적) 견해를 주장하는 한편, 우리의 이성은 반드시 사물의 유형과 형태를 인지하고, 이 세계에 대한 체계적인 과학적 지식을 얻는 데만 사용되어야 한다고 주장했다. 중요한 점은 그가 이성적 신학과 계시적 신학을 구분했다는 점이다. 앞의 경우에, 우리는 독자적인 인간의 이성을 사용해 하느님의 존재를 증명할 수 있다.(그 유명한 "다섯 가지 방법"이 바로 여기에 속한다.) 반면 뒤의 경우에, 우리는 성서와 교회를 통한 하느님의 계시를 신앙으로 받아들인다. 결국 신앙이란 우리의 의지로 제어할 수 있는 어떤 것이 아니라, 오히려 하느님의 은혜로 인해 주입되는 것이다.(『신학대전』 I-I, 제6문 1항.)

인간의 본성에 관해서도 아퀴나스는 기본적으로 아리스토텔레스의 분석을 따른다. 즉 우리의 "이성적인 영혼"은 지각, 지적 개념, 이론적 추론, 실제적 숙고의 능력으로 구성되어 있으며, 그로 인해 우리의 자유의지를 행동으로 옮길 수 있다고 말이다. 우리 인간의 궁극적인 완성이란 다름 아닌 하느님에 대한 지식 및 사랑과 마찬가지라고 주장함으로써, 그는 아리스토텔레스의 '에우다이모니아'라는 개념을 기독교화했다. 그리고 그는 용기, 절제, 신중, 정의라는 고대 그리스의 네 가지 덕을 믿음, 희망, 거룩한 사랑("자비")이라는 세 가지 "신학적 덕목"으로 대체시켰고, 이를 위해서 우리는 거룩한 조명, 혹은 은혜를 받아야 한다고 주장했다.

불멸의 문제에 관해서는 아퀴나스도 플라톤주의적인 요소를 일면 갖고 있어서(물론 그 일관성에서는 의심스럽지만), 비록 부활이 곧 인간을 살아 있는 몸으로 재생시키는 것이라 하더라도, 인간의 죽음과 부활 사이에서 영혼은 별개의 존재라고 주장했다. 결과적으로 이는 죽음과 부활 사이의 중간기에 개인의 정체성을 유지하는 것에 대한 문제를 해결하는 동시에, 그 대신 이번에는 육체에서 분리된 영혼이 과연 어떻게 지각하거나 행동할 수 있느냐는 또 다른 의문을 가져왔다.

아퀴나스가 이성에 호소한 것은 사실이었지만, 어디까지나 제한적이었다. 그 역시 신앙의 문제에서는 가톨릭 교회의 권위를 절대적인 것으로 받아들였다. 아우구스티누스와 마찬가지로, 아퀴나스 역시 불일치가 있을 경우에는 무력을 사용해서라도 정화를 시도하려 했다. 그는 이성을 사용해서 기독교 신앙을 왜곡시키는 그런 이단자들은 "죽여서 이 세상으로부터 몰아내야 한다"(『신학대전』 II-II, 제11문 3항)고 주장했다. 비유하자면 그가 세운 이성의 성당은 하느님의 영광을 위해 지은 것이자 교회의 권위를 지지하기 위해 지은 것이기도 했으며, 또한 그 안쪽의 어둑어둑한 구석에서는 뭔가 불에 탄 듯한 냄새가 여전히 풍겨나기도 한다. 아퀴나스는 자신의 거대한 건축물을 완성하지는 못했다. 왜냐하면 그는 말년에 이르러 신비로운 환상을 체험하고 나서, 자신이 쓴 것이 모두 "지푸라기처럼 보인다"고 했기 때문이다.

그 다음 세기(14세기)에는 보다 새롭고 강력한 경험론적 사상이 대두했는데, 그 대표자는 오컴의 윌리엄이었다. 중세 기독교의 범위 내에 머물러 있으면서도 마치 그 경계를 시험해 보듯, 오컴은 논리, 언어, 그리고 물질세계에 대한 경험적 지식의 문제에 큰 관심을 보였다. 그는 과연 이성으로 하느님의 존재를 증명할 수 있을지에 대해 의구심을 보였고, 신학을 단순히 신앙의 영역에만 한정시켰다.

종교개혁: 신앙의 권위를 어디에 두어야 할 것인가?

기독교는 로마 제국의 멸망 이후 "암흑시대"와 근대, 그리고 19세기에 이르기까지 무려 1,500년 동안 유럽에서 가장 유력한 신앙 체계였다.(그리고 미국에서는 21세기인 지금까지도 여전히 힘을 발휘하고 있다.) 가톨릭 교황들은 로마를 그들의 권력 중심지로 삼았으나, 1054년에는 교회의 분열이 일어나 동방정교회가 비잔틴 제국의 한가운데인 콘스탄티노플에 새로운 권력 중심지를 잡으며 떨어져 나갔고, 이후 1453년에 이 도시가 이슬람교도인 투르크족에 의해 멸망할 때까지 유지되었다.(정교회는 오늘날 그리스와 동유럽에서 세력을 유지하고 있으며, 러시아에서도 차차 부흥하고 있다.)

근대 초기의 유럽에서는 역사적으로 중대한 의의를 지닌 네 가지 운동이 연속적으로 일어났다. 바로 르네상스, 종교개혁, 과학발전, 그리고 계몽주의다. 15세기와 16세기의 르네상스는 고대 세계의 문학, 예술, 철학에 대한 새로운 관심을 불러일으켰으며, 그리하여 고대 사상이 서구 사상에 다시 한 번 영향력을 끼치게 만들었다. 그로 인해 더 이상은 중세 기독교의 색안경을 거치지 않고 고대인의 지혜를 직접 볼 수 있었던 것이다. 그 결과 회의주의(몽테뉴가 대표적이다)와, 형이상학이나 신학보다는 오히려 인간의 본성에 집중하는 인문주의 철학(피코 델라 미란돌라와 에라스무스가 대표적이다)의 경향이 생겨났다.

종교개혁은 대개 16세기 초에 루터와 칼뱅에 의해 시작된 것으로 간주되고 있지만, 그보다 앞선 두 세기 동안 영국의 위클리프와 보헤미아의 후스가 그 단초를 놓았다.(후스는 결국 파문당한 뒤 화형에 처해졌다.) 루터의 핵심 주장은 교회의 권위의 중재에 의해서가 아닌, 개인의 신앙에 의한 칭의(稱義),[230] 혹은 구원의 교리였다.(이는 결코 이성에 호소하는 것도 아니었다. 왜냐하면 루터는 이성을 가리켜 "창녀"라고까지 단언했기 때문이다.)

그리하여 단일하던 서구 가톨릭 교회는 분열되어 이후 수많은 종류의 프로테스탄트 교회와 운동이 일어났으며, 그 대부분은 교회의 전통

대신에 성서와 개인의 종교경험에 호소하는 것이었다. 성서를 각 언어로 번역하는 것은 이러한 새로운 종류의 신앙에서 중요한 요소가 되었다. 성서 번역이 자신들의 교권에 위협이 된다고 생각한 교회측에서는 틴들 같은 초창기의 성서 번역가들을 화형에 처하기도 했다. 성서에 대한 호소야말로 많은 교파에 있어 권위의 근본적인 원천이 되었으며, 특히 제네바와 스코틀랜드, 그리고 이후 미국에까지 영향을 끼친 칼뱅주의에서 더더욱 그랬다. 어떤 교파에서는 성서의 무오성에 대한 교리가 발전했다. 하지만 유럽의 재침례교도나 영국의 퀘이커 같은 보다 급진적인 교파에서는 각 개인의 정신이나 마음에 있는, 하느님의 계시를 아는 "내면의 빛"에 호소하기도 했다.

과학의 발전: 어떻게 과학적 방법을 인간에게도 적용할 수 있을까?

근대 물리학은 17세기경부터 대두했다. 특히 갈릴레오와 뉴턴은 실험 방법과 체계적인 수학적 이론을 조합하는 특징을 보여주었다. 뉴턴 물리학 체계의 성공은 세계에 대한 새로운 지식이 오로지 조심스럽게 제어된 (그리고 측정된) 관찰에 근거해서만 확고하게 수립 가능하다는 점을 보여주었다. 이제는 물리 세계의 운동에 관한 사실의 문제에서는 더 이상 아리스토텔레스나 성서, 그리고 교회에 호소할 수가 없었다. 갈릴레오의 발견에 반대하여 가톨릭 교회에서 코페르니쿠스 이전의 천동설적인 천문학 체계를 유지하려 했던 것은, 그야말로 더 이상 지킬 수 없는 것을 시키려 한 발버둥에 불과했다.

당시에 대두한 이보다 좀 더 어려운 두 가지 질문(지금까지도 마찬가지지만)은 과학적 방법 — 이제 무생물적인 물질의 세계에서는 가히 비견

할 바 없는 권위를 지니게 된 — 을 도대체 어디까지 인간에게 적용할 수 있느냐 하는 것이었다. 이에 대해서는 유물론과 이원론이라는 두 가지 형이상학과 연관되는 두 가지 상충되는 답변이 가능할 것이다. 우리는 스스로를 이 우주의 나머지 물질을 구성하는 것과 똑같은 요소로 구성되고 똑같은 물리 법칙에 종속되는 생명체로 볼 수도 있고, 혹은 스스로를 육체와 영혼의 조합으로 볼 수도 있다. 특히 뒤의 경우에서 영혼은 비물질적이며, 물리학의 법칙에 종속되지 않고, 따라서 이성 능력과 자유의지를 지닌 것으로 생각되었다.

홉스(1588-1679)

영국의 토머스 홉스는 영국 내전이 한창이던 1651년에 주저 『리바이어던』을 펴냈다. 이 책은 오늘날 정치철학의 고전으로 평가되며, 사회에 관한 그의 결론은 각 인간의 본성을 전제로 해서 추출한 것이었다. 홉스는 이원론(그리고 중세의 아리스토텔레스주의)을 강력히 배격했으며, 또한 영혼이 비물질적인 실체라는 생각 자체야말로 자기모순적이라고 주장했다. 대신에 그는 인간의 본성에 관해 완고한 형이상학적 유물론을 채택하여, 생명이란 사지의 움직임이고, 감각은 신체 기관 내의 활동이며, 욕망은 신체활동을 유발하는 신체의 상태라고 주장했다.

따라서 홉스는 인간의 본성이 태생적으로 이기적일 수밖에 없다는 — 즉 각 사람은 자신의 생존과 번식을 위한 본능만을 지니고 있다는 — 냉혹한 견해를 지니게 되었다.(이는 조악하나마 다윈주의의 선구 격이라 할 수 있다.) 인간은 자원 — 식량, 토지, 주택 및 의복 자재 등 — 을 놓고 서로가 경쟁하는 상태에 있다. 따라서 정부나 국가가 없으면 우리는 절도와 폭력의 두려움 속에 살게 될 것이다. 따라서 "자연 상태"의 악덕으로부터 사람들을 구하기 위해서는 권력을 효율적으로 독점하고 있는 정부가 절대적으로 필요해진다. 또한 사회의 안정을 위해서는 각 개인의 자유 가운데 일부를 포기하면서라도 법의 지배를 강제할 수 있을 만큼 강력한 권력을 정부에 부여하는 것이야말로 오히려 각자에게 이익이 될 것이다.

홉스의 진단과 처방은 본질적으로 유물론적이고 무신론적이다. 물론 17세기 당시에는 그런 주장을 공개적으로 할 수가 없었으므로, 그의 저술에는 여전히 하느님에 대한 언급이 나온다. 하지만 이는 그의 주장에서 본질적인 요소는 아니며, 그는 결코 하느님의 창조나 목적이나 심판에 대해 호소하고 있지는 않다. 아마 홉스라면 실제적 권력이란 이유를 들어 모든 교회조차도 국가의 정부 아래로 귀속시켰을 것이다.

데카르트(1596-1650)

프랑스의 르네 데카르트는 17세기의 과학혁명에서 중심적인 인물이었다. 그는 수학, 물리학, 생리학, 철학 등 다양한 분야의 발전에 공헌했다. 물론 그의 과학 저술은 오늘날 시대에 뒤떨어진 것으로 여겨지지만, 그의 철학 저술은 여전히 중요한 것으로 받아들여지고 있다. 왜냐하면 그의 철학 저술에는 철학도라면 누구나 생각해 보아야 할 기본적인 개념과 주장이 표현되어 있기 때문이다.

특히 우리가 여기서 주목해야 할 것은 인간의 본성을 육체와 영혼의 조합으로 본 그의 이원론적 설명이다. 육체와 영혼 두 가지는 개별적이면서도 상호작용하는 실체이며, 그 각각은 독립적으로도 존재할 수 있다. 이런 면에서 데카르트는 오랜 철학적 전통(플라톤을 비롯한)을 따르는 한편, 이러한 구분에 새로운 주석과 논증을 덧붙였다. 데카르트에 따르면, 육체는 공간을 차지하고(연장), 과학의 연구 대상인 자연법칙에 종속되지만, 정신적인 속성은 지니지 않는다. 반면 정신, 혹은 영혼은 생각하고, 느끼고, 지각하고, 결정한다.(이를 통해 자유의지를 행사하는 것이다.) 영혼은 비물질적이다. 즉 영혼은 물질로 이루어진 것이 아니고, 공간을 차지하지 않으며(물론 시간에 속하긴 하지만), 물리적인 방법으로는 탐구할 수 없고, 육체의 사후에도 살아남으며, 사후세계까지도 한 인간의 정체성을 보유한다는 것이다. 데카르트는 따라서 인간은 비물질적인 영혼을 지닌 존재이며, 동물은 어떠한 의식도 지니지 않는다고 주장함으로써 이 둘을 구분했다.

『방법서설』에서 데카르트는 자신의 생각을 반(半)자전적인 형태로 간략하게 설명하고 있다. 이후 『성찰』에서 보다 자세히 설명된 그의 이원론에서 중심적인 주장은, 비록 우리가 무엇이든지 의심할 수는 있다 하더라도, 의식을 지닌 존재인 나 자신의 현존만큼은 결코 의심할 수 없다는 것이다. 심지어 우리는 자신이 과연 육체를 지닌 것인지에 대해서도 의심할 수 있다.(그는 정말 그렇게 주장한다.) 데카르트는 순수이성을 통한 반성과 내적 통찰을 통해 우리의 영혼에 관한 근본적인 형이상학적 진리를 증명하고, 이를 토대로 나아가 우리 정신의 개념으로부터 하느님의 존재까지를 증명하려고 했다.

하지만 『방법서설』의 제5장에서 데카르트는 이원론에 대한 색다르고도 보다 경험론적인 논증을 펼치는데, 이는 인간과 동물의 외적 행동을 가장 잘 설명하는 가정에 근거하고 있다. 그는 인간과 동물의 태생적인 정신 능력에는 분명한 차이가 있으며, 그것은 단순히 정도의 차이가 아니라 애초부터 종류가 다르기 때문에 생긴 차이라고 주장한다. 그리고 언어야말로 인간의 이성에서 가장 뚜렷한 특징이라고 예를 든다. 이처럼 경험에 근거를 둔 일종의 합리주의(즉 어떤 태생적인 능력은 인간에게만 독특하다는 주장)는 20세기에 이르러 촘스키에 의해 부활되기도 했다.(제10장을 보라.)

이처럼 인간의 본성을 두 가지 서로 다른 형이상학적 영역 ― 물리적인 것과 정신적인 것 ― 으로 나눔으로써, 데카르트는 (다른 많은 사상가들처럼) 한편으로는 물리적인 부분에 대해서는 과학적 방법을 적용할 수 있고 심지어 인체의 해부학과 생리학을 연구할 수도 있다고 생각한 반면, 또 한편으로는 무한하고 비물질적인 하느님과 비물질적이고 불멸하는 영혼 및 자유의지의 존재를 믿는 정통 가톨릭 신자로 남아 있을 수 있었다.

스피노자(1632-1677)

네덜란드의 유대계 철학자인 베네딕트 데 스피노자는 이원론과 유물론이라는 상반되는 입장을 조화시키려고 시도했다. 주저인 『에티카(윤리학)』(제목과는 달리 윤리학보다는 형이상학적인 내용이 더 많다)에서 그는 하느님을 자연 전체와 동일시했다. 따라서 그는 "하느님, 혹은 자연"에 대해 경의를 표시하긴 했지만, 이는 결코 성서에 나오는 것과 같이 자연 전체의 '창조주 하느님'을 의미하는 것은 아니었다.

　인간의 본성에 관한 문제에서 스피노자는 물질과 정신은 서로 다른 두 개의 실체가 아니라, 다만 하나의 복잡하고도 근원적인 실재의 두 가지 속성에 불과하다고 주장했다.(이는 종종 "속성의 이원론," 혹은 "이중 양상 이론"이라고 한다.) 속성에 관한 그의 전문적인 형이상학은 해석하기가 쉽지 않지만, 20세기에 들어서는 그의 사상적 후예라고 할 수 있는 이른바 "심신일원론"이 나오기도 했다. 이 이론에 따르면 정신(마음)은 곧 두뇌이며, 보다 투박하게(아리스토텔레스처럼) 말하자면 정신(마음)은 곧 두뇌가 '하는' 기능을 의미한다.

계몽주의 : 과학이 우리 삶의 지침이 될 수 있는가?

17세기 중반 이후로, 과학적 방법이 물질세계에 대한 지식을 얻을 수 있는 유일한 방법으로 널리 받아들여지자, 과학의 방법을 인간에 적용하는 것에 대한 문제가 대두하기 시작했다. 이른바 "계몽주의"로 통칭되는 18세기 유럽의 사상적 조류에서는 과학적 방법이야말로 우리에게 인간의 본성에 관한 지식을 줄 뿐만 아니라, 나아가 인간의 상태를 더욱 향상시키게 해줄 것이라는 기대가 부상했다. 계몽주의를 간략하게 요약하자면 인간의 삶을 향상시킬 수 있는 이성의 위력에 대한 믿음(혹은 신앙!)이라고 할 수 있다. 즉 이성 — 과학적 방법이란 형태를 통해 개인의 이익(가령 의학과 교육 분야에서)을 위해서는 물론이고 사회의 개선(가령 경제와 정치 분야에서)을 위해서도 적용 가능한 — 이야말로 이제껏 유례가 없었던 인간의 진보를 이끌어낼 것이라 여겨졌다. 여기서 보다 극단적으로 나아가면 가령 종교, 도덕, 군주와 귀족으로 구성된 정부, 그리고 사회 전통 같은 다른 '모든' 삶의 지침조차도 과학으로 대체할 수 있다고까지 주장하게 되었다.

영국과 프랑스라는 서로 다른 국가에서는 계몽주의 역시 서로 다른 형태를 취하게 되었다. 17세기에 이미 극심한 내란을 체험했던 영국에서는 사회의 점진적 변화와 부분적인 개선을 주장한 반면, 여전히 절대왕정이 위력을 떨치던 프랑스에서는 그동안 쌓인 압력이 결국 1789년에 이르러 혁명이라는 폭력적인 방법으로 분출되고 말았다.

경험론과 유물론은 이미 홉스에서부터 명백하게 드러난 바 있었다. 이후 로크는 『인간 오성론』(1690)에서 우리의 모든 개념의 근원에 대해 보다 철저한 설명을 시도했다. 비록 이원론과 유신론을 옹호하긴 했지만, 로크는 계시종교(기독교)보다는 오히려 이성과 경험에 호소하는 주장을 펼쳤다. 정치사상 면에서 그는 인간 개인의 필요와 권리(특히 재산권)로부터 정부의(그리고 정부 권력을 제한해야 하는) 필요성을 이끌어냈다. 이는 훗날 새로운 미국 헌법을 기초하는 데 큰 영향을 주었다.

흄(1711-1776)

스코틀랜드 출신의 데이비드 흄은 계몽주의 시대의 서막을 연 인물 가운데 한 사람이다. 그의 주저는 모두 세 권으로 된 『인간 본성에 관한 논고』(1739-1740)로, 놀랍게도 그가 20대의 이른 나이에 완성한 것이었다. 훗날 그는 두 권으로 된 『인간 오성의 탐구』에서 자신의 핵심 사상을 보다 쉽게 설명했다. 그는 철학 이외에 종교, 정치, 역사 방면에서도 여러 저술을 남겼다.

흄은 이전의 어떤 사상가보다도 더 엄격하게 경험론을 적용시켰다. 그는 개념이 모두 경험으로부터 나오며, 세계(인간의 본성을 포함하여)에 관한 모든 지식은 모두 반드시 경험에 근거하고 있어야 한다고 주장했다. 순수이성은 오로지 논리와 수학의 "개념의 연관"에 대해서만 결과를 증명할 수 있다. 즉 순수이성은 결코 이 세계에 대한 그 어떤 형이상학적 진리조차도 산출하지는 못한다. 그의 『연구』에는 "도덕에 관한 주제에 실험적인 추론의 방법을 도입하기 위한 시도"라는 의미심장한 부제가 붙어 있다.(여기서 "실험적"이란 말은 경험적, 혹은 경험론적이란 뜻이다.) 흄의 『논고』는 인간의 본성에 관한 최초의 과학적 이론을 만들어내려는 시도이긴 하지만, 그렇다고 해서 전적으로 경험론적인 주장으로 이루어지진 않았고, 따라서 심리학보다는 여전히 철학 저술로 남았다.

흄은 모든 개념이 감각이나 "반성"(즉 자기 자신의 정신 상태에 대한 내적인 자각)과 같은 인상으로부터 유래한다는 근본적인 경험론적 전제를 주장했다. 그는 우리가 실체에 대해서 아는 것이라곤 오로지 지각 가능한 성질들의 무더기뿐이라고 주장했다.(이 점에서 흄의 견해는 그보다 앞선 아일랜드의 철학자 버클리의 견해와 비슷하다. 즉 버클리는 심지어 정신 외부에 물질적 실체가 존재한다는 개념을 우리가 '이해' 할 수 있다는 사실 자체를 부정했다.) 하지만 흄은 버클리에서 한 단계 더 나아가, 영혼이나 정신적 실체에 대한 개념 역시 확고하지는 않다고 논증했다. 즉 우리는 스스로의 정신적 상태의 연속을 자각할 뿐이지, 결코 "자아"라는 개념을 갖고 있진 않다는 것이다.

흄의 철학의 근저에는 회의적이고 파괴적인 성향이 깔려 있다. 그러나 실제적인 문제에 관해서는 그 역시 상식적이고, 인간적이고, 신중하고, 심지어 보수적이기까지 한 면모를 보였다. 윤리와 정치 문제에서 그는 본질적으로 인간중심적인 설명을 시도했으며, 인간의 이기적인 성향뿐만 아니라 자비로운 성향도 언급했고, 감정적인 경향뿐만 아니라 사고를 통해 그것을 순화할 수 있는 능력을 포함한 인간의 본성에 관한 사실에 호소했다. 그는 점진적이고 진보적인 발전과 인류 사회의 개혁을 지지하는 성향을 보였다. 18세기 후반에 이르러 이제 장년이 된 흄은 애덤 스미스며 토머스 리드와 함께 스코틀랜드 계몽주의의 중심적인 인물로 명성을 누리게 되었다.

이러한 모든 주장에서 흄은 종교에 대해 아무런 호소도 하지 않았다. 그는 『종교의 자연사』를 통해 종교적 믿음을 사회과학적으로 설명하려 시도한 최초의 인물이기도 했다. 그는 『자연 종교에 관한 대화』에서 외적 설계로부터의 논증을 비롯해서 전통적인 하느님의 존재 증명에 관한 방법을 비판적으로 검토했지만, 그 내용이 지나치게 논쟁적이었기 때문에 생전에는 출간할 수조차 없었다! 무신론자라는 평판으로 인해, 흄은 당연히 차지했어야 할 에든버러 대학의 철학교수 직위조차도 얻지 못했던 것이다.

루소(1712-1778)

18세기 프랑스에는 볼테르, 디드로, 달랑베르, 콩도르세처럼 인간사에 이성을 적용하는 데 대해 굳은 확신을 지닌 일군의 사상가들이 나타났다. 절대왕정, 귀족의 특권, 가톨릭 세력이 우세했던 그 당시의 프랑스에서 이러한 사상가들의 대두야말로 매우 위험한 일이었다. 이들 사상가 가운데 일부는 이신론자(理神論者, 우주를 창조하긴 했지만, 이후에는 전혀 관여하지 않는 하느님을 믿는 사람들을 말한다)였고, 일부는 무신론자였다. 또한 『인간 기계론』이란 제목의 책을 펴낸 라메트리 같은 몇몇 사람들은 공공연한 유물론자였다. 이들 대부분은 인간의 역사를 개혁할 수 있는 이성의 위력에 대해 어딘가 고지식하다 싶을 정도의 굳은 믿음을 지니고 있었는데, 이러한 믿음은 프랑스 혁명 직후의 폭력적인 상황으로 인해 심각한 도전을 받게 된다.

장 자크 루소는 스위스의 도시국가인 제네바에서 태어났으며, 이후 계몽주의의 가장 영향력 있는 사상가가 되었지만, 실제로는 이성 못지않게 감정을 강조했다는 점에서 볼 수 있듯이 여러 면에서 매우 기이하고도 특이한 인물이었다. 『인간 불평등 기원론』(1755)에서 그는 인간의 본성의 근본 선(善)에 대해 논증한다. 루소는 원시 기원에서부터 인류사회가 대두하기까지의 역사에 대해 고도로 사변적인 주장을 제기하며, 이른바 "문명"이라는 것의 발전으로 인해 사람들의 자연스러운 행복, 자유, 도덕이 타락함과 동시에, 부자연스럽고 부당한 불평등이 발전하게 되었다고 주장했다.

『에밀』(1762)이란 제목으로 나온 교육론에서 루소는 인간의 근본적인 선에 관한 자신의 이상적인 생각과 아울러, 한 소년이 (어려 시절부터 성인이 되어 결혼할 때까지) 지혜가 탁월하고 매사에 간섭하는 가정교사 밑에서 자라난다는, 극도로 비현실적인 이상을 제시했다. 그는 아동의 성장에 있어 매우 중대한 통찰을 보여주면서, 아동은 어른의 축소판이 아닌 것은 물론이고, 또 그렇게 취급되어서도 안 된다고 주장했다. 따라서 아동의 정신적 발전 단계에 따라 맞춤식 교육이 필요하다는 것이다. 그의 처방은 근본적으로 각 개인이 아직 사회에 의해 — 특히 루소 자신이 타락의 온상이라고 생각한 당시의 부유하고, 도시적이고, 화려한 사회에 의해 — 타락하지 않은 자신의 태생적인 선한 본성을 발전시킬 수 있어야 한다는 것이었다.

루소는 탁월한 글 솜씨를 통해 매우 설득력 있는 주장을 펼쳤다. 이른바 뭐든지 "자연스러운" 것이 좋다고 하는 통념이야말로 루소의 영향력이 오늘날까지도 그 위력을 발휘한 결과이다.(이는 고대 중국의 사상가인 맹자의 주장과도 좋은 대비가 된다. 이 책의 제1장을 참조하라.) 하지만 그는 이기심, 경쟁심, 공격성, 포악성 같은 것 역시도 인간에게는 매우 "자연스러운" 것이라는 점까지는 미처 생각지 못한 듯하다. 또한 비록 진보적인 사상을 주장하긴 했지만, 루소는 한편으로 소녀나 여성은 남성에게 예속되어야 한다고 주장하는 극도로 보수적인 입장을 취하기도 했다.(『에밀』의 마지막 장을 참조하라.)

『에밀』에 포함된 「사보와 보좌신부의 고백」이라는 장(章)에서 루소는 종교에 관한 자신의 입장을 설명하고 있다. 그는 이신론적인 하느님의 개념, 비물질적인 영혼과 자유의지에 대한 믿음을 옹호한다. 하지만 그는 종교적 권위에 의해 제시된 계시종교(기독교)의 모든 주장에 대해서는 회의를 표시했으며, 반대로 선과 악에 대한 지침 노릇을 할 수 있는 각자의 양심의 무오성에 대해 고지식하다고 할 만큼의 신념을 표시했다. 이로 인해 루소는 프랑스의 가톨릭과 제네바의 칼뱅주의 양쪽 모두로부터 단죄되었다. 그는 가까스로 체포를 면하고 달아나, 남은 생애 대부분을 망명자로 살아갔다. 어쩌면 그는 비종교적인 프랑스의 '필로조프'[231)]

와 권위적인 기독교(가톨릭이건 프로테스탄트건) 사이의 중도를 찾을 수 있으리라 기대했을지 모르지만, 결국 양쪽 모두를 만족시키지는 못했다. 하지만 "진정한 경배는 마음에서 우러나는 것"이라는 그의 주장은 칸트를 비롯한 많은 사람들에게 영향을 주었다. 그리고 인간의 감정의 중요성을 강조함으로써, 그는 계몽주의 이후에 독일을 중심으로 일어난 낭만주의 운동의 선구자가 되었다.

콩도르세(1743-1794)

콩도르세는 프랑스 계몽주의 사상가 가운데 가장 낙관적인 견해를 지닌 인물이었다. 그는 프랑스 혁명의 열성 지지자였지만, 당파를 이루지 않고 독자적인 정신을 지닌 인물이었던 까닭에, 1789년 이후의 불안한 정세 가운데서 그만 투옥되어 사망하고 말았다. 사망 직전에 정적(政敵)을 피해 은신하던 중에 그는 인간의 발전에 관한 저술을 남겼는데, 거기서 그는 인간의 역사가 야만에서 문명으로 나아가는 일련의 과정이라는 분석과 아울러, 인간의 본성의 완전성에 관한 자신의 믿음을 설파했다. 콩도르세는 인간의 진보가 무한정 지속될 것이라 보았다. 따라서 인간의 본성에서 근본적인 악덕을 특히 강조한 칸트의 사상과 비교해 보자면, 계몽주의를 지나치게 맹신한 콩도르세의 낙관주의는 오히려 너무 고지식해 보인다.

제6장
칸트: 이유와 원인, 역사와 종교

칸트의 생애와 저술

임마누엘 칸트(1724-1804)는 보통 플라톤, 아리스토텔레스와 함께 역사상 가장 위대한 세 명의 철학자 가운데 한 사람으로 평가된다. 그는 프러시아의 작은 도시 쾨니히스베르크에서 평생을 살았다. 기독교와 과학 양쪽으로부터 영향을 받았다는 점에서 칸트는 그 시대의 (그리고 대부분의 서구 사상의) 특징을 고스란히 간직하고 있었으며, 이 두 가지를 어떻게 융합하느냐 하는 것이야말로 그의 철학에서 가장 근본적인 문제였다.

그가 물려받은 기독교의 유산이란 전지전능하고 자비로운 하느님에 대한 개념과, 인간의 영혼이 불멸하며 자유의지를 부여받고 있다는 개념이었다. 하지만 칸트는 그의 부모로부터 물려받은 신앙, 즉 프로테스탄트 중에서도 매우 급진적인 형태의 기독교인 경건주의[232]로부터 좀 더 특별한 영향을 받았다. 경건주의는 루터교의 일파로 교리나 신조, 그리고 예배보다 오히려 개인의 헌신과 올바른 삶을 더 강조했다.

칸트는 당시로선 과학에 대해 매우 정통한 인물이었다. 그는 뉴턴의 수리물리학의 기초를 이해했으며, 이를 자연과학의 패러다임으로 높이 평가했다. 칸트 자신도 성운 가설을 발전시켜 과학에 공헌했는데, 이는 역사상 최초로 태양계의 기원을 설명하려는 것이었다. 18세기 후반에는 근대의 과학 발전에서 두 번째 중요한 단계였던 화학 혁명이 진행중이었기 때문에, 칸트 역시 자신의 철학을 설명하는 데 있어 화학에서 많은 예를 가져오기도 했다. 그는 생물학에서도 다윈 혁명의 선구자라 할 수 있었으므로, 그가 이른바 "목적론"(자연의 합목적성)에 대해 언급한 내용은 오늘날 자연 선택에 의한 진화 이론의 견지에서 재고찰할 필요가 있다.

칸트는 또한 기초가 튼튼한 인문주의 교육을 받아서, 고전 철학과 문학뿐만 아니라 당시 유럽의 철학, 신학, 정치 이론까지도 널리 섭렵했다. 그는 이른바 순수이성이 형이상학적 주장을 증명하는 데 사용될 수 있다고 믿었던 라이프니츠(1646-1716) 이래의 독일 합리주의 전통에서 자라났다고 할 수 있다. 가령 라이프니츠는 하느님이 존재하고, 만물을 최선의 상태로 조종하며, 또한 만물은 이른바 "단자(單子)"라는 기본적인 정신으로 만들어진다고 주장했다. 칸트의 초기 저술에는 형이상학적 합리주의와 경험론적 과학이라는 상반되는 영향력 사이에서 그가 느꼈음직한 동요가 드러나 있다. 하지만 이후의 보다 원숙한 저술에 가서 그는 일종의 종합을 이루어낸다.

칸트는 단연 계몽주의 시대의 가장 심오한 사상가라고 할 수 있다. 그는 인간의 이성이 인간의 상태를 향상시켜 줄 수 있으리라는 가능성을 믿었다.(여기서 말하는 "이성"은 단순히 철학적 합리주의에 그치지 않고, 오히려 그보다 더 넓은 의미에서의 과학과 그 사회적 적용까지를 의미한다.) 칸트의 사상적 발전에서 특히 깊은 영향을 준 사람은 프랑스 계몽주의의 이단자 루소였다. 칸트는 인간의 본성, 문화, 교육, 역사에 대해서는 물론이고, 형이상학적 신학보다는 도덕적 감정을 더욱 중요시한 점에 이르기까지 루소의 사상을 흠뻑 빨아들여 자신의 사상으로 승화시켰다.

칸트의 원숙한 "비판" 철학은 18세기 말에 이르러 여러 권의 저술로 출간되었다. 그의 주저는 『순수이성비판』(1781), 『도덕형이상학원론』 (1785), 『실천이성비판』(1788), 『판단력비판』(1790), 『이성의 한계 내에서의 종교』(1793), 『도덕형이상학』(1797), 『실용적 관점에서 본 인간학』 (1798) 등이 있다. (이 책에서 『순수이성비판』의 인용문 출처는 제1판과 제2판에 나온 A와 B라는 두 가지 쪽수를 따랐고,[233] 다른 저술들의 출전은 프러시아 아카데미 판 칸트 저작집의 권수 및 쪽수를 따랐다.) 이들 저술은 이해하기가 결코 만만치 않지만 — 칸트의 사상이나 저술 모두는 만만찮게 형이상학적이며, 매우 전문적인 용어를 사용하기 때문이다 — 『도덕형이상학원론』의 경우에는 그의 도덕철학에 대한 짧은 개론서로 비교적 손색이 없다.(또한 『프롤레고메나』는 이와 유사하게 칸트가 자신의 이론 철학에 대한 개론서로 의도하고 쓴 것이다.) 『실용적 관점에서 본 인간학』은 당시에 인기 있었던 칸트의 강연을 모은 것이지만, 그의 핵심 사상으로부터는 오히려 약간 동떨어진 저술이기도 하다. 또한 그는 지식인층을 겨냥하여 「계몽이란 무엇인가?」, 「세계 시민적 관점에서 본 보편사의 이념」, 「영원한 평화를 위하여」 같은 짧으면서도 세련된 에세이를 쓰기도 했다. 그는 단순히 강단 철학자로 그치는 것이 아니라, 오히려 당대에 영향력 있는 진보 사상가이기도 했다.

칸트는 이성의 자유롭고도 민주적인 사용에 관한 자신의 신념을 거듭 표현하면서, 제아무리 전통적인 것, 권위적인 것, 거룩한 것이라 하더라도 반드시 모두 이성으로 검토해 보아야 한다고 생각했다. 또한 이러한 추론은 오로지 이성적인 판단이 가능한 모든 사람들의 자발적인 동의에만 호소하는 것이어야 한다. 그는 인간 이성의 유일한 한계는, 우리가 이성 그 자체의 요구와 한계를 음미할 때 발견할 수 있는 한계들뿐이라고 주장했다. 따라서 인간의 이성은 철학적 반성에 의해서 자율성을 지닐 수 있다. 그가 사용한 "비판"이라는 말은 결국 인간 정신의 위력과 한계에 대한 이러한 자의식적 물음을 의미한다. 칸트는 이러한 비판적 방법을 과학과 형이상학에 대해서는 물론이고, 우리가 무엇을 할 것인지에 대한 결정에 대해서, 미와 목적에 대한 판단에 대해서, 심지어 종교에 대해서도 적용했다.

노년에 접어들어 확고한 세계적 명성을 얻게 되자, 칸트는 정부와 갈등을 빚게 되었다. 왜냐하면 그는 비교적 자유로웠던 프리드리히 대제의 치하에서 살아가며 유익을 얻은 바 있었는데, 이 군주의 사후에 반동적인 체제가 수립되었던 것이다. 검열관들은 칸트의 『이성의 한계 내에서의 종교』에서 비정통적인 성향을 감지하고, 향후 같은 주제에 대해서는 아무런 책도 출판하지 못하도록 금지했다. 물론 소크라테스처럼 사약을 마셔야 했던 경우는 극히 드물었지만, 역사적으로 철학자들은 국가에서 공인한 종교에 대해 전복을 꾀함으로써 권력자들과 갈등을 빚어 왔다.(오늘날에도 이와 비슷한 경우가 종종 일어나는 곳들이 있다.) 칸트는 용기 있게 반항하기보다는 오히려 승복하는 쪽을 택했다. 그는 이러한 결정에 따르겠다는 서약을 했지만, 결과적으로는 프리드리히 빌헬름 2세의 짧은 치세 동안만 속박된 기분을 느꼈을 따름이다. 물론 칸트는 이 반동적인 군주보다도 훨씬 오래 살았다.

형이상학과 지식의 한계

칸트는 과학으로부터 뚜렷하고도 깊은 영향을 받았다. 그의 철학에서 근본적인 주제 가운데 하나는 어떻게 과학적 지식이 가능한지를 설명하려는 것이었다. 그는 지식과 인간의 인식능력에 대한 체계적인 이론을 발전시켰으며, 이를 통해 경험적인 자연과학의 방법이 특정한 기본적 가설에 어떻게 의존하고 있는지를 보여주었다. 예를 들어 모든 사건에는 원인이 있으며, 갖가지 변화의 와중에서도 보존되는 뭔가가 있다는 것이다. 그는 이러한 원칙들이 관찰을 통해 증명될 수도 없으며(후천적인 것이 아니라 선천적인 것이기 때문이다), 그렇다고 단순히 논리적 진리도 아니라고(분석적이 아니라 종합적이기 때문이다) 주장했다. 하지만 이러한 원칙들이야말로 객관적 세계에 대한 모든 자의식적이고 개념화된 지각 경험에 있어 필수적인 조건이라는 사실은 철학적 반성("선험적 연역"에서)을 통해 증명될 수 있다.

『순수이성비판』의 전반부("감성론"과 "분석론")에서, 칸트는 '직관의 형식'(우리가 시간과 공간 내에 존재하는 모든 것을 지각하는 근본적인 방식)과 '범주'(실체니, 인과니 하는 부수적인 개념들을 지닌 사고의 근본적인 형식)에 대한 이론을 상세히 설명한다. 이러한 '직관의 형식'과 '범주'는 경험으로부터 도출되는 것이 아니라, 오히려 그보다 먼저 전제된다는 점에서 선천적이다.

따라서 칸트는 우리가 어떻게 해서 세 가지 종류의 지식을 갖게 되는지를 설명한다. 우리의 지식 가운데 가장 큰 부분을 차지하는 것은 '경험적'(달리 말하자면 "후천적," 즉 궁극적으로 지각 경험에 의해서만 정당화되는) 지식으로, 가령 지리, 역사, 그리고 다른 모든 과학이 이에 해당한다. 우리의 지식 가운데 일부(논리의 경우)는 '분석적'(즉 순수이성에 의해 정당화되며, 오로지 정의하고만 연관된) 지식이다. 그리고 우리의 지식 가운데 또 일부는 '선천적 종합'(과학의 전제가 바로 이런 경우인데, 칸트는 도덕적 원칙마저도 여기에 포함시켰다) 지식이다. 다른 철학자들은 수학을 대개 두 번째 종류에 포함시켰지만, 유독 칸트만은 이를 세 번째 종류에 포함시

컸다.

칸트는 물질세계의 실재성은 물론이고, 지각을 포함한 과학적 방법을 통해 제공되는 지식의 객관성을 굳게 확신하고 있었다. 그는 이른바 우리에게 지각되지 않는 물질은 존재할 수 없다고 한 버클리의 주관적 관념론을 확고히 거부했다. 하지만 칸트는 실재론에 대한 자신의 집착을 정당화할 필요를 느낀 나머지, "경험적 실재론"(바로 앞에서 이미 대강이나마 살펴본)과 "선험적 관념론"의 조합으로 구성된 이중적인 논제를 제시했고, 이런 모호한 교설로 인해 후대의 칸트 해석자들은 무척이나 혼란을 겪게 되었다.

칸트의 선험적 관념론의 배후에 있는 한 가지 설득력 있는 통찰은, 비록 물질적 대상이 우리의 사고나 지각과는 별개로 존재하는 것이긴 하지만(그리고 대부분의 물리적 우주는 인류의 존재보다도 훨씬 오래된 것이긴 하지만), 우리가 사물을 지각하고 사고하는 '방식'은 단지 외부의 사물이 우리의 감각기관에 작용하는 바에만 달려 있는 것이 아니라, 그러한 외부입력이 우리의 정신을 통해 처리되는 방식에도 '마찬가지로' 달려 있다는 그의 깨달음이다.(그렇다고 이것을 정신에 관한 이원론으로 생각할 필요는 없다. 여기서 말하는 정신적 처리과정조차도 두뇌 속에서 벌어지는 물리적 현상으로 생각할 수 있으니까.) 이러한 과정은 사람에 따라 차이가 있게 마련이다. 예를 들어 눈에 장애가 있어 색맹이 된 사람은 남들이 대부분 구분할 수 있는 색깔을 구분할 수가 없다. 그런가 하면 어떤 사람은 두뇌 처리과정의 보다 심한 장애로 인해 사람의 얼굴을 알아보지 못하기도 한다.

칸트는 모든 (정상적인) 인간에게 보편적인 것 중에서도 특히 인간이란 '종(種)'에게만 독특한 것에 대해 더욱 관심을 갖고 있었다. 왜냐하면 다른 생물이라면 아마 우리 인간과는 또 다른 방식으로 이 세계를 인식할 것이기 때문이다. 그는 인간의 지각 방식(우리의 "직관의 형식")이 우리의 외부에 객관적으로 존재하는 사물에 대한 우리의 표상을 체계적으로 왜곡시키고 있을 수 있으며, 따라서 우리는 이 세계를 "있는 그대로"가 아니라, 오로지 "보이는 그대로"밖에 인식할 수 없는 것인지도 모른다고 생각했다. 칸트의 이런 생각은 이른바 철학에서의 "코페르니쿠스적 전환"에 관해 언급하면서 "대상이 인간의 직관능력의 성질에 준거한다"(Bxvi 이하)[234]던 그의 주장에 드러나 있다. 하지만 이 구절은 오해를 낳기가 쉽다. 왜냐하면 이는 마치 사물의 어떤 성질이 그저 우리 인간의 인식능력의 본성 때문에 생성된다는 듯한 암시를 품고 있기 때문이다. 하지만 실상 이 표현은 단지 '우리가 (대상을) 지각하고 개념화하는 방식'이 우리의 인식능력에 의거하고 있다는 사실을 정당화하는 것에 불과한 듯하다.

칸트는 때때로 '보이는 그대로의 사물'과 '있는 그대로의 사물'(사실 이 두 가지는 한 사물의 두 가지 측면이라고 할 수 있다)에 대한 자신의 주장을 이른바 '외양'과 '물자체'(이는 서로 다른 두 가지 사물이다)라는 용어로 다시 표현하기도 한다. 또한 "현상"과 "본체"라는 용어를 사용하기도 하는데, 과연 이 두 가지 용어가 위의 경우에 정확히 대응하는 것인지는 불분명하다. 그는 과감하게도 이러한 구분을 주로 시간과 공간에 적용하면서, 시간과 공간은 오로지 '인간만의' 인식 형태일 뿐이라고 주장했다. 즉 칸트야말로 오늘날 우리가 모두 알고 있는 바와 같이, 이 세계 자체가 공간적이거나 시간적이지는 않을 수 있다(가령 "이성적 직관"을 부여받은 거룩한 존재라면 그렇게 인식할 수도 있을 것이다)는 가능성을 처음으로 열어 보인 사람이었던 것이다. 실제로 그는 이 세계 자체가 궁극적으로 어떤 공간이나 시간에 속해 있지는 않다는 더욱 과감한 주장을 슬쩍 시사하기도 한다. 이러한 충격적인 형이상학적 논제에 대한 평가를 여기서 자세히 다루지는 않겠지만, 잠시 뒤에 우리는 칸트가 인간의 행동을 논의함에 있어 이러한 외양 대 물자체의 구분을 약간 색다르게 사용하는 것을 발견하게 될 것이다.

『순수이성비판』의 "두 번째 유추"에서 칸트는 보편적 결정론 — 이는 모든 사건에는 그보다 앞선 원인이 있어야 한다는, 즉 그 사건이 일어나기 위해서는 그보다 앞선 상태의 사건이 있어야 한다는 원칙이다 — 은 과학의 전제이며, 또한 이 세계에 대한 여러 경험론적 지식의 전제라고 주장했다. 칸트는 모든 물질적 사건의 원인을 또 다른 물질적 사건으로부터 찾을 수 있다고 믿었으며, 따라서 그는 정신을 가리켜 두뇌에 인과적인 영향을 끼치는 비물질적 실체라고 주장한 데카르트의 상호작용적인 이원론을 받아들이지 않았다. "첫 번째 유추"에서 칸트는 이 세계의 모든 사건(정신적 처리과정을 포함한)은 영속적인 "실체," 즉 물질의 변화로 보아야 한다고 주장한다. 그리고 "세 번째 유추"에서 그는 이 세계의 모든 것은 물리적 실재의 단일하며 상호작용하는 체계 중 일부분이 되어야 한다고 말한다.

『순수이성비판』의 후반부(변증론)에서 칸트는 인간의 이성이 어떻게, 그리고 왜 그 적법한 사용의 한계 너머로 가려고 시도하는지를 분석한다. 우리는 사물에 대한 기만적인 형이상학적 지식(가령 인간의 영혼, 우주 전체, 원인이 없는 사건, 그리고 하느님 등)을 마치 사물 그 자체인 것처럼 주장하는 경향이 있다. 이러한 주장은 오랜 세월에 걸쳐 신학과 대부분의 철학에서 중심적인 자리를 차지해 왔지만, 이는 칸트가 전반부(분석론)에서 설정한 인간 지식의 한계를 뛰어넘는 것이다. 칸트의 견해는 비록 우리가 그러한 형이상학적 주장(물론 20세기의 논리실증주의자들의 주장과는 달리, 칸트에게 이것들은 결코 무의미하지 않다)을 공식화하고 이해할 수 있다 하더라도, 우리는 그것을 증명하거나 반증할 수도 없고, 심지어 그것을 옹호하거나 반대하는 어떤 개연적인 증거를 얻을 수도 없다는 것이다. 이러한 주장들은 정당한 지식의 세 가지 형태 — 경험적 탐구, 논리적 추론, 선천적이고 종합적인 진리 — 에 속하지 않는다.

칸트의 견해는 이른바 하느님의 존재에 대한 합리적인 증명(혹은 경험적 증거)을 제시하려고 시도했던 자연신학의 전통에 결정타를 가한 셈이었다.(물론 그렇다고 자연신학의 맥이 완전히 끊긴 것은 아니지만.) 하지만 다른 한편으로는 종교 사상에서 신앙이 애초부터 이성을 능가한다고 주장하는 "신앙주의자"[235]의 계보도 오랫동안 이어져 왔다.(아우구스티누스, 알 가잘리, 파스칼, 키에르케고르 같은 다양한 사상가들을 예로 들 수 있다.) 얼핏 보기에는 칸트 역시 오히려 이러한 전통에 더욱 잘 어울리는 듯하다. 즉 칸트도 전통적인 의미에서는 신학적인 주장을 유지하지만, 다만 그것들은 지식이 아니라 오로지 신앙에 속하는 문제일 뿐이라고 한정짓는 것이다. 이게 정말인지 아닌지는 곧이어 살펴보게 될 것이다.

인간의 본성에 관한 이론: 지각과 개념, 이유와 원인과 자유의지

칸트의 철학에서 무엇보다도 중요한 문제는 과학적 지식을 사용하여 도덕과 종교의 주장을 화해시키는 것이었다. 그는 하나의 커다란 — 비록 복잡하긴 하지만 — 그림을 그리고 싶어했고, 특히 인간의 본성을 물리적 자연(자연의 본성) 가운데의 적절한 위치에 놓고 싶어했다. 이런 면에서 칸트는 17세기 과학의 대두 이래 근대의 가장 중심적이면서 특징적인 인물이었다.

우선 인간의 인식 능력에 대한 칸트의 설명을 살펴보도록 하자. 『순수이성비판』의 초반부에서 그는 이렇게 적고 있다.

우리의 인식은 심성의 두 기본 원천에서 발생한다. 하나의 원천은 표상을 받아들이는 능력(인상의 수용성)이다. 또 하나의 원천은 이런 표상을 통해서 대상을 인식하는 능력(개념의 자발성)이다. 전자에 의해서 대상이 우리에게 '주어지고,' 후자에 의해서 (……) '생각[사고]된다.' (……) 이 두 가지 성질은 우열이 없다. 감성이 없으면 대상은 주어지지 않을 것이다. 오성이 없으면 대상은 도무지 생각되지 않을 것이다. 내용(직관)이 없는 사고는 공허하고, 개념이 없는 직관은 맹목적이다. (A50-51/B74-75)[236]

여기서 칸트는 자기보다 앞선 여러 합리론자들과 경험론자들의 편향된 의견들을 화해시키는 인식론적 이론을 발전시키고 있다. 지각적 지식은 다음 두 가지 요소의 상호작용에 좌우된다. (1)정신의 외부에 있는 대상에 의해 촉발된 감각 상태, (2)이러한 감각 자료를 개념 아래 구성하고, 문장으로 표현이 가능한 판단으로 만들려는 정신의 활동. 동물의 경우에는 첫 번째 능력("감성")은 지니고 있지만 두 번째 능력("오성")은 지니고 있지 않은데, 왜냐하면 동물은 언어 표현을 할 수 없기 때문이다. 물론 동물도 자기 먹이, 배우자, 짝, 새끼를 인식하기는 하지만, 그렇다고 개념을 지니고 있진 않으며 — 그들은 어떤 것을 가리켜 자기의 적(敵), 짝, 새끼라고 '말할' 수 없다 — 또한 동물이 그런 사고를 한다고 믿을 만한 근거도 없다. 마찬가지로 동물은 고통을 느낄 수도 있고 정욕이나 분노로 인해 흥분할 수도 있지만, 스스로가 그런 고통, 발정, 또는 두려움에 사로잡혀 있다고 말하거나 생각할 수는 없다.

따라서 칸트는 식물과 동물과 인간의 차이에 대한 아리스토텔레스의 논의를 그대로 받아들인 셈이다. 물론 칸트 당시에는 동물의 정신능력에 대한 증거가 부족했기 때문이지만, 오늘날 우리는 영장류나 돌고래가 어느 정도까지는 인간과 같은 사고를 할 수 있다는 것을 알고 있다.(아울러 인간 중에서도 유아나 정신장애자는 일반적인 성인 정도의 정신능력을 지니지는 못한다는 것도 말이다.) 하지만 중간색인 회색이 존재한다고 해서 흑과 백의 차이가 사라져버리는 것은 아니다. 즉 일반적인 인간의 개념적, 언어적 표현 능력과, 다른 대부분의 동물이 지닌 유사한 종류의 능력 사이에는 뚜렷한 차이가 있다.

칸트는 우리의 인식 능력에 대한 설명에서 특히 "이성"을 강조함으로써 새로운 깊이를 더했다. 이것은 때때로 오성의 또 다른 이름처럼 보이기도 하지만, 칸트는 우리가 이 세계에 대해 개별적인 판단을 내릴 뿐만 아니라, 그런 모든 지식의 편린들을 하나의 통합된 체계로 만들려 한다고 지적함으로써 이성의 특별한 역할을 강조한다. 우리는 종종 어떤 일이 왜 일어나는지를 알고 싶어한다. 즉 우리는 종종 한 가지 사실을 다른 사실들로 설명하려고 한다. '변증론'의 "이율배반"에 대한 장에서(그리고 순수이성의 개념을 제한적으로 사용하는 것에 대한 보론에서) 칸트는 우리의 "이성" 능력이 어떻게 우리의 지식을 일반법칙, 혹은 원칙 아래서 점차 통합시킬 수 있는지에 대해 정교한 이론을 선보인다.

또한 칸트의 이성 개념에는 매우 뚜렷하게 '현실적인' 차원이 존재한다.(아리스토텔레스와 유사한.) 그는 우리가 단순히 지각하고, 판단하고, 이론화하는 존재일 뿐만 아니라, 또한 '행위자'임을 지적한다. 즉 우리는 뭔가를 행하고, 또 우리의 행위를 통해 이 세계에 영향을 주는 존재인 것이다. 이러한 점에서도 우리는 역시 동물보다 우월하다. 물론 동물 역시 뭔가를 행하며, 또한 매우 효율적으로 행할 수 있다. 하지만 동물은 자신들이 무엇을 하는지를 말할 수 없고, 자신들이 성취하려고 하는 것에 대한 '개념'을 갖고 있지 않으므로, 우리는 동물이 이러저러한 상태를 성취하려는 욕망이나 의도를 지닌 존재라고는 믿을 수가 없는 것이다.(가령 우리는 고양이가 생쥐를 잡으려 한다고 말할 수는 있지만, 그렇다고 해서 반드시 고양이의 그런 행동 속에서 고양이가 생쥐를 단순히 음식이나 먹이, 혹은 설치류나 작은 동물로서가 아니라 '생쥐'라는 개념으로 판단한다는 사실을 확인할 만한 근거를 찾을 수는 없다.) 어떤 행동에는 내적 욕망이라는 차원과 외적 지각이라는 차원에서의 '원인'이 있게 마련이지만, 동물은 자신이 무엇을 하는지를 말할 수가 없기 때문에, 자신이 그런 행동을 하는 '이유(동기)' 또한 대지 못한다.

칸트는 『도덕형이상학원론』의 4: 413과 『실천이성비판』의 5: 19 이하에서 인간의 행동을 위한 일반적인 개념의 대강을 그리고 있다. 여기서 그는 가언적(假言的) 명법(命法)과 정언적(定言的) 명법을 분명하게 구분한다. 우리 행동의 이유 가운데 일부는 오로지 우리 자신의 욕망(그리고 실제의 믿음)과 연관되는 것으로, 그 일반적인 유형은 다음과 같다. "나는 B를 원하는데, 그 B를 이루려면 A가 최선의 방법이기 때문에, 결국 나는 A를 해야 한다." 이것이 바로 칸트가 말하는 "가언적 명법"이다.

하지만 칸트는 우리가 하는 행동의 이유가 항상 이런 형식을 취하지는 않는다고, 즉 우리는 자신의 욕망을 만족시키기 위한 수단을 항상 합리적으로 선택하지는 않는다고 주장한다. 왜냐하면 우리는 때때로 어떤 의무를 해야 하는 이유를, 또는 어떤 도덕적 "당위(當爲)," 즉 우리의 이기적인 욕망과는 무관하다고(심지어 반대되기까지 하다고!) 생각되는 행동을 해야 하는 이유를 받아들이기 때문이다. 예를 들자면, 우리 자신의 이익을 위해서는 거짓말을 하는 게 낫지만, 그럼에도 불구하고 진실을 말해야만 하는 경우를 들 수 있을 것이다. 또한 뭔가 급히 도움을 청하는 누군가와 맞닥트리게 되는 "선한 사마리아인"과 같은 상황[237]에 놓이는 경우를 들 수도 있다. 또한 공평에의 호소를 받아들여야 하는 경우를 들 수도 있다.(가령 케이크를 모두 똑같은 크기로 자르는 것과 같이.) 이런 여러 경우에 대해, 칸트는 자신의 말마따나 "정언적 명법"의 유효성을 우리가 인식했기 때문이라고 주장한다. 이것은 다음과 같은 유형이다. 즉 "나 자신의 욕망과는 상관없이, 나는 반드시 C를 해야만 한다."

이것이 바로 칸트가 말하는 "순수," 혹은 "선천적" 실천이성이다. 칸트의 말이 의미하는 바는, 도덕이란 근본적으로 우리 이성의 기능이며, 따라서 단지 우리 감정의 기능만은 아니라는 것이다.(물론 흄 같은 경험론적 도덕철학자는 감정의 기능만을 주장했겠지만.) 그는 이에 대해 고도로 추상적인 도식을 제공하는 한편, 근저에서는 도덕적 의무의 경험을 향해, 즉 우리의 '욕망'과 우리가 도덕의 정당한 '요청'으로 받아들이는 것 사이의 긴장에 대한 깨달음(물론 종종 불편할 때도 있지만)을 향해 호소한다. 칸트는 루소로부터 보편적인 도덕적 감정도 깊이 존중해야 한다는 사실을 배웠기 때문에, 심지어 역사상 가장 추상적인 철학 저술 가운데 하나인 『순수이성비판』에서도 겸손하게 다음과 같이 덧붙이고 있다.

> 인간성의 본질적 목적(도덕)에 관해서는, 최고의 철학도 자연이 '상식'에 주었던 이상의 인도를 성취할 수는 없다는 것이다. (A831/B859)[238]

내가 보기에 인간의 인식 능력에 대한 칸트의 분석은 기본적으로는 맞는 것 같다. 하지만 여기서 대두하는 한 가지 커다란 질문은, 이렇게 독특한 정신적 능력을 가능케 하는 인간 본성의 형이상학은 과연 무엇이냐는 것이다. 유물론에 반대하는 이원론의 문제에 관한 칸트의 공식적인 언급은 우리가 누구인지를 "우리 스스로"는 '알 수 없다'는 것이다. '변증론' 가운데 '오류추리' 부분에서, 그는 이른바 "이성적 심리학"에 대한 전통적인 형이상학적 논증(가령 플라톤이나 데카르트 같은)으로는 비물질적인 우리 영혼의 존재를 증명할 수 없다고 주장한다. 우리는 오로지 내관(內觀, "내적 감각")을 통해 스스로에게 드러나는, 그리고 육화된 인간으로서("외적 감각"에 의해 지각되는) 서로서로에게 드러나는 우리 자신만을 알 수 있을 뿐이다. 그러나 칸트는 우리가 전적으로 물질적인 존재인지의 여부 또한 증명이 불가능하다고 주장한다.(A379/B420)[239] 특유의 방식에 따라, 칸트는 이러한 형이상학적 문제를 그냥 미해결로 남겨둔다. 하지만 그가 이른바 "영혼 없는 유물론"(아마도 그는 홉스나 라메트리를 염두에 두고 있었던 것 같다)을 거부하고, 또 한편으로는 우리가 죽음에서 살아남아 무한한 미래를 살아갈 수 있을 것이라고 말하는 순간, 칸트 자신이 이 둘 중에서도 특히 어느 쪽을 더 선호하는지가 어렴풋이나마 드러난다.(B424-426)[240]

칸트는 인간의 자유와 도덕적 책임에 대해 확고한 신념을 지니고 있었다. 그는 우리 인간을 자유롭고 이성적인, 그리고 예정되지 않은 상태에서 뭔가를 결정내릴 수 있는 존재로 보았다. 다른 무엇보다도 우리는 단지 이기적인 욕망에 기인해서가 아니라, 도덕적 이유에 기인해서도 행동할 수 있는 존재이다. 그는 홉스나 흄 같은 경험론자들이 제시한 "조화론적" 입장에서의 설명(이에 따르면 "자유로운" 행동의 원인은 바로 그 행위자 자신의 욕망과 신념이다)을 "가련한 술수"(『실천이성비판』 5: 96)[241]라고 하며 거부했다. 칸트의 견해에 따르면, 인간의 행동이 오로지 물리적 인과관계로만 환원될 수는 없으며, 오히려 종종 자신이 야기하지 않은 원인들과도 연관될 수 있다는 것이다.

그가 제시한 세 번째 "이율배반"(자유의지와 결정론 사이의 명백한 모순)에 대한 해결책은, 즉 우리가 외양(지각 가능하고 행동하는 인간의 육체)인 한에는 우리에 관한 모든 것 역시 물리세계의 모든 것과 마찬가지로 인과적으로 결정되어 있긴 하지만, 또한 우리가 이유에 따라 행동하는 이성적 존재인 한에는 우리 역시 자유로울 수 있다는 것이다.(A549/B577 이하)[242] 칸트는 이를 뒷받침하기 위해 우리의 "경험적" 성격과 "가상적"

성격을 구분한다.

> 감성계의 주관에 있어서는 우리는 첫째로 '경험적' 성격을 가질 것이다. 이런 성격을 통해서 주관의 행위는 현상으로서 항존적(恒存的) 자연법칙에 좇아서 딴 현상들과 철저하게 연결하게 되겠고 (……) 둘째로 사람은 감성계의 주관에 대해서 경험적 성격 외에 '가상적 성격'을 허용해야 하겠다. 이 성격을 통해서 주관은 확실히 '현상으로서의 자기 행동'의 원인이기는 하나, 그러나 가상적 성격 자신은 감성의 그 어떤 제약에도 종속하지 않고, 그 자신 현상도 아니다. 우리는 첫째 성격을 현상 중에 있는 사물(경험적 자아)의 성격이라고도 할 수 있겠고, 둘째 성격을 '물자체의 성격'(자아 자체)이라고 할 수도 있겠다.(A539/B567)[243]

마치 칸트는 우리 신체의 물리적 상태와 변화 — 우리의 사지와 입술의 움직임이며, 혈액의 순환, 신경의 흥분, 호르몬의 분비 등등 — 모두를 경험적 성격으로 쳐야 한다고 생각하는 듯하다. 그리고 우리의 믿음, 욕망, 희망, 공포, 의도, 감정 등은 우리의 가상적 특성으로 쳐야 한다는 것이다. 그렇다면 앞의 것은 생리학에 의해 관찰 가능한 인과 메커니즘을 통한 보편적인 결정론에 속하는 반면, 행동의 이유를 대는 것은 믿음, 욕망, 향후 가능한 행동 등의 이성적이고 비인과적인 관계와 연관된다고 할 수 있다. 예를 들어, 어떤 사람이 맥주를 먹고 싶어하고, 그 맥주가 냉장고 안에 있다고 믿는다면, 그 사람은 냉장고 쪽으로 가야 할 이유를 얻게 되는 것이다. 사람은 누구나 두뇌의 기능에 대해서는 아무 것도 모르는 상태에서도 기초적인 합리적 관계에 대해서는 알 수 있다. 그리고 그 관계는 '가능한' 행동에 대한 것이다. 왜냐하면 비록 그가 그러지 말아야 할 '다른' 이유를 지니고 있다 하더라도(가령 게으름이나 금욕,

혹은 도덕 — 가령 그 맥주가 자기 것이 아니라 다른 누군가의 것이라면 — 때문에라도), 그의 믿음과 욕망은 냉장고를 향해 가야 할 '이유'를 그에게 제공하기 때문이다.

이유와 원인 사이의, 그리고 합리적 설명과 인과적 설명 사이의 구분이야말로 인간의 행동에 대한 적절한 설명에서는 역시 본질적인 부분일 것이다. 그리고 이러한 주제를 처음으로 제시한 공을 세운 사람이 바로 칸트다.(물론 어딘가 모호한 감은 없지 않지만.) 가령 유물론(종종 "물리주의"[244]라고 불리는 형태로 나타나는)이 이 세상에는 단지 한 가지의 설명 — 물리적 원인을 부여하는 — 만이 가능하다는 의미를 함축하고 있다면, 칸트는 우리에게 그러한 환원적인 논제를 거부하도록 설득하고 있는 셈이다. 하지만 인간이 전적으로 물질(그리고 에너지)로 '만들어진' 존재인지, 그리고 인간이 단지 실체의 이원론이라기보다는 오히려 개념적 체계의 이원론(이성과 원인) 상태에 있는지에 대해서 그는 여전히 미해결적인 자세를 취한다고 할 수 있다. 즉 칸트는 데카르트보다는 오히려 스피노자 쪽에 가깝다고 할 수 있다. 물론 본인은 이러한 비교 자체를 싫어하겠지만.

그러나 이러한 구분을 한다고 해서 자유의지의 문제가 완전히 해결되는 것은 아니다. A534/B562에서 칸트는 "실천적 의미의 자유란, 결의(선택)가 감성의 충동에 의하는 강제에 의존하지 않는 것이다"[245] (여기서 '감성의 충동'이란 육체적인 욕망 같은 것을 말한다)라고 주장한다. 그는 인간의 선택이 이러한 독립성을 지니고 있다고 믿었다. 비록 우리가 자신의 욕망으로부터 '영향'을 느낀다 하더라도, 우리의 선택이 그것들에 의해 '결정'되지는 않는다. 때때로 우리는 신중한, 혹은 도덕적인 이유에 의해서 이를 극복한다. 그리고 그에 앞서 칸트는 이 실천적 자유가 "선험적"인 자유의 개념에 근거하고 있다고 주장한다. 즉 특별한 원인에 의거하지 않은 선택 말이다. 하지만 '감각적' 자극에 의한 강제가 없다고 해서 이것이 곧 '어떠한' 종류의 원인도 없다는 뜻은 아니다. 가령 신중하게, 혹은 도덕적으로 유발된 행동의 경우에도, 그 원인 중에는 '비육체적'인 욕망이나 믿음이 들어 있다고 말할 수 있는 경우가 있지 않을까? 가령 A라는 여성이 체중이 더 늘어나도록 해서는 안 된다고 스스로 생각한 것이 원인이 되어, 결국 누군가가 내미는 초콜릿 케이크를 거절할 수 있지 않을까? 또한 B라는 남성이 A라는 여성을 좋아하지만, 그녀가 자신의 데이트 신청을 거절할 수도 있다고 인식한 것이 원인이 되어, 결국 더 이상 두 사람 사이를 진전시키지 않을 수도 있지 않을까? 우리의 선택이 '합리적인' 원인을 지니는 한편으로 ― 우리의 믿음과 욕망이 조합된 채로 ― 여전히 자유로울 수는 없을까?

여기서 우리는 두 가지 의미의 이유를 구분해야 할 필요성을 느끼는데, 이는 믿음과 욕망이라는 개념상의 모호성과 연관되어 있다. 한 가지 의미로는, 두 사람이 똑같은 믿음과 욕망을 지닐 수 있다면 ― 가령 두 사람이 똑같은 진술을 믿고, 똑같은 것을 욕망하는 경우 ― 그들은 따라서 똑같은 행동의 이유를 지닐 수 있다. 또 다른 의미로는, 오로지 '나의' 믿음과 욕망만이(즉 현재 내가 믿고 욕망하는 상태만이) 내 행동의 동기가 될 수 있다는 ― 하긴 다른 누군가의 정신 상태가 어떻게 내 행동의 동기가 될 수 있겠는가? ― 것이다. 이러한 구분은 믿음과 욕망의 진술 내용과, (특별한 경우에) 무언가를 믿거나 욕망하는 개인의 정신 상태 사이의 구분이기도 하다. 개인의 정신 상태라는 의미에서의 이유는 행동의 동기가 될 수 있는 반면, 진술이라는 의미에서의 이유는 결코 행동의 동기가 될 수 없다.

뒤의 경우에 해당하는 이유, 즉 그 진술적 의미는 시간에 속한 상태나 사건이 아니다. 이 점을 염두에 둔다면 "행위하는 주관은 가상적 성격에서 보면 시간의 제약을 받지 않을 것이다"(A539/B567)246)라는 칸트의 혼란스러운 주장을 해석하는 데 도움이 될지도 모르겠다. 이는 또한 어째서 그가 (일시적인) 현상과 (일시적이지 않은) 물자체라는 자신의 구분을 원인과 이유의 경우에 적용할 수 있다고 생각했는지를 설명해 줄지도 모르겠다. 그러나 진위가 의심스러운 물자체의 "불가지성"은 이러한 경우에 거의 적용되지 않는다. 왜냐하면 우리 각자는 자신이 행동하는 이유를 즉각적으로 알게 되기 때문이다. 이에 대해 칸트는 A546/B575에서 다음과 같이 말했다. "인간은 자기 자신을 순(純) 통각(統覺)에 의해서도 [근원적으로] 인식한다. 자세히 말하면 그가 감관의 인상이라고 간주할 수 없는 '작용과 내적[자발적] 규정'에서도 인간은 자기를 인식한다." 247) 여기서는 단지 알 수 있는 것과 알 수 없는 것의 대조가 아니라, 두 가지 서로 다른 방식의 앎을 이야기하는 것이다.

그러면 칸트는 자유의지의 문제를 해결했을까? 이 질문에 대해서는 더 자세히 이야기하는 대신, 『도덕형이상학원론』의 제3장(4: 450 이하)248)에 나온 내용을 언급하는 것만으로 그치도록 하겠다. 여기서 그는 "두 가지 관점"을 구분하는데, 그에 따르면 우리는 스스로를 현상의 감각적 세계에 속하는 것이거나, 혹은 이성과 법칙(물론 여기서 칸트의 입장은 과학법칙보다는 오히려 도덕법칙을 의미하고 있다)의 가상적 세계에 속하는 것으로 간주할 수 있다. 같은 장의 앞부분(4: 446)249)에서 칸트는 분명히 실제적인 관점에서 자유를 옹호한다. 우리가 어떤 일에 대해 결정을 내리는 경우, 여러 가지 가능성을 지지하거나 반대하는 이유를 하나씩 검토해 보는 과정이라면, 우리는 그와 동시에 자신의 결정이 예정된 것이었다고 생각할 수는 없다는 것이다. 하지만 우리가 결정론을 옹호하는 이론적 논증에서 많은 영향을 받았다 하더라도, 결국 지금 여기서 뭔가 결정에 도달해야 할 필요성에서는 결코 벗어날 수 없고, 우리는 때때로 적절한 이유라 하더라도 그것이 우리에게 결정을 내려주진 못한다는 사실을 고통스럽게 실감한다. 칸트가 말했듯이 우리는 "자유의 개념 아래" 행동해야만 하고, 따라서 실제적인 관점에서 보자면 우리는 이미 자유로운 셈이다.

진단: 이기심과 사회

우리는 칸트가 어떻게 이기적인 성향과 도덕적인 의무 사이의 차이를 강조했는지 살펴보았다. 그는 우리 인간의 본성을 한편으로는 동물과, 그리고 다른 한편으로는 "거룩한 의지"와 대비시킨다. 동물은 욕망과 의무 사이에 아무런 긴장도 느끼지 못하는데, 왜냐하면 그들에겐 의무의 개념 자체가 없기 때문이다. 아무런 이기적인 욕망도 갖고 있지 않은 이성적인 존재(혹시 천사라면 가능할까?) 역시 그러한 긴장을 체험할 수는 없을 테지만, 그 이유는 앞서와 정반대다. 유혹에 종속되지 않는다면, 그는 항상 옳은 일만 하게 될 것이다. 하지만 우리 인간은 이 두 가지가 혼합된 존재이며, 동물과 천사의 중간적 존재이다. 우리는 유한한 존재로 각자의 욕구를 지니고 있다. 이 욕구란 단지 육체적 욕망뿐만 아니라, 사랑이나 인정이나 명예나 권력 같은 감정적 욕구, 혹은 충동까지도 포함한다. 그러나 우리는 또한 합리적 존재이기도 하다. 그리고 칸트가 보기에 이는 우리가 "순수 실천 이성," 즉 도덕적 책임에 대한 인식도 포함하고 있다는 뜻이다. 우리 본성의 이러한 두 가지 측면 사이의 긴장이야말로 우리 인간 조건의 불가피한 특성이기도 하다. 즉 우리는 결코 도덕적 완성을 성취할 수는 없다.

어떤 철학자들은 어떻게 해야 인간이 자신의 이기적 욕망과 반대되는 상황에서도 각자의 의무를 행할 수 있을지, 그리고 도덕적 책임을 완수할 수 있을지에 대해 의문을 제기한 바 있다. "왜 굳이 도덕적이어야만 하는가?" 회의주의자라면 이렇게 물어볼 것이다. 그리고 이기적인 경우에 대한 정당화를 기대할지도 모른다. 하지만 내가 보기에 칸트는 그런 회의주의를 중요하게 여기진 않은 듯하다. 그는 단지 자신이 생각하기에 보편적이고 본질적인 사실이라고 여긴 것을 가정해 두고서, 우리 모두가 어떤 도덕적 책임, 혹은 다른 어떤 것의 유용성을 받아들여야 한다고 본 것뿐이다.(물론 특별한 경우에는 우리가 이에 동의하지 않을 수도 있지만.)

여기에서는 (칸트가 인식한 바) 이기적인 이유의 집합 '내'에서도 특히 즉각적인 만족을 위한 욕망과, 이와는 달리 장기적인 관점에서 자기에게 이익이 되는 신중한 고려 사이의 구분을 지적해야 할 것이다. 가령 우리는 세 잔째의 술이나 유명 디자이너가 만든 옷, 혹은 누군가의 유혹에 맞닥트린 상황에서 우리 자신의 건강이나, 재산이나, 장기적인 행복을 위해 이에 저항할 수 있다. 우리의 혼합된 본성은 바로 신중해야 하는 이유를 인식하고, 또한 그에 따라 행동하는 데에서 여실히 드러난다고 — 비록 때때로라도 — 할 수 있다. 우리 모두는 다른 목표를 위해 즉각적인 욕망의 만족을 연기해야 할 필요가 있다. 그렇게 하지 못한다면 우리는 그야말로 거의 동물 수준으로 떨어지게 된다.(가령 약물중독의 경우처럼.) 아이들은 아주 어린 나이에서부터 만족을 지연시키는 방법을 배우기 시작한다. 하지만 과연 지금 현재를 사는 것과, 미래를 계획하는 것 사이에 어느 정도로 균형을 잡아야 하는지는 결코 쉽지 않은 문제이며, 따라서 우리 각자가 나름의 방식으로 결정해야만 한다.

윤리학 이론에 대한 저술에서 칸트는 자신의 견해를 외적으로 매우 엄격하게 제시한다. 즉 그가 유일하게 진정으로 인정하는 동기란, 우리 자신의 의향과는 무관하게 우리 자신의 의무를 행하라는 매우 엄격한 결정뿐이었다. 여기에 함축된 바는, 가령 우리가 각자의 자연스러운 의향에 따라 다른 사람의 자녀를 돌보거나, 혹은 힘든 상황에 놓인 누군가를 돕는다면, 그런 행동은 결코 감탄할 만한 것도 아니며, 오히려 도덕적 가치를 '훼손하는' 격이 된다는 것처럼 들린다.(『도덕형이상학원론』 4: 398)[250] 하지만 칸트를 보다 넓은 견지에서, 보다 주의 깊게 읽어보면 이러한 일반적인 오해를 몰아낼 수 있다. 물론 그는 덕을 인간의 성격 가운데서도 특징적인 것이 되게끔 독려하려 노력했다. 즉 사람들이 올바른 일을 하려는 정신적 기질을 더 많이 발달시키면 시킬수록 더 좋다는 것이었다. 칸트의 요점은 무엇이냐 하면, 이성적인 존재인 우리는 단지 생득적으로 주어진, 혹은 사회적으로 훈련된 의향의 묶음만은 아니라는 것이다. 우리는 각자 행동의 이유를 갖고 있고, 그런 이유에 의해 가정된 일반적인 원칙들은 이른바 "공리(公理)"로 명시될 수 있으며, 또한 이성적으로나 도덕적으로나 평가될 수 있다는 것이다. 우리가 이 세계에 좋은 결과를 가져오는 것만으로는 충분치가 않다.(물론 공리주의적인 윤리에서는 그것만으로도 충분하다고 주장하지만.) 덕은 내적 동기부여에 근거하고 있으며, 우리는 반드시 올바른 이유에 따라 행동해야만 한다. 칸트가 주장했다시피, 유일하게 절대적으로 선한 것이 있다면, 그것은 다름 아닌 선한 '의지' 뿐이다.

후기의 작품인 『이성의 한계 내에서의 종교』에서 칸트는 인간의 본성에 관한 문제 가운데서도 가장 깊은 것과 씨름하면서 몇 가지 새로운 통찰, 혹은 과거의 통찰에 대한 새로운 의견을 내놓았다. 그는 인간의 본성 속에 있는 "근본적인 악"을 언급한다. 그는 우리의 "허약성"(마땅히 그래야 한다는 것을 알면서도 그러지 못하는 어려움)과 "불순성"(도덕적 이유를 다른 동기와 혼동하거나 뒤섞어버리는 성향)을 인정한다. 하지만 칸트에게 근본적인 악이란 자연적으로 주어진 우리의 욕망도, 이러한 욕망과 의무 사이의 긴장도 아니다. 이는 오히려 인간의 본성의 "사악함"이라 할 수 있다. 즉 이는 자신의 의무를 자신의 의향에 '복속' 시키기로 자유롭게 선택하는 것이며, 다른 사람에 대한 자신의 책임보다는 자신의 행복(자신이 이미 알고 있는)을 의도적으로 선호하는 것이다.(6: 19 이하)[251]

바로 이 지점에서 칸트 역시 다른 많은 사상가들과 마찬가지로 두 가지 방향으로 나아간다. 한편으로 그는 우리 안의 악은 우리 자신이 선택한 결과라고, 즉 스스로의 자유를 잘못 사용한 결과라고 주장한다. 하지만 다른 한편으로 칸트는 그러한 악이 우리 안에 "근본적"이거나 내재적인 것이라고, 즉 욕구적이면서 이성적인 존재인 우리 자신의 조건에 있어 보편적이고도 불가피한 특징이라고 말하고 싶어한다.(따라서 이것이야말로 칸트 식의 원죄에 대한 교리라 할 수 있다.)

> 인간 안에는 악에의 자연적 성향이 존재한다고 볼 수 있다. 그리고 이 성향 자체는 결국은 자유로운 선택의지 안에서 구해지지 않으면 안 되고, 따라서 그에 대해 책임을 물을 수 있는 것이므로, 도덕적으로 악한 것이다. 이 악은 모든 준칙[공리]들의 근거를 부패시키는 것이기 때문에 '근본적'인 것이다. 또한 그것은 자연적 성향으로서, 인간의 힘으로는 '근절'시킬 수 없는 것이다. (……) 그럼에도 불구하고 악에의 성향은 자유롭게 행위하는 존재로서의 인간 안에서 발견되는 것이므로, 그의 극복은 가능한 것이다.(6: 37)[252]

칸트의 입장은 근본적인 악이 모든 이성적인 피조물에게, 그러나 동시에 유한하고 욕구적인 피조물에게 반드시 덧붙여져 있다는 것은 아니다. 유한한 존재로서 우리의 욕구는 우리의 동물적 본성과 연관되어 있는데, 칸트는 이것을 오히려 순수하다고 보았기 때문이다. 또한 그는 악에 대한 우리의 소질을 우리의 이성적 본성 탓으로 돌리지도 않았는데, 만약 그렇다면 우리는 그야말로 악마와 같은 존재일 것이기 때문이다. 그는 오히려 근본적인 악이 사회적 조건하에서의 인간의 발전의 결과인 이성적인 자기애의 성향에 덧붙여져 있다고 생각했다.

    이는 칸트의 교의에서 보이는 루소적인 측면으로, 그는 이를 가리켜 "반(反)사회적 사회성"이라고 일컬었다. 즉 이는 인간 사회의 일원이 되고자 하는 우리의 욕구 및 의향과, 이기적이고 경쟁적이 되고자 하는 우리의 성향이 혼합된 결과이다. 역설적으로, 우리가 본성적으로 악하다는 칸트의 논제는, 실상 우리는 본성적으로 선하다는 루소의 주장과 매우 비슷하다고 봐야 한다.(중국의 유교 전통에서도 이와 유사한 논쟁이 있었다. 이 책의 제1장을 참조하라.) 그러나 여기서 "본성적으로"라는 말은 두 철학자에게 상반되는 의미로 사용되었다. 루소는 이 말을 "사회적 조건보다 선행하는"이란 의미로 사용함으로써 결국 사회 발전이 본래적인 인간의 본성을 타락시킨다고 본 반면, 칸트는 우리의 진정한 인간의 본성은 오로지 사회 내에서만 표현될 수 있다고 보았다. 즉 루소와 달리 그는 이른바 전(前)사회적인 동시에 '인간적인' 조건은 있을 수 없다고 본 것이다.

처방: 순수한 종교와 문화적 발전

어떻게 하면 올바른 의도와 덕스러운 소질을 성취하고 장려할 수 있을까? 단순히 순수한 실천이성이 무엇을 요구하는지에 대한 이론을 공식화하고, 우리의 행동 뒤에 숨은 "공리"를 일반화하고, 그것을 모든 이성적 존재에 적용시키는 한편 모든 사람을 "그 자체"로서 목적으로 간주하는 것(칸트가 『도덕형이상학원론』의 제2장과 『실천이성비판』의 제2장에서 주장한 것처럼)만으로는 충분치가 않다. 마찬가지로 보다 자세한 도덕률이나, 그것을 특정한 경우에 적용시키는 방안을 언급하는 것(칸트가 후기 저술인 『도덕형이상학』에서 했던 것처럼)만으로도 충분치가 않다. 왜냐하면 플라톤과 사도 바울이 모두 파악한 것처럼, 어떤 책임을 인식하는 것과 그 책임을 실천하는 것은 별개이기 때문이다. 실제로 철학과 교화에 지나치게 치중하다보면 오히려 규범의 효과를 제한하게 된다는 것은 악명 높은 사실이다!

그런데 어떻게 하면 사람들에게 덕을 가르칠 수 있고, 또 그 덕을 발전시키도록 권장할 수 있느냐 하는 것은 부모, 교사, 사회운동가, 입법가, 사회개혁가 등에게는 매우 현실적인 문제가 아닐 수 없다. 따라서 칸트 역시 이와 같은 질문에 대해 현실적인 답변을 갖고 있었다.(그의 저술이 모두 난해한 이론의 수준에만 머물러 있었던 것은 아니다.) 이 질문에 대한 한 가지 분명한 답변은 보상을 제공하거나 처벌로 위협하라는 것이었지만, 만약 그렇게 된다면 단지 새로운 이기적인 이유를 갖다대는 것에 불과하기 때문에, 결국 칸트 식의 덕을 생성하지는 못할 것이었다. 즉 겉으로는 도덕률에 합치되는 행동을 야기할 수 있을지 몰라도, 진정으로 덕스러운 내적 태도, 즉 '단지 그것이 옳기 때문에' 올바른 행동을 하려는 의지를 만들어내지는 못할 것이었다.

칸트는 도덕적 칭찬이나 비난이 윤리적 책임을 기꺼이 지려는 사람들을 위한 외적인 자극요인이 된다고 보진 않았다. 오히려 이런 것들은 "그런 행위의 이유를 서로 나누는" 방법이라고 보았다. 비난은 손바닥을 때리는 것과는 다르며, 칭찬 역시 사탕을 하나 주는 것과는 다르기 때문이다. 도덕적 칭찬과 비난은 뚜렷한 도덕적 담화의 일부분으로, 특히 도덕 교육과 연관되어 있다. 이것들은 누군가에게 무엇이 옳고 그른지를 가르치기 위해, 혹은 '확신' 시키거나 '환기' 시키기 위해 의도된 것이다.

그것들은 단지 사회적 비난을 피하고, 타인으로부터 칭찬을 받기 위한 동기에 호소하는 식으로 작용되는 것을 의미하지는 '않는' 것이다. 칸트에게 모든 처벌과 보상은 — 심지어 도덕과는 무관한 것으로 해석되는 사회심리학253) 내에서조차 — 오로지 "법률의 영역"에서만 고려되어야지, 결코 윤리의 영역에서 고려되어서는 안 된다.

인간의 본성의 문제에 관한 칸트의 답변 역시 그의 분석과 마찬가지로 모호성을 띠고 있다. 『이성의 한계 내에서의 종교』 중의 인용문은 오로지 종교적 답변만으로 충분하다는 초기의 제안들을 보여준다. 즉 만약 우리 안의 악이 "인간의 힘으로는 근절시킬" 수 없는 것인 한편으로 "극복"되어야 할 것이라면, 기독교 신자들은 오로지 하느님의 구원(이게 바로 그들이 선호하는 방식이다)만이 정답일 수 있다고 곧바로 말할 것이다. 세 가지 비판서를 포함하여 칸트 만년의 저술은 종교적인 주제에 대해서도 다루고 있다. 얼핏 보기에는 이것이야말로 단지 인습적인 경건, 즉 그의 진지한 철학 저술에 인위적으로 덧붙여진 내용처럼 보일 수도 있다. 하지만 좀 더 주의 깊게 읽어보면, 종교에 대한 칸트의 이해가 정통 기독교를 넘어서 있음을 알 수 있으며, 바로 그런 까닭에 당시 프러시아의 검열당국에서 그의 사상을 책으로 출간하지 못하게 했던 것이다.

『순수이성비판』의 변증론 제3장에서 칸트는 하느님의 존재에 관한 모든 이론적 논증을 세 가지 — 존재론적, 우주론적, 그리고 "자연신학적"(목적론적) 논증254) — 로 분류하고, 그 각각을 차례대로 검토한다. 그의 논증은 명확하고도 단호하게 서술되어 있어서, 그야말로 자연신학에 대한 철학적 비판의 고전이라 할 수 있다.(그런 점에서는 흄의 『자연종교에 관한 대화』와 쌍벽을 이룬다고 할 수 있다.) 특히 칸트에 있어 독창적인 측면은 목적론적 논증(설계로부터의 논증)이 실은 우주론적 논증을 전제로 하고 있으며, 또한 우주론적 논증은 존재론적 논증을 전제로 하고 있다는 지적이라 할 수 있다. 따라서 만약 칸트의 주장이 옳다면, 존재론적 논증 하나만 무너트려도 그 나머지가 모조리 무너져버리게 되는 것이다.

하지만 칸트가 이를 무너트리는 까닭은, 그것을 좀 더 다르고 실제적인 기반 위에 재정립하기 위해서이다. 비록 하느님, 불멸, 그리고 자유의지에 관한 명제는 이성의 이론적 사용으로는 결코 증명될 수가(또한 반증될 수도) 없지만, 칸트는 이것들이 현실적인 관점에서는 정당화가 가능하다고 생각했다. 즉 우리가 어떻게 '행동' 할 것인가를 생각할 때는 서로 다른 종류의 고려를 하는 것이 적절하다. 우리가 자유롭다는 개념은 곧 우리가 무엇을 해야 할지를 놓고 숙고한다는 것 안에 직접적으로 전제되어 있기 때문이다.(앞서 지적했던 바와 같이.) 하지만 하느님과 불멸에 대해서는 뭐라고 해야 할까? 과연 이것들은 어디에서 오는(물론 정말로 '오는' 것이라면) 걸까? 칸트는 자신의 "도덕신학"의 다양한 도식으로부터 이를 설명하려고 했다. 이 내용은 『순수이성비판』의 '선험적 방법론,' 『실천이성비판』의 '변증론,' 『판단력비판』의 86-91항, 그리고 『이성의 한계 내에서의 종교』 등에 나와 있다.

『순수이성비판』 A805/833에서 칸트는 "이성의 모든 관심은 (사변적 관심도, 실천적 관심도)" 다음 세 가지 물음으로 집약된다고 주장했다.

1. 내가 무엇을 알 수 있는가?
2. 내가 무엇을 해야 할 것인가?
3. 내가 무엇을 바라야 하는가?[255]

(『논리학 강의』[256] 9· 25에서 칸트는 위의 세 가지 질문을 모두 포함한 네 번째 질문을 던진다. 즉 "인간이란 무엇인가?"라고 말이다. 하지만 이는 어디까지나 언어유희에 지나지 않는다. 왜냐하면 이 네 번째 질문에 적절하게 답하기

위해서는 앞서 제기된 세 가지 질문에 먼저 답해야 하기 때문이다.) 이 가운데 첫 번째 질문은 『순수이성비판』에서 깊이 있게 논의된다. 두 번째 질문은 『도덕형이상학원론』과 『실천이성비판』, 그리고 다른 윤리 관련 저술에서 다뤄진다. 세 번째 질문(바로 그 밑에 "내가 (마땅히) 해야 할 것을 할 때, 내가 무엇을 바라야 좋은가?"[257]라고 해설이 첨부된)은 새로운 논제를 소개하는 셈인데, 이는 어떤 면에서 이론적인 동시에 실제적이기도 하지만, 철학에서는 어딘가 경시된 감이 없지 않은 것이었다. 역사와 종교에 관한 칸트의 철학은 바로 이러한 희망의 표제 아래 자리잡는다.

『실천이성비판』의 '변증론'에서 칸트는 하느님과 불멸에 관한 믿음에 대한 자신의 현실적인 주장을 완전히 드러낸다. 그는 덕과 행복 사이의 관계를 숙고한다.("내가 (마땅히) 해야 할 것을 할 때에, 내가 무엇을 바라야 좋은가?") 스토아주의에서는 덕을 곧 지고한 선이라고 주장했고, 에피쿠로스주의에서는 덕을 곧 행복이라고 주장했다. 칸트의 견해에 따르면 우리는 오로지 우리 자신의 행복만을 고려해서는 안 된다. 하지만 그는 덕을 행복과 완전히 분리시키는 것도 내켜하지 않으므로, 결국 "지고의 선," 그러니까 모든 도덕적 노력의 최종 목표는 반드시 덕과 행복의 '조합'이 되어야 한다고 주장했다.(이는 오히려 아리스토텔레스의 '에우다이모니아'와 비슷하다.)

그러나 우리가 사는 세상에서 덕이 항상 행복을 보상받지 못한다는 것은 고통스럽게도 사실이다. 우리는 악한 자들이 오히려 잘되는 경우를 너무 자주 봐 왔다. 따라서 정의가 존재하려면 우선 하느님, 즉 자연의 근저에 있으며, 모든 인간의 마음속 비밀을 알고, 이 세상 너머의 미래의 삶에서 모두에게 적절한 보상을 해줄 "지고한 이성"이 존재해야 한다는 것은 뻔한 — 이미 수백만 명이 넘게 받아들인 — 귀결이다. 하느님과 불멸을 예로 듦으로써, 칸트는 마치 정의와 내세의 보상에 대한 공통적인 인간 희망의 내용을 그저 반복하고 있는 듯하다. 하지만 그의 도덕철학에서 근본적인 것은 우리의 의무를 행하기 위한 우리의 동기가 어떤 이득을 보상으로 받아서는 '안 된다'는 점이다. 따라서 칸트가 단지 올바른 행동의 동기를 부여하기 위해 내세의 보상을 당연한 것으로 가정하는 것은 그에게 있어 모순적인 주장이 된다.

물론 칸트는 덕이 언젠가는 보상을 받게 될 것이라는 우리의 '희망'에 근거가 있어야 한다고 주장한다. 즉 최소한 우리가 지고의 선, 즉 덕과 행복의 조합이 '가능하다'고 믿게 된다면, 도덕적 행동을 위한 우리의 동기부여 자체는 훼손되고 말 것이라고 주장하는 듯하다. 말하자면 오로지 그것만을 직접적으로 겨냥해서는 안 되지만, 적어도 그런 희망을 가질 필요는 있다는 것이다. 즉 우리는 지금 바로 여기에서 옳은 일을 하는 것이 궁극적으로 무의미하지 않다고 가정해야만 하는 것이다.

하지만 그런 도덕적 해결책을 위해 정말로 하느님이나 불멸에 대한 형이상학적 주장을 믿어야만 하는 걸까? 『이성의 한계 내에서의 종교』에서 칸트는 이러한 주장을 배격하는 듯하다. 적어도 그런 전통적인 해석에 대해서는 말이다. 가령 그는 천국과 지옥에 관한 전통적인 개념에 대해 이렇게 말한다. "이 표상들은 (……) 충분한 힘을 가진 것이며, 이를 위하여 객관적으로 인간의 운명에 대한 선, 또는 악의 영원성을 이성적 통찰의 한계를 벗어나는 '독단적인' 교설 속에 전제할 필요가 없는 것이다."(6:69)[258]

같은 책의 뒷부분에서 칸트는 이렇게 적고 있다. "종교란 (주관적인 측면에서 고찰하면) 우리의 모든 의무를 하느님의 명령으로 인식하는 것이다."[259] 그리고 그는 각주에서, 이러한 이론적 측면에서 '단지 (……) 사물의 최고 원인에 대한 '개연적인' 상정〔가정〕"[260]을 필요로 하고, 실제적이고 도덕적인 측면에서 "신앙은 (……) '신의 이념'을 필요로 할 뿐이며, 이론적 인식을 통하여 그 이념에 해당하는 객관적 실재를 보증할 수 있다고 장담하지는 않는다"(6: 154 각주)[261]고 썼다. 따라서 우리는 이른바 "우리의 모든 의무를 하느님의 명령 '으로' 인식하는 것"에서 "-으로"를 단지 어떤 특정한 그림이나 가설을 떠올리는 것 정도로 생각해야 할 뿐, 어떤 초자연적 인격의 존재에 대한 문자적인 믿음으로 받아들여서는 안 된다.

기독교에서 그리스도와 사탄이라는 의인화된 형태로 나타난 선과 악을 지칭하기 위해 그가 사용한 개념인 이른바 "선한 원칙과 악한 원칙" 사이의 투쟁에 대해 이야기하면서, 칸트는 이렇게 말한다.

> 우리는 다음과 같은 사실을 쉽게 알 수 있다. 즉 이같이 생소하고, 또 그 시대에 있어서는 단 하나의 '대중적인 표상 방법'〔칸트는 이 부분을 강조한다〕이었던 이 이야기로부터 그의 신비로운 베일을 벗긴다면, 이 표상 방식(그의 정신 및 이성적 의미)은 실천적인 면에서 볼 때 모든 세계와 시대에 있어서 타당하며 구속력을 지니고 있음을 쉽게 알 수 있다. 왜냐하면 그 표상 방법은 모든 인간에게 매우 가까이 있는 것이어서, 그에 대한 의무를 인식할 수 있는 것이기 때문이다. 그의 의미는 다음과 같다. 즉 인간에게 있어서 구원이란 순수한 도덕적인 근본원리를 가장 성실하게 채용하는 것에 의해서밖에는 전혀 불가능하며 (……) (『이성의 한계 내에서의 종교』 6: 83)[262]

이처럼 "비신화화"적인 언어 앞에서야 당시 프러시아의 검열당국은 물론이고, 심지어 오늘날의 기독교 정통파들조차도 긴장하지 않을 수 없을 것이다. 하지만, 특히 오늘날 같은 경우에 우리는 이른바 엘리트만을 위한 신앙과 "대중"을 위한 신앙을 구분하려고 하진 않을 것이다.(비록 칸트와 플라톤은 그랬지만 말이다.)

칸트의 전반적인 성향은 신학적인 주장을 도덕적인 형식으로 재해석하려는 것이었다. 그는 성서가 우리에겐 도덕적 교훈의 형식으로 해석되어야 한다고 — 비록 그 교훈이 성서의 문자적 의미와는 다르더라도 — 제안했다. 칸트의 견해에서는 초자연적인 인격이나 힘에 대한, 혹은 기적이나 성례전에 대한 믿음은 불필요했다. 하지만 그는 일종의 순수한 교회, 즉 윤리적 이상을 내세우고 그 신도들로 하여금 그 이상을 향한 열망을 갖게 돕는 인위적 조직이 필요하다고도 보았다. 그리고 그는 다양한 "역사적," 혹은 "복음적" 신앙(기독교는 물론이고 다른 종교까지도) 가운데서도 이성적으로나 도덕적으로 받아들일 만한 내용을 골라, 그 신앙 가운데 도덕적으로 불필요한 것들과 점차 분리시킨 다음, 그것들을 "순수한 종교적 신앙"으로 구성할 수 있기를 희망했다.(『이성의 한계 내에서의 종교』제3권과 제4권)

칸트는 또한 역사에 관한 에세이에서 보다 현세적인 바람을 표명하기도 했다.(그의 에세이는 19세기에 들어 나타난 헤겔과 마르크스의 역사철학의 선구였다.) 그는 교육, 경제발전, 정치개혁을 통해 인간의 문화와 역사가 계속해서 발전하리라고, 또한 그로 인해 사람들이 가난, 전쟁, 무지, 그리고 인습적 권위에 대한 복종에서 점차 벗어날 수 있으리라고 예견했다. 그는 프랑스 혁명의 이상을 — 물론 현실에서는 지나친 면이 있음도 알고 있었지만 — 지지했다. 에세이 「영원한 평화를 위하여」에서 칸트는 민주정체를 지닌 국가들 사이의 평화적 협조로 인한 세계의 질서를 그려보았다.(아마 오늘날 유럽 경제공동체가 이룩된 것을 보면, 그 온갖 문제점에도 불구하고 칸트는 무척이나 기뻐하지 않았을까.) 『실용주의적 관점에서 본 인간학』의 말미에서 그는 비록 평탄하지는 않아도 점진적인 인류의 진보에 대한 바람을 명백히 표현했다.

하지만 칸트가 지닌 역사적 희망의 상태는 오히려 불명확한 데가 있다. 「세계 시민적 관점에서 본 보편사의 이념」(1784)에서 그는 인간의 진보에 있어 "자연"이 의도하는 바, 혹은 의지하는 바에 대한 개념에 거듭해서 호소하고 있기 때문이다. 그는 역사에는 우리가 이론가로서 최소한 흐릿하게나마 식별할 수 있는 전반적인 추세가 있다고 ─ 비록 그것이 사람들 각자의 특정한 행동에 내재된 특별한 의도를 넘어서긴 하지만 ─ 생각했다. 칸트는 그들이 "모두 각자의 성향에 따라서, 그리고 다른 사람과는 모순되는 그 자신의 목적을 추구함으로써, 자신도 모르게 각 개인에게는 알려지지 않은 자연의 계획을 (……) 촉진시키기 위해서 노력하고 있다"[263]고 말한다. 따라서 인간의 "반(反)사회적 사회성"(가령 우리의 사회적인 동시에 경쟁적인 본성)은 "자연에 의해 선택된 수단" ─ 여기서 말하는 '자연'은 물론 우리의 '본성'과는 다른 것이다 ─ 으로, 장기적으로는 인간의 재능과 힘이 완전히 계발될 수 있는 법치적인 사회질서를 만들어내기 위한 것이다.

법치적인 질서라고 말할 때, 칸트는 국가의 존재(홉스가 옹호한 바와 같이)뿐만 아니라, 아울러 법치적인 국제질서(그의 「영원한 평화를 위하여」에서 자세히 묘사된)까지도 염두에 두고 있다. 하지만 이처럼 자연의 의도, 목적, 혹은 의지라는 개념은 이른바 하느님의 의지와 섭리에 대한 하나의 종교적 믿음과 ─ 물론 칸트가 이를 시인한 것은 아니었다(그렇지 않았으면 그가 왜 굳이 전통적인 신학적 언어를 사용하지 않았겠는가?) ─ 신이나 인간 같은 어떠한 이성적 존재도 아닌 자연이 "목적"을 지니고 있다는 또 하나의 믿음 사이에서 불안정한 균형을 잡고 있는 셈이다. 다윈은 훗날 이 두 가지 중 나중의 것을 과학적으로 해석하여, 이른바 자연선택이라는 방식으로 생물이 자신의 환경에 적응한다고 설명했다.(이 책의 제10장을 참조하라.) 그러나 인간의 역사의 진보에 대해서만큼은 다윈

식의 해석이 불가능한 것이, 우리의 역사는 이른바 여러 가지 상반되는 대안 가운데서 단순히 "선택"되는 것이 아니기 때문이다. 그렇게 보자면 역사에서의 자연의 의도에 대한 칸트의 언급은 정당화될 수가 없다.(전통적인 신학이 정당화될 수 없는 것과 마찬가지로 말이다.)

역사에 관한 이 에세이의 말미에서, 칸트는 역사에 대한 자신의 "세계 시민적" 견해에 관한 이론적 정당화보다는, 오히려 우리의 사회적 사상과 행동의 지침으로서 이 견해의 현실적 유용성에 더욱 관심이 있는 듯하다. 인간의 지적, 도덕적, 정치적 잠재능력의 더 훌륭한 완성을 향한 발전의 개념은 우리가 추구해야 할 하나의 '이상'으로 제시될 수 있다. 그것은 우리의 '희망'을 고무시킬 것이며, 이른바 사회적 '신뢰'라고 불릴 만한 것에 영감을 제공할 것이다. 따라서 칸트에게 이 상태는 곧 하느님의 개념과도 같다고 할 수 있다.

이런 면에서 보면 칸트 역시 계몽주의 사상가이다. 하지만 당시의 다른 사람들(가령 콩도르세)과는 달리, 그는 인간의 본성의 어두운 면, 즉 그의 이후에 가서 널리 확증된 우리의 악에 대한 잠재능력에 대해서도 확고하고 현실적인 견해를 갖고 있었다. 그는 정부의 권력에 의한 정치적, 사회적 개혁의 필요성뿐만 아니라, 개인의 영적이고 윤리적인 변모를 위한 "윤리적 공동체" — 칸트에게는 정화되고 합리화된 형태의 교회나 마찬가지였던 — 의 필요성을 내세웠다. 칸트의 현실적인 철학은 이른바 점진적인 사회적 진보에 대한 희망(각 개인이 이에 기여하기로 결심함으로써)과, 우리의 타락하고 이기적인 인간의 본성을 변모시켜 줄 신의 은혜와 같은 것에 우리의 희망을 거는 종교적 관점(각 개인이 자신의 잘못을 알고, 더 나은 인간이 되기로 결심함으로써) 간의 조합을 우리에게 남겨주었다.

더 읽을거리

- 칸트의 사상에 관한 짧은 개론서로는 다음을 참조하라. 로저 스크러턴 (Roger Scruton), 『칸트』(2001).[264] 이 책은 간결한 통찰로 가득한 그야말로 숨은 보석과도 같은 책이다. 보다 포괄적이면서도 간략한 개론서는 다음을 참조하라. 오트프리트 회페(Otfried Hoeffe), 『칸트』(1994). 윤리학에 관한 보다 확실한 개론서로는 다음을 참조하라. 로저 J. 설리번(Roger J. Sullivan), 『칸트 윤리학 개론』(1994).[265]

- 칸트의 종교 이론을 옹호하는 저서로는 다음과 같은 것이 있다. 앨런 우드 (Allen Wood), 『칸트의 도덕종교』(1970). 우드는 또한 다음 책에서 같은 주제에 대한 한 장을 집필하기도 했다. 폴 가이어(Paul Guyer) 편저, 『케임브리지 판 칸트 개론』(1992).

- 용기를 내어 칸트를 직접 읽어보려는 독자들에게는 우선 비교적 분량이 적고 만만해 보이는 제목을 달고 있는 다음 두 권을 추천한다. 『도덕형이상학원론』[266]과 『프롤레고메나』.[267]

- 칸트의 사상에서 특히 실용적인 측면에 관심이 있는 독자들이 쉽게 읽을 만한 선집으로는 다음과 같은 것이 있다. L. W. 벡(L. W. Beck) 편저, 『칸트의 역사론』(1963);[268] H. 라이스(H. Reiss) 편저, 『칸트의 정치 저술』(1991, 제2판).

- 칸트의 종교론에 대해서는 조지 디 조반니(George di Giovanni)가 번역하고, R. M. 애덤스(R. M. Adams)가 해설한 『이성의 한계 내에서의 종교』(1998)[269]를 참조하라.[270]

제7장
마르크스: 인간 사회의 경제적 기반

　　오늘날 마르크스에 대한 우리의 시각은 20세기에 러시아와 동유럽에서 전개된 소비에트의 흥망에 대한 우리의 지식으로부터 큰 영향을 받고 있다. 또한 중국(물론 오늘날 이곳에서 마르크스의 영향력은 그야말로 제로에 가깝지만)이나 쿠바, 그리고 북한에서 내세우는 자칭 공산주의로부터도 마찬가지로 적잖이 영향을 받고 있다. 하지만 이 장에서 우리가 살펴볼 것은 19세기 중반에 살았던 카를 마르크스 본인의 사상이지, 결코 이후에 나온 레닌주의자나 스탈린주의자, 혹은 마오주의자의 이론이나 실천이 아니다. 물론 마르크스의 사상이 20세기에 들어 막대한 영향력을 행사한 것은 사실이지만, 이른바 마르크스주의 정권, 혹은 공산주의 정권의 몰락이나 만행까지 그에게 직접적으로 책임을 물을 수는 없다.

　　칸트가 계몽주의 시대의 가장 심오한 철학자였다면, 마르크스는 산업혁명과 자본주의 초기의 가장 위대한 이론가였다고 할 수 있다. 비록 종교에 대해 적대적이긴 했지만, 마르크스는 인간의 평등에 대한 이상을 기독교로부터 물려받았으며, 과학적 방법을 통해 인간 사회의 문제들을 분석하고 해결할 수 있다고 생각한 점에서는 계몽주의의 희망을 공유하고 있었다. 이처럼 정교한 역사적, 사회적, 그리고 경제적 이론화를 이끌어낸 것은 세속적인 형태의 인간 구원, 혹은 해방을 향한 방법을 보여주려는 그의 유사종교적 열정 때문이기도 했다.

마르크스의 생애와 저술

마르크스는 1818년에 독일 라인란트의 트리어에서 태어났다. 유대계였던 그의 아버지는 당시의 차별적인 법률로 인해 기독교로 개종하고 변호사가 되었다. 카를은 어린 시절 프로테스탄트 신자였으나, 머지않아 종교를 버리게 되었다. 그는 일찍부터 뛰어난 지적 능력을 과시했으며, 1836년에 베를린 대학 법학부에 입학한다. 당시에는 낭만주의 운동의 철학, 미학, 그리고 사회사상이 한창 유행하고 있었으며, 젊은 마르크스도 이에 열성적으로 뛰어들었다. 그는 외국어를 공부하고, 시를 쓰고, 고대 그리스의 형이상학에 대한 학위논문[271]을 작성하는 한편, 사회개혁에 대해 깊은 관심을 갖게 되었다. 그의 초기 저작에는 문학적인 스타일이 뚜렷하며, 그 사상의 열정적인 강렬함이 표현되어 있다.

당시 독일에서는 헤겔 철학의 사상적 영향이 지대했고, 마르크스 역시 헤겔의 사상에 매료되어 법학을 그만두고 전적으로 철학 연구에 매달렸다. 그가 헤겔의 사상으로부터 가장 크게 영향을 받은 것은 바로 인간의 역사가 여러 단계의 정신적, 문화적 발전 과정을 거친다는 개념이었다. 헤겔은 역사의 진보를 '가이스트(Geist),' 즉 '정신,' 혹은 '영혼' 이라는 특유의 개념으로 파악했다. 아마도 그는 신학의 언어를 성서의 개념보다는 오히려 인문주의와 범신론에 가까운 의미로 재해석하려 했던 듯하다. 헤겔은 인간 역사의 전과정을 '가이스트' 의 의식, 혹은 자기의식이

커지면서 일어나는 점진적인 자기실현으로 해석했다. 인간의 사회생활이 지속됨에 따라, 보다 적절한 실재 개념이 표현되는 동시에 보다 많은 자유가 드러난다. 각 단계는 상충되는 성향의 지배를 받으며, 그 종국은 다음 단계에 이르러 보다 완전한 자유의 발전 기반이 된다.

헤겔은 "소외" 개념을 발전시켰는데, 이는 인식의 주체가 그 자신과 다른, 그리고 자신이 모르는(자신과 "소외된(낯선)") 대상과 맞닥뜨리는 것이다. 주체와 객체 간의 구분은 그 대상을 알게 되는 과정을 통해 극복되고, 그리하여 그것(대상)이 주체로부터 완전히 독립적으로 존재하지는 않는다는 사실을 깨닫게 되는 것이다.(여기서는 제6장에서 언급한 칸트의 선험적 관념론의 잔향이 남아 있다.) 헤겔에 따르면 정신적, 문화적 발전은 "절대" 지식이 존재하는 순간 종국을 고하게 되는데, 그는 겸손하지 못하게도 자신이 그것을 성취했다고 생각했다. 이런 면에서 헤겔은 우리가 결코 물자체를 알 수도 없고, 도덕적 완성도 성취할 수 없다고 주장했던 칸트와는 엄연히 다르다.

헤겔의 추종자들은 그의 사상을 사회, 정치, 종교에 어떻게 적응시켰느냐에 따라 두 개의 집단으로 나뉘었다. 이른바 헤겔 "우파"(말년의 헤겔 자신도 이에 포함될 것이다)는 역사의 진보가 이미 인간의 잠재능력을 완전한 발달로 이끌었다고 믿었다. 그들은 당시의 프러시아라는 국가를 이상으로 생각했고, 따라서 정치에서는 보수적이었으며, 특히 헤겔의 사상을 신학적으로 해석하는 성향을 드러냈다. 하지만 헤겔 "좌파," 혹은 "청년" 헤겔파는 인간의 자유의 지고한 형태는 아직 실현되지 않았으며, 당대의 유럽 사회는 이상과는 아주 거리가 멀기 때문에, 구(舊)질서를 변화시키는 데 일조하여 다음 단계의 인간 발전을 기져와야만 한다고 주장했다. 따라서 그들은 근본적인 개혁, 혹은 혁명을 추구했다.

그중 "좌파"에 속하는 사상가 가운데 가장 중요한 인물은 루트비히 포이에르바흐로, 그는 1841년에 『기독교의 본질』이라는 저서를 펴냈다. 포이에르바흐는 헤겔이 모든 것을 뒤집어놓았다고 주장하면서, 이른바 하느님이 역사 속에서 자신을 점진적으로 실현하는 것과는 전혀 달리, 종교적 사상과 믿음은 어디까지나 인간이 근본적인 실재인 이 세상 속에서 삶의 희미한 반영으로서 창조해낸 것에 불과하다고 주장했다. 즉 사람들이 자신의 가장 높은 잠재능력을 신학적인 환상에 투사하는 한편, 실제 삶을 폄하했기 때문에 결국 "소외"된다는 것이다. 포이에르바흐는 형이상학(아울러 신학 전체)을 "비의적 심리학," 즉 우리 자신의 감정을 우주에 관한 모호한 주장으로 위장해 표현한 것이라고 분석했다. 종교는 곧 소외의 증상이며, 따라서 우리는 이 세계에서 인간의 운명을 깨달음으로써 스스로를 자유롭게 만들어야 한다. 포이에르바흐는 이후 마르크스, 뒤르켐, 그리고 프로이트가 시도했던 종교에 대한 사회학적, 심리학적 설명의 선구자라 할 수 있다.

　마르크스의 형성기의 지적 분위기는 대략 이러했다. 그는 포이에르바흐를 읽음으로써 헤겔이 자신에게 걸어놓았던 주문에서 풀려났다. 하지만 그는 역사 발전에 대한 헤겔의 철학과, 소외를 극복하는 것에 대한 그의 예견에는 인간의 본성과 사회에 대한 진리가 역전되어 포함되어 있다는 생각을 그대로 유지했다. 마르크스는 1842년부터 1843년까지 헤겔의 『법철학』에 대한 비판서를 썼고, 『라이니셰 차이퉁(라인신문)』이라는 진보적인 간행물의 편집자가 된다. 이로 인해 프러시아 정부로부터 탄압을 받게 된 마르크스는 파리로 피신했다. 1845년에 그는 파리에서도 추방되어 브뤼셀로 향했다. 이러한 형성기에 마르크스는 자신의 생애에서 또 하나의 거대한 지적 영향력을 행사할 사상들을 만나게 된다. 즉 영국의 경제학자 애덤 스미스와 프랑스의 사회주의자 생시몽의 저술을 비롯하여 다양한 사상들을 섭렵한 것이다. 그는 프루동과 바쿠닌 같은 다른 사회주의 및 공산주의 사상가들을 만났고, 프리드리히 엥겔스와의 평생에 걸친 협력도 이때부터 시작되었다.

1840년대에 마르크스와 엥겔스는 자신들의 "역사적 유물론"을 공식화하기 시작했다. 헤겔의 견해를 포이에르바흐가 제안한 대로 역전시킴으로써, 마르크스는 사회 변화의 원동력이 정신적인 것이라기보다는 오히려 물질적인 것임을 깨닫게 되었다. 즉 단순히 '관념'도 아니고, 어떠한 우주적인 '영혼'도 아닌, 오히려 인간 생활의 '경제적' 조건 안에 역사의 핵심이 들어 있었던 것이다. 소외는 근본적으로 형이상학적이거나 종교적인 것이 아니라, 오히려 사회적이고 경제적인 것이었다. 자본주의 체제하에서 노동은 노동자와는 낯선(소외된) 어떤 것이다. 왜냐하면 노동자는 그 자신을 위해서가 아니라, 생산 과정을 감독하며, 그렇게 해서 나온 상품을 사유재산으로 소유하고, 따라서 그 피고용자들을 착취하는 다른 누군가 — 즉 자본가 — 를 위해서 일하는 것이기 때문이다. 이와 같은 소외의 개념은 마르크스가 1844년에 파리에서 쓴 『경제학 철학 수고』에서 처음 서술되었지만, 정작 이 저술이 출간된 것은 그로부터 한 세기가 지난 다음이었다. 하지만 역사적 유물론의 개념은 1846년의 『독일 이데올로기』(엥겔스와 공저)와 1847년의 『철학의 빈곤』 같은 다른 저술에서 이미 표현되었다.

마르크스는 이후 공산주의 운동의 실천 조직에 관여하게 되었는데, 왜냐하면 그는 자신의 저술의 목적을 "세계를 변화시키는 것"(이 유명한 말은 1845년의 『포이에르바흐에 대한 테제들』에 나온다)[272]이라고 보았기 때문이다. 자본주의가 혁명을 통해 공산주의로 나아가게 되는 것이 역사의 흐름이라고 확신한 마르크스는 "프롤레타리아트," 즉 생존을 위해 자신의 노동을 팔아야 하는 산업노동자 계급을 교육하고 조직하려고 시도했으며, 그는 결국 그들이 계급투쟁에서 승리를 거두게 되리라고 판단했다. 1848년에 그는 국제 공산주의 운동의 목표에 대한 확실한 성명서를 써 달라는 부탁을 받고 (엥겔스와 함께) 유명한 『공산당 선언』을 저술했다. 마침 그해 말에 이르러 유럽의 여러 국가에서 혁명의 시도가 있었으나 끝내 실패로 돌아갔다.(물론 『공산당 선언』에서 직접적인 영향을 받은 것은 아니었다.) 혁명의 실패 이후 마르크스는 영국으로 망명해서 평생 그곳에 머물렀다.

런던에서 마르크스는 궁핍한 생활을 하면서, 언론 기고 수입과 엥겔스의 지원으로 근근히 생활해 나갔다. 그는 대영도서관의 열람실에서 체계적으로 연구를 수행하며, 당시의 사회 여건에 관한 방대한 문서자료를 찾아볼 수 있었다. 1857년부터 이듬해까지 그는 훗날 『요강(要綱)』[273]으로 알려지게 된 또 하나의 원고를 작성했는데, 이는 역사와 사회에 관한 자신의 전체 이론의 개요를 정리한 것이었다.(이 원고 전체는 1970년대가 되어서야 영어로 번역되었다.) 그는 1859년에 『정치경제학 비판』을, 그리고 1867년에 자신의 주저인 『자본론』 제1권을 펴냈다. 그가 최후로 내놓은 이 두 작품은 경제사 및 사회사에 대한 매우 자세한 내용을 담고 있다. 이젠 더 이상 공공연히 헤겔 철학을 이용하진 않았지만, 마르크스는 여전히 자신의 유물론적 역사 해석을 이용하여 공산주의가 자본주의보다 탁월하다는 것이 필연적이고도 바람직하다는 사실을 보여주려고 했다.

그중에서도 유명한 것은 『공산당 선언』 이후 말년의 저술들이며, 차후에 생겨난 공산주의의 이론과 실천의 기반이 된 것도 바로 이 저술들이다. 이 저술들 속에는 마르크스에게 주된 영향을 끼친 독일 철학, 프랑스 사회주의, 영국 정치경제학이 이제 역사, 경제학, 사회학, 정치학을 망라하는 하나의 이론으로 융합되어 있음을 발견할 수 있다. 엥겔스는 이를 가리켜 "과학적 사회주의"라고 불렀다. 마르크스와 엥겔스는 자신들이 인간 사회를 연구하기 위한 정확한 '과학적' 방법을 발견했고, 따라서 사회의 현재 활동과 미래 발전에 대한 객관적 진리를 수립할 수 있다고 보았다.

하지만 마르크스가 최초로 저술한 작품들인 『독일 이데올로기』와 1844년의 『경제학 철학 수고』가 20세기에 들어 뒤늦게 출간되면서, 그의 사상이 헤겔의 사상으로부터 큰 영향을 받았다는 사실이 드러났다. 그래서 과연 마르크스의 사상에서 두 가지 서로 다른 국면이 있었는지 여부를 놓고 의문이 제기되었다. 즉 이른바 인본주의적, 또는 실존주의적이었던 초기 마르크스와, 이른바 "과학적 사회주의"를 제창한 후기 마르크스로 말이다. 하지만 대부분의 견해는 이 두 국면 사이에 일종의 지속성이 존재한다는 것으로, 즉 초기 저술에 나온 인간 소외와 구원에의 기대라는 두 가지 주제가 말년의 작품에도 여전히 드러난다는 것이다. 따라서 마르크스에 대한 이 장에서의 논의 역시 그의 사상에 기본적인 통일성이 있다는 것을 전제하고 이루어질 것이다.

역사적 유물론

마르크스는 무신론자였으며, 그의 사상은 전반적으로 유물론적이고 결정론적 성향을 띠고 있다. 특히 후기에 들어서는 모든 인간 현상을 과학적 방법으로 다루는 사회과학자로 자처하기도 했다.(적어도 그가 이해한 바에 따르면.) 하지만 마르크스가 특별히 유별났다고 볼 수는 없다. 실제로 18세기의 많은 사상가들도 그랬기 때문이다.(가령 볼테르, 라메트리, 흄 등.)

그러나 마르크스가 다른 이들과 구분되는 것은 자신이 인간 사회의

'경제사'를 연구하는 데 있어 진정으로 과학적인 방법을 발견했다는 그의 주장 때문이다. 초기의 철학적 저술에서, 그는 이 세상에 오로지 한 종류의 과학만이 — 인간에 대한 과학에서부터 자연과학까지를 모두 망라하는 — 남아 있게 될 날을 고대하고 있었다. 하지만 이 한 종류의 과학은 그 안에 물리학, 화학, 생물학, 심리학, 사회학 등의 다양한 층위를 포함하고 있을 것이다. 실제로 마르크스는 자신의 방법을 물리학의 방법과 비교하여 이렇게 말한 바 있다. "현대사회의 경제적 운동법칙을 발견하는 것이 이 책의 최종 목적이다."274) (『자본론』 초판 서문에서) 그리고 그는 자본주의적 생산의 자연적 법칙이 "움직일 수 없는 필연성을 가지고 작용하며 또 관철되는"275) 것이라고 쓰고 있다. 하지만 이는 어디까지나 말잔치에 불과하다.(사실 마르크스야말로 대단한 수사학자이니까.) 그의 이론화 작업을 자세히 들여다보아도 그가 '환원론적' 유물론자라는(또는 엄격한 결정론자라는) 사실이 드러나지는 않는다. 그는 인간 개인이나 인간 사회에 대한 모든 사실이 물리학의 언어로(혹은 두뇌 과학으로) 설명 가능하다고 기대하지는 않았다. 오히려 그는 분명히 '사회학적인' 법칙을 추구했다. 그는 인간의 역사에 적용 가능한 일반적인 사회경제적 법칙이 있다고 주장했다.

    이것이야말로 마르크스의 세계관 중에서도 가장 근본적인 것으로, 바로 역사에 대한 "유물론적" 접근이다. 이는 물론 헤겔의 역사철학으로부터 영향을 받은 것이지만, 이를 정신적인 용어 대신 경제적인 용어로 해석함으로써, 마르크스는 경제적 발전의 각 단계를 그 다음 단계로 이끄는 역사의 법칙이 있다고 믿었다. 그는 이러한 유물론적 개념을 공시적으로는 물론이고 통시적으로도 적용했다. 그중 어떤 시기에든지 경제적 토대가 이데올로기적 상부구조를 결정짓는 것으로 간주된다.(예를 들어 마르크스는 부유한 사람들이 자본주의를 옹호하기 위해 하는 말을 그저 "이데올로기"라고, 즉 의식적으로건 무의식적으로건 각자의 경제적 이익에 의해 유발된 것일 뿐이라고 일축할 것이다.)

시간이 지나면 기술적, 경제적 발전의 과정으로 인해 대규모의 사회적, 이데올로기적 변화가 생기게 된다. 마르크스는 역사를 각 시대의 서로 다른 경제적 토대에 따라 구분했고 ― 즉 원시 부족사회, 아시아의 전제군주제, 고대 그리스와 로마(노예제), 중세의 봉건체제(농노들이 봉건영주에 종속되어 있던), 그리고 부르주아, 혹은 자본주의(산업노동자들이 자신의 노동을 파는)의 단계가 있다는 것이다 ― 이 각각의 단계는 기술적, 경제적 조건이 무르익음에 따라 그 다음 단계로 이행하게 된다는 것이다.

역사적 유물론에 대한 요약이라 할 만한 것 중에서도 가장 유명한 것은 『정치경제학 비판』(1859)의 서문인데, 그 내용은 이렇게 시작된다.

> 인간은 자신들의 생활을 사회적으로 생산하는 가운데, 자신들의 의지로부터 독립되어 있는 일정한 필연적 관계들, 즉 자신들의 물질적 생산력들의 일정한 발전 단계에 조응하는 생산 관계들에 들어선다. 이러한 생산 관계들의 총체가 사회의 경제적 구조, 즉 그 위에 법률적 및 정치적 상부구조가 서며 일정한 사회적 의식 형태들이 그에 조응하는 그러한 실재적 토대를 이룬다. 물질적 생활의 생산 방식이 사회적, 정치적, 정신적 생활 과정 일반을 조건짓는다. 인간들의 의식이 그들의 존재를 규정하는 것이 아니라, 거꾸로 그들의 사회적 존재가 그들의 의식을 규정한다.[276]

마르크스주의에 관한 유명한 몇 가지 해설에서는 위의 대목을 근거로 삼아, 이른바 한 사회의 경제적 토대가 나머지 '모든 것'을 결정한다고 주장해 왔다. 하지만 마르크스 자신이 숙고해서 한 말은 그렇게까지 단정적이지는 않다. 즉 그는 여기서 단지 그런 토대가 사회생활을 "규정한다"고(혹은 다른 번역에서처럼 "그 '대체적인' 성향을 결정한다"고) 했을 뿐, 모든 세부사항까지 결정한다고 하진 않았다. 따라서 그는 민족주의, 종교, 전쟁, 그리고 권력을 쟁취하게 된 특정한 카리스마적 지도자(카이사르, 나폴레옹, 레닌 등등) 등의 영향력을 시인할 수 있었던 것이다. 사실 역사를 물리학과 같이 엄밀하고 수량적인 과학으로 취급하는 것은 현실적으로 불가능하며, 마르크스 역시 이를 분명히 알고 있었다.

오늘날에는 누구나 인간의 역사와 사회에서 경제적인 요인이 그야말로 막대한 중요성을 지니며, 또한 그 어떤 역사나 사회과학 연구에서도 이를 무시할 수 없다는 사실을 잘 알고 있다. 우리가 아는 이런 사실에 대해 마르크스는 이미 훨씬 더 큰 폭의 지지를 보내고 있었다. 하지만 그가 이른바 한 사회의 경제적 토대가 그 상부구조를 "규정한다"고, 또한 사회 의식이 경제 구조에 "상응한다"고 말한 것은 과연 무슨 의미일까? 마르크스가 서문에서 언급한 위의 인용문은 해석하기가 쉽지 않다. 왜냐하면 그가 말한 토대와 상부구조의 구분이 뚜렷하기는커녕 오히려 모호하기 때문이다.

위의 인용문을 자세히 살펴보면, 마르크스가 두 가지라기보다는 오히려 '세 가지'의 층을 구분하고 있음을 알 수 있다. (a)물질적 생산능력, (b)생산 관계, (c)한 사회의 이데올로기적 상부구조(가령 한 사회의 통념, 믿음, 도덕, 법률, 정치, 종교, 철학 등등). 그는 "물질적 생산능력"에 해당하는 것으로 자연자원(토지, 기후, 식물, 동물, 광물), 기술(도구, 기계, 통신체제 등), 인적 자원(노동력, 그리고 노동자가 지닌 숙련기술 및 지식) 등을 든다. 또한 그가 "생산 관계"라고 말한 것은 아마도 노동을 조직하는 방법(가령 노동 분업, 작업장에서의 권위 체계, 소유주의 법적 권리와 권한, 보상 및 임금체계 등)을 의미하는 듯한데, 그는 이를 "경제적 구조"에 포함되는 것으로 보았다. 이들 생산 관계에 관한 묘사는 현대 사회에서의 소유와 재산이라는 법적 개념, 그리고 화폐, 자본, 임금 같은 경제적 개념과 연관되어 있다.

그렇다면 마르크스가 말한 "실제적 기반," 혹은 "토대"란 무엇일까? 이것은 단지 (a)뿐일까, 아니면 (a)와 (b)를 합친 것일까? 그는 과연 (a)가 (b)를 결정하고, 나아가 (c)도 결정한다고 말한 것일까? 혹은 오로지 (b)만이 (c)를 결정한다는 것일까? 아니면 (a)와 (b)를 합친 것이 (c)를 결정한다는 것일까? 만약 오로지 (a), 즉 엄격하게 물질적인 생산능력만이 '토대'에 포함된다고 치면, 마르크스는 이른바 "기술적 결정론"의 주장을 펼치는 격이 되지만, 실상 서로 다른 이데올로기나 법적 체제를 지닌 여러 사회(가령 기독교, 이슬람, 혹은 세속 사회이거나, 또는 자본주의, 사회주의, 혹은 공산주의 사회)에서도 유사한 자연자원이나 기술이 사용된다는 점에 비추어 볼 때, 이러한 주장은 아무래도 받아들이기 힘들 것이다. 만약 '토대'가 (a)와 (b)를 합친 것이고, 또한 이것이 (c)를 결정한다면, 이른바 재산의 법적 개념이 (c)에 속하는 동시에 (b)에도 속하는 따위의 난점이 발생하게 된다.

나중의 반박에 대한 답변은 아마도 마르크스가 조금만 조심스러웠더라면 이른바 (b)층, 즉 경제적 생산과 연관된 사회적 관계를 설명하는 데 굳이 재산이나 계약 등의 법적 개념을 사용하지 않고, 오로지 권력과 효율적인 통제의 실제적 관계를 사용할 수도 있었으리라는 것이다. 결국 그는 자신의 이론을 법적 절차가 결여된 반면에 다양한 자연자원을 지배한 — 그리고 다른 사람들을 지배한 — 사람이 누구인지는 명백했을 원시사회에도 적용하고 싶어했던 것이다. 실제로 오늘날 우리 사회에서도 시간과 장소에 따라서는 개인의 권력 — 그에 어울리는 강제력이나 위협 요소를 지닌 — 이 법적 정확성보다도 실제로는 더 강력한 경우가 있으니 말이다. 그리고 법적 효력이 실제로 있는 사회라 하더라도, 마르크스가 자신의 주장을 제대로 표현하려면 단순히 법보다는 오히려 권력이란 개념이 더 적절했을 것이다.

마르크스로서는 이중적으로 결정짓는, 혹은 "규정하는" 논제를 주장할 여지도 있었다. 첫째로는 물질적인 생산력(a)이 생산 관계(b)를 규정하거나, 제한한다는 것이다.(가령 맷돌은 봉건 구조를, 증기제분기는 자본주의 구조를 가능케 한다.) 둘째로는 (a)와 (b) 모두가(즉 "경제 구조"가) 이데올로기적 상부구조(c)를 규정하거나 제한한다는 것이다. 여기서 "규정한다"거나 "제한한다"는 말이 모든 세부사항까지도 완전히 결정한다는 의미는 아니라고 한다면, 마르크스는 서로 다른 사회에서도 똑같은 기술이 사용되고 있지 않느냐는 반박에 대해서도, 그런 사회들 역시 공통적으로 어떤 적절한 특징을 가지고 있음이 분명하다고 말함으로써 피해갈 수 있을 것이다.(가령 오늘날의 예로 들자면, 컴퓨터 사용이 늘어남에 따라 대부분의 사회 구성원들에게 일정 정도의 교육이 필요하게 된 것을 들 수 있겠다.)

다만 이렇게 되면 마르크스가 이른바 "규정한다"느니, 혹은 "상응한다"고 한 것이 도대체 무슨 뜻인지 하는 물음이 제기된다. 과연 그는 (공시적으로나 통시적으로나) 어느 정도까지 결정론을 주장하고 싶었던 것일까? 분명히 어느 사회든지 생활필수품을 생산하고, 개인의 생존과 번식을 보장해야 한다. 우리가 어떤 행동을 하거나, 어떤 생각을 하기 위해서는 일단 먹어야만 한다. 하지만 그렇다고 해서 우리가 먹을 것을 어떻게 생산하는지 여부가 우리의 행위나 생각을 모두 결정하는 것은 아니다. 여기서 한 가지 그럴듯한 설명은 — 만약 마르크스가 좀 더 조심스러웠더라면 아마 이렇게 말하지 않았을까 — 바로 경제적 토대가 모든 것에 대해 매우 큰 영향력을 지닌다는 점이다. 즉 경제적 토대는 다른 요인들이 제 역할을 할 수 있는 어떤 한계를 설정해 준다. 한 사회가 생활필수품을 생산하는 방식이 심지어 그런 종류의 사회에서 사람들이 특징적으로 생각하는지에 대해서도 영향력을 지닐 수 있다는 것이다. 하지만 문제는 이것이 '모호하다'는 점이다. 즉 과연 무엇을 "매우 큰," 혹은 "중요한" 것으로 간주해야 하는지는 여전히 불분명하다. 결국 우리로선 각각의 특별한 경우에서 그 경제적 요인을 찾아보라는, 그리고 그것이 나머지에 어느 정도까지 영향력을 행사하는지를 검토해 보라는 조언밖에는 얻을 수 없다. 하지만 이런 조언이야말로 역사 편찬이나, 인류학이나, 사회학에서는 매우 결실이 많은 방법임이 입증되어 왔다.

마찬가지로 이른바 경제적 "규정"에 대한 마르크스의 이론 역시 사회적 구조에 대한 설명으로 공시적 적용을 했을 때보다는 역사적 변화에 대한 설명으로 통시적 적용을 했을 때가 오히려 더 그럴듯해 보인다. 물론 경험론적으로 그렇다는 말이다.

역사는 그 주장이 실제로 벌어진 증거에 의해 검증된다는 점에서 경험론적 연구라고 할 수 있다. 하지만 이것은 결코 '자연법칙'(즉 무제한적 보편성의 일반화)과 연관된다는 의미에서의 '과학'이라고 할 수는 없다. 왜냐하면 역사란 결국 시간 중에서도 일정한 기간에, 그리고 이 지구상에 존재하는 인간 사회에서 일어난 일들에 대한 연구이기 때문이다. 그 주요 문제는 어느 '특정한' 일련의 사건들이다. 우리는 우주의 다른 어떤 곳에서도 이와 유사한 역사가 있음을 알지 못하며, 또한 그런 역사적 사건은 재현을 통해 실험해 볼 수도 없다.

이제 어떤 특정한 일련의 사건들이라 하더라도 — 심지어 사과가 나무에서 뚝 떨어지는 것조차도 — 서로 다른 법칙과 우연적인 사실들이 그 원인에 연관되었을 개연성은 그야말로 무한하다고 할 수 있다.(가령 중력과 운동의 법칙을 비롯해서, 날씨와 풍속, 나무의 강도와 가지의 신축도, 심지어 사과를 잡아당긴 사람의 손가락 힘의 강도까지.) 하지만 이처럼 사과 하나가 떨어지는 것까지도 지배하는 영향력들의 '폐쇄체계'가 존재하지 않는다고 치면(따라서 결정론이 성립될 수 없다고 치면), 이른바 인간의 역사의 진로가 이미 설정되어 있다는 주장은 그야말로 설득력이 없을 수밖에 없다. 물론 어떤 장기간에 걸친 방대한 규모의 '추세'는 발견될 수 있다.(가령 인구의 증가처럼.) 그러나 '추세'는 '법칙'과 다르다. 어떤 추세의 지속은 결코 불가피한 것이 아니며, 오히려 언제든지 변화 가능한 조건에 의존하기 때문이다.(가령 인구 증가조차도 전쟁, 질병, 기근, 혹은 환경재난 등으로 인해 역전될 수가 있다.)

하지만 역사에 관한 자신의 일반 이론을 통해 마르크스는 시간이 지날수록 자본주의는 점점 불안정해져서, 자본의 소유주와 노동을 팔아야 하는 프롤레타리아트 간의 계급투쟁이 점차 격화될 것이며, 그 과정에서 프롤레타리아트는 점점 가난하고 그 수도 늘어나게 되어, 마침내 대규모의 사회 혁명을 통해 권력을 쟁취하게 될 것이라고 주장했다. 그렇지만 마르크스는 19세기 당시 자본주의가 가장 발전했던 영국이나 프랑스, 혹은 미국 같은 국가에서 그러한 혁명이 시작될 것이라고 확신을 갖고 예견한 것은 아니었다. 『공산당 선언』에서 그는 오히려 당시 반(半)봉건 체제에 지나지 않았던 독일을 부르주아 혁명에 뒤이어 프롤레타리아 혁명이 일어날 국가로 지목했다. 어떤 언론 기고문에서는 중국에서 공산주의가 가장 먼저 성취될 수도 있다고 제안했다. 또한 그는 공산주의 이념이 비교적 프롤레타리아의 수가 적은 다른 나라로 전파되면, 그들이 가난한 농민들과 연대함으로써 전통적인 지배계급으로부터 권력을 쟁취할 수 있을 것이라고 전망하기도 했는데, 실제로 1917년 10월에 레닌의 주도 아래 러시아에서 일어난 볼셰비키 혁명이 바로 그런 식이었다.

러시아와 중국에서의 혁명 가능성을 예견한 점에서는 어쩌면 마르크스가 옳았는지도 모른다. 물론 그 이후의 흥망에 대해서까지 예견하지는 못했더라도 말이다.(우리로선 1945년 이후에 소련 적군(赤軍)이 진군해 동유럽을 강압적으로 지배한 것을 마르크스가 의미한 프롤레타리아트 혁명이라고는 볼 수 없다.) 하지만 자본주의가 발달했던 나라들에서는 그 경제 체제가 전반적으로 더욱 안정적으로 바뀌었다.(물론 1930년대의 대공황처럼 뚜렷한 예외도 있고, 솔직히 21세기에는 또 무슨 일이 벌어질지는 모르는 상황이지만.) 대부분의 사람들에게 삶의 조건은 마르크스의 당시보다도 훨씬 더 향상되었고, 계급 분화는 보다 뚜렷해졌다기보다는 오히려 더 흐려진 것 같다.(가령 육체노동자도 아니고, 산업 소유주도 아닌 이른바 화이트칼라 노동자들 — 사무직과 관리직, 공무원, 교사 등 — 이 얼마나 많은지를 생각해 보라.)

결국 서구에서 공산혁명이 발생하지 않았다는 사실이야말로 마르크스의 이론을 반박하는 주요 근거가 될 수 있을 것이다. 이는 단지 프롤레타리아트가 보다 높은 임금에 의해 매수되었기 때문이라고 설명하고 넘어갈 수 있는 문제가 아니다. 왜냐하면 마르크스는 그들의 몫이 점점 더 '줄어들' 것이라고 예견했기 때문이다. 마르크스가 알고 있던 19세기의 고삐 풀린 자본주의(아동 노동을 비롯하여, 노동계급에게는 그야말로 끔찍한 환경이었던)는 오늘날 서구에 존재하지 않는다. 우리의 경제 체제는 점진적인 개혁을 통해 크게 나아졌다. 직간접적인 투자를 통해 많은 사람들이 자본의 소유권을 조금씩 나눠가지고 있다.(물론 완전히 지배하진 못하더라도.)

하지만 식민지와 저개발국가의 경우에는 산업화된 국가와 비교하여 프롤레타리아트의 입장에 놓여 있다고 할 수 있을 테고, 또한 오늘날까지도 서구 국가들은 제3세계의 농업 및 공업 노동력을 착취하고 있다고 할 수도 있을 것이다. 다만 명백한 사실은, 스칸디나비아 같은 몇몇 국가들은 식민지를 갖지 않았음에도 불구하고 오히려 세계 경제의 전반적인 추세를 통해 이익을 얻어 왔다는 점이다. 영국과 미국의 경우에도 항상 노예 소유주들만이 부를 쌓았던 것은 아니다. 오히려 노예제도는 우리의 경제 발전에 전반적으로 기여했다고 할 수 있다.

인간의 본성에 관한 이론: 경제학, 사회, 그리고 의식

젊은 시절에 헤겔과 고대 그리스 철학을 공부한 것을 빼면, 마르크스는 이른바 "순수한," 혹은 학문적인 철학적 질문에 관심을 두지 않았고, 나중에 가서는 이 세계를 변화시켜야 하는 중대한 임무에 비하면 철학은 그저 한가한 사변에 불과하다고 폄하하기까지 했다. 따라서 그를 '유물론자'라고 규정할 때, 이는 이른바 인간의 정신 상태와 두뇌와의 연관을 다루는 심리철학의 한 형태로서가 아니라, 단지 그의 역사적 유물론을 가리킨다고 보아야 한다. 비록 우리가 모든 의식 상태가 사회의 물질적 토대에 의해 결정된다는 마르크스의 엄격한 해석을 받아들인다고 해도, 이것은 여전히 "부수현상적"인 지위에 불과할 것이다. 즉 의식 — 비록 존재론적으로는 비물질적이지만 — 의 '내용'이 물질적인 사건에 의해 결정될 수 있다는 것이다. 마르크스는 많은 사람들의 관념을 "잘못된 의식"으로 분석하는데, 이는 그들이 이를 위해 제공하는 이유나 합리화에 의해 적절하게 뒷받침되는 것이 아니라 오히려 그들의 사회경제적인 역할에 의해서, 또는 그 주체가 미처 깨닫지 못하고 있는 무의식적인 정신적 과정을 통해서 유발되는 것이기 때문이다. 그는 이른바 의식이 말 그대로 두뇌 과정과 동일시된다는 식의 형이상학적 유물론의 견해에는 관심이 없는 것이다.

마르크스의 인간성 개념에서 보다 뚜렷한 점은 우리의 본질적인 '사회적' 본성에 관한 그의 견해이다. 즉 어느 한 대목에서 그는 심지어 "인간의 진정한 본성이란 바로 사회적 관계들의 총합이다"[277]라고 쓴 바 있다. 가령 마르크스는 우리의 신체구조나, 식욕 및 성욕 같은 뚜렷한 생물학적 사실을 제외하고 나면, 이른바 고정되고 개인적인 인간의 본성 같은 것은 없다고 말할 것이다. 왜냐하면 한 사회나 시대에 속한 사람에게는 사실인 것이라 해도, 다른 장소나 시간에 가면 사실이 아닐 수 있기 때문이다. 실제로 그는 "모든 역사는 인간 본성의 끊임없는 변형에 다름 아니다"[278]라고 언급한 바 있다. 한 사람의 행위는 그것이 무엇이든 본질적으로는 사회적 행위이며, 그것과 어떤 관계를 맺고 있는 다른 사람들의 존재를 가정하는 것이다. 우리가 식량을 생산하고, 자녀를 양육하는 것 역시 사회적으로 배운 것이다. 경제적 생산은 전형적으로 협동을 필요로 한다. 그렇다고 해서 사회를 마치 각 개인에게 신비스럽게 영향을 끼치는 추상적인 존재로 인식할 필요는 없다. 오히려 한 개인이 어떤 부류에 속하며, 또한 한 사물이 어떤 종류에 속하는지는 그가 살아가는 사회 안에서의 상호작용에 의해 영향을 받는다. 따라서 한 사회나 시대에는 마치 "본능처럼" 여겨지거나 "자연스럽게" 여겨지던 것조차도 다른 사회나 시대에 가서는 전혀 달라질 수 있는 것이다.(가령 여성의 역할 같은 것.)

이런 중요한 사실을 한 마디로 요약하자면, 이른바 사회를 심리학으로 환원시킬 수는 없다고 할 수 있다. 인간에 관한 모든 것을 단지 개인에 관한 사실의 형식으로 설명할 수는 없으며, 따라서 그들이 어떤 종류의 사회에 살고 있는지가 반드시 함께 고려되어야 한다. 이런 방법론적 전제야말로 마르크스의 가장 뚜렷한 공헌이라 할 수 있으며, 오늘날에는 매우 널리 받아들여지는 주장이기도 하다. 이런 까닭에, 마르크스는 사회학의 창시자 가운데 한 사람으로 여겨진다. 그리고 이러한 방법은 우리가 마르크스만의 특별한 결론에 굳이 동의하지 않더라도 기꺼이 받아들일 수 있는 것이다.

그러나 마르크스가 인간의 본성에 관해 남긴 보편적 일반화는 이것 말고도 또 하나가 있다. 즉 우리는 '능동적'이고, 생산적인 존재이며, 본성적으로 다른 동물과는 다른데, 그 까닭은 우리가 생존의 수단을 직접

'생산하기' 때문이라는 것이다. 하지만 이는 단순히 꿀벌이 꿀을 생산하는 것과는 전혀 다른데, 왜냐하면 우리는 새로운 환경 속에서도 우리의 생계를 어떻게 유지할 것인지를 의식적으로 계획하기 때문이다. 인간에게는 생존을 위해 계획하고 일하는 것이야말로 무엇보다도 자연스러운 일인 것이다. 이러한 주장에 일말의 진실(이른바 인간에게 "자연스러운" 것들에 대한 수많은 주장과 아울러)이 들어 있음은 분명하지만, 마르크스는 또한 이른바 우리에게 '적절한' 종류의 삶이란 의도적인 생산 활동과 연관된 것이라는 일종의 가치판단도 함께 하고 있다. 차후에 살펴보겠지만, 이것은 이른바 소외를 산업 노동에서 자아실현이 결여된 것으로 규정한 그의 분석에서나, 또는 모든 사람이 각자의 재능을 여러 방향으로 자유로이 배양할 수 있는 미래의 공산사회에 대한 그의 처방에도 함축되어 있다. 초기 저술에서 가장 분명하게 드러나는 이런 점 때문에 마르크스는 한때 인본주의자로 일컬어지기도 했다.

　마르크스의 이론에서는 여성을 어떻게 바라볼까? 이른바 생산 과정에 관해 그토록 집중해서 연구했으니만큼, 한편으로는 '번식' 과정에 관해서도 그만큼 연구를 했음직도 하다. 그러나 여기서 우리는 이른바 '번식'을 단순히 성적 교섭이나 임신, 혹은 출산(이것도 역시 "노동"이라 할 수 있으니 말이다)뿐만 아니라, 더 나아가 양육, 교육, 사회화 같은 보다 장기적인 과정까지 모두 포괄하는 것으로 생각해야 한다. 이런 장기적인 과정은 그 자체만으로도 충분히 어려우며, 또한 여성들만이 아니라 남성들과도 연관되어 있다. 어느 사회든 새로운 구성원을 생산하지 않고서는 결코 지속되어 나갈 수가 없음은 분명하다. 마르크스는 『독일 이데올로기』에서 이 사실을 시인했으며, 엥겔스 역시 『가족, 사유재산, 국가의 기원』에서 경제적 요인이 결국 두 종류 — 즉 노동과 가족 — 의 생산을 결정한다고 주장했다. 하지만 전반적으로는 마르크스 역시 그 시대의 통념을 답습하여, 이른바 여성은 자녀 양육에만 전적으로 책임을 져야 한다는 식으로, 가족 내에서 성별에 따라 노동을 구분짓는 방식이 "순전히 생리적 기초 위에서"279) 나타난다고 가정하기도 했다. 다만 그는 남녀 양성 사이에 생물학적으로 결정된 차이가 결국 사회경제적인 면에도 영향을 준다는 사실까지는 생각지 못한 듯하다. 믿을 만한 피임법이나 가족계획 같은 기술적 발전과 더불어 대규모 수작업 노동보다도 정신적 기술이 더욱 요구되는 경제적 발전이 이루어지면서, 이른바 남녀 양성의 "본성"에 관한 질문 역시 마르크스조차도 미처 예견치 못했던 방식으로 바뀌었지만, 그의 이론 안에는 이에 대처할 수 있는 근거 역시 이미 들어 있었다고 할 수 있다.

진단: 소외, 자본주의, 그리고 착취

자본주의 체제하의 인간과 사회에서 무엇이 잘못되었는지에 대한 마르크스의 분석은 특히 그의 초기 저작에서 이른바 '소외(疏外)'라는 개념(이는 헤겔과 포이에르바흐에서 유래한 것이다)으로 나타난다. 마르크스에게 소외란 자본주의 사회의 특징에 대한 묘사는 물론이고, 그것이 근본적으로 잘못되었다는 가치 판단과도 연관되어 있었다. 하지만 과연 마르크스가 비판하는 것이 그중 '어떤' 특징인지를 결정하기는 쉽지 않다. 사실 그는 자본주의 전체를 단죄하지는 않았다. 그는 자본주의를 통해 생산성이 크게 향상되는 결과가 나오리라는 것을 알고 있었다.(물론 그로 인해 결국에는 공산주의가 경제적으로 가능해지리라고 전망했다.) 마르크스는 자본주의야말로 한 사회가 반드시 도달하게 마련인 필연적인 단계라고 믿었지만, 또한 그 단계는 곧 극복될 것이라고(또한 극복되어야 한다고) 생각했다.

논리적으로 소외란 결국 관계의 일종이기 때문에, 누군가, 혹은 무언가 "-로부터"의 소외가 되어야 한다. 즉 어떤 사람이 자기 혼자 "소외되었다"고 할 수는 없다. 비유하자면 이는 "누군가와 결혼했다"고 하지 않고 "(나 혼자서) 결혼했다"고 주장하는 것과 마찬가지다. 마르크스는 어느 대목에서 소외란 곧 "인간 자신으로부터, 그리고 자연으로부터"[280] 소외되는 것이라고 썼다. 여기서 말하는 "자연"이란 아마도 '인간이 만들어낸' 세계(즉 우리가 평소에 말하는 "자연"과는 정반대의 개념이다)를 가리키는 듯하며, 결국 마르크스는 사람들이 자신이 생산하는 생산품으로부터 소외되고, 또한 그 생산에 연관된 사회적 관계로부터도 소외되기 때문에 본래의 모습을 잃어간다고 생각한 듯하다. 즉 자본이 없는 사람은 생존을 위해 자신의 노동을 팔고, 따라서 그들은 고용조건을 결정할 수 있는 산업자본의 소유주들에게 착취당할 위치에 놓여 있다는 것이다.

때로는 마르크스가 주로 단죄하는 것이 바로 사유재산 자체인 것처럼 들리기도 한다. 어떤 대목에서 그는 "사유재산을 없애는 것이야말로 소외를 없애는 길이다"[281]라고 주장했다. 하지만 또 다른 대목에서 그는 "비록 사유재산이 소외된 노동의 토대이자 원인처럼 보이는 것은 사실이지만, 실은 후자의 결과가 전자라고 보아야 한다"[282]고 말한다. 마르크스는 노동의 소외란, 노동이 노동자의 본성의 일부분이 되지 않고, 노동자가 노동을 통해 자아실현을 하지 못하고 도리어 불행과 육체적 피로와 정신적 저하를 느끼게 되는 것을 말한다고 주장했다. 그 사람의 노동은 다른 사람의 욕구를 만족시킬 용도로 강요된 것이며, 따라서 노동에 임한 그는 "자신에 속하지" 못하고, 오히려 다른 사람의 지배를 받게 된다는 것이다. 심지어 그가 사용하는 물질이나, 그가 생산하는 물건 역시 그에겐 소외된(낯선) 것이다. 왜냐하면 그것들은 다른 누군가의 소유이기 때문이다.

때때로 마르크스는 모든 사회적 관계를 공통의 상업적 분모로 환원시켜버렸다는 이유를 들어, 화폐를 교환의 수단으로 사용하는 데 따르는 소외 현상을 비난하기도 하는 듯하다.(가령 그는 『공산당 선언』에서 이른바 "냉혹한 '현금 계산'"283)이라고 했는데, 우리로선 현금 계산이 어째서 항상 "냉혹한" 것이 되어야 하는지가 궁금할 따름이다.) 이와 같은 맥락에서 마르크스는 비(非)화폐적 경제 관계가 존재하던 봉건사회와 대비시키고 있다.(하지만 솔직히 봉건사회라 해서 그런 것들이 "냉혹한" 것이 아니리란 보장은 없지 않을까?) 다른 데서도 그는 노동의 분화로 인해 노동은 낯선 힘이 되며, 그 힘으로 인해 사람들은 자기 뜻대로 한 가지 활동에서 또 다른 활동으로 옮겨갈 수가 없게 된다고 주장했다.(가령 우리는 은퇴를 고대할 수 없다는 이야기이다. 물론 마르크스는 언젠가 미래의 공산주의 사회에서는 누구나 그렇게 할 수 있을 것이라고 미심쩍은 호언장담을 하긴 했지만.)

그렇다면 마르크스는 과연 무엇을 가리켜 소외로 진단하고 있는가? 그렇다고 해서 정말로 화폐를 없애버리고(그러면 물물교환 체제로 돌아가자는 것일까?), 노동에서 전문성을 모두 없애버리고, 무엇이든지 모두(칫솔이든, 옷이든, 책이든 간에?) 공통의 통제하에 두자는 주장을 정말로 진지하게 고려할 사람이 있으리라 생각하기는 힘들다. 일반적으로는 '산업' ─ 생산과 교환의 수단 ─ 의 사유제야말로 자본주의의 뚜렷한 특징으로 여겨졌다. 『공산당 선언』의 실천 계획에는 토지, 공장, 교통, 은행의 국유화가 포함되어 있다. 하지만 이런 것들을 국가에서 통제한다고 해서, 마르크스가 초기의 저술에서 그런 심리학적 용어로 묘사한 노동의 소외가 치유될 수 있을 것 같지는 않다.(솔직히 공산주의 치하의 러시아나 중국에서는 인간 소외가 없었단 말인가?) 이른바 '국가'야말로 사회악의 토대라는(혹은 그 주요 원인 중 하나라는) 사실을 떠올려 보면, 이와 같은 국유화야말로 국가의 권력을 증대시킴으로써 오히려 문제를 더욱 악화시키고 말 것이다.

 자본주의하에서의 삶의 경쟁성은 다른 사람들과의 일치단결이라는 이상과 상충된다. 어쩌면 우리는 마르크스의 말을 이른바 '공동체'의 결여로 인해 소외가 발생한다는 지적으로 이해해야 할 것이다. 왜냐하면 국가는 진정한 공동체가 되기에는 너무나도 규모가 큰 까닭에, 사람들로선 자신의 노동이 자신이 속한 공동체에 기여한다는 사실을 볼 수 없기 때문이다. 따라서 이러한 분석에 대한 처방은 국유화가 아니라 오히려 "자치집단"으로의 권력분산이 되어야 할 것이다.(그렇게 된다면 화폐와 전문직과 사유재산을 없애는 것도 실현 가능성이 더 높을 것이다.) 하지만 마르크스주의의 경제적 근거 위에서는 이러한 제안의 편리함과 바람직함에 대한 논란이 생길 것이 분명하다. 오늘날 우리가 의존하는 바와 같이 첨단 기술에 의한 전세계적인 생산 및 분배가 이루어지는 상황에서, 어떻게 독립적인 자치집단의 조합으로의 재편이 가능할 수 있을 것인가? 그리고 일찍이 실험삼아 존재했던 자치집단들은 그 안정성이란 면에서 그리 좋은 기록을 남기진 못했으니 말이다.

 후기의 저술에서 마르크스는 자본주의의 악덕에 대해 보다 직접적인 분석을 가했다.(물론 그렇다고 해서 소외에 대한 개념이 그의 저술에서 완전히 사라져버린 것은 아니다.) 그는 자본에 의한 노동의 착취 — 보다 정확히 말하자면, 이것은 자신의 노동을 팔아야 하는 사람들의 계급이, 자기 자본을 지닌 그보다 훨씬 적은 수의 계급에 의해 착취당한다는 뜻이다 — 를 단죄했다. 그는 이에 관해 상세한 이론을 발전시켰는데, 여기에는 그의 "노동가치론"과, 산업에서 창출되는 것이면서도 실상은 노동자가 아니라 산업 소유주들이 차지하는 "잉여가치"에 대한 그의 개념이 연관되어 있었다. 이는 경제 이론에서 무척이나 많은 논의와 논란의 대상이 되어 왔으므로 굳이 이 자리에서까지 다룰 필요는 없을 것이다. 마르크스의 중심 주장은 분명히 도덕적인 것으로, 곧 자본주의 경제구조의 '불의'(라고 여겨진 것)에 대한 것이었다.

마르크스의 주장에 내포된 일반적인 분석에 대해서는 아마 더욱 보편적인 동의가 이루어질 수 있을 것이다. 즉 인간을 단지 경제적 목적을 위한 수단으로 취급하는 것은 옳지 않다는 것이다.(이른바 이성적 존재를 항상 그 자체로 목적처럼 대해야 한다는 칸트의 도덕률과 비교해 보라.) 19세기 초의 고삐 풀린 자본주의하에서 인간은 그저 생산의 수단으로만 취급되었으며, 어른이나 아이 할 것 없이 불결한 환경에서 장시간 일해야 했으며, 자아실현을 이루지 못한 채 불행하게 일찌감치 생을 마감해야만 했다. 몇몇 나라들에서는 이런 일이 지금도 여전히 벌어지고 있으며, 자본주의가 눈부신 성공을 거둔 선진국에서조차도 기업의 관리자들은 여전히 임금을 낮추고, 직원 수를 줄이고, 작업시간을 늘리는 등의 조치를 통해 피고용자들의 노동으로부터 최대한의 효율을 뽑아내려는 경향을 보이고 있다. 국가에서 이에 대해 규제를 가하기는 하지만, 한시라도 감시를 늦추기만 하면 기업이나 사업체에서는 그 기회를 놓치지 않고 득달같이 이용한다. 최근에는 임금이 훨씬 싸면서도 법적 규제가 약한 국가로 사업장을 이전하는 추세를 보이고 있다.

여기서 드러나는 대략적인 견해는, 자본주의 사회에서는 인간의 본성의 잠재력을 완전히 발전시킬 수가 없으며, 오히려 자본가들로 하여금 많은 사람들을 착취할 수 있게 만든다는 것이다. 소규모 사업체나, 대규모 기업이나, 정부 기관에서 일하는 보통의 노동자들은 (몸으로 때우는 사람이건, 펜대 굴리는 사람이건, 키보드 두들기는 사람이건, 컴퓨터 프로그래머건, 세일즈맨이건, 위에서 부과된 목표를 달성하기 위해 발버둥치는 중간 관리자건 간에) 그 작업장의 조건에 의해 각자의 잠재능력으로부터 "소외"되고, 그 체제를 지배하는 자들에 의해 착취당할 가능성이 크다. 이런 점에서 이른바 "프롤레타리아트"라는 개념 안에는 단지 육체노동을 하는 산업 노동자들뿐만 아니라, 생존을 위해 어디선가 일자리를 얻어야만 하는 우리 모두가 포함된다고 할 수 있을 것이다.

어쩌면 우리는 이른바 안식일에 대한 예수의 말[284]을 빌려, 마르크스의 주장의 요점을 표현할 수도 있을 것이다. 즉 인간이 생산이라는 목적을 위해 있는 것이 아니라, 오히려 생산이 인간의 이익을 위해 있는 것이라고 말이다. 그리고 이는 이러한 활동에 연관된 '모든' 사람들에게 적용되어야 한다. 고용자, 피고용자, 소비자, 그리고 생산 과정에서 발생한 부작용 ― 가령 공해라든지 ― 으로 인해 영향받은 사람들까지 모두 말이다. 물론 어떻게 해야만 이러한 이상에 사회적 효과를 부여할 수 있느냐 하는 점에 실제적인 어려움이 있긴 하지만 말이다.

처방: 혁명과 유토피아

"만약 인간이 환경에 의해서 형성된다면, 사람들은 환경을 인간적인 것으로 형성해야 한다."[285] 만약 소외와 착취가 자본주의라는 경제 체제의 본성으로부터 유래된 사회 문제라면, 그런 체제를 없애고 더 나은 것으로 대체하는 것이 그 해결책이 될 수 있다. 마르크스는 이러한 일이 반드시 일어나게 되리라고 생각했다. 즉 자본주의는 그 내부 모순에 의해 자멸할 것이고, 공산주의 혁명이 새로운 사회 질서를 선도하게 될 것이라고 말이다. 마치 기독교인들이 우리를 향한 하느님의 구원이 이미 벌어지고 있다고 주장하는 것과 마찬가지로, 마르크스 역시 자본주의의 문제에 대한 해결책이 이미 역사의 움직임 속에 진행되고 있으며, 따라서 우리에겐 이러한 움직임에 맞춰 나가야 할 책임이 있다고 주장했다.

자유의지와 관련된 형이상학적 문제에 대한 마르크스의 견해는 오히려 모호한 편이다. 그의 전반적인 견해는 분명히 결정론자처럼 들리긴 하지만, 그럼에도 불구하고 인간의 자유라는 환원 불가능한 요소는 여전히 남아 있다. 왜냐하면 마르크스와 그의 추종자들은 이른바 역사가 움직이고 있는 방향을 깨달을 것을, 그에 따라 '행동할' 것을, 그리고 공산주의 혁명을 실현하는 데 일조할 것을 사람들에게 호소하기 때문이다. 마르크스주의자들의 운동 내에서도 이른바 혁명을 기대할 만한 적절한 경제적 발전 단계가 올 때까지 기다려야 한다는 사람들과, 즉각적으로 혁명을 이끌어내도록 행동해야 한다는 사람들(가령 레닌 같은) 사이에 논쟁이 벌어진 바 있다. 하지만 이 두 가지 견해가 상충되진 않는다. 왜냐하면 마르크스의 경우라면 혁명이야 언제가 되건 결국 일어날 수밖에 없으며, 그런 한편으로 일부 개인과 집단이 그 도래를 재촉하고 "그 산고를 덜어줄 수"도 있다고 말할 것이기 때문이다.

마르크스는 오로지 자본주의 경제 체제의 완전한 전복만이 그 문제를 가장 잘 해결할 수 있다고 주장했다. 임금 인상, 작업시간 단축, 연금 대책 등의 부분적인 개혁은 자본주의의 냉혹함에 대한 수정으로 환영할 만한 조치이긴 하지만, 그렇다고 해서 자본주의의 본성 자체를 바꿔놓진 못한다. 바로 여기에서 공산주의 정당과 대부분의 노동조합, 그리고 민주사회주의 정당 간의 차이가 비롯된다. 하지만 마르크스의 추종자들은 실제적인 정치적 전략을 놓고 다시 한 번 의견이 갈라진다. 어떤 사람들은 자본주의 체제를 개혁하려는 활동으로 인해 계급투쟁의 현실과 기존 질서를 전복해야 할 필요성에 대한 주의가 흐트러질 수 있다고 생각했다. 반면 다른 사람들은 의식 있는 노동자들이 서로 단결하여 그러한 개혁을 이루어내는 과정 자체가 "그들의 의식을 고양시킬" 것이고, 계급의 단결을 조직해낼 것이며, 결국 혁명적 변화를 재촉하게 될 것이라고 주장했다.

실제로 노동자와 아동의 혹독한 착취를 금지하는 영국의 공장법[286]에서 시작해서 보험제도, 실업급여, 공공의료(미국은 아니고 유럽에서만)와 같은 점차적인 개혁을 통해 자본주의는 크게 수정되어 왔다. 노동조합은 꾸준히 실질임금을 인상시키고 근로조건을 개선해 왔다. 실제로 『공산당 선언』에서 제안되었던 특별한 방법 가운데 다수는 이후 이른바 자본주의 국가들에서도 그대로 실천되었다. 가령 누진소득세라든지, 무료 공교육, 그리고 국가의 손에 상당한 경제 조절 능력이 집중된 것과, 몇몇 국가에서처럼 주요 사업체 가운데 일부를 국영화한 것까지 말이다. 마르크스가 알고 있던 19세기 중반의 고삐 풀린 자본주의는 더 이상 오늘날의 선진 국가에는 존재하지 않지만, 혁명으로 인해 그런 결과가 나온 것은 전혀 아니었다. 물론 오늘날의 상태가 완벽하다고 말하려는 것은 아니고, 다만 점진적 개혁의 가능성을 거부한 것은 분명히 실수였다는 뜻이다. 다른 곳에서 이른바 혁명을 둘러싸고 벌어진 폭력과 고통을 떠올려보기만 해도 이 점이 확증될 수 있을 것이다.

기독교인과 마찬가지로 마르크스 역시 인간성의 전적인 거듭남을 도모했지만, 다만 그것이 이 세속 세계에서 가능하기를 기대했다. 그는 공산주의를 "역사의 수수께끼에 대한 해결책"[287]으로 묘사했는데, 왜냐하면 사유재산의 폐지는 소외와 착취의 소멸을, 그리고 나아가 진정으로 계급 구분 없는 사회의 도래를 보증할 것이기 때문이다. 마르크스는 이 모든 것이 어떻게 성취될지에 대해서는 극도로 모호하게 언급했지만, 자신이 이른바 "프롤레타리아트 독재"라고 지칭한 진정한 공산주의로의 이행이 이루어지기 전까지 과도기적인 시기가 필요하다는 것을 알 만큼은 현실적이었다. 혁명이 이루어졌다고 해서 바로 그 다음날부터 소외가 사라져버릴 수는 없었다. 20세기의 역사를 떠올려볼 때, 마르크스의 다음과 같은 말은 어쩐지 불길한 감이 없지 않았다. "인간의 대폭적인 개조가 필요하(다)."288) 물론 여기서 마르크스가 염두에 두고 있던 것은 어디까지나 인간 의식의 개조일 뿐, 일찍이 소련에서 벌어졌던 강제적인 수단을 말하는 것은 아니었음을 분명히 지적해야 할 것이다. 공산주의 사회라는 가장 고차원적인 국면에 접어들면, 국가는 쇠퇴하게 되고 자유의 세계가 시작될 것이다. 그러면 인간의 잠재능력을 발휘시키는 것 자체가 목적이 되고, 다음과 같은 원칙이 세워진다. "능력에 따라 일하고, 필요에 따라 분배를."289)

물론 이러한 유토피아적인 전망 가운데 상당수는 비현실적인 것이라고 판단된다. 공산주의 사회는 진정으로 계급 구분이 없는 사회일 것이며, 그리고 프롤레타리아트 독재가 이루어진다고는 해도 새로운 지배계급이 형성되어 권력을 남용하고 착취를 일삼지는 않으리라는 마르크스의 주장을 곧이곧대로 믿을 만한 근거는 전혀 없다. 그리고 단순히 경제적 변화로 인해 이해의 상충이나 노동의 권태나 소외가 '모조리' 해소되리라고 믿을 만한 근거 역시 전혀 없다. 게다가 국가는 결코 쇠퇴하지 않았고, 오히려 더욱 강력해졌다. 물론 한편으로는 오늘날 거대기업의 영향력이 막강해졌으며, 시장이 점차 전세계로 확대되고 있기 때문에, 그로 인해 정부의 권력 역시 제한되고 있긴 하지만 말이다.

하지만 마르크스의 전망 가운데 또 다른 부분에 대해서는 우리도 기꺼이 동의할 수 있다. 일상의 생필품을 생산하는 데 과학과 기술을 적용하게 된 것, 노동 일수가 단축된 것, 의무교육을 실시함으로써 모든 인간이 각자의 잠재능력을 계발할 수 있게 된 것, 그리고 공동선을 위해 사람들이 집단을 이루어 협동하는 분산적인 사회, 그리고 자연과 조화를 이룬 사회를 전망하는 것 등등. 물론 어떻게 해야만 이를 적절하게 실현시킬 수 있을지는 쉬운 문제가 아니지만, 이와 같은 것들이야말로 거의 모든 사람이 공유할 수 있는 이상이다. 이후 마르크스주의가 그토록 많은 사람들에게 숭앙되다시피 한 까닭도, 실상 인간의 미래에 대해 이와 같은 희망찬 전망을 제공했기 때문이다. 마르크스주의는 단순히 하나의 이론이 아니라 마치 종교와도 같았고, 말하자면 사회적 구원에 관한 예언적 전망이자 세속적 신앙이나 마찬가지였다.

심지어 오늘날 마르크스의 이론적 주장 가운데 일부는 논의의 여지가 있음에도 불구하고, 또한 20세기에 생겨난 공산주의 정권의 실패에도 불구하고, 그의 사상은 아직까지도 결코 소멸하지 않고 있다. 실제로 그의 분석은 오히려 처방보다도 더욱 설득력 있는 것이었기 때문이다. 비록 사회 개혁과 기술 발전이 현행 경제 체제의 얼굴을 여러 가지 면에서 바꿔놓은 것은 사실이지만, 많은 사람들은 세계자본주의의 변화가 더욱 필요하다고 보고 있으며, 마르크스로부터 그러한 변화의 영감을 얻을 수 있기를 기대하고 있다.

그러나 마르크스가 강조한 '경제적인' 요인은 인간의 완성으로 가는 길에 놓인 수많은 장애물 가운데 단지 하나에 불과했다. 성(性)과 가족 관계는 물론이고, 도덕적 실패, 질병, 죽음과 같은 인간의 삶의 경제외적인 제한들에 대한 우리의 실존적인 태도 역시 중요하긴 마찬가지다. 그리고 인간의 갈등 — 종족주의로부터 민족주의, 핵무기 경쟁 및 테러리즘까지 — 은 단순히 경제적 경쟁이라기보다는 오히려 인간의 본성의 어떤 면과 연관되어 있는 듯하다. 인간 개인과 인간 사회의 본성 및 문제점을 좀 더 깊이 통찰하기 위해서는 다른 분야 — 심리학, 실존주의, 진화론, 그리고 종교적 개념까지도 — 역시 살펴봐야만 할 것이다.

더 읽을거리

● 마르크스의 저술 가운데 가장 기본적인 것 단 하나를 추천하기란 거의 불가

능에 가깝다. 물론『공산당 선언』을 출발점으로 삼을 수는 있지만, 이는 이론적이라기보다는 오히려 논설적인 성격이 강하고, 특히 제3장은 이미 시대에 뒤떨어졌다.290)『독일 이데올로기』는 이보다는 비교적 깊고, 또 길긴 하지만 비교적 쉽게 읽을 수 있다.

● 마르크스의 저술 선집으로는 다음과 같은 것들이 있다. T. B. 보토모어(T. B. Bottomore)가 직접 번역하고, 또 M. 루벨(M. Rubel)과 공동 편집한『카를 마르크스: 사회학 및 사회철학 선집』(1964)은 주제별로 마르크스의 저술을 구성해서 무척이나 유용하다. L. S. 포이어(L. S. Feuer) 편저,『마르크스-엥겔스: 정치 및 철학 저술 선집』(1959); 데이비드 맥렐런(David McLellan) 편저,『카를 마르크스 선집』(2000. 제2판).

● 마르크스의 전기로는 다음과 같은 것들이 있다. 아이자이어 벌린(Isaiah Berlin),『카를 마르크스: 생애와 환경』(1963, 제3판);291) 프랜시스 윈(Francis Wheen),『마르크스 평전』(1999).292)

● 마르크스주의에 대한 전통적인 비판서로는 다음과 같은 것이 있다. 카를 포퍼(Karl Popper),『열린 사회와 그 적들』(1966, 제5판).293)

● 마르크스의 사상의 종교적인 측면에 대해서는 다음을 참조하라. 로버트 터커(Robert Tucker),『카를 마르크스의 철학과 신화』(2000).294) 인간의 본성에 관한 마르크스의 주장에 대해서는 다음을 참조하라. J. 플라메나츠(J. Plamenatz),『카를 마르크스의 인간론』(1975).

● 분석철학의 방법론을 사용하여 마르크스의 역사적 유물론을 옹호하는 저서로는 다음을 참조하라. G. A. 코헨(G. A. Cohen),『카를 마르크스의 역사 이론을 위한 옹호』(1978).

● 마르크스주의 이론과 페미니즘의 관계에 대해서는 다음을 참조하라. F. 엥겔스,『가족, 사유재산, 국가의 기원』(1987).295) 그리고 다음 책의 제4장을 참조하라. A. 재거(A. Jaggar),『여성해방론과 인간본성』(1983).296)

● 마르크스의 사상에 대한 후기공산주의자의 옹호는 다음을 참조하라. 키스 그레이엄(Keith Graham), 『현대인 카를 마르크스: 레닌주의 이후의 세계를 위한 사회 이론』(1992).

● 마르크스에 대한 재평가를 시도한 책 가운데 읽을 만한 것으로는 다음과 같은 것이 있다. 조너선 울프(Jonathan Wolff), 『한 권으로 보는 마르크스』 (2002).297) 특히 우리가 이번 장에서 다루지 않았던 노동이론에 대한 내용이 나와 있으니 참조하기 바란다.298)

제8장
프로이트: 정신의 무의식적 기반

20세기 전반기에 나온 프로이트의 정신분석학적 접근방식은 인간의 본성에 관한 이해에 일종의 혁명을 가져왔다. 그는 오랜 기간 활동하면서 자신의 이론을 발전시키고 다듬었으며, 신경학, 정신의학, 아동발달, 성의학, 인류학, 사회학, 예술학, 종교학 등 광범위한 분야의 주제에 손을 댔다. 또한 그는 전세계적인 정신분석학 운동의 발전을 주도했고, 나아가 그 모두를 직접 통제하려고 했다. 하지만 이 장에서는 프로이트 개인에게만 집중하고, 그 이후에 벌어진 정신분석학의 이론 및 실제적 발전에 대해서는 언급하지 않을 것이다. 그리고 이 장의 마지막 두 절에서는 프로이트에 대한 비판적인 논의를 수록했으니 참조하기 바란다.

프로이트의 생애와 저술

지그문트 프로이트는 1856년에 모라비아에서 태어났다. 하지만 1860년에 이르러 그는 가족과 함께 빈으로 이주하여, 이후 말년에 이르기까지 생애 대부분을 그곳에서 보냈다. 어린 시절부터 프로이트는 인간 생활의 거의 모든 분야에 걸쳐 조숙한 관심을 갖고 있었고, 이후 빈 대학에서 의학을 공부하는 중에도 종종 프란츠 브렌타노 같은 유명 철학자의 강의를 비롯해 다른 분야를 수강하곤 했다. 이후 프로이트는 생물학에 깊은 관심을 갖게 되었고, 유명한 생리학자 브뤼케의 실험실에서 6년 동안 일하며 어류의 신경체계와 같은 전문적인 주제로 논문을 쓰기도 했다.(그리고 그는 코카인의 의학적 사용 방법을 개척하는 과정에서 훗날 논란에 휩싸일 만한 발언을 하기도 했다.)299) 연인이었던 마르타 베르나이스와 결혼하기 위해 보다 안정적인 일자리가 필요했던 프로이트는 부득이하게 빈 종합병원에서 의사로 일하게 되었다. 1886년에 이르러 그는 개인 병원을 개업했고, 이후 평생에 걸쳐 이른바 "신경질환," 즉 정신적인 문제를 지닌 사람들을 치료하게 된다.

이후 프로이트의 지적 편력은 세 가지 시기로 구분된다. 제1기는 신경 문제의 본질에 관한 본래의 가설을 정립하고, 오늘날 "정신분석학"으로 알려지게 될 자기만의 독특한 이론과 치료법을 발전시키는 단계이다. 그는 1885년부터 1886년까지 이른바 "신경" 문제를 최면술로 치료했던 프랑스의 신경학자 샤르코 밑에서 공부하며 인간 심리학에 관심을 갖게 되었다. 이 시기에 프로이트의 환자들 가운데 대부분은 이른바 "히스테리"로 고생하던 빈의 중류층 여성들이었다. 이들은 대개 이유를 알 수 없는 마비나 실어증 증세를 보였고, 종종 신경학적으로는 아무런 문제가 없는데도 불구하고 팔이나 손 같은 신체 일부분의 감각을 잃어버리곤 했다. 어원적으로 "히스테리"라는 말은 어머니 뱃속에 들어 있을 때 받은 충격으로 일어난 증상에 대한 고대의 설명에서 비롯된 것으로, 이른바 극단적 감정상태를 가리키는 오늘날의 의미와는 달리, 프로이트의 당시에는 기존의 정규 의학으로는 치료할 수가 없는 수수께끼 같은 증상들을 통칭하는 말이었다.(물론 이러한 증상이 19세기 말 부르주아 계층의 여성들 사이에 만연했다는 것은, 그들의 억압된 사회적 지위와도 어떤 연관이 있으리라고 생각해 볼 수 있다.) 프로이트는 순전히 심리학적인 기법으로 보이는 샤르코의 최면술이 그야말로 극적인 치료효과를 가져오는 듯한 모습에 감명을 받았다.

자기 환자들 중에서도 이와 비슷한 증상을 발견하자, 프로이트는 전기요법이나 최면암시법을 사용했다. 하지만 이것만으로는 어딘가 불충분하다고 느낀 나머지, 빈의 선배 의사인 브로이어로부터 배운 또 다른 치료법을 사용했다. 브로이어의 방법은 히스테리가 어떤 격렬한 정서적 경험(즉 "트라우마")에 의해 발생했으나, 환자 자신은 그에 대한 기억을 망각하고 말았다는 가정에 근거하고 있었다. 따라서 그의 치료법은 그 경험을 다시 생각나게 함으로써, 그에 상응하는 감정을 "방출"시키는 것이었다. 이른바 사람이 어떤 "생각"으로 인해 고통을 받을 수 있으며, 또한 환자 자신은 미처 인식하지 못하는 감정적 충전에서 비롯된 그런 기억을 다시 의식 속으로 불러옴으로써 그로부터 해방될 수 있다는 가정이야말로 프로이트의 정신분석학이 발전할 수 있는 토대가 되었다.

프로이트는 자신의 환자들에게 나타는 트라우마적인 생각들이 전형적으로 어떤 성적인 내용을 포함하고 있음을 발견하고(그는 이미 이 사실을 일반화할 태세가 되어 있었다), 신경증은 '항상' 어떤 성적인 근원을 갖게 마련이라고 주장했다. 많은 경우에 그의 환자들은 이른바 "유년기의 유혹" ― 오늘날 같으면 아동기의 성적 학대 ― 을 당한 경험이 있다고 증언했다. 처음에 프로이트는 환자들의 말을 곧이곧대로 믿었다. 하지만 미지않아 ― 이것이야말로 그가 무척이나 중요한 발견이라고 간주했던, 무척이나 극적인 이론적 선회였다 ― 그는 상당수의 경우에 이와 같은 증언은 단지 환자들의 상상에 근거하고 있으리라고 생각하게 되었다. 즉 이러한 증언은 그와 같은 일이 실제로 일어났다는 기억이 아니라, 다만 이들의 무의식적인 욕망에 근거하고 있다는 것이었다.(하지만 최근의 논쟁으로 비추어 볼 때, 우리로선 과연 이 문제에 대한 프로이트의 맨 처음 생각들이 오히려 진실에 가까운 것은 아닐까 하고 의심해 볼 만한 여지가 있다.) 1895년에 그는 브로이어와 함께 『히스테리 연구』를 펴냈지만, 브로이어는 이른바 성욕이 보편적 중요성을 지닌다는 프로이트의 생각에 동의하지 않았기 때문에 곧이어 두 사람의 협력관계는 깨져버리고, 프로이트는 자기만의 이론적 방법으로 계속 나아갔다.(브로이어와의 결별은 이후 프로이트가 거듭해서 겪었던 동료들과의 불화 가운데 첫 경우에 불과했다.)

19세기 말에 접어들어 프로이트는 유아의 성욕과 꿈의 해석에 관한 자신의 이론을 공식화하기 시작했는데, 이 두 가지는 정신분석 이론에서 모두 핵심적인 것이었다. 그는 이른바 저항, 억압, 전이(轉移)라는 자기만의 독특한 이론적 개념을 도입했다. 심지어 그는 자기 자신에 대해 정신분석을 시도하기도 했다. 이 시기에 그는 『과학적 심리학 초고』를 썼다.(이 당시 그는 동료 의사였던 플리스와 서신 교환을 하면서 상대방의 비정통적인 생각으로부터 큰 영향을 받았다.) 이 심리학 저술을 통해 프로이트는 야심만만하게도 자신이 발전시킨 심리학적 이론을 두뇌의 신경세포라는 의학적 근거와 연계시키려고 했다. 하지만 그는 이 학제적인 계획에 흥분해 마지않는 한편으로, 혹시나 자신이 지나치게 시대를 앞서나간 것이 아닌가 싶어서 결국 이 생각을 발표하지는 않았다.(이후 재발견된 그의 이 원고는 1950년에야 출간되었다.)[300] 하지만 이러한 생각의 흔적은 프로이트의 이후 저술 전체에서, 이른바 정신분석학 이론에서 요구되는 정신적 과정은 결국 두뇌의 뉴런에서 일어나는 전기 에너지의 작용과 동일시될 수 있다는 근본적인 가설의 형태로 나타나고 있다.

프로이트의 업적에서 제2기는 이미 무르익은 그의 사상을 자세히 설명한 작품들이 나온 시기로, 『꿈의 해석』이 출간된 1900년부터라고 할 수 있다. 1901년에 출간된 『일상생활의 정신병리학』에서 그는 실언처럼 일상적인 실수의 무의식적 원인을 분석했으며, 1905년에는 『성욕에 관한 세 가지 에세이』를 출간했다. 이 저술들은 그의 정신분석학 이론을 신경증 환자들뿐 아니라, 정상인의 정신생활에까지 적용한 것이 특징이었다. 이후 그가 세계적인 명성을 얻게 되면서, 정신분석학이 서서히 전파되기 시작했다. 1909년에 프로이트는 미국을 방문하여 자신의 사상에 대한 간략하고도 대중적인 강연을 행했는데, 이 내용은 『정신분석에 관한 다섯 개의 강의』에 나와 있다. 1915년부터 1917년까지 그는 빈 대학에서 행한 이보다 훨씬 긴 강의를 통해 그때까지 자신이 발전시킨 전체 사상을 해설했는데, 그 내용은 바로 『정신분석입문』에 나와 있다.

제1차 세계대전 후로부터 1939년에 사망할 때까지는 프로이트의 사상에서 제3기라고 할 수 있는데, 이 시기에는 그도 자신의 이론에서 몇 가지 중요한 수정을 가하는 한편, 자신의 사상을 여러 가지 사회 문제에 대해 폭넓게 적용하려 했다. 1920년에 나온 『쾌락 원칙을 넘어서』는 그가 당시까지만 해도 자명하다고 간주하던 이른바 "사망 본능"(인간의 공격성과 자기파괴 본능을 설명하기 위한 개념)과 "생명 본능"(인간의 자기보존 본능과 성욕을 설명하기 위한 개념)이라는 개념을 최초로 소개한 저술이었다. 그의 말년에 이루어진 또 하나의 사상적 발전은 마음의 세 가지 구조 — 이드, 자아, 초자아 — 로, 이에 대한 내용은 『자아와 이드』(1923)에서 제시되었다. 두 번째의 대중 강연인 『비전문가 분석의 문제』(1926)에서 프로이트는 이 새로운 세 가지 구조에 입각하여 자신의 이론을 해실한다.

프로이트는 말년 대부분을 사회적 이론의 정립에 바쳤다.(이미 1913년에 그는 『토템과 터부』를 통해 자신의 이론을 사변적으로나마 인류학과 인류의 선사시대에 적용하려 한 바 있었다.)『환상의 미래』(1927)에서 그는 종교를 거짓된 믿음의 체계로 간주하고, 우리 마음속에 있는 그 깊은 근원을 정신분석학적으로 설명할 수 있다고 주장했다.『문명 속의 불만』(1930)에서 그는 인간의 본능과 문명화된 사회 간의 상충되는 요구에 대해 논하고,『모세와 일신론』(1939)에서는 유대 역사에 대해 논쟁의 여지가 있는 정신분석학적 해석을 시도했다. 1938년에 히틀러가 오스트리아를 병합하자 유대인들에게 위협이 닥쳤고, 프로이트 역시 인종적으로는 유대인이었기 때문에 위협을 느끼게 되었다.(그런 까닭에 그는 이미 오스트리아 내에서 벌어지던 반유대주의의 희생물이 되고 있었다.) 나치 쪽에서도 이미 국제적인 유명인사였던 프로이트가 영국으로 망명할 수 있도록 허락할 수밖에 없었고, 그는 이후 사망할 때까지 그곳에 머물면서『정신분석 개요』의 초고를 썼다.

형이상학적 배경: 신경학, 결정론, 그리고 유물론

프로이트의 사상에서 가장 독특한 것은 물론 인간의 마음에 관한 그의 이론이지만, 우리는 우선 그의 형이상학적이고 방법론적인 가정을 짚어보고 넘어가야만 한다. 그는 맨 처음에 생리학자로서 연구 활동을 시작했으며, 이후 평생 과학자로 자처했기 때문이다. 그가 지속적으로 지닌 희망이 한 가지 있었다면, 그것은 곧 인간 생활의 모든 현상들을 과학적으로 설명하는 것이었다.(그가 이런 자기묘사에 얼마나 충실하게 살다갔는지는 뒤에서 보게 될 것이다.) 프로이트는 모든 신학이나 초월적 형이상학을 거부했다. 그는 마르크스주의자가 아니었지만, 마르크스와 마찬가지로 이른바 역사적 발전 과정이 사물의 현 상태를 설명해줄 수 있으리라는

19세기적인 신념을 공유하고 있었다.

프로이트가 그 당시까지 발전한 생물학에 대해 방대한 지식을 지니고 있었고, 또한 그가 생리학 연구에서 경험을 쌓았다는 사실을 고려해 볼 때, 그는 아마도 모든 현상이 물리학, 화학, 생물학의 법칙에 의해 결정된다고 믿었을 것이며, 따라서 인간 역시도 이와 같은 법칙에 종속된다고 믿었을 것이다. 그는 다윈의 진화론이 나온 뒤인 19세기 후반의 생물학에 대해 강한 확신을 지니고 있었으며, 인간 역시 동물 가운데 한 종에 불과하다는 사실을 받아들였다.(물론 그중에서도 특별한 종류라고 생각하긴 했지만.) 프로이트는 흔히 "정신의 생물학자"로 묘사되고 있지만, 그런 그가 순수 생리학적인 설명 및 치료 방법으로부터 얼마나 멀어져 있었는지는 뒤에서 살펴보도록 하겠다. 그는 19세기의 역사주의를 생물학, 심리학, 인류학 분야에 적용한 까닭에, 이른바 야만인종은 마치 어린아이와 같은 정신능력밖에 갖고 있지 못할 것이라 간주했다.

프로이트는 철학적 유물론자인 동시에 결정론자였다. 그는 심리적 상태와 생리적 상태 사이의 어떤 차이를 인지하고 있었지만, 그에게 이것은 단지 개념이나 양상의 이원론에 불과할 뿐, 그렇다고 두 가지 실체나 두 가지 서로 다른 사건을 의미하는 것은 아니었다. 유물론적 철학자들이라면 감각, 생각, 소망, 감정과 같은 우리 의식의 상태를 형이상학적 이원론으로 설명해서는 안 된다는 데 동의할 것이며, 프로이트 역시 자신이 자명하다고 간주하던 '무의식'의 상태에 대해서 이와 똑같이 말했기 때문이다. 『과학적 심리학 초고』에서 심리학과 생리학을 연계시키려던 대담한 초창기의 시도 이후, 그는 심리학의 물질적 기반에 대해서는 점차 두뇌과학의 발전에 의해 증거가 발견될 것이라 믿었다. 물론 최근까지도 이 분야에서는 막대한 진보가 이루어지긴 했지만, 프로이트의 독특한 신경학 이론을 정당화시켜줄 확증은 아직 나오지 않은 상태다.

인간의 본성에 관한 이론:
정신적 결정론, 무의식, 본능, 그리고 아동발달

여기서는 프로이트의 연구방법을 네 가지 주요 영역으로 나누어 살펴보도록 하겠다. 첫 번째 특징은 그가 정신의 영역에까지 결정론 — 즉 모든 사건에는 그보다 앞선 원인이 있게 마련이라는 — 을 엄격하게 적용한 점이다. 가령 프로이트는 실언이나 실수, 혹은 꿈이나 신경증적 증후와 같이 이전까지는 한 사람을 이해하는 데 있어 전혀 중요해 보이지 않았던 것들조차도 사실은 어떤 숨겨진 원인에 의해 결정되는 것이 분명하다고 간주했다. 그는 이런 실수들이 매우 중요할 수 있으며, 그렇지 않았다면 여전히 알려지지 않았을 어떤 사실을 위장된 형태로 드러내는 것이라고 생각했다. 왜냐하면 한 사람이 생각하거나, 행동하거나, 말하는 것이 진정으로 제멋대로이거나 우연적일 수는 없기 때문이다. 원칙적으로 모든 것은 아마도 그 사람의 정신 속에 있는 어떤 이유에서 기인한 것으로 추적될 수 있다.(여기서부터 이른바 "프로이트적 실언"이란 개념이 유래한다.)

이런 주장은 마치 자유의지를 부정하는 것 같다. 왜냐하면 우리가 스스로를 완전히 자유롭게 뭔가를 선택할 수 있는 존재로 여기더라도, 프로이트 같으면 우리가 그런 선택을 하도록 결정해주는 원인이 있을 것이라고 말할 것이기 때문이다. 여기서 프로이트는 마르크스와도 흥미로운 유사관계를 보여주고 있다. 즉 두 사람 모두 우리 의식의 내용이 그야말로 "자유"롭고 "합리"적이기는커녕, 오히려 우리가 평소에는 깨닫지 못하는 어떤 원인에 의해 결정된다고 주장하기 때문이다. 다만 마르크스는 그러한 원인이 사회적이고 경제적인 것이라고 말한 반면, 프로이트는 그러한 원인이 개인적이고 심리적인 것이며 우리의 생물학적 충동에서 비롯된 것이라고 말하는 점이 차이일 뿐이다.

두 번째 특징은 프로이트의 이론에서도 가장 뚜렷한 특징이라 할 수 있는 것 — 이른바 '무의식적' 정신 상태라는 것이 분명히 존재한다는 가정 — 으로, 이는 사실상 첫 번째 특징으로부터 비롯되는 것이다. 하지만 우리는 프로이트가 말한 무의식의 개념을 이해하는 데 주의해야만 한다. 인간의 정신 상태에는 여러 가지가 있다. 가령 어떤 특별한 경험이나 사실에 대한 기억을 예로 들자면, 우리는 그것을 지속적으로 의식하고 있진 못하지만, 필요한 경우에는 그 내용을 우리 정신에 다시 떠올릴 수 있다. 프로이트는 이를 가리켜 "전(前)의식"이라고 한다. 반면 그가 말하는 "무의식"이란, 이른바 일반적인 환경에서는 의식될 수 '없는' 상태를 의미했다. 그가 중요하게 역설한 바는, 우리의 정신 속에는 의식적인 주목의 대상이 될 수 있는 것뿐만 아니라, 평소에는 깨닫지 못하는 내용들까지 포함되어 있다는 사실이었다. 유명한 비유를 들어 설명하자면, 우리의 정신은 마치 빙산과 같아서, 파도가 높아지고 낮아짐에 따라 간혹 바다 위에 모습을 드러내는 부분은 단지 일각에 불과하며, 그 밑에 있는 안 보이는 거대한 덩어리가 여전히 그 전체에 영향력을 행사하고 있다는 것이다. 프로이트라면 우리에게는 대상의 지각적 인식과 연관된 무의식적인 정보 처리 과정이 이루어지고 있다는 오늘날 인지과학의 발견을 기꺼이 수용했을 것이다. 즉 지각하는 주체는 자기 정신 속에서 이루어지는 이런 과정을 전혀 모르고 있지만, 심리학자들은 그런 과정이야말로 지각(또는 잘못된 지각)이라는 현상에 대한 최상의 설명이라고 간주하고 있다.

여기까지의 설명만 보면 무의식은 단순히 '도식적인' 설명처럼 보이기도 하는데, 실제로 프로이트의 개념에서 무의식이란 오히려 '역동적인' 것이기도 했다. 히스테리적 마비증상, 신경증적 행동, 강박적 사고, 꿈 같은 혼란스러운 인간 현상을 설명하기 위해, 프로이트는 이른바 감정적으로 충전되는 개념의 존재를 자명하다고 간주했다. 무의식적 욕망이나 감정은 사람들로 하여금 합리적으로는 설명될 수 없는 — 심지어 자기 자신에게조차도 — 행동을 하게 만든다. 어떤 무의식적 상태는 이전까지는 의식적이었지만, 그것을 시인하기가 점차 너무도 고통스러워진 까닭에 억압된 것이다.(가령 트라우마적인 감정적 경험 같은 경우.) 따라서 "억압"은 어떤 생각을 무의식으로 밀어넣고 그곳에 두는 정신적 과정으로 정의되며 자명하다고 간주된다. 하지만 무의식의 그 나머지 부분은 우리의 정신생활을 어린 시절부터 좌우하는 동력(즉 "본능")으로 구성되어 있다.

프로이트는 1920년대에 들어서 자신의 이론에 등장하는 정신에 새로운 '구조' 개념을 도입했는데, 이것은 의식, 전의식, 무의식이라는 세 가지 개념의 구분과 완전히 일치하지는 않았다. 사상적으로 제3기에 해당하는 이 마지막 시기에 그는 정신적 장치 내의 세 가지 구조를 구분했다. '이드'는 마치 어린아이가 즉각적인 만족을 추구하는 것과 같은 본능적 충동을 포함하는 것이었다.(이는 바로 "쾌락 원칙"에 따라 움직이는 것이었다.) '자아'는 의식적인 정신상태에 해당되는데, 그 역할은 현실 세계를 지각하고 어떻게 행동할 것인지를 결정하며, 이 세계와 이드 사이를 중재하는 것이었다.('자아'는 이른바 "현실 원칙"에 따라 작동한다.) 이때 '자아'에 속하는 것들은 의식적이 되는 반면(물론 프로이트는 그 안에 여전히 무의식적으로 남아 있는 요소가 포함되어 있다고 말했지만), '이드'에 속하는 것들은 무의식적으로 남아 있다. '초자아'는 정신에서도 특별한 부분으로 양심(즉 어린 시절부터 일찌감치 배우게 되는 도덕적 규범)을 지니고 있다. 이것은 마치 엄격한 부모와 마찬가지로 규율과 금지를 내세우며 자아와 대립한다. 억압의 힘은 자아와 초자아 모두에 자리잡고 있으며, 이는 대개 무의식적으로 작동한다. 자아는 딱하게도 종종 현실 세계의 불리한 사실들 속에서 이드와 초자아 사이의 상충되는 요구를 화해시켜야 하는 어려운 임무를 맡고 있다. 외적 문제와 내적 갈등으로 둘러싸인 이런 현실이야말로 인간의 상태에 대해 프로이트가 그려 보이는 극적인 모습이 아닐 수 없다.

이른바 세 가지 정신적 구조라는 프로이트의 이론은 플라톤의 주장과도 부분적으로나마 유사하다고 볼 수 있다. 물론 이드는 이른바 플라톤이 말한 '욕구,' 혹은 욕망과 상응한다고 볼 수 있지만, 그렇다고 자아와 초자아가 플라톤이 말한 '이성'과 '격정'에 상응한다고 볼 수 있는지는 불명확하다. 현실을 인식하는 기능을 한다는 점에서는 자아가 '이성'과 비슷한 듯하지만, 플라톤에게 '이성'은 또한 도덕적 기능을 담당하는데, 프로이트는 이를 오히려 초자아의 기능으로 설명했다. 그리고 플라톤에 있어 격정적인 요소는 우리가 스스로의 욕망에 혐오감을 느끼는 경우에 오히려 도덕적인 기능을 수행하는 것으로 묘사되었다.(제4장을 참조하라.)

이러한 본능, 혹은 충동이야말로 프로이트의 이론에서 세 번째의 중요한 특징이다. 우리가 미처 깨닫지 못하는 어떤 동기유발적 요인의 존재를 가정함에 있어, 프로이트는 이른바 '의지'를 무의식적인 본능적 힘으로 이론화한 19세기의 두 사상가인 쇼펜하우어와 니체의 사상을 따르고 있다. 프로이트가 이와 유사한 개념으로 사용한 단어는 '트리프(Trieb)'이며, 이는 종종 "본능"으로 번역되긴 하지만, 어쩌면 "충동"이라는 번역어가 더 나을지도 모른다. 왜냐하면 프로이트의 이론의 한 부분에서는 하나의 '트리프'가 여러 다양한 행동의 배후에 놓인 동기유발적 힘이나 에너지로 작용할 수 있다고 설명하기 때문이다. 이러한 충동은 정신적 장치 내에 존재하는 유일한 동기유발적 힘이며, 외부로 방출되고자 하는 에너지를 만들어낸다.

프로이트는 이처럼 기계나 전기 분야에 어울릴 만한 용어를 거의 문학적으로 사용하고 있는데, 이는 그의 과학적 연구 경험과 아울러, 이른바 두뇌의 뉴런 사이를 통하는 전하의 흐름에 대해 예견한 바 있는 초창기의 『과학적 심리학 초고』에서의 정신물리학적 이론으로부터 영향을 받은 것이다. 이른바 정신적 충동에 대한 그의 개념은, 어떤 방법으로건 반드시 방출시켜야만 하는 전하, 혹은 수압이 있다는 것이었다. 하지만 이처럼 본능에 대한 심리학적 분류는 프로이트의 이론 중에서도 가장 사변적이며 가변적인 부분 가운데 하나였다. 그는 우리가 그야말로 무수히 많은 본능을 구분할 수는 있다고 시인하면서도, 그것은 모두 서로 다양한 방식으로 조합 및 대체가 가능한 몇 가지 기본적인 충동들로부터 유래하는 것이라고 주장했다.

물론 프로이트는 그중 한 가지 주요한 것은 성적 충동이라고 주장했으며, 인간의 행동 가운데 상당수의 원인을 성적 생각과 욕망(종종 억압되어 무의식으로 편입되는)으로 거슬러 올라가 찾아낸 것으로도 악명 높다. 하지만 그렇다고 해서 그가 '모든' 인간 현상을 성(性)으로 설명하려 했다고 보는 것은 프로이트에 대한 가장 흔한 오해라고 할 수 있다. 한 가지 분명한 사실은 프로이트가 성욕에 대해 그 이전까지보다 훨씬 더 넓은 시야를 제공했다는 점이다. 즉 그는 성욕이 단순히 "정상적인" 성인의 이성애적 행위를 통해서만이 아니라, 그 이상으로 스스로를 드러낸다고 주장했던 것이다. 그는 성욕의 초기단계가 갓난아이에게도 존재하고, 성적 요인이야말로 성인의 신경증에서도 중요한 역할을 하며, 또한 성적 에너지("리비도")는 예술과 같은 다른 행동으로 "승화"될 수 있다고 보았다.

하지만 프로이트는 그 외에도 또 '다른' 기본적인 충동이 존재한다고 항상 주장했다. 초기 사상에서 그는 식욕이나 자기보호 본능 같은 이른바 "자기보존" 본능을 성욕과는 다른 것으로 구분했다. 또한 그는 사디즘을 가리켜 성욕의 왜곡되고 공격적인 표현방식으로 간주한 최초의 인물이기도 했다. 그러나 후기의 저술에서 그는 이러한 구분으로부터 크게 선회하여 리비도와 허기를 모두 하나의 "삶"의 충동, 혹은 본능('에로스')에 속하는 것으로 놓았으며, 반면 사디즘, 공격성, 자기파괴성 등등을 생물학적으로는 설득력이 없는 이른바 "죽음"의 본능('타나토스')에 속하는 것으로 놓았다. 쉽게 말해서 사랑과 허기의 이원론이 이제는 사랑과 미움으로 대체된 것이다.

프로이트의 이론에서 네 번째 주요 핵심은 인간 개인의 성격에 대한 발달적인 설명이다. 우리의 인성이 유전적 자질뿐만 아니라 경험에도 크게 의거해 형성된다는 것은 널리 알려진 사실이다. 프로이트는 특별한 트라우마틱인 경험이 — 비록 외면적으로는 잊혀졌더라도 — 그 사람의 정신건강에 치명적인 영향력을 행사할 수 있다는 브로이어의 발견에서 출발한다. 정신분석학의 전체 이론은 바로 이 점을 일반화함으로써, 유아기와 유년기 초반의 경험이 성인의 성격에서 대단히 중요하다고 강조하게 되었다. 특히 출생 후 5년 동안이야말로 각 개인의 인성이 정착되는 시기다. 따라서 우리가 한 사람을 완전히 이해하기 위해서는 반드시 그의 유년기 초반에 있었던, 심리학적으로 중요한 사실을 알아야만 한다.

프로이트는 모든 자라나는 어린아이들의 심리적-성적 발전단계에 대한 구체적인 이론을 만들어냈다. 그는 성욕의 개념을 우리 육체의 연관 부분에서 느껴지는 모든 쾌감까지 포함하는 것으로 확장시켰다. 그는 유아가 가장 먼저 입으로부터 성적인 쾌감을 얻으며(구강기), 그 다음에는 소화관의 맨 끝부분으로부터 성적인 쾌감을 얻는다고(항문기) 주장했다. 이후에는 남자아이와 여자아이 모두가 남성의 성기에 대해 관심을 갖게 된다.(남근기) 남자아이는 자기 어머니에게 성적 욕망을 느끼고, 자기 아버지에게 거세될지도 모른다는 두려움을 느끼게 된다.("오이디푸스 콤플렉스") 어머니를 향한 욕망과 아버지를 향한 적의는 억압되어, 마치 정상적인 것처럼 보이게 된다. 다섯 살 때부터 사춘기가 되기 전까지("잠재적" 시기)의 기간에 성욕은 이전보다는 덜 나타나게 된다. 그러다가 이후에 다시 모습을 드러내어, 별다른 어려움이 없으면 성인이 되어 그 완전한 생식기적 표현이 가능해진다.

    프로이트는 남자아이에 있어 오이디푸스 콤플렉스에 해당하는 시기의 여자아이들에게는 이른바 "남근 선망"이 일어난다고 주장했다. 하지만 그는 여성의 심리학과 성욕에 대해서까지 통달해 있었던 것은 결코 아니다. 『비전문가 분석의 문제』에서 프로이트는 이른바 "성인 여성의 성생활이야말로 심리학에서는 암흑대륙이나 마찬가지"[301]라는 놀라운 발언(솔직히 그처럼 여성의 심리학적 문제를 많이 진단한 사람의 입에서 그런 말이 나왔으니)을 하기도 했다. 실제로 암흑대륙이건 아니건 간에, 프로이트 역시 여성의 심리학에 대해서는 어떤 교리적이고도 근거 없는 주장을 펼치는 함정으로부터 벗어나진 못한 셈이다. 『문명 속의 불만』(특히 제4장)에서 그는 여성이 "가족과 성생활의 이익을 대변한다"[302]고 언급한다. 하지만 과연 남성은 그렇지 않다는 말인가? 그 다음 문장에서 프로이트는 이른바 "문명과 관련된 일"을 하는 데 있어서 여성은 남성만큼 본능적인 승화능력을 지니지 못한다고 또 다시 근거 없는 주장을 펼친다.[303] 이는 아마도 프로이트 역시 그 시대의 선입견에서 벗어나지 못했기 때문인 것으로 보인다.

진단: 정신적 부조화, 억압, 그리고 신경증

플라톤과 마찬가지로, 프로이트는 개인의 안위, 혹은 정신적 건강은 정신의 다양한 부분간의, 혹은 개인과 사회 전체의 조화로운 관계에 의거해서 이루어진다고 말한다. 즉 자아는 이드, 초자아, 그리고 외부세계를 화해시킴으로써, 우리 안에 있는 사회의 대변자라고 할 수 있는 초자아가 요구하는 도덕적 기준을 위반하지 않으면서, 동시에 이드의 본능적 욕구를 충족시킬 수 있는 기회를 찾아야 한다. 하지만 그런 임무를 완수할 만한 기회가 외부세계로부터 충분히 주어지지 않을 경우, 그 결과로 고통이나 좌절이 빚어지게 된다. 그러나 비록 환경이 보다 우호적인 경우라 하더라도, 정신 속의 여러 부분들간에 갈등이 지나치게 심하면 정신적 혼란이 생길 수 있다. 프로이트의 견해에 따르면, 신경증적 질환은 성적 본능의 좌절로부터 생기는 것으로, 그 원인은 외부의 장애물 때문일 수도 있고, 혹은 내적인 정신적 부조화 때문일 수도 있다.

프로이트는 특히 한 가지 정신작용이 신경증적 질환의 원인으로 중요하다고 보았다. 바로 '억압'이다. 정신적 갈등 — 즉 우리가 지닌 본능적 충동과, 우리가 반드시 따라야 한다고 생각하는 기준이 크게 상충하는 경험 — 을 겪으면 이 충동은 억압되어 우리의 의식 밖으로 밀려나게 되며, 그로 인해 이후에는 마치 존재하지 않는 것처럼 여겨지게 된다. 억압은 우리가 내적 갈등을 피하려고 할 때 사용하는 가장 기본적인 "방어기제"다. 하지만 이는 어디까지나 구실에 불과하며, 현실을 외면하는 것이기 때문에 결국에는 실패로 돌아가게 된다. 즉 충동은 억압한다고 사라져버리기는커녕, 오히려 정신의 무의식적인 영역에 남아 있게 된다. 그리고 억압된 충동은 여전히 자신의 감정적 에너지를 유지하는 한편, 신경증적 증상이라는 형태로 일종의 위장된 대체물을 만들어 의식 속으로 보냄으로써 영향력을 행사한다. 따라서 우리는 스스로도 불합리하다고 시인하는 행동을 하면서도, 차마 그 행동을 그만둘 수는 없는 것이다. 즉 우리는 어떤 생각을 억압함으로써, 그것을 효과적으로 통제할 수 있는 기회마저 포기하게 되는 것이다. 또한 우리는 그로 인해 생겨나는 증상을 없애지도 못할 뿐만 아니라, 억압을 해제하고 다시 의식에 떠올리지도 못하는 것이다.

프로이트는 특히 유년시절 초기에 결정적인 억압이 일어나며, 그것은 근본적으로 성적인 것이라고 주장했다. 따라서 장래의 정신적 건강을 위해서는 어린아이가 정상적인 성욕의 발전 단계를 성공적으로 지나야만 한다고 주장했다. 하지만 이러한 과정이 항상 순탄하게 이루어지지는 않으며, 어떤 한 가지 걸림돌이라도 있으면 장래에 어떤 문제를 일으킬 소지가 있다는 것이다. 따라서 다양한 형태의 성도착의 유래는 이와 같은 특정한 원인으로 소급이 가능하다는 것이다. 프로이트에 따르면 전형적인 형태의 신경증은 "억압"으로 구성되어 있으며, 환자를 자신이 어린 시절에 만족을 얻을 수 있었던 단계로 되돌려놓는 것이다. 프로이트는 심지어 성인들에 대해서도, 각자 유래한 것으로 판단되는 유년기의 단계를 근거로 하여 "구강기"니 "항문기"로 성격 유형을 나누기도 했다.

신경증에 대한 프로이트의 이론에는 우리가 여기서 미처 다루지 못한 또 다른 자세한 내용이 있긴 하지만, 그는 무엇보다도 그 원인 중 일부를 외부세계의 탓으로 돌렸기 때문에, 우리는 그의 분석에서 이러한 사회적 측면을 주목해야 한다. 즉 우리가 순응해야 한다고 생각하는 기준이 우리의 정신적 문제에서 중요한 요인이 되는데, 그것은 다름 아닌 사회적 환경의 — 즉 일차적으로는 부모의, 또한 아이가 자라나는 동안 감정적으로 영향력을 발휘한 주위 모든 사람의 — 산물이란 것이다. 그런 기준을 주입함으로써 어린아이를 사회의 일원으로 만드는 것이야말로 교육의 본질이라 할 수 있다. 왜냐하면 프로이트가 지적한 대로, 문명이 제 기능을 발휘하고 인간 사회가 이루어지기 위해서는 자제력, 즉 본능의 만족을 희생시키는 것이 필요하기 때문이다.

하지만 특정한 가정이나 사회에서 우리에게 강제로 부과하는 기준이 행복에는 오히려 도움이 되지 못할 수도 있다. 가령 행실이 나쁜 부모 밑에서는 행실이 나쁜 자녀가 나오게 마련이다. 프로이트는 사회와 개인의 관계 자체가 점점 조화를 잃어가는 우리의 문명화된 삶 전체를 가리켜, 보다 넓은 시각에서 보자면 신경증적이라고 묘사할 수 있다고 말했다. 이러한 주제를 전면에 내세운 것이 그의 말년의 저술인 『문명 속의 불만』이지만, 그보다 이른 1909년에 나온 『정신분석에 관한 다섯 개의 강의』에서도 프로이트는 우리의 문명화된 기준이 대부분의 사람들에겐 삶을 오히려 너무 복잡하게 만들고 있으며, 따라서 우리는 본능적인 충동을 어느 정도 만족시키는 것조차도 완전히 부정해서는 안 된다고 주장했다. 이후 에리히 프롬 같은 신(新)프로이트주의자 사상가들은 이를 근거로 삼아, 현재 우리가 겪는 문제의 원인은 사회와 개인 모두에게 있다고 주장했다.

처방: 정신분석 요법

프로이트는 우리 인간의 문제를 과학적 방법에 의해 분석하고 개선할 수 있다고 주장했다. 그는 이를 통해 정신의 여러 부분 사이의 조화와 균형을 회복하고, (또한 가능하다면) 개인과 세계 사이를 더 낫게 조정하고자 하는 희망을 품고 있었다. 특히 나중의 희망은 결국 사회개혁의 프로그램과 연관된 것이지만, 프로이트는 사실상 그런 것을 구체적으로 시도하지는 않았다. 실제로 그가 전문의로 담당한 분야는 주로 신경증 환자의 치료에만 국한되어 있었다. 그리고 그는 자신이 사용하는 치료 요법의 효과에 한계가 있다는 사실을 충분히 인식할 만큼 현실적이었으며, 그러한 사실은 이른바 정신분석 요법의 목표란 신경증적인 불행을 보다 일반적인 불행으로 대체하는 데 있다는 그의 유명한 말에 잘 나타나 있다. 따라서 이번에는 그 치료 요법에 대해 살펴보도록 하자.

프로이트의 요법은, 이른바 히스테리 환자로 하여금 자기 머리를 가득 채우고 있는 생각과 상상을 '이야기' 하게 하는 것이 치료에 도움이 되며, 자신의 병의 원인이 된 트라우마적인 경험을 회고하게 함으로써 병을 치유할 수 있는 것 같다는 브로이어의 발견으로부터 시작되어 이후 점차 발전해 갔다. 프로이트는 이러한 "대화 치료법"을 사용하면서도, 자기 환자의 무의식적 정신 속에는 여전히 병의 원인이 되는 기억이 남아 있다고 간주했다. 그는 환자들로 하여금 뭐든지 거리낌없이 말하게 하면, 그들의 말 뒤에 있는 무의식적 힘을 해석할 수 있으리라 생각했다. 그래서 그는 머릿속에 떠오르는 것이라면 제아무리 황당하고 창피한 것이라도 좋으니 무조건 말하라고 환자에게 요구했다.(이것이 바로 "자유연상" 요법이다.) 하지만 이런 경우에도 종종 이야기의 흐름이 딱 끊어지거나, 환자가 더 이상 이야기할 것이 없다면서 더 이상은 질문하는 것조차 싫어하는 때가 있었다. 이런 "저항"이 일어나면, 프로이트는 자신들의 대화가 바야흐로 환자의 억압된 콤플렉스에 가까워졌다는 신호로 받아들였다. 그는 마치 우리가 몸의 고통스러운 부분을 진찰받기 꺼리듯이, 환자의 무의식적 정신 역시 자신의 고통스러운 진실을 의식에 다시 떠올리지 못하게 방해하려 한다고 보았다. 이러한 저항에도 불구하고 그 억압된 것을 일단 다시 의식으로 가져올 수만 있다면, 이제는 의식적이고 합리적인 정신이 이 유해한 생각에 다시 한 번 영향력을 행사할 수 있게 되어, 결국 신경증이 치료될 것이었다.

하지만 이런 바람직한 결과를 얻기 위해서는 일주일에 한 번씩 해서 무려 1년이 넘도록 오랜 시간이 걸려야만 했다. 분석가는 환자의 무의식적 정신 상태에 대한 정확한 해석에 도달하는 동시에, 환자가 받아들일 수 있는 적절한 시간과 적절한 방법을 통해 그것을 알려주어야 한다. 특히 꿈은 무척이나 효과적인 해석의 대상이었는데, 왜냐하면 프로이트의 이론에 따르면 꿈을 통해 "드러난" 내용이야말로 그 진정한, 혹은 "감춰진" 내용이라 할 수 있는 무의식적인 소망 충족의 위장된 형태이기 때문이다. 실수와 잘못 역시 그들의 무의식적 원인을 드러내는 것으로 해석될 수 있었다. 뿐만 아니라 환자의 성생활, 어린 시절의 경험, 유년기의 성욕, 그리고 부모와의 관계 등도 전형적인 논의 대상이 되었다.

그러기 위해서는 환자와 분석가 간에 특별한 신뢰 관계가 요구되어야 함이 분명하지만, 프로이트는 실제로 이보다 더한 일이 일어남을 발견했다. 즉 환자들은 종종 분석가인 그를 향해 사랑, 혹은 증오에 상당하는 정도의 감정을 표현했던 것이다. 그는 이를 가리켜 "전이(轉移)"라고 했으며, 이것을 환자가 이전에 겪었던 삶의 상황으로부터, 혹은 환자의 무의식적인 상상으로부터 분석가에게 투사된 감정이라고 간주했다. 이러한 전이를 어떻게 다루느냐 하는 것이야말로 요법의 성공 여부를 좌우할 만큼 중대한데, 왜냐하면 이러한 전이 자체를 분석함으로써 환자의 무의식의 근원으로 거슬러 올라갈 필요가 있었기 때문이다.

정신분석 치료의 목표는 자각이라는 한 마디로 요약될 수 있다.(소크라테스와 비슷하지 않은가?) 우리가 신경증에서 회복된 직후에 이처럼 새로운 자기이해를 바탕으로 무엇을 할 것인지는 우리 각자에게 달려 있으며, 그로부터 다양한 종류의 결과가 생길 수 있다. 가령 우리는 본능을 억압함으로써 유해한 상태를 만들어내는 대신, 오히려 본능을 합리적이고 의식적으로 제어할 수 있다.(즉 억압보다는 제지를 택하는 셈이다.) 혹은 이런 본능을 좀 더 받아들일 만한 방향으로 돌려놓을 수에도 있고("승화"), 이런 본능을 결국 만족시키기로 결심할 수도 있다. 하지만 프로이트에 따르면 이런 원초적인 본능이 우리를 완전히 "압도"하면 어쩌나 걱정할 필요는 없는 것이, 왜냐하면 다시 한 번 의식에 들어옴으로써 그 위력은 현저히 '감소되었기' 때문이라는 것이다.

프로이트는 결코 정신분석이 인간의 '모든' 문제에 대한 답변이 되리라 생각하진 않았다. "문명화"된 현대 사회의 문제들을 생각함에 있어서도, 프로이트는 그런 문제들이 극도로 복잡한 상태에 놓여 있음을 시인한 나머지 그 어떤 사회개혁 프로그램도 제시하지 않을 만큼 충분히 현실적인 인물이었다. 하지만 그는 정신분석이 단순히 신경증 치료뿐만 아니라 보다 널리 적용 가능하다고 제안했다. 그는 "우리의 문명은 그야말로 견디기 힘들 만큼의 압력을 우리에게 가하고 있다"고 말한 바 있다. 여기서 그가 우선적으로 염두에 둔 것은 성을 결혼제도 안에서만 인정하는 인습적 규제(물론 지켜지지 않는 경우가 허다하지만)였으며, 그는 정신분석이 이에 대한 일종의 교화 — 가령 도덕률의 완화라든지 — 를 가능케 할 수 있다고 생각했다. 물론 오늘날에 와서는 프로이트 당시에 있었던 성적 표현의 규제는 사라진 지 오래지만(따라서 이른바 "문명"에 대한 그의 언급 역시 시대에 뒤떨어진 감이 없지 않지만), 그렇다고 해서 우리가 전반적으로 더 행복해지지 않은 것은 분명하다.

비판적 논의: 프로이트는 사이비 과학자인가?

정신분석이 과연 어떤 효과를 지닌 것인지 여부는 그 시작부터 논란의 대상이 되어 왔다. 프로이트의 학파에서 갈라져 나온 최초의 "이단자들"인 아들러와 융으로부터 시작해서, 이후 무척이나 다양한 종류의 정신분석학 이론과 방법이 개발되었다. 하지만 그중에서도 가장 학구적인 심리학자들은 프로이트의 이론이 너무나도 모호해서 검증이 불가능하기 때문에, 혹은 그의 주장이 검증 가능한 영역의 증거로도 뒷받침되지 않기 때문에 결국 비과학적이라고 단언하는 경향이 있다. 정신분석 요법은 마치 세뇌나 마법처럼 암시의 힘으로 작용되는 것이라는 비판을 받아 왔다. 일부 비판자는 특히 정신분석 관련 단체에서 이른바 정통 이론을 강요하는 한편, 정신분석가를 지망하는 모든 사람들로 하여금 우선 그들 자신을 분석케 함으로써 그 이론을 "교리화"하고 있다고 지적한다. 따라서 정신분석이야말로 일종의 종교나 마찬가지라는 것이다.

하지만 프로이트의 이론은 이와 같은 비판자들의 동기를 분석하는 데서도 무척이나 유용한 방법이다. 즉 프로이트의 옹호자들은 그 이론의 진실성 여부에 대한 의문 제기야말로 그 비판자들의 무의식적인 저항에서 비롯된 현상이라고 주장한다. 이처럼 한 가지 이론을 반박하는 증거가 제시되었을 때, 그런 증거마저도 일축하는 전형적인 방법이 그 이론 자체에 존재하는 경우, 우리는 이를 서문에서 정의한 바와 같이 '폐쇄체계'라고 할 수 있다. 그리고 정신분석가들의 공동체에 그 일원으로 받아들여지기 위해서는 우선 그 이론을 믿어야만 한다는 점을 들어, 우리는 정신분석이야말로 이들 집단의 이데올로기라고 할 수 있을 것이다. 그러나 우리로선 어떤 판단을 내리기에 앞서 좀 더 자세히 살펴볼 필요가 있다.

우리는 정신분석에 대한 질문에서 두 가지 영역을 구분할 수 있다. 하나는 프로이트의 이론 자체의 진실성 여부에 대한 질문이며, 또 하나는 그 이론에 근거한 치료의 효과 여부에 대한 질문이다. 정신분석 이론 자체에 대한 의문은 결국 그 이론에 근거한 치료에 대한 의문으로도 확장될 수 있다. 한편으로는 정신분석이 지금까지 널리 적용되어 왔음을 근거로, 그것이 어느 정도까지는 성공을 거두었다고 판단할 수도 있다.

원칙적으로는 이러한 사실을 그 이론에 대한 경험적 검증으로 간주할 수도 있다. 즉 그 이론의 주장이 진실이 아니라면, 그 이론에 근거한 치료법 역시 그렇게 효과적일 수는 없었으리라는 것이다.

하지만 이 문제는 생각만큼 간단하지가 않다. 첫째로, 환자 본인이 원치 않았던 규제의 원인을 이해한다고 해서, 그걸 바꿀 수 있는 능력이 그에게 부여되는 것은 아니기 때문이다.(가령 우리가 아무리 궂은 날씨를 화창하게 바꾸고 싶다고 하더라도 정말로 그렇게 할 수는 없듯이, 환자가 트라우마적인 어린 시절을 아무리 잘 이해한다고 하더라도 그 일을 돌이킬 수는 없다.) 둘째로, 아무리 진실한 이론이라 하더라도 실제 상황에서는 잘못 적용될 수가 있기 때문이다. 가령 정신분석뿐만 아니라, 의학이나 정신의학에서도 이런 위험은 항상 존재한다. 셋째로, 어떤 환자가 신경증에서 치유되었는지 여부를 판정하는 기준 자체가 무척이나 모호하기 때문이다.

가령 도대체 누가 — 환자, 분석가, 아니면 전체 사회 가운데서 — 그런 판정을 내릴 수 있단 말인가? 또한 이른바 신경증으로 여겨지던 증후가 완전히 사라진 것만을 치유라고 할 것인가, 아니면 어느 정도 경감되기만 해도 치유라고 할 것인가? 정신분석가들은 이 요법을 통해 환자가 치유될 확률이 대략 3분의 2에 달한다고 주장한다. 얼핏 듣기에는 사뭇 대단한 것 같지만, 똑같이 신경증으로 고생하는 환자들 가운데 정신분석 치료를 받지 않는 환자가(다른 치료를 받는 환자까지 포함해서) 자연적으로 치유될 확률과 비교해 보면 꼭 그렇지도 않다. 즉 이런 경우에도 신경증에서 자연적으로 치유될 확률은 대략 3분의 2에 달하기 때문이다. 따라서 이러한 증거만 가지고는 정신분석에 어떤 치료 효과가 있다고 단언하기가 어렵다.

어떤 이론의 진실성 여부를 따지는 데 있어 가장 근본적인 문제는 과연 이것이 경험적으로 검증 가능한지 여부라고 할 수 있다. 앞서 살펴본 바와 같이 프로이트는 자신의 이론을 이른바 관찰된 증거를 설명하기 위한 일종의 과학적 가설로 내세웠다. 그리고 어떤 이론이 과학적 근거를 지니기 위해서는 반드시 검증 가능해야만 한다. 하지만 프로이트의 이론의 핵심적 전제 가운데 일부는 과연 검증 가능한 것인지 여부조차 불확실하다. 이에 대해서는 프로이트의 이론화에 있어 각 단계별로 설명해 보도록 하겠다.

프로이트는 자신이 자명하다고 간주했던 정신적 결정론을 적용함으로써, 몇 가지 매우 특별한 주장 — 가령 모든 꿈은 대개 위장된 형태로 나타나는 소망충족이라는 둥 — 에 도달하게 되었다. 하지만 만약 우리가 모든 꿈의 내용에는 어떤 식으로건 그 원인이 있게 마련이라는 주장을 받아들인다 하더라도, 그 원인이 물리적이기보다는 반드시 '정신적'이라고 장담할 수는 없다. 가령 그 원인이 혹시 우리가 먹은 어떤 것이나, 혹은 두뇌 속의 정보를 "세척"해야 할 어떤 신경생리학적 필요성 때문이라고 할 수도 있지 않을까? 또한 그 원인이 만약 정신적인 것이라 하더라도, 반드시 무의식적이거나 매우 중대한 것이라고 장담할 수는 없다. 가령 어째서 오늘 겪은 지극히 일상적인 경험이나, 혹은 내일에 대한 일상적인 걱정일 수는 없단 말인가?

이른바 모든 꿈의 원인은 바로 소망(종종 무의식적이고 위장된 형태의)이라는 프로이트의 일반화는 검증이 가능한 것일까? 꿈을 꾼 당사자가 은밀히 품고 있는 어떤 소망이 실제로 있을 경우, 이런 식의 해석은 제법 그럴듯하고 훌륭해 보인다. 하지만 만약 그런 해석이 성립되지 않는 경우라면 어떤가? 확고한 프로이트주의자라면, 이 경우에도 어떤 소망이 '분명히' 있으며, 다만 우리가 미처 그 위장된 모습을 꿰뚫어보지 못할 뿐이라고 말할 것이다. 그러나 반대로 생각해서, 그렇다면 어떤 특정한 꿈이 결코 이런 위장된 소망충족이 '아니라'는 사실은 어떻게 해야만 증명할 수 있을까? 이런 식의 부정적 진술을 증명하기는 무척이나 힘들다. 이렇게 따져보면 프로이트의 일반적인 주장에 들어 있는 경험적인 내용은 모두 배제되고, 결국 우리는 언제나 위장된 소망을 찾아내야 한다는 실제적인 가정만이 남게 된다.(이른바 '모든' 실언이나 실수에는 무의식적 원인이 있다는, 프로이트 본인에겐 매우 자명하다고 간주된 주장에 대해서도 이와 비슷한 의문을 제기할 수 있다.)

다음으로 이른바 무의식적 정신 상태라는, 역시 프로이트에겐 자명하게 간주된 가정에 대해서도 살펴보자. 이른바 '정신'이란 '의식'과 동의어라는 몇몇 철학자들의 선천적인 견해를 부정했다는 점에서는 프로이트가 옳았다. 실제로 "정신"이란 말을 사용함에 있어 어떤 불변하는 법칙이 있는 건 아니다. 비록 데카르트는 그렇게 생각한 바 있으며, 또한 행동주의 심리학자들의 경우에는 관찰 가능한 행동으로 규정할 수 있는 정신 상태가 아니라면 그 어떤 개념도 받아들이지 않고, 오늘날의 심리학자들은 다양한 수준, 혹은 종류의 정신 상태에 대한 각종 이론을 만들어내고 있지만 말이다. 다만 여기서 당면한 문제는, 그러한 주장이 진실한 것으로 받아들여지려면 관찰 가능한 증거들을 설명할 수 있어야 한다는 것이다. 따라서 우리는 프로이트가 자명하게 간주한 무의식적 정신 상태가 과연 우리가 일반적으로 알 수 있는 인간 자신과 그 행동에 대해 올바른 설명을 제공하는지를 자문해 보아야 한다.

결국 일상에서 벌어지는 인간의 활동과 행동을 설명하는 데 있어, 우리는 흔히 '의식적인' 지각, 감각, 욕망, 의도라는 표현을 사용한다. 물론 우리는 이런 표현이 무엇을 뜻하는지 내적으로는 잘 알고 있지만, 이들 가운데 어떤 것도 말 그대로 다른 사람에게서 관찰 가능한 정신 상태는 아니다. 그런데 프로이트의 이론이라는 것도 사실은 정신에 대한 이처럼 일상적인 차원의 설명을 크게 벗어나지는 못한다. 물론 누군가가 우리에게 최면으로 암시를 건다면, 우리는 상궤를 벗어나고 심지어 어리석은 행동(가령 집안에서 우산을 펴들고 다닌다든지)을 할 수도 있다. 만약 그런 상황에서 누군가가 우리에게 왜 그러는지를 물으면, 우리는 최면술사의 지시를 기억하지는 못하는 까닭에, 자신의 행동에 대한 억지스러운 합리화(가령 천장에서 물이 새는 것 같아 그랬다는 둥)를 시도하게 될 것이다. 이 경우에, 최면에 걸린 우리의 행동을(그리고 합리화를) 최면술사의 지시에 대한 무의식적 기억 때문이라고 설명하는 것은 제법 그럴듯하게 들린다. 그런데 프로이트의 히스테리 환자들이 보인 증상 가운데 일부 역시 이와 매우 유사한 정도로밖엔 설명할 수가 없었다. 그리고 그런 설명은 종종 그 환자가 이전에 경험하거나 행동한 바나, 혹은 어떤 새로운 상황에서 행동하거나 말한 바와 같은 개별적인 증거에 의해 확증되곤 했다.

한편으로 정신분석 이론은 이른바 "해석학적" 방법일 뿐이지, 경험적으로 검증될 만큼 과학적 가설의 체계를 충분히 지니고 있진 않다는 주장이 제기되기도 했다. 즉 이것은 단지 인간을 이해하는 방법, 혹은 인간의 행동과 불운과 실수와 농담과 꿈과 신경증적 증상 속에서 어떤 '의미'를 찾아내는 방법에 불과하다면서 말이다. 따라서 인간이 의식적이면서도 합리적인 존재이며, 또한 물리학과 화학의 연구 대상이 되는 여타의 실체와는 다른 존재라고 한다면, 단지 그런 '물리' 과학으로부터 가져온 과학적 상태의 기준과 맞지 않는다는 이유만으로 정신분석을 비판해야 하느냐고 반박할 수도 있는 것이다. 어쩌면 어떤 꿈이나 증상에 대한 정신분석적 설명은 과학이라기보다는 오히려 시니 그림에 대한 해석과 더 유사한 것인지도 모르며, 그렇다고 하면 얼마든지 다양한(그리고 결정적이지는 않은) 해석이 나올 수 있는 것이다.

프로이트의 이론적 개념 가운데 상당수는 사실상 우리가 서로를 이해하는 데 일상적으로 사용하는 사랑, 증오, 공포, 불안, 경쟁심 같은 개념을 좀 더 확장시킨 것으로 볼 수도 있다. 마찬가지로 숙련된 정신분석가는 단지 인간의 동기의 원천들에 대한 깊은 직관적 이해력과 더불어, 특정한 상황에서 그런 원천들이 어떻게 작용하는지의 복잡성을 해석할 수 있는 능력을 획득한 사람으로도 묘사될 수 있을 것이며, 그렇게 된다면 그 분석가가 굳이 그런 해석을 내리게 된 이유를 정확히 설명할 수 있느냐 없느냐는 도리어 중요하지 않을 수 있다. 하지만 어떤 특정한 해석이 '정확한' 것으로 받아들여지기 위해서는 그 당사자 자신은 물론이고, 그의 삶의 맥락에 관한 개별적인 증거가 뒷받침되어야 한다는 것이야말로 지극히 합리적인 요청이다.(이는 일상적 해석이건, 정신분석적 해석이건 마찬가지다.)

정신분석을 해석학적으로 보는 견해에 철학적 근거가 될 수 있는 것은 이른바 '이유'와 '원인' 간의 구분이다. 어떤 '원인'을 규명하는 전형적인 과학적 설명이야말로, 오로지 자신의 믿음과 욕망을 근거로 어떤 행위자의 행동을 합리화시켜주는 '이유'를 제기하는 인간 행동에 대한 설명과는 상반되는 것이다.(이 문제에 대한 칸트와 사르트르의 견해는 각각 제6장과 제9장을 참조하라.) 프로이트가 자신의 이론의 성격을 오해한 나머지, 그것을 마치 인간의 행동의 원인에 대한 '과학적' 발견인 양 내세웠다는 지적도 없지 않다. 하지만 어떤 사람들은 그러한 믿음과 욕망이야말로 이유인 '동시에' 원인이기도 하다고 주장하며, 또한 '무의식적인' 믿음과 욕망 역시 이러한 이중적인 역할을 할 수 있다고 주장함으로써, 이러한 이원론의 명확성에 대해 의문을 제기하기도 한다. 여기에서 이른바 자연과학의 특징이라 할 수 있는 관찰과 설명이라는 방법이 인간의 믿음과 행동에 어느 정도까지 적용 가능한지 하는 문제야말로 깊은 철학적 논쟁거리가 된다.

이른바 무의식적 정신 상태라는 가정이 가령 최면 상태에서의 행동이나, 어떤 꿈이나 실수, 혹은 어떤 종류의 신경증적 행동을 설명할 수 있다는 점을 받아들일 수는 있지만, 이런 몇 가지 특별한 경우에서의 성공만 가지고 프로이트의 이론 전체가 검증되었다고 볼 수는 없다. 프로이트의 무의식 상태에서 대개 문제가 되는 것은, 어떤 특정 인물에게 그런 상태가 존재하는지 아닌지를 추론해내는 기준에 정확성이 결여되어 있다는 점이다. 가령 어떤 사람의 우표수집 취미를 예로 들어 그에게 무의식적인 "항문기 보유성"이 '있다'는 증거로 주장할 수 있다면, 거꾸로 누군가에게 그와 같은 무의식적 특징이 '없다'는 사실을 증명하려면 어떻게 해야만 할까?

개인의 성격을 발달하는 것으로 보는 설명이나, 유아기의 성적 발달 단계에 대한 이론 같은 경우는 오히려 관찰을 통해 비교적 간단하게 검증할 수 있다. 이러한 영역에서는 프로이트의 전제 가운데 어떤 것은 증거에 의해 검증될 수도 있고, 또 어떤 것은 근거 없는 것으로 밝혀질 수도 있다. 하지만 또 어떤 것들은 검증하기가 힘들다. 이른바 프로이트가 지칭한 구강적, 항문적 특성이 실제로 '존재'한다는 것은, 인간 성격의 특성 가운데서도 어떤 것들은 함께 나타나는 경우가 많다는 발견에 의해 확증되었다.(가령 인색함과 꼼꼼함과 완강함 같은 경우.) 하지만 그렇다고 해서 이러한 사실로부터 그런 성격 유형이 특정한 종류의 유아 양육 과정에서 '발생한다'는 주장이 완전히 뒷받침되는 것은 아니다. 유아기의 경험과 성인의 성격 사이에 어떤 상호연관이 있다고 하기에는 실제적인 난점이 있기 때문에, 이 이론은 논박하기기 무척이나 힘들다. 프로이트의 심리적-성적 이론의 다른 몇 가지 부분에서도 검증에 개념적인 어려움이 있는 것은 마찬가지다. 가령 유아가 뭔가를 입으로 빠는 행위를 통해 실제로 어떤 '성적인' 쾌감을 얻는지 아닌지를 어떻게 검증할 수 있다는 말인가?

프로이트는 이유에 근거를 둔 우리의 일상적인 설명을 훨씬 뛰어넘는 매우 사변적인 이론을 만들어냈다. 특히 그는 억압이라는 개념을 언급하면서, 이것이 어떤 생각을 무의식 속으로 집어넣고 계속해서 그곳에 붙잡아두는 작용이라고 자명하게 간주했다. 하지만 여기서 그는 이른바 한 사람의 인격 안에 또 다른 여러 인격들, 즉 각자 나름의 지식과 의도를 지닌 내적 "호문쿨루스들"304)이 존재한다고 주장하는 위험을 범하고 만다. 그렇다면 과연 '무엇'이 그런 억압 작용을 하게 만드는 것이며, 또한 그 '무엇'은 어떻게 뭔가를 억압할 것인지 아닌지를 결정하는 것일까? 제9장에서 다시 살펴보겠지만, 사르트르는 이러한 점에 대해서 비판적인 질문을 던지고 있다.

우리는 이른바 한 개인이 평생 배우지 않고서도 할 수 있는 여러 가지 행동들을 가리켜 본능적이라고 말할 수 있다.(물론 그런 행동들이 어떤 식으로건 후천적으로 배운 것이 아님을 증명하기란 쉽지 않을 수도 있겠지만.) 하지만 과연 어떤 것을 가리켜 '본능적 행동'이라고 지칭한다고 해서, 그것이 정말 '본능' 가운데 하나로 추가될 수 있을까? 즉 프로이트가 인간에게는 '몇 가지' 원초적 본능, 혹은 충동이 있다고 주장할 때, 과연 어떤 본능이 원초적인지 아닌지는 어떻게 결정되는 것이며, 또한 그 각각의 본능은 어떻게 해서 구분되고 세어질 수 있는 것일까? 만약 성 충동이 워낙에 은밀한 행동인 까닭에 보통의 경우(가령 예술작품으로 승화된 경우)에는 우리가 과연 그것이 성적인 것인지조차 인식할 수 없다고 치자면, 과연 이런 주장이 옳다는 사실은 어떻게 결정할 수 있겠는가? 프로이트가 후기 저술에서 이른바 "사망" 본능이란 것을 들어 인간의 파괴적 행동과 공격성을 설명할 때도 이와 유사한 의문이 제기된다. 가령 프로이트의 주된 본능 이론들이 이른바 인간에게 자기과시의 원초적 본능이 있다는 아들러의 이론이나, 또는 인간은 본능적으로 신을 필요로 한다는 융의 이론보다 더 옳다는 어떤 증거가 있는 것일까?

위에서 살펴본 몇 가지 예만 보아도 프로이트의 핵심적인 이론적 주장이 과학으로서의 자격을 지니고 있는지에 대해서는 심각한 의문이 제기됨을 알 수 있을 것이다. 어떤 것은 개념적으로 불명확하기 때문에 검증이 불가능하며, 그나마 검증이 가능한 것들 중에서도 확실한 경험적 근거를 지닌 것은 몇 가지에 불과하다. 따라서 프로이트는 수많은 원천으로부터 가져온 개념을 정신에 대한 하나의 학제적인 과학으로 만드는 데 있어 자신의 능력을 지나치게 과신했다고밖에 말할 수 없다.

비판적 논의: 도덕론자로서의 프로이트

이른바 본능, 혹은 충동에 관한 프로이트의 이론은 경험적인 통제를 벗어나는 것이었으며, 이는 그가 이 주제에 대해 내심 동요하고 있었다는 사실로도 생각할 수 있다. 종종 그의 설명은 지나치게 환원론적이고 생리학적인 것처럼 보인다. 『비전문가 분석의 문제』에서 프로이트는 이렇게 쓰고 있다. "그렇다면 이러한 본능들은 무엇을 원할까요? 만족, 즉 육체적 욕구가 사라질 수 있는 상황의 산출입니다."[305] 여기서 프로이트가 염두에 두고 있었던 것이 성교, 그리고 먹고 마시는 행동이었음은 분명하다. 하지만 '모든' 인간의 행동이 직접적으로건 간접적으로건 단기적인 육체적 욕구에 의해 이끌려진다는 주장은 과연 믿을 만한가? 대부분의 동물에 있어 이러한 주장은 사실이 아니다. 가령 부모로서의 행동을 보라. 대개의 생물들은 그 새끼를 먹이고 보호하기 위해 막대한 에너지를 들이며, 이런 행동이야말로 본능적인 것이 분명하지만, 이런 행동을 위한 욕구는 성교를 위한 욕구와는 다른 것이다. 인간 역시 부모로서의 행동을 보여주는데, 이 역시 본능적이며 생물학적인 요소이다.(물론 불완전한 면이 없진 않지만.)

『문명 속의 불만』(제2장)에서 프로이트는 인간의 삶의 목적을 묻는 질문에 대해서는 한 번도 만족스런 답변이 주어진 바 없다고 쓰고 있다. 그러면서 인간이 스스로의 삶을 위해 하는 행동을 통해 보여주는 바는 단지 "쾌락 원칙"의 조종에 지나지 않는 듯하다고 한다.(즉 인간의 본능적 충동을 즉각적으로 만족시키기 위한 활동이란 것이다.) 또한 그는 "모든 고통은 결국 감각에 불과하다"[306]고 쓰고 있다. 이러한 주장들은 그야말로 인간의 삶에 대한 지극히 환원론적인 개념을 표현하고 있다. 즉 플라톤이나 아리스토텔레스나 칸트가 동물과 인간을 구분했던 것에 비하자면, 프로이트는 오히려 우리를 지나치게 동물과 가까운 존재로 놓는 셈이다. 그렇다면 우리는 이른바 행복과 불행을 '정신적인' 형태로는 지닐 능력을 갖고 있지 못하다는 말인가?

프로이트는 이른바 뭔가를 창작하는 예술가나 뭔가를 발견하는 과학자 같은 경우에는 우리가 흔히 말하는 "보다 낫고, 보다 높은"[307] 즐거움이 있다는 사실을 시인하지만, 그는 (a)이른바 "조잡하고 일차적인 본능적 충동을 충족시켰을 때 얻는 만족감"[308]에 비하자면 이는 그야말로 가벼운 만족에 불과하며, (b)그런 높은 만족은 단지 드문 재능을 지닌 몇 사람만이 성취할 수 있다고 주장한다. 하지만 그는 우정이라든지, 자녀나 손자손녀의 성장과 성공으로부터 얻는 기쁨, 자연이나 미술이나 음악을 즐기는 기쁨의 경우처럼, 어떤 특별한 능력에 의거하지 않고서도 성취할 수 있는 다른 육체적인 형태의 만족, 혹은 행복의 원천에 대해서는 언급하지 않고 있다. 이런 온화한 즐거움은 우리의 육체적 존재를 요동시키지는(가령 오르가즘이나, 마약으로 "뿅 가는" 상황처럼) 않지만, 이보다 훨씬 확실하고 지속적이며, 신체적 부작용도 비교적 적다. 게다가 나이 들어서도 얼마든지 즐길 수 있지 않은가?

프로이트가 말년에 내놓은, 인간의 상황에 대한 우울한 설명에는 나름의 '이유'가(또한 '원인'이) 있었다. 그는 구강암의 고통에 시달렸으며, 몇 번에 걸친 수술로도 완치되지 못했다. 그는 제1차 세계대전을 겪으며 그 공포를 절실히 알게 되었으며, 그로 인해 일어난 공격적이고 극단적인 민족주의적 감정을 목격한 바 있었다. 1920~30년대에 이르러 그는 나치즘과 반유대주의의 발흥을 목격했고, 생애 말년에는 그로 인해 고향 빈을 떠나 외국으로 망명해야 했다.

프로이트는 이러한 상황에서 아무런 위안도 찾을 수 없었고, 따라서 스스로 그런 위안을 제공하는 것조차 거부했다. 그 자신의 도덕은 우리 모두에게 있는 그대로의 현실에 맞설 것을 강력히 요구했다. 『환상의 미래』에서 프로이트는 종교적 믿음을 거부하면서, 그것은 우리가 어린 시절 부모에게 보이는 것과 같은 태도를 우주에 환상적으로 투사한 것에 불과하다고 주장한다. 즉 우리를 창조했으며, 우리 삶을 자비롭게 통제하는 하느님 아버지를 믿음으로써, 우리는 하느님이 세운 기준에 맞춰 살아야 할 의무가 스스로에게 있다고 보는 것이다.(이에 대해서는 프로이트의 『새로운 정신분석강의』에 나오는 "세계관에 대하여"라는 마지막 강의를 참조하라.) 따라서 프로이트는 과학이나 철학에 비교하자면 훨씬 거대한 종교의 위력의 원인을 "인간의 가장 강한 정서들을 손안에 쥐고 있기"[309] 때문이라고 설명하고 있다.

『문명 속의 불만』(특히 제4장)에서 프로이트는 자신의 평생에 걸친 인간 정신에 관한 연구를 권위로 삼아, 이른바 "네 이웃을 네 몸과 같이 사랑하라"는 성서의 명령을 그대로 따라 살 수 있는 거룩한 사람들조차도 사실은 성적 본능으로부터 그에 연관된 정신적 에너지가 유래하는 것이라고 말한다. "그들은 성애의 성적 목적을 떠나, 성 본능을 '목적 달성이 금지된' 충동으로 바꿈으로써 성애의 불확실성과 좌절을 피한다. 이런 식으로 그들은 차분하게 정지되고 안정된 성애적 감정상태에 도달하는데, 이런 상태는 겉보기에는 그 모태인 성애의 격렬한 흥분과는 닮은 점이 거의 없다."310) 이것은 논증이라기보다는 그저 단언에 가까운 말이라고 볼 수도 있다. 하지만 만약에 기독교에서 말하는 '아가페'가 우리의 어떤 본래적인 성향에서 유래한 것이라고 한다면, 그 성향은 어떤 성적인 사랑보다는 오히려 자녀를 향한 부모의 본능적인 사랑에서(그리고 대부분의 어른들이 어린아이를 보며 느끼는 보호하고 사랑하고픈 감정에서) 유래했다고 보는 것이 직관적으로 더욱 그럴듯하게 들린다.

마찬가지로, 예술이나 과학에 전념하는 어떤 사람들의 에너지도 사실은 "목적 달성이 금지된 리비도," 즉 성적 충동의 승화라는 프로이트의 단언을 증명하는 것은 아닌 듯하다.(아마도 그는 스포츠에서의 기록은 물론이고, 식욕이나 성욕과는 관련이 없는 다른 인간의 활동에 대해서도 마찬가지 주장을 했을 것이다.) 프로이트는 인간의 동기에 대한 생물학적인 이론을 세우려는 과정에서, 그러한 이론이라면 만사를 영양섭취와 성행위의 차원으로 환원시켜야 한다고 간주한 듯한데, 이것이야말로 여러 가지 현상을 그저 동물의 행동으로 지나치게 단순화시킨 설명이 아닐 수 없다.(이에 대해서는 제10장의 동물행동학에 관한 논의를 참조하라.) 사르트르가 깨달은 것처럼(제9장의 마지막 부분을 참조하라), 우리는 의미와 목적을 필요로 하고 있다. 우리는 일을 필요로 하며, 최소한 어떤 의미 있는 목표를 향해 기여할 수 있는 무언가를 필요로 한다. 식욕과 성욕이 충분히 만족되어(가령 흔히 말하는 낙원에서처럼), 더 이상 할 일이 없어지면 우리는 곧바로 권태를 느끼게 된다!

프로이트는 자신이 보기에 모든 사람이 사랑할 만한 가치가 있지는 않다고 말했다. 그는 이른바 "쾌락 원칙"에 맞춰 살아가는 절대 다수의 사람들에 대해서는 존중을 표시하지 않으며, 한편으로는 소비에트 러시아에서와 같은 급진적인 사회적 혁명을 통해서도 인간의 본성은 근본적으로 변화할 가망이 없다고 생각했다.『왜 전쟁인가?』(아인슈타인과 주고받은 공개 서신 모음)에서 프로이트는 플라톤 식의 국가 수호자의 필요성을 제안하며 이렇게 쓰고 있다. "이는 자주적 정신을 지닌, 위협에 흔들리지 않고 열심히 진실을 추구하는 상층부 사람들을 교육하는 데 지금까지보다 더 많은 관심을 기울여야 한다는 것을 암시합니다. 이들은 장차 의존적인 대중에게 방향을 제시하는 일을 맡게 될 것이기 때문입니다."311) 이 편지의 말미에서 프로이트는 장기간 전쟁 없이 살아가는 인류의 미래에 대한 희망을 약간이나마 표시하면서, 만약 문화의 진보로 인해 이성이 강화되고 공격적인 충동이 내면화되면 그런 일도 가능하리라고 언급했다.

하지만 그렇다고 해서 프로이트의 저술 전체를 엉터리로 매도할 수는 없다. 그의 상상력이 새로운 심리학적 가설을 제안한 것은 분명하기 때문이다. 그러나 그 가설을 이론화하는 과정에서 프로이트는 지나치게 야심만만했던 까닭에 경험적인 근거에서 너무 멀리까지 나아갔다. 그리고 그는 심리학과 정신의학 분야에서 자신과는 다른 원칙과 방법이 발전함에 따라 나온 성과를 고려하지 않음으로써, 결국 독단론으로 기울게 되었다. 한편으로 그는 대단한 문학적 재능을 지닌 인물이었으므로, 그의 글을 읽는 독자들은 충분히 매료될 만도 했다. 하지만 그의 저술이 아무리 대단한 영향력과 설득력을 지녔다 하더라도, 비판적인 평가를 유보해서는 안 될 것이다.

더 읽을거리

● 프로이트의 작품을 읽으려면 그중에서도 『정신분석에 관한 다섯 개의 강의』가 가장 좋은 출발점이라 할 수 있다. 이 작품은 『정신분석에 관한 두 개의 소론』(1962)과 J. 릭먼(J. Rickman)이 편저한 『지그문트 프로이트 선집』(1989)에 수록되어 있다. 프로이트의 또 다른 "소론"으로, 이드와 자아와 초자아에 대한 후기 이론을 소개하는 「비전문가 분석의 문제」도 읽어볼 만하다. 그의 기본적인 이론에 대해서는 1915년에서 1917년에 걸쳐 이루어진 『정신분석입문』을 봐야 한다. 프로이트의 사회사상이 드러나 있는 저술은 대부분 펠리컨 판 프로이트 저작집의 제12권인 『문명, 사회, 그리고 종교』에 수록되어 있다.312)

● 프로이트의 사상에 대한 비교적 짧고도 신뢰할 만한 개론서로는 다음 두 권을 참조하라. 앤서니 스토(Anthony Storr), 『프로이트』(1989); 리처드 월하임(Richard Wollheim), 『프로이트』(1971).313)

● 프로이트에 관한 전기로는 — 약간은 그를 너무 영웅시하는 감이 없진 않지만 — 다음 책을 고전으로 친다. 어니스트 존스(Ernest Jones), 『프로이트의 생애와 업적』. 분량이 많은 관계로 L. 트릴링(L. Trilling)과 S. 마커스(S. Marcus)가 편집한 단권짜리 축약본(1961)을 추천하고 싶다. 보다 최근에 나온 것으로는 프랭크 J. 설로웨이(Frank J. Sulloway)가 지은 『프로이트: 정신의 생물학자』(1980)가 있다. 그리고 제프리 메이슨(Jeffrey Masson)이 지은 『진실에 대한 폭력: 유혹 이론에 대한 프로이트의 억압』(1987)은 아동의 성학대 문제에 관한 프로이트의 성실성에 의문을 제기한 논쟁적인 저술이다.

● 프로이트의 이론에 대한 일반적인 평가를 다룬 책 중에서는, B. A. 패럴(B. A. Farrell)이 지은 『정신분석의 지위』(1981)가 비교적 명확하고도 균형 잡힌 시각을 보여주고 있다. 패트리시아 키처(Patricia Kitcher)의 『프로이트의 꿈: 정신에 관한 완전하고도 학제적인 과학』(1992)은 프로이트의 학제적인 이론화가 얼마나 금세 시대에 뒤떨어진 것이 되었는지를 보여주는 한편, 이 이론으로부터

오늘날에 필요한 교훈을 이끌어내고 있다.

● 프로이트 이후의 정신분석 이론에 관한 연구서로는 다음을 참조하라. 모리스 N. 이글(Morris N. Eagle), 『정신분석학에 있어 최근의 발전: 비판적 평가』(1984).

● 프로이트의 저술에서 야기되는 철학적 논제에 대한 논의로는 다음을 참조하라. R. 월하임, J. 홉킨스(J. Hopkins) 공편, 『프로이트에 관한 철학적 에세이』(1982); 제롬 뉴(Jerome Neu) 편저, 『케임브리지 판 프로이트 개론』(1991).

제9장
사르트르: 근본적인 자유

장 폴 사르트르(1905-1980)는 두 가지 영역을 넘나든 사상가였다. 그는 학창 시절부터 수재로 유명했고, 30대의 젊은 나이에 매우 독창적인 저서를 발표했으며, 주저인 『존재와 무』를 통해 프랑스를 대표하는 철학자로 인정받았다. 또 한편으로 그는 자신의 사상을 소설과 희곡과 전기 등으로 표현했고, 당시의 커다란 사회적, 정치적 문제에 적용했으며, 당대의 인습적인 풍조에 맞서서 논쟁적이고도 진보적인 자세를 견지한 대중적 지식인이었다.

우선 실존주의 사상의 역사적 발전이라는 맥락에서 사르트르를 이해해 보도록 하자. 실존주의의 관심사는 대략 다음 세 가지를 들 수 있다. 첫째로 실존주의는 '개인'으로서의 인간에 관심을 갖는다. 실존주의자들은 인간의 본성에 관한 일반 이론이 오히려 가장 중요한 사실을 간과한다고 생각하는 경향이 있다. 그 중요한 사실이란 곧 각 개인의 고유성과, 각자가 처한 상황이다. 둘째로 실존주의는 과학적이거나 형이상학적인 진리(비록 이것 역시 인간에 대한 것이긴 하지만)보다는 오히려 인간의 삶의 '의미'나 목적에 더욱 관심을 갖는다. 즉 "객관적" 진리보다는 오히려 내적인 "주관적" 경험에 더욱 주의를 기울이는 것이다. 셋째로 실존주의는 '자유'를 강조한다. 이때 자유란 단지 특정한 행동만을 지칭하는 것이 아니라, 어떤 태도나 계획이나 의도나 가치관이나 생활방식 등을 선택할 수 있는 각 개인의 능력까지도 의미한다. 전형적인 실존주의자는 단지 이것을 단언하는 데서 그치는 것이 아니라, 사람들로 하여금 그에 따라 '행동'하도록, 즉 각자의 자유를 실천하도록 설득한다.

이러한 주제는 매우 다양한 맥락 속에서, 또한 전기나 소설의 특정 등장인물과 상황에 대한 구체적인 묘사 속에서 발견될 수 있다. 하지만 이런 실존주의 철학자들도 인간의 상태에 대한 일반적인 분석을 하지 않은 것은 아니었다. 이들의 설명은 각자의 입장에 따라 크게 유신론적인 설명과 무신론적인 설명으로 나누어볼 수 있다.

덴마크의 기독교 사상가인 쇠렌 키에르케고르(1813-1855)는 일반적으로 최초의 근대적인 실존주의자로 평가된다. 물론 모든 종교에는 실존적인 측면이 어느 정도씩은 있으며, 특히 기독교에서도 바울이나 아우구스티누스나 루터나 파스칼처럼 실존주의의 선구자 격인 인물들도 있긴 하다. 키에르케고르는 동시대인이었던 마르크스처럼 헤겔의 철학에 반발하면서도, 또한 마르크스와는 전혀 다른 방향을 택했다. 그는 추상적인 헤겔의 체계를 거부하면서, 그것을 마치 사람이 살지도 않으면서 웅장하게만 지어놓은 저택에 비유했다. 대신 키에르케고르는 자신이 생각하기에 지극히 중요하다고 여긴 것에만 집중했다. 그것은 바로 개인, 그리고 각자의 삶에서의 선택이었다. 그는 삶에 대한 근본적인 태도를 세 가지로 구분했다. 심미적인(본질적으로 쾌락을 추구하는) 것, 윤리적인(결혼, 가족, 일, 사회적 책임에 헌신하는) 것, 그리고 종교적인(모든 것을 영원하고, 초월적이고, 거룩한 맥락에서 바라보는) 것으로 말이다. 그는 특히 종교적인(보다 자세히 말하자면 '기독교적인') 것이야말로 "최상"이라고 보았다. 비록 그런 경지는 오로지 자유롭고 비합리적인, 그러니까 "하느님의 품 안으로 풀쩍 뛰어드는" 식으로만 성취될 수 있었지만 말이다.

19세기의 또 다른 위대한 실존주의자는 철저한 무신론자였던 독일의 저술가 프리드리히 니체(1844-1900)였다. 그는 "신은 죽었다"(즉 종교적 믿음의 허상이 이젠 빤히 들여다보인다)면서, 따라서 우리는 삶의 모든 기반을 다시 생각해야만 하며, 오로지 인간의 입장에서만 우리의 의미와 의도를 발견해야 한다고 주장했다. 이런 점에서 그는 선배 사상가이자 같은 독일인인 포이에르바흐와 의견을 같이한다. 한편으로 니체의 가장 큰 특징은 우리의 가치관의 토대를 변화시킬 수 있는 우리의 철저하고도 불안정한 자유를 특히 강조했다는 점이다. 다른 실존주의 사상가들과 마찬가지로, 니체의 경우에도 어떤 한 가지 삶의 방식이 다른 것보다 더 낫다고 선택하거나 평가할 수 있는 객관적인 토대는 전혀 없다는 "상대주의"적인 성향과, 그럼에도 불구하고 어떤 특정한 선택을 권장하는 것 사이에서의 긴장이 존재했다. 니체가 권장한 선택은 이른바 "초인(超人)"이라는 그의 이상에 표현되어 있는데, 이는 우리의 인습적이고 유약하고 종교에 근거한 가치관을 거부하며, 그것을 "권력에의 의지"(이후 독일의 역사를 돌이켜보면 그야말로 불길한 함축을 담은 말이긴 하다)로 대체하는 존재이다.

20세기의 실존주의에는 유신론자와 무신론자 모두가 포함되어 있다. 심지어 프랑스의 가브리엘 마르셀, 독일의 루돌프 볼트만, 유대계 사상가인 마르틴 부버 같은 신학자들도 이에 포함된다. 실존주의 철학은 주로 유럽 대륙에서 발전했다. 비록 키에르케고르와 니체처럼 오히려 체계적이지 않은 사상가들로부터 큰 영향을 받긴 했지만, 현대의 실존주의는 하이데거와 사르트르에 오면서 보다 전문적이고 체계적인 형태의 철학으로 바뀌게 되었다. 실존주의에 영향을 준 또 다른 사상으로는 "현상학"을 들 수 있다. 이는 에드문트 후설(1859-1938)에 의해 시작된 철학적 사조로, 그는 철학을 위한 새로운 방법, 즉 인간의 의식에 드러나는 그대로의 "현상"을 기술하고자 하는 방법을 찾고자 했다. 이처럼 과학적 진리보다는 오히려 인간의 경험에 더욱 관심을 갖는 것이야말로 실존주의 철학자들의 특징이다.(이에 비하면 극적인 면은 덜하지만, 이후 비트겐슈타인의 후기 사상에서 비롯된 영미권의 "일상언어" 철학에서도 이와 같은 특징이 나타난다.)

20세기의 실존주의자 가운데 가장 독창적이고 영향력이 지대했던 인물은 단연 마르틴 하이데거(1889-1976)로, 그의 주저인 『존재와 시간』은 1927년에 출간되었다. 하이데거가 사용한 언어는 무척이나 생경하고도 어려웠다. 플라톤 이래 서양 철학의 근본 개념에 대해 의문을 제기하려는 이 시도에서, 그는 자신의 독창적인 통찰을 표현하기 위해 하이픈(-)으로 이어지는 새로운 용어들을 창안했다.314) 비록 종종 추상적인 형이상학을 탐구하는 듯한 면이 없진 않지만(아리스토텔레스처럼), 그의 중심적인 실존적 관심사는 바로 인간 존재의 의미, 즉 "존재"와 우리의 관계에 대한 것이었다. 그리고 그는 이 세계 내에서 각자의 현실적인 상황, 특히 각자의 죽음이라는 불가피한 상황에 의연히 맞서는 "본래적인" 삶의 가능성을 지적했다.

하이데거의 저술에서 "존재"란 마치 하느님 — 우리가 올바른 삶을 살아감으로써 알게 되는 궁극적인 실재 — 의 비인격적인 대체물처럼 들린다. 후기 철학에서, 하이데거는 시나 음악에서 표현되는 유사(類似)신비주의적인 종류의 경험, 즉 어떤 과학적이거나 철학적인 진술로는 공식화가 불가능한 경험을 강조하고 있다.

사르트르의 생애와 저술

사르트르의 철학은 하이데거에게 크게 빚지고 있긴 하지만, 하이데거의 저술에 비하면 훨씬 읽기 쉽게 서술되어 있다.(물론 사르트르의 저술이 모두 그렇진 않지만.) 그는 위대한 유럽 사상가들, 특히 'ㅎ(h)'으로 시작되는 세 명의 독일 사상가들 — 헤겔, 후설, 하이데거 — 에게 푹 빠져 있었다. 따라서 사르트르의 저술에 드러나는 모호성 가운데 상당수는 그야말로 딱딱한 추상 개념을 즐겨 사용했던 이 세 명의 선구자들로부터 비롯되었다고 할 수 있다. 후설의 현상학에서 가져온 주제는 사르트르의 초기 저술들에서 뚜렷이 나타나는데, 대표적인 것으로는 뛰어난 철학적 소설인 『구토』(1938), 심리철학에 대한 연구서인 『상상력』(1936), 『감정의 이론에 관한 시론』(1940) 등을 들 수 있다. 그의 초기 철학에서 주저라 할 수 있는 저술은 무척이나 길고도 어려운 『존재와 무』(1943)로, 제목부터가 하이데거의 『존재와 시간』에서 크게 영향을 받긴 했지만, 어디까지나 사르트르 특유의 감으로 쓴 것이었다.315)

제2차 세계대전 초기에 사르트르는 프랑스 육군에서 기상관측병으로 복무했으며, 이후 전쟁포로가 되었다.(이 기간에 그는 하이데거를 읽었다.) 석방 직후에 그는 나치 점령하의 프랑스에서 일어난 레지스탕스에 동조하면서도 오로지 『존재와 무』를 집필하는 데만 전념했다. 따라서 이 저술에서 드러나는 인간의 상태에 관한 비관적인 시각은 어느 정도 그 당시의 분위기를 담고 있다고도 할 수 있다. 당시 프랑스 국민 각자가 나치에 부역하거나, 위험을 무릅쓰고 레지스탕스 활동을 하거나, 혹은 숨죽인 채 살아날 궁리를 해야 하는 선택에 직면했던 상황이야말로, 이른바 사르트르가 영원히 현존하는 개인적 선택의 필요성이라고 보았던 것의 명백한 예라고 할 만했다. 사르트르의 3부작 장편소설인 『자유의 길』,

희곡인 『닫힌 문』과 『파리』에서도 이와 유사한 주제가 표현되어 있다. 해방 후인 1945년에 그는 『실존주의는 휴머니즘이다』라는 강연을 통해 자신의 무신론적 실존주의를 세련된 형태로 설명하여 큰 반향을 불러일으켰다. 하지만 이 강연에 나타난 그의 처방은 지나치게 간략하고도 대중적이며, 따라서 그의 사상적 깊이를 제대로 표현하진 못하고 있다.

사르트르는 당시 장래가 유망하다고 판단되던 학계로의 진출을 거부했으며, 평생 프리랜스 저술가 겸 프랑스를 대표하는 지식인으로 남았다. 시간이 지나면서, 그는 초기 저술에 나타난 지극히 개인주의적인 태도를 수정하기 시작했고, 사회, 경제, 정치적 현실에 더욱 관심을 기울이기 시작했다. 그는 모든 사람에게 진정 인간다운 자유가 가능하려면 계급이 없는 민주사회가 필요하다고 주장했으며, 마르크스주의에 경도된 나머지 마르크스주의야말로 "우리 시대의 불가피한 철학"316)이라고 — 물론 개인의 인간적 자유에 대한 실존적인 접근 방식을 통해 다시 한 번 풍부하게 만들 필요가 있긴 했지만 — 언급하기도 했다. 그는 한국전쟁 와중에 프랑스 공산당에 가입했으며, 몇 년 뒤에 소련이 헝가리를 침략하자 공산당에서 탈당했다.

사르트르의 후기 저술은 『방법의 탐구』(1957)로 시작되었으며, 이후 두 번째 주저인 『변증법적 이성 비판』의 제1권(특히 프랑스 혁명을 역사적 사례 연구로 다룬)이 1960년에, 그리고 제2권(러시아 혁명을 다룬)은 사후인 1985년에 출간되었다. 사르트르는 자본주의 체제하의 노동자들은 물론이고, 식민주의와 계급주의에 의해 고통받는 제3세계 사람들에 이르기까지, 모든 억압받는 자들에 대한 강한 공감대를 키워 왔다. 그는 프랑스의 지배에서 벗어나려는 알제리의 무력 항거를 지지했으며, 미국의 베트남 전쟁을 비난하는 운동을 펼쳤다. 1964년에 로마에서 그는 윤리학에 대한 자신의 새로운 접근에 대한 주목할 만한 강의를 남겼으며, 말년에 이르러서는 시력을 완전히 상실한 까닭에 글을 쓸 수조차 없게 되어, 이후에 나온 책은 거의 인터뷰로 이루어졌다.317) 그의 장례식에는 5만 명이 넘는 인파가 몰렸다.

다른 진지한 철학자들의 경우와 마찬가지로, 사르트르의 사상 역시 끝없이 변화했으며, 따라서 결코 하나의 체계로 요약될 수는 없다. 또한 개인의 자유에 대해 거의 강박적으로까지 몰두했던 그의 초기 철학과, 인간의 자유가 지닌 사회적, 경제적 한계를 탐구했던 후기 철학은 뚜렷한 대조를 보인다. 사르트르의 명성을 드높인 것은 초기의 저술이었지만, 그에 대한 좀 더 올바른 이해를 꾀하기 위해서는 반드시 후기의 저술을 읽어보아야만 한다. 그렇기 때문에 그의 철학을 쉽게 요약하기는 결코 쉽지가 않다. 우선 이 장에서는 초기 저술인 『존재와 무』(본문 중에 나온 인용문의 출처는 영어 번역본의 쪽수를 따랐다)318)에만 집중하기로 하고, 그의 후기 철학에 대해서는 맨 뒤에 별도의 절을 두어 설명하겠다.

먼저 말해둬야 할 것은 『존재와 무』는 결코 읽기 쉬운 작품이 아니라는 점이다. 단순히 길고 복잡한 책이라서 그렇다기보다는, 오히려 전문용어와 추상명사를 엄격히 구분하는 한편, 어딘가 선뜻 다가오지는 않는 역설을 종종 사용하고 있기 때문이다. 이 책을 읽다보면 문득 사르트르가 모호하기 짝이 없고, 명백히 모순적이고, 지나치게 과장된 문장으로 시종일관 독자를 놀려대는 것은 아닌가 하는 느낌을 받게 된다. 앞서 설명한 바와 같이 헤겔, 후설, 하이데거로부터 받은 영향 때문이라고 설명할 수도 있겠지만, 그것도 완벽한 변명이 될 수는 없다. 책을 읽다보면 과연 그 자신이 하고 싶은 말을 이보다는 좀 더 명확하게, 그리고 좀 더 간략하게 할 수는 없었을까 하는 의문이 종종 생긴다. 사르트르야말로 이 책의 매 페이지마다 철학적 장광설을 쏟아놓는 데서는 타의추종을 불허하는 확고한 능력을 지니고 있었는지 몰라도(그가 밤늦게까지 파리 시내의 카페에 앉아서 이 책의 원고를 썼다는 일화가 있다), 결정적으로 자기비판이나 편집 교정 능력까지 지니지는 못했던 모양이다.(그렇게 완성된 이 책의 원고가 교정도 거치지 않은 채 곧바로 인쇄소로 넘어갔다는 소문도 있다.) 물론 비교적 명확하며 통찰력이 뛰어난 대목도 없진 않으며, 또한 그의 체계를 이해하려 노력하다보면 인간의 본성에 관한 상당히 매력적인 시각이 드러나기도 하는 것은 사실이지만 말이다.(이 장 마지막의 "더 읽을거리"에는 『존재와 무』를 처음(이자 마지막)으로 읽을 독자를 위해 추천할 만한 몇 가지 대목을 소개해 두었다.)

형이상학: 의식과 대상, 무신론

사르트르의 체계에서 가장 기본적인 특징은 의식, 혹은 "인간적인 실재"('에트르 포 스와[etre-pour-soi],' 즉 '대자존재[對自存在]')와, 무생물적이고 무의식적인 실재('에트르 앙 스와[etre-en-soi],' 즉 '즉자존재[卽自存在]') 간의 뚜렷한 구분이다. 이들 용어는 헤겔에서 유래한 것이지만, 사르트르는 『존재와 무』의 서문에서 이들 용어를 새로이 정의했다. 이와 같은 구분은 마치 사르트르의 선배 격인 프랑스 철학자 데카르트가 주장한 정신과 육체의 이원론과 비슷하게 들릴 수 있지만, 중요한 점은 이 둘이 과연 어떻게 다른지를 이해하는 것이다. 사르트르는 인간이 통합적인 실재라고 단언한다.("구체는 세계 안의 인간이다.")[319] 그는 여기서 두 개의 실재, 혹은 존재를 구분하는 것이 아니라, 단지 존재의 두 가지 양태를 구분하는 것이다. 즉 의식이 있는 존재가 존재하는 방식은 무생물적인 사물이 존재하는 방식과 다르다는 것이다. 사르트르는 의식을 "지향적(指向的)인" — 이는 브렌타노의 유명한 개념이다 — 것으로 이해했다.

의식의 상태는 주체와는 동떨어져 있는 어떤 것에 대한 의식이며 (p.xxvii),[320] 그런 한편으로 자신에 대한 내재적인 자각과 연관되어 있다.(p.xxviii-xxx.)[321] 반면 즉자존재(가령 바위, 산, 탁자와 같은 존재의 양태)는 어떤 것도 자각하지 못하며, 그 자신에 대한 개념조차 갖지 못한다.(p.xxxix-xlii)[322] (하지만 과연 사르트르가 동물의 지각과 의도에 대해 무엇이라 말하고 싶었는지는 불명확하다.)

사르트르는 또한 반성적(정립적, 혹은 단정적) 의식과, 비반성적(비정립적, 혹은 비단정적) 의식을 구분한다. 모든 의식은 그 주체와는 동떨어져 있는 어떤 것에 대한 "정립적인" 의식이다. 하지만 "객체에 관한 모든 정립적 의식은 동시에 그 자신에 관한 비정립적 의식이다."(p.xxix)[323] 만약 내가 담뱃갑 속에 있는 담배의 숫자를 세어볼 때, 나는 담배는 물론이고, 그것이 열두 개 있음까지도 의식한다. 나는 내가 담배의 개수를 세고 있다는 사실을 '전(前)반성적'으로 의식한다.(이는 누군가가 내게 무엇을 하느냐고 물어볼 경우, 내가 곧바로 대답할 수 있다는 사실로 드러난다.) 하지만 나는 누군가 그런 질문을 던지기 전까지는, 담배의 개수를 세고 있는 내 행동을 미처 '반성적'으로 의식하지는 못할 것이다.

사르트르에 있어 두 번째로 중요한 형이상학적 주장은 하느님의 존재를 부정한 점이다.(여기서 그는 하이데거의 "존재" 개념에 내포된 신비주의적, 혹은 유사종교적 측면까지 차용하진 않았다. 물론 사후에 출간된 『진리와 존재』란 저술에서는 오히려 하이데거의 정신에 좀 더 가까이 다가가긴 했지만.) 사르트르는 우리 모두가 "우리들 자신의 근거"[324]가 되어야 한다는 점에서, 우리는 근본적으로 하느님이 되길 열망하는 것이라고 말한 바 있다. 즉 우리는 흠 없이 완전해지려 하고, 또한 자기정당화를 하려 한다는 것이다. 그의 주장대로 우리는 "즉자대자적(卽自對自的)"(p.566)[325]인 존재가 되기를 열망한다. 하지만 그는 이러한 이상이야말로 하느님의 개념

과 동일하기 때문에, 결국 자기모순이라고 생각한다.(pp.90,615)[326]

니체와 마찬가지로 사르트르는 하느님의 부재야말로 인간의 삶에서 무엇보다도 중대한 것이라고 주장한다. 무신론자와 유신론자의 차이점은 단순히 형이상학의 영역에만 국한되지 않으므로, 사르트르는 더 나아가 인간의 삶에 관해서도 매우 색다른 견해를 펼친다. 즉 『존재와 무』의 세계관에 따르면, 우리가 따라야 할 어떤 초월적이고 객관적인 가치관 ― 하느님의 십계명이건, 아니면 플라톤이 말한 선(善)의 형상이건 간에 ― 은 없다. 아울러 인간의 존재에 어떤 고유한 의미나 목적 같은 것 ― 아리스토텔레스의 '텔로스(telos)' ― 도 없다. 이런 점에서 우리의 삶은 그야말로 "부조리한" 것이라고 묘사할 수 있다. 우리는 이 세계에 "팽개쳐진," 혹은 "버려진" 존재이다. 우리에게 뭘 하라고 지시하거나, 혹은 우리가 그렇게 하도록 도와주는 하느님 아버지 따위는 없다. 우리는 각자 성인의 자격으로 혼자 결정하고, 또한 스스로를 돌보아야 한다. 사르트르는 우리가 유일하게 지닌 가치의 근거가 있다면, 그것은 오로지 우리의 선택뿐이라고 거듭해서 주장한다. 반면 어느 누구나 선뜻 따르기로 선택할 수 있는, 어떤 외적으로나 객관적으로 정당화된 가치관이나 계획이나 삶의 방식 같은 것은 존재하지 않는다.(pp.38,443,626-27)[327]

인간의 본성에 관한 이론: 존재와 본질, 부정과 자유

어쩌면 사르트르는 이른바 '인간의 본성에 관한 이론'을 논하기에 앞서, 애당초 '인간의 본성'이란 것의 존재 자체를 부정할지도 모른다. 이것이야말로 인간이나 인생에 관한 일반화를 거부하는 전형적인 실존주의자의 입장이다. 사르트르는 이러한 입장을 이른바 "인간의 실존은 자신의 본질에 선행한다"(pp.438-439)[328]는 공식으로 표현했다. 그는 우리에게 "근본적" 본성이란 없으며, 우리는 결코 어떤 특별한 목적에 의해 ─ 하느님이건 진화건 그 무엇에 의해서건 간에 ─ 창조되지는 않았다고 주장한다. 다만 우리는 스스로의 선택과는 무관하게 그저 자신이 존재하고 있음을 발견할 뿐이며, 따라서 우리는 자신의 본성, 혹은 "본질"을 어떻게 만들지 각자 '결단' 해야 한다는 것이다. 물론 사르트르는 우리의 육체적 본성 ─ 가령 식욕이나 신진대사, 그리고 성욕 같은 것 ─ 에 대한 어떤 사실적 일반화가 가능하다는 것까지 부정하는 것은 아니다. 하지만 우리가 이미 마르크스를 다루면서 깨닫게 되었듯이, 과연 어떤 것을 '순수하게' 생물학적인 사실로 간주할 것인지에 대해서는 논의의 여지가 분명히 있다. 사르트르는 인간이 어떻게 되기를 '원하는' 것에서는 어떤 일반적 진실도 존재하지 않는다고 생각했다. 가령 하느님이 되고자 하는 열망은, 그야말로 무수하고도 다양한 우리의 욕망들 가운데 하나로부터 비롯된 추상적 형체에 불과하다.(pp.566-567)[329] 따라서 그는 우리가 어떻게 되어야 '마땅한' 것이라는 식의 일반적 진실은 존재하지 않는다고 주장한다.

물론 실존주의자 역시 '철학자' 인 한에서는 인간의 상태에 관해서 '어떤 식으로건' 일반적인 진술을 해야 할 필요성이 있다. 사르트르의 핵심 주장은 인간의 자유에 대한 것이다. 우리는 "자유롭도록 저주받은 존재"[330]이다. 우리의 자유는 그야말로 무제한적인 것이기 때문에, 우리는 한시도 자유롭지 않을 수가 없다.(p.439)[331] 그는 우리의 의식이란 곧 우리 자신으로부터 떨어져 있는 어떤 것 '-에 관한' 의식이라는 자신의 이해로부터 이와 같은 결론을 도출한다.(심지어 맥베스가 상상의 단검을 목격한 것처럼[332]) 우리가 어떤 특정한 경우를 착각하는 경우라 하더라도, 우리는 적어도 공간 속의 특정한 위치에 객관적으로 존재한다고 스스로가 '믿는' 어떤 것을 생각하고 있는 것이기 때문이다.) 사르트르는 자신의 저서의 제목에 나타난 바와 같이 "무(無)"라는 신비스러운 개념과 '의식' 사이에 어떤 연관관계가 존재한다고 보았다. 주체는, 이른바 객체가 주체가 '아니라'는 '비(非)' 반성적인("비(非)단정적인") 방법을 깨닫고 있다.(pp.xxvii-xxix,74-75)³³³) 이것은 부정(否定)이 의식적 인지의 본성 속으로 들어가는 한 가지 방법이다.

또 다른 방법은, 이 세계에 대한 우리의 판단 중 상당수가 그 내용상 부정적이라는 것이다. 우리는 뭔가가 '아닌' 상황을 인지하고 주장할 수 있다. 가령 카페에서 만나기로 약속한 친구를 찾아본 뒤에 "피에르가 아직 '안' 왔군" 하고 말하는 것처럼 말이다.(pp.9-10)³³⁴) 우리는 어떤 질문을 던질 때 그에 대한 답변이 "아니"가 될 가능성에 대해서도 이해하고 있다. 이와 연관된 또 하나의 요점은, 우리가 이 세계를 우리의 행동을 위한 '가능성'이 가득 찬 것으로 인식하며, 따라서 우리는 이미 뭔가가 '아닌' 상황을 인식하는 것(사르트르의 정나미 떨어지는 용어로 말하자면 이게 바로 "무(無: 아님)"이다)에서 그칠 것이 아니라, 또한 그 실현을 위해 결단해야 한다는 것이다. 욕망 역시 어떤 것의 '결여'에 대한 인식과 연관되어 있으며(p.87),³³⁵) 그런 점에서는 의도적 행동(p.433ff)³³⁶)과 마찬가지다. 따라서 뭔가가 '그런' 상황을 생각하고 또 말할 수 있는 의식적 존재는, 또한 뭔가가 '아닌' 상황을 인식하고 또한 행동할 수 있다는 것이다.

사르트르는 '무'에 대한 자신의 개념을 가지고 가령 "비존재의 객관적 존재"(p.5)³³⁷) — 이는 아마도 진정한 부정적 진술이 존재한다고 말하려는 듯하다 — 라고 헌란한 말장난을 늘어놓는가 하면, "무는 존재의 중심에 마치 뱀처럼 또아리를 틀고 있다"(p.21)³³⁸)는 음침한 은유를 사용하기도 한다. 그에게 있어 무의 개념은 의식과 자유 사이의 개념적 연관관계를 만들어준다. 왜냐하면 뭔가가 아닌 상황을 인식하는 능력은 곧 다른 가능성들을 상상하는 자유는 물론이고(pp.24-25),339) 그것을 수행하기 위한 시도와도 연관되어 있기 때문이다.(p.433ff)340) 우리가 살아 있고 또한 의식이 있는 한, 우리는 항상 어떤 것을 그 자체가 아닌 다른 것으로 인식할 수 있으며, 또한 우리는 그것을 다른 것으로 욕망할 수 있다.(우리는 결코 "즉자대자적"이 될 수는 없다.) 따라서 부정의 정신적 능력은 곧 '정신의 자유'(즉 새로운 가능성을 상상하는 것)와 '행동의 자유' 모두와 연관되어 있다. 즉 의식적이 된다는 것은 뭔가 생각할 것과 행동할 것에 관한 선택과 계속해서 맞닥트리게 된다는 것이다.

사르트르는 프로이트의 두 가지 근본적인 주장을 반박한다. 그의 견해는 이른바 완벽한 심리적 결정론과는 결코 양립될 수 없다.(p.458ff)341) 또한 그는 무의식적인 정신 상태를 자명한 것으로 간주하지도 않는데, 왜냐하면 의식이야말로 그 자체로는 본질적으로 투명한 것이기 때문이다.(p.49ff)342) 하지만 뒤의 주장은 마치 한낱 언어적 규제에 지나지 않는 듯하다. 물론 '의식'이 곧 무의식적일 수는 없지만, 그렇다고 해서 사르트르는 좀 더 넓은 의미에서 '정신적'이라고 할 수 있는 무의식의 상태에 대한 언급이 부당함을 보여준 것은 아니다.

사르트르의 견해에 따르면 우리의 정신생활의 모든 국면은 어떤 의미에서 곧 우리의 선택이며, 또한 궁극적으로는 우리 자신의 책임이다. 감정은 보통 의지의 통제를 벗어나는 것으로 생각되지만, 사르트르는 우리가 슬픔을 느끼는 까닭은 결국 우리가 스스로 슬퍼하기로 선택했기 때문이라고 주장한다.(p.61)343) 그는 이러한 견해를 『감정의 이론에 관한 시론』에서 보다 자세히 설명하고 있는데, 이에 따르면 감정은 단순히 "우리에게 닥쳐오는" 어떤 기분이 아니라, 오히려 우리가 이 세계를 이해하는 방법이라는 것이다. 감정 역시 그 대상을 갖게 마련이어서, 가령 우리는 어떤 사건의 가능성에 '대해' 두려워하며, 어떤 일을 놓고 누군가에 '대해' 분노한다. 하지만 사르트르가 보기에 사물을 이해하는 다른 방법들과 감정 사이에 어떤 차이가 있다면, 다만 앞의 방법들은 마치 마법에 의해 이 세계를 변화시키려는 시도와 연관되어 있다는 점뿐이다. 가령 우리는 손에 닿지 않는 곳에 있는 포도송이를 보면 대뜸 "아직 덜 익었을 거야" 하고 일축해버리지만, 물론 그러면서도 포도송이가 우리 손에 닿는지 여부와 포도송이가 익었는지 여부 사이에 아무런 연관도 없다는 사실은 스스로도 잘 알고 있다. 우리는 스스로의 감정에 대해 '책임'을 져야 하는데, 왜냐하면 그것이야말로 우리가 이 세계에 대해 반응하기 위해 선택한 방법들이기 때문이다.(p.445)³⁴⁴

이 주장은 일견 옳은 것처럼 보인다. 왜냐하면 감정이란 어떤 믿음이나 가치평가를 전제하기 때문이다. 예를 들어 우리가 누군가에게 화를 내는 까닭은 그들이 뭔가를 잘못했다고 믿기 때문이다. 또한 우리가 더 이상 그들이 뭔가를 잘못했다고 믿지 않게 되거나, 또는 그들의 행동이 잘못이라고 생각하지 않게 되면, 그들에 대해 느끼던 분노는 사라지고 만다.(따라서 스토아주의자들은 스스로의 덕 외에는 그 어떤 것에도 관심을 기울이지 말라고 함으로써, 우리에게 감정으로부터 벗어나도록 설득했던 것이다.) 하지만 우리의 관심사 가운데 대부분 ― 우리 자신의 건강, 고통으로부터의 자유, 누군가에 대해 느끼는 성적 매력, 그리고 우리 자녀의 안위 등등 ― 은 단순히 선택의 문제가 아니라, 오히려 생물학적으로 주어진 것이라 할 수 있다. 따라서 적어도 감정과 관심에 대한 사르트르의 주장은 어딘가 지나친 감이 없지 않다.

사르트르는 우리가 자신의 인성, 혹은 성격에서 보다 장기간 지속되는 특성에 대해서도 책임이 있다고 주장한다. 그에 의하면 우리는 단순히 "나는 소심해"라고(혹은 "나는 멋있어"라든지, "나는 이 일에 맞지 않아"라고) 주장할 수는 없다. 왜냐하면 우리가 가령 "나는 남자야," "나는 흑인이야," "나는 키가 180센티미터야"처럼 불변하는 사실을 주장하는 것과 달리, 앞의 경우는 우리가 어떤 특정한 상황에서 행동하는 방식을 표현한 것뿐이며, 따라서 우리에겐 얼마든지 다르게 행동할 수 있는 여지가 있기 때문이다. 마찬가지로 "나는 못생겼어"(혹은 "나는 잘 생겼어," "나는 인내심이 강해," "나는 뭐든지 쉽게 포기해")라는 표현은 이미 존재하는 어떤 결정적인 사실을 주장하는 것이 아니라, 단지 자신이 장차 할 행동에 대한 사람들의 반응과 연관되어 있으며, 따라서 충분히 선택의 여지가 있는 것이다.(p.459)[345] 하지만 최근 들어 성격과 성욕에서의 유전적 영향력에 대한 증거가 속속 드러나는 관계로, 과연 이러한 말 속에 어떤 진실이 들어 있는지는 다시 한 번 짚어봐야 할 것이다.

사르트르는 우리의 자유와 책임을 우리가 생각하고 느끼고 행동하는 모든 것에까지 확대 적용하려 한다. 그는 때때로 이처럼 근본적인 자유가 우리에게 분명히 드러날 때가 있다고 주장한다. 가령 유혹이나 주저함의 순간(가령 다시는 도박을 하지 않겠다는 결심과, 딱 한 판만 더 하자는 유혹이 갈등을 일으킬 때)에 우리는 그 어떤 동기나, 이전에 내린 그 어떤 결정이 제아무리 강력하다 하더라도, '다음에' 할 일을 정작 결정짓진 못함을 뼈저리게 깨닫게 된다.(p.33)[346] 우리는 매 순간마다 어떤 새로운, 혹은 갱신된 선택을 필요로 한다. 키에르케고르와 하이데거의 선례를 따라, 사르트르는 우리가 스스로의 자유에 대해 갖는 이런 의식을 "불안"이라는 용어로 표현했다.(pp.29,464)[347] 불안이란 어떤 외부 대상에 대한 두려움뿐만이 아니라, 우리 자신의 행동의 궁극적인 예측 불가능성에 대한 마지못한 자각이기도 하다. 가령 군인은 부상이나 고통이나 죽음에 대해서는 공포를 느끼는 반면, 다음 전투에서 과연 자신이 용감하게 "버틸 수" 있게 될지 어떨지에 대해서는 불안을 느끼게 된다. 마찬가지로 절벽 위를 걷는 사람은 혹시 떨어질까 봐 공포를 느끼는 반면, 자기가 떨어지지 않게끔 막아줄 수 있는 것이 아무 것도 없음을 깨닫게 되는 순간 불안을 느끼게 된다.(pp.29-32)[348] 공포는 비교적 흔한 것이지만, 불안은 오히려 그보다 드물다. 왜냐하면 불안은 "자유 자체에 의한 자유의 '반성적인' 파악"(p.39)[349]이기 때문이다.

진단: 불안과 불성실, 타인과의 갈등

불안, 즉 스스로가 자유로움을 의식하는 것은 정신적으로 고통스럽기 때문에, 우리는 가급적 그것을 피하려고 노력한다.(pp.40, 556)[350] 사르트르는 우리 모두가 되도록이면 더 이상 선택이 필요 없는 상태에 도달하려 하며, 그로 인해 스스로를 무생물적인 대상과 "일치시킴"으로써 더 이상 불안에 종속되지 않으려 한다고 생각한다. 하지만 이와 같이 책임으로부터 도피하는 것은 그저 기만에 불과하다. 왜냐하면 의식이 있는 존재는 본질적으로 자유로우며, 우리의 선택에 대해서는 어떠한 정당화도 불가능하기 때문이다. 이것이 바로 인간의 상태에 대한 사르트르의 형이상학적 분석이다. 바로 여기서부터 이른바 우리의 삶이 "본래 불행한 의식이며, 이 불행한 상태를 뛰어넘을 가능성이 없는 것"(p.90)[351]이며, 또한 "무익한 수난(受難)"(p.615)[352]이라는 그의 우울한 묘사가 비롯되는 것이다.

사르트르의 분석에서 중요한 개념은 바로 "불성실"이다.(프랑스어로는 '모베제 프와(mauvaise foi)'이며, 이는 종종 "자기기만"이라고도 번역돼다.) 불성실은 곧 우리의 태도와 행동이 스스로의 선택에 의해서라기보다는 오히려 우리의 상황이나 성격, 타인과의 관계, 직업이나 사회적 역할 등에 의해 결정된다고 상상함으로써 불안으로부터 벗어나려는 시도를 말한다. 사르트르는 이와 같은 불성실이야말로 대부분의 인간의 삶에서 특징적인 양식이라고 믿고 있다.(p.556)353)

그는 자기가 자주 찾던 파리의 카페에서 흔히 볼 수 있는 두 가지 장면을 이러한 불성실의 예로 제시하고 있다.(pp.55-60)354) 첫 번째 예에서 그는 어느 젊은 여자가 그녀를 유혹하려고 드는 한 남자와 함께 테이블에 앉아 있는 모습을 묘사한다. 남자가 여자의 손을 붙들자, 그녀는 미처 그런 사실을 전혀 눈치채지 못한 듯 딴청을 피움으로써, 상대방의 요청을 수락하거나 거절해야 하는 결정의 순간을 회피하려 한다. 그녀는 여전히 상대방과 계속해서 지적인 대화를 나누지만, 그러는 내내 상대방이 자기의 손을 붙잡고 있다는 사실은 전혀 인식하지 못하는 척하고 있다. 사르트르의 해석에 따르면 그 여자는 지금 불성실하게 행동하는 셈이다. 왜냐하면 그녀는 ― 단순히 상대방에게뿐 아니라, '자신'에게까지 ― 마치 자신의 의식이 자신의 몸과는 다른 것인 양, 또는 마치 자기 손이 단지 수동적인 대상이며 그저 사물에 불과한 것인 양 행세하기 때문이다. 물론 그녀는 의식과 신체를 모두 지닌 인간인 까닭에, 지금 무슨 일이 벌어지고 있는지는 물론이고, 자기가 무엇 때문에 이런 행동을 하는지 ― 혹은 이렇게 '가만히' 있는지 ― 조차도 잘 알고 있다.

두 번째 예는 자기 일에 지나치게 열중하는 어느 카페 웨이터에 대한 것이다. 쟁반에 컵을 잔뜩 올려놓고 나르는 그의 몸짓은 어찌나 요란한지, 지나치게 극적이다 못해 심지어 그가 웨이터라는 "역할을 연기하는" 것처럼 보일 정도다. 이 경우에 어떤 불성실이 있다면(사실 반드시 불성실이 있어야 할 필요는 없겠지만), 그것은 그가 자신을 그 역할과 완전히 동일시함으로써, 그 역할이 곧 자신의 모든 행동과 태도를 결정짓는다고 생각하는 데 있다. 하지만 사실대로 말하자면 그 역할(직업)은 단순히 그가 선택한 것이며, 따라서 실업자가 될 위험을 감수할 수만 있다면 그에겐 언제라도 그만둘 자유가 있는 것이다. 즉 웨이터가 곧 그의 '본질'은 아니며, 어느 누구도 그런 역할을 자신의 본질로 삼을 수는 없기 때문이다. 사르트르는 이렇게 말한다. "이 잉크병을 가리켜 잉크병 '이다' 라고 말하는 것과 같은 의미에서 그 웨이터를 가리켜 카페의 웨이터 '이다' 라고 말할 수는 없다."355) "진정으로 본질적인 것은, 우리가 지금의 모습으로 '스스로를 만든다' 는 사실이다."(p.59)356) 근로자의 행동이 단순히 회사의 정책에 의해 '결정되는' 것은 아니다. 왜냐하면 근로자는 언제라도 회사의 정책에 불복하거나, 나아가 사직할 수 있기 때문이다. 심지어 명령에 무조건 복종해야 하는 군인조차도, 군사재판이나 즉결처형의 위험을 감수할 각오가 되어 있기만 하다면, 기꺼이 적과 싸우기를 거부할 수 있다. 우리가 하는 어떤 행동이나 우리가 맡은 어떤 역할, 그리고 (사르트르는 다음의 것도 덧붙이고 싶어한다) 우리가 지닌 어떤 가치조차도 (pp.38,627)357) 실은 단지 우리가 거듭해서 내려야 하는 결정에 의해 유지될 뿐이다.

사르트르는 불성실을 무의식적 정신 상태로 보는 식의 설명을 완전히 거부한다.(pp.50-54)358) 가령 프로이트주의자라면 사르트르가 묘사한 카페에서의 사건을 이른바 억압이 무의식에 작용한 경우로, 즉 그 여자가 상대방이 자신에게 성적인 접근을 시도하고 있다는 자각을 억압하고 있다고 해석할 것이다. 하지만 사르트르라면 오히려 억압이라는 개념 자체에서 드러나는 명백한 자기모순을 지적할 것이다. 즉 억압이라는 행위, 혹은 과정은 반드시 우리 정신에 존재하는 어떤 요소("검열자")의 작용으로 간주해야만 한다. 하지만 이러한 검열지기 [제대로 기능하기 위해서는] 과연 무엇을 억압할 것이고, 무엇을 의식에 남겨둘 것인지를 구분할 수 있어야 한다. 그러다 보면 [검열자는] 결국 억압되는 생각을 인지하는 동시에, 결코 그 생각을 인지해서는 '안 되는' (모순적인) 상황에 처하게 된다. 따라서 사르트르는 그러한 (모순적인 상황에 처한) 검열자 자체가 불성실에 속한 것이며, 또한 어떻게 해서 그런 불성실이 우리의 전인격에 속한 것이 아니라, 단지 정신에 국지적으로만 존재할 수 있는 지에 대해서는 아무런 설명도 얻지 못했다고 결론내린다.(pp.52-53)[359]

나아가 그는 "성실성," 혹은 "진심" 역시 이에 못지않은 개념적 문제를 지니고 있음을 보여준다. 왜냐하면 우리가 자신의 역할이나 성격을 어떤 방식으로 묘사하는 순간(가령 "나는 웨이터다," "나는 소심하다," "나는 동성애자다"라는 식으로), 그렇게 묘사하는 자신과 묘사되는 자신 사이의 구분이 생겨나기 때문이다. 따라서 완전한 성실성에 대한 이상은 실패할 운명에 놓일 수밖에 없다.(p.62)[360] 왜냐하면 우리는 외부의 사물과는 달리 전적으로 관찰이나 묘사의 대상이 될 수는 없기 때문이다. 사르트르는 여기서 동성애 행위를 한 적이 분명히 있음에도 불구하고, 스스로를 동성애자로 묘사하기를 거부하는 어떤 사람을 예로 든다.(p.63)[361] 그는 자신의 성향을 솔직히 시인하기는커녕, 자신의 동성애 경험에 대해 다른 설명을 시도하기 때문에 불성실한 상태이다. 이른바 "성실성의 화신"[362]인 그의 친구는 그에게 동성애자임을 시인하라고 요구한다. 하지만 사르트르의 견해에 따르면 마치 탁자가 나무로 만들진 것 '이다' 거나, 혹은 어떤 사람의 머리가 붉은색 '이다'라고 말하는 것과 같은 방식으로 누군가를 동성애자 '이다'라고 말하는 것은 불가능하다.[363] 만약 그가 동성애자임을 시인한다면, 결국 자신으로선 그런 동성애 행위를 도저히 멈출 '수 없다'는 뜻을 내포하게 되어 또다시 불성실에 빠지게 되며, 이런 경우에는 그에게 이와 같은 시인을 요구한 "성실성의 화신"인 친구 또한 마찬가지로 불성실에 빠지게 된다.(p.63)[364]

사르트르는 여기서 자각의 깊은 어려움에 대해 말하고 있다. 하지만 그의 설명은 이 문제를 오히려 더 혼란스럽게 만들고 있다. 왜냐하면 그는 이른바 "인간의 실재는 그것이 아닌 것이어야 하며, 그것인 것이 되어서는 안 된다"(pp.xli,67,90)365)는 식의 역설적인 표현을 지나칠 정도로 선호하고 있기 때문이다. 이 말은 물론 자기모순적이기 때문에, 써 있는 그대로를 믿을 수는 없다. 사르트르는 단순히 자기 책을 읽는 독자들을 약올리려고 하는 것일까? 아니면 단순히 이런 주문을 외움으로써 자신이 어떤 통찰을 얻었다며 스스로를 속이고 있는 것일까? 아니면 그는 불성실의 가능성을 유발하는 의식의 개념에 대해 명료하고도 일관적인 방식으로 설명해야 하는 어려운 임무를 기피하기 위해, 그저 역설만을 제시하고 마는 것일까? 하지만 그는 이러한 자신의 역설을 어떻게 풀어낼 수 있는지에 대해서는 약간이나마 우리에게 실마리를 남겨주고 있다. 따라서 나는 이 주장을 차라리 다음과 같이 이해해야 한다고 말하고 싶다. "인간의 현재 모습은 '필연적'인 것이 아니며, 오히려 현재와는 다른 뭔가가 될 '가능성'이 있어야만 한다."(이는 그가 p.58에서 한 말을 내 식으로 변형한 것이다.) 여기서 중요한 점은, 우리에겐 지금의 모습과는 다른 무엇이 되기 위해 '시도할' 자유가 항상 존재한다는 것이다.

『존재와 무』의 제3부는 "대타존재(對他存在)"라는 제목이 붙어 있는데, 여기서 사르트르는 인간과 인간 사이의 관계에 대한 철학적 분석과 아울러, 매우 비관적인 결론을 제시하고 있다. 그는 우리가 종종 타인의 정신 상태에 대해 즉각적이고 비(非)추론적인 인식을 할 수 있다는 공통적인 경험을 예로 들면서, 이른바 타인의 정신에 관한 철학적 문제에 대해 새로운 설명을 시도하고 있다. 가령 어떤 사람(혹은 어떤 동물)이 우리 쪽으로 시선을 향하고 있음을 보는 순간, 우리는 즉각적으로 자신이 관찰당하고 있음을 알게 되고, 그러한 사실이야말로 이 세계 내의 어떠한 물리 현상만큼이나 확실하게 알 수 있는 것이다. 다른 사람의 "시선"은 우리에게 특별한 힘을 지닌다. 우리가 보통의 경우에는 허락되지 않는 종류의 일에 몰두해 있을 경우, 가령 열쇠구멍으로 — 혹은 문틈으로 — 누군가를 몰래 훔쳐보고 있는 상황에서 다른 누군가가 이리로 오는 발자국 소리를 들으면(혹은 들었다고 생각한다면), 우리는 다른 누군가가 우리의 행동을 비난할지도 모른다는 생각에 갑자기 '부끄러움'을 느끼게 된다. 이와는 반대로 우리가 뭔가 훌륭한 행동을 하는 걸 다른 누군가가 목격한다면, 우리는 오히려 자랑스러움을 느끼게 된다. 이처럼 우리의 감정 가운데 상당수는 그 개념 구조상 타인의 존재, 그리고 우리를 향한 타인의 반응과 연관되어 있다.

이어 사르트르는 두 의식적 존재간의 관계에서는 최소한 한 가지 이상의 갈등이 필수적이라는, 약간은 논란의 여지가 있는 주장을 제기한다. 가령 타인은 그 존재 자체만으로도 우리의 자유에 대한 위협을 상징하는데, 왜냐하면 우리에 대한 타인의 지각은 우리 자신을 단지 이 세계 내의 사물로 "대상화(사물화)"하기 때문이다. 사르트르에 따르면 우리가 이러한 위협에서 벗어날 수 있는 방법은 단 두 가지뿐이다. 하나는 타인을 단지 자유가 결여된 사물로 대하는 것이고, 다른 하나는 타인의 자유를 "소유"함으로써 자신의 목적을 위해 이용하는 것이다.(p.363)[366] 그는 이른바 주인과 노예의 관계에 대한 헤겔의 유명한 논의 — 즉 역설적으로 노예는 결국 주인보다도 더 뛰어난 심리적 능력을 지니고 있는데, 왜냐하면 주인은 자신이 주인임을 '인식하기' 위해 노예를 필요로 하기 때문이다 — 를 보다 설득력 있게 재해석하고 있다. 사르트르는 이를 몇 가지 형태의 성적 욕망, 특히 사디즘과 마조히즘에 대한 분석에 적용하고 있다.(p.364ff)[367] 그는 인간의 성적 관계야말로 인간의 본성에 관한 깊은 철학적 문제를 제기하고 있음을 보여준다. 하지만 그는 더 나아가 우리가 진정으로 타인의 자유를 존중하는 것 — 우정에서건, 혹은 에로

틱한 사랑에서건 — 은 그야말로 불가능한 이상에 불과하다고 주장한다.(p.394ff)[368] 사르트르의 저술에서 이 단계까지 오면, 앞으로의 전망도 역시나 황량해 보인다.

하지만 그렇게 보자면 우리의 자유에 대한 사르트르의 주장과, 인간의 상태를 이렇게 결정된 것으로 보는 사르트르의 분석은 어딘가 모순이 아닐까? 그는 우리 모두가 이른바 의식적 존재인 우리 실존의 본질이라 할 수 있는 "무(無)"를 뭔가로 채우고자 열망한다고 주장한다. 즉 우리는 스스로의 존재 근거가 될 수 있는 하느님 같은 존재, 즉 "즉자대자적" 존재가 되기를 열망한다는 것이다.(pp.90, 566, 615).[369] 그리고 우리가 방금 살펴본 바와 같이, 사르트르는 또한 두 사람 사이의 관계에는 항상 갈등 — 가령 타인의 자유를 부정하거나, 혹은 취하려고 시도하는 형태로 — 이 개재되게 마련이라고 주장한다.(pp.363, 394, 429)[370] 이러한 두 가지 방법을 통해서 사르트르는 인간의 삶이 그야말로 논리적 불가능을 향한 끝없는 분투임을 보여준다. 하지만 과연 '반드시' 그래야만 하는 것일까? 과연 누군가가 사물이 되기를 열망하거나, 혹은 다른 사람들을 사물로 만들도록 선택하지 '않을' 수는 없는 것일까?

처방: 반성적인 선택

사르트르는 객관적 가치를 거부하기 때문에, 그가 내놓는 처방 역시 어쩌면 공허한 것에 불과한지도 모른다. 즉 그로선 어떤 '특정한' 삶의 방식이나 계획을 권장할 수는 없는 것이다. 다만 그는 불성실, 즉 우리가 스스로를 자유롭지 않다고 생각하는 것을 단죄한다. 불성실은 대부분의 사람들이 흔히 지니는 태도일지 모르지만, 사르트르는 우리 자신의 자유를 '확언하는' 것은 반성적으로 가능하다고 암시한다. 마치 그는 우리 각자가 완전히 자각한 상태에서, 즉 아무 것도 그것을 결정짓지 못한다는 "불안한" 깨달음을 가지고 뭔가를 선택하는 것을 오히려 예찬하는 듯하다. 우리는 자신에 관한 모든 것 — 단지 우리의 행동뿐만 아니라 우리의 태도와 감정과 성격까지 — 에 대한 책임을 받아들여야 한다. 이른바 "고지식한 정신," 즉 이 세상에서 인간의 선택에 의해 지지되지 않고도 객관적으로 존재하는 어떤 가치가 있다는 망상 — 사르트르는 현 상황에 만족해하는 "부르주아"들이 바로 그런 망상을 갖고 있다고 주장한다 — 은 반드시 철저히 거부되어야만 한다.(pp.580,626)371)

『실존주의는 휴머니즘이다』에서 사르트르는 나치 치하의 프랑스에서 영국으로 건너가 자유 프랑스군에 가담해 싸울 것인지, 아니면 오로지 자기만 의지하고 살아가는 어머니를 위해 집에 남을 것인지의 선택으로 고민하는 한 프랑스인 청년의 예를 통해, 이른바 처방의 불가능성을 예시하고 있다. 처음의 방법은 비록 결과적으로는 전쟁에 조력하는 행위이지만, 어찌 되었건 조국을 위하는 것이 된다. 그리고 나중의 방법은 보다 즉각적이고 실제적인 효과가 있지만, 어디까지나 한 개인에게만 이익이 된다. 사르트르는 그 어떤 윤리적 원칙도 이와 같은 비교 불가능한 두 가지 주장을 중재시킬 수는 없다고 말한다. 또한 그 어떤 감정의 힘도 이 문제를 규정할 수 없다고 말한다. 왜냐하면 그 주체가 실제로 뭔가 행동하는 것 — 즉 무엇이 정말로 시급한지 결정하는 것 — 외에는 그런 감정을 측정할 방법이 없기 때문이다. 이 문제에 대한 조언자나 도덕적 권위를 선택하는 것 역시 또 하나의 선택에 불과하다. 따라서 이 젊은이가 사르트르에게 조언을 구하자, 그는 이렇게밖에 대답할 수 없었다. "당신은 자유요, 선택하시오."372)

하지만 그 어떤 객관적인 윤리적 가치(플라톤적이건, 아리스토텔레스적이건, 기독교적이건, 칸트적이건 간에)조차도 각 개인이 구체적인 상황 속에서 겪는 '모든' 인간적인 딜레마에 대해 단일하고도 결정적인 답변을 제공할 수는 없다는 사실을 시인해야만 한다. 때로는 한 가지 이상의 행동 방식조차도 도덕적으로는 허용될 수 있는 어려운 딜레마도 있을 수 있다. 다만 그렇다고 해서 '무엇이든지' 허용 가능하다거나, 또는 도덕적 질문에 대해서는 '아무런' 정답도 없다고 말할 수는 없다. 물론 사르트르는 그런 암시를 주는 듯하지만 말이다.

사르트르는 어떤 "본래적," 자의식적 선택의 내재적 가치를 적극 주장하지는 않는다. 그가 들었던 불성실의 특정한 사례는 결코 도덕적으로 중립적이지 않으며, 우리의 자유라는 현실을 직시함으로써 각자의 선택을 확언하기를 거부하는 행위에 대해 은연중에 단죄를 내리고 있다. 또한 그는 일찍이 소크라테스, 스피노자, 프로이트를 비롯한 많은 사상가들이 우리 앞에 제시한 자각이라는 오랜 미덕에 새로운 시각을 제공한다. 그 모든 모호성과 과장에도 불구하고, 이른바 의식과 자유의 관계에 대한 사르트르의 분석 자체로부터 우리는 뭔가 중요한 것을 배울 수 있다. 왜냐하면 우리는 흔히 우리의 행동뿐만이 아니라, 우리의 태도와 반응과 감정 때문에도 서로를 비난하기 때문이다. "이러저러하다는 걸 알면서도, 어떻게 그런 생각을 할 수 있어?" "난 당신이 아무개에게 하는 태도가 영 마음에 안 들어." "그렇게 꼭 이기적이고 조급하게 굴어야겠어?" 이러한 비난은 효과가 없지 않다. 왜냐하면 어떤 사람이 특정한 방식으로 생각하거나 행동한다는 것을 본인에게 알림으로써, 그를 변화시킬 수 있기 때문이다. 그들이 스스로의 분노나 오만이나 자기중심성을 점점 더 지각하면 할수록, 그들이 변화될 가능성 역시 점점 더 커진다.

하지만 자각의 본성과 가능성에 대한 사르트르의 인식은 프로이트의 인식과는 다르다. 사르트르는 정신 현상의 배후에 놓인 무의식적 원인이라는 개념 자체를 거부한다. 왜냐하면 그에게는 모든 것이 이미 의식에 이용 가능한 것으로 여겨지기 때문이다.(p.571)373) 하지만 지금까지 두뇌의 기능에 대해 발견된 수많은 내용들을 고려해 볼 때에, 우리는 이를 논증이라기보다는 단정으로 보아야 한다. 오늘날에 와서는, 이른바 정신적인 것이라고 불러 마땅한 무의식적 과정의 존재를 보여주는 경험적 사례가 압도적으로 많기 때문이다.

사르트르가 이른바 "실존적 정신분석"이라고 부른 것에서, 우리는 어떤 과학적 프로그램이라기보다는 오히려 설명적이고 해석학적인 프로그램을 발견할 수 있을 뿐이다. 우리는 한 사람의 행동의 '원인'을 찾는 것이 아니라, 오히려 그 '의미'를 찾고 있다. 다시 말하자면 그 사람의 믿음이나 욕망과 관련하여, 우리가 이해할 수 있는 '이유'를 찾는다고 해야 한다. 사르트르에게 욕망은 어떤 생물학적 충동이나 본능에 근거하기보다는 오히려 근본적인 가치 선택에 근거하는 것이다.(pp.568-575)374) (일부 정신의학자들은 이러한 방법론을 받아들임으로써, 단순히 환자의 행동 뒤에 숨겨진 무의식적 충동이나 두뇌의 상태를 찾기보다는 오히려 환자들이 자신의 세계를 어떻게 바라보는지를 이해하려고 노력한다.)

사르트르는 사람이 하나의 단일체이며 단순히 개별적인 욕망이나 습관의 다발은 아닌 까닭에, 각 사람은 저마다의 삶의 모든 국면의 배후에 어떤 궁극적인 의미나 목적을 부여해 주는 근본적인 선택(혹은 "근원적인 기도〔企圖〕")를 가져야만 한다고 주장한다. 그가 쓴 보들레르, 쥬네, 플로베르 전기는 이른바 "실존적 정신분석"을 한 사람의 일생에 적용한 사례라 할 수 있다.375) 하지만 모든 사람에게 어떤 '유일한' 근본적 선택이 있어야 하는지는 전혀 명확하지가 않다. 사르트르는 사람들이 각자의 근원적인 기도에서 때때로 갑작스러운 "회심"을 겪기도 한다고 인정했다.(pp.475-476)376) 그러면 누군가의 삶의 각 단계마다 그런 한 가지 기도가 반드시 있어야만 하는 것일까? 가령 어떤 공통적인 공식에서 비롯된 것이 아닌, 서로 다른 두 가지 이상의 기도들을 가질 수는 없는 것일까?(가령 가족과 직업, 그리고 어쩌면 일종의 예술이나 정치 등에서?)

이런 근본적인 선택에 아무런 이유도 제시할 수가 없다면, 이는 정당화도 불가능하고 그저 독단적인 것에 지나지 않는 듯하다. 이와 같은 자신의 전제에 의거하자면, 사르트르는 어쩌면 유대인을 학살하고, 여성을 농락하고, 아동을 학대하고, [업무 시간에] 컴퓨터 게임을 하는 데 전심전력을 다하기로 "본래적으로" 선택한 사람을 향해서도 — 만약 그가 완전한 반성적 자각을 통해 그렇게 선택했다고 가정한다면 — 분명히 칭찬을 해야만 할 것이다. 과연 사르트르는 자신의 철학 속에서 이른바 니체가 말한 '위버멘쉬(超人, Übermensch),' 즉 자기보다 못한 인간을 제물로 삼아 자신의 자유를 결연하고도 반성적으로 발전시켜 나가는 존재를 비판할 수 있는 이유를 발견할 수 있었을까? 이와 반대로, 만약 누군가가 자녀를 양육하고, 가난한 사람을 돕고, 음악을 연주하는 데 전심전력을 다하긴 하지만, 그가 이러한 것들을 객관적인 가치로 생각함으로써 스스로를 속이는(사르트르의 시각에서 보자면) 경우, 과연 사르트르는 이 사람이 불성실하게 살아간다고 단죄할 수 있을까?

『존재와 무』의 몇몇 흥미로운 각주에서, 사르트르는 일종의 유사종교적 언사를 통해 "부패된 존재의 회복"이 가능하다고, 그러니까 "근본적으로 불성실로부터 벗어날 수' 있다'고 제안하고 있다.[377] 그는 이러한 구원을 "본래성"이라 부르며(p.70의 각주에서),[378] 또한 "해방과 구원의 윤리"와 "근본적인 회심"에 대해서도 이야기한다.(p.412)[379] 그리고 제2부에서도 자신의 이론 중 가장 모호한 대목을 설명하는 도중에, 사르트르는 자신이 이른바 "순수한," 혹은 "정화된" 반성이라 부르는 것을, 이른바 "불순한," 혹은 "공범(共犯)적 반성"이라 부르는 것과 반대되는 것으로 주장한다.(pp.155,159ff)[380] 그는 우리의 특유의 도덕적 힘이 전자에 귀속된다고 보는 듯한데, 그의 말에 따르면 전자는 어떤 "카타르시스," 혹은 정화의 결과로만 얻어지는 것이라고 한다. 하지만 그는 이러한 가정은 존재론적인 문제를 다룬 본 저술에서는 발전될 수가 없다고 말하며, 언제고 윤리적 차원에 대한 또 다른 책을 쓰겠다는 약속과 함께 일단 논의를 마무리한다.(p.628)[381] 그러나 사르트르는 결국 그런 저술을 출간하지는 않았는데, 어쩌면 집필에 착수할 무렵에는 그의 견해가 바뀌기 시작했기 때문인지도 모른다. 즉 인간의 본성에 관한 그의 개념이 이제 후기로 접어들면서, 추상적이고 개인주의적인 측면은 줄어든 반면, 보다 구체적이고 사회적인 측면이 늘어났기 때문이다.

"제1윤리학": 만인을 위한 본래성과 자유

사르트르의 사후에 출간된 『전쟁일기』와 『윤리학 초고』를 통해 우리는 윤리학에 관한 그의 사상이 어떤 방향을 향하고 있었는지를 알 수 있다. 이 절을 서술하면서 나는 토머스 C. 앤더슨의 저서인 『사르트르의 두 가지 윤리학』의 제4장에 나온 매우 유용한 요약문에 크게 의존하였다.(덕분에 앤더슨의 말마따나 "그 명확성이나 중요성 모두가 균일하지는 못한" 수백 페이지나 되는 노트를 뒤적이지 않아도 된다니 얼마나 다행인가!)

사르트르는 인간의 자유가 어떻게 그가 이른바 "사실성"이라 부른 것의 한가운데 위치해 있는지를 보다 뚜렷하게 깨닫게 되었다. 사실성이란 곧 우리의 자유를 표현하는 방법을 제한하는, 우리 자신과 우리의 상황에 관한 사실들을 말한다. 이런 사실성 가운데 한 가지는 인간 육체의 취약성에서 기인한다. 예를 들어, 우리가 결핵 같은 심각한 질병에 걸려 있는 경우, 우리의 자유는 크게 제한되거나 "오염되게" 된다. 이런 사실성 가운데 또 한 가지는 역사상의 특정 단계에 이른 사회 내에서 개인이 처한 상황을 들 수 있다. 가령 노예, 육체노동자, 조립 라인에서 일하는 노동자, 점원, 청소부, 혹은 "성매매 여성"의 경우는 각자의 사회경제적인 상황 속에서 어떻게 행동할지에 대해 극히 제한된 선택의 여지밖엔 갖고 있지 못하기 때문에, 이들을 향해 그들 각자는 다른 모든 인간과 마찬가지로 자유롭다고 단언하는 것이야말로 오히려 잔인한 현혹이 아닐 수 없는 것이다. 적어도 『존재와 무』의 추상적인 용어 속에서야 자유로운지는 모르겠지만, 구체적이고 현실적인 조건 속에서 이들은 결코 자유롭지 못하다. 이제 사르트르 역시 가장 분명한 사실을 — 즉 사회경제적인 요인이 곧 개인의 선택을 모두 결정하는 것은 아니지만, 적어도 인간의 자유를 제한하기는 한다는 사실을 — 깨닫기 시작한 것이다. 그리고 "추상적 도덕"을 거부하며 인간의 육체적, 경제적, 사회적 요인들을 고려하는 윤리학을 선호하면서, 개인의 심리학적 변화 못지않게 사회 변화(어쩌면 혁명적인 변화)에 대한 기대를 갖게 된다.

『윤리학 초고』에서 사르트르는 이른바 순수 반성과, 그로 인해 유발되는 것으로 가정한 본래적인 인간 실존에 대해 몇 가지 흥미로운 사실을 이야기한다. 순수 반성은 우리로 하여금 신과 같은 존재가 되려는 기도 — 일찍이 『존재와 무』에서 인간의 불가피한, 그러나 동시에 불가능한 열망으로 제시되었던 — 를 포기하게 한다는 것이다. 결국 우리는 우리 존재의 우연성을 받아들이게 되며, 창조적이고도 관대한 정신 속에서 우리는 우리의 삶에, 그리고 나아가 이 세계에 의미와 목적을 부여할 수 있다는 것이다.

(……) 본래적인 인간은 결코 인간의 상태의 절대적인 목표를 자기 시

야에서 놓치지 않는다. (……) 이 세계를 구하는 것(그곳에 존재를 만듦으로써), 자유를 이 세계의 근거로 만드는 것, 창조에 대한 책임을 받아들이는 것, 그리고 자유 자체를 통해서 이 세계의 근원을 절대적으로 만드는 것.(『윤리학 초고』, p. 448)

어쩌면 한편으로 우리가 신처럼 되려는 기도를 포기하는 것은, 또 한편으로는 우리가 신처럼 되는 길인 것처럼 보인다. 왜냐하면 우리 자신을 이 세계에 의미와 목적을 부여하는 유일한 원천으로 인식하기 때문이다. 본래적인 존재가 되면, 다른 사람들과의 관계 역시 변모된다. 다른 사람이 나를 지각할 때, 그들이 나의 신체를 다른 대상들 가운데 하나로 "대상화"하는 것은 사실이지만, 더 이상은 근본적으로 위협이 아니다.

> (……) 그것은 '타자'가 내 속에도 역시 자유가 있다는 사실을 거부할 때에만 [위협이] 된다. 하지만 반대로 만약 그가 나를 '존재/대상'인 동시에 현존하는 자유로 존재하게끔 만들어 준다면 (……) 그는 내가 스스로에게 부여하는 주체적인 의미에 '덧붙여' 내 존재에 '또 하나의 의미를 부여하게' 됨으로써, 이 세계와 나를 풍요하게 만드는 것이다.(『윤리학 초고』 p. 500)

따라서 사르트르는 다른 사람에 대한 공감적 이해는 물론이고, 각자의 목표를 추구하는 과정에서 서로를 돕는 것이 결국 가능하다고 시인했다. 그는 심지어 이른바 "'타자'의 세계 내 존재를 이용하기보다는 오히려 기뻐하는," 이른바 "본래적 사랑"(마치 기독교의 '아가페'를 연상시키는)에 대해 언급하기까지 한다.(『윤리학 초고』, p.508)

따라서 개인의 자유가 사르트르에 있어서는 가장 기본적인 가치가 된다. 하지만 이것은 단지 모든 의식 있는 존재는 추상적인 의미에서 자유롭다는 근본적인 진실만을 주장하는 것이 아니라, 모든 인간은 각자의 자유를 구체적인 방법들로 '실천' 할 수 있어야 한다는, 따라서 인간 사회는 이것을 모두에게 실현시켜줄 수 있는 방향으로 변화해야만 한다는 가치 판단까지도 주장하는 것으로 이해해야만 한다. 본래성, 즉 우리 자신의 자유로운 선택에 대한 책임을 명료하게 가정하는 것은, 반드시 다른 모든 의식 있고 이성적인 존재들의 자유를 존중하고 가치 있게 생각하는 것과 연관되어야만 한다.

사르트르는 이러한 칸트적인 방향을 『실존주의는 휴머니즘이다』(p.29)에서 제안했는데, 여기서 그는 우리가 스스로를 위해 뭔가를 선택하는 과정에서 우리는 곧 모든 인간을 위해 뭔가를 선택하게 되는 셈이며, 그로 인해 마땅히 그러해야 한다고 믿는 인간에 대한 이미지를 만들어내는 셈이라고 말한다. 『윤리학 초고』에서 그는 가령 이러한 목표를 표현하기 위해서 "목적의 도성(都城)"이라는 구절을 사용하는데, 이제 와서 그는 이를 "절대적으로," 혹은 객관적으로 정당한 것이라고 보고 있다. 이러한 단어 사용은 그의 선배 격인 두 사상가의 이상으로부터의 반향이 느껴진다. 즉 하나는 아우구스티누스의 "하느님의 도성"(즉 모든 세속 사회와는 구분되는 천상적인 이상)이고, 다른 하나는 칸트의 "목적의 왕국"(즉 우리는 이성을 지닌 모든 존재를 단순히 도구로 여겨서는 안 되고, 반드시 어떤 목적으로 여겨야 한다는)이라는 공식이다. 하지만 사르트르는 이와 같은 목표를 좀 더 세속적인 형태로, 즉 계급이 없는 사회주의 사회로 해석하고 있다. 이러한 사회야말로 마르크스가 꿈꾸었던, 이른바 모든 인간이 각자의 자유를 표현할 수 있는 "진정한 공산주의" 상태의 미래 사회이기도 했다.

"제2윤리학" : 사회와 인간의 욕구

사르트르의 사상에서 후반기는 1950년대부터 시작되었는데, 그는 사회적 상황이 개인에 가하는 위력을 깨닫는 한편, 사회적 조건이 자유를 규제한다고 분석하기 시작했다. 『변증법적 이성 비판』에서 그는 인간의 본성에 관한 노골적으로 유물론적인 ― 존재론적 의미에서는 물론이고, 마르크스주의적인 의미에서도 ― 시각을 제시했다. 이제 그는 인간을 자유롭고 의식 있는 존재가 아니라, 단지 물질적 유기체이자 신체를 지닌 동물로 ― 물론 이성적 사고와 행동을 할 수 있는 힘을 지니긴 했지만 ― 규정한다. 그리고 그는 역사의 발전 과정에 대해서도 명백히 마르크스적인 관점을 채용하여, 인간 사회가 처한 물질적이고 경제적인 토대가 그 문화에 속한 개인의 가능성을 제한하게 된다는 주장을 받아들인다. 여기에는 "변증법적 관계"가 있다. 즉 인류와 자연 세계, 그리고 사회 세계 간에는 어떤 공통의 상호작용이 있다는 것이다. 사르트르는 이제 인간이 어떠한 상황에서도 근본적으로는 자유롭다는 자신의 이전 관점을 거부한다. 오히려 인간은 우리 문화의 과거에 의해서, 또한 우리가 문화화되어야 하는 사회 계급에 의해서, 그리고 가족의 체질적 특이성에 의해 큰 영향을 받는 존재이다. 특히 개인의 인성의 초기 발달에 있어서 가족의 영향을 강조함으로써(일찍이 그가 쥬네, 보들레르, 그리고 플로베르의 전기를 쓰면서 그랬듯이), 사르트르는 프로이트에 있어 강력한 요소 중 하나를 자기주장에 편입시켰다.

따라서 더 이상 순수 반성과 진정한 자기 선택을 통한 개인의 구원의 여지 같은 것은 없다. 오히려 사르트르는 사회참여를, 특히 조직화되고 "헌신적인" 일련의 집단이 사회적, 정치적 변화를 위해 헌신함으로써, 억압받는 자들을 위해 현실적이고도 구체적인 인간의 자유를 성취하려

하는 방법을 추구한다. 그래서인지 사르트르는 공산당 소속이었을 때도 스탈린주의의 공포에 대해서는 비판하기를 내켜하지 않아 비난을 받았는데, 이는 아마도 자신이 구상한 전세계적이고, 계급차별이 없고, 급진적인 민주주의 사회로의 발전을 가능케 할 유일한 수단이 바로 공산주의뿐이라고 믿어 의심치 않았기 때문일 것이다. 그가 훗날 토로했듯이, 그는 "윤리의식을 잠시 휴가 보냄으로써" 윤리보다는 현실 정치의 손을 들어주었던 것이다. 하지만 이처럼 어떤 보다 더 큰 선(善)을 가정하고, 그것을 위해 윤리적인 제재조차도 유보하는 행위는 항상 위험하게 — 그리고 잘못되게 — 마련이다. 그리고 1960년대에 들어 사르트르는 이른바 정치적 투쟁의 한가운데서도 어떤 도덕철학이 필요하다는 것을 깨닫고, 자신의 견해를 다시 한 번 바꾸게 된다. 그는 1964년에 로마의 그람시 연구소에서 행한 강의에서 이런 새로운 윤리적 견해를 표명했으며, 또한 플로베르에 대한 방대한 연구서인 『집안의 백치』에서도 부분적으로 드러냈다. 이 "제2윤리학"에 대한 내용 역시 토머스 앤더슨의 저서(제7장부터 제9장까지)에 의거하여 살펴보도록 하겠다.

    사르트르는 단순히 현행의 경제 구조에 의해 규정되지도 않고, 또한 완전히 추상적이면서 사회 현실과는 무관한 것도 아닌, 사회에 관한 일련의 윤리사상을 모색하고자 했다. 칸트와 마찬가지로, 그는 윤리적 의무에는 어떤 특정한 절대적 힘이 들어 있음을 우리가 느낄 수 있으며, 그러한 의무는 우리에게 "순수한 미래" — 비록 지금까지는 존재하지 않았더라도, 우리가 그런 것을 '마땅히' 존재해야 한다고 받아들이는 — 를 향하도록 호소한다고 주장한다. 억압받는 자들(그리고 이러한 명분에 공감하는 사들)은 특히 인간의 삶이 마땅히 지금의 현실 — 그토록 많은 사람들이 식민주의자나 자본주의자의 수탈 아래 있는 현실 — 과는 크게 달라져야만 한다는 사실을 받아들인다. 따라서 사르트르가 말한 "완전한 인간성"이라고 하는 개념은 곧 인간의 삶이 자유롭게 계발되고 완성되었을 때 도달하는 마땅한 결과인 것이다. 그는 이것을 "진정한 윤리학," 즉 인간의 역사가 나아가야 할 적절한 목표라고 주장한다. 또한 칸트와 마찬가지로 그는 현재 역사가 올바른 방향으로 움직이고 있으며, 또한 사람들이 이러한 이상을 점점 더 많이 인식하고 있다고 기대할 만한 어떤 근거를 찾은 듯하다.

바로 이 대목에서 사르트르 — 한때 인간성의 본질이라는 개념을 단호히 거부했던 — 는 사실상 인간의 잠재능력과 그 이상의 완성이라는 몇 가지 일반적인 개념을 당연한 것처럼 전제하고 있다. 그의 사상은 결국 아리스토텔레스적인 방향으로 움직이기 시작했던 것이다.(물론 사르트르 본인이야 이런 지적에 펄쩍 뛰겠지만.) 그는 인간의 '욕구'를 주목하면서, 이것이 우리에게 완수할 것을 "요구하는" 어떤 객관적 가치를 설정한다고 보았다. 비록 사르트르 본인이 체계적으로 열거한 적은 없지만, 이러한 욕구의 개념은 몇 가지 단계를 포괄할 만큼 유연하다. 첫째로는 생리학적 욕구가 있는데, 이는 우리가 생명과 건강을 유지하기 위해 필요로 하는 공기와 물과 탄수화물과 단백질과 비타민과 약품 같은 것이다. 또 단순히 육체적인 성장과 유지 외에도 어떤 심리학적 욕구가 있다. 그중에서도 특히 유아와 어린이에게는 따뜻한 보살핌이 필요한데, 그래야만 그들이 자라나서도 스스로를 가치 있는 존재로 여기고, 삶이란 살 만한 가치가 있다고 믿게 되기 때문이다.(사르트르는 『집안의 백치』에서 이러한 사실을 생생하게 보여준다.) 우리는 여기다가 이른바 우정과 성적 만족, 그리고 자녀를 얻고자 하는 전형적인 성인의 욕구를 덧붙일 수 있을 것이다.(특히 앞의 두 가지는 서로 동등한 관계 속에서 이루어져야만 이상적이다.)

개인과 가족 너머에는 이보다 더 넓은 사회가 있다. 심지어 우리의 신체적 욕구의 만족조차도 어떤 경제적 구조 속에서 우리가 그 구성원이 됨으로써 가능한 것이다. 우리는 여기서 교육과 문화에 대한 욕구라든지, 각자의 주장을 펼치고 개인적으로 인정받고자 하는 욕구라든지, 각자의 일을 통해 사회에 기여하고자 하는 욕구라든지, 정의와 평등의 기초를 다지는 데 참여하고자 하는 욕구에 대해서도 이야기할 수 있을 것이다. 마지막으로 사르트르는 모든 인간이 각자의 삶에 대한 의미와 목적을 지니고자 하는 욕구를 인식한다. 그는 우리가 절대를 열망할 때, "우리는 유한함 때문에 무한함을 갈망하게 된다"고 말함으로써, 여기에 자기만의 독특한 색깔을 덧입혔다. 이것은 그가 초기 사상에서도 다루었던 주제이지만, 이제 그는 이런 "종교적 본능"이 단순히 하느님이 '되려는' 열망일 뿐만 아니라, 오로지 전능하고 사랑 많은 하느님으로부터만 올 수 있는 우리의 삶에 대한 정당화의 욕망이기도 하다고 주장한다. 하지만 사르트르는 역시 이런 생각들은 그저 망상에 불과하며, 이 세계 속에서 우리의 삶의 의미와 목적을 부여할 수 있는 것은 오로지 우리 자신뿐이라고 계속해서 주장한다.

사르트르는 이처럼 인간의 욕구를 열거함으로써, 그 어떤 특정한 사회경제적 발전 단계와 연관되어 있지는 않으면서도, 윤리적이고 정치적인 가치 판단을 정당화할 수 있을 만큼 여전히 구체적이고 현실적인 윤리의 근거를 얻을 수 있으리라 기대했다. 그는 억압받는 자들을 대신한 폭력이 도덕적으로 정당화될 수 있다고 생각한 일련의 조건들 — 물론 사르트르는 무고한 자들을 목표로 삼아도 된다고 노골적으로 명시하진 않았지만, 그가 내건 조건들 가운데 일부는 이른바 "정당한 전쟁"에 대한 기독교의 교리와도 유사하다 — 을 나열하기도 했다.

그런데 그는 과연 무엇이 보편적인 인간의 욕구이며, 또한 무엇이 사회 혹은 사회적 역할의 현단계에서는 상대적인 욕구에 불과한지(가령 자동차나 TV나 컴퓨터나 이동전화를 갖고자 하는 오늘날의 "욕구" 같은 경우), 혹은 단지 광고나 유행에 의해 인공적으로 창조된 욕구에 불과한지(가령 해마다 새로운 차를 사고, 성형수술을 하고, 최신 명품 의류를 사려는 "욕구" 같은 경우)를 결정하는 과정에서는 아무런 의문과도 대면하지 못했던 모양이다. 사르트르는 이른바 특정한 단계의 사회에 특징적인 것과는 정반대되는, 인간의 본성, 혹은 인간의 상태의 일반적인 개념(그가 우스꽝스럽게 표현했다시피 "벌거벗은 인간")에 호소함으로써 이러한 논의를 끝맺는다.

사르트르가 도달한 지점은 결국 플라톤이나 기독교의 초월적 형이상학을 배제한 채, 아리스토텔레스, 칸트, 마르크스, 프로이트의 주제에 대한 종합을 이룬 것이나 마찬가지다. 그야말로 장광설인 그의 철학을 요약해 보자면, 다음과 같은 두 가지 도전을 우리에게 제시한다고 할 수 있다. 첫째로, 그의 철학은 우리에게 보다 진정으로 자각하라고, 우리의 자유를 사용해서 스스로를 더 나은 존재로 만들라고 촉구한다. 둘째로 모든 사람이 각자의 자유를 실현할 수 있는 동등한 기회를 갖게 하는 전 세계적인 사회를 만들기 위해 각자 최선을 다하라는 것이다.

더 읽을거리
● 실존주의 전반에 관한 개설서로는 다음을 참조하라. 윌리엄 바레트(William Barrett), 『비합리와 비합리적 인간』(1962);[382] 데이비드 E. 쿠퍼(David E. Cooper), 『실존주의의 부흥』(1990).
● 주요 실존주의 사상가들에 대한 짧은 개론서로는 다음을 참조하라. 패트릭 가디너(Patrick Gardiner), 『키에르케고르』(1988);[383] 마이클 태너(Michael Tanner), 『니체』(1994); 조지 스타이너(George Steiner), 『하이데거』(1978);[384] 아서 단토(Arthur C. Danto), 『사르트르』(1975).[385]
● 사르트르를 직접 읽어보고 싶다면 우선 그의 소설 『구토』[386]와 그의 강연집

인 『실존주의는 휴머니즘이다』(1948)[387]를 읽도록 하라. 그런 다음에 비교적 분량이 적은 다음 책을 읽어보라. 『자아의 초월』(1957); 『감정의 이론에 관한 시론』(1962).

● 나아가 『존재와 무』(2001)[388]를 직접 읽어보고 싶은 사람은, 이 넓고도 복잡한 숲 속으로 곧장 뛰어드는 것보다도 우선 이 책의 제4부(이것만 해도 거의 200페이지나 된다!)를 먼저 읽어보도록 권하고 싶다. 그런 뒤에는 제1부의 제2장("불성실")과 결론("도덕적 전망"), 그리고 제3부 가운데 일부 — 특히 제1장의 세 번째 절인 "시선" — 를 읽어보라고 권하고 싶다.

● M. 장송(M. Jeanson)의 『사르트르와 도덕의 문제』(1980)는 1947년에 프랑스어로 초판이 나왔으며, 사르트르 본인에게 인정받았을 정도로 그의 초기 철학사상에 대한 훌륭한 해설서이다.

● 『사르트르의 두 가지 윤리학: 본래성에서 완전한 인간성까지』(1993)에서 토머스 C. 앤더슨(Thomas C. Anderson)은 사르트르의 "제1윤리학"(『존재와 무』 출간 직후의 기간으로 대표되는)과 "제2윤리학"(1964년 로마 강연으로 대표되는)에 대해 매우 유용한 설명을 해주고 있다.

● 그레고리 맥컬로크(Gregory McCullouch)의 『사르트르 활용하기: 초기 사르트르 사상의 주제에 대한 분석적 개론』(1994)은 『존재와 무』에 나오는 근본적인 주제들을 골라낸 다음, 이 주제들을 분석철학과 인식론에 연계시킨 매우 명료한 해설서이다.

제10장
인간의 본성에 관한 다윈주의 이론

　지금까지 이 책에서 소개한 다양한 종교와 철학, 그리고 사변적 이론을 살펴보는 동안, 과연 이처럼 오래된 이론들을 살펴보는 것이 무슨 의미가 있을지 의구심을 품은 독자도 없지 않았으리라 본다. 오늘날처럼 과학이 이 세계의 모든 것 — 물론 우리 자신까지 포함해서 — 을 이해하는 가장 적절한 방법으로 정립된 상황에서는 과연 과학을 통해서 인간의 본성에 관한 진리를 밝혀낼 수 있을지를 살펴보지 않을 수 없다. 물론 17세기와 18세기의 사상가들, 가령 홉스와 흄, 그리고 프랑스 계몽주의 사상가들 가운데 일부도 이와 같은 생각을 한 적이 있었다. 그러다가 19세기 중반에 들어 다윈이 진화론을 내놓음으로써, 오늘날에는 인간이 보다 원시적인 생물로부터 진화해 왔다는 견해를 대부분 받아들이게 되었다. 그리고 최근에 들어서는 이른바 진화심리학이 인간의 본성을 이해하는 데 새로운 통찰을 보여주는 도구로 각광받고 있다.

　하지만 심리학과 사회과학에서는 다양한 학파들 사이에 열띤 논란이 지속되어 온 것도 사실이다. 가령 현대의 심리학만 하더라도, 두뇌와 신경계에 대한 생리학적 연구로부터 시작해서 지각과 언어에 대한 인지심리학, 그리고 감정과 아동발달과 인격에 대한 개별 연구를 비롯하여, 사회학과 인류학의 경계에 위치한다고 할 수 있는 사회심리학에 이르는 분야를 포괄하고 있다. 따라서 과연 이처럼 광범위한 분야에 동일한 방법론을 적용할 수 있는지에 대해 의문부터 들게 된다.

수많은 심리학자들과 생물학자들은 이른바 "인간의 본성"이라고 할 만한 어떤 보편적인 것의 존재에 대해서 말하기조차 조심스러워하고, 또한 이보다는 오히려 전문적이고 기술적인 연구를 통해 각자의 명성을 얻는 것을 선호한다.

물론 인간의 문제에 대해 일종의 진단과 처방을 내놓는 모험을 감행한 인물도 소수이긴 하지만 있었다. 따라서 우리가 이 장에서 살펴볼 인간의 본성에 관한 다원주의적 "이론"이란 바로 이들의 주장을 말하는 것이다.

그런가 하면 이른바 인간의 본성을 과학적으로 탐구한답시고, 결과적으로는 세속적인 구원을 ― 혹은 발전을 ― 주장하는 사상가들도 없지 않았다. 하지만 이들의 주장은 경험 과학의 범위를 넘어서는 한편, 우리가 이미 살펴본 다른 "이론"들 못지않게 논란의 여지가 많은 것이었다. 따라서 이 장에서는 이처럼 과학자를 자칭하는 사상가들이 내놓은 인간의 본성에 관한 견해를 역사적인 맥락에서 개략적으로 살펴본 뒤에, 인간의 삶과 이 사회에 대해 일종의 지침을 제공해 온 몇몇 심리학자와 진화생물학자들의 견해를 살펴보도록 하겠다. 그중에서도 중점적으로(두 절에 걸쳐서) 다룰 것은 바로 에드워드 O. 윌슨의 접근방식이다. 또한 이 장은 한 명의 이론가가 아니라 보다 넓은 영역을 개괄하는 것이기 때문에, 편의상 출전을 모두 주로 표시했다.[389]

진화론

"진화(進化)"라는 말에는 다양한 의미가 함축되어 있으므로, 우선 그 뜻을 명확히 해야 할 필요가 있겠다.[390] 가장 일반적인 사전적 의미는 어떤 뚜렷한 최종적 결과를 향해 지속적으로 진행하는 과정이라는 것이다. 가령 우리는 태양계의 진화라든가, 영국 헌법의 진화, 자동차의 진화라는 표현을 사용한다. 그런가 하면 화학자들은 어떤 고체가 화학 반응에 의해 기체로 "진화(승화)되었다"고 말하기도 한다. 이런 경우, 최종적 결과는 그 이전 단계에 비해 어떤 식으로건 더 낫다는 가정하에 진행이 곧 '진보'로 여겨지기도 한다. 하지만 가령 고체가 기체로 변모하는 과정을 진보로 여길 수는 없으며, 또한 정치와 기술 분야에서는 변화로 인해 그 이전보다도 오히려 더 나빠지는 경우도 없지 않다.

이른바 "진화"라는 용어는 종종 '개인'의 발달 과정을 묘사하는 데 사용되기도 하는데, 가령 태아나 유아의 잠재능력이 점차 드러나는 과정을 말한다. 즉 일련의 단계를 거쳐 가며 점차 향상되어서 ― 당연히 특별한 문제가 없을 경우에는 ― 결국 인간이라는 종의 정상적인 특징을 모두 갖춘 성숙한 개인이 되는 것이다. 물론 우리는 이를 보통 성인으로의 발달이라고도 한다. 하지만 역시 "진화"라는 말의 가장 유명한 의미는 곧 생물학적 '종(種)'의 발전이라는 것이다. 즉 지구상에 존재하는 다양한 종류의 유기체들은 고정불변하지 않으며, 그 다양한 종들이 오랜 세월에 걸쳐서 아주 작은 일련의 변화에 의해 서서히 발전해 왔다는 거대한 역사적 가설을 나타내는 것이다.

이에 반대되는 것 중에서도 가장 강력한 형태는 이른바 "창조론"이라고 할 수 있는데, 이에 따르면 '모든' 종류의 유기체는 애초부터 고정불변하며, 그 각각은 (하느님에 의해) 개별적으로 창조된 것이라고 한다.

반면 가장 강력한 형태의 진화론은 이와는 달리 모든 종들은 공통의 기원(어쩌면 심지어 무생물적인 물질로부터)으로부터 발전해 나왔다고 주장한다. 그리고 이 두 주장 사이에는 애초에 서로 다른 몇 가지 기원이 있었다거나, 최초의 생명체가 특별히 창조되었으리라는 식의 절충적인 주장도 자리잡고 있다. 물론 일부 기독교인들은 아직까지도 인간을 이런 진화의 과정에서 제외시킨 다음, 우리가 하느님에 의해 특별히 창조되었다고 주장하고 싶어한다.

인간을 포함한 모든 종이 보다 단순한 형태의 생명체에서 진화해 왔다는 것은 오늘날 거의 대부분 보편적인 '사실'로 받아들여지고 있다. 실제로 인간이 다른 동물들과 공통의 조상에서 유래했음을 보여주는 직접적이고 경험적인 증거는 무척이나 많다. 비교해부학을 통해 우리는 인간의 신체가 다른 척추동물과 동일한 기본 형태 — 네 개의 사지와, 각각 다섯 개씩의 손발가락 — 를 지니고 있음을 알 수 있다. 더군다나 인간은 신체적으로 원숭이, 특히 유인원과 매우 유사하다. 인간의 태아의 발달 과정은 마치 그보다 더 낮은 단계의 생명체의 발달 과정과도 유사하다. 성인의 신체 내에는 보다 낮은 단계의 생명체의 잔재 — 대표적인 것이 꼬리뼈의 흔적이다 — 가 남아 있다. 우리 신체의 생화학적 조성 — 혈액, 단백질, 유전자 — 은 다른 생물과 매우 유사하다. 그리고 날이 갈수록 유인원과 인간 사이의 중간 단계에 해당하는 생물들의 화석이 점점 더 많이 발굴되고 있다. 그리하여 우리가 원시 생물체로부터 진화해 왔다는 사실은 다른 과학의 내용과 마찬가지로 사실로 정립된 것이다.

이제는 진화라는 단순한 '사실'에서 한 걸음 더 나아가 진화의 작용 방식을 규명하는 것에 관심이 모아지고 있다. 물론 다윈 이전에도 진화에 대한 가설을 주장한 사람은 많았으며, 다윈의 할아버지였던 에라스무스 다윈도 그중 한 사람이었다. 또한 생물종을 변화시키는 수단이 무엇인지에 대한 숙고도 일찌감치 시작되었는데, 가령 19세기 초반에 장 바 티스트 드 라마르크는 생물이 부모 세대에 획득한 특별한 성질을 자녀 세대에 물려줄 수 있다는 주장을 펼쳤다. 이른바 "획득 형질의 유전"이 라는 이러한 이론에 따르면, 어느 초식동물이 높은 나무에 있는 잎사귀 를 따먹기 위해 목이 늘어나 길어진 경우에는, 같은 종에 속하는 다른 개 체보다도 훨씬 더 목이 긴 새끼를 낳을 수 있을 것이라는 이야기이다. 그 렇게 되다보니 나중에는 기린처럼 목이 긴 짐승으로 진화했다는 식이다.

다윈의 자연선택론

찰스 다윈(1809-1882)의 가장 큰 업적은 종의 진화, 즉 "자연 선택"의 과 정에 있어 그 인과 메커니즘을 설득력 있게 제시했다는 점이다. 장기간 에 걸친 관찰과 사색(그리고 자신의 견해가 가져올 경천동지할 결과를 짐작하 고 있었기 때문에 생겨난 주저함) 끝에, 그는 1859년에 『종의 기원』이란 책 을 통해 자신의 이론을 세상에 공표했다.[391] 다윈은 일반교양인 독자를 대상으로 집필한 이 책에서, 그간 자신이 꾸준히 수집한 광범위한 증거 를 제시했다.

다윈의 논증의 핵심은 다음과 같은 네 가지의 경험적 일반화에서 도 출된 정교한 논리적 추론이었다. 처음 두 가지 전제는 다음과 같다.

1. 한 종에 속하는 개체의 형질에는 변이가 존재한다.
2. 부모의 형질은 그 자녀에게로 전해진다.

위와 같은 두 가지 일반적인 사실은 동식물에 관한 광범위한 관찰에 서 비롯된 것이며, 실제로 인간은 오래전부터 다양한 종류의 새로운 작 물과 가축을 길러 이용해 왔다. 따라서 다윈은 자연 "선택"을 곧 종을 적응시키는(물론 의도한 것은 아니지만) 과정으로 설명한다. 따라서 나머지 두 가지 전제는 다음과 같다.

3. 종의 개체 수는 기하급수적으로 증가할 수 있다.
4. 환경 자원은 그러한 증가를 감당할 수 없다.

결국 3과 4의 전제로부터, 한 종의 종자나 알이나 새끼 가운데 극히 일부만이 성숙한 상태까지 자라날 수 있음을 알 수 있다. 그 결과, 무엇보다도 같은 종에 속하는 구성원들 사이에서 생존과 번식을 놓고 경쟁을 벌이게 된다. 이는 먹을 것을 놓고 벌이는 경쟁이나, 혹은 암컷을 둘러싼 수컷들간의 경쟁처럼 단순히 물리적인 충돌만을 의미하는 것은 아니다. 다윈이 설명하는 바에 따르면, 먹을 것을 찾아내거나 포식자로부터 도망치는 데 있어 가장 뛰어나고자 하는 것 역시 "경쟁"이다. 이러한 경쟁이 불가피하다는 사실로부터, 또한 1의 전제로부터, 우리는 어떠한 단계든 지간에 개체군 중에서도 최대한 남보다 더 오래 살아남아, 결국 번식을 통해 자손을 남길 수 있는 특정한 개체가 있을 것이라고 추론할 수 있다.(이러한 개체를 가리켜, 주어진 환경에 "가장 적합한" 특성을 지녔다고 말할 수 있다.) 따라서 2의 전제로부터, 그들의 형질은 다음 세대로 전해지는 반면, 그보다 덜 유리한(단순히 "적합한") 형질은 전해지지 못할 것이다.

따라서 그렇게 여러 세대를 거치게 되면 하나의 동물 개체군이 지닌 유형적 특성이 결국 변하게 된다. 그리고 지금까지의 장구한 기간은 물론이고(이는 19세기 초에 이르러 지질학자들에 의해 최초로 인식되었다), 나아가 전세계에 존재하는 매우 다양한 환경 속에 살아가는 동식물의 분포를 고려해 볼 때, 결국 이들도 동일한 조상으로부터 진화해 온 서로 다른 종들일 수 있는 것이다. 그저 다양한 환경 속에 살아가는 개체군 내의 다양성에 대해 자연 선택의 압력이 계속해서 작용하면 그만일 뿐이니까. 따라서 라마르크가 주장한 것처럼 획득 형질의 유전을 굳이 자명한 것으로 간주할 필요는 없었다. 물론 다윈 자신이야 (1)과 (2)의 전제로 요약된 유전의 패턴에 있어 그 유전학적인 근거에 대해서는 전혀 몰랐기 때문에, 이후에 약간 실수를 저지르기도 했지만 말이다.

　이러한 사실들에 대한 이론적인 설명은 멘델의 유전의 법칙에 의해 처음 제시되었다. 이 이론은 이른바 생식에 의해 부모 양쪽의 유전자가 조합되는 과정을 통해 부모로부터 자녀에게로 전해지며, 또한 한 개체의 평생에 걸친 어떤 변화에도 영향을 받지 않고 남아 있는, 뚜렷하면서도 불가분한 인자(오늘날 "유전자"라고 불리는 것)의 존재를 당연한 것으로 가정했다. 유전자의 생화학적 본성과 그 복제 과정은 1950년대에 들어 이른바 DNA의 분자구조에 대한 해명과 함께 발견되었다.

　오늘날에는 이 새로운 지식에 근거하여 다윈의 통찰을 유전자의 측면에서 다시 설명할 수 있게 되었는데, 그런 시도 가운데 대표적인 것으로서 리처드 도킨스의 저서인 『이기적 유전자』[392]를 들 수 있겠다. 이 책의 제목은 무척이나 기발한 은유이다. 물론 철학자들은 유전자가 말 그대로 이기적일 리는 없으며, 차라리 인간(혹은 동물)이 이기적이라고 표현해야 올바를 것이라고 이의를 제기할지도 모른다. 하지만 도킨스는 우리에게 생물학적 진화를 단순히 개체간의 경쟁에서 비롯된 종의 변화로 볼 것이 아니라, 오히려 다음 세대에 각자의 자리를 마련하고자 서로 경쟁하는 유전자들의 입장에서 바라보도록 요청한다. 개체가 태어나고 또 죽어가는 상황에서도, 그 유전자만큼은 여러 세대를 통해 전해지는 것이다. 결국 유전자야말로 상대적으로나마 불멸하는 존재라고 할 수 있다.(물론 그 종이 절멸하게 됨으로써 사라져버릴 수도 있지만.) 그러나 과연 자연 선택의 단위를 무엇으로 — 유전자냐, 유전자 묶음이냐, 개별 유기체냐, 혹은 종족이나 문화 같은 개체의 집단이냐 — 볼 것인지에 대해서는 생물학자들 사이에서도 여전히 논쟁이 거듭되고 있다.

진보인가, 진보가 아닌가?(나무 형태인가, 덤불 형태인가?)
우리는 다윈주의 이론가들을 한 가지 흥미로운 형이상학적 기준에 따라 두 갈래로 나누어볼 수 있다. 즉 종의 진화 과정을 본래적으로 '진보'라고 보는 사람이 있는가 하면, 이런 견해에 반대하는 사람이 있는 것이다. 지금까지 알려진 지구상의 생명체들은 오랜 지질학적 시간을 거치면서 그 복잡성이 눈에 띄게 증가했기 때문에, 마치 진보를 확증해 주는 것만 같다.(물론 아직까지 우리 주위에는 무척이나 많은 원시적 형태의 생명체들이 존재하지만.) 다른 무엇보다도, 우리 인간이야말로 자신을 다른 모든 생명체보다도 더 고등하다고 여기지 않는가? 빅토리아 시대에 이른바 진보의 개념은 가장 유력한 '벨트안샤웅(세계관)' 중 일부였으며, 따라서 허버트 스펜서[393] 같은 사상가가 다윈주의를 통속화시켜서, 생물학적 진보와 인간의 역사가 온 세계를 앞으로, 그리고 위로 이끌어 나간다고 해석한 것도 어쩌면 자연스러운 일이었던 것이다.(그리고 심지어 다윈 자신조차도 이러한 지적 풍조를 어느 정도나마 따른 면도 없지 않았다.)

하지만 20세기의 다윈주의자들은 과연 종의 변화 과정이 본질적으로 진보적인 것인지에 대해 의문을 제기하고 있다. 앞서 언급한 바와 같이 "진화"라는 말 자체에는 진보라는 뜻이 함축된 것으로 종종 여겨지지만, 그렇다고 모든 문맥에서 그렇게 사용되는 것은 아니다.(다윈만 해도 『종의 기원』에서 "진화"라는 말보다는 오히려 "변이의 세습"이란 말을 주로 사용한다.) 논리적으로 볼 때도 이른바 자연선택이라는 말 속에 진화의 산물이 인간의 기준에서 "더 낫다"는 뜻이 함축되어 있지는 않다. 단지 진화의 산물은 주어진 환경 조건에서 더 잘 적응할 수 있다는 것뿐이다. 아울러 하나의 종이 그 생태학적 지위에 '이상적'인 정도로까지 적응해야만 하는 것은 아니며, 다만 생존과 번식이 가능할 정도로만 적응하면 그만인 것이다. 가령 어떤 지역에 도입된 외래종이 나중에는 토착종을 물리치고 더 번성하게 된 경우는 흔히 찾아볼 수 있다. 그리고 기후조건이 급격히 변하게 되면, 다른 종보다도 더 복잡하거나, 혹은 "고등한" 종도 오히려 몰살당할 수 있다. 가령 공룡의 경우에는 지구에 떨어진 거대한 운석이라는 급격한 변화로 인해 그처럼 단기간에 멸종한 것으로 여겨진다. 우리 인간만 해도 핵전쟁이나 생물학전쟁, 혹은 기후 변화로 인해 현재의 환경이 급격히 변화하는 경우에는 언제고 그렇게 멸종해버릴 수 있다.

결국 진화를 '진보,' 혹은 '비(非)진보'로 이해하는 쪽의 차이는 그저 양쪽이 당연한 것으로 간주하는 진화의 '경로'가 서로 다른 형태를 띠기 때문이라고 볼 수 있다. 일반적으로 진화는 아래에서 위쪽으로 꾸준히 자라나면서 수많은 가지를 뻗어나가는 '커다란 나무'의 모습으로 형상화되며, 그중에서도 다른 가지보다도 월등히 높은 단 하나의 가지, 혹은 지위에 바로 '인간'이 있다고 여겨지는 것이다. 도킨스야말로 이런 사고방식을 지닌 현대의 진화론자 가운데서는 가장 대표적인 인물이며, 에드워드 O. 윌슨 역시 그의 이런 주장을 지지하고 있다.[394] 하지만 스티븐 제이 굴드는 오히려 진화를 기회 있을 때마다 옆이나 밖을 가리지 않고 온갖 방향으로 뻗어가는, 따라서 어떤 표준형도 없고 가장 높은 가지라곤 전혀 없는 '덤불'의 모습으로 형상화한다.[395] 즉 굴드의 견해는 포유류건, 유인원이건, 인간이건, 그 진화 과정에는 아무런 필연성도 예정되어 있지 않다는 것이다. 가령 그 운석 충돌이 아니었다면, 공룡이나 그 파충류 후손들은 여전히 지구에서 번성하고 있었을 테니 말이다.

유신론자인가, 무신론자인가?

진화의 형이상학을 살펴보았으니, 이번에는 진화와 유신론의 관계도 살펴보도록 하자. 이 세상에는 아직도 창세기에 나온 하느님의 창조 이야기를 문자 그대로 받아들이는 기독교 신자들이 있다. 따라서 그들이 보기에 인간의 기원에 대한 진화론적 설명은 그 어떤 것이든간에 자신들의 신앙과 상충된다.[396] 물론 한편에서는 창세기를 상징적으로 해석하는 유신론자들도 있는데, 그들은 과학적으로 증명된 진화 과정이야말로 하느님이 우리를 비롯한 모든 생물 종을 지구상에 창조한 과정이나 마찬가지라고 주장한다. 그러나 이들은 여기서 한 걸음 더 나아가, 그렇기 때문에 진화를 곧 진보적인 과정으로 해석하는 것이 당연하다고 여긴다. 왜냐하면 하느님이 의도한 이 과정을 통해서 결국 하느님의 형상대로 지어지고, 이성과 자유의지를 부여받은 존재가 출현하게 되었기 때문이다.

하지만 좀 더 생각해보면, 유신론 역시 비(非)진보적이고 덤불 형상인 진화의 모습과 합치되는 것으로도 해석될 수 있으며, 심지어 이성적이고도 자유로운 존재가 이 지구상에 출현한 것이야말로 그 환경조건에서 우연적으로 일어난 것이라는 해석을 유신론 쪽에서 용인할 수도 있다. 왜냐하면 기독교 신자들이 흔히 말하듯 하느님이 시간을 초월한 존재임을 진정으로 믿는다면, 따라서 하느님의 창조 행위가 지구상의 특정 순간이나 기간에만 일어난 것은 아니며, 오히려 이 세계에 대한 하느님의 영원하고도 지속적인 주재 속에서 계속해서 일어난다고도 말할 수 있기 때문이다. 이런 관점에서 보자면 인간의 진화가 비록 지구상에서 벌어진 과거의 우연적인 조건에 의존하고 있다 하더라도, 이것이 곧 우리 인간의 존재가 영원한 만물의 질서와 무관한 우연적인 존재에 불과하다는 뜻이 되진 않기 때문이다. 즉 우리의 기원에 대한 과학적 설명에 따르면 비록 우리가 무작위적인 돌연변이와 천문학적인 우연을 통해 생성된 존재이지만, 그럼에도 불구하고 우리 인간의 삶을 향한 하느님의 목적이 존재할 수 있다는 것이다. 이와 같은 견해에 근거하여 굴드는 종교가 과학과 동일한 경험적인 영역에서 경쟁을 하는 것은 아니라고 주장한다. 즉 과학이 인과법칙의 영역을 차지하고 있는 반면, 종교는 의미와 목적이라는 또 다른 영역을 차지하고 있다고 말이다.[397] 하지만 도킨스는 기독교의 주장을 문자 그대로 해석하면서도 ― 그런 면에선 그 역시 기독교의 창조론자들과 같다고 해야 할 법하다 ― 그것은 분명히 거짓이라고 여기기 때문에, 그는 철두철미한 무신론자의 입장을 견지한 셈이다.[398]

결국 기독교인 중에서도 창세기를 문자 그대로 믿는 사람과 안 믿는 사람이 있듯이, 다윈주의자들 중에도 유신론자와 무신론자가 있고, 진보주의자와 비진보주의자가 있을 수 있다는 이야기가 된다.(결국 네 가지의 서로 다른 가능성이 있게 마련인 것이다.) 하지만 상당수의 유신론자들은 심지어 인간의 진화에서조차도 어떤 절대적이고 형이상학적인 변화의 순간이 있었음을 당연한 것으로 가정해야 한다는 성향을 여전히 지니고 있다. 가령 플라톤이나 데카르트 같은 이원론자의 경우에는 영혼을 별개의 정신적 실체로 인식하는 까닭에, 인간의 진화와 인간 태아의 발생단계라는 두 가지 경험적 연속체간에 어떠한 형이상학적 단절을 위치시키기가 어렵기 때문이다. 아마 그런 까닭에 교황 피우스(비오) 12세도 최초의 인류가 그 한 쌍[399]뿐이었음은 분명하고, 바로 그들로부터 우리 모두가 원죄를 물려받았음이 분명하다고 주장할 수 있었을 것이다.[400] 보다 최근의 경우로는 키스 워드가 인간이 타락하여 죄가 생기기 이전, 그러니까 선사시대의 한 시점에 인류 최초로 이루어진 의식적인 도덕적 선택의 순간이 분명히 있었을 것이라고 주장한 것을 들 수 있다.[401] 그리고 세인트 앤드류스의 내 동료이기도 한 존 홀데인은 인간의 정신 상태가 표상(재현)인지(즉 그것이 이런저런 사물을 표상하는 "내용"을 지닌 상태인지)의 여부는 결국 '전부(全部)가 아니면 전무(全無)'라는 식의 질문이기 때문에, 결국 어떤 최초의 표상이 반드시 있어야만 한다고 논증한 바 있다.402)

하지만 내가 보기에는 이른바 '전부가 아니면 전무'라는 방식이 적용되는 개념이야 오늘날에도 무수히 많지만(가령 결혼, 국회, 불법행위, 전쟁, 재현(표상)적 회화, 교향악), 그렇다고 해서 이런 것들이 역사상 어느 특정한 순간에 최초로 적용 가능하게 되었으리라 볼 수는 없을 것 같다. 즉 표상, 의식, 자유의지, 죄, 종교적 신앙 같은 개념들이 과연 언제부터 인간의 심성과 문화의 점진적이면서도 뒤죽박죽된 발전 과정에서 한몫을 담당하게 되었는지는 개념적으로 확실치가 않지만, 그렇다고 해서 우리가 오늘날 그런 개념들을 보다 확실하게 적용해선 안 된다는 뜻은 아니다.(헤겔은 양적 변화가 충분히 많아지면 결국 질적 변화를 야기할 수 있다고 언급한 바 있다.) 이런 점에서는 이른바 영적인 변화의 순간은 결코 경험적 관찰이 불가능하다고 한 교황 요한 바오로 2세의 주장이 오히려 맞다고 할 수 있지만,403) 나라면 차라리 진화적 연속에서는 그러한 단 한 가지 순간이란 없다는 쪽을 택하겠다. 나로선 인간의 어떤 능력이나 습관의 기원에 대해 점진주의적으로 접근한다 해서 곧 우리가 오늘날 그에 대해 갖고 있는 개념을 사용해서는 안 된다는 뜻까지 함축한다고는 보지 않기 때문이다.

내가 생각하기에 유신론자들이 만약 자신들의 경험론적이고 개념적인 자산을 위험에 빠트리고 싶지 않다면, 이와 같은 창조론의 흔적을 과감히 씻어버리는 편이 나을 것이다.404) 하지만 창조론의 교리를 놓고, 이것을 만물을 주관하는 하느님의 특별한 행위로 해석하지 않고, 또한 그 이후에도 계속해서 하느님의 특별한 간섭(이른바 중대한 형이상학적 장애물을 넘어서는 진화를 이루기 위해)이 있다고도 해석하지 않으며, 다만 만물이 지속적으로 하느님의 권능에 의존해야 한다고만 해석할 경우, 그렇다면 과연 어떤 의미가 남게 되는지에 대해 의문이 제기될 수도 있다. 즉 과연 그렇게 되면 무엇을 선포할 수 있느냐고 말이다. 어쩌면 이것은 만물이 궁극적으로는 초인간적이고 이상적으로 선한 존재의 의도와 부합될 것이라는 그림에 대한 집착을 말로 선언하는 것은 아닐까? 형이상학적 정신을 지닌 유신론자라면 만약 하느님이 이 우주를 유지하기로 선택하지 않는다면 만물이 존재할 수 없을 것이라고, 혹은 하느님이 원시인의 진화에 의식과 자유의지와 표상과 이성을 갖고 간섭하지 않았다면 인간은 결코 존재할 수 없었을 것이라고 말할 수도 있다. 하지만 과연 무슨 근거로, 겉보기에는 극적으로 보이는 이런 사실에 반하는 가정을 진실로 받아들여야 한단 말인가? 그리고 과연 무슨 근거로 이런 가정을 믿는 사람이 정당화될 수 있단 말인가? 이 문제에 대해 좀 더 이야기하다 보면, 지금 우리가 다루는 주제에서 너무 멀리 나아가 결국 신학과 형이상학으로 들어갈지도 모르니 일단 여기서 그치자.

진화론에 의거한 인간의 본성

자신의 이론이 혁명적인 암시를 담고 있다는 사실이야 이미 잘 알고 있었지만, 다윈이 맨 처음부터 무작정 인간은 마치 유인원과 비슷한 조상에게서 유래했다는 주장을 펼친 것은 아니었다. 다만 그는 『종의 기원』에서 "이로써 인간의 기원과 역사에도 한 줄기 빛이 비칠 수 있을 것이다"[405]라고 결론적인 한 마디를 던졌을 뿐이다. 그러나 이 말에 분명히 암시된 내용은 곧바로 거센 논란을 불러일으켰으며, 그 반향은 오늘날까지도 이어지고 있다. 『종의 기원』이 나온 지 12년 뒤인 1871년에 다윈은

인류의 기원에 대한 자신의 생각을 담은 또 다른 책을 펴냈다.406)

이 명쾌하고도 읽기 쉬운 책에서, 다윈은 우리 인간과 동물 조상들 간의 해부학적 증거를 살펴보고 나서, 우리의 지적이고 도덕적인 능력이 동물 조상들로부터 진화해 온 것이라고 이론화한다. 결국 그는 이 책을 통해 최초의 진화심리학자가 된 셈이라고 하겠다. 이 문제에 대한 그의 생각이야말로 실제로 뛰어난 선견지명을 보여주는 한편, 그 이후에 쏟아져 나온 이른바 인간의 본성에 관한 진화론적 설명이라는 강력한 추세에서도 가장 고전적인 전거가 되어 왔다. 여기서 다윈은 분명히 진보주의자의 편에 서고 있다. 가령 그는 이렇게 말한다. "인간은 서서히 이울락 말락한 걸음걸이기는 하여도 낮은 상태로부터 지식, 도덕, 종교에 있어서 인간이 현재 획득한 최고의 수준으로까지 향상하였다."407) 그는 또한 ― 당시 빅토리아 시대에 살던 영국의 신사 계급 박물학자의 전형적인 관점에서 ― 인종이나 남녀간의 차이에 대한 근거 없는 주장을 그대로 답습하는가 하면, 오늘날의 관점에서 보기에는 그야말로 가슴이 답답한 방식으로 표현하기도 한다.

다윈의 진화론은 곧바로 19세기의 시대정신이 되다시피 했으며, 이른바 '인문(과)학'이란 사이비 과학 분야에서는 특히 더했다. 프로이트의 경우만 해도, 인간의 식욕과 성욕에 근거한 생득적 충동을 당연한 것으로 가정한 뒤에 인간의 본성에 관한 생물학적 이론을 수립하려 했으며, 또한 그는 우리의 원시인 조상들이 오늘날 인간의 심리학에 기여한 바에 대해 숙고해 보기도 했다. 하지만 우리가 이미 제8장에서 살펴본 바와 같이, 프로이트는 경험적 관찰로는 검증이 불가능한 것처럼 보이는, 무수히 많은 정신적 실체와 과정을 마치 당연한 것처럼 가정했다. 그리고 중요한 부분에 가서 그는 인간의 정신적 진화에 관해 다윈보다는 오히려 라마르크 식의 설명을 했다.

뒤르켐과 표준 사회과학 모델

19세기 말, 심리학과 사회학이 과학적 연구의 영역에 모습을 드러냈는데, 이 두 가지 분야는 모두 인간의 해부학, 생리학, 진화생물학 등과는 무관한 독특한 주제를 지니고 있었다. 빌헬름 분트(1832-1900)는 이 두 가지 모두에 관여한 인물이다. 그는 1875년에 라이프치히에서 사상 최초의 심리학 실험연구소를 설립하고, 이른바 내적으로 인지되는 정신상태에 대한 외적인 인과조건을 탐구하는 것을 그 목표로 삼았다. 하지만 분트는 또한 문화인류학적인 관점에서 "집단심리학"에 대해 언급하기도 했다.

그러나 유대계 프랑스인 에밀 뒤르켐(1858-1917)은 이 두 종류의 "심리학"이 전혀 다르다고 생각했다. 그는 심리학적 사실을 신체와 신경계와 두뇌에 관한 생물학적 사실로 환원시킬 수가 없다는 것을 깨달았다. 하지만 그는 또한 사회적 사실(가령 한 기존의 사회에서 법적으로, 혹은 도덕적으로 요구되는 바)을 개인의 심리학적 사실의 총체로 환원시키는 것 역시 불가능하다는 점을 깨달았다. 뒤르켐은 인간 사회에 관한 자연과학을 수립하려는 프랑스 계몽주의의 선구자들 — 콩도르세, 몽테스키외, 콩트 — 의 계획을 자신이 완성시키기로 결심했다. 오늘날 그는 마르크스, 베버와 함께 이른바 사회학의 창시자들 가운데 한 사람으로 평가된다.

19세기 말부터 다음 세 가지 분야에 대한 구분이 생겨났다. (a)생물(과)학. 여기에는 해부학, 생리학, 진화론이 포함되었다. (b)심리학(혹은 "심리학적 과학"). (c)사회과학. 여기에는 사회학, 인류학, 경제학, 심지어 "정치(과)학"까지 포함되었다. 다만 각 학문의 위치나, 그 영역 구분이 합당한 것인지 여부는 줄곧 논란이 되어 왔다.

뒤르켐은 사회적 사실을 가리켜 "사물"이라고 하는데, 이는 그것이 물리 세계의 다른 것들과 마찬가지로 인간의 의지와 무관하게 존재하기 때문이다. 만약 우리가 도덕적, 혹은 법적 규율을 어길 경우, 우리는 본인의 의지와는 무관하게 제재나 처벌을 받게 된다. 이런 사회적 사실은 "분명하며," 혹은 환원 불가능하다. 이와 유사한 방식으로, 어떤 [대상의] 일부분으로부터 그 [대상의] 전체나 전부에 대한 사실을 유도해낼 수는 없다.(가령 수소와 산소의 특성으로부터 물의 축축한 성질을 유도해낼 수는 없으며, 비교적 유연한 재질의 두 원료(동과 주석)를 합쳐 만든 청동은 매우 단단하다.) 뒤르켐은 사회적 사실이란 오로지 다른 사회적 사실에 의해서만 설명될 수 있다고 믿었다.[408]

하지만 그는 사회학에서도 인과적인 해석과 기능적인 해석을 확실히 구분했다. 사회적 풍습이나 제도에 그 '기능'을 부여하기 위해서는 그로 인해 만족될 사회의 요구를 먼저 파악해야만 하는데, 이 필요는 단순히 그[런 풍습이나 제도]에 참여하는 사람들의 의식적인 요구와는 전혀 다른 것이다. 뒤르켐에 따르면, 가령 종교적 제의의 기능은 단순히 신을 예배하거나, 참가자들을 영적으로 고양시키는 것 — 물론 참가자들 자신은 그렇게 주장하지만 — 이 아니라, 오히려 사회의 결속을 다지고, 그 구성원간에 그 사회의 가치와 믿음을 주입하고 유지시키기 위함이라는 것이다. 따라서 뒤르켐의 주장을 신봉하는 사회학자라면, 이른바 하느님이나 신성의 "진정한" 기원은 바로 사회라고 주장할 것이다.

반면 사회학에서 '인과적' 설명은 일반적인 사회학적 법칙을 통해 사회 변화를 설명하는 것과 연관되어 있다. 예를 들어, 한 사회의 도덕적 사고방식이 변하는 경우, 이를 산업 사회에서 노동의 분화가 증대함에 따라 생긴 결과로 해석하는 것을 들 수 있겠다. 한 가지 사회적 현상에 있어 과거의 역사적 원인은 현재의 기능과 거의, 혹은 아무런 연관이 없을 수도 있다.(가령 영국 의회의 상원 같은 경우.)[409] 이는 생물학적 진화에 대한 유비가 될 수 있다. 즉 애초에는 어떤 한 가지 기능을 위해 선택된 기관이 나중에는 다른 용도로 사용될 수 있다는 것이다.(가령 바다에 사는 포유류의 경우에 다리가 지느러미로 변한 것처럼.)

물론 뒤르켐은 훨씬 넓은 의미에서만, 즉 인간 사회에서 법칙에 좌우되는 변화와 발전의 과정을 믿었다는 점에서만 진화론적 이론가라고 할 수 있을 것이다. 그는 점차 노동의 분화가 증대하는 사회적 추세와 종의 진화 사이에 일종의 유비 관계가 성립된다고 보고, 이른바 경제적, 사회적 역할에 있어 "종"의 분화에 대해 언급하기도 했다. 하지만 그렇다고 해서 이런 과정이 다윈 식의 자연선택에 의한다고 본 것은 아니었으며, 다만 사회적 법칙에 종속된다는 점을 분명히 했다.

그는 윤리에서도 이른바 "사회과학적" 태도를 보였다. 즉 윤리적 규범이나 철학적 체계를 단순히 인간의 직관이나 이성으로부터 유래한 것으로만 받아들이는 것이 아니라, 이것이야말로 적절한 사회적 단계에서의 요구를 충족시키기 위한 사회적 사실로 간주한 것이다.(마치 그와 동시대의 니체가 주창한 "도덕의 계보학"처럼.) 그러나 뒤르켐은 이른바 '사실'과 '가치'의 차이를 잘 알고 있었기 때문에, 어떤 사회적 처방을 제공할 경우에는 이른바 사회의 정상적 혹은 건강한 발전과, 비정상적 혹은 병적인 발전을 구분하는 의학적 모델에 의거하였다. 하지만 그로 인해 과연 어떤 것을 이른바 비정상적, 혹은 병적인 것으로 보아야 하느냐는 가치판단의 문제가 야기된다. 이런 문제의 경우에는 항상 어떤 확답을 제시할 수는 없기 때문이다.(가령 뚱뚱함과 날씬함의 기준이 사람마다 다른 것은 물론이고, 각자의 생활방식, 성욕, 공격성, 스트레스 등에도 소극성과 적극성을 구분하는 기준은 제각각이니 말이다.)

사회는 그저 모호하고도 추상적인 실체가 아니다. 뒤르켐은 사회적 법칙이 어떤 사람들의 행동과 반응을 통해서만 다른 사람들에게 영향을 끼칠 수 있음을 인식했다. 가령 경찰관이 법을 강제 집행하는 것이나, 하다못해 사위가 좋지 못한 행실 때문에 장모에게 잔소리를 듣는 것처럼 말이다. 하지만 경찰관은 사회적 제도에 의해 임명되는 것이며, 따라서 그들은 자신들에게 주어진 공권력에 대해 어느 정도 이해를 하고 있다고 가정할 수 있다. "지금 자네 모습을 남들이 보면 뭐라고 하겠나?"라는 장모의 질책은, 곧 장모 자신이 이렇게 명백한 사회적 합의를 지닌 견해와 생각을 말할 수 있는 기회를 부여해 준 사회적 관계를 대변한다는 사실을 드러내 준다. 따라서 뒤르켐의 말마따나 사회적 사실을 순전히 심리학적인 사실로 환원시킬 수는 없는 법이다.

스키너와 행동주의

프로이트주의 이론의 지나친 사변성과, 분트와 윌리엄 제임스 같은 최초의 본격적인 심리학자들이 사용한 내관적 방법의 난해함에 대한 반발로, 미국에서는 J. B. 왓슨[410]이 주도한 이른바 행동주의 운동이 일어나서, 20세기 중반까지 영어권 국가를 중심으로 강단 심리학 분야의 주류로 급부상했다. 당시 하버드 대학 교수로 재직했던 B. F. 스키너(1904-1990)는 행동주의의 대표자로, 자기 세대의 가장 영향력 있는 실험적 심리학자 가운데 한 명이었다.

스키너는 물론 다윈의 이론을 적극 수용했다. 그리고 그는 행동적 조건화라는 자신의 이론과 자연선택 이론 사이의 유비관계를 지적하기 좋아해서, 이른바 환경이 행동을 "선택," 혹은 "형성"한다고 주장했다.(자연에서건, 사회에서건, 심지어 실험실에서건.) 즉 〔환경이〕 어떤 행동에 대해서는 보상, 혹은 "강화(强化)"를 하는 반면, 어떤 행동에 대해서는 처벌(혹은 강화하지 않음)을 함으로써, 결국 전자를 선택하고 또 계속 반복하게 만든다는 것이다. 하지만 스키너를 이른바 진화론적 심리학자라고 부를 수 있는 것은 오로지 이 부분에서만이다. 왜냐하면 유기체와는 달리 행동 그 자체는 결코 말 그대로 생식을 할 수는 없기 때문이다. 게다가 스키너는 이른바 종의 진화 역사가 그 각각의 다양한 행동에 끼친 영향을 미처 고려하지 못하고 있다.

그는 동물의 행동을 그 정신 상태의 결과로 해석하려는 시도 자체를 완전히 거부한다. 왜냐하면 [정신 상태라는 것은] 관찰이 불가능하기 때문에, 스키너는 이를 과학적으로 검증 불가능한 것으로 간주한다. 따라서 그로선 행동의 생리적 전제조건 ― 즉 말 그대로 어떤 특정한 신체적 움직임을 유발하는 내적 신경 상태 ― 을 발견할 수 있는 가능성을 시인해야 한다. 하지만 그는 비록 신경과학의 발전으로 인해 우리가 이른바 두뇌 상태에 대해 보다 자세하게 알게 된 것은 사실이지만, '그런' 두뇌 상태의 원인은 환경으로까지 거슬러 올라가서 찾아낼 수 있으므로, 따라서 우리는 생리학을 건너뛰고 행동의 외적 동기를 직접 찾아보아야 한다는 것이다.[411]

스키너는 모든 동물의 행동이 이른바 '환경적' 변수에 의해 설명될 수 있다고 가정한다. 즉 어떤 행동 유형이건간에 거기에는 유한한 개수의 환경적 자극(과거와 현재)이 존재하며, 따라서 그런 모든 조건들이 적용된다면 그 생물은 그 조건에 합당한 행동을 할 수밖에 없다는 것이다. 이를 극단적으로 적용하자면, 결국 다양한 종 사이의 생득적 차이를 완전히 부정하는 셈이 된다. 물론 그 정도로까지 멀리 나아가진 않지만, 스키너는 한 종에 속하는 개체들 사이에 현저한 생득적 차이가 전혀 없다고 간주하는 성향을 보인다. 이를 인간에 적용하자면, (왓슨이 대담하게 주장했듯이)[412] 건강한 어린아이라면 누구든지 세계적인 운동선수나, 외과의사나, 산업계의 거물이나, 심지어 도둑으로도 키워낼 수 있다는 것이다. 하지만 일란성 쌍둥이의 경우, 어려서부터 서로 떨어져서 자라났다 하더라도 신체뿐만 아니라 성격이나 정신 능력까지도 서로 매우 비슷하다는 사실이야말로 행동주의의 주장에 대한 확실한 반증이나 마찬가지다. 즉 환경보다는 오히려 유전이 중요한 역할을 담당한다는 것이다.

어찌 되었건, 제아무리 행동으로부터 심리학적으로 관찰 가능한 '데이터'를 얻을 수 있다 하더라도, 심리학자들이 그 데이터를 '설명'하기 위해 굳이 관찰 불가능한 실체를 당연한 것으로 간주하는 것이 정당한지는 불분명하다. 행동주의가 나오기 이전은 물론이고, 심지어 그 이후에도 대부분의 심리학자들은 이른바 욕구니, 감정이니, 기억이니 하는 "정신적" 실체에 대해 즐겨 이야기해 왔기 때문이다. 설명에 있어 이른바 관찰 불가능한 것에 대한 호소를 모두 거부함으로써, 스키너는 오히려 대부분의 과학자나 과학철학자들보다 훨씬 더 과학적이기 위해 노력한 셈이다. 왜냐하면 물리학의 경우만 해도 이른바 자기장이니, 기계력이니, 아원자 입자니 하는 관찰 불가능한 이론적 실체를 당연한 것으로 가정하기 때문이다. 만약 이와 같은 실체들에 대해 이야기된 바가 관찰에 의해 검증 가능하다면, 원칙상 이들에 대해서는 아무런 반론도 없을 것이다.

그렇다면 스키너는 무엇 때문에 생리학적 상태를 원인으로 보기를 거절하는 것일까? 이런 것들이 쉽게 관찰 가능하거나 조작 가능하지 않은 것은 사실이라도, 그렇다고 행동의 인과관계에서조차 중요한 역할을 하지 않는 것은 아니다. 스키너는 한 유기체 안에 있는 생리학적 상태가 단지 환경(과거와 현재)과 그 유기체의 행동 사이를 중재하는 역할을 할 뿐이라고만 여긴다. 따라서 그는 심리학이 오로지 환경적 영향과 유기체의 행동을 연결시키는 법칙들에 대해서만 관심을 집중할 수 있다고 생각한다. 하지만 인간은 제외하더라도, 과연 동물이나 컴퓨터의 경우에도 이런 주장이 사실일까? 가령 어떤 자판을 눌렀을 때 컴퓨터가 보이는 반응은 오로지 그 순간에 그 기계의 내적 상태가 어떤지에 달려 있게 마련이다. 따라서 결국 하나의 자판을 누르는 행위와 그로 인해 스크린 위에 나타나는 내용 사이에 어떤 보편적인 법칙을 생각하기 위해서는, 지금 당장 컴퓨터의 내적 상황을 고려하지 않을 수가 없다.

　　여기에는 두 가지 서로 다른 가정이 존재한다. 첫째는 인간의 행동이 '몇 가지'의 과학적 법칙에 의해 지배된다는 것이다. "인간사의 영역에서 과학적 방법을 사용하기 위해서, 우리는 무엇보다도 우선 그 행동이 법칙적이며 고정적이라고 가정해야만 한다."[413] 둘째로 이러한 법칙은 '환경적' 요인과 인간 행동 간의 인과적 연관관계를 표현한다는 것이다. "우리의 '독립적 변수' ― 즉 행동의 원인 ― 는 바로 행동이라는 기능의 외적 조건을 형성한다."[414] 이는 마치 환경과 행동을 연결시켜주는 법칙을 '찾아내는' 어떤 프로그램을 표현하는 것처럼 순전히 방법론적인 해석에서만 받아들일 수 있으며, 이 점에 대해서는 아무런 반대가 있을 수 없다. 하지만 스키너는 그것들이 일반적인 사실을 표현한다고 간주하기 때문에, 우리로선 과연 그것이 진실인지 여부를 생각해 보아야 할 이유가 충분하다. 인간의 행동이 환경적 입력뿐만 아니라 생득적인 요인에도 근거하고 있다는 증거는 상당히 많으며, 그중 일부는 모든 인간에게 공통되지만, 또 그중 일부는 개개의 유전적 차이에 의거한다. 더군다나 돌이켜보면, 과연 인간의 행동에 관한 과학적 설명이라고 해서 반드시 모든 인간의 행동이 예정되어 있으며, 결코 자유의지를 지니고 있지 않다고 전제해야 하는지는 의문의 여지가 있다.

촘스키와 인지심리학

스키너가 자신의 이론을 적용하려고 한 여러 영역 가운데 특히 중요한 한 분야는 바로 우리의 언어 사용이다. 저서인 『언어행동』에서 스키너는 모든 인간의 말이 그 화자의 유아기 사회적 환경의 조건화 ― 즉 그 주위

어른들의 말과, 아이의 말에 대한 어른들의 반응 — 라는 견지에서 설명 가능하다는 것을 보여주려고 시도했다.415) 따라서 에스파냐어를 사용하는 집안에 태어난 유아는 거기서 사용되는 에스파냐어의 여러 가지 예문을 접하게 되고, 유아가 자신이 들은 바를 비교적 정확히 재현해내면 어른들은 아이를 인정하고 아이에게 보상해 줌으로써 이런 행동을 더욱 강화시키고, 이런 식으로 해서 아이가 에스파냐어를 말할 수 있게 된다는 것이다. 스키너는 성인의 말 역시 환경으로부터의 자극 — 그중에는 다른 사람들로부터의 언어적 자극도 포함된다 — 에 대한 일련의 반응으로 간주하고 있다.

언어에 대한 스키너의 설명에 있어 중요한 약점을 지적해낸 사람은 바로 노엄 촘스키로, 그의 연구는 1960년대 이후 심리학의 인지 혁명에서 근본적인 역할을 해 왔다. 촘스키는 스키너의 설명이 언어를 '어떻게' 배우게 되는지는 설명하지만, 과연 우리가 '무엇'을 배우는 것인지에 대해서는 전혀 주의를 기울이지 못한다고 지적한다. 우리가 과연 X를 어떻게 배울 수 있는지 묻기 위해서는, 그에 앞서 과연 X가 무엇인지를 알아야 하기 때문이다. 하다못해 누군가가 X를 배우는 데 '성공했다'는 것으로부터 어떤 기준을 얻어야 하는 것이다. 인간의 언어는 단순히 실험용 쥐가 지렛대를 누르거나, 실험용 비둘기가 모이를 쪼는 정도의 현상과는 매우 다른 종류이기 때문이다. 촘스키는 인간의 언어야말로 그 '창의적'이고 '구조적'인 특징 — 즉 우리는 이전까지 한 번도 듣지 못했던 문장을 말하고 이해할 수 있다 — 으로 인해, 그 어떤 동물의 행동과도 전혀 다르다고 주장한다.416)

스키너의 이론이 언어에 적용될 경우에 왜 틀릴 수밖에 없는지에 대한 촘스키의 주장에는 또 하나의 중요한 측면이 들어 있다. 이것은 언어를 배우는 과정에서 생득적인 정신 능력이 기여하는 바에 대한 문제이다. 프랑스 아이들이 프랑스어를 배우고, 중국 아이들이 중국어를 배우는 것으로 미루어, [언어 습득에서] 사회적 환경이 지대한 영향을 끼치는 것은 분명하다. 그런데 정상적인 인간 어린이가 적어도 하나 이상의 언어를 배우는 데 반해, 다른 동물들의 경우에는 인간의 언어와 유사한 것 — 특히 문법의 규칙에 따라 그야말로 무한히 많고도 복잡한 문장들을 형성할 수 있다는 중요한 측면에서 — 은 전혀 배우지 못하고 있다.(물론 침팬지에게 수화를 가르치는 실험을 통해, 동물 역시 어느 정도까지는 인간과 유사한 능력을 지니고 있다는 주장이 나오긴 했지만.) 따라서 언어를 폭넓게 배우고 또 사용하는 능력은 오로지 인간이라는 종에만 독특한 것처럼 보인다.

촘스키는 매우 한정되고 불완전한 예문을 접한 아이들이라 하더라도 결국에는 자기 모국어의 문법적 규칙을 무척이나 빨리 습득하게 된다는 사실을 들어, 이는 곧 인간이라는 종에게 어떤 일반적인 형태의 규칙에 따라 언어를 구사하는 '생득적인' 능력이 있다는 증거로 볼 수밖에 없다고 주장한다. 놀랍도록 다양한 인간 언어의 배후에는 모든 인간에게 공통적인 어떤 기본적인 체계적 구조가 있음이 분명하고, 우리가 이런 구조를 환경으로부터 '배우는' 것이 아니라, 단지 우리가 받아들이는 언어적 입력을 그런 방식으로 구사한다고 보아야 한다는 것이다.

우리 인간이 진화해 온 종이란 사실로 미루어, 우리가 지닌 독특한 언어 능력 — 이른바 인간만이 독특하게 갖고 있다는 정신 기관 — 역시 이른바 진화론자들이 말하는 "적응"이라 간주해야 할 것이다. 즉 [이런 능력이야말로] 머나먼 과거에 수많은 호미노이드들 사이에서 일어난 자연선택으로 인해 오늘날 인간의 유전자에 남아 있게 된 특징이라는 것이다. 비록 촘스키 자신은 언어에 대한 이런 진화론적인 사변에 대해 약간의 회의를 표현하고 있긴 하지만, 이것이야말로 코스미데스와 투비 같은 최근의 진화심리학자들이 주장하는 바인 것이다.(자세한 내용은 이 장의 뒤쪽에서 다시 살펴볼 것이다.) 이후의 연구는 다음 세 가지 층위에서 이루어지고 있다. 언어학에서는 인간의 언어에서 가장 특징적인 것이 무엇인지(즉 인간의 모든 언어에 특징적인 것이 무엇인지)를 보다 자세하게 연구한다. 두뇌과학에서는 언어가 어떻게 구사되며, 언어를 습득하는 유아의 두뇌가 어떻게 발전하는지를 연구한다. 호미노이드의 진화에서는 우리의 언어 능력이 어떻게 진화해 왔는지를 연구한다.[417] 언어는 매우 효과적인 통신 수단으로 기능하며, 고도로 군집적인 종의 경우에는 이에 적응해 왔다고 볼 수도 있지만, 〔이를 확증하기 위해서는〕 보다 많은 경험적 연구가 필요하다.

물론 말이 인간의 활동 중에서도 유일한 것은 아니다. 하지만 이것이야말로 보다 뛰어난 인간의 정신능력을 상징하기 때문에 특히 중요하다. 이는 인간 행동의 다른 중요한 결정요인들이 환경에 의해 규정되거나 환경으로부터 습득되는 것이 아니라, 오히려 생득적인 것일 가능성을 열어준다. 우리는 조상들의 진화를 통해, 오늘날 우리에게 있는 다른 유전적인 "정신기관," 혹은 "모듈"의 존재에 대한 '설명'을 얻을 수 있을 것이라는 생각조차도 염두에 두어야만 한다. 인간의 지각과 관련하여 더욱 복잡하고, 생득적으로 프로그램되고, 정보처리적인 메커니즘에 대해서는 이미 자세한 연구가 이루어진 바 있다. 데이비드 마의 연구 역시 그 중 한 예로 들 수 있다.[418]

틴버겐과 동물행동학

스키너가 행한 동물 실험은 철저하게 인공적으로 제어된 조건하에서 이루어졌다는 점에서 기술적으로 뛰어난 것이지만, 그 결과를 바탕으로 한 그의 추정은 크게 의문의 여지가 있는 것이었다. 이른바 스키너 상자[419]

에서 쥐와 비둘기가 어떤 행동을 하게 유도될 수 있는지에 대한 그의 발견은 어디까지나 그 두 종에 대해서만, 또한 그런 인공적인 조건하에서만 적용 가능했다. 비록 그가 여러 종에 적용 가능한 조건화 메커니즘 가운데 하나를 발견해냈다고 하더라도, 동물의 행동을 산출해낼 수 있는 중요한 방법은 '그 외에도' 있게 마련이다.

니코 틴버겐(네덜란드 출신으로 훗날 옥스퍼드 대학 교수를 역임한)은 동물의 행동을 '자연' 상태에서 과학적으로 연구하는 이른바 "동물행동학"의 창시자들 가운데 한 사람이다. 이 학문의 기원을 따지자면 다윈 자신을 비롯한 초기의 여러 박물학자까지 거슬러 올라갈 수 있지만, 동물행동학이 크게 대두한 것은 특히 1940년대 이후의 일이었다. 동물행동학의 또 다른 창시자들로는 인간의 공격성을 분석한 콘라트 로렌츠(이후에 우리가 살펴볼 인물이다)와 꿀벌의 의사소통용 춤을 연구한 폰 프리쉬를 들 수 있다.

동물행동학자들은 동물의 행동 가운데 어떤 유형(우리가 흔히 "본능적"이라고 묘사하는 것들)은 단순히 행동주의적인 방식으로는 설명이 불가능하다는 사실을 깨달았다. 왜냐하면 이런 행동 유형은 그 종에 속하는 모든 개체(혹은 모든 수컷, 혹은 암컷)에게서 자발적으로, 그리고 각 개체의 과거 경험과는 무관하게 나타났기 때문이다. 예를 들어 대부분의 새들이 먹이 구하기, 구애하기, 짝짓기, 둥지 틀기, 새끼 키우기 등에서 전형적인 행동 유형을 나타낸다는 것을 들 수 있다. 발정기에 접어든 수사슴은 다른 수컷과 싸우고 다른 암컷을 쫓아다니게 된다. 갈매기 새끼들은 본능적으로 부모의 부리에 있는 붉은 점을 자기 부리로 쪼아 부모가 토해준 먹이를 먹고, 수컷 큰가시고기는 자기 영역에 다른 수컷의 뚜렷한 보호색이 모습을 드러내면 무척이나 공격적으로 반응한다. 이런 행동은 제아무리 다양한 환경 속에서도 결코 없어지거나 크게 완화되지 않는다는 점에서 이른바 생득적인, 혹은 "불변하는" 것이라고 할 수 있다. 이를 설명하기 위해 동물행동학자들은 전형적으로 한 동물의 '개체'의 과거 경험(그 "조건화")에 호소하는 것이 아니라, 오히려 그 동물의 '종'에 일어난 진화 과정에 호소했다.

틴버겐은 어떤 한 가지의 특정한 행동에 대해 제기할 수 있는 질문을 편의상 네 가지로 구분하면서, 이른바 "어째서 저 생물은 저런 환경에서 저런 행동을 할까?"라는 질문에 다음과 같은 네 가지 의미를 부여했다.[420]

1. 저 행동의 직접적인 원인(가령 '내적이고 생리적인 원인')은 무엇인가? 이에 대해서는 근육 수축, 신경 자극, 호르몬 분비 등의 답변을 할 수 있을 것이다.
2. 저 행동이 가능하기까지 저 개체는 어떤 '발달' 과정을 거쳤는가? 이에 대해서는 발생학, 자궁 내에서의 태아의 발달, 그 종에 속하는 개체의 일반적인 성장 유형(가령 성적 성숙과 연관된 호르몬 변화처럼) 등의 답변을 할 수 있겠지만, 또한 그 개체의 경험으로부터 그런 특별한 행동이 비롯되었을 여지도 없진 않다.(가령 이전에 무엇을 들었는지에 따라 새의 울음소리도 구체적인 내용이 달라지며, 영장류들은 그 도구 사용에 있어 서로 다른 "문화"를 발전시켜 왔다.) 즉 이 부분에서는 실험 심리학자들이 주장하는 스키너 식 조건화의 여지도 없진 않은 것이다.
3. 저 행동의 '기능'은 무엇인가? 즉 무엇 때문에 저런 행동을 하는 것이며, 그 개체는 저 행동을 통해 전형적으로 어떤 목표를 성취하는 것인가? 이에 대한 답변은 종종 어이없을 정도로 명백하며, 실제로 그런 행동 자체는 먹이 구하기, 포식자 피하기, 짝짓기, 새끼 돌보기

같은 생존이나 번식의 목적에 따른 것으로 종종 묘사되곤 한다. 하지만 다른 경우에는 매우 독특한 신체적 움직임과도 연관된 그런 행동의 기능이 과연 무엇인지는 우발적인 인간의 관찰을 통해서는 전혀 명백히 드러나지 않는다. 그것은 단순히 위협이나, 구애나, 포식자에 대한 방어나, "짝을 이룬" 한 쌍의 유대에 의한 강화일까? 다양한 환경적, 사회적 맥락 속에서 일어나는 이러한 행동 유형에 대한 지속적인 관찰을 통해, 동물행동학자들은 보통 그 기능은 이른바 다원주의적인 근거에 의하여, 어떤 식으로건 개인의 유전자의 생식에 기여하기 위한 방법이라는 결론에 도달하게 된다.

4. 그 행동 유형의 '진화적 변천사'는 무엇인가? 이것은 종종 (3)과 거의 구분이 되지 않는다. 가령 대부분의 종에서 먹이 구하기나 짝짓기와 관련된 신체적 움직임은 아마도 같은 기능을 하는 것으로 추정된다. 하지만 다른 경우를 보면, 뚜렷한 행동 유형이라 하더라도 지금은 과거와 같은 기능을 항상 하고 있지는 않을 수도 있다. 행동의 진화는 신체 기관의 진화와 마찬가지로, 변화하는 조건 내에서 자연선택이 가하는 압력으로 인해 "날림공사"가 될 위험이 있다.(즉 적응되어 물려받은 형질을 원래와는 다른 용도로 사용하는 것이다.) 우리로선 되감기 버튼을 누를 수도, 과거를 관찰할 수도 없지만, 어떤 경우에는 동물행동학자들도 진화의 역사의 경로에 대해 합리적인 추론을 할 수 있으며, 따라서 (3)과 (4)를 구분할 수가 있다. 가령 오늘날 위협이나 구애 행동으로 사용되는 새들의 "신호 보내기" 자세 가운데 일부를 보면, 이는 본래는 단순히 날기에 앞서 하는 "의도행동"이었으나, 훗날 "의례화"된 것으로 보인다.

위의 네 가지에 대한 답변은 서로 완벽하게 조화를 이룬다. 이들은 모두 동물 행동에 관한 복잡한 진실을 일부분씩이나마 밝혀주기 때문이다. 만약 어떤 작은 행동에 대해서라도 "완벽한" 설명이란 것이 가능하다면, 거기에는 이 네 가지 층위에 속하는 사실이 당연히 포함되어야 할 것이다.

윌슨과 사회생물학

이토록 서로 다른 접근방식들 — 자연 선택에 의한 종의 진화라는 다윈의 주장이며, 유전자에 대한 생화학적인 이해며, 어떤 행동을 그 개체의 과거 경험, 그 종의 진화 역사, 뚜렷한 사회적, 혹은 문화적 사실들을 통해 설명하는 것 등등 — 모두를 망라해서 인간의 본성에 관한 연구에 적용할 수는 없을까?

하버드 대학의 생물학자 에드워드 O. 윌슨은 저서인 『사회생물학: 새로운 종합』에서 자신이 집단생물학과 유전학이라는 엄밀한 방법을 복잡한 사회 구조에 적용함으로써 새로운 과학적 원칙을 정립했다고 대담하게 주장했다. 그는 이 책의 초반부에 나온 곤충 사회에 관한 상세한 과학적 연구를 시작으로 하여, 이후 다른 많은 군거동물의 종에 대해서도 유사한 접근방식을 적용해 본 다음, 꽤나 도발적인 맨 마지막 장에 가서는 이 방식이 인간에게도 어떻게 적용될 수 있는지를 대략적으로 설명했다. 윌슨은 매우 생동감 있고 읽기 쉬운 문장을 구사해 가면서, 광범위한 일반화와 프로그램적인 주장을 서슴없이 내세운다. 그는 자신의 주장이 불러일으킬 논란을 그야말로 전혀 몰랐거나, 아니면 전혀 두려워하지 않았음이 분명하다. 이후 무수한 논란을 빚어온 그 마지막 장의 맨 첫 문장은 다음과 같다.

우리가 이 지구상에 존재하는 사회성 종(種)의 목록을 작성한다고 할 때, 마치 다른 혹성으로부터 온 동물학자처럼 박물학적 관점에서 인간을 보기로 하자. 거시적 관점에서 인문과학과 사회과학은 각각 생물학의 한 분야로 볼 수 있고, 역사, 전기, 픽션은 인간 사회학에 대한 조사서가 되며, 또 인류학과 사회학은 단 한 종의 영장류에 관한 사회학이 된다.[421]

월슨은 여기서 잠깐 멈춰 서서 우리가 스스로를 "순전히 동물학적인 관점"에서 고찰하는 것이 과연 가능한지, 혹은 바람직한지 여부를 곰곰이 따져보지는 않는다. 또한 그는 인문학과 사회과학이 생물학의 하위분과가 될 수 있으며(그야말로 "과학제국주의"라는 딱지가 달라붙기 좋은 말이다), 생물학 및 행동학의 다른 영역은 자신이 고안해낸 이른바 사회생물학이라는 거대과학 안으로 흡수될 것이라고 서슴없이 주장한다.(결국 과학 내에서도 제국주의가 된 셈이었다.) 그러니 그의 이런 주장은 열띤 논란을 불러일으키지 않을 수가 없었다.

그 장의 소제목만 훑어보더라도, 월슨이 얼마나 광범위한 영역의 문제를 자신의 야심만만한 설명 안으로 끌어들이려 노력했는지를 알 수 있다. "사회구조의 가소성," "물물교환과 상호 이타현상," "결합, 성 및 분업," "역할분담과 분업제," "의사소통," "문화, 의식, 그리고 종교," "도덕," "미학," "텃세제와 부족주의," "초기 사회진화," "후기 사회진화," 그리고 (짜잔!) "미래." 이것만 보면 마치 세상의 그 어떤 것도 사회생물학의 범위를 벗어날 수는 없을 듯하다. 실제로도 월슨은 그 장의 마지막 절에서 두 가지 면에서 일종의 예언을 남기고 있다. 우선 그는 이렇게 미래를 예측한다.

인류가 생태학적으로 안정상태에 도달하는 시기를 대략 21세기 말로 보고 있는데, 그때쯤이면 사회적 진화의 내면화는 거의 완전하게 이뤄질 것

이다. 이때에 생물학이 절정에 이르고 이와 함께 사회과학도 급속도로 성숙해질 것이다.[422]

그러고 나서 그는 자신이 보기에 현재와 미래의 이러한 추세가 지닌 근본적인 의미라고 간주하는 것을 다음과 같이 해석한다.

> 사회학의 이론을 순수 현상학적 단계에서 기본적 이론으로 이행시키는 일은 우리가 인간의 뇌에 대해 신경학적으로 완전히 설명할 수 있을 때 비로소 가능할 것이다. 즉 인간의 뇌를 종이 위에다 세포의 수준까지 분해했다가 다시 조립할 수가 있을 때, 정서와 도덕적 판단의 특성들이 밝혀질 것이다.
>
> (……) 인간이라는 종을 무한히 유지하기 위해서, 우리는 신경세포와 유전자 수준까지 이해할 만큼 완전한 지식을 향해 돌입하지 않을 수 없다. 우리들이 장차 이러한 기계론적 용어들로 우리 스스로를 설명할 만큼 충분히 발전하고, 다른 한편으로 사회과학이 꽃피게 되면, 그때 우리가 그 결과를 받아들이는 일이 매우 힘들게 될지도 모른다.[423]

만약 윌슨의 주장이 맞다면, 뒤르켐과 대부분의 사회과학자들은 사회학이 심리학으로 환원 불가능하고, 심리학이 신경생리학으로 환원 불가능하다고 생각하는 이중적인 잘못을 범한 셈이다. 하지만 이제껏 우리가 살펴본 그의 말은 논증이 아닌 일방적인 단언에 불과하며, 더군다나 ─ 걱정스럽게도 ─ 이와 같은 주제에 대해 다른 과학자들, 사회과학자들, 과학철학자들이 한 이야기를 뚜렷하게 인지하지도 못한 것만 같다.

또 다른 저서인 『인간의 본성에 관하여』에서 윌슨은 이전까지만 해도 사회과학이나 철학이 독차지하던 주제들을, 인간에 관한 진화생물학이 어떻게 설명할 수 있는지를 보여주려고 했다. 그는 인간의 본성을 이해하기 위한 유일한 방법은 그것을 자연과학의 일부로 연구하는 것뿐이라고 역설한다. 그는 다음과 같이 시인한다.

> 이 책은 '과학책'이 아니라 '과학에 관한 책'인 동시에 (……) 사회과학 이론이 자신과 가장 관련이 깊은 집단생물학 및 진화론이라는 자연과학과 접목되었을 때 나타날 심오할 결과들을 다룬 사색적인 에세이다.[424]

또한 그는 일종의 경고 문구까지 쓰고 있다.

> 어쩌면 내가 내린 어떤 결론이나, 자연과학의 역할에 대해 원대한 희망을 품은 것이나, 과학적 유물론을 지나치게 확신한다는 점이 잘못된 것인지도 모른다.[425]

하지만 윌슨은 이런 사회생물학적 프로그램을 최대한 끝까지 밀어붙이는 것을 자신의 과학적 사명이라고 생각하는 듯하다. 왜냐하면 거기에 어떤 한계가 있다면, 그것이야말로 그런 한계를 발견해내는 가장 좋은 방법일 것이기 때문이다.

> 과학정신 자체가 머뭇거리고 있거나, 이론들이 객관적인 검증을 통해 완벽하게 구축되지 않는다면, 진화론을 인간 존재의 모든 측면에 배타적으로 적용하겠다는 시도는 무의미해질 것이다.[426]

윌슨은 말 그대로 사명을 지니고 있다. 바로 진화론, 유전학, 신경생리학, 집단생물학의 이론을 인간 존재의 모든 국면에 적용해야 하는 사명을 말이다! 그 자신의 말마따나, 이것 자체는 과학 이론이 아니라 오히려 극도로 논란의 여지가 있는 연구 프로그램에 불과하며, 또한 그 미래의 성공 여부에 대한 사변적 예측일 뿐이다. 이른바 개념의 객관적 검증에 대해 언급하긴 하지만, 윌슨은 이른바 특정한 과학적 주장을 관찰 가능한 증거에 의해 '경험적'으로 검증하는 것과, 그 자체로서는 과학적 주장도 아닌 어떤 프로그램의 일관성과 통일성을 단지 '개념적'으로 검증하는 것조차도 구분하지 않고 있다. 나는 여기서 윌슨에 대해 메타과학적인, 그리고 철학적인 차원에서 논평하도록 하겠다.

이렇게 비판적인 시각을 유념하면서 『인간의 본성에 관하여』의 제1장("인간 본성의 딜레마"라는 제목이 붙어 있는)을 살펴보자. 윌슨은 자신이 흄으로부터 따왔다고 하는 다음과 같은 질문을 던지며 시작한다. 정신은 어떻게 작용하는가? 정신은 왜 다른 방식이 아닌 그런 방식으로만 작용하는가? 그리고 인간의 궁극적인 본성은 무엇일까? 그는 이렇게 논증한다.

> 뇌가 100억 개의 신경세포로 이루어진 기계이고, 정신이 제한된 숫자의 화학 및 전기 반응의 총체적 활동이라는 말로 어느 정도 설명될 수 있다면, 인간의 전망을 가로막는 경계선이, 즉 우리는 생물학적 존재이고 우리의 영혼은 자유롭게 날 수 없다는 한계가 존재하게 된다.[427]

윌슨의 말마따나, 이것은 과학이 아니라 오히려 보다 넓은 과학적 함의를 지닌 철학적 선언이다. 문제는 그의 이런 선언이야말로 아마추어적이고 모호하다는 점이다. 우리는 여기서 다음과 같은 네 가지 질문을 던져볼 수 있다.

1. 윌슨은 과연 무슨 뜻으로 "기계"란 표현을 썼을까? 이른바 '부품을 가지고 만들어낸 복잡한 장치'라는 이 단어의 일상적인 의미에서 보자면, 두뇌는 결코 기계가 아니다. 만약 윌슨과 같은 입장에서 보자면, 과연 이 세상에 기계 '아닌' 것이 있겠는가?(그렇다면 인간의 신체도 기계요, 태양계도 기계이며, 결국 우주 전체도 거대한 기계가 아니겠는가?) 아니면 그는 이른바 그 개별 부분에 대한 지식으로부터 그 전체의 특성과 기능을 분명히 예측할 수 있는 복잡한 구조라는 의미로 "기계"라는 단어를 사용한 것일까? 만약 그렇다고 해도, 과연 두뇌가 방금 말한 단어의 정의에 맞아떨어진다고 믿을 만한 확실한 증거가 있을까?

2. 윌슨은 과연 무슨 뜻으로 "어느 정도 설명될 수 있다면"이란 표현을 썼을까? 가령 인간의 정신 상태를 묘사하는 모든 문장(가령 "올리버는 새러와 사랑에 빠졌다"처럼)은 이른바 두뇌 안에서 벌어지는 화학적이고 전기적인 현상에 관한 복잡한 진술로 '번역' 가능하다는 것일까? 아니면 그런 정신 상태가 실상 그런 두뇌의 작용으로 '구성' 되어 있거나, 혹은 그런 작용을 통해 인과적으로 '설명' 가능하다는 것일까?

3. 윌슨은 과연 무슨 뜻으로 "우리는 생물학적 존재"라는 표현을 썼을까? 이는 단지 우리가 동물에 불과하다는, 혹은 우리가 스스로의 생물학적 본성에 의해 '제한된다'는 뜻으로 사용한 진부한 말에 불과할까? 아니면 이른바 우리에게 '참'으로 여겨지는 모든 것(가령 우리의 수학적 능력이나, 음악적 감상 등)이 생물학의 용어로 '표현' 될 수 있다는 설득력 없는 논제일까? 아니면 우리에 관한 모든 것이 생물학의 용어로 '표현' 될 수 있다는 극도로 논쟁적인 주장에 불과할까?

4. 윌슨은 과연 무슨 뜻으로 "우리의 영혼은 자유롭게 날 수 없다"는

표현을 썼을까? 어쩌면 이것은 그가 이미 말한 바를 좀 더 시적으로 표현한 것에 지나지 않을지도 모른다. 윌슨이야 워낙 글재주가 뛰어나므로, 그가 조금 지나치게 화려한 수사법을 사용한다고 해서 굳이 타박할 이유는 없다. 하지만 여기서 "영혼"이란 말을 좀 더 진지하게 생각해야 한다면 — 과거는 물론이고, 지금까지도 많은 사람들이 그렇듯 — 우리는 윌슨보다는 차라리 앞 장에서 살펴보았던 플라톤, 아리스토텔레스, 데카르트, 스피노자의 사상으로 돌아가야 할 것이다.

이어서 윌슨은 유신론과 다윈주의 간의 전적인 불합치성을 주장한다.

> 만일 인류가 다윈의 자연선택을 통해 진화한다면, 생물 종은 신[하느님]에 의해 창조되는 것이 아니라, 유전자의 우연과 환경의 필연에 의해 창조될 것이다. 신[하느님]은 물질을 이루는 최소 단위인 쿼크와 전자 껍질의 기원으로서 여전히 탐구될 수는 있으나, 종의 기원으로서는 아니다. (……) 우리가 은유적, 또는 비유적 표현을 써서 이 확고한 결론을 아무리 윤색한다 해도, 그것이 19세기의 과학적 탐구가 남긴 철학적 유산이라는 점에는 변함이 없다.[428]

그리하여 그는 이제 이 두 가지를 혼합시킬 준비를 끝냈다. 단지 과학철학자들과 심리철학자들뿐만 아니라, 나아가 신학자들과 종교철학자들까지도 말이다! 윌슨은 창세기에 나오는 창조설화를 문자 그대로 읽은 다음, 이것이야말로 결국 거짓으로 드러난 원시시대의 과학적 사변이라고 간주한다. 그는 이신론 — 즉 이 우주를 창조하긴 했지만, 이후에는 결코 관여하지 않는 하느님에 대한 믿음 — 이 들어설 여지를 남겨둔다.[429] 하지만 윌슨은 이른바 종교적 주장과 과학적 이론은 같은 층위에 놓인 진술이 아니며, 서로 경쟁하지도 않는다는 입장(칸트와 굴드가 취한 바 있었던)에 입장에 대해서는 전혀 모르는 듯하다. 이 장의 맨 처음 절에서 언급했듯이, 하느님이 진화를 통해 우리를 창조했다고 주장하고 싶어 하는 유신론자들은 무척이나 많다. 따라서 그중 어느 정도까지를 사실(이른바 "상상과 은유"를 제외한)로 인정하느냐 하는 것은 더 논의해야만 할 문제이지만, 윌슨은 이런 종류의 유신론이 있다는 것조차도 전혀 모르는 것 같다.

그 다음 대목에서도 그런 영향을 살펴볼 수 있다.

하지만 그 신자연주의가 참이라고 하면, 그것에 대한 탐구는 두 가지 커다란 정신적 딜레마를 낳을 것이 분명하다. 첫 번째는 인간을 포함한 그 어떤 종도 자신의 유전적 역사가 부과한 의무를 초월하는 다른 어떠한 목적도 갖고 있지 않다는 것이다. (……) 뇌가 자연선택을 통해 진화한다면, 어떤 특정한 심미적 판단과 종교 신앙을 선택하는 능력도 그와 동일한 기계론적 과정을 통해 형성되어야만 한다. 그런 능력은 인간의 조상들이 진화를 거쳐 왔던 그 당시의 환경에 대한 직접적인 적응의 산물이거나, 더욱 엄격한 생물학의 관점에서 본다면 이미 과거에 적응을 거쳤던 더 심층적이면서 덜 가시적인 활동에 딸려 있던 부속물에 불과할 수도 있다.

(……) 인간의 정신은 생존과 번식을 위한 장치이며, 이성은 그 장치의 다양한 기능 중 하나일 뿐이다. (……) 신앙이 '실제로' 생존 메커니즘을 가능하게 한다. (……)

첫 번째 딜레마는 한마디로 우리가 나아가야 할 정해진 곳이란 전혀 없다는 것이다. 종은 자신의 생물학적 본성 외에 그 어떠한 목표도 갖고 있지 않다. (……) 따라서 첫 번째 딜레마에는 사회가 에너지를 특정 방향으로 집중시키면 선험적인 목표들이 급속히 붕괴될 수 있다는 위험이 내포되어 있다.430)

이른바 "정신적 딜레마"를 논하는 이 대목에서 윌슨은 실상 과학이 아니라 철학 이론을 내세우고 있는 셈이며, 따라서 그의 발언은 그 개념에서 비판을 받을 만한 여지가 충분하다. 왜냐하면 인간이 믿음(신앙)을 형성하는 과정에서 추론능력을 사용하는 것이 단지 생존과 번식을 위한 기술이라면, 이는 인간의 '모든' 믿음(신앙)과 판단에 적용되어야 할 것이다. 즉 미학과 종교뿐만 아니라, 수학이며 과학, 그리고 윌슨 자신이 여기서 논하고 있는 메타과학적인 층위에도 적용되어야 할 것이다. 하지만 과연 우리는 아무 모순 없이 스스로의 수학적, 과학적, 그리고 철학적 믿음(신앙)을 정말 생존과 번식을 위한 장치로만 간주할 수 있는가? 그렇게 한다면 우리는 그런 모든 믿음의 진화론적 원인들을 찾으려 노력하면서도, 그런 믿음들의 이유로 제시되는 것들을 진지하게 받아들이지는 않는 셈이다. 나는 윌슨이 (혹은 다른 누구라 하더라도) 감히 우리를 향해, 모든 귀납적이고 연역적인 추론을 포기할 수 있는 여지가 우리에게 있다고 말할 수는 없다고 본다. 가령 우리가 이유를 제시하는 행동 모두를 자연 선택이라는 인과적 설명으로 대체시킬 수는 있겠지만, 우리로선 당장 '그런 주장' 자체가 합당한 것인지 여부조차도 여전히 이성적 믿음에 의해(즉 타당한 경험적 증거라는 형태를 지닌 이성에 의해 지지되는 것으로) 판단해야 하는 것이다.

어떤 명제에 대해 이유를 제시하는 것은 그것에 대한 믿음을 이성적으로 정당화하려는 것이다. 따라서 누군가가 그 명제를 믿게 된 까닭에 어디까지나 억측에 불과한 것을 그 원인으로 제시하는 것과는 개념 자체가 다른 활동이다. 반면 원인을 밝히는 것은 단지 어째서 특정한 개인에게 특정한 믿음의 정신 상태가 존재하게 되었는지를 설명하려는 것이다. 따라서 이에 적절한 원인적 조건은 그 특정 종류의 사람들에게만, 그리고 아마도 특정한 조건하에서만 적용될지 모른다. 하지만 이성적 정당화는 그 명제가 진실이라고 생각하고서 이유를 제공하는 것이다. 그리고 그 이유는 잠재적으로 반드시 보편적이어야 하는데, 왜냐하면 그것을 이해할 수 있는 이성적 존재라면, 반드시 그것이 정말로 그 명제에 대한 믿음의 이유가 된다는 사실을 인식할 수 있어야 하기 때문이다.

따라서 나는 우리가 아무 모순 없이 우리의 모든 믿음 — 피타고라스의 정리며, 다윈의 자연선택이며, 지금 여러분이 읽는 이 문장의 내용이며 — 을 단지 생존 메커니즘으로 간주할 수는 없다고 결론내리고자 한다. '모든' 믿음이 "인간의 조상들이 진화를 거쳐 왔던 그 당시의 환경에 대한 직접적인 적응의 산물"이라고 주장하는 것은 우스꽝스러운 일이 아닐 수 없다. 이런 반론을 접한다면, 윌슨은 아마 자신이 앞에서 언급한 방어책 가운데 두 번째로 후퇴해서, 우리의 믿음 대부분은 "이미 과거에 적응을 거쳤던 더 심층적이면서 덜 가시적인 활동에 딸려 있던 부속물에 불과"한 것이라고 말할 것이다. 그것들은 그 자체가 직접적으로 선택된 것이라기보다는, 오히려 과거의 환경에서 이미 선택되었던 근원적인 인간의 '정신 능력'의 소산이라는 것이다. 오늘날 우리로 하여금 이렇게 추상화, 일반화, 새로운 개념의 형성, 귀납적이고 연역적인 논증, 비판적 반성 등을 가능케 해주는 매우 복잡한 층위의 인간 지능의 발전이 다름 아닌 우리의 호미노이드 조상들에게 이루어진 자연선택 덕분이라는 주장은 매우 그럴듯하다. 하지만 과연 이런 선택 과정이 어떻게 해서 중단되고 말았는지 하는 점은, 이미 옛적에 사라져버린 홍적세 시대의 진화적 경로에 관한, 경험적이긴 하지만 검증하기는 어려운 추측의 문제이다.

여기서 주장되는 바의 요점은, 우리의 정신능력이 진화의 산물이라는 사실을 인정한다 하더라도, 그 자체만으로는 그런 능력을 사용함으로써 우리가 도달하는 믿음(중 일부)의 합리성이나 진실성 여부에 아무런 위협도 되지 않는다는 것이다. 우리가 수학적, 과학적 믿음에 대해 이유를 제시하는 행동은, 그런 믿음을 형성하는 우리의 정신 능력이 이른바 장기간에 걸친 자연선택 과정에 의해 보다 원시적인 수준의 정신력으로부터 진화해 왔다는 사실로 인해 결코 잠식되거나 하진 않는다.

만약 그렇다면, 굳이 진화론적인 반성으로 인해 우리의 '윤리적' 믿음을 잠식할 필요가 있을까? 이른바 우리의 삶을 인도하는 어떤 객관적 가치를 우리가 실제로 갖고 있다고 주장해서 안 된다는 법은 없지 않을까?(가령 플라톤이 말한 영혼의 조화나, 아리스토텔레스가 말한 행복, 칸트가 말한 만인을 향한 존중, 마르크스가 말한 사회정의, 사르트르가 말한 인간의 욕구에 대한 만족, 유대-기독교에서 말하는 이웃 사랑, 공자가 말한 너그러움이나, 심지어 이 책의 결론에서 살펴볼 이 모든 주장의 종합조차도.) 숙고해 보면, 과연 인간의 진화라는 사실 자체가 이른바 윌슨의 주장처럼 인간이라는 종이 "자신의 생물학적 본성 외에 그 어떠한 목표도 갖고 있지 않다"거나, 혹은 "자신의 유전적 역사가 부과한 의무를 초월하는 다른 어떠한 목적도 갖고 있지 않다"는 뜻을 암시하는지는 전혀 명백하지가 않기 때문이다. 윌슨은 우리가 진화해 온 생물이라는 사실을 받아들인다면, 자신의 첫 번째 "정신적 딜레마"가 논리적으로 뒤따라온다고 논증하지는 않고 있다.

윤리나 미학적 판단, 혹은 종교적 주장(즉 결코 합의가 이루어지지 않는 것으로 악명이 높으며, 수많은 철학자들이 오랜 세월 그 의미를 두고 토론을 거듭해 왔던 분야)의 객관성을 의심할 만한 '다른' 이유는 얼마든지 있을 수 있지만, 인간의 진화라는 단순한 사실은 결코 거기에 속하지 않는다.

물론 오늘날 이른바 "초월적 목표의 붕괴" — 즉 사람들이 쾌락, 소비, 부, 권력 같은 세속적인 목표를 넘어선 어떠한 가치를 더 이상 인식하지 않게 되는 사회적 과정이란 의미에서 — 를 지향하는 일반적인 추세가 있는 것 같기는 하다. 하지만 이런 추세는 우리의 시장중심적이고 매체중심적인 사회에서 일어나는 변화의 결과일 뿐, 진화론의 논리적 귀결이라 할 수는 없다.

하지만 지금까지 살펴본 바로 인해 윌슨의 저서가 그야말로 혼란투성이에 불과하다는 인상을 독자들에게 전해주려는 건 절대 아니다. 나는 다만 그의 저서인 『인간 본성에 관해서』 중에서도 특히 철학적 비판에 취약한 앞부분을 중점적으로 다루었을 뿐이다. 그 부분에 뒤이어 윌슨의 책에서는 공격성, 성, 이타주의, 종교 같은 인간의 본성 가운데서도 특히 우리에게 친숙한 특징들에 대해 보다 경험적인 수준에서의 흥미로운 자료와 함께, 보다 광범위한 사고가 펼쳐진다. 이 책은 무척이나 흥미진진한 내용을 담고 있지만, 그 과학적 내용의 수준에서도 비판의 여지는 여전히 남아 있다. 필립 키처는 무척이나 통렬한 비판을 통해, 윌슨이 이른바 경험론적 주장으로 내세운 것들 가운데 상당수가 사실은 증거에 의해 뒷받침되지는 못하는 단순한 사변에 불과하다는 점을 보여주고 있다.[431]

윌슨의 두 번째 "정신적 딜레마"는 "인간의 생물학적 본성에 내재한 윤리적 전제들을 놓고"[432] 선택하는 것과 관련되어 있다. 이에 관해서는 이 장의 마지막 절에서 다시 언급하겠다.

사회생물학에 대한 반박

윌슨의 사회생물학을 위한 프로그램은 즉각적으로 열띤 논란을 불러일으켰는데, 그 논란은 크게 세 가지 — 과학적, 분야적, 윤리적 및 정치적 — 로 구분해 볼 수 있다.

하버드에서 윌슨과 같은 과에 재직하던 집단유전학자 리처드 르윈틴은 윌슨이 사회생물학을 인간에게까지 적용한 것은 "건전한 과학"이 아니었다고 믿었다. 과학자가 아닌 일반인들로선 과학 내에도 생각이나 저술 방식에서 얼마나 다양한 차이가 존재하는지를 아마 깨닫지 못할 것이다. 어떤 과학자들은 무척이나 야심적이고, 광범위하며, 어떤 면에서 사변적인 이론을 제시한다. 반면 다른 과학자들은 보다 엄격한 기준을 지니고 있으며, 그들의 패러다임은 엄밀하고도 관찰 가능한 증거에 의해 탄탄히 뒷받침되고 있다. 전자에 속하는 과학자들은 새로운 가설을 고안해내는 데 능하며, 후자에 속하는 과학자들은 그렇게 고안된 가설을 검증하는 데 능하다. 따라서 이들 두 가지 부류는 서로를 필요로 하면서도 각자의 기질적 차이 때문에 충돌을 빚을 수도 있다. 특히 르윈틴 같은 경우에는 단순한 통계수치가 아닌, 어떤 인과법칙을 [근거로] 원했다. 결국 그는 윌슨의 단순 일반화를 불신했으며, 윌슨의 이론이 현실에 들어맞기 위해서는 좀 더 복잡한 형태를 띠어야만 했다고 생각했다.[433]

또한 많은 학자들 — 윌슨과는 다른 분야를 연구하는 생물학자들을 비롯해서, 사회과학 및 인문학 전공자들 — 은 이른바 사회생물학이 그들 각자의 분야를 접수하게 될 것이라는(혹은 적어도 두 가지가 서로 통합될 것이라는) 윌슨의 "제국주의적" 발상에 거부감을 나타냈다. 이른바 "객관적"이라는 과학 분야에서도 분야간의 경계를 둘러싼 논란은 없지 않아서, 기존 분야의 영역을 침범하는 새로운 분야가 생겨날 경우에는 그에 대한 반발도 만만치 않기 때문이다.

하지만 사회생물학을 둘러싼 논쟁은 단순히 분야간의 정치적 문제보다도 더 넓은 차원의 문제였다. 왜냐하면 그때까지만 해도 인류의 문화는 전적으로 생물학의 영역을 넘어서는 것이기 때문에, 인류 문화와 사회에 대한 연구는 반드시 생물학과는 별개로 이루어져야 한다는 믿음

— 이른바 "표준 사회과학 모델" — 이 만연했기 때문이다.(물론 그렇다고 해서 인간이 호미노이드에서 진화했다는 사실까지 부정하는 것은 아니었다.) 사회과학의 창시자들(마르크스, 베버, 뒤르켐) 역시 그런 입장을 견지해서 이른바 식사, 배변, 수면, 성교, 출산, 수유와 같은 몇 가지 명백한 생물학적 보편성과는 별개로, 대부분의 인간 행동은 생물학보다도 오히려 문화에 의존하고 있다고 주장했다.(가령 수유의 경우에는 굳이 모유를 먹이는 것말고도 우유를 먹이는 대안이 있다는 식으로 말이다.) 사회 및 문화인류학자들은 전세계의 인류 문화의 다양성을 묘사하는 것을 자신들의 주된 소임으로 삼고 있다.(20세기에만 해도 이미 사멸하거나, 지구화 경제에 의해 균등화되기 이전의 이른바 "원시" 사회들에 대한 보고서들이 대거 쏟아져 나온 바 있다.)

윌슨의 프로그램은 사회 현상을 이른바 선택 압력을 통해 설명하려는 환원주의적 방법론을 근저에 깔고 있다는 점만으로도, 일찍이 뒤르켐이 자명한 것으로 간주한 사회적 사실의 환원 불가능성에는 정면으로 배치되는 것이다. 즉 윌슨의 주장은 인류학과 사회학의 규칙을 잠식하는 한편, 인간 현실의 뚜렷한 사회적 측면을 무시하려고 위협하는 것이다.

이는 사회생물학에 대한 윤리적 및 정치적 차원에서의 반대와도 연관되어 있다. 즉 윌슨이 인간의 삶에 대한 생물학적 영향을 강조하는 한편 사회적인 영향을 명백히 간과함으로써, 결국 그 당시에 미국과 영국 사회에서 일어나던 반동적인 성향에 근거와 지지를 제공했다는 것이다.(비록 본래 의도는 아니었다 하더라도 말이다.)[434] 만약 인간 개인 및 사회를 형성하는 데 있어 양육보다도 오히려 자연이 더욱 영향력이 있다고 인정된다면, 지금껏 수많은 사회이론가들이 생각해 왔던 것처럼 교육과 사회제도와 정치적 변화를 통한 개인 및 사회의 향상에 대한 가능성은 생각보다도 훨씬 낮을 것이기에 말이다. 보수적인 성향을 지닌 윤리학자들과 정치가들이라면 아마 각 개인, 인종, 성별간의 차이가 생득적이라면, 결국 그런 차이를 줄이거나 없애기 위해 노력할 이유가 전혀 없다고 (무척이나 만족스럽게!) 주장할 것이다. 따라서 사회주의자, 반(反)인종차별주의자, 페미니스트들은 윌슨의 사회생물학에 경악할 수밖에 없었던 것이다. 그들에게 있어서 유일하게 정치적으로 올바른 입장이란, 우리 각자의 신체적 생리와 몇 가지의 다용도 학습 능력과는 별개로, 인간의 본성이란 기본적으로 "빈 서판"이어서 사회가 그 위에 뭔가를 쓸 수 있다는 (혹은 다시 쓸 수 있다는) 것이었다. 결국 1970~80년대의 학계가 전반적으로 좌파적인 분위기를 띠고 있었던 탓에 윌슨은 인신공격의 대상이 되었고, "사회생물학"이란 말 자체는 그야말로 혐오의 대상이 되고 말았다.

투비와 코스미데스: 통합적 인과 모델

윌슨의 프로그램이 일으킨 논란으로 인해 그의 "사회생물학"이란 용어는 기피대상이 되었고, 향후 "진화심리학"이라는 용어가 이른바 인간의 정신에 대한 근본적으로 다윈주의적인 접근방식을 계속해서 적용하는 많은 사람들에게 더 선호되었다.[435] 그중에서도 캘리포니아 대학 샌타바버라 캠퍼스의 레다 코스미데스와 존 투비는 자신들의 진화론적 방법에 대한 프로그램적 진술을 조심스럽게 내놓았다.[436]

코스미데스와 투비는 표준 사회과학 모델을 새로운 것으로 대체하고 싶어했다. 그들은 지금까지의 모델이 인간 정신 내에 생득적이고 진화적으로 생성된 수많은 인지 메커니즘이 있음을 보여주는 — 그것도 나날이 늘어만 가는 — 증거들을 부당하게도 무시해 왔다고 주장하면서, 따라서 그 대신 자신들이 이른바 "통합적 인과 모델"이라고 이름붙인 것을 제안했다. 우선 이에 대해 좀 더 자세히 알아보자. 그들은 제법 야심적인 방법론적, 혹은 철학적 진술로 시작한다.(어딘가 윌슨과 비슷하지 않은가?)

인과관계라는 광대한 풍경 속에서도, 이제는 헉슬리의 유명한 말마따나 "자연에서 인간의 위치"를 표시하기가 가능해졌고, 따라서 인간이란 무엇이며, 우리는 어째서 지금과 같은 특성을 지니게 되었는지를 사상 최초로 이해할 수 있게 되었다.[437]

각 개인이 풍부하게 지닌 복잡성은 인지적 구조물에 의해 생성되는 것으로, 이 구조물은 생리계에 체화되어 있으면서 그 주위를 둘러싸고 있는 사회적, 비사회적 세계와 상호작용한다. 따라서 인간은 다른 모든 자연계와 마찬가지로 보다 넓고 원칙을 지닌 역사의 우연성 속에 포함되어 있으며, 인간에 대한 어떤 특별한 사실을 설명하기 위해서는 그와 연관된 모든 원칙과 우연성에 대한 공통적인 분석이 필요한 것이다. 이처럼 이음매 없이 매끈한 인과관계의 행렬을 무너트리는 것은 — 즉 개인을 이른바 "생물학적" 측면 대 "비(非)생물학적" 측면으로 분할하려 시도한다는 것은 — 서구의 문화 전통에 고유한 고대의 이원론을 받아들이고 지속시키는 것이나 마찬가지다. 가령 물질적/영적, 신체적/정신적, 물리적/심리적, 자연적/인간적, 동물적/인간적, 생물학적/사회적, 생물학적/문화적인 것에 대한 구분처럼 말이다. 이러한 이원론적 관점은 단지 오늘날은 그 근거를 잃어버린 전근대적인 생물학의 표현에 지나지 않는다.[438]

(……) 통합적 인과 모델은 (……) 과학의 모든 분야들 사이에 존재하는 자연스러운 연관관계들을 수용하고 이용함으로써, 또한 어떤 한 가지 현상을 초래하는 모든 요인들간의 인과적 상호작용에 대한 조심스러운 분석을 구축하는 데 그런 연관관계들을 이용함으로써 진보를 가능케 할 것이다. 이와 같은 대안적인 얼개에서는 결코 어떤 것도 자율적이지 않으며, 이 모

델의 모든 구성요소는 서로 맞물려 있는 것이다.[439]

이러한 관점에 따르면 인과관계야말로 이 세상을 지배하고 있는 원칙이나 마찬가지다. 모든 인간 현상 뒤에는 항상 복잡한 인과관계의 연쇄가 존재하게 마련인데, 그 대표적인 것으로는 다음 다섯 가지를 들 수 있다.

1. 지난 수천 년간 우리의 조상들에게 작용함으로써 인간 종의 내적인 정신적 구성단위(모듈)를 다양하게 생성해 낸 '자연선택.'
2. 지난 수세기 동안 다양한 인간의 문화에서 이루어진 '역사발전.'
3. 각 인간에게 특유의 유전자 조합을 부여한, 성 생식 과정에서의 '유전자 혼합.'
4. 각 인간의 신체적, 정신적 발달 과정에 있어 물리적이고 사회/문화적인 환경의 '입력.'
5. 지각 및 말의 인식과 관련된 '정보 처리.' 그 결과는 동기유발적 요인과 결합되어 즉각적으로 특정한 행동의 원인이 된다.

이러한 그림은 곧 "이음매 없이 매끈한 인과관계의 행렬"이며, 여기서 인지되는 유일한 설명, 혹은 이해는 과학적이고 '인과적인' 설명이다. 하지만 우리는 환경적 조건 ― 물리적인 것(가령 화산 폭발, 기후 변화 등)과 역사적인 것(가령 중요한 전쟁에서 승리함으로써 이후에 여러 가지 문화적 발전에 영향을 끼치는 것 등) ― 에서의 역사적 우발성이라는 중대한 요소를 시인해야 함을 알아야만 한다. 이른바 오로지 지금에 와서야 우리가 "인간이란 무엇이며 (……) 를 사상 최초로 이해하게 되었다"고 주장할 때, 투비와 코스미데스가 염두에 두고 있었던 "이해"란 아마도 이처럼 인과적으로 완벽한, 즉 이상적인 의미였을 것이다. 훗날 그들은 결정론과 인과적 완벽성에 대한 자신들의 선호를 다음과 같이 보다 노골적으로 내비쳤다.

> (……) 모든 표현형의 모든 특징들은 그 유기체의 유전자의 상호작용에 의해 완벽하게, 그리고 동등하게 공동결정된다. (……) 그 개체발생적 환경은 곧 그에 영향을 주는 모든 것을 의미한다. (……) 이 두 가지의 상호작용은 어떠한 인간의 현상에 대한 모든 완벽한 설명의 일부분이 된다. 물론 모든 상호작용의 산물이 단순히 발생적으로 결정되거나, 혹은 환경적으로 결정된 개별 구성 요소나 영향력의 정도로 타당하게 분석이 가능한 것은 아니다. 이러한 이유로 인해 '모든 것' ─ 가령 리하르트 슈트라우스가 생애 마지막으로 지휘한 베토벤 5번 교향곡의 매우 섬세한 뉘앙스에서부터, 그가 태어날 때 그의 뼈 안에 들어 있었던 칼슘염의 존재에 이르기까지 ─ 은 전체적으로는, 그리고 어느 정도까지는 발생적으로나 환경적으로 공동결정적인 것이다.[440]

따라서 우리가 만약 그에 연관된 초기 조건과 인과법칙을 모두 알고 있다면, 모든 것이 예측 가능하다는 뜻이 된다. 하지만 존 듀프레는 결정론에 관한 이러한 믿음, 혹은 최소한 '인과적 완벽성'(이른바 모든 상황에는 완벽한 인과적 진리가 있다는 ─ 인과법칙 가운데 일부는 결정적이라기보다는 오히려 개연적이라 하더라도 ─ 생각)에 대한 믿음은 과학적 방법에서 논리적으로 필연적인 가정이라기보다는 오히려 형이상학적 신조에 불과하다고 주장했다. 듀프레는 우리가 어떤 원칙에 따라 행동(칸트의 예를 따라)할 경우에 진정한 의미에서 인간의 자율성, 또는 의지의 자유라는 여지가 생겨나기 위해서는 오히려 인과적 완벽성이 부재해야만 한다고 주

장했다.[441]

　반면 투비와 코스미데스는 이음매 없이 매끈한 인과의 그물에 대한 그림을 거부하는 것이야말로 곧 지적 근거를 결여한 어떤 한 가지, 혹은 또 다른 종류의 이원론을 포용하는 것과 마찬가지라고 말한다. 물론 나로서도 인간의 본성에 관한 이원론적 시각을 옹호하려는 것은 아니다. 만약 여기서 말하는 이원론적 시각이 이른바 비물질적인 것으로 여겨지는 영혼이 육체에 영향을 끼치는 과정에서, 자연의 질서에 때때로(혹은 자주) 간섭하는 초자연적인 종류의 인과관계를 의미하는 것이라면 말이다. 하지만 이들이 언급한 잘못된 이원론의 목록 가운데 한 가지 분명히 빠진 것이 있는데, 그것은 바로 원인적(인과적) 설명과 이유 제시 사이의 이원론이다. 우리는 (일찍이 윌슨에게 했던 것과 마찬가지로) 투비와 코스미데스에 대해서도 그들이 자신들의 메타과학적인 시각을 '주장'하는 한편, 인간의 인지 메커니즘에 대한 인과적이고 진화론적인 '증거'를 부여하려고 한다고 지적할 수 있다. 즉 이것들은 서로 다른 두 종류의 이유 부여이기 때문이다.

　만약 인과관계의 그물이 진정으로 이음매 없이 매끈하다면, 그것은 '모든' 인간의 행동에 적용되어야만 할 것이다. 심지어 과학자들이 어떤 이론을 제기하는 행동 — 이것 역시 다른 모든 것과 마찬가지로 그 자체가 곧 인과적 설명(물론 매우 복잡하긴 하겠지만)이어야 한다 — 에 대해서도 말이다. 하지만 어째서 누군가가 어떤 믿음을 지니게 되었는지에 대한 "완벽한" 인과적 설명이 실제로 존재할 수 있다고 하더라도, 그러한 믿음에 대해 인과적 설명을 부여하는 것은 합리적 이유를 부여하는 것과는 전혀 다르다. 가령 이유를 부여하는 것은 [당사자가] 그와 연관된 진술(명제)을 '참'이라고 믿는 이유를 제공하는 것이다. 반면 누군가의 믿음 형성에 대한 인과적 설명은 [당사자가] 그러한 믿음을 참이라고 믿건 거짓이라고 믿건 상관없이 가능하다(심지어 둘 중 어느 쪽인지 몰라도 된다)고 할 수 있다. 왜냐하면 모든 사람은 나름대로 어떤 믿음을 갖고 있으며, 어느 누구도 ― 심지어 어느 누구보다도 증거와 논증에 의존하게 마련인 과학자들조차도 ― 자신의 믿음에 대해 분명한 이유를 부여하지 않을 수 없기 때문이다.

물론 그렇다고 해서 우리의 호미노이드 조상들에게 작용한 자연 선택으로 인해 생성된, 생득적인 인간의 정신적 모듈이 상당수 존재한다는 사실을 부인하려는 것은 아니다. 그리고 이런 생득적인 모듈 가운데 일부가 우리의 언어 사용, 지각, 배우자 선택, 자녀 양육 등과 같은 인간의 본질적인 행동과 관련되어 있다고 해도 놀라운 일은 아니다. 그러나 이러한 모듈이 정확히 무엇인지, 그리고 선택 압력이 정확히 어떤 것이었는지를 정립하기 위해서는 그저 안락의자에 앉아서 생각해내는 그럴듯한 진화적 사변(가령 "아마 그럴 것이다"란 식의)뿐만이 아니라, 보다 자세한 논증과 경험적인 증거가 요구되기 때문이다. 그러한 의미에서만, 그리고 충분한 주의를 기울인 다음에야 진화심리학은 진정한 주제 대상과 타당한 연구 방법을 지니게 되는 셈이다.

여기서 내가 제기한 질문은 인간의 본성에 관한 과학적 이론의 개념에 있어서의 한계에 대한 것이었다. 과연 그 [이론의] 제안은 과학의 방법이 우리에게 우리 자신에 대한 '상당한' 진실을 이야기해줄 수 있다는 것인가? 이에 대해서는 어느 누구도 선뜻 부인하려 하지 않을 것이다. 혹은 그 제안은 과학의 방법이 우리에게 인간의 본성에 관해, 그리고 인간이 과연 무엇인지에 관해 '모든' 진실을 이야기해줄 수 있다는 것인가? 앞서 언급한 바와 같이, 이에 대해서는 우리로선 충분히 거부할 만한 이유가 있는 셈이다.

진화론에 의거한 진단과 처방

다윈 이후 한 세기 반이 지나는 동안, 인간의 진화라는 과학적으로 확증된 사실들로부터 우리가 이끌어내야만 한다고 제안된 덕목의 수는 정말 어리둥절할 만큼 다양했다. 다윈 자신도 자신의 진화론을 인간에 적용함으로써 일종의 사회적 처방을 내린 바 있다.

> 아이가 생기면 비참한 빈곤에 빠진다는 것이 눈에 보이듯 한 사람은 결혼을 삼가야 할 것이다. (……) 인간은 다른 어떠한 동물에서도 그러했듯이, 급속한 인구 증가의 결과로서 일어난 생존경쟁을 통하여 오늘날의 지위를 점하기까지 진보하여 왔다. 그래서 만일 이 이상 더욱 진보하려고 하면 격심한 경쟁을 계속해 가지 않으면 안 된다. (……) 모든 인간이 자유로이 참가할 수 있는 경쟁이 있어도 좋을 것이다. 그리고 가장 유능한 자는 인생에 있어서 가장 성공하며 누구보다도 많은 아이를 기를 수 있게 되는데, 이것을 법률이라든가 관습 따위로 방해하는 일이 있어서는 안 된다.[442]

하지만 다윈은 현명한 사람이었기 때문에 자연선택의 한계와 인간 문화의 중요성을 잘 알고 있었다.

> 생존경쟁은 옛날이나 지금이나 중요한 것이지만, 인간의 성질 중에서 가장 고도의 것만에 대해서 말하면 생존경쟁 이외에 그 이상으로 중요한 요인이 있다. 왜냐하면 도덕적 자질이라는 것은 자연도태에 의하여 높아지기 보다도 습관이나 추리력, 교육, 종교, 그밖의 효과가 직접으로, 또 간접으로 영향을 끼쳐 더욱 향상되는 것이기 때문이다.[443]

19세기 말의 사회적 다윈주의자들, 그중에서도 영국의 허버트 스펜서와 미국의 W. G. 섬너는 방금 전에 언급한 인용문 가운데 맨 처음 것에 나타난 주제에 열성적으로 매달렸다. 그들이 보기에는 이것이야말로 자연선택에 의한 진화라는 사실로부터 인간 사회의 극심한 투쟁과 경쟁의 가치로의 직접적인 전이나 마찬가지처럼 보였던 것이다. 따라서 그들은 이것이야말로 극심한 빈부격차를 비롯한 고삐 풀린 자본주의에 대한 정당화가 될 수 있다고 생각한 것이다. 하지만 다른 한편으로는 진화가 우리에게 법률을 제정하고, 사회제도를 수립하고, 다른 사람들을 딱하게 여기고 돌보는 지능을 부여한 이상, 어째서 우리가 그런 정신적 능력을 활용하여 이 사회를 보다 평등하게 만들어 나가는 일을 피하겠는가? 그것이야말로 적어도 우리 '인간'의 본성에 있어서는 이른바 (스펜서가 말한 유명한 문구인) "적자생존," 즉 그보다 잘 적응하지 못한 개체는 생존하지 못한다는 뜻만큼이나 "자연스러운" 것이 아닌가? 하지만 이 문제를 이른바 "자연스러움"이라는 모호한 개념에만 의존하는 것은 위험할 수도 있다. 따라서 우리로선 진화에 대한 실제적인 전제로부터도 도출될 수는 없는 인간의 평등, 욕구, 권리 같은 명백한 윤리적 원칙에 직접적으로 호소하는 편이 더 낫다.[444]

스키너: 행동 기술에 관하여

이미 살펴본 바와 같이 스키너는 매우 좁은 의미에서만, 즉 그가 경험에 의한 행동의 "선택"과 자연선택 간에 일종의 유비를 이끌어낼 때만 다윈주의 이론가라고 할 수 있다. 하지만 그의 경우는 이른바 과학 이론을 사회 문제에 적용시킬 경우에 빠질 수 있는 함정으로서 일종의 타산지석과 같은 기능을 할 수 있다. 저서인 『과학과 인간 행동』과 『자유와 존엄을 넘어서』[445]에서 스키너는 자신의 행동주의 이론을 인간 사회에 적용하려 시도하면서, 만약 우리가 인간의 자유의지와 자신의 행동에 대한 책임이라는 환상을 기꺼이 포기할 수만 있다면, 오늘날 우리의 문제 가운데 상당수를 행동과학으로 해결할 수 있다고 주장한다. 그는 오로지 과학만이 인간의 본성에 관한 진실을 우리에게 알려줄 수 있다고 믿었으며, 과학이야말로 일종의 누적된 과정을 보여주는 것이기 때문에 인간 사회에서도 독특한 것이라고 언급하면서, 인간의 문제를 해결할 수 있는 과학의 잠재능력에 대해 그야말로 허황되다시피 한 장담을 늘어놓았다. 하지만 실제로 스키너는 과학과 기술조차도 분명하게 구분하지 않고 있다. 그에게 과학의 임무란 단지 예측하는 것만이 아니라 오히려 이 세계를 '통제하는' 것이었으며, 그는 보다 나은 인류 사회로 나아가는 방법으로 이른바 "행동 기술"을 제시했다.

스키너는 우리가 자유의지라는 전통적인 개념과 행동이라는 과학적인 설명 사이의 불안정한 과도적 단계에 놓여 있다고 주장한다. "어떤 확고한 시각을 채택하지 않는 한, 우리는 이런 문제들을 해결하는 데 있어 여전히 비효율적인 상태로 남아 있게 될 것이다."446) 마르크스와 마찬가지로, 스키너는 인간의 삶의 환경은 인위적으로 형성될 수 있고, 또한 그렇게 되어야만 한다고 주장한다. "어째서 문화의 설계를 그저 대부분 우연에만 맡겨두어야 한다는 것일까? 사회 환경을 적절하게 변화시킴으로써, 특별한 용도에 보다 적합한 인적 자원을 만들어내는 것이 가능하지 않다는 것일까?"(그의 말은 어쩐지 호감이 가지 않는다.)447) 즉 만약 우리가 개인의 자유와 존엄이라는 환상(스키너가 보기엔 이것이야말로 정말 위험한 가정이 아닐 수 없다)을 포기할 수만 있다면, 인간의 행동을 적절한 방식으로 조건화함으로써 보다 행복한 삶이 가능해지리라는 것이다.

예를 들어 우리는 비효율적인 체벌을 포기하는 대신, 차라리 모든 사람들이 사회의 기준에 '기꺼이' 따르도록 만들기를 지향할 수 있다.

이를 위해서는 적극적인 장려와 교육, 그리고 선전이 조화를 이루어야 한다. 오늘날 미국과 영국에서 사법기관에 종사하는 사람들의 비율이 점점 늘어나는 것만 보아도, 우리는 여기서 스키너의 말이 일면 타당하다고 생각할 수 있다. 과연 우리는 범죄자들을 교정하고 재교육하는 데 대해 진지하게 관심을 갖고 있는 것일까, 아니면 단지 우리의 분노를 그들에게 표출하고자 원하는 것뿐일까?

하지만 스키너가 생각하는 유토피아는 플라톤이 생각하는 정체(政體)와 유사한 반박을 받을 위험을 지니고 있다.(이 책의 제4장을 참조하라.) 가령 조건화를 하는 사람 자신은 과연 누구에 의해 조건화되어야 할까? 문화의 설계자는 어떤 기준에 의해 선정되어야 할까? 무엇이 그들에게 어떤 것이 모두를 위해 최선이라고 결정할 권한을 부여하는 것일까? 그들의 권력 남용은 어떻게 방지할 수 있을까? 스키너는 [자신의 유토피아에서는] 서로 다른 개인과 기관 간에 통제권이 분산되어 있기 때문에 독재가 생겨날 위험은 전혀 없다고 장담하지만, 오히려 그의 생각이야말로 무척이나 순진한 정치적 발상에 불과하다.

효율적인 행동 기술의 사례 가운데서도 가장 놀라운 것은, 대중매체를 상업 광고와 정치 선전에 활용하는 방법이다.(가령 행동주의의 창시자인 존 왓슨은 섹스 스캔들로 인해 학계를 떠난 뒤로 광고계에서 활동했다.)[448] 미국의 기업들은 프로이트 식의 연상법과 스키너 식의 조건화를 광고에 적용하는 방법을 주도해 왔으며, 정부 역시 기꺼이 이들의 뒤를 따라 유권자들을 설득하는 데 그와 유사한 기술을 사용해 왔다. 오늘날 기업, 압력단체, 정당 등은 막대한 금액을 홍보비로 지출하고 있으며, 독재 체제건 민주 체제건 간에 잘 만들어진 광고, 혹은 긍정적이거나 부정적인 내용을 담은 선전은 무척이나 효과가 높다는 것은 우리 모두가 체험적으로 아는 사실이다. 오늘날 인터넷을 통해 "비정통적"인 여론이 소통될 수 있는 장이 마련되긴 했지만, 정부와 기업은 매체를 이용하여 여론을 형성하는 데 거의 달인이 되다시피 했다.

결국 스키너야말로 '모든' 문제 — 심지어 인간의 완성에 관한 문제라든지, 우리가 행동하고 노력할 만큼 '가치' 있는 일이 무엇이냐 하는 문제조차도 — 에 대해서는 (적어도 그 문제가 정말 중대한 것이라면) 순전히 과학적인 답변이 가능하다고 생각한 "과학자"적 성향을 지닌 학자의 극단적인 사례라고 할 수 있다.

로렌츠: 인간의 공격성에 관하여

콘라트 로렌츠(1903-1989)는 프로이트와 마찬가지로 빈의 위대한 과학 및 문화 전통이 낳은 또 다른 인물이다. 그는 동물의 행동을 연구하여 큰 명성을 얻었는데, 그중에서도 가장 유명한 것은 새끼오리가 알에서 부화한 후에 가장 먼저 본 것을 어미로 인식한다는 "각인(刻印)" 현상을 발견한 것이었다. 그는 일반 대중을 상대로 비교적 읽기 쉬운 저서를 펴내기도 했으며, 자신의 생물학적인 지식을 인간의 문제에까지 적용하려 시도했다. 프로이트와 마찬가지로 그는 진화에 의해 우리 속에 심어진 본능과, 문명사회에 필수적인 도덕적 구속 사이의 갈등을 간파했다.

저서인 『공격성에 관하여』[449]에서 로렌츠는 여러 동물 종에서 나타나는 공격적 행동의 유형을 묘사하면서, 본인이 자의적으로 가정한 우리의 생득적인 공격적 성향에 의거하여 인간의 문제에 관한 분석을 제시한다. 그는 특히 '같은' 종에 속한 개체간에 이루어지는 싸움과 협박에 관심을 가졌다.(따라서 그는 [서로 다른 종끼리의] 포식을 공격성에 포함시키지는 않는다.) 같은 종 내에 존재하는 공격성의 생존적 가치는 무엇일까? 그로 인해 각 개체는 이용 가능한 영토 전역으로 널리 흩어짐으로써, 저마다 넉넉한 식량을 확보하게 된다. 서로 경쟁 관계에 있는 수컷 사이의 공격성으로 인해 가장 힘이 센 개체만이 자손을 남길 수 있게 된다. 또한 공격적인 행동은 동물 공동체 내에서 쪼는 순서450)를 유지시켜 주는데, 이는 가장 경험이 많은 동물이 그 집단을 이끌 수 있다는 점에서 도움이 된다.

로렌츠는 인간이 자기와 같은 종을 향해 공격적인 행동을 하려는 생득적인 충동을 지니고 있다고 제시하며, 이것이야말로 인류 역사 전체에 드러나는 갈등과 살해에 대한 유일하게 가능한 설명이라고 주장한다. 그는 우리의 생득적인 공격성에 대한, 아울러 우리의 독특한 '공동체적' 본성에 대한 진화론적 설명을 모색한다. 왜냐하면 인간의 싸움 중에서도 가장 파괴적인 것은 개인간의 싸움이 아니라 오히려 전쟁, 인종청소, 폭동과 같은 집단간의 싸움이기 때문이다. 그는 우리 조상들의 진화 과정에서 특정한 단계에 이르러 다른 호미노이드 집단으로부터 중대한 위협이 가해졌을 것이라고 추측한다. 그로 인해 전투적 가치에 생존적 가치가 부여되었고, 또한 다른 집단보다도 더 똘똘 뭉쳐서 싸움을 잘하게 된 집단이 더 오래 살아남는 성향이 생겨났다. 이를 통해 로렌츠는 이른바 "호전적 열광," 즉 한 인간 집단이 자신에게 낯선 다른 집단을 향해 극도로 적대적이 되면서 이성적 통제나 도덕적 자제를 모두 잃어버리는 현상을 묘사하기 위해 스스로 창안한 개념을 설명하려고 했다.451) 오늘날 우리의 무기제작 기술은 고도로 발달했으며, 우리는 대량 파괴를 가할 수 있는 수단과 아울러, 특정 상황에서 그런 수단을 사용하고자 하는 '적극성'(정부 지도자들이나 테러리스트들이나 간에)까지도 지니게 된, 그야말로 무척이나 위험한 상황에 놓여 있다.

이에 대한 처방으로, 로렌츠는 만약 우리가 스스로의 공격적인 충동의 본성을 이해하게 된다면, 우리는 그것의 방향을 돌려놓을 합리적인 단계를 밟을 수 있을 것이라고 믿었다.(그야말로 프로이트, 사르트르, 그리고 소크라테스의 주장과 유사하지 않은가?) 그러한 가능성 가운데 하나는 '승화'로, 이는 공격성을 오히려 무해한 방향으로 돌려놓는 것이다. 가령 격노를 해소하기 위해 도자기를 깨트리거나, 집단간의 경쟁심을 팀 대항 경기에 활용하는 것이다. 보다 건설적인 방법으로서, 우리는 서로 다른 국가와 계급과 문화를 지닌 사람들 사이에 개인적 친밀감을 증대시킴으로써 집단간의 불신을 해소할 수 있다. 로렌츠는 또한 우리의 유머 감각이 우정을 증대하고, 기만을 폭로하고, 긴장을 완화시키는 효과가 있다고 확신해 마지않았다. 그는 이 문명의 미래가 바로 우리의 유머와 지식에 달려 있다고 여겼다.[452]

하지만 생물학자들은 이른바 개인이 아니라 인간 이전의 부족에서 이루어진 "집단 선택"이라는 로렌츠의 개념이 진화에 대한 다원주의적인 설명과는 다르다는 사실을 발견하고 비판을 가했다.[453] 스키너 역시 이런 식으로 생각한 바 있지만,[454] 실상 전통적인 다원주의 이론에서는 자연선택이 어떤 식으로건 서로 다른 개체들의 집단에 적용되며, 따라서 그중에서도 유전적 특성이 "가장 적합한" 개체라야 자신의 유전자를 다음 세대로 전달할 가능성이 높다. 그러므로 생존과 번식을 위한 경쟁은 근본적으로 개인간에 벌어지는 것이지 결코 어떤 집단이나 부족간에 벌어지는 것은 아니다. 하지만 특정한 조건에서 집단 선택의 가능성에 대해서는 생물학자들 사이에서도 논란이 지속되고 있으므로, 어쩌면 로렌츠가 주장한 인간의 공격성에 대한 설명의 다른 버전에 대해서는 아직 옹호 가능성이 남아 있다고 할 수 있을 것이다.

이른바 공격적 충동에 대한 프로이트나 로렌츠의 가설은 지나치게 단순화된 감이 없지 않다.[455] 심지어 윌슨만 해도 공격성을 무려 '일곱 가지로나 구분하고 있으니 말이다.[456] 이보다 좀 더 그럴듯한 주장은 문화적 환경에 중요한 역할을 부여하는 것으로서, 우리가 특정한 사회적 조건에서 뚜렷하게 공통적이고 집단적인 공격성을 지니게 되는 것 역시 인간의 유전자에 의해 미리 결정되었다는 것이다.

"생물학적 결정론"에 관한 좌파의 반발

위에서 살펴본 이론들(로렌츠의 것을 비롯하여)의 배후에는 인간의 행동 가운데 특정한 형태(가령 공격성, 자원이나 지위를 둘러싼 경쟁, 수컷의 우세, 강간, 전쟁 등)가 우리의 생물학적 본성에 있어 생득적인 것이라는 근거 없는 주장이 실제로 있어 왔다. 만약 이런 주장이 특정한 사회적 관습을 "자연스러운" 것이라거나 불가피한 것으로 정당화하는 데 — 가령 공격성, 가부장제(심지어 강간), 전쟁과 전쟁준비, 나아가 현재의 자본주의 경제 체제 등을 강화하는 쪽으로 — 사용된다면 분명 위험할 수 있다. 물론 사회생물학의 주장에 대한 '반발' 가운데 일부는 그 배후에 역시 특정한 사회적이고 정치적인 동기(혹은 좌파 특유의 "정치적 공정성")를 지니고 있을지도 모른다. 하지만 그렇기 때문에 우리는 서로 상대방의 배후 동기를 공격하는 데서 그쳐서는 더욱 안 될 것이다.(이 책의 서론을 참조하라.) 어떤 경험적 주장이 제기되면, 우리는 그 주장에 대한 증거를 찾기 위해 노력해야 하며, 그 과정에 어떤 가치 판단이 연루되는 경우에는 그 내용을 공개적으로 밝힘으로써 그것 역시 비판적인 검토의 대상으로 삼아야 한다.

1984년에 스티븐 로즈, 리처드 르원틴, 리온 J. 카민은 자신들이 윌슨의 사회생물학적 접근방식에서 발견한, 자신들이 보기에는 분명히 환원주의와 생물학적 결정주의에 의거한 파괴적인 교설로 여겨지는 주장에 대한 체계적인 반론을 책으로 펴냈다.[457] 이른바 보다 사회적으로 정의로운 사회의 공개적인 지지자들로서 — 달리 말하자면 '사회주의자'의 입장에서 — 이들은 이른바 중립적이고 객관적인 과학인 양 제시된 것들 — 가령 IQ(지능지수), 진위가 의심스러운 인종간의 차이와 성별간의 차이에 대한 연구, 그리고 정신의학과 사회생물학까지 — 가운데 상당수가 사실은 우파 정치를 암묵적으로 지지하는 것이라고 주장했다.

물론 윌슨을 공정하게 대하기 위해서는 그가 이른바 진위가 의심스러운 인종적 차이에 대해 다음과 같이 논했음을 분명히 언급해야만 할 것이다. "대다수의 과학자들은 서로 구별되는 인종을 정의하려는 것이 헛된 노력임을 오래전부터 깨닫고 있었다. 사실 그런 실체는 존재하지 않는다."458) 또한 그는 다음과 같이 결론을 내린다. "수많은 세대를 거쳐 내려온 인류는 바로 그 거대한 흐름을 통해 성별과 가족과 전체 집단간에 단일한 인간 본성을 공유하고 있는 것이다. 그리고 그 인간 본성 내에서는 비교적 작은 유전적 영향들이 끊임없이 변화하는 패턴들을 통해 재순환되고 있다."459) 따라서 그의 주장에 대해 인종주의라는 비판을 가하는 것은 그리 적절치 않아 보인다.

반대로 남성과 여성 사이의 차이에 대한 주제를 다루면서 윌슨은 이렇게 말한다. "행동에 유전적 차이가 있다는 증거는 다양하고도 상당히 많다."460) 하지만 일부 페미니스트들은 이 구절을 곧 남자와 여자 사이에는 생득적인 정신적 차이가 있으며, 따라서 사회는 이것을 없애려 해서는 안 된다는 뜻으로 받아들였다.(따라서 "차별 철폐 페미니스트"들은 "평등 확립 페미니스트"들과는 의견이 일치하지 않는 경우가 많다.) 이것이야말로 우리가 잠시 우리의 편견을 제쳐두고 충분히 주의를 기울이기만 해도 얼마든지 답할 수 있는 경험적인 질문이라고 주장했다는 점에서는 윌슨이 물론 옳았다. 또한 양성간의 생득적 차이에 대한 어떠한 사실이 드러나게 되든간에, 우리에겐 사회 정책에 관해(개인의 행동에 관해서는 물론이고) 결정해야 할 실제적인 선택들이 있고, 또한 우리의 가장 깊은 곳에 자리한 가치관에 의거하여 내려야 하는 선택들이 기다리고 있음을 암시

한 점에서도 윌슨은 역시 옳았다.[461]

촘스키: 인권에 대한 논쟁

인간의 언어를 비롯하여, 그것을 통해 우리가 알 수 있는 인간의 정신, 언어의 개인적 발달, 언어의 생득적 능력 등에 대한 학술적 연구 외에도, 촘스키는 정치 평론가 겸 운동가로서 또 다른 길을 줄곧 걸어 왔다. 그는 베트남 전쟁으로부터 시작해서 이후 중앙아메리카와 칠레에 대한 개입, 그리고 최근 들어서는 자국의 이익에 위협이 된다고 생각하는 다른 국가에 대해서는 UN의 승인 없이 선제공격을 가하는 것을 새로운 정책으로 삼다시피 한 미국 정부의 대외정책에 대한 끈질긴 비판자였다. 그의 비판의 핵심은, 미국의 대외 정책은 어디까지나 상투적이고, 외관상으로만 고상한 척하며, 인권이며 자유며 민주주의에 대한 미사여구만 늘어놓으면서도 실제적으로는 이른바 미국이 그리 좋아하지 않는 나라의 국민들의 권익을 깡그리 부정한다는 것이다.[462]

얼핏 보기에는 촘스키의 학문 활동과 정치 활동 사이에 아무런 연관이 없는 듯하지만, 1976년에 르원틴이 촘스키에게 윌슨의 사회생물학에 반대하는 도덕 및 윤리 운동에 동참하도록 권유하면서부터, 이 두 가지 사이에 흥미로운 관계가 부상하게 되었다. 르원틴과 촘스키는 이 문제에 대해 토론하던 중에, 비록 자신들이 좌파 지향적이면서도 각자의 관점에 적지 않은 차이가 있음을 깨닫게 되었다.[463] 두 사람 모두 기본적으로는 인간의 본성에 관한 마르크스의 이론에 호소했지만, 르원틴이 그중에서도 마르크스의 말년에 근거한 "정통" 마르크스주의를 인용하여 고정된 인간의 본성이란 없고 단지 사회적 발전에 의해 이루어진 유동적인 본성만 있을 뿐이라고 생각한 반면, 촘스키는 오히려 초기의 청년 마르크스 (즉 『경제학 철학 수고』를 중심으로)를 선호하여 인간의 배후에는 고정된

"종의 본성"이 있다고 생각했던 것이다.(이 책의 제7장을 참조하라.) 촘스키는 인간의 본성을 그야말로 무한히 유동적인 것으로 간주하게 되면 독재의 여지가 너무나도 커진다고 생각했고, 따라서 우리는 근본적이고 고정불변한 인간의 본성에 의거하여 인간의 필요에 대한 분명한 개념을 지님으로써, 그것을 토대로 우리의 사회가 어떤 방향으로 나아가야 하는지를 알아야 한다고 주장했다.(이에 관해서는 제9장의 말미에서 살펴보았던 인간의 욕구에 대한 사르트르의 이론을 참조하라.)

윌슨의 처방

윌슨은 분석과 제언을 내놓는 데 결코 주저함이 없었다. 그가 『인간의 본성에 관하여』에서 언급한 두 번째 "정신적 딜레마"는 "우리가 인간의 생물학적 본성에 내재한 윤리적 전제들을 놓고 '선택'을 해야 한다는 것을 의미한다."[464] 이게 도대체 무슨 뜻일까? 그는 다음과 같이 설명하려고 한다.

> 뇌에는 우리의 윤리적 전제들에 심층적이고도 무의식적으로 영향을 미치는 선천적인 감지기와 작동기가 있다. 윤리는 이 근원에서 나와 본능으로 진화했다. 이 생각이 옳다면, 과학은 머지않아 인간 가치의 바로 그러한 기원과 의미를 조사하는 자리에 서게 될 것이고, 그렇게 도출해 낸 가치들로부터 모든 윤리적 발언과 다양한 정치적 실천이 흘러나오게 될 것이다.[465]

이 두 번째 딜레마에 대한 윌슨의 다음과 같은 부연설명은 문득 일찍이 프로이트가 문명 속의 불만에 대해 주장한 바를 떠올리게 한다.

감지기와 작동기 중 어느 쪽이 복종해야 하며, 어느 쪽이 축소, 또는 승화되는 것이 더 바람직할까? (……) 미래의 어느 때가 되면 우리는 이런 궁극적이자 생물학적인 의미에서 원하는 인간형을 결정해야 할 것이다. 왜냐하면 우리는 물려받은 다양한 감정적 지침들 중에서 의식적으로 '선택'을 해야 하기 때문이다.466)

그리고 놀랍게도 그는 생물과학이 이 두 번째 딜레마에 답변을 할 수 있다고 주장한다.

우리의 운명을 도표화한다는 것은 우리가 생물학적 '특성'에 바탕을 둔 자동 제어로부터, 생물학적 '지식'에 바탕을 준 정교한 조종으로 이행해야 한다는 의미이다.

(……) 최적의 대안을 선택하는 일은 생물학적 본성에 대한 탄탄한 경험적 지식을 통해서만 가능하다.467)

여기서 윌슨이 하는 말은 무척이나 모호해서, 과연 무슨 뜻인지를 짐작하기가 쉽지 않다. 그는 단지 우리의 생물학적 본성에 대한 경험적 지식으로부터, 우리가 최적의 대안을 선택하는 데 뭔가 '도움'을 받을 수 있다고 말하는 것일까? 그것은 어느 누구도 부정할 수 없는 사실이다. 가령 의학 연구를 통해 우리는 우리 몸의 작용에 대해 많은 것을 알고 있으며, 이러한 지식은 종종 질병을 치료하거나 예방하는 데, 부상에서 회복하는 데, 장애를 경감하는 데 적용될 수 있다. 심지어 정신질환 가운데 일부는 적절한 약물치료로 인해 경감될 수 있으며, 정신불안 가운데 일부는 특별한 종류의 심리요법을 통해 경감될 수 있다. 우리는 특정한 장애의 조건이 유전적 근거를 지니고 있다는 사실을 알고 있으며,

따라서 인간 게놈 지도가 작성된 지금에 와서는 이른바 새로운 종류의 유전자요법에 관한 희망이 생겨나고 있다. 여기까지는 문제가 없다. 즉 인간의 고통을 경감시키기 위해 생리학적이고 심리학적인 지식을 적용한다는 것에는 아무런 논란의 여지도 없다.(물론 특정 치료법의 효과나, 때로는 그 윤리적 문제가 의문시될 수는 있지만 말이다.)

하지만 윌슨이(일찍이 스키너가 그랬던 것처럼) 이른바 인간의 본성에 관한 어떠한 문제도 과학의 범위 내에서 해결할 수 있으며, 따라서 과학의 진보 — 특히 인간의 윤리적 믿음과 감정의 진화론적 기원에 대한 사회생물학적 설명 — 그 자체가 미래의 윤리적 딜레마를 해결할 것이라고 주장하는 순간, 보다 심각한 철학적 문제가 제기된다. 이는 결국 인간의 완성을 비롯하여 무엇이 우리에게 좋은 것이며, 무엇이 우리를 인간의 삶에서 진정하고 지속되는 행복으로 이끌어주는 것인지에 관한 모든 문제가 과학의 방법을 통해 답변될 수 있다는 뜻을 암시하고 있다. 그러나 이런 모든 의미심장한 문제가 과학의 방법을 통해 답변될 수 있다는 주장 자체는 과연 '과학'이라고 할 수 있을까? 그런 "과학만능주의" 자체는 결코 경험적 주장이라 할 수 없다. 즉 관찰과 실험이라는 과학적 방법에 의해 검증될 수 없는 것이므로, 결국 자기모순적인 주장에 불과하다.

물론 인간의 윤리적 믿음과 감정에 대한 진화론적 설명 가운데 일부는 우리로 하여금 사회적 기능에 대해 좀 더 잘 알게 만들어줄 수도 있고(뒤르켐을 기억하라), 우리 자신의 것을 포함한 이른바 윤리적 "직관"의 무반성적인 주장에 대해 좀 더 회의하게 만들어줄 수도 있다. 솔직히 '그런' 종류의 생각이라면 특별히 새로울 것도 없다. 마르크스의 이데올로기 이론이며, 니체의 도덕의 계보학, 프로이트의 도덕적 감정의 심리학적 발달에 대한 설명, 그리고 뒤르켐의 사회학이 모두 그런 종류이기 때문이다.

그러나 모든 윤리적 딜레마에 대해 생물과학이 답변을 제시할 수 있다고 윌슨이 정말 진지하게 주장하는 것이라면, 그는 사실과 가치의 뚜렷한 차이에도 불구하고 지나친 과장을 하고 있는 셈이다. 물론 인간 게놈의 세부내용이나 유전공학 기술에 대한 지식으로 인해, 미래에는 특정한 유전자(가령 유전적 "결함"이나 특정한 혈액형, 인종, 성별 등)를 지닌 사람을 선호하고, 불이익을 주고, 심지어 근절할 수 있는 권력이 지배적 위치에 있는 사람들에게 부여될지도 모른다. 과연 이런 권력이 사용되어야 할까? 만약 그렇다고 한다면, 과연 어떤 경우에 사용되어야 할까? 그리고 과연 누가 그것을 사용해야 하며, 이를 위해 어떤 보호장치를 마련해야만 할까? 이것 역시 분명히 윤리적인(어쩌면 말 그대로 "영적인") 딜레마들이며, 우리에게 이러한 중요성을 환기시켰다는 점에서는 윌슨이 옳았다고 할 수 있다. 하지만 내가 생각하기에는 생물학적 지식이 제아무리 많다 한들, 오로지 그것만 가지고서는 이에 대해 답변을 할 수가 없다. 결국 우리가 내려야 하는, 환원 불가능한 윤리적 판단은 여전히 남아 있기 때문이다.[468]

『인간의 본성에 관하여』의 종교와 희망에 관한 장에서 윌슨이 "신화"에 대해 언급한 내용에 대해서도 이와 비슷한 요지가 적용된다.

> 인류가 아직도 신화의 지배를 광범위하게 받고 있다는 것은 분명하다. 더구나 현대의 많은 지적 및 정치적 투쟁은 세 거대 신화 — 마르크스주의, 전통 종교, 과학적 유물론 — 의 갈등 때문에 나타난다.[469]

윌슨은 마르크스주의를 가리켜 부적절하고도 생물학이 아닌 형태의 과학적 유물론이라고 폄하한다. 그리하여 이 신화들 사이의 투쟁은 재빨리 종교 대 과학의 투쟁으로 환원된다. 그리고 윌슨이 보기에는 이것이야말로 사실 경쟁이라 할 것도 없다.

    과학적 자연주의가 휘두르고 있는 최종 결론에 해당하는 칼날은 그것의 주요 경쟁자인 전통 종교를 철저하게 물질적인 현상으로 설명할 수 있는 능력에서 나올 것이다. 신학은 독립적인 지적 분야로 생존해 갈 것 같지 않다. 그러나 종교 그 자체는 사회의 생명력으로서 오랜 기간 버터낼 것이다. 어머니인 대지로부터 에너지를 끌어내는 신화 속의 거인 안타에우스[470]처럼, 종교가 단순히 그것을 내던지는 자들에 의해 정복당할 리는 없다. 과학적 자연주의의 정신적 약점은 그것이 그러한 힘의 근원을 전혀 갖고 있지 않다는 사실 때문이다.[471]

  그럼에도 불구하고, 윌슨은 이른바 인간의 본성 중에서도 "도덕, 종교, 신화를 창조하고 그것들에 감정의 힘을 불어넣는"[472] 생득적 성향에 근거한 종교의 영적 능력이 결과적으로는 그보다 지적으로 월등한 과학적, 진화적 자연주의의 신화로 귀착될 것이라는 희망을 제시한다.[473] 아무래도 과학이 인류의 새로운 종교가 된다는 이야기처럼 들린다.(이런 생각은 이전에도 있었는데, 특히 19세기 초에 콩트가 제창한 실증주의에서도 비슷한 주장이 제기된 바 있다.)

  하지만 이런 비결이 어떻게 가능한지는 명확하지가 않다. 가령 자연선택에 의한 진화라는 다윈주의 이론의 경우처럼 무척이나 방대한 함의를 지닌 것이라 하더라도, 어떤 특정 과학 이론이 가치 함의를 지니고 삶의 지침을 제시하는, 즉 이전까지만 해도 전통적으로 종교가 해 왔던 역할을 어떻게 감당할 수 있을지는 여전히 의문이기 때문이다. 앞서 살펴본 바와 같이, 윌슨의 과학적 자연주의는 하나의 과학 이론이라기보다는 오히려 모든 것을 경험적으로 검증 가능한 다른 이론들로 설명하려고 하는 메타과학적인 프로그램에 불과하다. 이는 분명히 '지적인' 가치의 기준을 수립하게 된다. 즉 성공적인 설명(가령 객관적 검증이라든지)의 특징에 부합하지 않는 한, 그 어떤 믿음도 정당화될 수 없는 것이다. 비록 윌슨은 "과학적 유물론은 순수한 지식을 지속적으로 추구하여 위대한 목표를 만들어낼 수 있는 유일한 신화"[474]라고 말하지만, 이보다 자세한 일반적인 지침을 제시하지는 않고 있으므로, 향후 가능한 인간 사회 역시 [지금과 마찬가지로] 순수한 지식을 추구하는 한편, 매우 다양한 가치를 지니게 될 것이 분명해 보인다. 즉 어떤 사회는 특정 인종, 특정 강대국, 특정 근본주의 종교의 지배를 도모하는 반면, 다른 어떤 사회는 모든 인간을 그 자체로 목적으로 간주하고, 문화적 차이를 관용하며, 전세계의 인권을 인식하고, 경제 정의를 위해 노력할 것이다. 우리의 행동에 대한 윤리적 '이유'를 형성하기 위해서는 단순히 과학적 유물론 이상의 것이 가치의 원천으로 필요하다는 사실은 당연한 개념적 진리이다.

1970년대 이래 윌슨은 광범위한 분야를 다룬 저서를 여러 권 발표해 왔다. 그야말로 지칠 줄 모르는 정력과, 박학다식한 지적 취향과, 일종의 선교사와도 같은 열성을 지닌 인물이 아닐 수 없다. 가령 『유전자, 정신, 그리고 문화』(C. 럼스든과 공저)에서 그는 유전자와 문화가 인간 속에서 어떻게 공동진화하는지에 대한 수학적 이론을 제시했다.[475] 『생명의 다양성』과 『생명애(生命愛)』에서 윌슨은 인간에 의해 이루어지는 이 지구상에 존재하는 수많은 생물 종의 절멸을 멈추기 위한 노력을 전개한다. 『자연주의자』는 그의 자서전이다. 그리고 『통섭』에서 그는 과학뿐만 아니라 기존의 모든 지식들 — 사회과학과 인문학을 비롯한 — 을 과학의 기치 아래 통합하려는 시도를 다시 한 번 전개한다. 윌슨이 선호하는 종류의 통합은 그야말로 극단적인 것이어서, 심지어 다른 모든 과학 법칙과 원리를 단순히 물리 법칙으로 환원시키는 정도에까지 이른다.[476]

물론 자신이 틀릴 수도 있으며, 보다 복잡한 체계의 상위 수준에서는 환원 불가능한 새로운 법칙이 나타날 수도 있다고 시인하긴 하지만 말이다. 그는 무제한적인 인간의 진보에 관한 계몽주의자들의 믿음이 과학적 증거에 의해 확증되었다고 주장한다.[477] 이야말로 모든 과학적 궤변의 근저에 깔려 있는 경솔한 낙관주의, 또는 순진하기 짝이 없는 믿음의 요소를 암시하고 있는 것이다.

나는 우리가 인간의 진보 가능성에 대한 감각뿐만 아니라, 인간의 본성의 어두운 부분에 대해서도 알 필요가 있다고 생각하며, 빛과 어둠에 대한 우리의 감각은 우리가 이 책에서 이미 살펴보았던 것과 같은 과거의 위대한 종교 및 사상 체계에 의해 영감을 얻고 교육될 필요가 있다고 주장하고 싶다.

더 읽을거리
- 옥스퍼드 대학 출판부에서 나온 〈아주 짧은 개론서〉 시리즈 중에서 다윈, 진화, 진화심리학, 심리학, 그리고 사회 및 문화인류학에 대한 책들을 참조하라.
- 사회생물학에 대한 철학적 검토로는 다음을 참조하라. M. 루스(M. Ruse), 『사회생물학: 과연 의미가 있는가?』(1979); 메리 미즐리(Mary Midgeley), 『야수와 인간: 인간 본성의 뿌리』(1979); 필립 키처(Philip Kitcher), 『지나친 야심: 사회생물학과 인간의 본성에 관한 추구』(1985). 키처의 책은 대단히 전문적인 내용이며, 그 요약문이라 할 수 있는 글이 〈행동 및 두뇌과학〉 제10호(1987)에 수록되어 있다.
- 로버트 라이트, 『도덕적 동물: 진화심리학과 일상생활』(1996).[478] 이 책은 다윈의 이론과 생애, 그리고 진화심리학을 흥미롭게 엮어 서술하고 있다.
- 진화심리학에 관한 최근의 저술로는 다음을 참조하라. 데이비드 M. 버스(David M. Buss), 『진화심리학: 정신에 관한 새로운 과학』(1999);[479] 루이스 배

럿(Louise Barrett), 로빈 던바(Robin Dunbar), 존 라이셋(John Lycett) 공저, 『인간 진화심리학』(2002); K. L. 랠런드(K. L. Laland), G. R. 브라운(G. R. Brown) 공저, 『의미와 무의미: 인간의 행동에 관한 진화론적 시각』(2002). 특히 마지막 책은 현재 진행중인 연구 프로그램에 관한 유용한 정보를 제공하고 있다.

● 진화심리학으로 야기된 철학적 문제를 논한 것으로는 다음을 참조하라. 앤서니 오히어(Anthony O' Hear), 『진화 이후: 인간의 본성과 진화론적 설명의 한계』(1997); 재닛 래드클리프 리처즈(Janet Radcliffe Richards), 『다윈 이후의 인간 본성: 철학적 개설』(2000); 존 듀프레(John Dupre), 『인간의 본성과 과학의 한계』(2001); 존 듀프레, 『인간과 다른 동물』(2002).

● 신경과학자인 맥스 R. 베네트(Max R. Bennett)와 철학자 P. M. S. 해커(P. M. S. Hacker)가 공저한 다음 책도 참조하라. 『신경과학의 철학적 기초』(2003).

결론
상반되는 이론의 종합은 가능한가?

　결국 인간의 본성에 관한 어떤 최종적인, 혹은 완벽한 진실을 제시하면서 이 책을 마무리할 수 있으리라 기대하는 것은 어리석은 생각에 불과할 것이다. 우리처럼 유한한 인간에게는 최종적인 진실이 주어지지도 않으며(물론 수학의 경우는 제외하더라도), 인간의 본성의 경우처럼 광범위하고도 논란이 많은 주제에 대해서는 차마 모든 진실을 망라하는 것조차도 불가능하다. 따라서 나로선 여기서 열한 번째 이론을 제시하는 대신, 우리가 앞서 살펴보았던 이론들(뿐만 아니라 우리가 아는 모든 지식과 지혜들) 가운데 가장 받아들일 만한 내용들을 종합해 보자고 제안하고 싶다.

　독자들은 이 책에서 살펴본 열 가지 이론을 서로 상반되는 것으로 생각하기 쉽겠지만(물론 이 책의 서론에서 그렇게 독려한 까닭도 있다), 실상 이 이론들이 모든 면에서 서로 배치되는 것은 아니다. 그 각각은 우리가 스스로를 이해하는 데, 그리고 우주 속에서 우리의 위치를 이해하는 데 어딘가 긍정적인 기여를 하기 때문이다. 우리는 각각의 이론이 전체적이고도 복잡한 진실의 서로 다른 측면을 강조하는(어쩌면 '지나치게' 강조하는) 것뿐이라고 볼 수도 있다. 따라서 이렇게 각각의 이론을 서로 합치게 되면, 인간의 본성에 관한 보다 적절한 개념을 형성할 수 있을 것이다.

결론에 해당하는 이 장에서는 여러 가지 위험을 무릅쓰면서라도, 우리가 지금껏 해 왔던 네 가지 구조 — 형이상학적 배경, 인간의 본성에 관한 이론, 진단, 그리고 처방 — 로 개괄하는 방법을 통해 이런 종합적 이론의 윤곽을 그려보고자 한다. 이런 융합적인 목표를 위해서는, 우선 칸트의 사상 체계야말로 우리가 다른 이론들에서 각기 받아들일 만하다고 생각한 내용을 하나의 아무 모순 없는 전체적 견해로 통합하는 데 포괄적이고도 적절한 틀을 제시할 수 있다고 생각한다.(물론 어느 정도의 현대화가 필요한 것도 사실이지만.)

그러나 나는 여기서 굳이 우주론적 형이상학을 살펴보면서 시작하진 않을 것이다. 이것이야말로 여러 이론들 사이에서도 가장 이견이 분분한 영역이며, 특히 우리가 자연주의적이고 초자연적인 세계관 사이의 차이나, 서로 다른 초자연적인 종교적 믿음 사이의 차이를 고려할 때는 더욱 그러하기 때문이다. 그중에서도 가장 오래 지속되는 형이상학적 논쟁은 바로 하느님, 혹은 천사나 악마나 유령과 같이 어떤 신적이거나 초자연적 존재(즉 정신 능력은 지니고 있지만, 물질적 육체는 지니고 있지 않은 존재)의 유무 여부를 놓고 벌어진다. 물론 유교에서 말하는 하늘〔天〕이나, 힌두교에서 말하는 일자(一者), 혹은 '브라흐만'처럼 인격체는 아니면서 신적인 존재의 본성에 관한 주장 역시 각각의 전통에 따라 불분명하긴 마찬가지다. 그런가 하면 수학의 대상을 포함한 이른바 플라톤적 형상 같은 추상적인 실체의 존재를 놓고서도 순전히 철학적인 논쟁이 없지 않다. 우리로선 단지 이와 같은 문제에 동의하지 않는 것은 물론이고, 이러한 불일치를 '해소하기' 위한 그 어떤 확실한 방법조차도 지니고 있지 않은 듯하다. 하여간 이런 주제야말로 출발점으로는 그리 바람직하지 않다. 만약 우리가 일반적으로 받아들여지는 형이상학에만 안주해야 한다면, 결국 우리는 거기서 한 걸음도 더 나아가지 못할 것이기 때문이다.

인간의 본성에 관한 선천적 이론(혹은 형이상학)

우리가 '인간'의 본성에 관한 융합적 이론을 추구한다면, 우리 앞에 놓인 전망은 좀 더 희망적이라 할 수 있다. 칸트는 서로 다른 종류의 진리(선천적인 것과 후천적인 것)로부터 유래하는 서로 다른 층위의 사고를 구분했고, 우리는 이에 근거하여 철학적 반성과 논증을 위한 자리는 물론이고, 과학이나 역사나 인류학에서처럼 관찰과 경험에 의거한 경험적 사실을 위한 자리도 마련할 수 있다.

따라서 우리는 어떠한 생물(이 우주에 존재하는)을 이성적인 사고자이며 행위자로 간주하기에 충분한 특성이 무엇인지에 관하여, 선천적인 개념적 정의를 형성할 수 있다.(칸트뿐만 아니라 플라톤과 아리스토텔레스까지도 염두에 두고.) 그 생물은 자신의 믿음과 행동에 이유를 제시할 수 있어야 하며, 그러한 이유 제시는 일종의 언어로 이루어져야 한다. 물론 그렇다고 해서 그 이성적인 존재가 '항상' 어떤 이유를 제시해야만 한다거나(왜냐하면 우리는 대부분의 경우에 왜 그런지 설명하지 않고 판단하고 행동하기 때문이다), 혹은 항상 각자의 이유를 표현할 수 '있어야만' 한다는 뜻을 함축하고 있진 않다.(우리는 자신의 행동 가운데 일부에 대해서는 이성적으로 그럴듯한 이유를 대지 못할 수도 있기 때문이다.) 이처럼 가장 기본적인 이성의 개념을 위해서는, 그 주체가 자신이 믿고 행동하는 것 중에서도 '일부'에 대해 지적인 이유를 제시할 수 '있는' 능력이 필수적이다.

과연 무엇이 우리 인간으로 하여금 그런 (최소한도의) 이성을 갖게 해주는 것일까? 플라톤과 데카르트는 우리가 본질적으로 비물질적인 영혼이며, 따라서 우리의 가장 뚜렷한 합리적 본성은 과학적 탐구의 영역을 넘어선 곳에 존재한다고 믿었다. 이러한 이원론, 혹은 유물론의 주제는 반드시 짚고 넘어가야 한다. 이른바 정신, 의식, 그리고 합리성은 본질적으로 비물질적인 것일까, 아니면 우리는 오로지 물질로만 이루어진 존재일까? 정신 상태(감각, 감정, 믿음, 욕망 등)와 두뇌 상태(신경생리학자들이 관찰하는 전기적, 화학적 작용들)는 서로 다른 종류의 것일까, 아니면 한 사건의 두 측면에 지나지 않는 것일까?

감히 주장하건대, 내가 보기에는 앞서 언급했던 우주론적 논쟁보다는 이와 같은 인간의 본성에 관한 형이상학적 주제가 더욱 다루기 쉬운 것 같다. 왜냐하면 아리스토텔레스와 스피노자가 이러한 접근을 더욱 용이하게 해줄 만한 개요를 우리에게 제공해주기 때문이다. 제5장에서 살펴본 바와 같이, 아리스토텔레스는 인간에게 특징적인 이성적 형태의 정신적 기능이란 이른바 동물적인 기능(지각과 자기운동)에 덧붙여진 것이라고 생각했으며, 또한 그 동물적인 기능은 모든 생물이 지닌 가장 기본적인 기능(물질대사와 생식)에 덧붙여진 것이라고 보았다. 즉 우리는 동물이며 본질적으로 신체를 지니고 있지만, 동시에 우리는 특출하게도 이성적이며 언어를 사용하는 종류의 동물인 것이다.

그렇다면 과연 무엇이 우리의 언어 능력과 이성적 능력을 가능하게 해주는 것일까? 그건 아마도 우리의 두뇌일 것이다. 인간의 두뇌는 다른 동물의 두뇌에 비해 훨씬 거대하고 복잡하다. 비록 우리가 데카르트가 주장한 것처럼 실체의 이원론을 거부하고, 이른바 두뇌의 작용이 곧 정신이나 영혼과 동일한 것이라고 어설프게나마 간주하더라도, 우리는 스피노자가 주장한 것처럼 '양상'(또는 성질, 표현)의 이원론조차 피할 수는 없게 된다. 한편으로는 우리의 믿음, 욕망, 희망, 공포, 그리고 다른 감정

등(우리가 드는 행동의 이유로 나타나는)에 근거한 정신적 묘사가 있고, 다른 한편으로는 뉴런의 작용, 화학적 변화 등(두뇌 기능에 관한 과학적 설명으로 나타나는)에 근거한 물리적 묘사가 있지만, 이 서로 다른 묘사는 피차 환원이 불가능하다. 하지만 제아무리 똑같은 믿음이나 욕망이라 할지라도 — 그 주체의 개념과 관련하여, 그 내용상으로는 동일한 것이라 하더라도 — 그것이 항상 똑같은 종류의 생리학적 정신 상태를 통해 체현되는 것은 아니다. 따라서 서로 다른 종에 속하는 두 이성적 존재라 하더라도, 또는 서로 같은 종에 속하는 두 개체이거나, 심지어 한 개체라 하더라도 상황에 따라서는 서로 다른 믿음이나 욕망을 보일 수 있다.

칸트가 (그 특유의 언어로) 말한 것처럼, 그리고 우리가 프로이트와 사르트르와 다윈주의의 이론을 살펴볼 때 나타난 것처럼, 우리는 '설명 방식'에서부터 그야말로 환원 불가능한 이원론을 사용하고 있다. 한편에는 인간의 행동(그리고 믿음)에 대한 설명이 있는데, 이는 '이유(이성)'에 의거하며 이론적이거나 실천적인 추론에서 전제와 결론 사이의 개념적 연관성에 호소하는 것이다. 다른 한편에 있는 설명(자연과학에 전형적인)은 '인과(원인)'에 의거하며, 보편적인(혹은 개연적인) 자연 법칙에다가 특정한 선행 초기조건을 덧붙인 것에 호소하는 것이다.

하지만 칸트나 다른 이론가들조차도 이 영역에서의 철학적 난맥을 풀어내진 못했다. 이 주제에 대해 지속되는 논의야말로 오늘날의 마음과 행동에 관한 철학의 중심 주제인 동시에, 심리학과 사회과학의 근본적인 논제이기도 하다. 이른바 자유의지에 관한 전통적인 문제도 이와 연관이 있다. 왜냐하면 어떻게 해서 물리 세계에 '합리성'의 개념적 여지가 있는지(즉 전기적, 화학적 작용으로 이루어진 두뇌 기능을 지닌 생물이, 어떻게 해서 자신의 믿음과 행동의 이유를 지니고 있다고 말할 수 있는지)를 우리가 이해할 수만 있다면, 우리는 결정적인(혹은 단지 개연적인) 인과관계의 세계 속에서 어떻게 자유의지의 여지가 있는지를 이해할 수 있는 희망을 품을 수 있을 것이기 때문이다.

어쩌면 우리의 정신적 기능의 개념적이고 경험적인 복잡성은 우리로 하여금 단순히 하나 이상의 층위의 '정신' 기능과 묘사를 구분하도록 요구할지도 모른다. 이른바 "정신"에 대한 우리의 개념은 넓고도 모호하다. 아리스토텔레스는 동물과 인간의 정신적 층위를 구분한 것으로 볼 수 있고, 프로이트는 우리 안의 정신을 일차적인 것과 이차적인 것으로 구분했으며, 최근의 심리학과 인지과학은 이보다 훨씬 미세한 층위 구분을 시도하고 있다.

인간의 본성에 관한 경험적 이론

이러한 선천적인 개념 틀 안에, 우리는 인간의 본성에 관한 모든 종류의 경험적 사실을 끼워맞출 수 있다.(그리고 어쩌면 이 우주의 어딘가에 존재하는 다른 이성적 존재에 관한 다른 사실조차도 말이다.) 우리의 신체에 관한 사실이며, 인간의 정신적 능력(가령 얼굴을 알아보는 것이나, 다른 사람의 동기를 해석하는 것)과 감정적 성향(가령 일부일처제의 성향이나, 유아나 어린이를 부모나 다른 보호자에게 맡기고 또한 돌보려는 욕구)에 관한 그런 사실이야 무척이나 많다.

칸트는 물론 다윈보다 훨씬 먼저 활동한 인물이지만, 우리는 진화이론조차도 칸트의 경험적 측면에 통합시킬 수 있다. 우리는 이 지구상에서 인간의 가장 기본적인 신체적, 정신적 유사성이 어떻게 진화해 왔는지에 대해 과학적이며 기본적으로 다윈주의적인 설명을 제공할 수 있다. 진화론, 유전학, 그리고 화석 기록에 대한 연구의 도움을 받아, 우리는 어떻게 해서 이성적 사고와 행위자가 인간이라는 종에서 어떻게 체화되었는지(바로 진화를 통해서) 하는 복잡한 이야기를 하나로 엮기 시작할 수 있다. 하지만 제10장에서 본 것처럼, 우리가 인간의 현상에 다윈주의 이론을 적용하기 위해서는 매우 조심스러워야만 한다. 우선 인간 행동의 모든 측면을 그저 진화론적으로 설명할 수 있는 것은 아니기 때문이다. 가령 청바지의 유행이라든지, 우리 같은 일부 사람들이 철학에 관심을 갖는 것이라든지, 심지어 2003년에 미국과 영국이 이라크를 침공하기로 결정한 것을 그 예로 들 수 있다. 인간의 정신적 기능 가운데서도 특히 어떤 종류가 진화론적 설명에 적절한 주제인지를 결정하는 것은 그 자체로 매우 미묘한 문제이다. 따라서 가장 기본적이면서도 가장 오래된 것이야말로 가장 그럴듯한 후보자라 할 수 있다.

우리의 행동에 대한 이유는 우리의 믿음이나 가치관과 연관되어 있으며, 그것은 문화적으로 발달된 언어적 개념의 체계를 통해 표현이 가능하다. 적어도 문화야말로 오늘날 진화라는 인간의 본성의 현실에서 결정적인 것이라고 할 수 있다. 문화는 기본적인 인간의 생물학 위에 덧붙여진 것이기 때문이다. 인간의 본성에 '일부나마' 생득적인 경향이 있다는 것은 의문의 여지가 없는 사실이며, 가령 우리의 성적 행동만 해도 우리의 생물학적 본성에 분명히 깊이 뿌리박힌 것이다. 하지만 이처럼 회피할 수 없는 예라 하더라도 그로 인해 곧바로 이런저런 문제와 질문이 야기되는데, 왜냐하면 성욕이 취하는 형태는 각 사회와 시대에 따라 상당한 차이를 보이며, 승려나 수녀처럼 신앙에 의한 독신주의를 지향하는 개체의 경우에는 성욕의 표현이 의도적으로 억압되기 때문이다. 우리는 일부나마 생득적인 생물학적 충동을 지닌 것이 분명하지만, 우리의 행동의 세부내역이 어느 정도까지는 우리가 양육된 특정 문화에 의존한다는 점에서는 독특한 존재인 것 같다. 그리고 이것은 또한 개인의 선택에 의

존한다.

유인원 가운데 일부에서는 기초적인 문화적 차이가 식별되기도 하지만, 그렇다고 해서 인간의 정도까지는 아니다. 스키너가 문화의 영향을 오로지 자신이 실험에 사용한 동물들에게 부과한 인위적 조건화의 메커니즘으로만 바라본 것은 잘못이었지만, 모든 인간이 태어나서 발달해 가는 과정에서 사회 환경에 따라 큰 차이가 생겨날 수 있다는 점을 인식했다는 점에서는 분명히 옳았다. 프로이트는 유아와 어린이에게 부모나 다른 보호자가 끼치는 영향력이 얼마나 결정적인지를 우리로 하여금 깨닫게 했다. 그러한 과정 이후에야 비로소 또래집단이나 보다 넓은 사회가 이들의 교육과 사회화를 담당하기 시작하기 때문이다. 오늘날 전세계를 장악한 최첨단 자본주의 경제에서는 대부분의 사회적 영향력이 돈과 광고, 그리고 미디어를 통해서 발휘된다.

고고학, 인류학, 그리고 역사학의 경험적 연구를 통해 우리는 기본적인 인간의 기능의 표현이 무척이나 다양한 인류 문화를 통해 어떻게 발전해 왔는지를 이해할 수 있게 되었다. 따라서 우리는 문화에 대해서, 또한 개인에 대해서 진화가 남겨놓은 선택의 여지에 대한 우리의 감각을 좀 더 넓힐 수 있다.

진단

어떤 것이 잘못되었다고 진단을 내리는 경우, 그에 앞서 제대로 된 상태에 관한 어떤 기준을 전제하게 마련이다. 플라톤이나 아리스토텔레스와 마찬가지로, 칸트는 윤리에 관한 객관적이고 비종교적인(혹은 외관상으로는 종교적이지 않은) 토대를 제공했는데, 이는 한편으로는 순수이성에, 다른 한편으로는 인간의 본성에 관한 경험적 사실에 동시에 호소하는 것이었다. 물론 이 위대한 철학자들의 윤리 체계는 서로 다르며, 그 해석이야말로 전문 연구자들이 다루는 심오한 주제이기도 하지만, 방금 말한 것 같은 대체적인 묘사는 이 세 인물 모두에게 적용된다.

칸트는 종종 도덕을 오로지 합리성에서만 유추해내고 싶어한 것처럼 평가되지만, 내가 보기에 그는 오히려 모든 이성적 존재를 향한 존중이라는 근본적인 '도덕적' 원칙에 호소했던 것 같다. 이 점에서 그는 이른바 네 이웃을 네 몸과 같이 사랑하라는 유대-기독교의 이상으로부터 큰 영향을 받은 것이 분명하다. 칸트는 타인에 대한 가치 부여와 배려에서 훨씬 귀족주의적이고 엘리트주의적이었던 플라톤이나 아리스토텔레스와는 달랐다. 공자의 '너그러움〔仁〕'이란 개념이나, 힌두교와 불교에서 말하는 자기, 혹은 자아로부터의 탈피라는 프로그램 역시 보편적인 동정심이라는 동일한 방향을 가리키고 있다고 보아야 한다. 불의에 반대하는 마르크스의 열띤 반응 역시 유대-기독교적인 이상에서 영향을 받은 것이 분명하다. "제2윤리학"에서 사르트르 역시 인간의 잠재능력과, 그 이상적 완성인 "목적의 도시"라는 보편적인 개념을 가정한 바 있다.

모든 이성적 존재 그 자체를 목적으로 간주해야 한다는 칸트 식의 존중은 인간의 권리와 욕구에 대한 인식을 암시하고 있다. 인간의 권리란 우리가 타인에 대해서도 그에 상응하는 의무를 지녀야 함을 암시하지만, 최근 수십 년간 늘어난 이른바 인간의 권리에 대한 온갖 수사(修辭)에도 불구하고, 내가 보기에 이른바 권리를 논하기에 가장 적절한 장소는 바로 부정적인 사례가 아닐까 싶다. 가령 우리가 다른 누군가의 이익을 위해 살해당하거나, 부상당하거나, 고문당하거나, 예속되거나, 재판 없이 투옥되거나, 착취당하지 '않을' 권리의 경우처럼, 이른바 부정적인 의무(모든 사람에게 부과되는)가 일반적으로 인정되고 있는 것이다.

제9장에서 살펴보았듯이, 사르트르는 인간의 '욕구'를 가리켜 이른바 인류가 번영하기 위해 우리에게 "요구"되는 객관적인 가치로 생각했다. 다른 식으로 설명하자면, 인간의 번영에 덧붙여진 기본적인 가치와, 인류가 번성하기 위해 필요한 사실에, 우리는 거기서 이끌어낸 객관적인 가치를 덧붙이는 것이다. 이때 욕구의 개념에는 몇 가지 층위가 있다. 첫째로 공기, 물, 단백질, 비타민, 약품처럼 우리가 생명과 건강을 유지하기 위해 필요로 하는 것들이 있다. 또한 심리학적 욕구가 있는데, 가령 어린이의 경우에는 훗날 올바르게 자라나기 위해 따뜻한 보살핌을 원하는 욕구가 있으며, 어른의 경우에는 우정이나 성적 만족이나 자녀를 갖고 싶어하는 욕구가 있게 마련이다. 가족 외에도 교육이나 집단적 소속감, 그리고 직업이나 이 사회에 어떤 식으로든 공헌하려는 욕구가 있을 수 있다. 때때로 우리는 삶의 의미와 목적을 향한 욕구에 대해 이야기하지만, 과연 이 욕구를 어떻게 다른 욕구와 구분할 수 있느냐는 점이 문제로 남는다.

만약 우리가 인간의 권리와 욕구라는 이들 개념에 동의할 수 있다면, 이 세계에 대한 사실에 의거하여 곧바로 진단이 나오게 된다. 역사상으로는 물론이고 오늘날까지도 인간의 권리는 존중되기보다는 침해되는 경우가 더 잦았고, 절박한 인간의 욕구 역시 성취되기보다는 그렇지 못한 경우가 더 많았다. 그렇다면 과연 '어째서' 그런 것일까? 어째서 이 세상에는 그토록 고통받는 사람들이 많은 걸까? 이런 질문은 오래전부터 수도 없이 제기되어 왔으며, 또한 오로지 유신론자들에게만 국한된 질문도 아니었다.

이 질문에 대한 한 가지 답변은, 이 모든 것이 그저 우연에 불과하다는 것이다. 지진이나 화산폭발이나 혜성 충돌 같은 사건은 인간의 통제력을 벗어나는 것이다. 전염병이나 홍수나 가뭄이나 기후변화 같은 것도 대부분 이와 같은 범주에 들어간다.(물론 오늘날 우리는 인간의 행동 가운데 일부가 이런 재앙을 가져오는 데 기여한다는 사실을 깨닫게 되었지만.) 물론 한 사람을 죽이거나 다치게 하는 것처럼, 보다 작은 규모의 사고와 재앙도 있다. 이처럼 인간의 통제력을 벗어나는 범주에 속하는 사건들을 우리는 전통적으로 "숙명"이라 불러왔다.(공자는 "운명〔命〕"이라고 했다.) 유신론자라면 이를 "하느님의 뜻"(혹은 하느님이 굳이 막지 않으신 사건)이라고 부르겠지만, 그렇다고 해서 다른 재앙보다 더 견디기 용이하다는 뜻은 아니다.

이 질문에 대한 또 다른 답변으로는 경제적 희소성을 들 수 있다. 이 세계 전체적으로야 자원이 풍부해 보이지만, 그야말로 무한히 많은 수의 인간이 성장하고 자식을 낳을 정도로 한없이 풍부한 것은 아니다. 물론 인간은 과학과 기술을 발달시켜 자연의 자원을 보다 잘 활용하는 방법을 발견했고, 그로 인해 마르크스가 자세히 분석한 것처럼 경제적이고 사회적인 발전을 가능하게 만들었다. 하지만 인구 증가와 경제 발전은 새로운 필요와 요구(과연 이 둘 사이에 개념적 차이가 있는지를 물어보는 것도 흥미롭지 않을까)를 낳았으며, 이 모든 것들을 단번에 만족시킬 수는 없게 되었다. 따라서 세상에는 항상 어느 정도의 희소성이며, 자원을 둘러싼 경쟁이며, 경제 정의에 대한 곤란한 질문이 있게 마련인 것이다.

그러나 이 질문에 대한 가장 적절한 답변은 바로 '인간의 잘못'이 되어야 할 것이다. 인간의 어떤 욕구가 충족되지 않는다고 해도, 그렇다고 해서 누군가가 반드시 비난을 받아야 하는 것은 아니다.(물론 때로는, 그리고 어쩌면 종종 그럴 경우도 없진 않지만.) 하지만 인간의 권리가 침해되는 경우에는 반드시 누군가가 그에 대한 책임을 져야만 한다. 왜냐하면 어떤 한 사람, 혹은 어떤 집단이나, 어떤 사회 기구가 다른 누군가를 죽이거나 고문하도록, 혹은 예속시키거나 착취하도록 지시했을 것이기 때문이다. 그들은 어째서 그런 짓을 한 것일까?(우리는 여기서 그들의 행동의 '이유'를 묻고 있는 것이다. 즉 그들이 과연 어떤 믿음과 욕망을 지니고 있었기에 그런 행동이 바람직하지는 않더라도, 적어도 타당하다고 생각하게 된 것인지를 말이다.) 이에 대한 전형적인 답변은 그들이 뭔가 자신들의 이익을 위해 그랬다는 것이다.

때로는 남에게 고통을 유발함으로써 오히려 쾌감을 느끼는 비뚤어지고 가학적인 인간도 있으며, 때로는 어떤 "더 큰" 대의명분(가령 국가나 정당이나 교회의)을 위해 기꺼이 남에게 고난을 안기는 인간도 있다. 하지만 대부분의 경우에 사람들은 스스로가 최선이라고 생각하는 행동을 하게 마련이다.(그리고 때로는 단순히 위로부터의 명령을 어겼을 때 생길 수 있는 나쁜 결과를 모면하기 위해 그에 따르기도 한다.) 이런 사람들은 타인의 이익보다 자신의 이익을 더욱 앞세우는 셈이다.(물론 이들이 그런 것을 생각이나 할지는 의문이지만.) 칸트가 이른바 원죄의 교리에 대한 나름의 재공식화에서 말한 것처럼, 인간의 본성에는 도덕의 근본 원칙에서 제시된 것과 같은 다른 모두의 이익보다도 자기 자신의 이익을 더 선호하는 "근본적인 악"이 존재하는 것이다.

하지만 우리는 이를 전적으로 '개인적인' 잘못으로만 생각해서는 안 된다. 왜냐하면 우리의 사회적 본성과, 문화가 우리에게 끼치는 막대한 영향력을 고려해 보면, 죄나 오만이나 이기심에는 중요한 사회적 측면이 존재하기 때문이다. 카리스마적이지만 비뚤어진 한 개인이 영향력이나 권력을 손에 넣게 되면, 마찬가지로 비뚤어진 감동과 조악한 이기심이 뒤섞인 동기에 의해 자극된 수많은 사람들이 그의 뒤를 따르게 마련이다. 물론 때로는 우리의 경제와 사회와 사법 체계 안에 '구조적' 불의나, 혹은 계급이나 인종이나 국적이나 단순한 약점에 의해 구분되는 특정 집단에 대한 착취(가령 전지구적 자본주의의 시장지배력으로 인한 제3세계 노동자들의 열악한 근로조건처럼)가 존재하기도 한다.

　이런 구조 속에서도 태생적으로 남보다 더 좋은 지위를 차지하고, 또한 그런 구조(가령 우월함과 열등함, 권리의 부여와 박탈 등의 개념을 포함하여)에 익숙해진 사람은, 그런 구조에 대해 아무런 직접적인 책임감을 느끼지 못한다. 따라서 그들로 하여금 뭔가가 도덕적으로 잘못되었다는 사실을 깨닫게 하기 위해서는 어떤 다른 윤리적이거나 정치적이거나 종교적인 원칙으로부터 어떤 상상이나 자극이 주어져야만 한다. 그러나 일단 그런 사실을 깨닫게 되면, 그들은 책임감을 느끼고 각자 아무리 사소한 것이라도 뭔가 행동하려 들 것이다. 여기서 나는 나치 독일이나, 아파르트헤이트 당시의 남아프리카공화국이나, 노예 소유주였던 우리의 조상뿐만 아니라, 오늘날 제3세계와 팔레스타인과 체첸 공화국과 심지어 부유한 국가들 내에서 억압받고 있는 사람들까지도 염두에 두고 말하는 것이다.

처방

이처럼 희소성, 그리고 개인과 사회의 악이라는 관점에서 보자면, 과연 우리는 칸트가 그랬던 것처럼 장차 윤리적이고 사회적인 진보를 향한 희망을 제시할 수 있을까? 그렇다면 우리는 과연 무엇을 할 수 있을까? 이것이야말로 유신론자나 무신론자를 막론하고 오래전부터 수도 없이 제기된 또 하나의 질문이 아닐 수 없다. 나는 감히 이에 대해 뭐라고 말할 만한 입장이 아니지만, 이치피 이 책의 결론에서 여러 가지 위험을 무릅쓰기로 작정했으니 특별히 독창적인 것은 아니더라도 뭔가 이야기를 하긴 해야 할 것이다. 사실 이에 대한 답변 역시 그 질문만큼이나 오래된 것이기 때문이다.

앞서 언급한 바와 같이 희소성은 과학적 발견과 기술적 발전에 의해 경감될 수 있다. 우리가 만약 태양에서 지구로 계속해서 쏟아지는 에너지를 이용할 효과적인 방법만 발견한다면, 오늘날 우리의 에너지 위기는 해결할 수 있을 것이다. 하지만 또 언급한 바와 같이 어느 한 가지가 충족되면 또 다른 요구와 필요성이 생기게 마련이다. 그리고 이것은 단지 경제에서만이 아니라 생리학적으로도 진리이다. 칸트와 다른 사상가들이 언급한 바와 같이, 인간의 본성에는 본래적으로 경쟁적인 성향이 없지 않다. 우리는 계속해서 스스로를 남과 비교하면서, 그에 못지않게 되거나, 혹은 그보다 더 나아지길 바란다. 물론 잘 찾아보면 여기에도 도덕적 의미가 없진 않다. 왜냐하면 스포츠나 과학이나 학문이나 예술 같은 전문 분야에서의 업적을 이루는 데는 이런 경쟁적인 성향이 오히려 유용하고 바람직할 수 있기 때문이다. 다만 문제는 그런 성향이 종종 "지나쳐서" 오만과 협잡과 탐욕으로 바뀌기 쉽다는 것이다. (칸트도 깨달았듯이) 그런 성향은 사회적, 문화적 진보를 촉진할 수도 있지만, 결국에는 사심 없음과 동정심이라는 보다 높은 이상에 의해 어느 정도까지는 제한될 필요가 있다.

그렇다면 개인과 사회의 악에 대해서는 어떤 처방을 내릴 수 있을까? 일단은 이러한 악을 규정하여 무엇인지 밝히고, 모든 사람으로 하여금 우리 자신과 사회에서 무엇이 잘못되고 있는지를 분명히 깨닫게 하는 것이 급선무이다. 우리 인간은 스스로 하는 일을 규정하는 데 일가견이 있다고 할 수 있다. 가령 자기합리화니, 자기기만이니, 프로이트가 말한 억압이니, 사르트르가 말한 불성실이니 하는 것에서부터, 사회적 층위로 나아가자면 특히 마르크스가 "이데올로기"라고 지칭한, 사회의 배후에 놓인 착취를 은폐하거나 정당화하려는 시도에 이르기까지 그야말로 무수한 가능성이 있다. 물론 이러한 식의 "설교"만 하는 것에는 위험이 없지 않다. 우리 중 어느 누구도 옳고 그름에서 유일무이하거나 무오류한 통찰력을 지니고 있다고 주장할 수 없으므로, 우리로선 무엇보다도 "내 눈 안의 들보"[480]가 있나 살펴보는 것이 급선무이다. 하지만 우리가 (스스로 최선을 다해) 어떤 악을 인지한 순간, 그때부터는 그 다음의 의무가 생겨난다. 바로 그 악을 보이는 그대로 식별하면서, 어떤 식으로든 그로 인해 고통당하는 사람들을 향해 합당한 동정과 존중을 표시하는 것이다. 그리고 공공연하고 제도적인 악에 대해서는 역시 공공연하고 조직적인 반대 운동을 펼쳐야 할 것이다.

악을 밝혀내고 그에 반대하는 것과 아울러, 우리는 선의 기준을 내세우고 유지함으로써, 또한 인간의 삶이 어떠해야 하는지에 대한 우리의 이상을 표현함으로써 뭔가 보다 적극적인 행동에 나서야 한다. 여기서도 역시 "설교"만 하는 것에는 위험이 없지 않으므로, 일단은 우리 스스로가 이러한 이상을 체득하거나 따르는 것이 급선무이다. 옛 속담마냥 "말보다는 행동이 중요한 법"이니 말이다. 그러나 우리의 사회적 본성과 우리의 개인적 오류 가능성으로 인해 이러한 이상을 제도적이고 지속적이고 현재진행형으로 보여주는 한편, 아울러 사람들로 하여금 이러한 이상에 도달하도록 일종의 영적 훈련을 시킬 필요가 있다. 이것이야말로 칸트가 말한 "윤리적 공동체"인 셈이다.

기독교 교회와 세계의 다른 종교 전통(우리가 제1장과 2장에서 살펴본 유교와 힌두교를 포함해서)은 다양한 역사적 전통과 형이상학적 믿음을 그 위나 아래에 깔고서, 나름의 방식으로 어느 정도까지는 바로 이러한 역할을 해 왔다. 칸트는 향후 이들 각각의 차이가 어디까지나 선택사항에 불과해지고, 이들 중에서도 공통적인 도덕적 의무와 이상의 모음이야말로 모든 종교의 본질적인 윤리적 핵심으로 강조될 날이 올 것이라는 희망을 피력했다. 하지만 칸트 이후 2세기가 지나도록 그의 희망사항이 현실로 성취될 기미는 거의 보이지 않는다.(물론 유니테리언과 퀘이커가 있긴 하지만, 그 추종자는 어디까지나 극소수에 지나지 않는다.) 오히려 종교는 여전히 그 전통적인 형이상학적이고 초자연적인 형태 그대로 많은 사람들의 마음을 사로잡고 있는 듯하다.

어떠한 경우에든지 ― 플라톤과 아리스토텔레스가 보여준 바와 같이 ― 이른바 도덕 교육까지 포함하는 가장 넓은 의미에서의 교육은 반드시 필요하다. 이는 특히 어린이와 청년에게 적용되어야 하지만, 실은 우리 모든 인간이 평생에 걸쳐 계속해서 배울 수 있어야만 한다. 우리 중 어느 누구도 전능하거나 완벽하지는 못하며, 따라서 우리 각자는 무엇이 진리이고 선이고 아름다움인지에 대해 평생에 걸쳐 가르침과 훈계를 필요로 한다. 연약하고 오류 가능성이 있는 개인의 외부에는 항상 어떤 영적으로 계몽적인 자원이 기다리고 있다. 종교뿐만 아니라 우리는 과학, 철학, 예술 안에서 그야말로 막대한 부를 찾아낼 수 있다.(물론 그 속에는 불순물도 상당하긴 하지만!) 나는 이 책이 그런 자원들 가운데 일부를 독자들에게 소개해 주는 지침이 되길 바란다.

이 책은 일반적인 '이론'들을 중점적으로 다루었기 때문에, 예술에 대해서는 거의 언급하지 않았다. 이 장을 끝내면서 문학과 회화와 오페라와 무용이 각각 감정과 사고, 그리고 동작과 노래라는 형식을 통해 우리 인간이 본성을 드러내는 특별한 사례를 허구적으로 ― 어떤 면에서는 무척이나 "실제적으로" ― 그려내고 있음을 기억하도록 하자. 굳이 명백한 언어를 통해서가 아니더라도, 우리는 이런 가장 위대한 작품들을 접함으로써 인간의 본성에 관한 이해를 더욱 심화시키고 확대할 수 있다. 반대로 오늘날 대중적 인기를 누리는 대다수의 영화, 혹은 "연속극"들은 지나치게 정형화된 등장인물과 사회적 상황을 토대로 하는 까닭에 우리의 이해를 심화시키는커녕 오히려 제한할 수밖에 없다.(플라톤은 예술과 이른바 대중적 의사소통의 "매체"의 위력 — 긍정적이건 부정적이건 간에 — 이 얼마나 대단한지를 일찌감치 깨달은 바 있다.) 우리가 삶에서 마주치는 복잡한 윤리적 딜레마에 대한 이해, 지혜, 그리고 감성은 어떤 특별한 사례 — 전기나 역사나 인류학처럼 사실적으로 기술된 것을 통해서나, 아니면 예술을 통해 허구적으로 제시된 것을 통해서나 — 에 주의를 기울임으로써 더욱 향상될 수 있다. 그렇게 함으로써 우리는 익숙한 것과 세속적인 것의 독재로부터 우리의 상상력을 자유롭게 만들 수 있는 것이다.

종교는 다양한 형태의 영적 훈련을 제공하는데, 그중 일부는 우리로 하여금 이 세상 밖으로 벗어나게 하는 것으로 묘사된다. 하지만 그들 대부분은 또한 우리를 이 세상 안에서 더 나은 사람이 되도록 고대하기도 한다. 비록 그 각각의 형이상학에 대해서는 동의하지 않더라도, 우리는 적어도 "더 나은 사람"이 되라는 종교의 가르침에는 동의할는지 모른다. 이른바 "오직 성령의 열매는 사랑과, 희락과, 화평과, 오래 참음과, 자비와, 양선과, 충성과, 온유와, 절제"라던 사도 바울의 말을 기억하자.

인간의 본성이란 사실상 과학과 인문학, 그리고 종교간의 벽을 허물어버리는 문제일 수밖에 없다. 우리 각자의 사회를 비롯해 전세계적으로 벌어지는 사회적이고 정치적인 각종 문제로 인해, 우리는 다른 인간과 문화에 관한 이해를 향상시켜야 할 절박한 필요에 직면해 있다. 단순히 기술적인 문제라면 오히려 쉽게 풀 수 있지만, 이에 반해 정치적이고 사회적이고 심리학적인 문제는 그야말로 난공불락인 것만 같다. 외국의 일부 정책 분석가들과 정부들은 여러 국가들, 혹은 "문명들"은 향후에도 언제까지나 서로를 적대적으로 여기게 되리라 간주하고, 따라서 우리로선 그 대신 긴장을 완화시키고, 불의를 고발하고, 지속적인 평화를 위한 조건을 만들어내는 이른바 새로운 "방어" 기술이나 전략을 계속해서 모색해야 한다고 주장한다. 그리고 심지어 풍요와 평화의 상황에서라도, 우리 개인의 실존적 딜레마라든지, 대인 관계의 어려움이라든지, 가정불화라든지, 질병이나 죽음 같은 문제는 여전히 남아 있을 것이다. 왜냐하면 칸트의 경우에도 그는 이른바 사회의 발전을 향한 염원과, 우리 각자가 자신의 운명을 책임져야 한다는 필요성에 대한 인식 사이에서 결코 아무런 모순도 느끼지 못했기 때문이다.

더 읽을거리

● 심리학의 역사에 관해 여러 가지 생각할 거리를 던져주는 저서로는 다음 두 가지를 추천할 만하다. G. A. 밀러(G. A. Millar), R. 벅아웃(R. Buckout) 공저, 『심리학: 정신생활의 과학』(1973, 제2판); L. S. 헌쇼(L. S. Hearnshaw), 『현대 심리학의 형성: 역사적 개요』(1987). 이 두 권은 모두 고대부터 현대까지 심리학의 역사를 총망라하고 있다. 제롬 브루너(Jerome Bruner)의 『의미의 행위』(1990)는 심리학의 발전 과정을 살피면서 이른바 "문화심리학"을 제안하고 있다. 성격이론과 사회심리학 분야의 다양한 접근 방식에 관한 혁신적인 개론서로는 다음을 참조하라. R. 스티븐스(R. Stevens) 편저, 『자아의 이해』(1996).

● 매우 방대하고도 다양한 분야의 흥미로운 내용을 수록한 참고도서로는 다음을 추천할 만하다. R. L. 그레고리(R. L. Gregory) 편저, 『옥스퍼드 심리 개론』(1987). 이와 관련된 철학적 저술을 포괄적으로 소개한 책으로는 다음을 참조하라. 데이비드 J. 차머스(David J. Chalmers) 편저, 『심리철학: 고대부터 현대까지』.

● 비교적 최근에 나온 심리철학에 관한 훌륭한 개론서로는 다음과 같은 것들이 있다. 조지 그레이엄(George Graham), 『심리철학』(1998, 제2판); 존 하일(John Heil), 『심리철학』(1998); 새뮤얼 구텐플랜(Samuel Guttenplan), 『마음의 풍경』(2000); 팀 크레인(Tim Crane), 『기계적 심리』(2003, 제2판); 마거릿 A. 보든

(Margaret A. Boden), 『창조적 심리』(2003, 제2판).

● 아이리스 머독(Iris Murdoch)의 『도덕의 지침으로서의 형이상학』(1992)은 어느 면에서는 상당히 길고 복잡한 저술이긴 하지만, 윤리와 종교의 토대에 관한 뛰어나면서도 독창적인 통찰로 가득하며, 특히 플라톤과 칸트의 영향이 엿보이는 책이다.[481]

● 로저 스크러(루)턴(Roger Scruton)의 『지성인을 위한 철학 개론』은 "과학은 항상 인간에 대한 환상을 부산물로 낳으며, 오히려 철학이야말로 이러한 곤경에서 진리를 구해낼 수 있는 가장 확실한 무기" ― 나로서도 이 책이 이러한 사실의 정립에 기여했으면 하는 바람이다 ― 라는 저자의 신념에 근거한 매우 독창적인 개론서라 할 수 있다. 같은 저자의 다른 책으로는 『지성인을 위한 현대문명 개론』도 참조할 만하다.[482]

● 메리 E. 클라크(Mary E. Clark)의 『인간의 본성에 대한 탐구』는 여러 분야를 넘나드는 광범위한 주제를 다룬 책으로, 분쟁해결 분야의 전문가인 저자는 현재 우리가 처한 겹겹의 문제에도 불구하고 미래를 향한 희망을 피력하고 있다. 존 코팅엄(John Cottingham)의 『삶의 의미』[483]는 무척이나 명료하고 간략하며 균형 잡힌 논의를 펼치고 있으며, 말미에 가서는 객관적인 진리, 선, 아름다움, 그리고 우리의 믿음, 소망, 사랑을 위한 일종의 비교리적인 영적 훈련을 제안하고 있다.

■ 옮긴이의 말

1.
대학에서 철학을 전공하긴 했지만, 사실 좋아서 한 것은 아니었다. 입시 때 당연히 붙을 것이라 생각하고 지원한 제1지망 학과에 보기 좋게 떨어지고, 전혀 생각지도 못했던 제2지망 학과에 덜컥 붙어버렸던 것이다.(그랬다. 난 학력고사 마지막 세대였다!) 애초에 원서를 쓸 적에 제2지망을 고르라면 차라리 국문과를 가겠다고 주장했지만, 담임선생이 일단 붙고 봐야 한다며 인문계에서 가장 커트라인이 낮은 철학과를 고집했다. 뭐, 나야 철학과가 아니라 금속공학과나 무용학과를 쓴다고 해도 그만이었던 것이, 운이 없으면 또 몰라도 설마 제2지망에 붙을까 싶었기 때문이다. 그런데 막상 뚜껑을 열어보니 나는 정말 더럽게 운이 없었다. 그리하여 내 대학 생활은 시작부터 정말이지 엉뚱한 쪽으로 굴러가게 되었다.

전혀 생각지도 못했던 전공을 배우게 되면서 가장 큰 고민은 '장래의 진로'가 아니라 '당장의 쪽팔림'이었다. 어디 가서 처음 만나는 누군가가 내게 "전공이 뭐냐?"고 물을 때 "철학……"이라고 대답하는 순간,

십중팔구는 상대방의 눈빛이 묘하게 바뀌면서 입가에는 비웃는 듯한 미소가 감돌곤 했다.(그래서 한동안은 누가 전공을 물어보면 "금속공학과에서 철 금속을 전공한다"고 대답했는데, 그러면 다들 심드렁하니 "그러냐?"고 대꾸할 뿐이었다.) 철학이란 말 자체가 이처럼 경멸의 대상이 되는 까닭은, 길거리의 작명소나 지하도의 관상쟁이조차도 '철학관'이라는 이름을 버젓이 내걸고 있는 현실 때문이다. 지금도 철학이라면 대부분 '동양철학', 그중에서도 사실은 철학이라 할 수도 없는 '사주, 관상, 손금' 같은 것을 떠올리는 사람이 많다. 하지만 가령 무분별한 성형시술이 아무리 문제라 해도, 그렇다고 의학 전체를 싸잡아 욕할 수는 없는 것 아닌가?

다른 한편으로 철학이 경멸의 대상이 되는 까닭은 "철학자는 곧 괴짜"라는 인식 때문이다. '철학자'라고 하면 사람들은 대개 소크라테스나 칸트의 이름을 떠올린다. 그러나 사람들의 머리속에 들어 있는 '철학자'의 모습은 늘 사람들과 어울리며 진리에 대해 토론했던 소크라테스나, 늘 시계처럼 정확하고 꼼꼼하게 지냈던 칸트보다는 오히려 길거리의 통속에서 살며 광인처럼 행동했던 디오게네스의 모습에 더욱 가깝다. 어째서일까? 우리나라의 경우에는 일찍부터 이른바 '데칸쇼(데카르트 - 칸트 - 쇼펜하우어)'를 들먹이며 회의와 염세를 낭만처럼 읊고 다녔던 일련의 '개똥철학자'들이 횡행하는 바람에 '철학자'에 대한 이미지가 나빠졌다는 설도 있다. 하지만 보다 근본적인 이유는 정말이지 철학이야말로 오늘날 '쓸모없는' 지식의 대명사이기 때문이 아닐까?

까놓고 말해서, 대학에서 철학을 전공하고 나면 과연 어떤 진로를 선택할 수 있을까? 미안하지만 따히 생각나는 것이 없다.(물론 '딱히 정해진 길이 없다'는 것은 '어느 길로 가도 된다'고 뒤집어 해석할 수도 있으며, 솔직히 '실용성'이라는 기준 앞에서야 멀쩡히 남아날 인문계 학과가 있을 리 없겠지만.) 그런 까닭에 내가 대학에 다닐 때만 해도 철학과는 인문계에서도 가장 커트라인이 낮았다.(학부제인 요즘에는 철학과 지원자가 다른 과에 비해 극소수인 것으로 알고 있다.) 따라서 학생들 역시 전공에 관심이 있어서라기보다는 그럭저럭 점수에 맞춰 들어오는 경우가 대부분이었다. 중도이탈자가 유독 많은 것도 그 때문이었을 것이다. 일부는 고민 끝에 재수나 삼수를 무릅쓰고 다른 학교, 다른 학과로 옮겨갔다. 일부는 철학과에 남는 대신 일찌감치 부전공이며 복수전공이며 교직과목에 전념하거나, 아예 고시반에 들어가서 나름의 살 길을 마련했다. 그러니 끝까지 '철학과'에 남은 것은 정말로 진지하게 공부를 하는 극소수이거나, 아니면 나처럼 원체 우유부단하고 게으른 녀석들뿐이었던 것이다.

그래도 철학과 다니면서 한 가지 좋았던 점은 시간이 무작정 남아돌았다는 점이다. 단적인 예로 도서관에서 다른 학생들이 두툼한 『킴볼 생물학』(900여 쪽)을 펴놓고 울긋불긋 형광펜 칠을 하며 끙끙대고 있을 때, 그 옆자리의 내 책상 위에는 비트겐슈타인의 제자인 노먼 맬컴(언젠가 한밤중에 둘이서 별을 보며 산책하다가 카시오페이아 별자리를 가리키며 서로 저 것이 맬컴(Malcolm)의 '엠(M)'이다, 비트겐슈타인(Wittgenstein)의 '더블유(W)'다 하며, 그야말로 '철학자다운' 언쟁을 벌이기도 했다는)이 쓴 얄팍한 『마음의 문제』(100여 쪽) 한 권이 놓여 있었을 뿐이니까. 그렇게 남아도는 시간에 헌책방을 돌아다니며 전공과 관계없는 잡다한 책을 뒤적일 수 있었던 것도 그 덕분이었을 것이다. 그렇다면 내겐 오히려 전화위복이었다고나 할지?

하지만 애초부터 관심이 없었던 까닭인지, 전공과목 공부에서는 줄곧 열등생 신세를 면치 못했다. 나름으로는 열심히 공부하려고도 해 보았고, 등록금이 아까워서 수업은 거의 빼먹지 않고 들어갔지만, 솔직히 수업 내용은 뭐가 뭔지 이해하지 못한 부분이 더 많았다. 막상 교수님들의 강의를 들으면 이런저런 철학자들의 사상을 나름대로 '이해했다'고 생각했지만, 정작 내가 아는 내용을 고스란히 답안지에 적어 제출하면 학점은 꽝이었다. 단적인 예로 3학년 2학기의 '헤겔' 과목에서는 거의 수업에 들어온 적 없는 녀석들조차도 시험 보기 며칠 전에야 부랴부랴 내 노트를 복사해서 공부하고 시험 쳐서 모조리 A+를 맞았건만, 정작 노트 주인인 내 점수는 C+였다. 도대체 뭐가 문제였을까? 체질적으로 안 맞아서였을까?

어쩌면 졸업 후 직장 생활을 하면서도 줄곧 '철학'이란 분야에 대해 관심을 잃지 않고, 지금도 종종 그 분야의 책을 사다가 책장에 꽂아(만) 놓는 것도 아마 그 때문인지 모른다. 아니, 관심이라기보다는 '원한' 때문인지도 모른다. 군대 갔다 온 것까지 쳐서 철학과에서 6년 가까이 공부를 했다고는 해도, 결국 "철학과 나와서는 취직하기 힘들다"는 서글픈 사실 하나를 실감한 것 빼고는 그놈의 '철학'이 무엇인지는 도무지 알 수 없었기 때문이다. 철학과의 가장 유명한 전설에 의하면 1학년 1학기 '철학개론' 과목의 기말고사에 "철학이란 무엇인가?"란 시험문제가 나왔을 때 "철학이란 이런저런 것이다"라고 쓰면 B, "모릅니다"라고 쓰면 B+, 백지 답안지를 내면 A, "교수여, 당신은 아는가?"라고 쓰면 A+를 맞았다는데, 글쎄다, 농담이라고 보기엔 너무나도 그럴듯하지 않은가?

하여간에 철학이라는 것, 어쩌면 내게는 영영 오를 수 없는 산이고 건널 수 없는 강인지도 모른다. 아니, 애초부터 '잘못' 고른 엉뚱한 산이고 '잘못' 만난 엉뚱한 강인지도 모르겠다. 그러던 내가 이른바 '철학개론'에 해당하는 이런 책을 번역하게 되다니, 그래도 어쩌겠는가, 전혀 생각지도 못한 철학과에 뚝 떨어진 것 마냥, 이 역시 운명이 장난인지도 모르는 것을.

2.

『인간의 본성에 관한 10 가지 이론』은 일찍이 우리나라에 『인간의 본질에 관한 일곱 가지 이론』(임철규 옮김, 종로서적, 1981)이란 제목으로 소개되었던 책의 제4판이다. 제목에서부터 알 수 있다시피 처음의 "일곱 가지 이론" 가운데 몇 가지가 들고 나고 해서 이제는 "열 가지 이론"이 되었다. 기존의 번역본이 있었음에도 불구하고 새로이 번역하게 된 까닭은, 초판과는 달리 이번 제4판에서는 전면적인 수정이 가해졌기 때문이다.(자세한 변동 내역은 저자의 "서문"을 참고하라.) 이전에 나온 번역본도 꽤나 호평을 받으며 꾸준히 팔렸던 것으로 알고 있으니, 이 책의 가치에 대해서는 굳이 덧붙일 필요가 없으리라 생각한다. 나 역시 대학 신입생 때 학교에 오가는 전철 안에서 틈틈이 읽었던 책으로 기억하니까.(물론 이 책의 번역 제의를 받았을 때 기억난 내용이라곤 로렌츠에 관한 장에서 잠깐 언급된 '제인 구달'의 이름뿐이긴 했지만. 어째서일까?)

하지만 뒤늦게 이 책을 다시 읽으면서 이전까지는 미처 몰랐던 가치를 깨닫고 새삼 감탄할 수밖에 없었다. 모든 학문이 그렇겠지만, 일반 독자를 대상으로 한 분야를 개괄하는 '개론서'를 쓰는 것이야말로 그 분야의 학자에겐 가장 쉽지 않은 일일 것이다. 너무 간략해서 깊이가 없어도 곤란하고, 너무 깊이 들어가 흥미를 잃게 만들어서도 안 된다. 그렇게 보자면 이 책이야말로 깊이와 흥미라는 요소를 적절히 배합한 최상의 '철학개론' 가운데 하나라고 생각한다. 자칫 산만해지기 쉬운 철학 일반 대신 그중에서도 특히나 우리에게 흥미롭고 중요한 '인간의 본성'이란 주제로 논의의 범위를 좁힌 것도 그렇고, 각각의 이론을 매우 비판적으로 바라보면서도 각각의 장점이나 의의를 인정하는 데는 결코 인색하지 않은 점도 그렇다.

한 가지 재미있는 점은, '인간의 본성'에 관한 여러 가지 견해들을 나열하는 데만 그쳤던 초판과 달리, 이번 제4판에서는 책 말미에 가서 그런 견해들을 오늘날의 필요성에 맞게끔 '종합'하려 시도했다는 점이다. 이는 어쩌면 초판 발행 후 무려 30년이 지나는 동안 저자 자신도 비로소 나름의 어떤 결론에 도달했기 때문일까? 예나 지금이나 철학자들은 완전히 독창적인 체계를 세우려 들거나, 아니면 다른 사상가의 추종자가 되기 쉬운데, 이 책 저자가 제시하는 노선은 무척이나 합리적이면서도 실용적이다. 열 가지 이론 중에서 일리가 있는 부분은 적극 수용하되, 문제가 있는 부분은 서슴없이 내버리는 것이다. 저자로선 철학이 단지 뜬구름 잡는 말장난이 아니라, 우리가 이 세상을 바라보고 해석하는 데 있어 충분히 활용 가능한 것임을 보여주려는 의도인 듯하다.

생각해 보면 나 역시 한때는 나름의 '철학 체계'를 세워 보았으면 하는 욕심이 있었다. 가령 수많은 종교나 철학자가 그렇듯이, 이 세상의 갖가지 문제와 질문에 대해 일관적인 답변을 내놓을 수 있는 나름의 원칙을 갖고 싶었던 것이다. 하지만 막상 그러려고 해 보니, 이건 정말이지 막막하기 그지없었다. 가령 "인간이란 무엇인가?" 혹은 "마음이란 무엇인가?"라는 질문을 스스로에게 던져 보았지만, 한 가지 확실한 것은 그런 어려운 질문에 대답하기에는 내가 현재 알고 있는 것이 터무니없이 적다는 사실뿐이었다. 일단 뭘 아는 게 있어야 토대를 닦거나, 원칙을 마련하거나, 정교한 논리를 발전시킬 게 아닌가? 마치 걸음마도 제대로 하지 못하는 꼬마가 복잡한 춤 동작을 따라하겠답시고 마음만 앞세운 격이었다고나 할까?

그러다 한참 뒤인 지금에야, 이 책의 결말 부분에 나오는 저자의 제안을 읽고 "아, 그런가?" 하는 생각이 들었다. 내가 이전에 시도하다가 곧 포기했던 것처럼, 어떤 한 가지 원리나 원칙에서 출발해 일관성 있는 체계를 만드는 일은 어느 누구에게도 결코 쉬운 일이 아니다. 하지만 저자의 제안처럼 기존의 여러 이론 가운데 특별히 내게 유용하거나 의미가 있는 주장만을 선별해서 체계적으로 정리한다면, 누구나 비교적 용이하게 나름의 '체계'를 수립할 수 있을 것이다. 물론 전적으로 나만의 생각이 아니라, 남의 주장 가운데 이것저것 좋은 것만 조금씩 떼어다 얼기설기 끼워 맞춘 판잣집 같아서 쑥스러운 면도 없진 않다. 하지만 내 집을 장만하고 싶다고 해서 굳이 직접 산에 가서 나무를 베어 오거나, 심지어 묘목을 심는 일부터 시작하다가 제풀에 나가떨어질 필요는 없지 않은가?

어떤 사람은 혼자 숲속에 살면서 자기 힘으로 집을 한 채 지어놓지만, 그러다보니 종종 뭔가 잘못 만들거나, 깜빡 빼먹은 부분이 있어서 불편한 면도 없지 않다. 플라톤이나 헤겔 같은 위대한 철학자들이 세운 사상 체계가 아마 이런 경우에 속할 것이다. 또 어떤 사람은 굳이 땀 흘릴 필요가 없다고 생각한 나머지, 남이 미리 지어놓은 아파트 단지에 들어가 편하게 살아가지만, 그 한편으로 자기와 같은 단지에 속하지 않은 외부인에 대해서는 극도로 적대적인 태도를 취하기도 한다. 일반적인 종교, 특히 기독교 같은 신앙 체계를 받아들인 사람들이 대부분 이런 경우에 속할 것이다. 그런가 하면 나처럼 숲이며 아파트 단지로 뻔질나게 돌아다니면서 조금씩 얻은 '아직 쓸 만한' 재료를 재활용해서 판잣집을 짓는 사람도 없진 않을 것이다. 겉으로는 다들 코웃음 칠지 모르지만, 내게는 제법 아늑한 집이다.

물론 어떤 사상적 "체계"가 없어도 이 세상 살아가는 데는 문제가 없다. 아니, "철학"이란 것을 몰라도 그만이다. 철학은 기독교나 다른 종교처럼 기복적인 효과도 없고, 심리학이나 정신의학처럼 치료 효과도 없다. 혹시 자녀의 "논술 교육"을 위해서라면 철학말고 차라리 딴 걸 가르치시라. 철학을 '제대로' 배운 자녀라면 심지어 부모의 권위에조차 순순히 복종할 리 없기 때문이다. 말발은 좋아지지만 대개는 냉소적이고 가시 돋친 말뿐이다. 철학자라면 일시적 현상에 연연하기보다는 그 속의 본질을 꿰뚫어보려 하기 때문이다. 철학자 중의 철학자인 소크라테스의 경우, 똑똑하긴 했지만 어찌나 얄밉게 말을 했는지 나중에 동네 사람들이 모두 작당해 죽여버리고 말았다. 그러니 조용하고도 만족스러운 삶을 원한다면 되도록 철학을 멀리하도록 하시라.

그렇다면 이처럼 '백해무익' 한 듯 보이는 철학이 어째서 인류 역사에서는 가장 오래된 학문 가운데 하나로 당당히 자리를 차지하고 있는 것일까? 대학에서는 다들 기피하는 전공이지만, 철학에 대해 관심을 갖는 사람이 소수나마 존재하는 것은 무슨 까닭일까? 어쩌면 그야말로 "쓸모 없지만 본질적인 것"이라는 철학의 이중적 성격을 극명하게 보여주는 것은 아닐까? 철학은 당장의 쓸모가 없긴 하지만, 그렇다고 아주 없어질 수는 없다. 왜냐하면 철학은 인간의 한 가지 본질적 태도와 직결되어 있기 때문이다. 그것을 '호기심'이라거나, '이성'이라거나, 혹은 '배부른 놈들의 허튼 짓'이라거나, 뭐라고 불러도 상관없다. 하여간 인간은 항상 뭔가를 궁금해하며, 철학이야말로 인간이 가장 궁금해하는 뭔가를 탐구하는 도구이다. 따라서 인간이 자신의 삶에서 어떤 의미를 찾으려는 한, 그리고 얼핏 보기엔 제멋대로인 이 세계에서 어떤 불변의 원리를 찾으려는 망상 아닌 망상을 품고 있는 한, 인간은 결코 철학을 완전히 외면할 수는 없을 것이다.

그렇다면 철학이야말로 가장 "인간적인 학문"이 아닐까? 물론 의학이나 법학이나 경제학 같은 다른 학문도 그 일차적인 대상은 인간, 혹은 인간이 살아가는 세계이지만, 철학은 이보다 훨씬 근본적이고 본질적인 것에 대한 탐구이기 때문이다. 제아무리 우주니 신이니 영혼이니 마음이니 하는 형이상학적 문제를 이야기하더라도, 결국 그런 논의에서 중심이 되는 것은 우리 '인간'일 뿐이다. 따라서 저자의 말마따나 철학이란 곧 인간 각자의 '세계관', 혹은 '인생철학'이라 할 수 있다. 그리고 오늘날의 세계에서 철학이 '쓸모 없는' 것으로 여겨지는 까닭은, 뒤집어 말하자면 오늘날의 세계가 그만큼 '비인간화' 되었다는 뜻인지도 모른다. 그렇다면 철학이 지닌 이런 '의의' 말고 어떤 '장점'은 없는 것일까? 하나 있긴 있다. 바로 '자기만족'이다.

철학을 공부하는 사람은 이른바 '지혜에 대한 사랑' 그 한 가지만으로도 만족할 수 있는 사람이다.(물론 기본적으로 밥은 먹는다는 전제하에서.) 남들이 보기엔 쓸모 없고 무의미한 궤변에 불과하겠지만, 철학자는 그 속에서 나름의 쾌락을 추구하는 것이다. 남들이 미처 모르고, 또한 관심조차 없는 이 세계와 인간의 비밀을 발견했다고 여기며 자기 혼자 기뻐하는 것이다. 그렇게 보자면 철학자는 '쾌락주의자'이며 '자기도취'에 빠진 존재이다. 요즘 말로 하자면 세상 누구보다도 더 '자뻑'하는 존재인 것이다. 아니, 어쩌면 역사상 최초의 '마니아'이자 '폐인'인지도 모른다. 그러니 정말이지 세련된 형태의 쾌락에 중독되어 보고 싶은 사람은 한 번 철학 공부를 시도해 보아도 나쁘진 않을 것이다.(물론 밥은 먹어야 하니까 최소한 밥벌이는 하면서 말이다.)

3.
이 책을 번역하는 동안 다른 여러 분들로부터 큰 도움을 받았다. 우선 이 책의 번역을 맡겨 주신 갈라파고스의 임병삼 실장님께 감사드린다. 작년 여름, 그야말로 정말 우연히 홍대입구 지하철역 1번 출구 밑에서 몇 년 만에 딱 마주치자마자 "아, 그렇잖아도 번역자를 누구로 하나 고민했는데……" 하시기에 이것도 참으로 특별한 인연이라는 생각이 들었다. 난삽한 원고를 꼼꼼하게 읽어봐 주시고 여러 가지를 따끔하게 지적해 주신 최연희 선생님께도 감사드린다. 번역하는 데 필요한 갖가지 참고문헌들을 학교 도서관에서 부지런히 찾아다준 아내에게도 고맙단 말을 꼭 남겨야 할 것 같다. 기껏해야 인용문 한두 개 확인하려고 이렇게 마누라를 매일같이 책 보따리 둘러메고 다니게 하느냐고 투덜거렸는데, 이렇게 딱 적어놓아야 앞으로는 일 시켜도 불평 못할 것 같으니 말이다. 번역 과정에서 새삼 느낀 것이지만, 이 책에 인용된 저술 가운데 상당수가 이미 우리말로 번역되어 있었기 때문에, 나로선 남들이 열심히 닦아놓은 길을 편안하게 지나갈 수 있는 호사를 누린 셈이 되었다.(물론 간혹 돌부리도 있어서 비틀거리긴 했지만.)

요즘에는 본문 중에 오역이라도 하나 드러났다간 그야말로 독자들에 의해 "공적 제1호"로 찍히기 십상이다. 그만큼 독자들의 눈이 날카로워졌다는 뜻이니 이 책을 번역하면서도 긴장, 또 긴장할 수밖에 없었다. 번역부터 편집에 이르기까지 나름의 능력 한도 내에서는 최선을 다했지만, 분명 어딘가에 미처 깨닫지 못한 오역이나 오타가 숨어 있을 것만 같아 책을 펴내면서도 여간 불안하지가 않다. 번역을 하면서 종종 막히는 대목은 자료를 찾아보며 최대한 해결하려 노력했지만, 철학에 관해서는 워낙에 열등생인 관계로 용어나 개념 등을 잘못 이해하거나 번역한 부분도 없지는 않으리라 생각한다. 잘못된 부분은 출판사로 알려주시면 차후에 최대한 바로잡을 것을 약속드린다. 구태여 이런 변명 비슷한 이야기까지 늘어놓는 까닭은, 이 책이 단순히 초판 수천 부만 나가고 말 것이 아니라 이후 오랫동안 꾸준히 팔려나갈 것으로 확신하기 때문이다. 그만큼 좋은 책이라는 확신 때문에 이런 부담까지 느끼는 것 아니겠는가.

2006년 7월

박중서

■주

1. 옥스퍼드 대학에서 펴내고 있는 이 시리즈는 예술, 역사, 철학, 종교, 과학 등의 여러 분야에 걸쳐 있는데, 대체로 관련 주제나 사상가를 중심으로 권당 150쪽 정도로 요약한 것이다. 이 중 몇 권은 이미 우리나라의 여러 출판사를 통해 소개된 바 있다. 자세한 내용은 VSI의 홈페이지(http://www.oup.co.uk/general/vsi/)를 참조하라.
2. 마이클 쿡, 『코란이란 무엇인가』(이강훈 옮김, 현대신서 141, 동문선, 2003)
3. 맬리스 루스벤, 『이슬람이란 무엇인가』(최생열 옮김, 현대신서 116, 동문선, 2002)
4. 데미엔 키언, 『불교란 무엇인가』(고길환 옮김, 현대신서 5, 동문선, 1998)
5. 시편 8편 4-5절. 저자가 인용한 원문에는 "하느님" 대신 "천사"라고 나와 있고, 위에 인용한 개역개정판 성서에도 "하느님"이란 단어 옆에 "또는 천사"라고 주를 달고 있다.
6. 저자의 인용문과 역자가 참조한 마르크스 번역본의 문장은 약간의 차이가 있다. "포이에르바하는 종교적 본질을 '인간의' 본질로 용해시킨다. 그러나 인간의 본질은 각각의 개체 속에 내재하는 추상물이 아니다. 인간의 본질은 그 현실에 있어서 사회적 관계들의 앙상블(ensemble)이다." 카를 마르크스, 「포이에르바하에 관한 테제들」 제 6항, 『칼 맑스·프리드리히 엥겔스 저작선집 1』(최인호 외 옮김, 박종철출판사, 1990), 186쪽.
7. 이른바 "인간은 자유롭도록 저주(선고)받았다"는 유명한 말은 사르트르의 『존재와 무』에 여러 번 등장하며, 훗날 그의 사상을 쉽게 요약한 것으로 유명한 강연 『실존주의는 휴머니즘이다』에서도 언급되었다. "인간은 자유의 선고를 받은 셈이라는 말로써 표현은 끝난다." 『실존주의는 휴머니즘이다』(방곤 옮김, 문예출판사, 1978 초판; 1989 7쇄), 22쪽.
8. 영어에서 흔히 '인간'을 가리키던 '맨(man)'이 최근에는 남성우월적인 단어라 해서 점차 중성적인 의미의 '퍼슨(person)'으로 바뀌고 있는 추세를 반영하는 듯한 대목이다. 다행히 우리말 번역문에서는 이에 해당하는 문제가 발생하지 않는다.
9. "우리들은 다음과 같은 것을 자명한 진리라고 생각한다. 즉 모든 사람은 평등하게 태어났으며, 조물주는 몇 개의 양도할 수 없는 권리를 부여했으며, 그 권리 중에는 생명과 자유와 행복의 추구가 있다." 「독립선언서」, 『미국 역사의 기본 사료』(미국 사연구회 옮김, 소나무, 1992), 47쪽.
10. 가치상대주의라고도 한다. 선(善)이나 정의(正義) 같은 일반적인 가치나 그 기준은 객관적이고 불변하는 것이 아니라, 오히려 주관적이고 상대적인 것에 불과하다는 주

장이다.
11. 이는 오늘날 "공자"의 영어식 표기이기도 하다.
12. 이 책에서 인용문은 『(현토완역) 논어집주』(성백효 역주, 전통문화연구회, 1990)에 따랐다. 다만 저자가 인용한 『논어』 영역본은 각 편의 절수를 더욱 세분해 놓았기 때문에, 이 책에 나온 인용문의 절수는 우리가 알고 있는 것과는 약간 다르다. 따라서 이런 경우에는 우리말 번역본의 장절수를 주에 표시해 두었다.
13. "계로(季路)가 귀신 섬김을 묻자, 공자께서 '사람을 잘 섬기지 못한다면 어떻게 귀신을 섬기겠는가?' 하셨다. '감히 죽음을 묻겠습니다' 하자, 공자께서 '삶을 모른다면 어떻게 죽음을 알겠는가?' 하셨다." 제11편 11절, 위의 책, 210쪽.
14. "공자께서 말씀하셨다. '하늘이 나에게 덕을 주었으니, 환퇴가 나에게 어찌하겠는가.'" 제7편 22절, 위의 책, 139쪽.
15. "공자께서 말씀하셨다. '나는 열다섯 살에 학문에 뜻을 두었고, 서른 살에 자립(自立)하였고, 마흔 살에 사리(事理)에 의혹하지 않았고, 쉰 살에 천명(天命)을 알았고, 예순 살에 귀로 들으면 그대로 이해되었고, 일흔 살에 마음에 하고자 하는 바를 좇아도 법도에 넘지 않았다." 위의 책, 34-35쪽.
16. "공자께서 말씀하셨다. '명(命)을 알지 못하면 군자가 될 수 없으며, 예(禮)를 알지 못하면 설 수 없으며, 말(言)을 알지 못하면 사람을 알 수 없다." 위의 책, 389-390쪽.
17. 위의 책, 160쪽.
18. "공자께서 말씀하셨다. '누구인들 밖을 나갈 적에 문을 경유하지 않고 나갈 수 있겠는가? 그런데 어찌하여 이 도를 따르는 이가 없는가?' 제6편 15절, 위의 책, 117쪽.
19. 그 뒤의 문장은 다음과 같다. "소인은 천명을 알지 못하므로 두려워하지 않는다. 대인을 함부로 대하며 성인의 말씀을 업신여긴다." 위의 책, 334쪽.
20. "자공(子貢)이 말하였다. '만일 백성에게 은혜를 널리 베풀어 많은 사람을 구제한다면 어떻겠습니까? 인(仁)하다고 할 만합니까?' 공자께서 말씀하셨다. '어찌 인을 일삼는 데 그치겠는가. 반드시 성인(聖人)일 것이다. 요순도 이에 있어서는 오히려 부족하게 여기셨을 것이다." 제6편 28절 전반부, 위의 책, 124쪽.
21. "공자께서 말씀하셨다. '성인을 내가 만나볼 수 없으면, 군자만이라도 만나보면 된다.' 공자께서 말씀하셨다. '선인(善人)을 내가 만나볼 수 없으면, 떳떳한 마음(恒心)이 있는 자만이라도 만나보면 된다. 없으면서 있는 체하며, 비었으면서 가득한 체하며, 적으면서 많은 체하면 떳떳한 마음을 두기가 어려울 것이다.'" 제7편 25절, 위의 책, 141쪽.
22. 제5편 12절, 위의 책, 93쪽.
23. 위의 책, 266쪽.

24. 저자의 인용구에서는 '여자여소인(女子與小人)'을 "여자와 어린애"로 번역했는데, 여기서 '소인'은 오히려 "노예"나 "하인"의 뜻으로 보아야 한다는 해석도 있다.
25. "공자께서 말씀하셨다. 여자와 소인은 기르기가 어려우니, 가까이하면 불손하고 멀리하면 원망한다." 위의 책, 359쪽.
26. 위의 책, 76쪽.
27. 위의 책, 79쪽.
28. "원헌(原憲)이 수치스러운 일을 물으니, 공자께서 대답하셨다. '나라에 도(道)가 있을 때에 녹(祿)만 먹으며, 나라에 도가 없을 때에 녹만 먹는 것이 수치스러운 일이다.'" 위의 책, 274쪽.
29. "공자께서 말씀하셨다. '거친 밥을 먹고 물을 마시며 팔을 굽혀 베더라도 낙(樂)은 또한 그 가운데 있으니, 의롭지 못하고서 부(富)하고 또 귀(貴)함은 나에게 있어 뜬구름만 같으니라.' 제7편 15절. 위의 책, 136쪽.
30. "유자(有子)가 말하였다. '그 사람됨이 효(孝)하고 공경스럽고서 윗사람을 범하기를 좋아하는 자는 드무니, 윗사람을 범하기를 좋아하지 않고서 난(亂)을 일으키기를 좋아하는 자는 있지 않다. 군자는 근본을 힘쓰니, 근본이 확립되면 도(道)가 발생하는 것이다. 효와 제(弟)라는 것은 그 인(仁)을 행하는 근본일 것이다." 위의 책, 18-19쪽.
31. "재여(宰予)가 낮잠을 자자, 공자께서 말씀하셨다. '썩은 나무는 조각할 수 없고, 거름흙으로 쌓은 담장은 흙손질할 수가 없다. 내 재여에 대하여 꾸짖을 것이 있겠는가?' 공자께서 말씀하셨다. '내가 처음에는 남에 대하여 그의 말을 듣고 그의 행실을 믿었으나, 이제 나는 남에 대하여 그의 말을 듣고 다시 그의 행실을 살펴보게 되었다. 나는 재여 때문에 이 버릇을 고치게 되었노라." 제5편 9절. 위의 책, 91쪽.
32. 위의 책, 75쪽.
33. 제7편 29절, 위의 책, 143쪽.
34. "공자께서 말씀하셨다. 나는 인(仁)을 좋아하는 자와, 불인(不仁)을 미워하는 자를 보지 못하였다. 인을 좋아하는 자는 그보다 더할 수 없고, 불인을 미워하는 자는 그가 인을 행할 때에 불인한 것으로 하여금 그 몸에 가해지지 못하게 하는 것이다. 하루라도 그 힘을 인에 쓴 자가 있는가? 나는 힘이 부족한 자를 아직 보지 못하였노라. 아마도 그런 사람이 있을 터인데, 내가 아직 보지 못하였나보다." 위의 책, 73쪽.
35. "자로(子路)가 군자에 대하여 물으니, 공자께서 '경(敬)으로써 몸을 닦는 것이다' 하셨다. (자로가) '이와 같을 뿐입니까?' 하자, '몸을 닦아서 사람을 편안하게 하는 것이다' 하고 대답하셨다. 다시 '이와 같을 뿐입니까?' 하고 묻자, 다음과 같이 말씀하셨다. '몸을 닦아서 백성을 편안하게 하는 것이니, 몸을 닦아서 편안하게 함은 요순께서도 오히려 부족하게 여기셨다." 제14편 45절, 위의 책, 302쪽.
36. "공자께서 말씀하셨다. '배우고 그것을 때때로 익히면 기쁘지 않겠는가. 동지(同志)

가 먼 지방으로부터 찾아온다면 즐겁지 않겠는가. 사람들이 알아주지 않더라도 서운해하지 않는다면 군자가 아니겠는가." 위의 책, 17-18쪽.

37. "자로가 석문(石門)에서 유숙하였는데, 신문(晨門: 문지기)이 묻기를 '어디에서 왔는가?' 하자, 자로가 '공씨(孔氏)에게서 왔소' 라고 대답하니, 그는 '바로 불가능한 줄을 알면서도 하는 자 말인가' 하였다. 제14편 41절, 위의 책, 299쪽.

38. "자로가 따라가다가 뒤에 처졌는데, 지팡이를 짚고 대바구니를 멘 장인(丈人: 노인)을 만나, 자로가 묻기를 '노인은 우리 부자(夫子)를 보았습니까?' 하니, 장인이 말하기를 '사지(四肢)를 부지런히 하지 않고 오곡(五穀)을 분별하지 못하니, 누구를 부자라 하는가?' 하고, 지팡이를 꽂아놓고 김을 매었다. 자로가 손을 마주잡고 서 있으니, 자로를 머물러 자게 하고는 닭을 잡고 기장밥을 지어 먹이고, 그의 두 아들을 뵙게 하였다. 다음날 자로가 떠나와서 (공자께) 아뢰니, 공자께서 '은자(隱者)이다' 하시고, 자로로 하여금 돌아가 만나보게 하시었는데, 도착해 보니 떠나가고 없었다. 자로가 말하였다. '벼슬하지 않는 것은 의(義)가 없으니, 장유(長幼)의 예절을 폐할 수 없거늘 군신(君臣)의 의를 어떻게 폐할 수 있겠는가? 자기 몸을 깨끗하게 하고자 하여 대륜(大倫)을 어지럽히는 짓이다. 군자가 벼슬하는 것은 그 의를 행하는 것이니, 도(道)가 행하여지지 못할 것은 이미 알고 계시다." 위의 책, 365-366쪽.

39. 제15편 18절, 위의 책, 316쪽.

40. "어떤 사람이 공자에게 이르기를 '선생께서는 어찌하여 정사(政事)를 하지 않으십니까?' 하니, 공자께서 말씀하셨다. 『서경(書經)』에 효(孝)에 대하여 이르기를, 효하며 형제간에 우애하여 정사에 베푼다고 하였다. 이 또한 정사를 하는 것이니, 어찌하여 벼슬해서 정사하는 것만이 정사이겠는가?" 위의 책, 46쪽.

41. "맹의자(孟懿子)가 효를 묻자, 공자께서 '어김이 없어야 한다'고 대답하셨다. 번지(樊遲)가 수레를 몰고 있었는데, 공자께서 말씀하셨다. '맹손씨(孟孫氏)가 나에게 효를 묻기에 나는 어김이 없으라고 대답하였다.' 번지가 '무엇을 이르신 것입니까?' 하고 묻자, 공자께서 말씀하셨다. '살아계시면 예(禮)로 섬기고, 돌아가시면 예로 장사지내고, 예로 제사지내는 것이다." 위의 책, 36-37쪽.

42. "공자께서 말씀하셨다. '아버지가 살아계실 때에는 그 뜻을 관찰하고, 아버지가 돌아가셨을 때에는 그 행동을 관찰하는 것이니, 3년 동안 아버지의 도(행동)를 고치지 말아야 효라 이를 수 있는 것이다." 위의 책, 27쪽.

43. "계강자(季康子)가 공자에게 정사(政事)를 묻자, 공자께서 대답하셨다. '정사란 바로잡는다는 뜻이니, 그대가 바름으로써 솔선수범한다면 누가 감히 바르지 않겠는가?'" 위의 책, 243쪽.

44. "자로가 말했다. '위(衛)나라 군주가 선생님을 기다려 정사(政事)를 하려고 하십니다. 선생께서는 장차 무엇을 우선하시렵니까?' 공자께서 대답하셨다. '반드시 명분

을 바로잡겠다.' 자로가 말했다. '이러하십니다. 선생님의 우활(迂闊: 사정에 어두움) 하심이여! 어떻게 바로잡을 수 있겠습니까?' 공자께서 말씀하셨다. '비속하구나, 유(由)여! 군자는 자기가 알지 못하는 것에는 말하지 않고 가만히 있는 것이다. 명분이 바르지 못하면 말이 (이치에) 순하지 못하고, 말이 (이치에) 순하지 못하면 일이 이루어지지 못하고, 일이 이루어지지 못하면 예악(禮樂)이 일어나지 못하고, 예악이 일어나지 못하면 형벌이 알맞지 못하고, 형벌이 알맞지 못하면 백성들이 손발을 둘 곳이 없어진다. 그러므로 군자가 이름(명분)을 붙이면 반드시 말할 수 있으며, 말할 수 있으면 반드시 행할 수 있는 것이니, 군자는 그 말에 대하여 구차히 함이 없을 뿐이다." 위의 책, 253-255쪽.

45. "제(齊)나라 경공(景公)이 공자에게 정사(政事)를 묻자 공자께서 대답하셨다. '임금은 임금노릇하며, 신하는 신하노릇하며, 아버지는 아버지노릇하며, 자식은 자식노릇하는 것입니다.' 공(公)이 말하였다. '좋습니다. 진실로 만일 임금이 임금노릇을 못하며, 신하가 신하노릇을 못하며, 아버지가 아버지노릇을 못하며, 자식이 자식노릇을 못한다면, 비록 곡식이 있은들 내 그것을 먹을 수 있겠습니까?'" 위의 책, 240-241쪽.

46. "자하(子夏)가 말하였다. '어진이를 어질게 여기되 색(色)을 좋아하는 마음과 바꿔하며, 부모(父母)를 섬기되 능히 그 힘을 다하며, 군주를 섬기되 능히 그 몸을 바치며, 친구(朋友)와 더불어 사귀되 말함에 성실함이 있으면, 비록 배우지 않았다고 말하더라도 나는 반드시 그를 배웠다고 이르겠다." 위의 책, 23쪽.

47. 위의 책, 42쪽.

48. 『시경(詩經)』, 『서경(書經)』, 『예기(禮記)』, 『악기(樂記)』, 『역경(易經)』, 『춘추(春秋)』를 말한다.

49. 저자는 이 대목을 '제7편 13절'에서 인용했다고 하지만, '제8편 13절'이 맞다. 위의 책, 157쪽 참조.

50. "자하가 말하였다. '벼슬하면서 여가가 있으면 학문을 하고, 학문을 하고서 여가가 있으면 벼슬을 한다.'" 위의 책, 378쪽.

51. "공자께서 말씀하셨다. '부(富)와 귀(貴)는 사람들이 하고자 하는 것이나, 그 정상적인 방법으로 얻지 않으면 처하지 않아야 하며, 빈(貧)과 천(賤)은 사람들이 싫어하는 것이나, 그 정상적인 방법으로 얻지 않았다 하더라도 버리지 않아야 한다. 군자가 인(仁)을 떠나면 어찌 이름을 이룰 수 있겠는가. 군자는 밥을 먹는 동안이라도 인을 떠남이 없으니, 경황 중에도 이 인에 반드시 하며, 위급한 상황에도 이 인에 반드시 하는 것이다." 위의 책, 72쪽.

52. "공자께서 말씀하셨다. 덕(德)이 닦아지지 못함과, 학문이 강마(講磨)되지 못함과, 의(義)를 듣고 옮겨가지 못함과, 불선(不善)을 고치지 못하는 것이 바로 나의 걱정거

리이다." 제7편 3절, 위의 책, 127쪽.
53. "인자(仁者)는 자신이 서고자 함에 남도 서게 하며, 자신이 통달하고자 함에 남도 통달하게 하는 것이다. 가까운 데에서 취해 비유할 수 있으면 인(仁)을 하는 방법이라고 말할 만하다." 제6장 28절 후반부, 위의 책, 124쪽.
54. 신약성서 마태복음 7장 12절에 나오는 말로, 기독교의 윤리관을 한 마디로 압축한 이른바 '황금률'로 유명하다.
55. "중궁(仲弓)이 인(仁)을 묻자, 공자께서 말씀하셨다. '문을 나갔을 때는 큰 손님을 뵈온 듯이 하며, 백성에게 일을 시킬 때에는 큰 제사를 받들 듯이 하고, 자신이 하고자 하지 않는 것을 남에게 베풀지 말아야 하니, 이렇게 하면 나라에 있어서도 원망함이 없으며, 집안에 있어서도 원망함이 없을 것이다.' 중궁이 말했다. '제가 비록 불민하오나, 청컨대 이 말씀을 종사하겠습니다.'" 위의 책, 230쪽.
56. "안연(顏淵)이 인(仁)을 묻자 공자께서 말씀하셨다. '자기의 사욕을 이겨 예(禮)에 돌아감이 인을 하는 것이니, 하루 동안이라도 사욕을 이겨 예에 돌아가면 천하가 인을 허여하는 것이다. 인을 하는 것은 자기 몸에 달려 있으니, 남에게 달려 있는 것이겠는가?' 안연이 '그 조목(條目)을 묻겠습니다' 하고 말하자, 공자께서 말씀하셨다. '예가 아니면 보지 말며, 예가 아니면 듣지 말며, 예가 아니면 말하지 말며, 예가 아니면 동(動)하지 마는 것이다.' 안연이 말했다. '제가 비록 불민하오나, 청컨대 이 말씀을 종사하겠습니다.'" 위의 책, 228-229쪽.
57. 위의 책, 34-35쪽.
58. 여기서 우리말 인용문은 『맹자』(범선균 옮김, 혜원동양고전 2, 혜원출판사, 1990)를 참조했으며, 주에 통상적인 장절 표시를 해 두었다.
59. 고자(告子) 상, 2절, 위의 책, 391쪽.
60. "공도자(公都子)가 물었다. '다 같은 사람인데, 어떤 사람은 대인이 되고, 어떤 사람은 소인이 되는 것은 무엇 때문입니까?' 맹자께서 말씀하셨다. '큰 것에 따르는 사람은 대인이 되고, 작은 것에 따르는 사람은 소인이 되느니라.' '다 같은 사람인데, 어떤 사람은 큰 것에 따르고, 어떤 사람은 작은 것에 따르는 것은 무엇 때문입니까?' '귀와 눈 같은 기관은 생각하지 못하여 사물에 가리운다. 사물이 이목에 얽히면 끌어당길 뿐이다. 마음 같은 기관은 생각을 한다. 생각하면 이치를 얻고, 생각하지 않으면 얻지 못하니, 이것이 하늘이 우리에게 부여한 것이다. 먼저 큰 것을 확립시켜 놓으면 작은 것은 빼앗기지 않는다. 이것이 대인이 되는 까닭이니라.'" 고자 상, 15절, 위의 책, 419-420쪽.
61. 공손추(公孫丑) 상, 6절, 위의 책, 124쪽.
62. "사람은 누구나 다 차마 남에게 하지 못하는 마음이 있느니라. (……) 이로 보건대 측은해하는 마음이 없으면 사람이 아니요, 부끄러워하는 마음이 없으면 사람이 아니

요, 사양하는 마음이 없으면 사람이 아니요, 시비를 가리는 마음이 없으면 사람이 아닌 것이다. 측은해하는 마음은 인(仁)의 단서이고, 부끄러워하는 마음은 의(義)의 단서이고, 사양하는 마음은 예(禮)의 단서이고, 시비를 가리는 마음은 지(智)의 단서이다." 공손추 상, 6절, 위의 책, 124쪽.

63. "측은해하는 마음은 사람마다 가지고 있고, 부끄러워하는 마음도 사람마다 가지고 있고, 공경하는 마음도 사람마다 가지고 있으며, 시비를 가리는 마음도 사람마다 가지고 있다. 측은해하는 마음은 인(仁)이고, 부끄러워하는 마음은 의(義)이고, 사양하는 마음은 예(禮)이고, 시비를 가리는 마음은 지(智)이다. 인의예지는 밖에서 나를 녹여 오는 것이 아니라, 내게 본래부터 있는 것으로서, 생각하지 않고 있을 뿐이다." 위의 책, 고자 상, 6절, 400쪽.

64. "풍년에는 자제(子弟)들이 대부분 얌전하고, 흉년에는 자제들이 대부분 난폭한데, 이는 하늘이 내려준 재질이 달라서가 아니라, 그들의 마음을 빠지게 한 것이 그렇게 만드는 것이다." 고자 상, 7절, 위의 책, 403쪽.

65. "우산(牛山)의 나무는 일찍이 아름다웠다. 그러나 큰 나라 수도의 교외에 있어서 도끼로 나무들을 찍어대니, 더는 아름다워질 수 있겠는가? 밤낮으로 자라나고 비와 이슬의 윤택을 받아 싹이 돋아나지 않는 것은 아니지만, 소와 양이 또 자라는 족족 뜯어 먹었다. 그래서 저렇게 맹숭맹숭해진 것이다. 사람들은 그 맹숭맹숭한 것을 보고, 본래부터 재목이 있지 않았다고 하는데, 이것이 어찌 산의 본성이겠는가? 사람도 어찌 인의(仁義)의 마음이 없겠는가마는, 양심을 버리게 된 까닭에 또한 도끼로 나무를 찍는 것처럼 매일 찍어대니, 어찌 아름다워질 수가 있겠는가? (……) 사람들이 그 짐승과 다름없는 것을 보고 본래부터 선을 할 재질이 있지 않았다고 한다면, 이것이 어찌 인정(人情)이겠는가? 그러므로 길러주면 자라지 않는 것이 없고, 길러주지 않으면 소멸되지 않는 것이 없다." 고자 상, 8절, 위의 책, 407쪽.

66. 공손추 상, 6절, 위의 책, 124쪽.

67. 여기서 우리말 인용문은 『순자』(정장철 옮김, 혜원동양고전 19, 혜원출판사, 1992)를 참조했으며, 주에 통상적인 장절 표시를 해 두었다.

68. 예론(禮論), 1절, 위의 책, 421쪽.

69. 성악(性惡), 1절, 위의 책, 507쪽.

70. 성악, 3절, 위의 책, 512쪽.

71. 성악, 1절, 위의 책, 507쪽.

72. 성악, 8절, 위의 책, 525쪽.

73. 성악, 10절, 위의 책, 528쪽.

74. 성악, 8절, 위의 책, 525쪽.

75. 이 대목은 영역본의 문맥에 맞추었기 때문에, 우리말 번역본과는 약간 다르다. "그러

므로 성인의, 일반대중과 같아서 일반대중보다 나은 점이 없는 부분은 선천적 본성이라고 하는 것이 된다. 한편 성인의 일반대중과는 달리 뛰어난 부분은 후천적 작위라고 할 수 있을 것이다."[成人之所以同於衆, 其不異於衆者聖也. 所以異而過衆者僞也.] 성악, 5절, 위의 책, 518쪽.

76. 풍우란, 『(완역판) 중국철학사 상·하』(박성규 옮김, 까치글방 154·155, 까치, 1999). 더크 보드가 요약한 이 책의 축약본이 『중국철학사』(정인재 옮김, 형설출판사, 1979); 『중국철학사』(강재륜 옮김, 일신사, 1981) 등으로도 나와 있다.

77. 앤거스 그레이엄, 『도의 논쟁자들: 중국 고대 철학논쟁』(나성 옮김, 새물결, 2001 초판; 2003 개정판)

78. 벤저민 슈워츠, 『중국 고대사상의 세계』(나성 옮김, 살림, 1996 초판; 2004 개정판)

79. 우리나라에 소개된 뚜웨이밍의 저서는 다음과 같다. 『한 젊은 유학자의 초상: 청년 왕양명, 1472-1509』(권미숙 옮김, 통나무, 1994); 『뚜웨이밍의 유학 강의』(정용환 옮김, 청계, 1999)

80. 이 책에서의 인용문은 다음 번역본을 참조했다. 「브리하다란야까 우파니샤드」, 『우파니샤드 II』(이재숙 옮김, 한길그레이트북스 21, 한길사, 1996).

81. '다른 우파니샤드와 비교할 때 분량이 대단히 많기 때문에 '브리하드(긴, 혹은 분량이 많은) 아란야까(숲 속에서 전수되는 지식) 우파니샤드'라는 이름이 붙여졌다." 위의 책, 539쪽.

82. 위의 책, 616-617쪽.

83. "가르기여, 그대는 질문을 너무 지나치게 하지 마시오. 그대의 머리가 잘려 땅으로 떨어질까 겁나네. 그대는 질문할 수 없는 존재에 대해 질문할 수 있소. 가르기여, 질문을 너무 지나치게 하지 마시오.' 그러자 바짜끄누의 딸 가르기도 입을 다물었다." 위의 책, 616쪽.

84. 이 대목은 왕 자나까와 현자 야쟈발끼야의 대화를 다루고 있다. 왕이 누군가로부터 "목소리가 곧 브라흐만"이라는 이야기를 들었다고 하자, 현자는 "목소리가 브라흐만이라고 한 것은 (……) 목소리가 누구에게나 있는 것이기 때문"이라고 대답하면서, "목소리가 그것(브라흐만)의 머무는 자리이고, 대공(大空)이 그 기반이 됩니다"라고 말한다. 모든 사물이 이름으로 불리고, 그 이름은 목소리를 통해서만 나오는 것이기 때문이다. 위의 책, 641쪽.

85. "처음에는 물만이 있었다. 그 물이 진리를 만들었다. 진리는 곧 브라흐만이니, 브라흐만이 쁘라자빠띠를 만들었고, 쁘라자빠띠는 신을 만들었다." 위의 책, 681쪽.

86. 위의 책, 575쪽.

87. 이 대목은 샤깔라의 아들 샤깔리야 비다그다와 현자 야쟈발끼야의 대화로 이루어

져 있다. 상대방이 던지는 질문에 척척 대답하던 현자는 마지막에 지금까지의 답변을 정리하여 다음과 같이 되묻는다. "머무르는 곳이 여덟 군데요, 세계가 여덟이요, 신들이 여덟이요, 존재도 여덟 가지라, 그중에 모든 존재를 만들고, 궁극에는 그 스스로의 안에 다시 거둬들이는, 우파니샤드로만이 알 수 있는 그 존재, 그 초월적인 존재가 무엇이요? 그대가 대답하지 못한다면 그대의 머리가 잘려 떨어질 것이오." 그러나 샤깔라의 아들은 이 질문에 대답하지 못했기 때문에 머리가 잘려 떨어진다. 그러자 다른 사람들은 이 모습에 겁을 먹고 아무도 더 질문을 던지지 못한다. 위의 책, 638쪽.

88. 위의 책, 627-628쪽.
89. "'그럼 하나의 신은 누구요?' '그것은 숨이오. 숨은 '그것(that)'이라고 부르는 바로 그 브라흐만이오." 위의 책, 631쪽.
90. 위의 책, 543쪽.
91. 1장 4편 3절, 위의 책, 560쪽.
92. "그 (태어난) 여자는 생각했다. '그가 어떻게 자기 자신에게서 생겨난 나와 결합할 수 있겠는가?' 그녀는 다른 모습을 취하여 모습을 숨기로 했다. 그녀는 암소가 되었다. 그는 수소가 되어 그녀와 결합하였으니, 거기에서 소가 나왔다. 다시 하나가 암말이 되자 다른 하나는 수말이 되어 그녀와 결합하였다. 하나가 암탕나귀가 되자 다른 하나는 수탕나귀가 되었으며 (······) 이렇게 해서 그는 개미에서부터 모든 생물에 이르기까지 모두 양성(兩性)의 성교를 통해 만들었다." 1장 4편 5절, 위의 책, 560쪽.
93. "이것이 창조자의 초월적 창조이다. 스스로는 죽음을 겪을 존재로서 죽음을 겪지 않을 신들을 창조했으니, 이를 초월의 창조라고 하노라." 1장 4편 6절, 위의 책, 561쪽.
94. "이 세상은 그때 아직 드러나지 않은 채였다. 그런 세상이 이름과 형태가 결합됨으로써 드러나게 되었다. 즉 '이것은 이 이름의 이 모양의 것'이라고까지는 드러나지 않았던 것이 드러나게 된 것이다. 그러므로 지금도 세상은 이름과 형태로 나뉘어 있으니, 우리는 모든 것을 '이 이름, 이 모양'으로 말한다." 위의 책, 562쪽.
95. 위의 책, 677쪽.
96. "브라흐만의 두 가지 모습이 있으니, 형태가 있는 브라흐만과 형태가 없는 브라흐만이다. 그들은 죽음을 겪을 브라흐만과 (죽음이 없는) 불멸의 브라흐만이고, 제한된 브라흐만과 제한되지 않은 브라흐만이며, 여기 존재하는 브라흐만과 저기 진리 자체인 브라흐만이다." 위의 책, 588쪽.
97. 위의 책, 594쪽.
98. 3장 8편은 바짜끄누의 딸 가르기와 현자 야쟈발끼야의 대화로 구성되어 있다. 위의 인용문은 "시간을 둘러싸고 있는 것"에 대해 가르기가 질문하자 현자가 "대공"

이라고 대답하고, 다시 "그 대공을 둘러싸고 있는 것"에 대해 가르기가 질문하자 현자가 "브라흐만"이라고 대답하면서, 브라흐만의 속성에 대해 설명하는 대목이다. 위의 책, 625-626쪽.

99. 대괄호(〔 〕) 안의 단어는 영문판 인용문에 우리말 번역본과는 다르게 나온 단어를 표시한 것이다. 위의 책, 663쪽.

100. 위의 책, 615쪽.

101) 위의 책, 599쪽.

102. 2장 5편 1절부터 14절까지는 각각 땅, 물, 불, 바람, 태양, 사방(四方), 달, 번개, 구름, 대공, 다르마, 진리, 사람, 아뜨만을 가리켜 "모든 생물체들의 꿀이요, 모든 생물체들이 이에게 꿀이로다"라고 묘사한다. 위의 책, 596-598쪽.

103. 위의 책, 638쪽.

104. 위의 책, 663쪽.

105. 위의 책, 615쪽.

106. 4장 4편 25절, 위의 책, 670-671쪽.

107. 대괄호(〔 〕) 안의 단어나 어구는 영문판 인용문에 우리말 번역본과는 다르게 나온 단어나 어구를 표시한 것이다. 2장 1편 10절, 위의 책, 585쪽.

108. 3장 7편은 아루나의 아들 웃달라까의 질문에 대한 현자 야쟈발끼야의 답변이다. 웃달라까는 "이 세상과 저 세상, 그리고 모든 생물들을 그 안에서 움직이게 하는 자"가 무엇인지를 묻는다. 그러자 현자는 땅, 물, 불, 공계(空界), 바람, 천상, 태양, 모든 방향, 달과 별, 대공, 어둠, 밝음, 모든 생물, 코, 목소리, 눈, 귀, 마음, 피부, 지성, 성기(性器) 같은 존재를 예로 들면서, 그 각각 속에 들어 있고, 그 각각의 역할을 하게 하는 것이 "불멸의, '안에서 움직이게 하는 자' 아뜨만"이라고 답한다. 위의 책, 618-623쪽.

109. 이 대목 바로 앞부분은 다음과 같다. "둘이 존재하는 곳에서만이, 하나가 다른 것을 냄새 맡을 것이고, 하나가 다른 것을 볼 것이고, 하나가 다른 것을 들을 것이고, 하나가 다른 하나에게 말할 것이며, 하나가 다른 하나를 생각할 것이며, 하나가 다른 하나를 알 것이오." 위의 책, 594-595쪽.

110. 4장 4편 3절, 위의 책, 662쪽.

111. 여기서 '두 가지 길'이란 곧 "지혜로써 브라흐만을 숭배하는 사람이 움직이는 태양의 북쪽 길"과 "의례로써 브라흐만을 숭배하는 사람이 움직이는 태양의 남쪽 길"을 말한다. 위의 책, 704쪽.

112. 여성의 성기를 말한다.

113. 위의 책, 626쪽.

114. 위의 책, 627쪽.

115. 위의 책, 668쪽.
116. 위의 책, 663쪽.
117. 위의 책, 663쪽.
118. 위의 책, 665쪽.
119. 우리말 번역본의 문장 해석은 이와 약간 다르다. "그러므로 브라흐만을 아는 자는 배움으로 행하고, 어린아이와 같은 상태로 살기를 원하지요. 그는 어린아이와 같은 상태, 그리고 (지혜를 갖게 하는) 배움을 통해 성자가 되는 것입니다. 그는 이제 모든 것을 아는 성자가 되는 것입니다." 위의 책, 615쪽.
120. 샹카라는 '가탁(假託)'을 "전에 보았던 어떤 것이 다른 것에 있는 것으로 기억을 통해 의식에 거짓 나타나는 것"이라 정의한다. R. 뿔리간들라, 『인도철학』(이지수 옮김, 민족사, 1991), 241쪽.
121. "그대의 특권은 바로 행위에 있는 것이지, 결코 결과에 있는 것이 아니라오. 어느 때건 행위의 결과가 (그 행위의) 원인이 되어서는 아니되오. 그대는 무행위에도 집착하지 마시오." 『바가바드 기타』(임승택 편저, 경서원, 1998), 84쪽.
122. 인도 신화에서 메루 산의 남쪽 기슭에 있다고 전해지는 비슈누의 천계(天界)이다. 천계의 갠지스 강이 이곳을 가로질러 흐른다는, 비슈누 교도들의 이상향이다. 라다크리슈난, 『인도철학사 IV』(이거룡 옮김, 한길그레이트북스 6, 한길사, 1999), 476쪽, 역주.
123. 우파니샤드를 산스크리트 원전에서 직접 옮긴 번역본은 다음과 같다. 『우파니샤드 I · II』(이재숙 옮김, 한길그레이트북스 20 · 21, 한길사, 1996). 우파니샤드 가운데 일부를 발췌 번역한 영역본의 번역본은 다음과 같다. 『우파니샤드』(박석일 옮김, 정음문고 59, 정음사, 1974)
124. 같은 저자가 이후에 쓴 비슷한 성격의 개론서가 국내에 번역되어 있다. 마이소르 히리야나, 『강좌 인도철학』(김형준 옮김, 강좌총서 2, 예문서원, 1993)
125. 원서에는 이 문장 뒤에 이 장의 인용문을 1989년에 영국에서 나온 개역본 영어성서(Revised English Bible)에서 가져왔다는 설명이 나온다. 본 역서의 성서 인용문은 개역개정판 성경전서(대한성서공회, 1998)에서 가져왔다. 그리고 외경 인용문은 가톨릭용 공동번역성서(대한성서공회, 1997)에서 가져왔다.
126. 본래 구약성서에는 하느님의 이름이 등장하지만, 유대교에서 십계명의 제3계명인 "하느님의 이름을 함부로 부르지 말라"는 명령을 곧이곧대로 지키다보니, 본래의 이름 대신 '아도나이(나의 주)'라는 호칭을 사용하게 되었다. 그러다보니 하느님의 이름 가운데 자음(JHWH, 혹은 YHWH)만을 적어놓았을 뿐, 모음을 어떻게 읽는지는 적어놓지 않아서 후대에는 과연 이를 어떻게 읽어야 할지를 모르는 지경에 이르렀다. 오늘날 이를 '여호와,' 혹은 '야훼'로 읽긴 하지만 어디까지나 추정상의 발음에 불과

하다.
127. 물론 일부 기독교 신학자들은 이 '하느님들'이 이른바 성부, 성자, 성령의 삼위일체를 뜻한다고 주장하기도 한다.
128. 데미우르고스는 본래 '직인(職人)'이나 '장인(匠人)'의 뜻이었으나, 플라톤이 『티마이오스』에서 이 우주의 창조자로 묘사한 것으로 유명하다. 그는 보통 "플라톤의 신(神)"으로 일컬어지지만, 실상 그는 이데아를 모범으로 삼아 현상 세계를 창조한 존재일 뿐. 이른바 전능하고 무한한 기독교의 하느님과는 달리 전능하지도 않고 유한한 존재이다. 일단 그의 창조 자체가 "무로부터의 창조"가 아니었기 때문이다.
129. 저자의 인용문에서는 "하느님이 (……) 나뉘게 하시니"를 "하느님이 (……) 나누셨다"고 표현하고 있다.
130. 케루빔이라고도 하며, "천사"를 의미한다.
131. 저자가 인용한 성서에서는 "하느님이 (……) 생기를 그 코에 불어넣으시니"를 "하느님이 (……) [자신의] 숨을 그 코에 불어넣었다"고 번역했다.
132. 신약성서에서 예수 당시에 존재했던 유대인의 일파로, 사회적으로는 제사장과 귀족 등 지도층에 속했으며, 종교적으로는 모세오경의 권위만을 인정하고 부활이나 천사 등의 신비적인 교리를 부정한 점 등이 특징이었다.
133. 출애굽기 32장에서 이집트를 탈출한 이스라엘 백성이 금송아지의 우상을 만들어 예배하자, 이에 분노한 하느님은 모세를 시켜 그중 3천 명을 죽이도록 한다. 민수기 25장에서 이스라엘 백성이 이방인 여자들과 어울리며 다른 신을 숭배하자, 이에 분노한 하느님은 전염병을 일으켜 2만 4천 명을 죽인다. 사무엘상 19장에서 사울 왕은 다윗을 질투해 죽이려 한다. 사무엘하 11장에서 다윗 왕은 고의로 자기 부하인 우리아를 죽이고 그 아내 밧세바를 취한다.
134. 원서에는 이사야 49장 8절이라고 나오는데, 사실은 49장 6절 후반부의 다음 구절을 말하는 것이 아닌가 싶다. "내가 또 너를 이방의 빛으로 삼아 나의 구원을 베풀어서 땅 끝까지 이르게 하리라." 이 구절은 흔히 기독교에서 '선교'를 해야 하는 근거로 제시된다.
135. 1966년에 출간된 가톨릭의 영역본 성서를 가리키는 명칭이다.
136. 갈라디아서 5장 16 ; 19-21 ; 22-25절.
137. 각각 예수가 광야에서 40일 동안 마귀에게 시험을 당하는 이야기(마태복음 4장 1-11절), 거라사 지방에서 어떤 사람의 몸에 들어 있던 마귀를 돼지 떼에게 옮겨 몰살시키는 이야기(마가복음 5장 1-13절), 헌금액을 속인 아나니아와 삽비라에게 베드로가 "사탄이 네 마음에 가득하다"고 책망하자 그들이 죽어버린 이야기(사도행전 5장 1-11절), 말세에 이른바 "불법의 사람, 곧 멸망의 아들"인 사탄이 나타나더라도 속지 말라는 바울의 당부(데살로니가후서 2장 3-9절), "큰 용이 내쫓기니 옛 뱀, 곧

마귀라고도 하고, 사탄이라고도 하며, 온 천하를 꾀는 자라"는 요한의 설명(요한계시록 12장 9절)을 말한다.
138. 고대 페르시아의 조로아스터교에서 파생된 종교로 3세기경에 성립되었으며, 이 세계를 선과 악, 두 가지 세력의 대립으로 바라보는 이원론적 교리가 특징적이다.
139. 히브리서 10장에서는 예수의 구속에 관해 이야기하면서 구약성서의 희생 제사와 제물에 관련된 구절을 여러 번 인용하고 있다.
140. 존 리치스, 『성서란 무엇인가』(최생열 옮김, 현대신서 150, 동문선, 2004)
141. 노먼 솔로몬, 『유대교란 무엇인가』(최창모 옮김, 현대신서 6, 동문선, 1999)
142. 데이비드 F. 포드, 『신학이란 무엇인가』(노치준·강혜원 옮김, 현대신서 142, 동문선, 2003)
143. E. P. 샌더스, 『바울』(이영립 옮김, 시공 로고스 총서 14, 시공사, 1999)
144. 펠로폰네소스 전쟁(BC 431-404)을 말한다.
145. 「소크라테스의 변론」 38a, 『에우티프론·소크라테스의 변론·크리톤·파이돈』(박종현 옮김, 서광사, 2003), 176쪽.
146. 이 장의 인용문은 다음의 우리말 번역본을 참조했다. 플라톤, 『국가·정체(政體)』(박종현 옮김, 서광사, 2000 초판3쇄: 2005 개정증보판)
147. "이를테면, 자네가 원한다면, 많은 침상과 식탁이 있겠네. (……) 두 이데아가 있겠는데, 그 하나는 침상의 이데아이며, 다른 하나는 식탁의 이데아일세. (……) 그런데 각 가구의 장인(제작자)은 그 이데아를 보면서 저마다 우리가 사용하는 침상들이나 식탁들을 만들며, 또한 여느 것도 마찬가지 방식으로 만든다고 우리가 또한 말해 버릇하지 않았던가? 그 어떤 장인도 이데아 자체를 만들지는 않을 테니까 말일세." 596b, 위의 책, 613쪽.
148. "우리는 많은 것을 아름답 '다' (아름다운 것들 '이다')고 하며, 많은 것을 좋 '다' (좋은 것들 '이다')고, 또한 이런 식으로 '각각의 것들' 을 '一(이)다' 라고 말하고, 또한 표현상 구별하네. (……) 그런가 하면 아름다운 것 자체니, 좋은 것 자체니 하고, 그리고 그때 우리가 '많은 것' 으로 상정한 모든 것과 관련해서도 이런 투로 말하며, 이번에는 각각의 것에 한 이데아가 있는 것으로 상정하여, 이 한 이데아에 따라 이 각각을 '실재하는 것' 이라 우리가 일컫네." 507b, 위의 책, 433쪽.
149. 유명론(唯名論)은 중세 스콜라 철학의 사조 가운데 하나로, 이른바 "보편이란 어디까지나 명목(이름)에 불과할 뿐, 실재가 아니라"는 주장을 펼쳤다. 가령 흰 말이나 흰 옷 같은 '특수한 개체'는 존재하지만, 그 모두를 한데 엮어주는 흰색이라는 '보편적 개념' 은 존재하지 않는다는 것이다. 유명론자들이 이와 정반대의 입장인 실재론자(實在論者)들과 벌인 논쟁은 중세철학에서도 가장 유명한 사건 중 하나다.
150. "지혜를 사랑하는 사람들(철학자들)의 성향(자질)과 관련해서는 이 점에 대해서, 즉

이들은 언제나 있으며 생성과 소멸에 의해 헤매게 되는 일이 없는 저 존재(본질)를 자신들에게 드러내 보여주는 배움을 언제나 사랑한다는 데 대해서 우리가 합의한 걸로 해 두세나." 485b, 위의 책, 387쪽. "앞엣것(실재하는 것)들은 (눈에 '보이기는' 하되 '지성에 알려지지는' 않는다고 우리가 말하는 반면에, 이데아들은 지성에 알려지기는 하나 (눈에 보이지는 않는다고 말하네." 507b, 위의 책, 433-434쪽. "그것은 '언제나 있는 것'에 대한 앎을 위한 것이지, 어느 땐가 생성되었다가 소멸하는 것에 대한 앎을 위한 것은 아니라는 걸세." 527b, 위의 책, 474쪽.

151. "그러면 다음으로는 교육 및 교육 부족과 관련된 우리의 성향을 이런 처지에 비유해 보게나. (……) 동굴에서 어릴 적부터 사지와 목을 결박당한 상태로 있는 사람들을 상상해 보게. 그래서 이들은 (……) 앞만 보도록 되어 있고, 포박 때문에 머리를 돌릴 수도 없다네. 이들의 뒤쪽에서는 위쪽으로 멀리에서 불빛이 타오르고 있네. 또한 이 불과 죄수들 사이에는 (……) 담이 세워져 있는 걸 상상해 보게. (……) 이 담을 따라 (……) 온갖 인공의 물품들을, 그리고 (……) 인물상들 및 동물상들을 이 담 위로 쳐들고 지나가는 걸 말일세. (……) 이런 사람들이 불로 인해서 자기들의 맞은편 동굴 벽면에 투영되는 그림자들 이외에, 자기들 자신이나 서로의 어떤 것인들 본 일이 있을 것으로 자네는 생각하는가?" 514a-515a, 위의 책, 448-449쪽.

152. "그렇다면 이 사람(불변의 형상을 아는 사람)의 사고는 알고 있는 자의 것으로서, 우리가 이를 인식(지식, 앎)이라 함이 옳겠으나, 앞엣사람(가변의 현실만 아는 사람)의 사고는 의견을 갖는 자의 것으로서, (우리가 이를) 의견(판단, 억견)이라 함이 옳지 않겠는가?" 476d, 위의 책, 372쪽.

153. "태양은 보이는 것들에 '보임'의 '힘'을 제공해 줄 뿐만 아니라, 또한 그것들에 생성과 성장, 그리고 영양을 제공해 준다고 자네가 말할 것으로 나는 생각하네. (……) 그러므로 인식되는 것들의 '인식됨'이 가능하게 되는 것도 '좋음(善)'으로 인해서일 뿐만 아니라, 그것들이 '존재하게' 되고 그 '본질'을 갖게 되는 것도 그것에 의해서요. '좋음'은 (단순한) '존재'가 아니라, 지위와 힘에 있어서 '존재'를 초월하여 있는 것이라고 말하게나." 509b, 위의 책, 438-439쪽.

154. 『국가』의 대미를 장식하는 이야기로, 영혼 불멸 및 윤회에 관한 이야기가 언급된다. '에르' 라는 이름의 남자가 전투에 나가 다쳐서 의식을 잃었다가, 무려 12일 후에 깨어나 자신이 다녀온 저승 세계의 모습을 묘사하는 내용으로 되어 있다. 위의 책, 652-667쪽.

155. "아글라이온의 아들 레온티오스가 피레우스로부터 북쪽 성벽의 바깥쪽 아랫길을 따라 시내로 들어가다가, 사형집행자 옆에 시체들이 누워 있는 것을 목격하고서는, 한편으로는 보고 싶어도 하고, 또한 다른 한편으로는 언짢아하며 외면하려 했다더군. 그래서 얼마 동안 마음속으로 싸우며 얼굴을 가리고 있었다네. 그렇지만 보고 싶은

욕구에 압도당하자, 두 눈을 부릅뜨고 시체들 쪽으로 내달더니, '보려무나, 너희들 고약한 것아! 그래 저 좋은 구경거리를 실컷들 보려무나'라고 말하더란 이야기 말일세." 440a, 위의 책, 300-301쪽.
156. 위의 책, 303쪽. 『오뒤세이아』 제20장 17행에 나오는 구절로, 집으로 돌아온 오뒤세우스가 거지 노인으로 변장한 채 정황을 살피다가, 주인을 배신하고 페넬로페의 구혼자들과 몸을 섞은 하녀들이 시시덕거리는 모습을 보고 분격한 나머지 그들을 당장에 때려죽이려다가 가까스로 감정을 억누르는 대목이다.
157. "첫째 것은 여러 개의 머리를 가진 짐승에 비유된 혼(영혼)의 '욕구적인 부분'을, 둘째 것은 사자에 비유된 혼의 '격정적인 부분'을 가리킨다. 혼의 '헤아리는 부분(이성)'은 인간에 비유되고 있으며, 제일 작다." 위의 책, 601쪽.
158. "바로 이 까닭으로 우리가 인간들의 일차적인 세 부류를 '지혜를 사랑하는 부류,' '이기기를 좋아하는 부류,' 그리고 '이(利)를 탐하는 부류'라 말하네." 581c, 위의 책, 584쪽.
159. "그가 지배를 받아야만 한다고 우리가 말하는 것은 (……) 신적이며 분별 있는 것에 의해서 지배받는 것이 모두를 위해 낫기 때문일세." 590d, 위의 책, 605쪽.
160. 443d-443e, 위의 책, 308쪽.
161. "이런 사람들이 서로의 도구나 직분을 교환하게 된다면, 또는 동일한 사람이 이 모든 일을 동시에 하려 든다면 (……) 이들의 이 교환이나 참견이 이 나라에 파멸을 가져다주는 것으로 여겨질 것이라 생각하네. (……) 반대로 (……) 이들 각각이 나라에 있어서 저마다 제 일을 할 때의 이 '자신에게 맞는 자신의 일을 함'이 앞엣것과는 반대로 '올바름'이고, 또한 이것이 이 나라를 올바르도록 하(네)." 434b-434c, 위의 책, 288-289쪽.
162. "그러고 보면 '훌륭함(훌륭한 상태)'은 일종의 혼의 (정신적) 건강이요, 아름다움이며, 좋은 상태인 반면, '나쁨(나쁜 상태)'은 일종의 혼의 질병이요, 추함이며, 허약함인 것 같으이." 444d-444e, 위의 책, 311쪽.
163. 위의 책, 529쪽.
164. 위의 책, 541-542 ; 544쪽.
165. "한 나라가 올바른 나라인 것으로 생각된 것은 이 나라 안에 있는 성향이 다른 세 부류가 저마다 제 일을 했을 때이며 (……) 개인의 경우에도 마찬가지로 이와 똑같은 종류들을 자신의 혼 안에 지니고 (……) 있다고 우리는 판단할 걸세." 435b, 위의 책, 290-291쪽.
166. 소크라테스가 디오티마라는 이름의 여성으로부터 들은 이야기가 나오는 대목이다.
167. 위의 책, 365쪽.

168. 위의 책, 458쪽.
169. "진리에 비해 변변찮은 것들을 제작함으로써 (……) 혼의 최선의 부분이 아닌 같은 수준의 (변변찮은) 부분과 함께 지냄으로써 (……) 훌륭하게 다스려질 나라에 그를 받아들이지 않는 게 이제 지당하게 되었는데, 이는 그가 이 부분을 일깨워 키우고 강화함으로써 헤아리는(이성적인) 부분을 파멸시키기 때문일세." 605b, 위의 책, 633-634쪽.
170. 플라톤의『국가』는 이전부터 여러 가지 번역본이 있었지만, 그리스어 원전에서 번역한 것은 다음이 유일하다.『국가·정체(政體)』(박종현 옮김, 서광사, 1997 초판)
171. 우리나라에 번역된 플라톤의 주요 저술은 다음과 같다. 우선 그리스어본에서 번역한 선집(서광사) 가운데 현재까지 출간된 책은 다음과 같다.『티마이오스』(박종현·김영균 옮김, 서광사, 2000);『에우티프론·소크라테스의 변론·크리톤·파이돈』(박종현 옮김, 서광사, 2003);『필레보스』(박종현 옮김, 서광사, 2004). 그 밖의 그리스어 원전 번역본으로는 다음과 같은 것들이 있다.『소피스테스』(김태경 옮김, 한길그레이트북스 42, 한길사, 2000);『정치가』(김태경 옮김, 한길그레이트북스 43, 한길사, 2000);『향연: 사랑에 관하여』(박희영 옮김, 문지스펙트럼 7-003, 문학과지성사, 2003);『파르메니데스』,『플라톤의 변증법』(송영진 지음, 철학과현실사, 2000). 그리스어 원전이 아닌 영역본에서 중역한 대중적인 책으로는 다음과 같은 것들이 대표적이다.『플라톤의 대화편』(최명관 옮김, 훈복문화사, 2004);『소크라테스의 변명 (외)』(황문수 옮김, 문예출판사, 1999);『향연·뤼시스』(최현 옮김, 범우문고 55, 범우사, 2002 개정판);『프로타고라스』(최현 옮김, 범우문고 78, 범우사, 2002 개정판).
172.『플라톤』(이병욱 옮김, 문경출판, 1986);「플라톤」,『플라톤의 이해』(강정인·김성환 편역, 문학과지성사, 1991)
173.『열린 사회와 그 적들 I: 플라톤과 유토피아』(이한구 옮김, 민음사, 1982)
174. 본래 아테네에 있던 아폴론 신전의 명칭이었으나, BC 335년에 아리스토텔레스가 이곳에 학교를 설립하면서 그 이름으로 사용되었으며, 훗날 서구에서는 교육기관의 대명사로 통하게 되었다.
175. 인용문은 다음 우리말 번역본을 참조했다.『니코마코스 윤리학』(최명관 옮김, 서광사, 1984)
176. 문맥에 따라 "건전한," "왕성한," "위생적인," "유익한" 등의 서로 다른 뜻으로 사용될 수 있다.
177. "여러 가지 논의를 받아들이는 데 있어서도 이와 똑같은 정신을 가져야 한다. (……) 그럼직하기는 하나 확실하지는 않은 추리를 수학자가 하는 것을 용납할 수가 없다면, 수사가에게 과학적 논증을 요구하는 것도 똑같이 합당치 못한 일이다." 위의

책, 33쪽.
178. "하기는 우리 자신의 친한 벗들이 형상이란 것을 끌어들였기 때문에, 여기에 대한 탐구는 매우 힘들게 되어 있다. 그러긴 해도 진리를 지키기 위해서는 우리와 아주 가까운 사람과의 정분마저 끊어버리는 것이 좋은 일이요, 또 우리의 의무가 아닐까 생각한다. 하물며 우리가 철학자, 곧 지혜를 사랑하는 자임에랴. 벗과 진리가 다 같이 소중하지만, 우리의 벗들보다 진리를 더욱 귀히 여기는 것이 경건한 태도이기 때문이다." 위의 책, 37-38쪽.
179. 아리스토텔레스, 『영혼에 관하여』(유원기 역주, 궁리출판, 2001), 125, 138쪽.
180. "동물이 동물을, 식물이 식물을 [생산하듯이] 자신들과 비슷한 다른 것을 만드는 것은 (완전하고, 결함이 없으며, 또한 자기생식하지 않는) 생물들의 기능들 가운데서 가장 자연스러운 [기능]이며, '할 수 있는 한에 따라서' 영속적이며 신적인 것에 참여하는 것이다." 위의 책, 146쪽.
181. 저자는 이 대목이 412a33에 나온다고 했는데, 사실은 414b17의 다음 대목이 오히려 더욱 적절하지 않을까 싶다. "지금 당장은 '촉각은 가지는 동물들은 욕구도 갖는다'는 것을 말하도록 하자." 위의 책, 139쪽.
182. 위의 책, 139-140쪽.
183. 위의 책, 140쪽.
184. 위의 책, 102쪽.
185. "신체는 영혼의 현실태가 아니며, [오히려] 영혼이 어떤 실체의 현실태이다. 따라서 '영혼은 신체 없이 존재할 수 없으며, 또한 그 자체가 신체의 일종도 아니다' 라고 생각했던 사람들은 옳게 믿은 것이었다. 그것은 신체가 아니지만, 신체와 관련된 어떤 것이며, 따라서 신체에, 즉 어떤 특정한 종류의 신체에 속한다." 위의 책, 137쪽.
186. 위에서 "관조"로 번역한 '컨템플레이션(contemplation)'은 문맥에 따라 "(미적) 감상," "명상," "기도" 등으로도 번역이 가능하기 때문이다.
187. 위의 책, 135쪽.
188. "이 이성적 부분은 다시 두 부분으로 나뉘는데, 그 하나는 이치(혹은 이성적 원리)에 잘 순종한다는 의미에서 이성적이요, 다른 하나는 이성적 원리를 소유하며 이성적으로 사유한다는 의미에서 이성적이다." 위의 책, 44쪽.
189. 저자는 이 내용의 출전을 1192a28 이하라고 했지만, 1102a28 이하가 맞기 때문에 수정했다. "가령 정신의 어떤 부분은 비이성적이요, 또 어떤 부분은 이성적이라고 하는 것." 위의 책, 57쪽.
190. "왜냐하면 인간은 본래 사회적인 존재로 태어났기 때문이다." 위의 책, 42쪽. 우리말 번역본의 옮긴이는 각주에서 원문에 사용된 '폴리티콘'이란 단어가 '폴리스(도

시국가)'라는 어원에서 나왔음을 설명하며, 넓은 의미에서는 이 부분을 "인간은 '정치적' 동물이라 새겨도 무방할 것"이라고 언급하고 있다.

191. "사람은 완성되었을 때 동물 중에서 가장 뛰어난 존재이지만, 법과 정의가 없으면 가장 나쁜 동물로 전락하고 만다." 『정치학 (외)』(나종일 외 옮김, 세계사상전집 12, 삼성출판사, 1990), 45쪽.

192. 위의 책, 50쪽.

193. 위의 책, 65쪽.

194. 위의 책, 50쪽.

195. 위의 책, 50쪽.

196. "그러나 주인이 지배를 올바르게 행사하지 못하는 것은 주인과 노예의 양자에게 모두 불리한 일이다. 육체와 영혼처럼, 전체와 부분은 동일한 이해를 갖고 있다. 그리고 노예는 생명체이지만, 주인의 몸의 일부라는 의미로서 주인의 일부인 것이다. 그래서 주인과 노예 사이에는 양자가 모두 자신들의 위치를 자연적으로 차지했을 때 공통의 이해와 우정의 관계가 성립하는 것이다. 그러나 만일 이러하지 못하고 노예제가 그저 법적인 제재나 우월한 힘에 의거하였을 때는 이와 반대로 이해의 갈등과 적대관계가 생기게 되는 것이다." 위의 책, 53쪽.

197. "그러하기 때문에 다음과 같은 시구가 생겨난 것이다. '당연하게도 야만인들은 그리스인에 / 의하여 지배받아야 한다.' 이것은 즉 야만인과 노예는 본질적으로 동일하다는 것이다." 위의 책, 42쪽.

198. 저자는 이 인용문의 출처를 1154a로 표기했는데, 사실은 1145a가 맞기 때문에 수정했다. "우리가 피해야 할 윤리적 성품이 셋 있는데, 곧 악덕과 자제력이 없음과 금수 같은 상태이다. (……) 라코니아 사람들이 어떤 사람을 아주 높이 찬미할 때에는 흔히 '신적인 사람'이란 말을 쓰는데, 이런 신적인 사람이 극히 드문 것처럼 금수적인 사람도 별로 많지 않다. 이런 사람은 주로 야만인들 가운데서도 볼 수 있는데, 어떤 금수적인 성질은 질병이나 불구로 말미암아 생기는 수도 있다." 제7권 1장, 위의 책, 195-196쪽.

199. "모든 기술과 탐구, 또 모든 행동과 추구는 어떤 선을 목표삼는 것이라 생각된다. 그러므로 선이란 모든 것이 목표삼는 것이라고 한 주장은 옳은 것이라 하겠다." 위의 책, 31쪽.

200. "모든 지식과 모든 추구가 어떤 선을 목표삼음이 사실일진대 (……) 우리가 달성할 수 있는 모든 선 가운데 최고의 것은 무엇인가? (……) 일반 사람들도 교양있는 사람들도 다 같이 그것은 행복이라고 말하며, 또 잘 살며 잘 처세하는 것이 곧 행복이라고 여긴다. 그러나 무엇이 행복이냐 하는 데 이르러서는 사람들의 생각이 같지 않으며 (……)." 위의 책, 34쪽.

201. 위의 책, 44-45쪽.
202. "우리는 덕 가운데 어떤 것을 지적인 덕이라 부르며, 다른 어떤 것을 도덕적인 덕이라고 부른다. 철학적 지혜나 이해력이나 실제적 지혜는 지적인 덕이요, 관후라든가 절제는 도덕적인 덕이다." 위의 책, 59쪽.
203. 위의 책, 175쪽.
204. 위의 책, 63쪽.
205. 저자는 처음 인용문의 출처를 1103b27이라고 했지만, 문맥상으로는 1103a27이 맞다. "본성적으로 우리에게 생기는 모든 것에 있어서, 우리는 먼저 능력을 얻고 그 후에 활동을 전개한다. (……) 그러나 덕의 경우에는 우리가 먼저 실천함으로써 비로소 덕을 얻게 된다. (……) 우리는 옳은 행위를 함으로써 옳게 되고, 절제있는 행위를 함으로써 절제있게 되며, 용감한 행위를 함으로써 용감하게 된다." 1103a27 이하, 위의 책, 62쪽. "속담에도 있는 것처럼, 실천적인 일들에 있어서의 궁극 목적은 여러 가지 일을 두루 살피고 아는 것이 아니라, 오히려 그런 것들을 실천하는 것이다. 그러므로 덕에 관해서도 아는 것만으로는 충분하지 않고, 모름지기 덕을 소유하며 활동시키려고 해야 하며, 혹은 선하게 되는 데 다른 길이 있는가 살펴서 이를 시도해 보지 않으면 안 된다." 1179b1 이하, 위의 책, 306-307쪽.
206. 이 대목에서 아리스토텔레스는 젊은 사람, 그리고 정신이 미숙하고 어린 사람은 자신이 하려는 '정치학' 강의의 청강자로는 적합하지 않다고 단언한다. 왜냐하면 "정치학의 목적은 지식에 있지 않고 실천에 있기 때문이다." 위의 책, 34쪽.
207. 이 각각에 대한 자세한 설명은 위의 인용구절 표시처럼 3권 6장부터 5권까지에 나오지만, 그 대략적인 내용은 2권 7장에도 언급된다. 위의 책, 73-75쪽.
208. 위의 책, 138쪽.
209. 제4권 3장. 원문을 직역하면 "영혼이 거대함(메갈로프쉬키아)"이다. 우리말 번역본에서는 이를 '긍지있는 사람'으로 옮겼다. 위의 책, 126쪽 이하 참조.
210. 위의 책, 124쪽 이하.
211. 저자는 이 인용문의 출전을 1131b35라고 표시했으나, 1132b35가 맞기 때문에 수정했다. 위의 책, 154쪽.
212. "또 실패한다는 것은 여러 방면에서 가능한데 (……) 성공한다는 것은 오직 한 방면에서만 가능하다." 위의 책, 72쪽.
213. "방종한 사람은 뉘우칠 줄 모르는 사람이다. (……) 그러나 자제력이 없는 사람은 뉘우칠 줄을 아는 것이 보통이다. 이런 까닭에 (……) 방종한 사람은 고쳐질 가망이 없고, 자제력이 없는 사람은 고쳐질 가능성이 있다." 위의 책, 215쪽.
214. 위의 책, 307쪽.
215. 위의 책, 307쪽.

216. 위의 책, 32-33쪽.
217. "그러므로 우리들 자신이 그것을 연구하고, 또 일반으로 국제(國制)에 관한 문제를 연구함으로써, 우리의 힘이 미치는 데까지 인간성에 관한 우리의 철학을 완성시키는 것이 무엇보다도 좋은 일이 아닐까 한다. (……) 그러면 이제부터 이것을 논하기 시작하기로 하자." 위의 책, 312-313쪽.
218. 위의 책, 300-301쪽.
219. 위의 책, 301쪽.
220. 위의 책, 302쪽.
221. 위의 책, 272쪽 이하.
222. 위의 책, 267쪽 이하.
223. 아리스토텔레스의 저술 가운데 그리스어 원전 번역본은 다음과 같다. 『시학』(천병희 옮김, 문예출판사, 1976 초판; 2002 개정판); 『변증론』(김재홍 옮김, 까치, 1998); 『소피스트적 논박』(김재홍 옮김, 한길사, 1999); 『영혼에 관하여』(유원기 역주, 궁리출판, 2001); 『아리스토텔레스의 형이상학: 주요 본문에 대한 해설, 번역, 주석』(조대호 옮김, 문예출판사, 2004); 『범주론·명제론』(김진성 역주, 이제이북스, 2005). 영역본을 중역한 것 중에 대표적인 책은 다음과 같다. 『니코마코스 윤리학』(최명관 옮김, 을유문화사, 1968; 서광사, 1984; 훈복문화사, 2005); 『정치학(외)』(나종일 외 옮김, 세계사상전집 12, 삼성출판사, 1981 초판; 1990 개정판)
224. J. L. 아크릴, 『철학자 아리스토텔레스』(한석환 옮김, 서광사, 1992)
225. D. J. 앨런, 『아리스토텔레스 철학의 이해』(장영란 옮김, 철학광장 14, 고려원, 1993)
226. J. 반즈, 『아리스토텔레스의 철학』(문계석 옮김, 서광사, 1989)
227. 이슬람교에서 마호메트의 사후에 후계자 문제를 둘러싸고 파벌이 나뉘었다. 마호메트 이후의 역대 칼리프를 정통 후계자로 보는 수니파와, 마호메트의 사위인 제4대 칼리프 알리의 계보만을 정통 후계자로 보는 시아파이다. 현재 이슬람 신도 중에서는 수니파가 절대다수인 약 90퍼센트를 차지하며, 시아파는 불과 10퍼센트를 차지하며 주로 이란에 분포한다.
228. 8세기경에 이슬람의 시아파 중에서 나타난 신비주의 및 금욕주의 성향의 신앙 운동을 말한다.
229. 이슬람 세력의 이베리아 반도 점령 직후인 711년부터 이후 약 800년 동안에 걸친 에스파냐 기독교도들의 영토회복 움직임을 말한다. 이러한 노력의 결과로 1492년에 카스티야의 이사벨 1세와 아라곤의 페르난도 2세 부부가 완전한 영토 회복에 성공하고 통일 왕조를 수립했다.
230. 이른바 "의롭다 여김을 받음"을 말한다.
231. 프랑스어로 "철학자"란 뜻이며, 루소 당시의 18세기 프랑스 계몽주의자들을 일컬

는 호칭이다.
232. "루터교 내의 개혁주의 운동이라고 할 수 있는 경건주의는 노동과 의무, 그리고 기도의 신성함을 강조하고 현실적인 고통을 위로함으로써, 당시 독일의 중하층 사람들 사이에 커다란 영향력을 발휘한 운동이었다. 특히 양심의 지배력을 강조하는 경건주의의 생각은 칸트의 도덕 철학에 지속적인 영향을 미쳤다." 로저 스크러턴, 『칸트』(김성호 옮김, 로고스총서 15, 시공사, 1999), 9쪽.
233. 이 장에서 인용문은 다음 우리말 번역본을 참조했다. 『순수이성비판』(최재희 옮김, 박영사, 1972 초판: 1995 개정중판); 『실천이성비판』(최재희 옮김, 박영사, 1975 초판; 1997 중판). 뒤의 책에는 『도덕형이상학원론』과 『프롤레고메나』가 각각 "도덕철학서론"과 "철학서론"이란 제목으로 번역, 수록되어 있다.
234. 『순수이성비판』, 위의 책, 32쪽.
235. 종교적 진리는 이성이 아닌 오로지 신앙으로만 파악할 수 있다고 주장하는 사람들을 말한다.
236. 위의 책, 96-97쪽.
237. 신약성서 누가복음 10장에 나오는 예수의 비유로, 어느 유대인이 여행 도중에 강도를 만나 폭행당해 죽어가는 상황에서, 평소에 스스로를 의롭고 경건하다고 여기던 제사장이나 레위인은 그를 보고도 외면하고 지나갔지만, 평소에 오히려 악하고 불경하다고 여겨지던 어느 사마리아인이 그 피해자를 선뜻 구출해서 극진히 돌봐주었다는 줄거리이다. 오늘날 일부 국가에서 시행되는 일명 '선한 사마리아인 법'은 위험에 처한 사람을 고의적으로 구조하지 않은 행위를 범죄로 간주해 처벌하고 있다.
238. 위의 책, 569쪽.
239. 위의 책, 331쪽.
240. 위의 책, 333-334쪽.
241. "자연법칙에 좇아서 그의 〔행위〕 원인성을 규정한 종류의 근거들이 비교적 자유 개념에 적합하다는 점에서 이 난관을 빠져나가고자 하는 것은 참으로 '가련한 수단'이다." 『실천이성비판』, 위의 책, 106쪽.
242. 『순수이성비판』, 416쪽 이하.
243. 위의 책, 412쪽.
244. 이 사회를 물리학적인 구성체로 파악하여, 물리학의 법칙을 그대로 적용해서 사회 현상을 고찰하려는 입장을 말한다. 홉스나 데카르트 등이 철학에서 이런 입장을 취했으며, 훗날 생시몽과 콩트는 사회학에서의 물리주의 대표적 인물들이었다.
245. 위의 책, 409쪽.
246. 위의 책, 412쪽.

247. 위의 책, 415쪽.
248. 「도덕철학서론」, 『실천이성비판』, 242쪽 이하.
249. 위의 책, 238쪽 이하.
250. "할 수 있는 데까지 타인에게 친절하다는 것은 의무이다. (……) 그러나 (……) 그러한 행위는 (……) 아무런 참된 도덕적 가치를 가지지 않으며, 오히려 다른 경향성[의향]들, 예컨대 명예에 대한 경향성과 같은 것이라고 나는 주장한다. 명예에 대한 경향성은 (……) 존중할 만한 것은 못된다. 왜냐하면 그 준칙에는 도덕적 가치가 결여되어 있기 때문이다." 위의 책, 193쪽.
251. 『이성의 한계 안에서의 종교』(신옥희 옮김, 이화문고 31, 이화여자대학교출판부, 1984), 38-39쪽.
252. 위의 책, 48-49쪽.
253. 개인을 연구 대상으로 하는 개인심리학과는 달리, 사회 내의 대중 및 대인 관계 등을 연구 대상으로 하는 심리학을 말한다.
254. 이 세 가지를 간략히 설명하자면 다음과 같다. (1)존재론적 증명은 하느님(신)이라는 단어 속에 이미 '완전'과 '존재'라는 개념이 들어 있다는 전제에서 출발한다. 따라서 '완전한 존재'인 하느님에 대한 개념이 존재할 수 있다면, 그에 상응하는 하느님이 실제로 존재하지 않을 수 없다. (2)우주론적 증명은 세상 만물에 어떤 '원인'이 있게 마련이고, 그 원인의 원인을 찾아 끝없이 거슬러 올라갔을 때 발견되는 최초의 원인(제1원인)이 곧 하느님이라는 주장이다. (3)목적론적 증명은 이 세상에 우연이란 없으며, 만물이 어떤 목적(의도, 혹은 설계)을 지니고 누군가에 의해 창조되었으리라는 전제에서 출발한다. 따라서 만물에 어떤 목적을 부여한 존재, 곧 하느님이 있을 수밖에 없다는 주장이다. 이를 '의도(설계)로부터의 논증'이라고도 한다.
255. 『순수이성비판』, 555쪽.
256. 칸트의 사후에 G. B. 예쉬(G. B. Jäsche)가 편집, 출간한 칸트의 논리학 강의록을 말한다.
257. 위의 책, 555쪽.
258. 위의 책, 88쪽.
259. 위의 책, 197쪽.
260. 위의 책, 197쪽.
261. 위의 책, 198쪽.
262. 위의 책, 108-109쪽.
263. 「세계 시민적 관점에서 본 보편사의 이념」, 『칸트의 역사철학』(이한구 편역, 서광사, 1992), 24쪽.
264. 로저 스크러턴, 『칸트』(김성호 옮김, 로고스총서 15, 시공사, 1999)

265. 오트프리트 회폐, 『임마누엘 칸트』(이상헌 옮김, 문예출판사, 1997)
266. 『도덕형이상학원론』(이규호 옮김, 박영사, 1974 초판; 2004 개정판);「도덕형이 상학서론」, 『실천이성비판』(최재희 옮김, 박영사, 1975); 『도덕 형이상학을 위한 기초 놓기』(이원봉 옮김, 책세상문고 고전의세계 022, 책세상, 2002); 『윤리형이상학 정초』(백종현 옮김, 아카넷, 2005)
267. 「철학서론」, 『실천이성비판』(최재희 옮김, 박영사, 1975); 『프로레고메나』(하지락 옮김, 형설출판사, 1981)
268. 국내에 출간된 칸트의 역사 관련 저술로는 『칸트의 역사철학』(이한구 편역, 서광사, 1992)과 『영원한 평화를 위하여』(이한구 옮김, 서광사, 1992)가 있다. 특히 앞의 책에는 「세계 시민적 관점에서 본 보편사의 이념」을 비롯한 7편의 논문이 수록되어 있다.
269. 『이성의 한계 안에서의 종교』(신옥희 옮김, 이화문고 31, 이화여자대학교출판부, 1984)
270. 앞에서 소개된 것 외에 칸트의 우리말 번역본은 다음과 같다. 『실용적 관점에서 본 인간학』(이남원 옮김, 울산대학교출판부, 1998); 『칸트의 형이상학 강의』(이남원 옮김, 울산대학교출판부, 1999); 『칸트의 교육학 강의』(조관성 옮김, 철학과현실사, 2001); 『순수이성 비판 서문』(김석수 옮김, 책세상문고 고전의 세계 004, 책세상, 2002); 『실천이성비판』(백종현 옮김, 대우고전총서 005, 아카넷, 2002); 『아름다움과 숭고함의 감정에 관한 고찰』(이재준 옮김, 책세상문고 고전의세계 048, 책세상, 2005); 『판단력 비판』(김상현 옮김, 책세상문고 고전의 세계 051, 책세상, 2005). 칸트를 처음 접하는 독자들에겐 특히 다음 책을 추천하고 싶다. 『별이 총총한 하늘 아래 약동하는 자유: 칸트와 함께 인간을 읽는다』(빌헬름 바이셰델 엮음, 손동현 외 옮김, 이학사, 2002). 칸트의 여러 저서에서 선별한 어록인데, 흔히 냉정하고 대하기 어려운 철학자로 알고 있는 칸트의 인간적이고도 유머러스한 면모를 보여주는 색다른 책이다.
271. 마르크스의 박사학위 논문은 고대의 유물론자(원자론자)인 데모크리토스와 에피쿠로스를 비교한 것이었다.
272. "철학자들은 세계를 단지 다양하게 '해석해 왔을' 뿐이다. 그러나 중요한 것은 세계를 '변화시키는' 것이다."「포이에르바하에 관한 테제들」제11항, 『칼 맑스·프리드리히 엥겔스 저작선집 1』(최인호 외 옮김, 박종철출판사, 1990), 186쪽.
273. 원제는 『정치경제학 비판 요강(Grundrisse der Kritik der Politischen Ökonomie)』이다.
274. 『자본론 제1권 (상)』(김수행 옮김, 비봉출판사, 1991 개역판), 6쪽.
275. 위의 책, 5쪽.

276. 「정치 경제학의 비판을 위하여」, 『칼 맑스 · 프리드리히 엥겔스 저작선집 2』(최인호 외 옮김, 박종철출판사, 1992), 477-478쪽.
277. 출전은 이 책 서론 부분의 주를 참조하라.
278. 『철학의 빈곤』(강민철 · 김진영 옮김, 아침새책 21, 아침, 1988), 148쪽.
279. "한 가족 내에서, 그리고 더욱 발전해서 한 종족 내에서 성(性)과 연령의 차이로 말미암아 ― 즉 순전히 생리적 기초 위에서 ― 자연발생적 분업이 나타나는데, 이러한 분업은 공동체의 확대, 인구의 증가, 또 특히 서로 다른 종족 사이의 충돌과, 다른 종족에 의한 한 종족의 예속화와 더불어 확대해 간다." 『자본론 제1권 (상)』, 452-453쪽.
280. "소외된 노동은 인간으로부터 (1)자연과 (2)자기 자신, 곧 인간 자신의 활동기능, 인간의 생명활동을 소외시키므로, 이 노동은 인간으로부터 유(類)를 소외시킨다." 『경제학 철학 수고』(김태경 옮김, 이론과실천, 1987), 61쪽.
281. "사적 소유의 생명은 노동과 자본화이다. 따라서 모든 물리적, 정신적 감각들을 대신하여 이 모든 감각들의 단순한 소외, 곧 소유라는 감각이 나타났다. (……) 사적 소유의 지양은 모든 인간적 감각들과 속성들의 완전한 해방이다." 위의 책, 88-89쪽.
282. "물론 우리는 국민경제학으로부터 외화된 노동(외화된 삶)이라는 개념을 사적 소유의 운동의 결과로서 획득한 것은 아니다. 그러나 이 개념을 분석해 보면, 사적 소유가 외화된 노동의 근거, 혹은 원인으로 나타나는 경우에도 사적 소유는 외화된 노동의 결과라는 점이 밝혀진다. 이것은 본래 신들이 인간 오성의 착란을 일으키는 원인이 아니라 그 결과라는 점과 마찬가지이다. 이러한 관계가 상호작용으로 전화되는 것은 차후의 이야기이다." 위의 책, 65쪽.
283. "부르주아지는 자신들이 지배권을 얻은 곳에서는 모든 봉건적, 가부장제적, 목가적 관계들을 파괴하였다. 부르주아지는 타고난 상전들에 사람을 묶어 놓고 있던 잡다한 색깔의 봉건적 끈들을 무자비하게 끊어버렸으며, 사람과 사람 사이에 노골적인 이해 관계, 냉혹한 '현금 계산' 이외에 아무런 끈도 남겨놓지 않았다." 「공산당 선언」, 『칼 맑스 · 프리드리히 엥겔스 저작선집 1』, 402쪽.
284. 예수와 그 제자들의 행적을 못마땅하게 여긴 바리새인들이, 마땅히 경건히 지켜야 할 안식일에 예수의 제자들이 부적절한 행동을 했다며 비난하자, 예수는 신앙의 외적 형식에만 매달려 그 본질적 의미를 망각한 그들을 책망하며 이렇게 대답한다. "안식일이 사람을 위하여 있는 것이요, 사람이 안식일을 위하여 있는 것이 아니니." (마가복음 2장 27절)
285. 「신성 가족」, 『칼 맑스 · 프리드리히 엥겔스 저작선집 1』, 122쪽.
286. 산업혁명 이후 발생한 아동의 노동 착취 등의 문제점을 보완하기 위해 제정된 일

련의 노동 관련 법률을 말한다. 그중 대표적인 것은 1802년의 영국 공장법이었고, 이후 다른 나라에서도 유사한 법률이 제정되었지만 어디까지나 자본가의 입장에서 노동력의 보전이란 목적으로 추진된 것이므로, 그 나름의 의의는 있을망정 노동자들에게 실질적인 혜택을 주지는 못한 것으로 평가된다.

287. "공산주의는 역사의 해결된 수수께끼이며, 자기 자신을 이러한 해결책으로서 인지한다." 『경제학 철학 수고』, 84쪽.
288. "공산주의 의식의 대량의 산출과 목적 자체의 관철을 위해서도 인간의 대폭적인 개조가 필요하며, 이것은 오직 실천적인 운동 속에서만, 즉 하나의 혁명 속에서만 수행될 수 있는 것이다." 『독일 이데올로기 I』(김대웅 옮김, 두레신서 27, 두레, 1989), 122쪽.
289. "공산주의 사회의 더 높은 단계가 되면, 즉 개인이 노예처럼 분업에 예속되는 상태가 사라지고, 이와 함께 정신노동과 육체노동 사이의 대립도 사라지고 나면, 노동이 생활을 위한 수단일 뿐만 아니라 그 자체가 삶의 제1차적인 욕구가 되고 나면, 개인들의 전면적 발전과 더불어 생산력도 성장하여 집단적인 부의 모든 원천이 흘러넘치고 나면, 그때 이후에야 비로소 부르주아적 권리의 좁은 한계가 완전히 극복되고, 사회는 자신의 깃발에다 다음과 같이 쓸 수 있게 된다. '능력에 따라 일하고, 필요에 따라 분배를!'" 「고타강령 비판」, 『마르크스·엥겔스 저작선』(김재기 편역, 거름신서 33, 거름, 1988), 173-174쪽.
290. "사회주의 및 공산주의 문헌"이란 제목하에, 당시의 반동적 사회주의(봉건적·소부르주아적 독일 사회주의)와 보수적 부르주아 사회주의, 그리고 비판적인 공상주의적 사회주의 및 공산주의를 소개하는 대목이다.
291. I. 벌린, 『칼 마르크스: 그의 생애, 그의 시대』(신복룡 옮김, 평민사, 1982); 이사야 벌린, 『칼 마르크스: 그의 생애와 시대』(안규남 옮김, 미다스북스, 2001)
292. 프랜시스 윈, 『마르크스 평전』(정영목 옮김, 푸른숲, 2001)
293. 칼 포퍼, 『열린 사회와 그 적들 II: 헤겔과 마르크스』(이명현 옮김, 민음사, 1982)
294. 로버트 C. 터커, 『칼 마르크스의 哲學과 神話』(김학준·한명화 옮김, 오늘의 사상신서 40, 한길사, 1982); 『칼 마르크스의 哲學과 神話』(금정기 옮김, 성광문화사, 1982).
295. 프리드리히 엥겔스, 『가족의 기원』(김대웅 옮김, 아침새책 10, 아침, 1985 초판); 『가족, 사유재산, 국가의 기원』(1987 개정판)
296. 앨리슨 M. 재거, 『여성해방론과 인간본성』(공미혜·이한옥 옮김, 학술총서 109, 이론과실천, 1992)
297. 조너선 울프, 『한 권으로 보는 마르크스』(김경수 옮김, 책과함께, 2005)
298. 그 외에도 마르크스의 기본적인 저술을 망라한 우리말 선집으로는 『칼 맑스·프리

드리히 엥겔스 저작선집』(전6권, 최인호 외 옮김, 박종철출판사, 1990-1997)이 있고, 단권 선집으로는『마르크스 엥겔스 저작선』(김재기 편역, 거름, 1988)과『맑스엥겔스 선집』(편집부 편역, 석탑, 1990)이 있다. 마르크스의 주저인『자본론』의 번역으로는『자본』(전9권, 김영민 외 옮김, 이론과실천, 1987-1990)과『자본론』(전5권, 김수행 옮김, 비봉, 1989-1990)이 대표적이다. 그 외의 주요 우리말 번역본은 다음과 같다.『경제학-철학수고』(김태경 옮김, 이론과실천, 1987);『프랑스 혁명사 3부작』(허교진 옮김, 소나무, 1987);『헤겔 법철학 비판』(홍영두 옮김, 아침새책 23, 아침, 1988);『철학의 빈곤』(강민철 외 옮김, 아침새책 21, 아침, 1988);『정치경제학 비판을 위하여』(김호균 옮김, 중원문화신서 41, 중원문화, 1988);『독일 이데올로기 I』(김대웅 옮김, 두레신서 27, 두레, 1989);『정치경제학 비판 요강』(전3권, 김호균 옮김, 백의, 2000);『데모크리토스와 에피쿠로스 자연철학의 차이』(고병권 옮김, 그린비, 2001);『공산당선언』(이진우 옮김, 책세상문고 고전의 세계 021, 책세상, 2002). 그 외에도 다음과 같은 주제별 선집이 나와 있다.『맑스 엥겔스의 노동조합이론』(이경숙 옮김, 새길신서 7, 새길, 1988);『경제학 노트』(김호균 옮김, 이론과실천, 1988);『마르크스 엥겔스 혁명론』(전2권, 권명식 옮김, 지평총서 6·7, 지평, 1988);『마르크스 엥겔스 문학예술론』(김대웅 옮김, 한울총서 74, 한울, 1988);『자본론에 관한 서한집』(김호균 옮김, 중원문화신서 54, 중원문화, 1989);『마르크스 엥겔스의 문학예술론』(김영기 옮김, 문예이론총서 4, 논장, 1989);『맑스 엥겔스의 농업론』(김성한 옮김, 아침새책 35, 아침, 1990).

299. 1880년대 초에 프로이트는 당시만 해도 잘 알려지지 않은 약품이었던 코카인 사용을 열성적으로 옹호한 바 있었다. 그는 직접 몇 차례 복용한 경험과 연구를 토대로 코카인의 뛰어난 효력을 극찬했으며, "코카인은 절대로 중독성이 없다"고 호언장담했다. 그러나 머지않아 코카인이 강력한 마약임이 밝혀짐으로써, 이 사건은 프로이트의 이력에서 평생 지워지지 않는 오점으로 남았다.

300. 우리말 번역본에는 이 논문 및 플리스와 교환한 서신이 함께 수록되어 있다.『정신분석의 탄생』(임진수 옮김, 열린책들, 2005)

301. 이 장의 인용문은 우리말 번역본『프로이트 전집』(열린책들)을 참조했다. 이 전집은 1996부터 1997년에 걸쳐 20권으로 완간되었다가, 2003년에 다시 15권으로 개정 및 재편집되어 출간되었는데, 역자가 참조한 것은 20권짜리 초판본이다.「비전문가 분석의 문제」,『정신분석운동』(박성수 옮김, 프로이트 전집 19, 열린책들, 1997), 212쪽.

302.「문명 속의 불만」,『문명 속의 불만』(김석희 옮김, 프로이트 전집 15, 열린책들, 1997), 290쪽.

303. "여자들 (……) 은 곧 문명과 대립하게 되어, 문명 발달을 지연시키고 억제하는 영

향력을 발휘한다. 여자들은 가족과 성생활의 이익을 대변한다. 문명과 관련된 일은 점점 남자들의 일이 된다. 문명은 남자들에게 갈수록 점점 어려운 임무를 맡기고, 여자들이 거의 할 수 없는 본능의 승화를 강요한다. 남자들이 (⋯⋯) 문화적 목적에 사용하는 리비도는 대부분 여성과 성생활에 쏟아야 할 리비도를 전용한 것이다." 위의 책, 290쪽.

304. 라틴어로 "소인(小人)"을 뜻하며, 중세의 연금술사들이 만들어냈다는 인조인간을 일컫는다. 근대 과학이 발전하기 이전에는 당시의 과학으로 설명이 불가능한 현상을 가능케 하는 작용인으로 간주되어, 이른바 인간의 정자 내에 인간의 몸을 완전히 갖춘 호문쿨루스가 들어 있다는 설명이 나오기도 했다. 아마 문학사상 가장 유명한 호문쿨루스는 괴테의『파우스트』제2부에 등장하는 존재일 것이다.

305. 『정신분석운동』, 195쪽.

306. 『문명 속의 불만』, 259쪽.

307. "예술가가 작품을 창작하면서 자신의 공상을 구체화할 때, 또는 과학자가 문제를 풀거나 진리를 발견했을 때 느끼는 기쁨이 이런 종류의 만족인데 (⋯⋯) 현재로서는 그런 만족이 '더 고급스러워[보다 낫고, 보다 높아]' 보인다고 비유적으로 말할 수 있을 뿐이다." 위의 책, 261쪽.

308. 위의 책, 261쪽.

309. 『새로운 정신분석강의』(임홍빈·홍혜경 옮김, 프로이트 전집 3, 열린책들, 1996), 230쪽.

310. 『문명 속의 불만』, 288쪽.

311. 「왜 전쟁인가?」, 위의 책, 363쪽.

312. 프로이트의 주요 저작은 대부분『프로이트 전집』(전20권, 열린책들, 1996-1997 초판; 전15권, 2003 개정판)에 수록되어 있다. 전집에 포함되지 않은 다른 저작의 번역본으로는 다음과 같은 것들이 있다.『우리의 마음은 남쪽을 향한다: 여행편지 1895-1923』(천미수 옮김, 웅진북스, 2003);『끝이 있는 분석과 끝이 없는 분석』(임진수 옮김, 열린책들, 2005);『정신분석의 탄생』(임진수 옮김, 열린책들, 2005)

313. 리차드 월하임,『프로이드』(조대경 옮김, 이데아총서 36, 민음사, 1987);『프로이트』(이종인 옮김, 로고스총서 06, 시공사, 1999)

314. 대표적인 것이 "세계-내-존재(In-der-Welt-sein)"이다.

315. 사르트르 자신은 하이데거를 숙독한 결과『존재와 무』를 썼다고 주장했으나, 훗날 하이데거는 사르트르의 책에 관해 "그 작품은『존재와 시간』을 오독한 것"이라고 평가했다는 일화가 전해진다.

316. 이는 사르트르가『방법의 탐구』서문에서 한 말이다.

317. 사르트르는 4세 때 심한 병을 앓고 나서 원래 사시였던 오른쪽 눈의 시력을 잃어

버렸고, 1973년에 이르러 왼쪽 눈의 시력마저도 잃고 말았다.
318. 그런데 번역 과정에서 저자가 인용한 영역본(Routledge, 2003)을 확인해 본 결과, 이 장의 본문에 명시된 쪽수와 영역본의 쪽수가 달랐다. 아마도 영역본의 앞부분에 수록된 번역자의 해설(24페이지)을 쪽수에 포함시키느냐 여부의 차이인 듯한데, 어쩌면 저자가 이 책의 초판본에서 인용한 다른 영역본(Methuen, 1957) 쪽수를 따랐기 때문인지도 모른다.(물론 두 가지 판본 모두 같은 번역자[Hazel E. Barnes]의 번역을 사용하고 있다.) 따라서 이 장의 본문에 나온 사르트르의 인용문 출처를 위의 영역본에서 찾으려면 모든 숫자에 24를 더해야 한다.(가령 저자가 영역본 5쪽이라고 적어놓았으면, 실제로는 29쪽을 봐야 한다.) 우리말 번역본은 『존재와 무 I · II』(손우성 옮김, 세계사상전집 49 · 50, 삼성출판사, 1990)를 참조했고, 주에 번역본의 권수와 쪽수를 표기했다.
319. 위의 책, 제1권, 90쪽.
320. 위의 책, 제1권, 66쪽.
321. 위의 책, 제1권, 66-67쪽.
322. 위의 책, 제1권, 80-88쪽.
323. 위의 책, 제1권, 68쪽.
324. 위의 책, 제2권, 104쪽.
325. 위의 책, 제2권, 378쪽.
326. 위의 책, 제1권, 206쪽; 제2권, 446쪽.
327. 위의 책, 제1권, 134-135쪽; 제2권, 235-236, 462-463쪽.
328. "대자는 그것이 있는 바의 것으로 있어야 한다는 표현, 대자는 그것이 있는 것으로 아니 있으므로 그것이 아니 있는 것으로 있다고 하는 표현, 대자에 있어서는 실존이 본질에 선행하고 본질을 조건짓는다고 하는 표현, 또는 역으로 헤겔의 정의를 따라 대자를 위하여 '본질이란 있었던 것이다' 고 하는 표현, 이것들은 모두 단 하나의 동일한 사항을 말하려 한 표현이다. 즉 인간은 자유다, 하는 표현이다." 위의 책, 제2권, 202쪽.
329. "즉 인간존재의 근본적인 기도를 더 잘 이해시킬 수 있는 것은, 그것은 인간이란 신[하느님]이 되고자 기도하는 존재다라고 하는 일이다. (……) 인간으로 있다는 것은 신[하느님]으로 있고자 지향함이다. 또는 다른 말로 하여 인간은 근본적으로 신[하느님]이고자 하는 욕구다." 위의 책, 제2권, 378-379쪽.
330. "(인간이) 자유롭게 있다는 것은 자유롭게 있도록 저주받아 있는 것이다." 『존재와 무』, 제1권, 260쪽. 이 말은 그의 강연 『실존주의는 휴머니즘이다』에도 등장한다.
331. "그러므로 자유는 '하나의' 존재가 아니다. 자유는 인간의 존재다. 다시 말해서 자유는 인간의 존재의 무(無)다. (……) 인간은 때로는 자유롭고 때로는 노예가 되고

할 수는 없을 것이다. 인간은 항시 전적으로 자유롭거나, 또는 자유롭지 못하거나 어느 쪽이다." 위의 책, 제2권, 204쪽.
332. 셰익스피어의 『맥베스』 제2막 1장에서 맥베스는 왕의 암살을 기도하기 직전, 공중에 나타난 피 묻은 단검의 환상을 목격하고 독백을 읊조린다.
333. 위의 책, 제1권 66-72, 188-189쪽.
334. 위의 책, 제1권 98-99쪽.
335. 위의 책, 제1권, 192쪽.
336. 위의 책, 제2권, 196쪽 이하.
337. 위의 책, 제1권, 92쪽.
338. 우리말 번역본에서는 "무는 벌레와 같이 존재의 핵심에 달라붙어 있다"고 번역했다. 위의 책, 제1권, 113쪽.
339. 위의 책, 제1권, 124-126쪽.
340. 위의 책, 제2권, 196쪽 이하.
341. 위의 책, 제2권, 226쪽 이하.
342. 위의 책, 제1권, 151쪽 이하.
343. 위의 책, 제1권, 166-167쪽.
344. 위의 책, 제2권, 210쪽.
345. 위의 책, 제2권, 217쪽.
346. 위의 책, 제1권, 127-128쪽.
347. 위의 책, 제1권, 122-123쪽; 제2권, 234-235쪽.
348. 위의 책, 제1권, 122-127쪽.
349. 위의 책, 제1권, 136쪽.
350. 위의 책, 제1권, 138-139, 397-398쪽.
351. 위의 책, 제1권, 206쪽.
352. 위의 책, 제2권, 446쪽.
353. 위의 책, 제2권, 360쪽.
354. 위의 책, 제1권, 158-164쪽.
355. 이 대목의 번역은 영역본을 따랐다. "그러나 그것을 병행적으로 내면으로부터 보면, 카페의 보이(웨이터)는 이 잉크병이 잉크병으로 '있다'는 의미에서, 컵이 컵으로 '있다'는 의미에서, 직접적으로 카페의 보이로 있을 수는 없기 때문이다." 위의 책, 제1권, 165쪽.
356. 이 대목의 번역은 영역본을 따랐다. "이런 의미에서 우리는 우리들을 우리들이 있는 것으로 '있게' 해야만 한다." 위의 책, 제1부, 164쪽.
357. 위의 책, 제1권, 134쪽; 제2권, 460쪽.

358. 위의 책, 제1권, 152-158쪽.
359. 위의 책, 제1권, 152-156쪽.
360. 위의 책, 제1권, 169쪽.
361. 위의 책, 제1권, 170쪽.
362. 우리말 번역본에서는 "성실성의 대표자"로 옮겼다.
363. "그는 이 탁자가 탁자이며, 이 붉은 머리의 남자가 붉은 머리인 것과 같은 식으로 동성애자인 것은 아니라는, 막연하고도 강력한 양해(諒解)를 가지고 있다." 위의 책, 제1권, 171쪽.
364. 위의 책, 제1권, 172쪽.
365. "이리하여 불성실의 개념들이 최소한 한순간이라도 우리들에게 환영(幻影)을 품을 수 있게 하기 위해서는 (……) 인간실재가 필연적으로 그것이 있는 것으로 있는 것이 아니고, 그것이 있지 않는 것으로 있을 수 있어야만 한다." 위의 책, 제1권, 163쪽.
366. 위의 책, 제2권, 95쪽.
367. 위의 책, 제2권, 91쪽 이하.
368. 위의 책, 제2권, 116쪽 이하.
369. 위의 책, 제1권, 206쪽; 제2권, 378, 446쪽.
370. 위의 책, 제2권, 95, 116, 184-185쪽.
371. 우리말 번역본에서는 이를 "근직(謹直)한 정신"이라고도 옮기고 있다. 위의 책, 제2권, 397, 462쪽.
372. 『실존주의는 휴머니즘이다』, 26쪽.
373. 위의 책, 제2권, 388쪽.
374. 위의 책, 제2권, 386-390쪽.
375. 각각 『보들레르』(1946), 『성 쥬네: 배우이자 순교자』(1952), 『집안의 백치』(1971) 란 제목으로 출간되었다.
376. 위의 책, 제2권, 249-250쪽.
377. 위의 책, 제1권, 180쪽.
378. 위의 책, 제1권, 180쪽.
379. 위의 책, 제2권, 186쪽.
380. 위의 책, 제1권, 357, 362쪽 이하.
381. 이는 『존재와 무』의 맨 마지막 문장이기도 하다. "우리들을 순수하고도 비(非)공범적인 반성으로 향하게 하는 이런 모든 질문들은 도덕적인 영역에 있어서밖에는 그것들의 답변을 발견할 수 없는 것이다. 우리는 이 책에 계속되는 다음 저작을 이 문제에 바치게 될 것이다." 위의 책, 제2권, 463쪽.

382. W. 바레트, 『비합리와 비합리적 인간』(오병남 · 신길수 옮김, 예전사, 2001)
383. 패트릭 가디너, 『키에르케고르』(임규정 옮김, 로고스총서 28, 시공사, 2001)
384. G. 스타이너, 『하이데거』(임규정 옮김, 철학의 샘을 만든 사람들 9, 지성의샘, 1996)
385. 아더 단토, 『사르트르의 철학』(신오현 옮김, 이데아총서 1, 민음사, 1985)
386. 『구토』(방곤 옮김, 세계문학선 17, 문예출판사, 1999 개정판)
387. 『실존주의는 휴머니즘이다』(방곤 옮김, 문예출판사, 1999 개정판)
388. 『존재와 무』(양원달 옮김, 을유문화사, 1966 초판: 1993 개정판);『존재와 무-I · II』(손우성 옮김, 세계사상전집 49 · 50, 삼성출판사, 1976 초판: 1990 개정판)
389. 저자의 각주에는 "원주"라고 별도 표시를 했고, 저자가 인용한 문헌 가운데 우리말 번역본이 있는 경우에는 원주의 쪽수 표시 대신 번역본의 쪽수를 표기했다. 역주는 대괄호([ ]) 안에 넣고 "역주"라고 별도 표시를 했다.
390. 물론 영어에서는 '이볼루션(evolution)'이라는 단어가 중의적일지 몰라도, 우리나라의 경우에는 꼭 그렇지도 않다. 다만 여기서는 저자의 의도를 살리기 위해 이후의 단어를 모두 "진화/진화하다"로 번역했다.
391. 『종의 기원』의 최신판은 워즈워스 출판사에서 나온 펠리컨 고전 선집(1982) 판과, 그래머시 출판사판 두 가지가 있다. 이 책의 정식 제목은 『자연 선택의 방법에 의한 종의 기원, 혹은 생존 경쟁에서 우세한 종이 살아남는 것에 대하여』이다. — 원주
392. 『이기적 유전자』(이용철 옮김, 동아출판사, 1992; 홍영남 옮김, 을유문화사, 1993 초판: 2002 개정판). 같은 저자의 다음 책도 참조하라. 『눈먼 시계공』(과학세대 옮김, 민음사, 1994 초판; 이용철 옮김, 사이언스북스, 2004 개정판) — 원주
393. 허버트 스펜서의 저서로는 『제1원리(1862)』, 『생물학 원리』(1864), 『윤리학 원리』 (1892) 등이 있다. — 원주
394. 에드워드 O. 윌슨, 『통섭』(최재천 · 장대익 옮김, 사이언스북스, 2005), 186쪽(번역본) — 원주 ["만일 우리가 진보를 미리 정해진 목표를 향해 전진하는 것이라고 규정한다면, 그런 목표가 없이 진행되는 자연선택을 통한 진화는 진보가 아니다. 하지만 복잡성과 개체와 사회에 관한 통제력이 적어도 몇몇 계통들에서 점점 증가하는 것을 두고 진보라고 한다면, 퇴보의 가능성을 인정하더라도 진화는 엄연히 진보일 수 있다. 두 번째 의미에서 높은 지능과 문화를 갖게 된 인류는 생명의 전체 역사 속에 있었던 네 번의 커다란 단계들 중 마지막 단계에 있는 셈이다." — 역주]
395. 스티븐 제이 굴드, 『생명, 그 경이로움에 대하여』(김동광 옮김, 과학오디세이 3, 경문사, 2004) — 원주
396. 이른바 "창조론"의 허구에 대해서는 다음 책을 참조하라. 필립 키처(Philip Kitcher), 『과학적 사기: 창조론자들은 과학을 어떻게 이용하는가?』(주성우 옮김, 이제이북스,

2003) — 원주
397. 스티븐 제이 굴드의 저서 『여기에 내리다』(2002)의 제12장("다윈과 캔자스의 먼치킨들")을 참조하라. — 원주
398. 리처드 도킨스, 『악마의 사도: 도킨스가 들려주는 종교, 철학, 그리고 과학 이야기』(이한음 옮김, 바다출판사, 2005) — 원주
399. 아담과 이브(하와)를 말한다.
400. 교황 피우스(비오) 12세, 『인간의 기원(1950년도 회칙)』. 마이클 루스(Michael Ruse), 『다윈주의자가 기독교인이 될 수 있는가?』(이태하 옮김, 청년정신, 2002), 138쪽(번역본)에서 재인용. — 원주 〔우리말 번역본은 교황의 발언을 "인간은 단일한 조상의 후예"라고 뭉뚱그려 옮겨놓았는데, 원문을 정확히 옮기자면 교황의 발언은 "인간은 최초의 한 쌍의 후예"라는 것이었다. — 역주〕
401. 키스 워드, 『하느님, 신앙, 그리고 새로운 밀레니엄』(1998), 42쪽. 마이클 루스, 위의 책, 364쪽(번역본)에서 재인용. — 원주 〔"진화의 과정에서 틀림없이 의식적인 도덕적 선택의 첫 번째 계기가 있었을 것이다. 바로 그것이 인간의 타락이 시작된 출발점이며, 그때부터 인간은 자연적인 능력이었던 신과의 자연적 유대로부터 소외되었고, 또한 이타적으로 사람을 사귀던 자연적 능력이 소멸되었다." — 역주〕
402. J. J. 홀데인(J. J. Haldane), J. J. C. 스마트(J. J. C. Smart) 공저, 『무신론과 유신론』(1996), 103쪽 이하. — 원주
403. 교황 요한 바오로 2세, "진화에 관한 교황의 언급" 〈쿼털리 리뷰 오브 바이올로지〉(1997), 383쪽. 마이클 루스, 위의 책, 137쪽(번역본)에서 재인용. — 원주 〔"관찰과학은 생명의 다양한 현상들을 정확하게 기술하고 비교할 수 있으며, 그것들을 시간적 순서에 따라 분류할 수 있다. 그러나 영적인 것으로 전이되는 순간은 관찰의 대상이 될 수 없다." — 역주〕
404. 이에 관해서는 다음을 참조하라. 에드워드 O. 윌슨, 『통섭』, 268쪽(번역본). — 원주
405. 이 말은 『종의 기원』의 결론 중에서도 거의 끝부분에 등장한다. 『종의 기원』(이민재 옮김, 세계사상전집 9, 을유문화사, 1995 개정판), 504쪽.
406. 다윈의 두 번째 주저인 『인류의 기원과 성에 따른 선택』은 1871년에 초판이 출간되었으며, 현재는 존 타일러 보너(John Tyler Bonner)와 로버트 M. 메이(Robert M. May)가 쓴 훌륭한 서문이 수록된 영인본(1981)을 서점에서 구할 수 있다. 내용상 이 책의 제3부에 해당하는 부분은 1872년에 이르러 『인간과 동물의 감정 표현에 대하여』라는 제목으로 별도 출간되기도 했다. — 원주 〔각각 『인류의 기원』(박봉섭 옮김, 세계사상대전집 18, 대양서적, 1975)과 『인간의 유래』(한국학술진흥재단 학술명저번역총서, 서양편 29, 김관선 옮김, 한길사, 2006), 그리고 『인간과 동물의 감정 표현에 대하여』(최원재 옮김, 한국과학문화재단 과학고전시리즈 1, 서해문집, 1998)라는

우리말 번역본이 있다. — 역주)
407. 『인류의 기원』 제5장 말미. — 원주 (박봉섭 옮김, 위의 책, 155쪽. — 역주)
408. 그의 사상을 살펴볼 수 있는 선집으로는 앤서니 기든스가 직접 편집하고 서문을 쓴 다음 책이 있다. 『에밀 뒤르켐 선집』(1972). 기든스는 폰태나 현대사상가 선집의 하나인 『뒤르켐』(1978)을 쓰기도 했다. — 원주
409. 본래 영국 의회의 상원은 고위 성직자와 법관, 그리고 종신 귀족으로 구성된 정치 세력이었으나, 현대에 접어들며 의회의 보수화를 우려한 제재 조치로 하원에 비해 그 권한이 크게 축소되었다.
410. 저자는 원서에서 J. B. 왓슨을 "제임스 B. 왓슨"이라고 했는데, 사실은 "존 B. 왓슨"이 맞기 때문에 수정했다.
411. B. F. 스키너, 『과학과 인간 행동』(1953), 제3장. — 원주
412. J. B. 왓슨, 『행동주의』(1997). — 원주
413. 『과학과 인간 행동』, 6쪽. 아울러 447쪽 참조. — 원주
414. 『과학과 인간 행동』, 35쪽. — 원주
415. B. F. 스키너, 『언어행동』(1957). — 원주
416. 촘스키의 이론에 관한 개론서로는 다음과 같은 것들이 있다. 노엄 촘스키, 『언어와 정신』(1972); J. 라이언스(J. Lyons), 『촘스키』(서창렬 옮김, 로고스총서 16, 시공사, 1999). 이 분야에서의 최근의 발전에 대해서는 다음 책을 참조하라. 스티븐 핑커 (Steven Pinker), 『언어본능: 언어와 정신에 관한 새로운 과학』(김한영 외 옮김, 그린비, 1998; 소소, 2004). — 원주
417. J. T. 크로우(J. T. Crow) 편저, 『현대 호모 사피엔스의 종 분화』(2003). — 원주
418. D. 마(D. Marr), 『비전』(1982). — 원주
419. 스키너가 동물 실험을 위해 개발해낸 장치로, 내부의 지렛대 장치를 동물이 조작하면 먹이가 나오게 되어 있다. 이를 통해 동물의 자발적인 행동과 강화 작용을 연구한 것으로 유명하다.
420. N. 틴버겐, "동물행동학의 목표와 방법" 〈차이트슈리프트 티에르프시콜로기(동물심리학회지) 20 (1963). R. A. 하인드(R. A. Hinde), 『동물행동학』(장현갑 옮김, 대우학술총서 번역 15, 민음사, 1988) 제1장에서 재인용.(하인드의 이 책은 동물행동학의 연구 및 다른 분야와의 관계를 설명한 매우 유용한 개론서이다.) — 원주 (우리말 번역본에서는 이 네 가지 유형의 질문을 각각 근인(近因), 발달, 기능, 진화라고 옮겼다.(번역본 18쪽.) — 역주)
421. 에드워드 O. 윌슨, 『사회생물학』(이병훈 · 박시룡 옮김, 대우학술총서 번역 54 · 55, 민음사, 1992), 641쪽(번역본). — 원주
422. 위의 책, 709쪽(번역본). — 원주

423. 위의 책, 710, 712쪽(번역본). — 원주
424. 에드워드 O. 윌슨, 『인간의 본성에 관하여』(1978, 이한음 옮김, 사이언스북스, 2001) 서문 중에서, 17쪽(번역본). — 원주
425. 위의 책, 17쪽(번역본). — 원주
426. 위의 책, 17쪽(번역본). — 원주
427. 위의 책, 24-25쪽(번역본). — 원주
428. 위의 책, 24쪽(번역본). — 원주
429. 이에 관해서는 다음 책도 참조하라. 『통섭』, 416쪽(번역본). — 원주 [이 대목에서 윌슨은 종교에 대한 자신의 입장을 다음과 같이 밝힌다. "나는 경험론자다. 종교에 관한한 나는 이신론 쪽으로 기울어져 있다." 421쪽 이후에서 그는 경험론자의 입장에서 종교에 관한 자신의 견해를 보다 자세히 밝힌다. — 역주]
430. 위의 책, 25-28쪽(번역본). — 원주 [여기 나온 인용문은 윌슨의 저작에 나온 본래의 선후관계와는 달리, 저자의 의도에 따라 재배치된 것임을 유의하라. — 역주]
431. 필립 키처, 『지나친 야심: 사회생물학과 인간의 본성에 관한 추구』(1985). 키처는 이 책의 요약문이라 할 수 있는 형태의 기고문을 다음 학술지에 수록한 바 있다. 〈행동 및 두뇌과학〉 제10호(1987). — 원주
432. 에드워드 O. 윌슨, 위의 책, 28쪽.
433. 이에 대해서는 다음을 참조하라. U. 시거스트레일(U. Segerstrale), 『진리의 옹호자들: 사회생물학 논쟁』(2000), 제3장 40쪽 이하 및 제11장. — 원주
434. 이에 대해서는 다음을 참조하라. 스티븐 로즈(Steven Rose), R. C. 르윈틴, 리온 J. 카민(Leon J. Kamin) 공저, 『우리 유전자 안에는 없다: 생물학, 이념, 인간의 본성』(이상원 옮김, 한울과학문고 3, 한울, 1993). 특히 저자들이 윌슨의 "생물학적 결정론"을 비판한 이 책의 제1장과 제2장을 보라. — 원주
435. 오늘날에는 인간의 본성에 대한 진화론적 연구가 몇 가지나 이루어지고 있다. 이에 대해서는 다음을 참조하라. K. L. 랠런드(K. L. Laland), G. R. 브라운(G. R. Brown), 『의미와 무의미: 인간의 행동에 관한 진화론적 시각』(2002) — 원주
436. J. 투비, L. 코스미데스, 「문화의 심리학적 기반」J. H. 바코(J. H. Barkow), L. 코스미데스, J. 투비 편저, 『적응된 정신: 진화심리학과 문화의 발생』(1992), 19-136쪽. — 원주
437. 위의 책, 20쪽. — 원주
438. 위의 책, 21쪽. — 원주
439. 위의 책, 23쪽. — 원주
440. 위의 책, 83-84쪽. — 원주
441. J. 듀프레, 『인간의 본성과 과학의 한계』(2001). 특히 이 책의 제7장을 참조하라. 아

울러 다음 책도 참조하라. 앤서니 오히어(Anthony O'Hear), 『진화 이후: 인간의 본성과 진화론적 설명의 한계』(1997). — 원주

442. 찰스 다윈, 『인류의 기원』. — 원주 〔위의 책, 436-437쪽. — 역주〕
443. 위의 책, 제21장 말미. — 원주 〔위의 책, 437쪽. — 역주〕
444. 이러한 토론의 이후의 발전 과정에 대해서는 다음 책을 참조하라. 칼 N. 디글러(Carl N. Degler), 『인간의 본성을 찾아서: 미국 사회사상에서 다윈주의의 쇠퇴와 부흥』(1991) — 원주
445. B. F. 스키너, 『자유와 존엄을 넘어서』(차재호 옮김, 탐구당, 1982) — 원주
446. 『과학과 인간 행동』, 9쪽. — 원주
447. 위의 책, 426-427쪽. — 원주
448. 그는 존스 홉킨스 대학 재직 당시 22세 연하인 여학생과 불륜을 저지른 것이 밝혀져 학교측으로부터 불륜 관계를 정리하든지, 아니면 교수직에서 사퇴하라는 압력을 받았다. 1920년에 그는 학교를 그만두고 아내와 이혼한 뒤 그 여학생과 재혼했으며, 이후 J. 월터 톰슨 광고회사에서 부사장을 역임하며 65세에 은퇴하기까지 광고계에서 활동했다.
449. K. 로렌츠, 『공격성에 관하여』(송준만 옮김, 이화문고 42, 이화여자대학교출판부, 1986)
450. 군집 생활을 하는 동물 집단의 위계질서를 말한다.
451. 위의 책, 제13장. — 원주
452. 위의 책, 제14장. — 원주
453. 위의 책, 제13장. — 원주
454. 『과학과 인간 행동』, 430쪽 참조. — 원주
455. 인간의 상태에 관한 로렌츠와 다른 동물행동학자들의 진단에 대한 비판으로는 다음을 참조하라. 에리히 프롬, 『파괴란 무엇인가: 인간성의 해부』(유기성 옮김, 홍성신서 11, 홍성사, 1978; M. F. 애슐리 몬터규(M. F. Ashley Montagu) 편저, 『인간과 공격성』(1973, 제2판). — 원주
456. 『인간의 본성에 관하여』, 제5장. — 원주 〔윌슨은 인간의 공격성에 대한 로렌츠와 프롬의 해석을 소개한 후, 이 두 가지가 모두 본질적으로 틀렸으며 공격성 가운데 적어도 일곱 가지 범주는 구분이 가능하다고 말한다. 그 일곱 가지란 "영토의 방어와 정복, 잘 조직된 집단 내에서의 서열 찾기, 성적인 공격성, 젖을 떼기 위한 적대 행동, 먹이를 향한 공격성, 포식자에 대항하는 방어적 역공, 사회규범을 강화하는 데 쓰이는 도덕적이고 훈육적인 공격성"(번역본 148-149쪽)이다. — 역주〕
457. 『우리 유전자 안에 없다: 생물학, 이념, 인간의 본성』. — 원주
458. 『인간의 본성에 관하여』, 83쪽.

459. 위의 책, 85-86쪽.
460. 위의 책, 183쪽.
461. 다음 책을 참조하라. S. 핑커(S. Pinker), 『빈 서판: 인간은 본성을 타고나는가』(김한영 옮김, 사이언스북스, 2004) — 원주
462. 촘스키의 정치 평론 및 활동에 관해서는 Z매거진(www.zmag.org/chomsky/index.cfm)과 e저널(www.synaptic.bc.ca/ejournal/chomsky.htm) 사이트를 참조하라. 특히 뒤의 사이트에는 촘스키에 대해 비판적인 글도 들어 있다. — 원주
463. 다음을 참조하라. U. 시거스트레일, 『진리의 옹호자들』, 제10장. — 원주
464. 『인간의 본성에 관하여』, 28쪽(번역본). — 원주
465. 위의 책, 28쪽(번역본). — 원주
466. 위의 책, 30쪽(번역본). — 원주
467. 위의 책, 30-31쪽(번역본). 또한 이 책의 제5장과 제6장의 말미에서 윌슨은 이른바 "문화는 이성적으로 고안될 수 있다"는 스키너의 낙관주의적인 주장을 되풀이하고 있다. — 원주 〔저자가 지적한 대목은 윌슨이 인간의 공격성을 다룬 제5장에서 "전쟁"에 관한 부분과 인간의 성을 다룬 제6장에서 "동성애"에 관한 부분이다. — 역주〕
468. 키처는 저서인 『지나친 야심』의 제11장("강제 저당권")에서 윤리 문제에 대한 윌슨의 주장을 멋지게 반박하고 있다. — 원주
469. 『인간의 본성에 관하여』, 262쪽(번역본). — 원주
470. 그리스 신화에 나오는 대지의 여신 가이아의 아들이다. 자신의 영토를 지나는 사람들에게 레슬링 시합을 걸어 상대방이 지면 잔인하게 죽인 것으로 악명이 높았다. 훗날 헤라클레스는 격투 도중에 상대방이 땅에 몸이 닿으면 점점 더 힘이 세어지는 것을 깨닫고, 안타에오스를 공중으로 번쩍 들어올린 다음 목을 졸라 죽였다.
471. 위의 책, 265쪽(번역본). — 원주
472. 위의 책, 274쪽(번역본). — 원주
473. 위의 책, 265, 274-275, 282-283쪽(번역본). 『통섭』의 제11장도 참조하라. — 원주
474. 위의 책, 283쪽(번역본). — 원주
475. 이 연구 프로그램에 대한 보다 평이한 해설은 『통섭』의 제7장을 참조하라. 물론 키처는 자신의 저서 제10장에서 이에 대해서도 비판을 제기하고 있다. — 원주
476. 『통섭』, 113-114, 467-468쪽(번역본). — 원주
477. 위의 책, 39쪽(번역본). "나는 17-18세기의 계몽주의 사상가들이 거의 옳았다고 믿는다. (……) 인간 진보의 무한한 잠재력에 대한 그들의 전제들은 (……) 객관적인 증거들로 인해 점점 더 큰 지지를 얻게 되었다. 특히 자연과학으로부터 그런 증

거들이 늘어나고 있다."
478. 로버트 라이트, 『도덕적 동물: 진화심리학으로 들여다 본 인간의 본성』(박영준 옮김, 사이언스 클래식 1, 사이언스북스, 2003)
479. 데이비드 M. 버스, 『마음의 기원: 진화심리학』(김교헌 외 옮김, 나노미디어, 2005)
480. "어찌하여 형제의 눈 속에 있는 티는 보고, 네 눈 안에 있는 들보는 깨닫지 못하느냐?"(마태복음 7장 3절) 여기서 '들보'란 '대들보[梁]'를 말한다. 즉 남의 작은 결점은 잘 파악하면서 왜 자신의 커다란 결점은 모르느냐는 책망의 말이다.
481. 아이리스 머독은 소설가로도 유명한데, 우리나라에는 몇 권의 소설과 사후에 그녀의 남편이 쓴 회고록만이 번역되어 있을 뿐이다.
482. 로저 스크러(루)턴의 다른 저서로는 『건축미학』(김경수 옮김, 서광사, 1985); 『프뤼네의 향연』(김재인 옮김, 민음사 1999); 『크산티페의 대화』(김재인 옮김, 민음사, 1999); 『칸트』(김성호 옮김, 시공사, 1999); 『스피노자』(정창호 옮김, 로고스총서 23, 시공사, 2000); 『스피노자』(조현진 옮김, 궁리 필로소피 10, 궁리, 2002); 『신좌파의 사상가들』(강문구 옮김, 한울아카데미 652, 한울, 2004) 등이 있다.
483. 존 코팅햄, 『삶의 의미』(강혜원 옮김, 문예신서 287, 동문선, 2005)

■ 찾아보기

【ㄱ】

가설 104, 105, 129, 221, 224, 248, 284, 286, 305, 307, 315, 356, 357, 393, 407
가언적 명법 231
『가족, 사유재산, 국가의 기원』(엥겔스) 270, 281, 472
가족의 가치 40
가톨릭 교회 207-209
갈등 7, 122, 145-147, 223, 280, 293, 297, 332, 333, 338, 339, 405, 406, 414, 465
갈릴레오 209
감정 54, 89, 142, 146-148, 159, 162, 175, 176, 198, 216, 217, 219, 221, 232, 234, 238, 256, 284, 285, 289, 291, 292, 297, 298, 301, 313, 314, 330, 331, 338, 340, 341, 355, 373, 412, 413, 415, 422, 424, 434 462, 470, 479
격정 146-150, 152, 153, 156, 176, 293, 462
결정론 227, 233, 234, 237, 259, 260, 263, 264, 266, 277, 288-290, 305, 330, 398, 408, 481
경건주의 220, 468
경쟁 53, 116, 153, 210, 218, 242, 250, 274, 280, 308, 359, 360, 364, 388, 401, 402, 405, 407, 408, 415, 429, 432, 478
경전 50, 60, 61, 76, 90, 92, 94, 202
『경제학 철학 수고』(마르크스와 엥겔스) 257, 259, 410, 471, 472
경험론 199, 206, 207, 212, 214, 215, 221, 227, 229, 232, 233, 265, 365, 392, 481
계몽주의 208, 214-217, 219, 221, 251, 253, 354, 368, 417, 467, 483

계시록 ☞ 요한계시록
고독 74
『고백록』(아우구스티누스) 200
고전 17, 45-48, 50, 131, 163, 179, 210, 221, 244, 316, 367
공격성 146, 147, 218, 287, 295, 310, 370, 378, 392, 405-408, 482, 483
『공격성에 관하여』(로렌츠) 405, 482
『공산당 선언』(마르크스) 258, 266, 273, 278, 281, 471
공산주의 24, 57, 253, 257, 258, 263, 266, 271, 273, 276-280, 282, 347, 349, 472
공자 24, 32-51, 56, 57, 59, 391, 427, 429, 449-453
과거에 대한 무지 39, 41, 45
과두정체 152
『과학과 인간 행동』(스키너) 402, 480, 482
과학적 방법 209, 213 214, 225, 253, 259, 299, 274, 398, 413
과학적 자연주의 130, 415
광고 161, 162, 352, 404, 426, 482
교황 피우스 12세 364, 479
구속 84, 104, 118, 125, 154, 248, 405, 460
구약성서 94, 95, 100, 102, 108, 111, 113-115, 121, 125, 131, 458, 460
구원 104, 113-115, 121, 124-127, 129, 180, 201, 208, 244, 248, 254, 259, 276, 280, 343, 348, 355, 459
『국가』(플라톤) 135, 137-139, 142, 144, 147, 148, 152, 153, 155, 157, 161-163, 166, 190,

461, 463
굴드, 스티븐 제이 362, 364, 388, 478, 479
권력 39, 56, 57, 118, 146, 148, 152-154, 157-159, 190, 192, 202, 208, 210, 211, 215, 223, 238, 251, 262-264, 266, 273, 274, 279, 320, 392, 404, 414, 430
귀족정체 152
근본주의 24, 28, 30, 416
근원적 64, 65, 82, 213, 237, 342, 390
『기독교의 본질』(포이에르바흐) 256
기업 57, 275, 279, 404, 405
기하학 139, 140
꿈 80, 286, 290, 291, 301, 305-307, 309, 347
『꿈의 해석』(프로이트) 287

【ㄴ】
내세 246, 247
너그러움(仁) 39, 41, 42, 44, 46-50, 52, 391, 427
네 가지 단서(四端) 51, 52
노동 분업 262
『논어(論語)』(공자) 32, 33, 39, 43, 46, 47, 57, 59, 449
뉴턴, 아이작 209, 220
니체, 프리드리히 28, 123, 186, 293, 320, 327, 343, 352, 370, 413
『니코마코스 윤리학』(아리스토텔레스) 165, 168, 179, 180, 184, 187, 189, 190, 194, 195, 463, 467

【ㄷ】
다샤나미 83
다양성 62, 65, 74, 78-83, 85, 89, 359, 394, 416

다윈, 찰스 171, 221, 250, 289, 354, 357-361, 366, 367, 370, 371, 378, 381, 387, 390, 401, 417, 418, 424, 479, 482
다윈주의 8, 10, 210, 354, 355, 361, 364, 380, 387, 395, 402, 407, 415, 423-425, 482
달랑베르, 장 르 롱(D'Alembert, Jean Le Rond) 217
대상화 338, 346
대인 관계 436, 469
데카르트, 르네 108, 211-213, 227, 232, 235, 306, 325, 364, 387, 422, 439, 468
델라 미란돌라, 피코(Della Mirandola, Pico) 208
도(道) 35, 39, 41, 44, 45
도나투스 202
『도덕형이상학원론』(칸트) 222, 231, 237, 240, 242, 243, 246, 252, 468, 470
도지개 54, 55
도킨스, 리처드 360, 362, 364, 479
『독일 이데올로기』(마르크스와 엥겔스) 257, 259, 270, 281, 472, 473
독재주의 161
동기유발 293, 397
『동물지』(아리스토텔레스) 176
동물행동학 314, 377-380, 480, 482
두뇌 143, 145, 213, 225, 227, 234, 260, 268, 286, 289, 294, 305, 342, 354, 368, 372, 377, 386, 417, 422, 423
뒤르켐, 에밀 256, 368-371, 383, 394, 413, 480
듀프레, 존 398, 418, 481
드 라메트리, 쥴리앙 오프리(De la Mettrie, Julien Offray) 216, 233, 259
디드로 217
디카이오수네 151

딜레마 341, 385, 388, 389, 391, 392, 411-414, 435, 436
뚜웨이밍(杜維明) 58, 59, 455

【ㄹ】
라마누자 77, 83-93
라마르크, 장 바티스트 드(Lamark, Jean Baptiste de) 358, 360, 367
라이프니츠, 고트프리트 빌헬름(Leibniz, Gottfried Wilhelm) 221
럼스든, C.(Lumsden, C.) ☞ 『유전자, 정신, 그리고 문화』(럼스든)
로렌츠, 콘라드 14, 378, 405-408, 442, 482
로즈, 스티븐 408, 481
로크, 존 214
루터, 마르틴 208, 220, 319, 468
뤼케이온 165, 197
르네상스 208
르원틴 363, 408, 410, 481
리드, 토머스 216
『리바이어던』(홉스) 210

【ㅁ】
마르셀, 가브리엘 320
마르쿠스 아우렐리우스 199
마르크스 7, 10, 20-22, 24, 26-28, 249, 253, 254, 256-282, 288, 290, 319, 323, 328, 347, 348, 352, 368, 391, 394, 403, 410, 413, 414, 427, 429, 432, 448, 470, 472, 473
마야 79, 81, 85, 91
마음 10, 41, 47, 48, 51-53, 55, 67, 69, 73, 100, 102, 104, 110, 121, 161, 170, 185, 186, 193, 209, 213, 219, 246, 287, 288, 341, 423, 434, 436, 440, 443, 445, 449, 452-454, 457, 459, 461, 474, 484
마이모니데스, 모세스(Maimonides, Moses) 205
마호메트 95, 202-204, 467
매체 27, 30, 392, 404, 405, 435
맹자(盟子) 50-55, 59, 218, 453
『메논』(플라톤) 135, 141, 143, 163
멘델, 그레고르(Mendel, Gregor) 360
명분(明分) 44, 349, 430, 451, 452
『명상록』(마르쿠스 아우렐리우스) 199
명예지배정체 152
모베제 프와 333
『모세와 일신론』(프로이트) 288
『'모순'의 모순』(아베로에스) 204
목적론 170, 221, 244, 469
"목적의 왕국" (칸트) 347
몽테뉴, 미셸 드 208
무(無) 64, 66, 98, 136, 329, 339, 475
무신론 21, 97, 105, 116, 131, 211, 216, 217, 259, 319, 320, 323, 325, 327, 363, 364, 431
무의식적 정신 상태 300, 306, 309, 335
무정부 154
『문명 속의 불만』(프로이트) 288, 296, 299, 312, 313, 411, 473, 474
민주주의 23, 110, 133, 153, 162, 193, 349, 410

【ㅂ】
『바가바드 기타』 77, 87, 88, 456
바울 96, 115, 117-125, 128, 129, 131, 187, 188, 202, 243, 319, 435, 459, 460
바이슈나바스 83
바짜끄누의 딸 가르기 62, 455, 456
바쿠닌, 미하일 256
반론 29-31, 163, 373, 390, 408

반성 212, 215, 223, 224, 326, 329, 333, 339, 340, 343, 345, 348, 390, 391, 421, 413, 477
『방법서설』(데카르트) 212
버클리, 조지 216, 225
범주 79, 91, 168, 173, 224, 429, 482
『법률』(플라톤) 136, 145, 162, 186
베단타 77, 78, 83, 87, 90-93
베드로 128, 459
벨트안샤웅 17, 361
『변증법적 이성 비판』(사르트르) 323, 348
보편적 결정론 227
본능 186, 210, 269, 287, 288, 290, 292-299, 301, 302, 310, 311, 312, 314, 342, 351, 378, 405, 411, 474
본래성 343, 344, 347, 353
본체(本體) 174, 226
볼트만, 루돌프 320
부버, 마르틴 320
분트, 빌헬름 368, 371
불멸성 144
불성실 333-337, 339, 341, 343, 353, 432, 477
불안 25, 34, 74, 153, 162, 193, 219, 250, 266, 308, 320, 332-334, 340, 403, 447
불의(不義) 56, 70, 113, 155, 177, 186, 187, 275, 427, 430, 435
브라흐만 62-67, 69-73, 77-91, 420, 455-458
브렌타노, 프란츠 284, 325
브로이어, 요제프 285, 286, 295, 300
『브리하다란야까 우파니샤드』 61-66, 68-72, 74-77, 82, 88-92, 455
블레이크, 윌리엄 103
비시슈타 아드바이타 83, 93
비유 49, 54, 80, 82, 88, 102, 139, 144, 147, 167, 207, 272, 291, 319, 387, 453, 461, 462, 468, 474
『비전문가 분석의 문제』(프로이트) 287, 296, 311, 316, 473

【ㅅ】

사랑 7, 18, 44, 84, 89, 102, 104, 105, 108, 110, 111, 113, 120, 121, 146-148, 150, 156-159, 193-195, 198, 206, 238, 295, 301, 308, 313-315, 339, 346, 351, 386, 391, 427, 435, 446, 460-464
사마디 82, 89
"사망" 본능 310
사르트르, 장 폴 9, 10, 21, 23, 308, 310, 314, 318, 320, 322-353, 391, 406, 411, 423, 427, 428, 432, 448, 474, 475, 478
『사르트르의 두 가지 윤리학』(앤더슨) 344, 353
사탄 111, 123, 248, 459, 460
사회주의 256-259, 263, 277, 347, 395, 408, 472
사회생물학 176, 381, 382, 384, 392-395, 408-410, 413, 417, 481
『사회생물학: 새로운 종합』(윌슨) 381
사회학 37, 96, 256, 258, 260, 265, 269, 281, 283, 355, 368, 369, 382, 383, 394, 413, 468
생명 23, 58, 67, 68, 70, 74, 107-109, 118, 120, 121, 124, 171, 210, 287, 350, 357, 361, 415, 428, 448, 465, 471, 478, 479, 479
『생명애(生命愛)』(윌슨) 416
『생명의 다양성』(윌슨) 416
생물학 20-22, 44, 113, 118, 149, 165, 170, 171, 176, 221, 260, 268, 271, 284, 289, 290, 295, 312, 342, 355, 356, 360, 361-386, 388, 391-396, 407-415, 425, 478, 482
샤깔리야 비다그다 63, 455

샤르코, 장 마르탱 284, 285
샹카라 77-93, 458
선(善) 53-55, 100, 141, 168, 199, 217, 327, 349, 448, 461
선천적 20, 54, 187, 224, 228, 232, 306, 411, 421, 424, 455
섬너, W. G.(Sumner, W. G.) 402
성격 29, 37, 58, 59, 70, 75, 97, 100, 149, 152, 153, 183, 188, 189, 202, 233, 234, 236, 240, 281, 295, 298, 308, 309, 331-333, 336, 340, 373, 436, 445, 458
성서 8, 10, 20, 21, 94-98, 102-105, 107-111, 114, 117, 123, 128, 130, 131, 136, 166, 200, 205, 206, 209, 213, 249, 254, 313, 448, 459, 460
성실성 40, 43, 316, 336, 477
성욕 146, 154, 268, 286, 287, 294-296, 298, 301, 314, 328, 332, 367, 370, 425
성육신(聖肉身) 117, 124, 127
성인의 도리(道) 45, 48, 56
성차별 21
『성찰』(데카르트) 212
세계관 17, 24, 109, 200, 260, 313, 327, 361, 420, 446
「세계 시민적 관점에서 본 보편사의 이념」(칸트) 222, 250, 469, 470
세네카 199
소외 30, 74, 255-257, 259, 270-276, 278, 279, 471, 479
소크라테스 30, 115, 125, 133-135, 140, 141, 144, 145, 156, 187, 223, 301, 341, 407, 439, 445, 460, 462, 463
『소크라테스의 변명』(플라톤) 463
소피스트 133, 467

소피아 17, 183
수피 203, 204
수학 104, 133, 140, 143, 158, 168, 174-176, 209, 211, 215, 224, 386, 389, 391, 416, 419, 420, 463
『순수이성비판』(칸트) 222, 224, 227, 228, 232, 244-246, 468, 469
순응 25, 35, 37, 154, 198, 298
순자(荀子) 50, 53-55, 57, 59, 454
슈리 바이슈나바 83, 91, 181
스미스, 애덤 216, 256
습관 37, 145, 184, 188, 342, 365, 401
스키너 8, 371-375, 377, 379, 402-405, 407, 413, 426, 480, 482, 483
스토아 198, 199, 246, 331
스펜서, 허버트 361, 402, 478
스피노자, 베네딕트 데 181, 213, 235, 341, 387, 422, 484
승화 72, 222, 294, 296, 301, 310, 314, 356, 407, 412, 474
시편 20, 101, 103, 448
신(神) 63, 136, 166, 459
『신국론(하느님의 도성)』(아우구스티누스) 202
신뢰 32, 40, 41, 45, 58, 59, 83, 90, 92, 126, 142, 204, 251, 301, 316
실존적 19, 74, 79, 280, 319, 321, 323, 342, 436
신앙 27, 60, 83, 88, 89, 111, 113, 126, 127, 131, 144, 200-203, 205-209, 214, 220, 228, 247-249, 280, 363, 365, 388, 389, 425, 444, 464, 466, 471, 479
신약성서 94-96, 108, 109, 115, 117, 121-123, 127, 130, 136, 194, 453, 459, 468
신조 28, 30, 95, 97, 220, 398

『신학대전(神學大典)』(아퀴나스) 205-207
『실용적 관점에서 본 인간학』(칸트) 222, 470
실존주의 7, 23, 131, 156, 259, 280, 318-321, 323, 327, 328, 352
『실존주의는 휴머니즘이다』(사르트르) 323, 340, 347, 353, 448, 475, 477, 478
실재론 138, 167, 225, 460
『실천이성비판』(칸트) 222, 231, 233, 242, 245, 246, 468-470

【ㅇ】
아가페 ☞ 사랑
아동발달 284, 290, 355
아드바이타 78, 83-85, 93
『아드바이타 베단타』(샹카라) 93
아들러, 알프레드 302, 311
아뜨만 66, 68-71, 76, 81, 457
아리스토텔레스 8-10, 20, 108, 110, 143, 163-197, 201, 203, 205, 206, 209, 210, 213, 220, 229, 230, 246, 312, 321, 327, 340, 350, 352, 387, 391, 421, 422, 424, 426, 427, 434, 463-468
아베로에스(이븐 루슈드)(Averroes; ibn Rushd) 204
아비세나(이븐 시나)(Avicenna; ibn Sina) 203
아우구스티누스 119, 127, 163, 200-202, 205, 207, 228, 319, 347
아카데미 135, 164, 165, 197, 222, 484
아퀴나스, 토마스 166, 205-207
아테네 132-135, 153, 162, 164, 165, 185, 197, 463
악(惡) 26, 38, 40, 50-52, 54, 55, 58, 74, 91, 99, 108, 112, 118, 119, 121, 123, 151, 152, 156, 180, 186, 187, 200, 218, 240-244, 246-248, 251, 430-433, 460, 468
안셀무스 104
알 가잘리(Al-Ghazali) 204, 228
알렉산드로스 164
알 할라즈(Al-Hallaj) 203
앤더슨, 토머스 344, 349, 353
야쟈발끼야 62-64, 74, 88, 455-457
양육 52, 156, 159, 184, 185, 190, 269-271, 309, 343, 394, 425
언어 19, 21, 99, 113, 114, 173, 207, 209, 212, 229, 230, 245, 248, 250, 254, 260, 321, 330, 354, 374-377, 400, 410, 421-423, 425, 434, 480
억압 285, 286, 292, 294, 296-298, 300, 301, 310, 316, 323, 335, 348, 349, 351, 425, 431, 432
에라스무스 208, 357
에르 144, 461
『에밀』(루소) 217, 218
에우다이모니아(Eudaimonia) 181, 206, 246
에우클레이데스(유클리드) 140
『에티카』(스피노자) 213
에피쿠로스 199, 246, 470, 473
에픽테토스 199
『엔네아데스(Enneads)』(포르피리오스) 200
엥겔스, 프리드리히 257, 258, 270, 281, 448, 470-473
「영원한 평화를 위하여」(칸트) 249, 250, 471
영혼 78, 80-82, 84, 86, 89, 90, 108, 118, 127, 142-144, 147-151, 155, 156, 159, 171-176, 178, 183, 187, 198, 199, 206, 210-213, 216, 218, 220, 227, 232, 233, 254, 257, 364, 385-387, 389, 399, 422, 465, 466, 467
예배 61, 80, 81, 83, 88-90, 93, 111, 130, 220,

369, 459
예수 30, 95, 96, 109, 115-126, 128, 131, 185, 193, 276, 459, 460, 468, 471
예술 133, 135, 144, 149, 161, 192, 193, 208, 283, 294, 310, 312, 314, 343, 432, 434, 435, 448, 473, 474
예언자 28, 95, 101, 113, 114, 202
오이디푸스 콤플렉스 295, 296
오컴의 윌리엄 207
완성 34, 36, 37, 41, 42, 46-50, 54-57, 122, 125, 132, 164, 179-182, 184, 186, 188-190, 192, 193, 202, 206, 207, 215, 238, 251, 255, 280, 325, 350, 368, 405, 413, 427, 465, 467
완전함 46, 152, 156, 177, 182, 202, 255, 277, 296, 336, 343, 349, 353, 383, 467, 469, 471
왓슨, 존B 371, 372, 404, 480
『왜 전쟁인가?』(프로이트) 315, 474
요한계시록 123, 129, 460
요한 바오로 2세 365, 479
욕구 28, 112, 118, 146-150, 153, 154, 156, 173, 176, 179, 183, 238, 241, 242, 272, 293, 297, 311, 312, 348, 350-352, 373, 391, 402, 411, 424, 427-429, 462, 463, 472, 475
욥기 100, 111, 112
우파니샤드 ☞ 『브리하다란야까 우파니샤드』
운명(命) 34, 35, 37, 43, 73, 94, 112, 194, 202, 247, 256, 336, 412, 429, 436, 442
워드, 키스 364, 479
원인 15, 63, 90, 166, 169, 220, 224, 227, 228, 231, 233-237, 247, 265, 272, 273, 287, 290, 294, 297-301, 304-306, 308, 313, 342, 369
원자론 143, 470
원죄 122, 201, 241, 364, 430
위클리프, 존 208

윌슨, 에드워드 14, 176, 355, 362, 381-396, 399, 407-416, 478-483
유가(儒家) 45
유대교 23, 28, 94-97, 111, 115, 119, 127, 130, 131, 202, 205, 458
유물론 143, 145, 210, 211, 213-215, 232, 233, 235, 257-260, 268, 281, 288, 289, 348, 384, 414, 416, 422, 470
유신론 103, 214, 319, 320, 327, 363-366, 387, 388, 428, 429, 431, 479
유아성욕 181
유전 20, 171, 295, 332, 357, 358, 360, 373, 374, 376, 377, 380, 381, 383, 384, 387, 388, 391, 397, 398, 407-409, 412-414, 416, 424, 478, 481, 482
『유전자, 정신, 그리고 문화』(럼스든) 406
유토피아 276, 279, 404, 462
윤리학 9, 19, 165, 168, 199, 213, 239, 252, 323, 344, 345, 348-350, 353, 394, 427
『윤리학 초고』(사르트르) 344-347
융, 카를 302, 311
의식 47, 49, 55, 66, 70, 71, 73, 81, 84, 86, 89, 130, 149, 212, 254, 261, 262, 268, 270, 277, 279, 285, 289-292, 297, 298, 300-302, 306, 307, 321, 325, 326, 328-330, 332-335, 337-339, 341, 342, 347, 348, 364-366, 369, 382, 412, 422, 458, 461, 472, 479
의례[禮] 46-50, 55, 56, 380, 457
의지 68, 74, 95, 104, 110, 148, 201, 202, 206, 240, 243, 250, 261, 293, 330, 340, 369, 398
『이기적 유전자』(도킨스) 360, 478
이데올로기 18, 24-28, 31, 57, 260-264, 303, 413, 432
이드 287, 292, 293, 297, 316

이븐 루슈드 ☞ 아베로에스
이븐 시나 ☞ 아비세나
『이성의 한계 내에서의 종교』(칸트) 222, 223, 240, 244, 245, 247-249, 252, 469, 470
이슬람교 15, 22, 23, 28, 95, 103, 130, 202-205, 208, 467
이신론(理神論) 218, 387, 481
이신론자(理神論者) 217
이원론 108, 118, 142, 144, 171, 210, 211-214, 225, 227, 232, 237, 289, 295, 308, 325, 364, 396, 399, 422, 423, 460
『인간의 본성에 관하여』(윌슨) 383, 385, 411, 414, 481-483
『인간 불평등 기원론』(루소) 217
인간성 52, 232, 268, 278, 350, 353, 467
인간성의 탐구 131
인간의 마음 51, 52, 246, 288
『인간 오성론』(로크) 214
인과관계 204, 233, 373, 396, 397, 399, 423
인권 410, 416
인종 13, 27, 179, 288, 289, 367, 395, 406, 409, 414, 416, 430
인지 65, 99, 206, 289, 291, 375, 383, 395-397, 399, 433, 472
인지과학 291, 329, 336, 354, 364, 368, 424
인지심리학 374
『일상생활의 정신병리학』(프로이트) 287

【ㅈ】
자기수양 40, 42-45, 49, 57
『자본론』(마르크스) 258, 260, 471, 472, 474
자본주의 26, 153, 253, 257, 258, 260, 261, 263, 264, 266, 267, 271, 273-278, 280, 323, 349, 402, 408, 426, 430

자아 67-76, 81-83, 86, 88, 89, 91, 216, 234, 270, 272, 275, 287, 292, 293, 297, 316, 353, 427, 436
『자아와 이드』(프로이트) 287
자연선택 358, 361, 370, 376, 380, 387, 388, 390, 391, 397, 401, 402, 407, 415, 478
『자연 종교에 관한 대화』(흄) 216
자연주의 (과학적) 130, 388, 415, 420
『자연주의자』(윌슨) 416
『자연학』(아리스토텔레스) 166, 169
『자유와 존엄을 넘어서』(스키너) 402, 482
자유의지 37, 112, 126, 201, 206, 210, 212, 213, 218, 220, 228, 233, 235, 237, 245, 279, 290, 363, 365, 366, 374, 403, 423, 424
자유주의 23, 193
장자 58
전이(轉移) 186, 301, 402, 479
『전쟁일기』(사르트르) 344
전체주의 161, 190
정당화 23, 25, 26, 61, 89, 114, 159, 224-226, 239, 245, 251, 289, 326, 327, 333, 343, 351, 366, 389, 390, 402, 408, 416, 432
정부 33, 44-46, 153, 162, 189, 210, 211, 214, 215, 223, 251, 256, 275, 279, 404-406, 410, 435
『정신분석에 관한 다섯 개의 강의』(프로이트) 287, 299, 316
『정신분석강의』(프로이트) 313, 475
정의(正義) 19, 37, 39, 45, 46, 53, 56, 67, 69, 70, 80, 81, 123, 141, 140, 151, 155, 156, 158, 160, 161, 177, 185, 186, 194, 206, 224, 246, 292, 303, 325, 351, 386, 408, 409, 416, 421, 429, 448, 458, 465, 475
정체성 23, 28, 69, 71, 73, 81, 83, 86, 206, 212

『정치경제학 비판』(마르크스) 258, 261, 470, 473
정치적 공정성 408
『정치학』(아리스토텔레스) 177-179, 190, 196, 465-467
제논 198
조건화 25, 74, 371, 374, 378, 379, 403, 404, 426
『존재와 무』(사르트르) 318, 322, 324, 325, 327, 337, 343, 345, 353, 448, 474, 475, 477
『존재와 시간』(하이데거) 321, 322, 474
종교개혁 95, 207, 208
종말론(Eschatology) 120, 129, 130
『종의 기원』(다윈) 358, 361, 366, 478, 479
주관적 관념론 79, 225
지능 143, 183, 390, 402, 409, 478
직관 224, 226, 229, 308, 314, 370, 413
『진리와 존재』(사르트르) 326
진심 336
진화심리학 354, 367, 377, 395, 400, 417, 418, 481, 484
집단 선택 407
『집안의 백치』(사르트르) 349, 350, 477

【ㅊ】
참주정체 152, 154
창세기 97, 98, 100, 106, 108, 109-114, 363, 364, 387
창조론 356, 364, 365, 478
창조설화 387
천명(天命) 33, 34, 36, 48, 449
『철학의 빈곤』(마르크스) 257, 471, 473
『철학자들의 모순』(알 가잘리) 204
초인 98, 104, 320, 366

초자아 287, 292, 293, 297, 316
촘스키, 노엄 212, 374-376, 410, 411, 480, 483
충동 20, 53, 87, 145, 146, 148, 235, 238, 290, 292-295, 297, 299, 310-312, 314, 315, 342, 367, 406, 407, 421, 425

【ㅋ】
카민, 리온 J.(Kamin, Leon J.) 408, 481
칸트, 임마누엘 8-10, 20, 137, 176, 197, 219, 220-235, 237-252, 255, 275, 308, 312, 341, 347, 349, 350, 352, 388, 391, 398, 420, 421, 423, 424, 426, 427, 430-434, 436, 437, 439, 468-470, 484
칼뱅, 요한(Calvin, John) 190, 208, 209, 218
쾌락 원칙 187, 292, 312, 315
『쾌락 원칙을 넘어서』(프로이트) 287
퀘이커 97, 434
코란 15, 95, 202, 204, 449
코스미데스, 레다 376, 395, 397, 399, 481
콘스탄티누스 200
『크리톤』(플라톤) 135, 163, 461, 463
키에르케고르, 죄렌 228, 318, 320, 332, 352, 478
키처, 필립 316, 392, 417, 478, 481, 483
키케로 198

【ㅌ】
타성 25
탐욕 39, 432
태도 30, 45, 56, 89, 110, 119, 134, 135, 140, 178, 198, 243, 280, 313, 319, 323, 333, 334, 339, 340, 341, 370, 444, 445, 464
『테아이테토스』(플라톤) 137
테크네 183

『토템과 터부』(프로이트) 287
통치 34, 39, 42, 56, 68, 113, 116
통합적 인과 모델 395, 396
투비, 존 376, 395, 397, 399, 481
틴들, 윌리엄 209
틴버겐, 니코 377-379, 480

【ㅍ】

파스칼, 블레즈 228, 319
『파이돈』(플라톤) 143, 144, 460, 463
『파이드로스』(플라톤) 147
『판단력비판』(칸트) 222, 245
페미니즘 131, 281
펠라기우스 127, 201
폐쇄체계 27, 29, 30, 265, 303
포르피리오스 200
포이에르바흐, 루드비히 256, 257, 271, 320
폴리스 177, 186, 190, 464
표준 사회과학 모델 368, 394, 395
프로네시스 183
프로이트, 지그문트 9, 26-28, 145, 156, 256, 283-303, 305-317, 330, 335, 339, 348, 352, 367, 371, 404-407, 411, 413, 423, 424, 426, 432, 473, 474
『프로타고라스』(플라톤) 141, 145, 163, 463
프루동 256
플로티누스 199, 200
플리스, 빌헬름 286, 473
피에르, 조셉 329
『필레보스』(플라톤) 136, 145, 463
필리아 194

【ㅎ】

하이데거, 마르틴 320-322, 324, 326, 332, 352, 474, 478
행동주의 306, 371, 373, 378, 402, 404, 480
『향연』(플라톤) 156, 463, 484
헤겔, 게오르크 빌헬름 프리드리히 249, 254-260, 268, 271, 319, 322, 324, 325, 338, 365, 441, 444, 472, 473, 475
현상(現象) 58, 65, 74, 80, 88, 112, 113, 225, 226, 234, 237, 259, 268, 273, 288, 289, 291, 294, 303, 314, 320-322, 337, 341, 369, 375, 382, 383, 386, 394, 396-398, 405, 406, 415, 425, 445, 459, 460, 468, 474, 479
형상 20, 102, 105-107, 118, 136-144, 151, 156-158, 166-169, 172, 183, 199, 327, 362, 363, 420, 461, 464
형이상학 18, 19, 33, 35, 58, 62, 63, 91, 97, 104, 118, 120, 129, 130, 135-138, 142, 144, 165-167, 169, 204, 208, 210, 212, 213, 215, 221-223, 226, 227, 231-233, 237, 247, 254, 256, 257, 268, 277, 288, 289, 318, 321, 325-327, 333, 352, 361, 363-366, 398, 420-422, 433-435, 445, 467
호메로스 147
『혼란에 빠진 자들을 위한 지침서』(마이모니데스) 205
홀데인, 존 364, 479
홉스, 토머스 210, 211, 214, 233, 250, 354, 468
『환상의 미래』(프로이트) 288, 303
환생 71
환원주의 394, 408
황금률 46, 56, 453
효(孝) 39, 40, 43, 44, 450, 451
후설, 에드문트 321, 322, 324
후스, 요한 208
흄, 데이비드 92, 204, 215, 216, 232, 244, 259,

354, 385
희소성(경제적) 429, 431, 432
히스테리 284, 285, 291, 300, 307
『히스테리 연구』(프로이트와 브로이어) 286
힌두교 ☞『브리하다란야까 우파니샤드』

■ 옮긴이 박중서

출판기획 및 번역가이다. 한국저작권센터(KCC)에서 근무했고, '책에 대한 책' 시리즈를 기획했다. 번역서로는 '약소국 그랜드 펜윅' 시리즈인 『뉴욕 침공기』와 『월스트리트 공략기』를 비롯해 『해바라기』, 『미국 최고의 대학은 어떻게 만들어지는가』, 『젠틀 매드니스』(공역) 등이 있다.

인간의 본성에 관한 10가지 이론

레슬리 스티븐슨, 데이비드 L. 헤이버먼 지음 | 박중서 옮김
1판 1쇄 발행 2006년 8월 3일
1판 11쇄 발행 2019년 7월 13일

펴낸이 임병삼 | 펴낸곳 갈라파고스 | 등록 2002년 10월 29일 제2003-000147호
주소 03938 서울시 마포구 월드컵로 196 대명비첸시티오피스텔 801호
전화 02-3142-3797 | 팩스 02-3142-2408 | 이메일 galapagos@chol.com
교정 최연희 | 디자인 가필드

ISBN 89-90809-15-0 03100

갈라파고스 자연과 인간의 공존을 희망하며, 함께 읽으면 좋은 책들을 만듭니다.